汽车技术创新与研发
系列丛书

汽车车身
噪声与振动控制

庞剑◎著

NVH CONTROL
OF AUTOMOTIVE BODY

本书全面介绍了汽车车身噪声与振动的基础理论和实际应用，涉及车身整体结构、局部结构、声学包装、灵敏度、风噪、声品质、异响和目标体系，如车身噪声与振动的概况、车身整体结构的振动分析与控制、车身局部结构的振动与板的声辐射、声学包装的机理与应用、车身的振动灵敏度和声学灵敏度、风噪产生的机理和控制方法、车身声品质的评价和控制、车身异响的机理和控制方法，以及车身噪声与振动的目标体系和在产品开发中的应用等。

本书适合于车身和NVH领域的工程师、教师、研究生阅读。

图书在版编目（CIP）数据

汽车车身噪声与振动控制/庞剑著．—北京：机械工业出版社，2015.1
（2023.11重印）

汽车技术创新与研发系列丛书

ISBN 978-7-111-49107-1

Ⅰ.①汽⋯ Ⅱ.①庞⋯ Ⅲ.①汽车噪声-噪声控制②汽车-振动控制
Ⅳ.①U467.4

中国版本图书馆CIP数据核字（2015）第002796号

机械工业出版社（北京市百万庄大街22号　邮政编码100037）
策划编辑：何士娟　责任编辑：何士娟
版式设计：霍永明　责任校对：张晓蓉
责任印制：单爱军
北京虎彩文化传播有限公司印刷
2023年11月第1版第5次印刷
169mm×239mm·28印张·12插页·559千字
标准书号：ISBN 978-7-111-49107-1
定价：168.00元

凡购本书，如有缺页、倒页、脱页，由本社发行部调换

电话服务　　　　　　　　　网络服务
服务咨询热线：010-88361066　机 工 官 网：www.cmpbook.com
读者购书热线：010-68326294　机 工 官 博：weibo.com/cmp1952
　　　　　　　010-88379203　金 书 网：www.golden-book.com
封面无防伪标均为盗版　　　　教育服务网：www.cmpedu.com

序　言 Foreword

我与庞剑博士认识了十多年。以前，每次去底特律时，我都要与他和其他的海外学子们见面。我给他们讲中国的发展，特别是汽车界的快速发展，鼓励他们能回国参加到这股发展的洪流中。后来，中国汽车工程学会邀请庞剑博士来北京进行了 NVH 专题讲座，那应该算是中国汽车 NVH 界第一次有象征意义的讲座，甚至可以说，那次讲座是中国 NVH 的启蒙。

2006 年，庞剑和另外两位学者计划出版专著《汽车噪声与振动——理论与应用》，他邀请我为之写篇序言。我欣然答应，而且还将该书作为中国汽车工程学会汽车图书出版专家委员会特别推荐的书籍向读者推荐。几年后，这部著作还获得了大奖。现在，在 NVH 界，该书几乎人手一册。可以说，它已经成为中国汽车 NVH 界的圣经。

2008 年，庞剑博士回到祖国，加盟了长安汽车公司。这些年，我亲眼看到了他带领长安 NVH 团队迅速发展，成为中国汽车界实力非常强大的一支队伍。在长安这个平台上，他轰轰烈烈地从事着钟爱的事业，极大地提升了长安汽车的 NVH 水平，CS75、逸动等车都超越了同级别合资品牌汽车的噪声振动水平。NVH 已经成为长安汽车的技术标签。

我曾经几次到长安汽车工程研究院，亲自驾评逸动等车。这些车怠速时，非常安静，我甚至感觉不到汽车已经起动；加速时，声音的品质感也非常好。我对长安车的 NVH 表现非常吃惊，如果不是亲眼看到车上长安的品牌标志，我一定会以为这是一款非常好的欧洲车。

2010 年，在庞剑博士的带领下，长安汽车公司申请到"汽车噪声振动和安全技术国家重点实验室"。2013 年，长安 NVH 团队获得了中国汽车工业技术进步一等奖，这是中国汽车公司在 NVH 领域至今唯一的一等奖。同时，他和赵福全博士被评为优秀海归，这是中国汽车工业第一次开展此奖项的评审。

庞剑博士的影响不仅仅在长安，而且在全国。他在各种学术大会、大学、企业开展了大量讲座和培训工作。他担任国际汽车制造商协会中国噪声组组长、世界汽车工程师大会噪声与振动学术委员会主任，为中国汽车 NVH 的发展做出了重要贡献。作为中国汽车 NVH 界的领军人物，他一直在努力推动我国 NVH 事业的发展。

2015年，庞剑博士的新书《汽车车身噪声与振动控制》即将出版。当他再次邀请我为该书写序言时，我欣然提笔。车身是汽车的基石，涉及的NVH非常复杂、非常多。

这部专著非常系统而全面地介绍了车身NVH，而且它描述的视角非常独特。该书从框架的整体振动出发，讲述了整个车身的振动问题、板的声辐射，声学包装的控制、风激励车身引起的风噪，再到声品质和异响控制，甚至还包括开发过程中的NVH目标体系。这本书自成一个完整的体系，具有创新性。

这本书有一定的理论基础，更有大量的实操经验总结，而且表述上深入浅出，让人易懂，最重要的是能够指导实际工作，这都与作者的写作功底密不可分。庞剑博士不仅仅是一位杰出的NVH专家，还是一位热爱生活的作家。另外，他将深奥的理论与丰富的实践巧妙地结合起来，只有像他这样长期在汽车开发一线工作，而且不断孜孜以求地探索理论的学者才能写出这样的书来。

汽车NVH已经成为提升汽车品质最核心的技术。噪声与振动已经成为广大消费者最关心的汽车品质，甚至决定了汽车的销售业绩。汽车公司日益重视，投入大量资金来建设NVH试验室和发展队伍。在这个时候，这本书的出版将为从事NVH工作的人们提供一份丰盛的大餐。我也相信这本书将成为中国汽车界的一部经典著作。

中国汽车工程学会理事长　付于武

前　言　Preface

我在噪声与振动领域学习和工作快 30 年了，在汽车 NVH 界学习和工作也有 20 多年。我一直在寻找一本好的 NVH 书，不管是中文的还是英文的，但一直没有找到。

2006 年，我与另外两位博士写了《汽车噪声与振动——理论与应用》，试图把汽车 NVH 作为一个整体介绍。在中国汽车界，那本书影响非常大，对 NVH 从业者有启蒙作用。但是，NVH 博大精深，在一本书里，无法将所有问题讲透。每当翻开那本书，我都觉得不甚满意，它好似蜻蜓点水，略过了浩瀚的 NVH 海洋。在以后的日子里，我心中一直萌动着一股冲动，就是想把每个系统的 NVH 理论和应用知识都呈现给读者。我曾经尝试着去做，但是在繁忙的工作面前，我发现这只是一个美好的愿望，因为根本没有时间和精力。然而，这个梦深深地埋藏在我心中，我想方设法地抽时间来做这件"宏伟"的事情。工作之余、周末空闲、等飞机……我利用一个个小块的时间耕耘着这本书。有时，在飞机上，在俯瞰机翼下的浮云后我会翻开笔记本开始写作，那种万米高空挥笔的感觉更是让我心情澎湃，信心倍增。

随着市场发展，顾客对汽车的品质越来越关注。汽车界几乎已经形成了一个共识：NVH 是决定汽车品质感最重要的指标。汽车所有的系统，如发动机、车身等，都会带来 NVH 问题。当严重的 NVH 问题解决后，原来的小问题突显出来。当小问题解决后，声品质就成为人们关注的重点。当声品质做得非常好的时候，人们又关心起声音的 DNA。各家汽车公司都投入了大量资源来发展 NVH 开发能力和提升技术，从业人员对 NVH 知识如饥似渴。在浩如烟海的 NVH 世界里，知识四处散落。我想把散落的珍珠捡起来，用自己的知识、勤奋和智慧编织起一串串项链，奉献给广大的同行们。这成为我写作的一个源动力。

汽车的主要系统有车身、发动机、动力传动、底盘和电气系统。车身是汽车的基石，因为其他系统都是"挂"在它上面的。因此，车身设计对整车 NVH 性能至关重要。于是，我决定从车身入手，开始撰写各个系统 NVH 的工作。

我从结构的角度来理解车身 NVH。车身的基础是框架，板焊接在框架上，车门通过铰链与框架连接，内饰材料装在板的内侧。框架决定了车身的整体刚度和模态，板决定了局部振动和声辐射的大小，车门和车身一起决定了关门声品质，内饰材料决定了声学包装性能，振动激励点的结构决定了结构声的传递。本书的章节就是从结构的角度来安排，共九章。

  我一直工作在产品开发的第一线。每天都会遇到各种各样的 NVH 问题，有的是常规问题，有的非常新鲜，有的非常棘手。当一个个问题迎刃而解后，我总会思考这些问题背后的理论是什么？我酷爱理论研究，一方面，我总想把工程问题用理论来解释，然后上升到数学或统计层面；另一方面，我也喜欢去思考一些理论问题，并寻找与汽车 NVH 的关联。这种工作和思考的方式贯穿了这本书，我试图把车身 NVH 的工程实践与理论紧密地结合起来。

  一转眼，我到长安汽车工程研究院已经 6 年了。我与团队一起成长，我们梦想着打造一支卓越的队伍。在写这本书的过程中，我得到了他们很大的帮助，特别是张杰和靳红英等同事帮助制作了部分图，在此，对他们表示衷心的感谢。

  在写这本书的过程中，我得到了许多领导、专家、同事和同行的鼓励和帮助。他们期望我能为行业多做些事，为推动中国 NVH 发展多做些贡献。这种期待也是我写这本书的动力。中国汽车界德高望重的付于武理事长对本书寄予了厚望，并亲自撰写序言，在此对他表示深深的感谢。

  在这里，我还要感谢我的太太对我工作的理解和支持。她依依不舍地告别了蔚蓝的天空、纯洁的水源、安全的食品、友善的人际环境，来到一个一年中半年见不到太阳的城市，她默默地、孤独地陪伴着我。她总想离开，但我不得不坚守。每每想到这些，我心中总是充满了愧意。在这里，我也要对她表示深深的谢意和爱。

  我试图按照自己对车身的理解来写这本书，将理论与实践结合起来。期望它为车身和 NVH 领域的工程师、教师、研究生提供一份有价值的参考。如果读者们有更好的思路，欢迎大家一起来探讨。

  在繁忙工作之余匆忙地写作，书中难免有错误，恳切地请读者指出，以便再版时能更正。

庞 剑

2014 年 6 月，于雾都重庆

目 录 Contents

序言
前言
第一章 概述 ··· 1
  第一节 车身结构与噪声振动问题 ·· 1
    一、车身结构 ·· 1
    二、框架结构带来的噪声与振动问题 ·· 6
    三、板结构带来的噪声与振动问题 ··· 6
    四、内饰结构及声学处理 ·· 7
    五、附件带来的噪声振动问题 ··· 8
  第二节 结构声与空气声向车内的传递 ··· 8
    一、汽车噪声振动源的描述 ·· 9
    二、结构声与空气声 ·· 9
    三、噪声振动源向车身的传递 ··· 11
  第三节 车身噪声振动控制的关键技术 ··· 12
    一、车身整体结构振动与控制 ··· 13
    二、车身局部结构振动与声辐射 ·· 15
    三、车身声学包装控制 ··· 20
    四、车身灵敏度控制 ·· 24
    五、车身风噪控制 ·· 27
    六、关门声品质控制 ·· 30
    七、车身异响控制 ·· 33
  第四节 车身开发过程中的噪声振动控制 ······································ 34
    一、车身的模态分布 ·· 35
    二、车身的NVH目标体系 ·· 36
    三、目标的执行 ··· 37
  第五节 本书的结构 ·· 37

第二章　车身整体结构振动控制 … 39
第一节　概述 … 39
一、车身整体刚度 … 39
二、车身整体模态 … 42
三、车身整体结构振动研究的内容 … 44
第二节　车身的整体刚度 … 45
一、车身的弯曲刚度 … 45
二、车身的扭转刚度 … 50
第三节　车身整体刚度的控制 … 53
一、车身的整体布局 … 54
二、车身梁断截面与刚度分析 … 57
三、连接头的刚度 … 59
四、结构胶和玻璃连接胶对整车刚度的影响 … 63
五、梁和连接头对车身整体刚度的贡献分析 … 64
第四节　车身整体模态识别 … 67
一、模态分析基础 … 67
二、车身模态振型和频率 … 69
三、车身模态测试 … 74
四、车身模态计算 … 78
第五节　车身整体模态控制 … 80
一、车身模态分离与解耦 … 80
二、车身模态规划表 … 82
三、车身整体模态控制 … 87
参考文献 … 90

第三章　车身局部振动与噪声控制 … 92
第一节　车身局部结构带来的噪声振动问题 … 92
一、车身局部结构的分类与模态 … 92
二、局部模态带来的噪声振动问题 … 93
三、局部模态的控制策略 … 98
第二节　车身板振动与声辐射 … 99
一、板结构振动 … 100
二、板结构声辐射 … 103
第三节　车身的声腔模态 … 106
一、声腔模态的定义与形式 … 106
二、声腔模态的理论分析与测量 … 107

三、声腔模态与结构模态的耦合……………………………………………… 113
　　四、声腔模态的控制………………………………………………………… 114
第四节　板的贡献量分析…………………………………………………………… 115
　　一、板贡献量的概念………………………………………………………… 115
　　二、板振动与声辐射贡献源分析…………………………………………… 115
　　三、板结构振动和辐射噪声的测试方法…………………………………… 119
第五节　板结构振动与声辐射的阻尼控制………………………………………… 126
　　一、阻尼现象与描述………………………………………………………… 126
　　二、阻尼模型………………………………………………………………… 127
　　三、损耗因子………………………………………………………………… 129
　　四、黏弹性阻尼材料的特征………………………………………………… 130
　　五、车身阻尼材料和结构的种类…………………………………………… 132
　　六、阻尼损耗因子的测量…………………………………………………… 136
　　七、阻尼材料和阻尼结构在车身上的应用………………………………… 138
第六节　车身板结构振动与声辐射的刚度控制…………………………………… 141
　　一、刚度控制的原理………………………………………………………… 142
　　二、板的刚度调节…………………………………………………………… 143
　　三、刚度改变对声辐射的影响……………………………………………… 147
　　四、车身刚度改变的案例分析……………………………………………… 147
第七节　车身板结构振动与声辐射的质量控制…………………………………… 151
　　一、质量控制原理…………………………………………………………… 151
　　二、质量控制的应用………………………………………………………… 152
第八节　车身板结构振动与声辐射的动态吸振器控制…………………………… 154
　　一、动态吸振器原理………………………………………………………… 154
　　二、动态吸振器控制车内轰鸣声的应用…………………………………… 156
第九节　车身附件结构的噪声与振动控制………………………………………… 156
　　一、支架的模态控制………………………………………………………… 157
　　二、转向系统的振动控制…………………………………………………… 159
　　三、座椅的振动控制………………………………………………………… 163
参考文献……………………………………………………………………………… 167

第四章　声学包装…………………………………………………………………… 174
第一节　概述………………………………………………………………………… 174
　　一、空气声对车内的传递…………………………………………………… 174
　　二、声学包装研究的内容…………………………………………………… 175
第二节　车身密封…………………………………………………………………… 176

一、密封的重要性 176
　　二、静态密封与动态密封 179
　　三、静态密封的测量 180
　　四、静态密封的控制 182
　第三节　吸声材料 187
　　一、吸声原理及吸声系数 187
　　二、多孔吸声材料 187
　　三、共振吸声结构 191
　　四、吸声系数的测量 192
　第四节　隔声材料与隔声结构 196
　　一、隔声原理与声传递损失 196
　　二、单层板隔声 196
　　三、双层板隔声 199
　　四、材料隔声性能的测量 201
　第五节　声学材料的应用 205
　　一、吸声材料和结构的应用 205
　　二、隔声结构与吸声材料的组合应用 210
　　三、阻隔材料的应用 214
　第六节　统计能量分析及应用 216
　　一、统计能量分析的概念 216
　　二、统计能量分析理论 217
　　三、统计能量分析的假设与应用范围 219
　　四、损耗因子 220
　　五、输入功率 223
　　六、统计能量分析在车身上的应用 224
　参考文献 226

第五章　车身灵敏度分析与控制 232
　第一节　概述 232
　　一、系统与传递函数 232
　　二、车身振动激励点和声音激励点 233
　　三、人体响应点 236
　　四、车身灵敏度的定义 237
　第二节　车身激励源-传递通道-响应模型 238
　　一、源-传递通道-响应模型 238
　　二、源-传递函数-振动模型 239

三、源-传递函数-噪声模型 …………………………………………………… 239
第三节　噪声与振动激励源特征分析 ……………………………………………… 241
　　一、发动机及其相关系统的激励特征 …………………………………… 242
　　二、传动系统的激励特征 ………………………………………………… 245
　　三、轮胎的激励特征 ……………………………………………………… 247
　　四、旋转机械的激励特征 ………………………………………………… 249
　　五、其他系统的随机或者脉冲激励特征 ………………………………… 250
第四节　原点动刚度 …………………………………………………………………… 251
　　一、机械阻抗与机械导纳 ………………………………………………… 251
　　二、原点动刚度 …………………………………………………………… 252
　　三、IPI 与原点动刚度 …………………………………………………… 254
　　四、原点动刚度的控制 …………………………………………………… 257
第五节　振振灵敏度与声振灵敏度 ………………………………………………… 259
　　一、振动激励对车内振动的传递以及振振灵敏度 ……………………… 259
　　二、振动激励对车内噪声的传递以及声振灵敏度 ……………………… 262
　　三、灵敏度控制 …………………………………………………………… 264
　　四、灵敏度目标 …………………………………………………………… 268
第六节　声声灵敏度及控制 ………………………………………………………… 269
　　一、车外噪声源对车内的传递 …………………………………………… 269
　　二、声声灵敏度的表达方式 ……………………………………………… 269
　　三、声声灵敏度的目标与控制 …………………………………………… 274
参考文献 ……………………………………………………………………………………… 275

第六章　风噪及控制 ……………………………………………………………… 278
第一节　概述 …………………………………………………………………………… 278
　　一、风噪带来的问题 ……………………………………………………… 278
　　二、风噪噪声源及分类 …………………………………………………… 279
第二节　风噪机理分析 ………………………………………………………………… 281
　　一、脉动噪声 ……………………………………………………………… 281
　　二、气吸噪声 ……………………………………………………………… 283
　　三、风振噪声 ……………………………………………………………… 285
　　四、空腔噪声 ……………………………………………………………… 287
第三节　风噪的控制策略 ……………………………………………………………… 289
　　一、风噪传递路径 ………………………………………………………… 289
　　二、风噪的控制策略 ……………………………………………………… 290
第四节　车身整体造型与风噪控制 ………………………………………………… 291

一、理想车身整体造型 ································· 291
　　二、前隔栅与发动机舱盖之间的设计 ···················· 293
　　三、发动机舱与前风窗玻璃之间的设计 ·················· 294
　　四、A柱区域的低噪声设计 ···························· 295
　　五、顶棚、后风窗玻璃和行李箱过渡区域的设计 ········· 298
　　六、车身底板的设计 ································· 299
　　七、轮胎与车身侧面的设计 ···························· 300
第五节　局部造型与风噪控制 ····························· 300
　　一、局部造型的控制原则 ····························· 300
　　二、后视镜的设计及其与车身的连接 ···················· 301
　　三、天窗的风噪控制 ································· 304
　　四、天线的设计 ····································· 306
　　五、顶棚行李杆的设计 ······························· 308
　　六、其他凸出物和空腔的控制 ························· 308
第六节　动态密封的控制 ································· 309
　　一、动态密封及其重要性 ····························· 309
　　二、动态密封的表达 ································· 311
　　三、车身与车门的动态密封形式 ······················· 312
　　四、密封条的控制 ··································· 314
第七节　风噪测量与评价 ································· 316
　　一、风洞风噪测量 ··································· 316
　　二、道路风噪测量 ··································· 321
　　三、风噪的评价 ····································· 321
第八节　风噪分析 ······································· 322
　　一、气动声学与经典声学的关系 ······················· 322
　　二、Lighthill 相似理论 ······························· 323
　　三、Lighthill-Curl 相似理论 ·························· 324
　　四、气动声学方程的求解 ····························· 325
　　五、风噪仿真计算 ··································· 325
参考文献 ··· 326

第七章　关门声品质 ··································· 331
第一节　汽车声品质问题 ································· 331
　　一、声品质 ··· 331
　　二、汽车声品质 ····································· 332
　　三、声品质的重要性 ································· 332

四、声品质的范畴 ·· 333
第二节　声品质的评价指标 ··· 335
　　一、心理声学描述 ·· 335
　　二、心理声学的评价指标 ··· 336
　　三、临界带宽 ··· 338
　　四、响度 ·· 339
　　五、尖锐度 ·· 341
　　六、调制度、波动度、粗糙度 ·· 343
　　七、纯音度 ·· 346
　　八、语言清晰度 ··· 347
　　九、声音的掩蔽效应 ·· 348
第三节　汽车声品质的评价指标 ·· 350
　　一、汽车声品质的分类 ·· 350
　　二、汽车声品质的描述指标 ··· 351
　　三、汽车各系统声品质的客观评价指标 ·· 352
第四节　关门声品质的评价 ··· 353
　　一、关门声品质的重要性 ··· 353
　　二、关门声品质的主观评价 ··· 354
　　三、关门声品质的客观评价 ··· 355
　　四、主观评价和客观评价的关系 ·· 358
第五节　关门声品质的控制 ··· 359
　　一、关门系统的结构 ·· 359
　　二、关门噪声源 ··· 361
　　三、关门声品质的结构控制 ··· 362
第六节　关门声品质的设计程序及实例分析 ·································· 366
　　一、关门声品质的设计流程 ··· 366
　　二、影响尖锐度、响度和振颤的因素分析 ······································ 367
　　三、关门声品质实例分析 ··· 368
第七节　车身附件的声品质 ··· 370
参考文献 ·· 371

第八章　车身异响与控制 ·· 374
第一节　概述 ·· 374
　　一、什么是异响 ··· 374
　　二、产生异响的部位 ·· 375
　　三、异响的重要性 ··· 375

四、异响的机理 ……………………………………………………………………… 375
　　五、异响的识别与控制 …………………………………………………………… 376
　第二节　异响的原理及影响因素 ……………………………………………………… 377
　　一、摩擦引起的尖叫异响 ………………………………………………………… 377
　　二、碰撞引起的敲击异响 ………………………………………………………… 381
　第三节　异响的 CAE 分析 ……………………………………………………………… 384
　　一、车身和车门的刚度、模态及变形分析 ……………………………………… 384
　　二、子系统的模态分析 …………………………………………………………… 387
　　三、车身异响灵敏度分析 ………………………………………………………… 388
　　四、整车异响响应分析 …………………………………………………………… 390
　第四节　异响的主观评价与测试分析 ………………………………………………… 391
　　一、异响的主观识别与评价 ……………………………………………………… 391
　　二、异响的客观测试与分析 ……………………………………………………… 396
　第五节　异响的控制 …………………………………………………………………… 399
　　一、整车开发过程的异响控制策略 ……………………………………………… 399
　　二、车身结构一体化设计与异响控制 …………………………………………… 400
　　三、车身异响 DMU 检查 ………………………………………………………… 403
　　四、材料摩擦副的匹配 …………………………………………………………… 404
　　五、制造过程的控制 ……………………………………………………………… 404
　　六、高里程数的异响 ……………………………………………………………… 405
　参考文献 …………………………………………………………………………………… 406

第九章　车身噪声与振动的目标体系 …………………………………………………… 409
　第一节　汽车噪声振动的目标体系 …………………………………………………… 409
　　一、汽车开发的周期与目标体系 ………………………………………………… 409
　　二、影响目标制定的因素 ………………………………………………………… 411
　　三、目标设定与分解的原则 ……………………………………………………… 412
　　四、模态分离原则 ………………………………………………………………… 414
　　五、车身 NVH 目标体系 ………………………………………………………… 415
　第二节　整车级车身目标 ……………………………………………………………… 415
　　一、整车级车身目标的影响因素 ………………………………………………… 415
　　二、整车级车身振动目标 ………………………………………………………… 416
　　三、整车级车身噪声目标 ………………………………………………………… 417
　第三节　内饰车身的 NVH 目标 ……………………………………………………… 418
　　一、内饰车身的 NVH 特征 ……………………………………………………… 418
　　二、内饰车身的振动目标 ………………………………………………………… 419

三、内饰车身的噪声目标 ……………………………………………… 419
第四节 白车身的 NVH 目标 ………………………………………………… 420
 一、白车身的 NVH 特征 ………………………………………………… 420
 二、白车身的振动目标 …………………………………………………… 421
 三、白车身的噪声目标 …………………………………………………… 422
第五节 车身零部件的 NVH 目标 …………………………………………… 423
 一、车身零部件的振动目标 ……………………………………………… 423
 二、车身零部件的噪声目标 ……………………………………………… 423
 三、车门本体的噪声振动目标 …………………………………………… 424
第六节 车身 NVH 目标总汇 ………………………………………………… 424
 一、整车级车身 NVH 目标 ……………………………………………… 425
 二、内饰车身的 NVH 目标 ……………………………………………… 425
 三、白车身的 NVH 目标 ………………………………………………… 426
 四、车身零部件的 NVH 目标 …………………………………………… 427
第七节 车身目标体系的执行 ………………………………………………… 427
 一、目标设定与分解阶段的控制 ………………………………………… 428
 二、里程碑的目标检查控制 ……………………………………………… 428
 三、CAE 与 DMU 的控制 ………………………………………………… 429
 四、白车身 NVH 的控制 ………………………………………………… 430
 五、内饰车身与整车的控制 ……………………………………………… 430

参考文献 …………………………………………………………………………… 431

第一章 概述

第一节 车身结构与噪声振动问题

一、车身结构

汽车结构非常复杂，由车身、动力总成、悬架等系统组成。汽车的主要系统都"挂"在车身上，如动力总成系统通过悬置与车身相连，悬架通过隔振垫或直接与车身相连，排气系统通过挂钩与车身相连。车身是载人的地方，其结构特征直接影响乘车人的感受。因此，车身是汽车的核心，其结构决定了汽车的性能。

1. 承载式车身和非承载式车身

车身分为承载式车身和非承载式车身。承载式车身是指车身主体与底盘大梁架连成一个完整的车壳，如图1-1所示。承载式车身没有独立车架，车身自身承受载荷。它的优点是结构简单、体积小、重量轻、成本低，缺点是车身的承载能力有限。绝大多数轿车采用承载式车身。

图1-1 承载式车身结构图

非承载式车身是指车身主体和底盘大梁框架分离的结构。底盘大梁框架的结构强度非常高，呈矩形或者梯形，布置在车身下面。这种结构的优点是车身的刚度高、强度高、承载能力强、抗弯曲变形和扭转变形的能力强，缺点是重量大、成本高、结构复杂。载重货车、客车、越野车、大型SUV和少数大型轿车采用这种非承载式车身。

本书以轿车为主来讲述车身的噪声与振动（NVH）问题与控制方法，因此本书所提及的车身都是承载式车身。

2. 白车身、内饰车身和整车车身

按照车身上是否安装内饰件和是否形成一部整车来分类，车身又分为白车身、内饰车身和整车车身。白车身是指车身框架结构本体和板结构，包括横梁、纵梁、立柱、地板、顶棚、前风窗玻璃和后风窗玻璃。白车身又分为不带风窗玻璃的白车身和带风窗玻璃的白车身。直观地理解，不带风窗玻璃的白车身是指已经焊接成一体的车身，英文为Body in White，缩写为BIW。图1-1就是一个不带风窗玻璃的白车身结构图。

将车门、内饰件和座椅等结构安装在白车身上就形成了内饰车身，如图1-2所示。内饰车身包括了白车身、车门、发动机舱盖、行李箱盖、座椅、转向支柱、内饰吸声和隔声垫等。

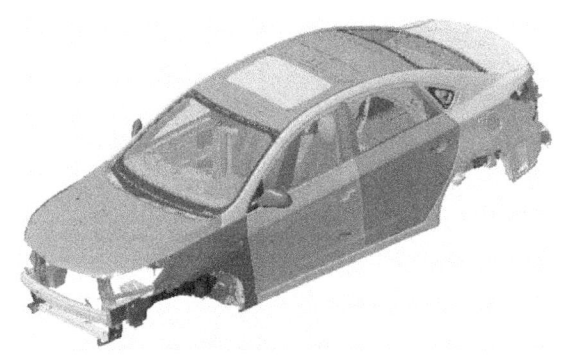

图1-2　内饰车身结构图

将内饰车身与汽车上的其他系统安装在一起形成一部整车，这时的车身即为整车车身。整车车身与内饰车身的结构是一样的，它们之间的区别是车身的边界条件不一样。在整车上，内饰车身与其他系统相连，它受到了各个系统的约束，即有了约束边界条件。

3. 车身结构的分类

车身设计涉及很多性能领域，如NVH、碰撞安全、疲劳与可靠性、油耗、操控等。每个领域根据自身的特征会对车身进行不同的分类，本书将从NVH的角度出发来对车身结构进行分类。按照NVH功能的不同，可以将车身结构分成四大类：框架结构、板结构、内饰结构和附件结构，如图1-3所示。框架结构是指车身上的横梁、纵梁和立柱等梁结构组成的框架，这些梁是通过连接头连接起来的。框架结构又可以分成梁结构和连接头结构。板结构是指覆盖在框架上的金属板件，如前壁板、顶棚、地板、侧围板、车门板等。内饰结构是指起到隔声、吸声、减小振动的部件，如前壁板隔声垫、阻尼结构等。附件结构是指安装在车身上的系统，如转向支撑柱、反光镜、座椅等。下面对这四种结构的构造和功能进行简单的介绍。

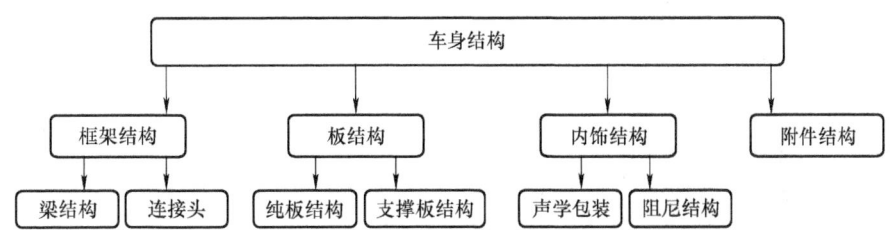

图1-3　汽车的结构分类

框架结构（图1-4）是车身的基础。框架由纵横交错的横梁、纵梁、立柱等梁结构组成，几根梁和柱交汇在一起，形成连接头。梁结构的尺寸、截面形状、跨度等决定了梁的刚度。连接头的连接方式对车身整体刚度影响很大，只有连接头局部有足够的刚度，才能将交汇在一起的梁紧紧地连接在一起。如果梁的刚度很大，但是连接头的刚度很低，那么由梁和连接头组成的框架的刚度就不会高。因此车身框架刚度是由梁的刚度和连接头的刚度共同决定的，而车身框架刚度决定了车身的模态振型和频率。

板安装在框架上，让车身形成一个封闭的空间。板分为纯板（或者是局部的纯板）和带支撑的板。纯板是相对支撑板而言的，即不带支撑的板，如图1-5所示的侧围板。大多数车身板是由金属梁或者补强梁支撑的，或者板被冲压出凸凹的

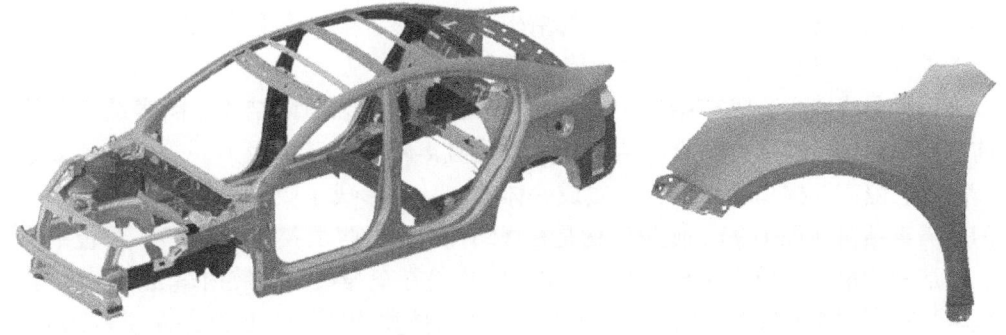

图1-4　车身框架结构图　　　　　　　图1-5　侧围板

筋，这类板就是支撑板。例如：车门外板的内侧有防撞梁或者补强胶支撑（图1-6），地板被冲压出一些加强筋，而且有梁支撑（图1-7）等。有时候，难以区分纯板和支撑板，比如顶棚。顶棚是一块由几根横梁支撑起来的大板，属于支撑板，但是横梁之间板的面积有时很大，故仍然将横梁之间的大板看成是局部纯板，如图1-8所示。

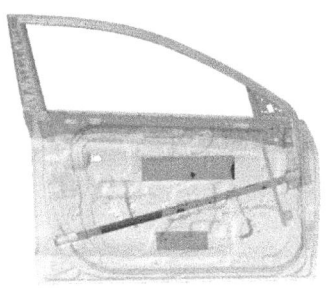

a) 外侧　　　　　　　　　　　　　b) 内侧

图1-6　车门外板

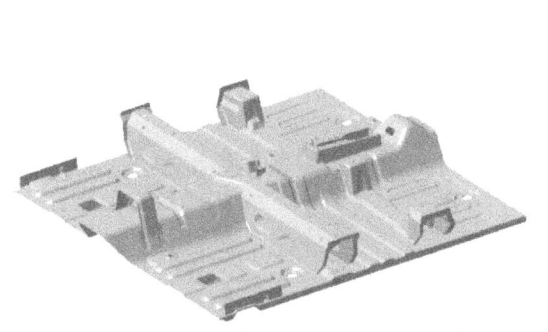
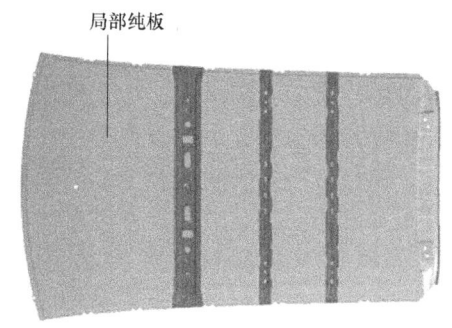

图1-7　地板　　　　　　　　　　图1-8　顶棚

内饰结构是贴合在板上和梁上的结构，包括形成美观并具备吸声和隔声等功能的外饰件，以及抑制噪声和振动传递的非金属件。从NVH的角度来看，可以将内饰结构分成四类：隔声结构、吸声结构、阻尼结构和阻隔结构。隔声结构包括前壁板隔声垫、地毯等。吸声结构包括顶棚吸声件、前壁板吸声件等。在大多数情况下，隔声结构和吸声结构是做成一体的，从而形成了吸隔声结构，如前壁板的吸隔声结构（图1-9）。阻尼结构是在板结构上涂的阻尼胶（图1-10）和板结构上附加的约束阻尼结构（图1-11）。阻隔结构是在车身梁的空腔内填充发泡材料，以阻止声音在车身梁空腔中传递。发泡材料的体积很小，但是经过高温烘烤后，体积会增加几十倍，充满梁内一段空腔（图1-12）。

图 1-9 前壁板吸隔声垫

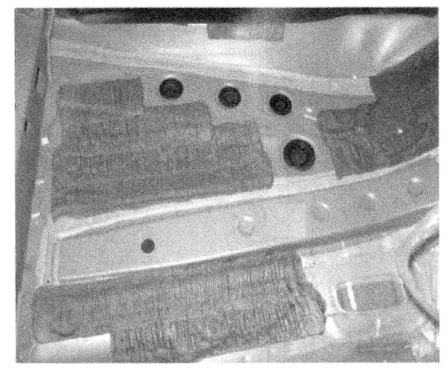
图 1-10 地板阻尼胶

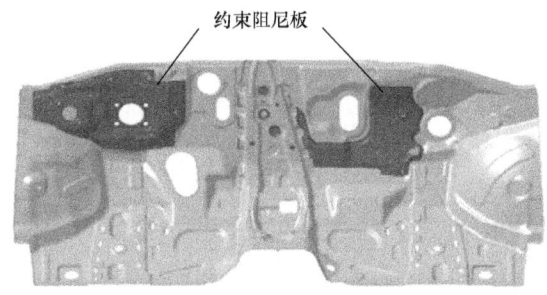
图 1-11 前壁板约束阻尼板及阻尼层

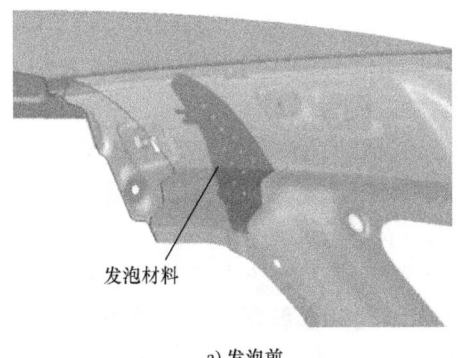
a) 发泡前

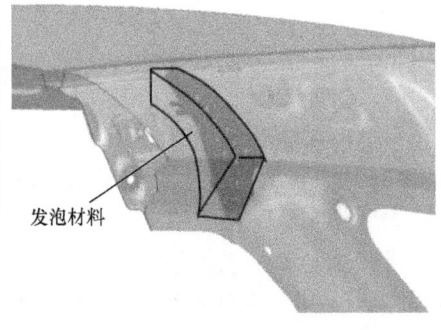
b) 发泡后

图 1-12 车身梁空腔内的发泡材料

附件结构是指安装在车身上的其他结构,如转向管柱梁、仪表板、座椅、换档系统、后视镜等。这些结构与人身体的感觉和视觉直接相关,如果出现问题,人就会感受到由于这些结构引起的振动和晃动等。

二、框架结构带来的噪声与振动问题

框架结构是车身的基础，如同房屋框架是建筑物的基础一样。房屋框架做得不好，它的承重就会有问题，抗地震的能力就差，房屋容易倒塌。如果车身框架做得不好，就会产生异响、共振、车身变形，甚至带来安全隐患。

车身框架是车身其他部件的支撑结构。车门、车身板、发动机舱盖、行李箱盖以及各种各样的附件支架都安装在框架上。如果框架结构刚度弱，那么车门等结构就得不到良好的支撑。在小的振动激励下，这些部件和框架之间会发生摩擦。当遇到大的冲击激励时，它们之间就会发生碰撞。部件之间的摩擦和碰撞是汽车产生异响的两大原因。

经过长时间的振动和冲击，车身框架可能发生变形，导致车门与车身框架之间贴合不好，降低车身的密封性能。在高速行驶时，动态密封尤差，从而出现巨大的风噪。

来自发动机的激励和路面的激励会直接作用到车身框架上，而且这些激励的低频成分非常多。如果框架结构没有足够的刚度，模态频率偏低，那么车身很容易被激励起来，从而发生车身共振。

车身框架不仅影响NVH性能，而且还影响碰撞安全、操控性能、可靠性等。比如碰撞就直接与车身前纵梁和横梁相关，如果这些梁结构弱，那么就不能满足碰撞等级要求，甚至影响汽车安全。

框架结构带来的是低频的、影响到整车的振动和噪声问题，所以，框架结构的刚度和模态频率非常重要。根据框架结构的特征，从梁和连接点两个方面来控制车身刚度。对单个梁来说，其刚度要尽可能高，同时连接头的刚度也要足够大。

三、板结构带来的噪声与振动问题

车身上的薄钢板与一张纸或者一个鼓面类似。手拿着纸在空中挥舞时，纸会发出响声，这是因为手将振动施加到纸上，纸振动而辐射声音。当敲鼓的时候，锤子将力施加在鼓面上，鼓面振动从而发出声音。

车身与许多激励系统连在一起，如发动机安装在车身或者副车架上，排气挂钩悬挂在地板上，底盘悬架系统连在地板上。这些系统都对车身产生激励作用，另外汽车高速行驶时，风吹打在车身上也在激励车身。当受到外界的激励时，车身薄板就会像纸和鼓面那样发出声音。

车身板结构振动而产生的噪声分成两类：一类是直接辐射噪声；另一类是板结构与车身声腔产生共振而产生的轰鸣声。

车身板直接辐射噪声的原因是板薄而且支撑跨度大，受外界激励时，板振动而辐射噪声。在设计车身板结构时，应避免使用比较大的平面板，尽可能地提高它们的频率。提高频率的方法通常有三种：第一种是在板结构上加工一些纵横交错的筋；第二种是采用凸台式设计，即将一块板设计成几个平面或者弧面；第三种是在板上加支撑。在某些情况下，如果仍不能提高板的频率，可以采用阻尼处理。阻尼处理有两种：自由阻尼和约束阻尼。在板的表面涂一层阻尼材料就是自由阻尼，如地板上的阻尼胶；在板上加一层三明治结构就是约束阻尼。

车身板与声腔模态共振而产生轰鸣声的原因是板的结构模态频率与声腔模态频率一致。车身内的空气是一个封闭的空间体，它有着特定的声腔模态形状和频率，例如第一阶声腔模态是沿着汽车前后方向而且频率低。当同样方向上的板（如行李箱板）的模态频率与第一阶声腔模态频率一致时，而且受到同样频率的外界激励，那么很容易产生结构-声腔耦合共振而发出低频的轰鸣声。这种低频轰鸣声非常压耳，让人不舒服。

车身板结构带来的多半是低频和中频的噪声和振动问题，也有少数高频噪声问题。这些问题主要是由于车身局部引起的，因此控制局部结构的刚度和阻尼对抑制这类NVH问题非常重要。

四、内饰结构及声学处理

内饰结构本身不仅不会带来NVH问题，而且它的功能是阻止或者衰竭声音的传播。狭义的内饰结构包括三类：隔声结构、吸声结构和阻隔结构。广义的内饰结构是指在狭义内饰结构的基础上，再加上阻尼结构。

吸声结构是由吸声材料组成的构件，其功能是消除中高频噪声。隔声结构是由隔声材料组成的构件，其功能是消除中低频噪声。车身上的大多数部位，隔声结构和吸声结构通常组合在一起而形成了吸隔声结构。声音从车外传入到车身，一部分被反射回去，剩下部分穿过车身传递到车内。吸隔声结构就是要减小这个穿过的声音。如果吸隔声结构设计得不好，达不到所需的隔声量，车内噪声就大。

阻隔结构是通过填充材料来阻止声音直接从车身上穿过。车身上的很多梁都是空心的，如A柱、B柱、C柱、地板纵梁等。这些梁上面有很多孔，这些孔或是为工艺而用，或是为其他安装而用。即便车身的吸隔声做得非常好，但是由于声音可以在梁中自由穿行，车外的声音仍然容易传递到车内。因此，必须在这些梁中间填充一些材料，以阻止声音在梁中的传递。填充的材料称为阻隔材料，通常是发泡材料，即将体积小的填充材料放到梁的中间，加热后，填充材料膨胀而塞满了梁的一段，从而阻止了声音在梁内的传递。

阻尼结构是在金属板上涂抹一层阻尼材料的结构或者阻尼夹层结构。板结构的阻尼处理主要是降低200~500Hz内的板振动和声辐射问题。

五、附件带来的噪声振动问题

车身附件可以分成三类：一是支架；二是转向系统；三是座椅。

很多部件是通过支架来安装在车身上的，如内外后视镜、电池、控制单元、杂物箱等。如果这些支架的刚度不足，就会带来附件的振动。例如：后视镜支架刚度不足，就会导致反光镜部件的模态频率低，行驶过程中，反光镜容易被发动机或者路面激励起来振动，反光镜里的物体在不断晃动，从而影响后视野。再比如：电池支架刚度不足，就会导致这个部件系统频率低，行驶过程中，电池与支架部件很容易被激励起来，而发出低频的轰鸣声。因此，这些支架的频率一定要高，以使得它和部件组成的系统与发动机和路面的激励频率错开。

转向系统是车身中一个大的附件，它由转向管柱和转向横梁组成。它也是通过支架与车身相连或者直接与车身相连。如果转向管柱和横梁本身的刚度低，其模态频率很可能与发动机的激励频率耦合，从而使转向盘振动大。即便转向管柱和转向横梁的刚度足够大，但是它们与车身的连接弱，也会使得整个系统的模态频率低，同样使得转向盘振动大。因此，转向管柱和转向横梁自身的刚度、支架的刚度要足够大，而且与车身连接后的整个转向系统的刚度要足够大。另外，还有一些部件通过支架与转向横梁连接，如 CD 盒，它们的刚度也必须足够大。

座椅是直接与人体接触的附件。人体感受到的振动分成两部分：一部分是由于座椅的结构模态频率低，整个座椅的纵向模态和/或横向模态被发动机或者路面激励起来，人感受到整体的纵向和/或横向振动；第二部分是由于座垫和靠垫设计得不好，使得座椅达不到良好的隔振效果，从而使人觉得不舒适。

第二节　结构声与空气声向车内的传递

噪声振动从车外经过车身传递到车内。这个传递过程可以描述为"源""传递通道"和"接受体"三个阶段。这个过程可以抽象为"源-传递通道-接受体"模型，如图 1-13 所示。

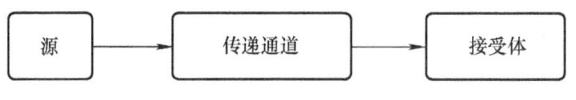

图 1-13　"源-传递通道-接受体"模型

下面就从"源"和"传递通道"来描述声音从车外到车内的传递过程。

一、汽车噪声振动源的描述

噪声振动源在车身外部。汽车有三大噪声振动源：动力系统噪声振动源、路面噪声振动源和风激励起的噪声振动源。下面就这三个源进行简单描述。

第一，动力系统产生的噪声振动。动力系统包括发动机、变速器、进气系统、排气系统、传动轴系等。它们都直接与车身相连，所产生噪声与振动直接传递到车身。动力系统噪声振动的一个鲜明特征是与发动机转速和发火阶次密切相关。汽车怠速和低速时，它们是车内最主要的噪声和振动源。

第二，路面与悬架系统产生的噪声振动。轮胎与路面摩擦时产生噪声并向车内传递。同时路面与轮胎之间的振动通过悬架系统传递到车身，并对车内产生振动与噪声。这类噪声振动与车速有关，同时还与轮胎和悬架系统的参数相关。当汽车以中等速度行驶时（特别是在粗糙路面），这类噪声是车内的主要噪声源。

第三，风与车身产生的噪声振动。汽车在高速行驶时，风作用在车身上。风与车身摩擦产生噪声，车外的风噪透过车身传递到车内。同时风把车身板激励起来，板产生振动并对车内辐射噪声。这类噪声与车速密切相关。通常，汽车在高速行驶时（如高于120km/h），风噪会压过动力系统产生的噪声和来自路面的噪声，成为最大的噪声源。

这三大噪声振动源对车内的传递是通过两种途径：空气声传递途径和结构声传递途径。下面详细介绍这两条传递途径。

二、结构声与空气声

1. 空气声及车身空气声传递

顾名思义，空气声是声音在空气中传播而人听到的声音。图 1-14 所示为鼓声传递到人耳的过程，屋子外有人用锤子敲鼓，屋子外面和里面都有人。锤子敲打在鼓面时，鼓面发出声音，然后直接传递到站在屋外的人的耳朵。这种声音在空气中产生，并在空气中传递，人直接可以听见，这就是空气声。

在屋子里面的人仍然可以听到敲鼓声，但是比屋外的人直接听到的声音低。鼓声传递到屋子

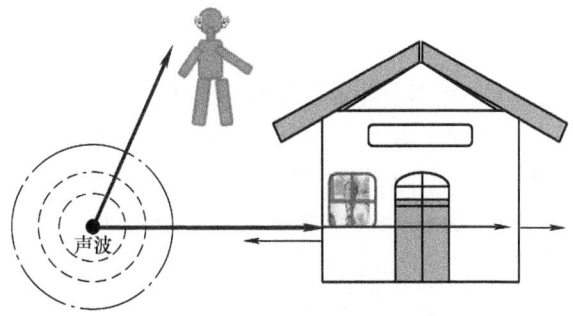

图 1-14　敲鼓声对人传递：空气声

时，一部分声音被墙壁、门、窗等反射回去，还有一部分声音会透过墙壁、门、窗而传递到房间里面。我们把敲鼓发出的声波称为入射波，被墙壁等反射回去的波叫反射

波,穿过墙壁而传到房间的声波叫透射波。屋子里面的人听到的就是透射波。

前面提到的三大汽车噪声振动源中,很大一部分声源是直接在空气中传递而到达耳朵的。车身就像墙壁,噪声传递到车身时,一部分入射声波被反射回去,一部分入射声波穿过车身(其中有一部分被吸收)传递到车内。汽车与房屋不同的是,车身上有很多吸声材料,它吸收了一部分透射波能量。图1-15所示为噪声源直接对车内的传递。

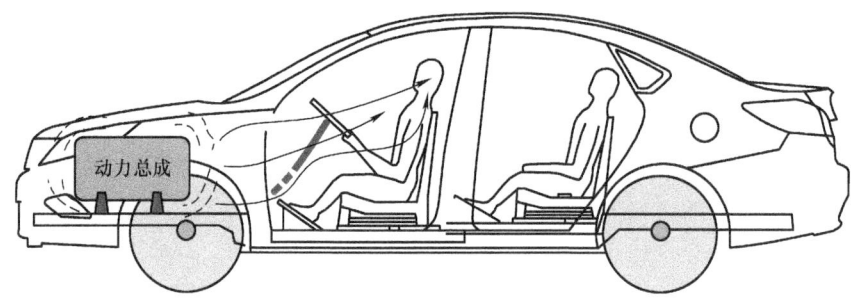

图1-15 噪声源直接对车内的传递

直接向车内传递的空气声声源有:
○ 发动机和动力总成的辐射声
○ 进气口的噪声
○ 排气口的噪声
○ 传动系统发出的空气声
○ 冷却风扇的声音
○ 轮胎与路面的摩擦声音
○ 风吹到车身上产生的声音
○ ……

2. 结构声及车身结构声的传递

空气声是直接传递到人耳的,而结构声是间接传递到人耳的。顾名思义,结构声是指声波在结构中传递,然后再辐射到空中,最后人听到的声音。很多人小时候有这样的经历,当在铁轨上玩耍时,特别是把耳朵贴着铁轨时,一旦听到"轰隆隆"的声音,就会说"火车快来了",而此时并没有看见火车。图1-16表示结构声在铁轨中的传递。

那么人们是怎么知道火车马上就要来了呢?火车运动时,它的振动通过车轮传递到铁轨中,而振动产生的波在铁轨这样的"结构"中传递,然后"结构"中的波辐射到空气中,人就听到了声音。由于声波在固体中的传播速度远远大于在空气中的传播速度,因此,当人们听到铁轨中发出的火车轰鸣声时,还没有看见

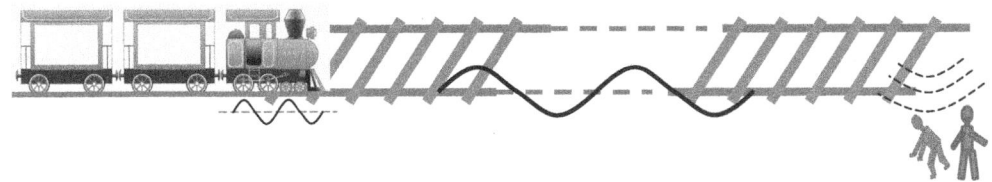

图1-16 结构声在铁轨中的传递

火车,但已经可以判断火车将要来临。

生活中,这样的例子很多。两个人相隔很远,彼此听不见对方的讲话。于是两个人就架起一根很长的绳子或者铁丝,在两端安装两个"话筒"。这样他们就可以谈话了。他们听见对方的声音不是通过空气直接传递的,而是通过绳子或者铁丝这样的"结构"传递的。

汽车上,有很多这样的传递方式。比如发动机的振动通过悬置传递到车架上,振动波在车架和板中传递,车身板向车内辐射,这就是结构声。汽车噪声振动源传递到车内的结构声有:

○ 动力总成的振动通过悬置传递到车身,被激励的车身向车内辐射噪声
○ 排气系统的振动通过挂钩传递到车身,被激励的车身向车内辐射噪声
○ 传动轴系的振动通过轴承支撑传递到车身,被激励的车身向车内辐射噪声
○ 悬架系统将路面激励传递到车身,被激励的车身向车内辐射噪声
○ 各种管道的振动传递到车身,被激励的车身向车内辐射噪声
○ ……

三、噪声振动源向车身的传递

噪声振动源在车身之外,人坐在车内并感受到噪声振动,车身是源与人之间的一道屏障。在分析整车噪声振动时,通常采用"源-传递通道-接受体"分析模型,如图1-13所示。因此车身就是噪声振动传递的"屏障",或者叫传递通道、传递路径。接受体是人感知的噪声和振动。

按照前面分析的空气声和结构声向车身的传递,可以把图1-13中的模型展开,如图1-17所示。图1-17详细地列出了空气声和结构声的声源和振源,以及对应的传递通道。

车内的噪声和振动是由车外的"源"和车身"传递通道"共同决定的,可以表达为

$$NV = \sum_{i=1}^{N} S_i H_i \tag{1-1}$$

式中,NV 表示车内的噪声或振动响应;S_i 表示车外的第 i 个噪声源或者振动源;H_i 表示车身的第 i 条噪声或者振动传递路径。

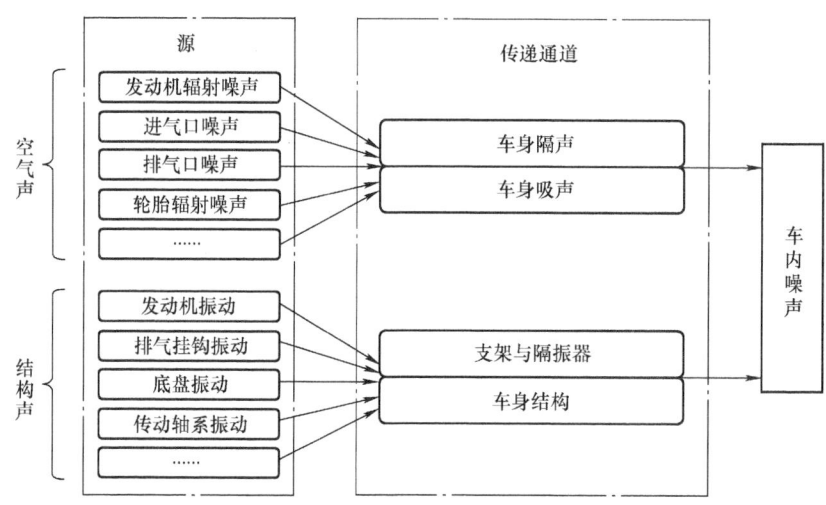

图 1-17 空气声和结构声的"源"和车身的"传递通道"

从式（1-1）中，可以看出控制车内噪声振动要从源和传递通道两方面着手。本书第五章"车身灵敏度分析与控制"将详细地介绍各种源的特征。了解了源的特征，就可以从源头上来控制噪声和振动向车身的输入。下面简单描述一下空气声传递路径和结构声传递路径的特征。

对空气声来说，传递通道就是车身的隔声与吸声。声源的声音传递到车身时，一部分被隔阻了，一部分被吸收，剩下的才传递到车内。车身隔声与吸声性能的好坏是用"声声传递函数"来表示的，它表示车外声源经过车身后到达车内的衰竭程度。"声声传递函数"越大，就表明车外声音被衰竭得越多。

对结构声来说，传递通道就是与车身接触点的振动向车内的传递。单位振动激励力作用在车身上，在车内产生噪声的程度可以用"声振传递函数"来表示；而在车内产生的振动可以用"振振传递函数"来表示。相对空气声传递通道来说，结构声传递通道更复杂一些。比如分析发动机的支架振动向车内的传递通道，要分析三个因素：第一是支架的刚度和模态；第二是支架与车身连接点的动刚度；第三是在连接点施加单位激励力时在车内产生的噪声。

研究车身 NVH 问题就是研究这些传递路径的特征，并提出控制路径传递的方法。在本章以及后续章节中，我们将重点说明怎样设计车身传递路径来控制噪声振动源向车内的传递。

第三节 车身噪声振动控制的关键技术

框架结构决定了车身的整体模态，板的局部结构决定了噪声的辐射以及与声腔模态的耦合。车身是整车的噪声振动传递通道，其传递分为空气声传递和结构声传递，并且涉及车身的声学灵敏度和振动灵敏度。车身在某些特殊情况下还会出现特殊问题，如高速风噪问题、关门声品质问题、异响问题。车身开发是以目标体系为导线进行的，因此确定明确的目标是车身开发的关键。综合这几方面的内容，可以将车身噪声振动控制的关键技术分为以下几类：

- 车身整体结构振动与控制
- 车身局部结构振动与声辐射
- 车身声学包装控制
- 车身灵敏度控制
- 车身风噪控制
- 车身声品质控制
- 车身异响控制

本书从第二章到第八章将详细地讲述以上七方面问题，每章讲述一个方面。下面就这七个方面做简单的描述。

一、车身整体结构振动与控制

车身整体结构振动控制是指从车身框架设计角度来控制车身的刚度和模态，使得整车有良好的噪声和振动控制性能。主要研究内容包括：

- 车身整体刚度控制
- 车身整体模态识别
- 车身整体模态控制

1. 车身整体刚度控制

车身刚度是车身的基础。刚度不足不仅会带来 NVH 问题，如整车抖动、车内轰鸣、异响等，而且还会带来安全、可靠性等方面的问题。车身刚度的研究包括车身刚度的测量与分析和车身刚度的控制。

刚度分为弯曲刚度和扭转刚度。弯曲刚度指车身在外力的作用下抵抗弯曲变形的能力。将前减振器和后减振器与车身连接的点约束，在前座椅的后安装点附件施加集中力。施加的力除以最大变形便得到了车身的弯曲刚度。

当施加在汽车两边的载荷不同时，车身受到扭转，产生扭转变形。扭转刚度指车身抵抗扭转变形的能力。将后减振器与车身的连接点约束，在前减振器与车身连接点处施加扭转力矩。扭转力矩除以扭转角便得到了车身的扭转刚度。

采用上述边界条件和施力方式，用测试法和 CAE 法来分析车身弯曲刚度和扭转刚度，即可得到测试值和分析值。

影响车身刚度的因素有整体框架的布局、梁的截面特征和连接头的刚度。整体布置是指纵梁、横梁和立柱的布置方式，它们必须形成封闭形状，才可能使整体刚度分布均匀。梁本身的刚度取决于梁的截面,弯曲刚度取决于截面的惯性矩,而扭转刚度则取决于截面的极惯性矩。封闭截面比开口截面的惯性矩和极惯性矩大许多,因此截面尽可能设计成封闭形状。连接头的刚度是指梁、柱等连在一起时的局部刚度。

只有车身框架布置合理、截面刚度高和连接头的刚度高,车身框架的刚度才会高。在分析车身刚度时,必须同时考虑这三个因素的影响。

2. 车身整体模态识别

车身模态识别是指通过测试或分析来得到车身的模态频率、模态振型,并确定影响模态特征的因素。车身模态中最重要的是第一阶弯曲模态和第一阶扭转模态。

在车身的特征点上布置一些加速度传感器,用激振器激励车身刚度大的部位(如悬架与车身的连接点),测量到激励和响应信号。经过信号处理,得到输入和输出的传递函数,就可以从中提取模态参数。车身模态分析通常是用有限元法来完成的。将车身划分成许多有限的网格后,确定施加力的点和响应点。通过计算得到加速度和力响应,然后得到传递函数和模态参数。

在车身测试和分析中,白车身最重要,因为它是最基础的结构。由于增加了玻璃、座椅、车门等结构,车身的质量增加,同时车身的刚度也发生了变化。一般情况下,内饰车身的弯曲模态比白车身低很多。闭合件使内饰车身的刚度有所提升,尽管内饰车身的弯曲模态频率比白车身低,但降低量没有弯曲模态频率那么多。白车身、内饰车身和整车车身的模态频率之间存在着一定的关系。确定了白车身的模态频率后,可以大致推断出内饰车身和整车车身的模态频率。

模态识别还包括确定主要模态的节点。外部系统的集中质量要尽可能布置在车身模态节点上,这样它们对车身模态影响最小或者输入最小。

3. 车身整体模态控制

车身模态控制是使系统与激励之间解耦、相邻系统的模态解耦,并制定模态表,得到控制车身模态的方法。车身整体模态控制可以从三方面进行:第一是分析车身各系统的模态频率和激励,使各相关联系统之间解耦以及与激励频率分离;第二是制定完善的模态目标表;第三是通过调整刚度、质量和结构分布实现模态分离并抑制噪声与振动。

模态控制的首要任务是确定相关联系统以及它们之间的耦合情况,即确定模态分离和解耦原则。车身模态解耦原则包括三方面:车身整体模态频率与外界激励频率解耦,车身整体模态与相连接系统的模态解耦,车身整体模态与局部模态解耦。

模态控制的第二个任务是制定模态分布表。在模态解耦原则的基础上,确定激励频率、整车车身的频率以及相关联系统的频率,然后就可以制定模态表来规划各个系统的模态频率，并指导产品 NVH 开发。

车身模态规划表有三个。第一个是整车模态规划表，它是将车身与其他系统的模态频率画在一张表内，其目的是使汽车各个系统的模态解耦，并且避开怠速激励频率。当整车模态规划表确定后，就确定了各个系统的模态目标，它们的开发可以相对独立。第二个是车身模态规划表，它将整车车身的模态与车身上各个部件的模态放在一起。其目的是使整车模态频率与车身局部模态频率分离，以及与激励频率分离。第三个是激励频率与车身模态表或图，它将车身整体模态频率和激励源频率放在一张表内或绘制在一张图上，可以清晰地看到激励的频率、转速、阶次等关系。第三张表和第二张表可以结合使用，能快捷地找到车身模态频率与激励的关系，以便诊断问题。

模态控制的第三个任务是通过修改结构来实现车身模态分离与控制。车身的整体模态主要与车身的刚度和质量分布有关，因此改变车身模态也就是从这两方面入手。另外，与车身相连接的某些系统可以视为车身的动态吸振器，来调节某些模态的响应。车身整体第一阶弯曲模态和第一阶扭转模态的频率应尽可能高，并远离主要激励源的频率；如果车身模态频率与激励频率出现不可避免的重合，则应使激励尽可能靠近模态节点。

二、车身局部结构振动与声辐射

车身框架结构是车身的基础，而板和附件通过焊接或者其他方式与梁框架相连。车身的局部结构有两大类：板结构和附件结构。板结构是指通过焊接或者其他方式与框架相连而形成封闭车身的钣金件，如前壁板、顶棚、地板、侧围板、车门、发动机舱盖板、行李箱盖板等。附件是指安装在车身上起一定功能的部件，如转向系统、仪表台板、内后视镜、侧外后视镜等。

板是薄壁件，被激励后很容易辐射噪声。车内的空气形成一个空腔，具有声腔模态。板结构的模态频率比较低，容易与声腔模态频率耦合，从而产生车内轰鸣声。很多附件与人的触、听、观等感官反应直接相关。它们产生的噪声与振动直接影响人的感受，如用手感受到的转向盘振动、眼睛看到的内后视镜晃动等。

为了控制附件的振动与噪声，车身的局部结构研究必须解决以下问题：
☐ 板结构振动与声辐射控制
☐ 声腔模态
☐ 附件的振动控制

下面就这几项技术作简单介绍。

1. 板结构振动与声辐射

板结构就像一个鼓面。敲鼓的时候，鼓面的振动如同向水面投入了石头而产生涟漪那样，如图 1-18 所示。同样，车身局部板结构被激励时，振动波也会形成这样一层层展开的"涟漪"形状。

当车身板的模态频率与外界激励频率一致时，就容易被激励起来并对车内辐射噪声。比如悬架系统的振动传递到地板上，地板被激励后，对车内辐射噪声。再比如空调管穿过前壁板，将压缩机的振动传递到前壁板上，前壁板振动，然后辐射噪声。

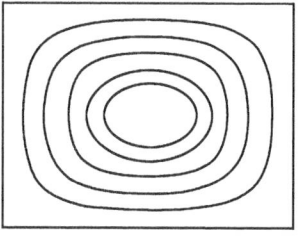

图 1-18　板的振动波形

板结构研究的首要任务是确立车身板结构模态与激励之间的关系。车身板结构的主要模态有前壁板模态、顶棚模态、地板模态、发动机舱罩盖模态、行李箱罩盖模态等。几乎所有的激励源都可能将板激励起来，因此必须确定所有激励源的频率，建立一张车身板结构模态和激励频率的规划表。从表中可以清晰地看到模态与激励的耦合关系。板模态和激励源的解耦是控制车身板结构局部模态最基础的工作。另外，相邻板结构的模态频率要避开，而且要与声腔模态避开。

板结构研究的第二任务是研究板结构的振动特征。车身板结构非常复杂，很难用解析方法得到结构的振动。在工程上，通常采用试验方法和数字计算方法来获取板结构的模态和振动响应。但是为了研究板结构振动的机理，可以将某些车身板简化成简支平板，然后用解析的方法进行分析。

板结构研究的第三个任务是研究板的声辐射特征。车身板的振动会带来两类噪声问题：一是板振动直接对车内辐射噪声；二是板的模态与声腔模态耦合而产生轰鸣声。直接声辐射的大小用辐射声功率（W_{rad}）表示，表达为

$$W_{\text{rad}} = \sigma \rho_0 c S \langle \bar{v^2} \rangle \tag{1-2}$$

式中，σ 是声辐射系数；ρ_0 为空气密度；c 为声速；S 为板的面积；$\langle \bar{v^2} \rangle$ 为板的均方振动速度。

板声辐射研究的对象包括板结构辐射机理、板的声辐射效率、板声辐射贡献源分析。板结构辐射机理是研究板受到激励后，在板内形成了具有一定频率和速度的弯曲波，然后弯曲波向车内空腔辐射的过程。弯曲波能否向向空气中辐射声音，则取决于它的频率。只有当弯曲波的频率大于某个临界频率时，才会产生辐射声音。由式（1-2）可知，辐射声功率的大小与板结构振动速度的平方成正比。板的辐射效率表示辐射能力，即单位时间内辐射的声能，辐射的声能越多，效率越高。辐射效率也与弯曲波的频率有关。板声辐射贡献源分析是确定车身上每块板对车内总声压的贡献比例，从而找到主要的贡献源。

板结构研究的第四任务是控制板的振动与声辐射。局部板的控制可以从刚度、阻尼、质量、吸振器几个方面进行。

垂直于板平面的板的刚度决定了板结构的模态频率。板结构的频率偏低时，在板上面加筋是提高其频率最好的方法。例如前壁板的频率为 50～150Hz，转向管

柱、空调管道、离合器拉索等都会穿过前壁板，并可能把它激励起来。这些激励源的频率可能会与前壁板的频率耦合。当遇到这种情况时，就必须修改前壁板的刚度设计。加筋的方法有几种：第一是直接在平板上冲出筋；第二是把平板设计在不同的平面内；第三是在板上焊接支撑梁或者涂上补强胶。在加支撑梁比较困难的地方，可以涂上补强胶起到支撑作用，例如在车门的外板上使用补强胶。图1-19表示一个平板和一个冲筋板，两个板的尺寸相同。显然冲筋板的频率比平板高很多。

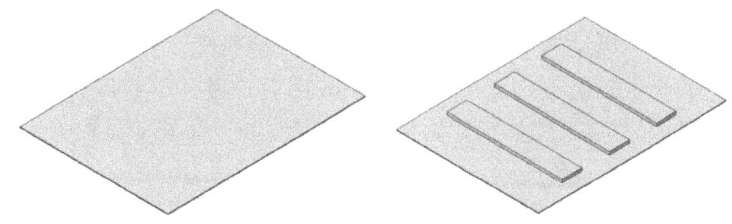

图1-19 平板和冲筋板

当板的振动大而又无法加筋时，阻尼处理是抑制板振动和声辐射最常用的方法。阻尼处理是在板上涂上阻尼胶，或者安装夹心阻尼结构，或者直接采用多层阻尼板。图1-20所示为一个无阻尼平板和一个有阻尼板对外声辐射大小的示意图。

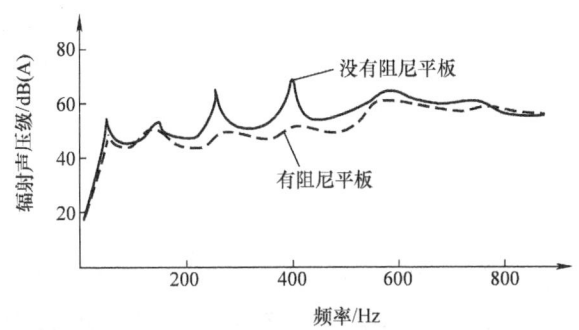

图1-20 平板和阻尼板对外声辐射大小的示意图

阻尼处理的方法有三种：自由阻尼、约束阻尼和阻尼板。自由阻尼是在板上直接涂上阻尼胶，比如在地板、后轮毂包、行李箱地板涂上阻尼材料，可以衰减来自路面的噪声。约束阻尼是在两层板之间夹入阻尼材料，即形成"三明治"结构，通常是在板的局部位置上使用，如在后轮毂包上采用三明治局部结构可以衰减少来自路面的噪声，如溅水的声音。阻尼板是直接采用多层结构的阻尼复合钢板（Laminated Steel），其实它也是约束阻尼，不同的是整块板就是一个阻尼钢板，例如有些车身的前壁板就是一整块阻尼板。

阻尼材料多用到板结构应变能最大的地方。阻尼通常是抑制板的中频（200～500Hz）振动和声辐射，特别是对有共振频率的情况。

使用质量块也可以调节板结构的模态频率。质量块可以看成是一个特殊的阻尼器，将它放置到板结构上既可以使系统的频率偏移，也可以抑制振动幅值。在车身板结构上，通过增加质量阻尼器来降低车内轰鸣声的情况比较多。首先要找到与轰鸣声频率对应的板结构，然后分析或者测量板结构的振动模态，最后确定施加质量块的最佳位置。但是，与刚度控制方法相比，质量阻尼器调节的范围不大。

动态吸振器是在板结构上加上一个质量块-弹簧系统，其目的是抑制某个频率的振动。确定了产生辐射轰鸣声的板结构和频率后，设计一套同样频率的质量块-弹簧系统。这套系统抑制了这个频率的振动和声辐射，降低了轰鸣声。

2. 声腔模态

车内空气形成了一个封闭腔室。封闭的空气类似于固体，它有其自身的模态。由封闭空气而形成的模态被称为声腔模态。结构体的模态分布是用位移来表征的，而封闭空间的模态分布是用压力来表征的。图1-21所示为某车的第一阶声腔模态。

声腔模态形状和频率是由车内空间尺寸和声速决定的，取决于造型和内饰设计。当造型等因素确定后，声腔模态振型和频率也就确定了，几乎是不可能改变的。声腔模态频率比较低，例如中型三厢车的

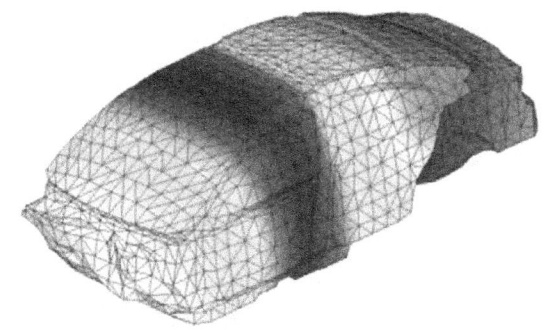

图1-21 某车的第一阶声腔模态（见彩插）

第一阶声腔模态频率在40～60Hz之间，模态振型（声压）沿着车身纵向变化，有的地方压力大，有的地方小，像手风琴一样，如图1-21所示。第二阶模态振型也是沿着车身的纵向变化，振型类似于一阶。第三阶模态振型沿着车身的横向变化，高阶模态振型就比较复杂。

声腔模态会带来两类噪声问题。第一类问题是声腔模态与车身板结构模态耦合运动。车身板结构受到外力的激励，就会推动声腔运动。车身板就像扬声器模板一样运动，发出声音。这种微小的声音在声腔模态内被放大，当板和声腔的模态频率一致时，就会产生轰鸣声。第二类问题是外界噪声源的频率与声腔模态频率耦合，也会产生车内轰鸣声。比如排气尾管噪声传递到车内，当某个频率与声腔模态耦合时，就形成了轰鸣声。

声腔模态的研究涉及三方面内容：第一是研究声腔模态的频率和振型特征，

包括声腔模态的测量与分析；第二是研究板的结构振动与声腔模态的耦合关系，并使两者之间解耦。第三是研究声腔模态对声声传递函数的影响，即外界声源激励与声腔模态的关系。引起车内轰鸣声的模态多半是第一阶，因此控制第一阶声腔模态或者使其避免被激励起来是声腔模态控制的核心。

3. 附件结构的控制

安装在车身上的其他结构件很多，如转向系统、外后视镜、内后视镜等。如果设计得不好，它们也会产生噪声振动问题，如怠速时转向盘的抖动、高速行驶时内后视镜的抖动。

从车身 NVH 的角度考虑，可以将附件结构分为三大类：支架、转向系统和座椅。

支架是其他系统与车身之间的连接"桥梁"，如动力总成连接车身的支架、排气系统连接车身的挂钩等。图 1-22a 所示为一个动力总成支架，b 所示为一个支架与悬置相连。支架是噪声振动源传递到车身的一个"通道"，经常会带来噪声振动问题。支架自身的模态频率低，就可能被激励起来，产生共振，将振动传递到车身，并且支架本身可能辐射噪声。比如某个发动机悬置支架的模态频率是 300Hz，当一个四缸发动机在 4500r/min 激励时，其四阶激励频率是 300Hz，支架就可能发生共振，并将它传递到车身结构上，形成车内共振。支架和被连接的系统形成一个质量-弹簧系统，如果外界的激励与这个"系统"的频率一致时，就产生共振。例如，电池和电池支架就构成一个"弹簧-质量块"系统，它的频率比较低，很容易被来自路面的振动激励起来。这个系统的振动通过支架传递到车身上。

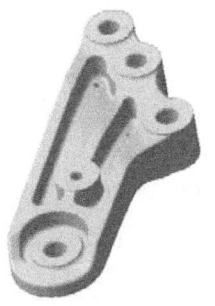 

a) 一个动力总成支架　　b) 支架与悬置相连

图 1-22　动力总成支架

支架可以看成是车身的延伸。设计支架时一定要同时考虑车身自身的结构特点，以支架不产生共振为原则。支架应该尽可能短，以便使其自身频率高，避开激励频率。支架一定要安装在车身结构刚度大的地方，使原点动刚度尽可能大。

转向系统是由转向管柱和转向管梁两大系统组成的，如图 1-23 所示。转向盘安装在转向管柱上，而转向盘的振动是顾客感知最多的振动。由于转向系统与车身相连接，所以传递到车身上的振动都有可能传递到转向盘上，并带来三类顾客直接感知的问题：怠速时的抖动、加速过程中的抖动、巡航和加速过程中的摆振。避免这些问题的原则是使转向系统的频率避开激励频率，使转向系统的频率尽可能高。一般原则是使转向系统的频率高于激励频率至少 3Hz。例如，一个四缸发动机在开空调时的怠速转速是 900r/min，对应发火二阶的频率是 30Hz，冷却风扇的转速是 1900r/min，对应一阶动平衡的频率是 31.7Hz，那么转向系统的频率必须达到 35Hz。

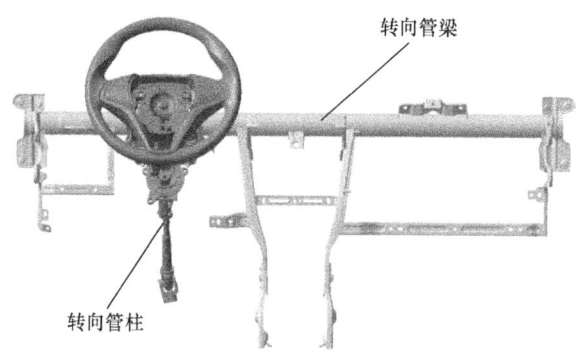

图 1-23 转向系统示意图

转向系统的频率取决于转向管柱的频率和管梁的频率。转向管柱的频率由管柱刚度、支撑点的位置、支架的刚度、转向盘重量和安全气囊重量决定。管梁的刚度由管梁的刚度、梁与 A 柱的连接方式、梁中间的支撑点和支架刚度来决定。只有同时提升转向管柱的频率和管梁的频率，才能提高整个转向系统的频率。

座椅由座椅骨架、座垫和靠背组成。骨架起到支撑作用，它必须具有足够的刚度，以保证模态频率与发动机和路面的激励源频率错开，避免共振。座垫和靠背直接与人体接触，影响乘坐舒适性，因此它们的设计要使乘员避开人体敏感的垂向频率和横向频率。

三、车身声学包装控制

当车身结构设计完成后，将内饰件和吸声隔声材料安装在车身上，一方面使内饰看上去漂亮，另一方面降低噪声向车内的传递。习惯上，人们将车身上与声学处理相关的非金属材料、结构和技术统称为声学包装（Sound Package）。

衡量狭义声学包装效果的指标是噪声衰减量（Noise Reduction），用 NR 表示。它定义为车外声源处的声压级（SPL_{out}）与车内声压级（SPL_{in}）之差，用公式表

达为

$$NR = SPL_{out} - SPL_{in} \tag{1-3}$$

在车外放置一个声源模拟发声器，同时测量发声器附近和车内的声压，两者的声压级相减便得到 NR。例如测量发动机声源对车内的噪声传递衰减时，就在发动机舱放置一个发动机噪声模拟发声器；测量进气口或者排气口声源对车内传递时，就在相应声源位置放置进、排声源发声器。

一般情况下，NR 随着频率的增加而增加，而且以 6dB/倍频程的斜

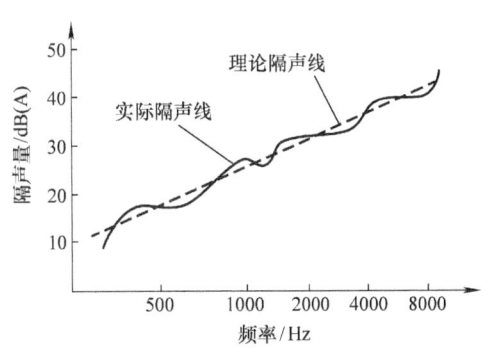

图 1-24 车身噪声衰减量图

率增加，如图 1-24 所示。噪声衰减量越大，就表明车身对噪声的隔离效果越好。声学包装做得好的汽车，在 1000Hz 时，NR 应该达到 35~40dB。

一般情况下，声学包装是指的"狭义"声学包装，其研究范围包括：车身的密封、吸声材料和吸声结构、隔声材料与隔声结构。"广义"的声学包装除了上述三个范围外，还包括阻尼材料和阻尼结构，以及补强材料和补强结构。阻尼材料的介绍放在板结构振动部分。

1. 车身密封

无论车身做得再好，无论使用了多少隔声和吸声材料，只要车身上有孔和洞的存在，噪声就会直接穿过这些孔洞而传到车内来。图 1-25 表示没有孔洞的理想车身和有孔洞车身的隔声量对比。孔和洞使车身对噪声的衰减大幅下降。所以，声学包装最基础的工作就是做好车身的密封。

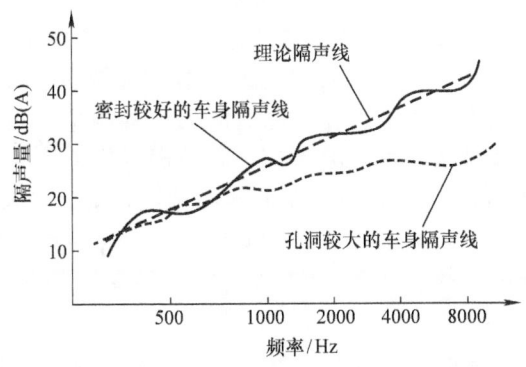

图 1-25 没有孔洞的理想车身和有孔洞车身的隔声量对比

密封分为静态密封和动态密封。只考虑汽车在静止状态下，对车身进行的密封处理是静态密封。当汽车运动起来时，有些部件会发生相对运动（如车门和车身门框之间）。考虑汽车运动时相对运动部件之间的密封就是动态密封。静态密封好并不代表动态密封好。

车身上的孔和洞分为三类：功能性的孔、工艺性的孔、错误的孔和缝隙。功能性的孔是指为了达到某个功能性的目的，不得不在车身上开孔，比如前壁板有很多孔（图1-26），因为转向管柱、空调管、换档拉索、离合器拉索、线束等都会从前壁板穿过。工艺性的孔是指在制造过程中，必须开孔以便完成某道工序，制造完毕后，这些孔和缝就没有用了，比如地板上的一些孔就是在电泳工序后让电泳液流出而设计的。错误的孔和缝隙是指由于设计错误和制造误差而产生的孔和缝隙，它们既没有使用功能，工艺上也不需要。

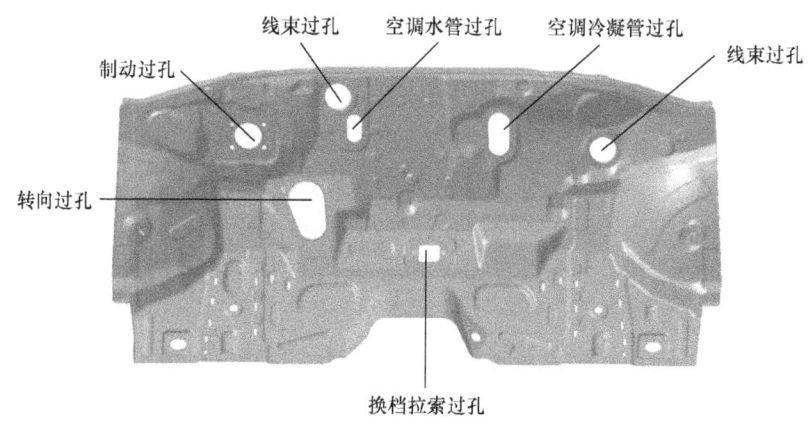

图1-26 前壁板上的孔和洞

检查车身静态密封的常用方法有三种：气密性测量法、超声波检测法和烟雾测量法。气密性测量法就是用鼓风机向车身内吹气，使压力保持恒定，并测量泄气量。这种方法可以定量地给出泄气量的大小。当把某些部位用胶布密封起来（如将一个前车门的边框密封），就可以定量地给出这些部件的泄气贡献量。超声波检测法就是在车外发射超声波，在车内对应的位置测量。如果有孔洞，车内的测量仪就会发出响声并显示数据，响声大小和数据量代表了泄漏量的多少。烟雾测量法是将烟雾发生器放置在车内，发生器释放出烟雾，遇到孔和缝隙的地方，烟雾就会渗透到车外。人站在车外，通过观察流程烟雾来判断孔和缝隙的位置和大小。

2. 吸声材料

声波传递到材料表面时，一部分能量被反射回去，一部分能量被吸收并转化成热能，如图1-27所示。图中假设声波只有反射和吸收，没有透射。这种具有吸收声音能量的材料被称为吸声材料。吸声材料的好坏用吸声系数表示。图 1-28 是三种吸声材料的吸声系数随频率变化的曲线。在低频时，吸声系数比较低；在中高频，吸声系数高；到了某个频率，吸声系数基本维持稳定。材料的吸声系数可以在阻抗管里面测量，也可以在混响室里面测量。

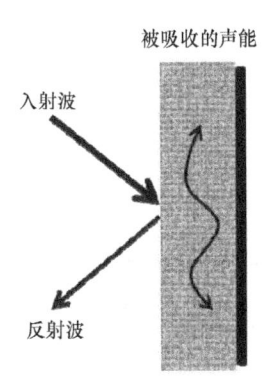

图 1-27　声波的反射与吸收

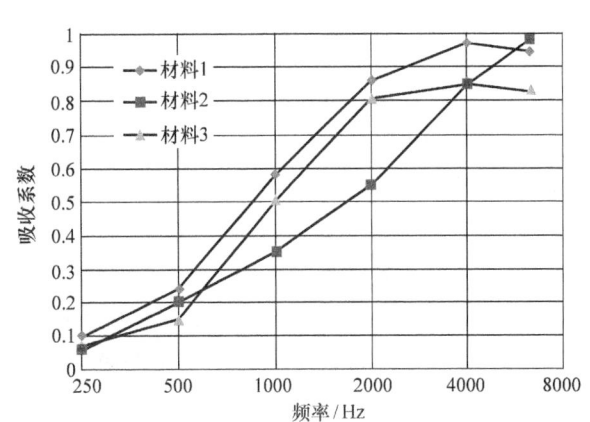

图 1-28　材料的吸声系数

　　吸声材料柔软而多孔。影响吸声材料吸声性能的因素主要有流阻、孔隙率、结构因子、密度、厚度等。流阻高使材料中空气的穿透性能差，吸声效果差；反之，流阻低使摩擦力、黏滞力产生的能耗低，吸声效果差。因此，材料的流阻要控制在合适的范围内。孔隙率是指材料中的空气体积与材料总体积的比值，它反映了材料的密度。材料密度增加，吸声系数随之增加。但是密度增加到一定程度后，孔隙率降低，流阻增加，低频吸声性能提升，但是高频吸声效果降低。因此，每种材料都有一个合适的密度。结构因子是反映材料内部形状和排列的一个无量纲参数。结构因子对材料的低频吸声性能几乎没有影响，但对高频影响比较大。厚度增加，吸声系数增加，特别是在中低频段，但是厚度增加到一定的值之后，吸声系数的增加量就开始减少。

　　汽车上使用的多孔吸声材料主要有三类：棉毡类、泡沫类和玻璃纤维类。棉毡价格低廉，在中低档车上广泛使用。泡沫材料具备更好的吸声效果，在高档车上使用比较多。玻璃纤维材料具有良好的保温隔热和防潮效果，经常用来做发动机罩板和前壁板外侧的吸声隔热材料。

　　吸声材料在汽车内饰件上应用广泛，如发动机罩隔热垫、发动机舱隔热垫、前壁板隔声垫、顶棚等，同时在 ABC 立柱、门槛梁、门内饰板、轮毂包、仪表台板等地方也都安放吸声材料。

3. 隔声材料及其结构

　　当声波传递到材料表面时，一部分被反射回去，一部分被材料吸收并转换成热能，还有一部分透过材料继续传递，如图1-29所示。这种材料能反射一部分声能，只让一部分能量透过，它就是隔声材料。隔声的效果用隔声量来衡量。隔声量的测试有两种方法：阻抗管测量和混响室-消声室测量。

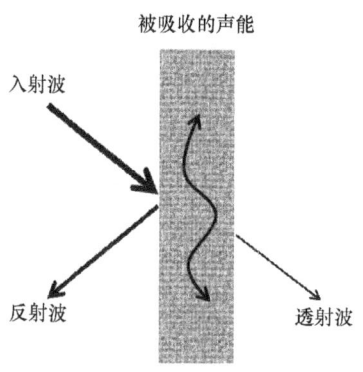

图1-29 声波的反射、吸收和透射

隔声结构有单层板结构和双层板结构。单层板结构的隔声性能是由板的密度（或质量）、刚度和阻尼三个因素决定的。低频段，隔声效果由刚度控制。到了一定频率后，隔声量由质量大小控制，质量增加一倍，隔声量增加6dB。在这个区域内，隔声量随着频率增加而增加，频率增加一倍，隔声量增加6dB。到了高频段，进入了吻合效应区。在吻合频率附近，隔声量迅速下降，而且受阻尼影响。双层板隔声效果比单层板好，比如前风窗玻璃采用双层结构，隔声效果就比单层玻璃好。

车身钢板和玻璃就是隔声材料。单独使用的隔声材料比较少，通常是隔声材料和吸声材料组合使用，例如前壁板隔声垫就是吸声材料和隔声材料的组合结构。

四、车身灵敏度控制

1. 传递函数与灵敏度

在一个系统中施加输入激励，就会产生输出响应，如图1-30所示。输出响应与输入激励的比值被称为传递函数，用$H(\omega)$表示，即

$$H(\omega) = \frac{Y(\omega)}{X(\omega)} \tag{1-4}$$

式中，$X(\omega)$、$Y(\omega)$分别表示输入和输出函数。

图1-30 系统中输入、输出的关系

车身是一个系统，外界的噪声和施加在车身上的振动是输入，而车内的噪声和振动是响应。比如在车身动力总成悬置安装点上敲击一下，即将振动输入给车身；在车内产生的噪声和转向盘上的振动就是输出。车内噪声响应与悬置点振动激励的比值就是噪声对振动的传递函数，转向盘振动与悬置点振动的比值就是振动对振动的传递函数。

在车身噪声振动分析中，经常采用灵敏度这个词。灵敏度是指一个系统中输出响应对输入激励的灵敏程度。其实，灵敏度就是传递函数，只是在汽车NVH分

析中，人们习惯了使用这个词，是为了强调输出对输入的敏感程度。例如在 A 车悬置点上敲击 1N 的力，在车内产生了 55dB（A）的声音，其灵敏度就是 55dB/N；在 B 车上用 1N 的力敲击同样的悬置点位置，而车内声音是 60dB（A），其灵敏度就是 60dB/N。可以说在某个位置输入力时，B 车声音对力的灵敏度比 A 车高。

灵敏度反映的是系统特征。对一个线形系统来说，灵敏度与输入和输出没有关系；但是对于一个非线性系统，灵敏度不仅与系统有关，还与输入和输出有关。汽车上有很多非线性系统，比如座椅，当外界激励大小发生变化时，座垫振动响应对座椅导轨振动激励的灵敏度是随着激励大小而变化的。严格来讲，车身是一个非线性系统，但是在工程上可以把车身近似看成一个线性系统。从这层意义上讲，灵敏度反映了系统的特征。

车身的灵敏度有两类：结构灵敏度和声学灵敏度。结构灵敏度又可以分为声振传递函数、振振传递函数和原点动刚度。

2. 结构灵敏度

结构灵敏度反映了车身结构振动对车内噪声和振动的影响程度，即在车身上施加力或者振动激励时，在车内引起的噪声和振动的敏感程度。

车身上有很多点承受外界激励，如动力总成将激励力施加到悬置点上，排气系统将力施加到排气挂钩上，路面-悬架将力施加到减振器和弹簧支座上，传动轴系将力施加在轴承座上等。

在单位激励力的作用下，车内产生噪声大小的程度被称为声振灵敏度，或者表述为车内噪声与单位激励力的比值。声振灵敏度用（P/F）表示，P 表述车内声压，F 表述施加在车身上的力。

在单位激励力的作用下，转向盘、座椅、地板等处产生振动大小的程度，被称为振振灵敏度，或者表述为车内振动与单位激励力的比值。振振灵敏度用（V/F）表示，V 表述车内振动，F 表述施加在车身上的力。

结构灵敏度反映的是结构声向车内的传递。图 1-31 表示声振灵敏度和振振灵敏度的传递过程。

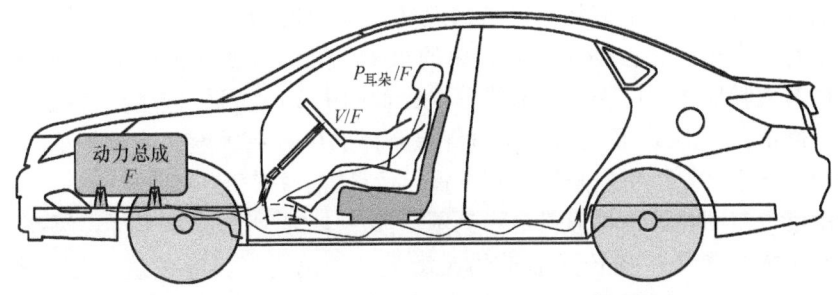

图 1-31 声振灵敏度和振振灵敏度的传递过程

控制声振灵敏度和振振灵敏度是控制结构声传递的关键。这两个灵敏度应该控制到一定的范围内，例如声振灵敏度一般要小于55dB/N。

车身上承受外力部位的刚度对结构灵敏度的传递非常重要。动刚度是指力激励与位移响应的比值，是频率的函数。将力激励与同一点的位移响应之比称为原点动刚度。"原点"表示激励和响应在同一个点。原点动刚度反映了该点的结构强弱。如果车身激励点的原点动刚度低，那么结构灵敏度大。因此，原点动刚度是控制结构灵敏度大小的重要因素。

3. 声学灵敏度

声源传递到车身时，一部分被反射回去，一部分被车身吸收，还有一部分透过车身传递到车内。声学灵敏度是指车内噪声声压与车外声源声压的比值，用 P_{in}/P_{out} 表示（P_{in} 和 P_{out} 分别为车内声压和车外声压）。声学灵敏度是声音对声音的传递函数，所以也称为声声灵敏度。

车身外面的主要声源有：发动机声源、排气尾管声源、进气口声源、轮胎与路面摩擦产生的声源等。当这些声音传递到车内时，经过了车身这道屏障。图1-32表示声学灵敏度的传递过程。声学灵敏度反映了外界噪声源对车内噪声的影响，它取决于车身的隔声和吸声性能。

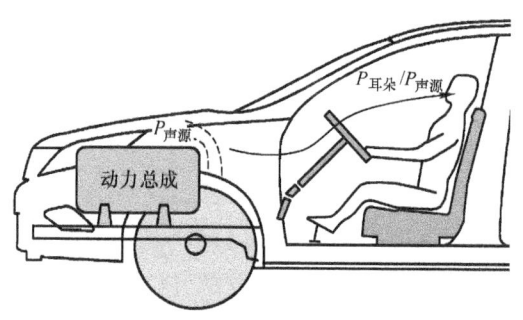

图1-32 声学灵敏度的传递过程

4. 灵敏度分布图

灵敏度是频率的函数。将不同传递路径的灵敏度画在一张图上，就可以看出每条路径对车内噪声和振动在不同频率的贡献，这张图就是灵敏度分布图。灵敏度分布图有两种形式，第一种是曲线形式，如图1-33所示，横坐标是频率，纵坐标是灵敏度值。图1-33是几条结构声传递路径的声振灵敏度，响应是车内驾驶人右耳噪声，激励有发动机左悬置、右悬置、后悬置、排气挂钩等。

灵敏度分布图的第二种形式是彩色图，如图1-34所示，横坐标是频率，纵坐标上的每个横条表示一条传递通道的灵敏度，颜色代表灵敏度值。在这张图上，有左悬置、右悬置、后悬置（分别在X、Y和Z三个方向上）以及几个排气挂钩的灵敏度值。

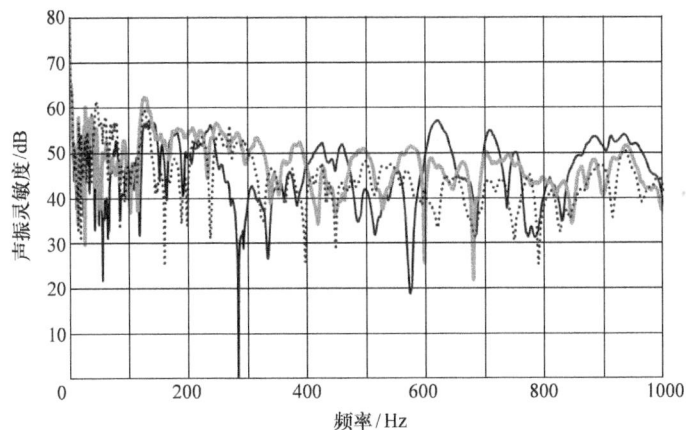

图1-33 声振灵敏度（声压对激励力的灵敏度）曲线图

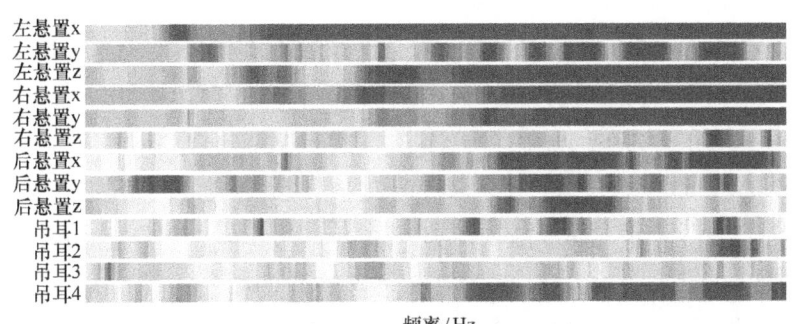

图1-34 声振灵敏度彩色图（见彩插）

有了这些灵敏度分布图，就可以一目了然地看到某个频率上噪声主要的传递通道。

五、车身风噪控制

当汽车高速（如120km/h）行驶时，气流与车身之间相互作用而形成的噪声称为风噪。这时，风噪压过了来自发动机和路面的噪声，成为车内最大的噪声源。顾客对风噪的反应通常会有"声音听上去好像窗子或者门没有关好""在高速公路上开车时风噪很大，影响了我们的谈话或听收音机"等。风噪以中高频成分为主，当风噪大的时候，会严重影响乘员之间的交谈，语言清晰度大幅度下降。

风噪的研究内容包括以下四方面：

❑ 风噪的种类和机理
❑ 造型对风噪的影响与控制

❏ 动态密封控制
❏ 风噪的评价、试验与分析

1. 风噪的种类和机理

风和汽车的相对高速运动产生的风噪可以从空气声和结构声两方面机理来分析。本书将风噪分成四大类。

第一类是脉动噪声。气流吹到车身表面时，形成了两部分，如图 1-35 所示。一部分贴合在车身表面，形成了很薄的扰流层。扰流层之外，是比较厚、压力相对稳定的稳流层。

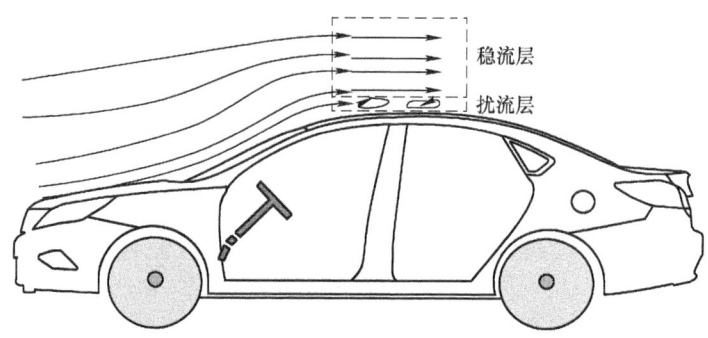

图 1-35　气流在车身表面的附着层

在扰流层内，气流形成了很多附着在车身上的小漩涡，并产生噪声。这种噪声被称为扰流噪声，也称为脉动噪声。气流与车身的突出物（如天线）摩擦产生的噪声也是脉动噪声。扰流噪声是在车外形成的，透过车身传递到车内。脉动噪声的传递是空气声传递。

第二类是气吸噪声。车身上存在一些缝隙，或者汽车运动时车门和车身框架之间产生了缝隙，车外噪声直接穿过缝隙而进入车内，这样的噪声称为气吸噪声。

第三类是风振噪声。当天窗打开或者将车门窗打开一部分时，车身就像一个谐振腔，产生共振而发出低频轰鸣声，这就是风振噪声。

第四类是空腔噪声。车身本身的密封非常好，即车身外面和里面不相通。但是表面上的一些缝隙形成空腔，当气流吹到空腔时，产生空腔噪声。空腔噪声是在车外产生，透过空气声传递通道传到车内。

脉动噪声和空腔噪声是声音穿过车身，以空气声的形式向车内传递。而气吸噪声和风振噪声是声音直接透过开口进入车内，当开口为尺寸小的缝隙时表现为气吸噪声，当开口尺寸大时表现为风振噪声。总之，这四类噪声都是空气声传递。

附着在车身表面的小漩涡像一把把小小的锤子敲击着车身，被激励的车身对车内辐射噪声。这是风噪的结构声对车内的传递。

2. 造型对风噪的影响与控制

造型是影响车身风噪最主要的原因之一。造型包括汽车的整体造型和局部造型，分析造型对风噪的影响也是从这两方面入手。

车身整体造型应该具有良好的流线形，避免连接面大的变动，保证边角处过渡弧度的曲率大。车身上的过渡面很多，比如从发动机舱盖板到前风窗玻璃的过渡，风窗玻璃过渡的地方一定要有足够的曲率并且圆滑。

整体造型要尽可能避免突出物和减小缝隙。比如车身底板上有排气系统、副车架等等突出物，用一个装饰罩将底板罩住，底部就非常平整，如图 1-36 所示。车身板件连接处的缝隙要尽可能小，以避免气流在这些缝隙间产生脉动噪声和空腔噪声。

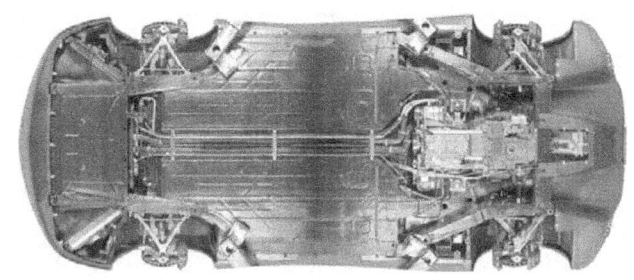

图 1-36 车身底部的装饰罩（见彩插）

局部造型与设计涉及很多部件，如反光镜、天线、门把手、行李架等。局部造型要遵循四个原则：第一是将局部部件隐藏在气流之下，不被气流吹到，例如将门把手与车门设计在同一个平面上，而不是将把手突出；第二是局部有良好的流线形，使气流能顺畅地流过；第三是让气流绕过敏感区域，比如在天窗前面加导流板，使气流不能直接进入车内，以避免产生风振噪声；第四是打破单频脉动噪声，如圆柱天线会带来烦人的单频噪声，可将它改为螺旋天线，使频率分散。

3. 动态密封控制

声学包装部分介绍的密封是静态密封。静态密封是指在闭合件以及面板（车门、玻璃、后盖箱、发动机舱罩等）和车身之间的密封，其目的是防止噪声、灰尘、水等进入车内。动态密封是相对静态密封而言的，即汽车在运行过程中的密封状况。汽车在运行过程中，由于车身变形、车门变形、密封条承受动态力使压紧情况变化等因素，会导致其密封状况与汽车静止时不一样。即便静态密封很好，当汽车运行时，也会出现"动态缝隙"。

如果动态密封不好，风噪会直接通过动态缝隙传到车内而形成气吸风噪。动态密封所带来的噪声通常是 300Hz 以上的中高频成分。

影响动态密封的因素主要有两个：一是车身、车门等结构变形；二是密封条变形或者不能"动态"地补偿结构变形带来的泄漏。车身和车门结构一定要有足够高的刚度和模态，这样可以控制其运动变形量。变形量应该控制在密封条的弹性变形范围内。

密封条影响动态密封的主要因素是弹性变形量和压缩力。密封条的设计包括材料选取、截面形状、受力分析等。随着位移变化，压缩力应该尽可能小，以满足动态密封和关门力两方面的要求。密封条的剖面结构对压缩力影响很大。典型剖面有两种：单泡密封和双泡密封。双泡剖面密封条具有比较平直的压缩力与位移变形曲线。

4. 风噪的评价、试验与分析

评价与测量风噪可以在风洞和试车场进行。评价风噪的指标通常有声压级、语言清晰度、响度等。在试车场，可以进行风噪的主观评价和车内噪声测量。在风洞里面，不仅可以测量车内的噪声，还可以测量车外的风噪。可以用声学照相机或者声学聚光镜测量车外噪声，用激光测振仪等来测量车身外板的振动。

分析车内风噪时，仍然可以用"源-传递通道-接受体"来描述，如图1-13所示。源是风对车身的激励，即表面压力分布。表面压力可以在风洞内测量，即在车身表面布置很多小的压力传感器或者传声器，测量压力分布。表面压力也可用CFD方法计算得到。由于风噪的成分是中高频，所以在分析图1-37的模型时，采用统计能量法（SEA）。

图1-37 风噪分析的"源-传递通道-接受体"模型

六、关门声品质控制

车身上有很多可以打开和关闭的部件，如车门、行李箱盖、发动机舱盖、天窗等，这些部件被称为车身闭合件。当关上和打开这些闭合件时，就会发出声音，因此就带来声品质问题。在这些闭合件中，车门是打开和关闭最频繁的部件，顾客随时能感受到关门和开门的声音，特别是关门的那一瞬间。因此，在介绍闭合件声品质时，就以关门声品质为例，其他闭合件的声品质与关门声品质类似。

关门声品质的研究包括关门声品质的主观评价和客观评价，以及声品质的控制。

1. 关门声品质

汽车噪声振动非常特别，其英文在 Noise 和 Vibration 之后，加了一个单词"Harshness"，而其他行业（如船舶、飞机等）噪声振动领域，都没有用到这个词。这是因为汽车与人们生活关系的密切程度远远超过飞机和船舶。在现代社会里，汽车是人们的代步工具，是娱乐和享受生活的"玩具"，因此，汽车对人的影响非常大，舒适感和声品质感成为人们对汽车重要期望。

一般领域的噪声振动主要与频率有关，而汽车噪声振动除了与频率有关外，还与发动机的转速、阶次等因素有关，即汽车声音具有一种独有的特性。

品质是一个物体区别于其他物体所独具的特性。声音是人的听觉印象。"声品质"就是"声"与"品质"的结合，即人对声音所具有的独特听觉感受。当今，声品质已成为汽车 NVH 的一个重要研究领域。工程师的工作不仅仅是减振降噪，更重要的是提升声品质。声品质已经成为汽车 DNA 一个重要的组成部分。

关门声品质是在指关门瞬间，顾客对关门声音的感受。它对顾客购车和对汽车评价非常重要。顾客到 4S 店购车或者展厅看车，通常拉开车门，然后关上。就在关门的那一瞬间，他们就有了对汽车的第一印象（除了外观造型外）。有的声音听起来低沉悦耳，他们就觉得这是一部好车。当他们听到的是"叮叮当当"的金属撞击声，就会判定这个车不好，甚至怀疑车有问题。

2. 关门声品质的评价

关门的时候，如果听到的声音是一次碰撞声、声音低沉而浑厚、声音比较小、没有"叽叽吱吱"的金属碰撞声、没有异响，那么这样的关门声音就被认为是关门声品质好。反之，听上去有几次碰撞声、有"叽叽吱吱"的金属碰撞声、声音大而且尖锐、关门之后还有一些像敲铃铛后的延续声音，即被认为是关门声品质差。

关门声品质的评价有主观评价和客观评价。主观评价是由一群人对关门声音进行主观打分来确定关门声音的好坏。一般采用十分制，分数越高越好。客观评价是通过对测试数据进行处理，用特定的物理量来描述声音品质的好坏。描述声品质客观指标非常多，如响度、尖锐度、语言清晰度、调音度、调制度（波动度和粗糙度）、阶次成分等。对不同系统的声品质，其描述指标是不一样的。汽车声品质包括动力系统声品质、电器声品质和关门声品质三大类，它们的客观评价指标是不一样的。

关门声品质的客观描述一般采用响度、尖锐度和声音衰减三个指标，同时，对时间-频率彩色图谱进行分析。响度是表示听到声音的大小，它以低频成分为主。尖锐度表示高频成分在整个声音中的比重。声音衰减可以通过时域曲线或者时间-频率彩色图谱来表征，如图 1-38 所示。从曲线或者时间-频率彩色图谱上，可以清晰地看到关门声音的成分、碰撞的次数、碰撞之后声音衰减（Ring-down）的情况。

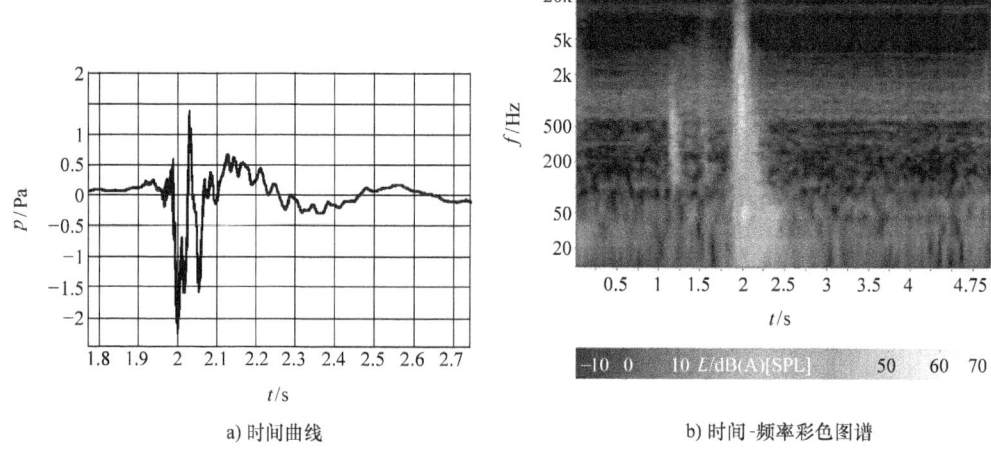

a) 时间曲线　　　　　　　　　b) 时间-频率彩色图谱

图 1-38　关门声音图谱（见彩插）

3. 关门声品质的控制

关门过程中，车门和车身受到三次冲击：车门和车身框架之间的冲击，门锁内部的冲击，密封条被压缩时所承受的冲击。车门受到这些冲击力时，车门和附件（如玻璃、内饰板等）就会发出声音而传递到空中，在车内和车外都可以听见。关门时还伴随着门板的颤动、内饰件的晃动、玻璃的晃动等现象。

影响关门声品质的车门结构包括车门的刚度、外板和内板的结构、锁体结构、卡板与锁扣结构、密封条结构、门锁安装点的原点动刚度、防撞块等。所以，要提高关门声品质，就必须从这几个因素来考虑。下面简单地描述车门、锁和密封条对关门声品质的控制因素。

车门外板和内板一定要有足够的刚度，否则会发出多次"叮叮当当"的声音。当车门外板刚度不足时，可以在车门内侧增加横梁或者补强胶以提高刚度。内板可以做成冲筋结构以提高刚度，安装门锁和喇叭部位的局部刚度要非常大。将阻尼片贴在板上可以抑制板的振动和声辐射。

锁扣安装在车身上，承受着来自卡板对它的撞击，因此锁扣处的原点动刚度必须足够高。采用柔软材料（如橡胶等）将锁套包裹起来，使锁套与车门之间形成一个良好的隔振层，这样可以降低锁内部的冲击。

密封条对关门声品质的影响也非常大。密封条可以避免车门和车身之间的直接金属碰撞，并且可以衰减卡板和锁扣的碰撞声以及锁内部的碰撞声。关门力应该均匀地分布在密封条上，以提升关门声品质和关门的手感。所以，密封条的压缩力分布、弹性变形量等是控制关门声品质的重要因素。

七、车身异响控制

异响是指汽车行驶中出现的非正常的、没有规律的声音。异响的随机性很强,重复的一致性差。异响不同于发动机、路面和风激励产生的噪声,噪声是有一定规律的、持续时间长的声音。比如发动机产生的噪声通常与阶次和/或共振有关。异响的研究包括三个方面:

- 异响的机理
- 异响的识别
- 异响的控制

1. 异响的种类和机理

异响分为两类:尖叫异响和撞击异响。

两个相邻部件相互接触,有相对运动并产生摩擦,发出的高频率响声被称为尖叫异响,英文用 Squeak 描述,如图 1-39a 所示。金属与金属之间的摩擦、金属与橡胶之间的摩擦、橡胶与橡胶之间的摩擦都可能产生尖叫异响。车身上发生的异响比较普遍,比如汽车运行过程中,前车门与 A 柱发生变形而碰在一起,它们相对运动并相互摩擦,就会发出尖叫异响声。

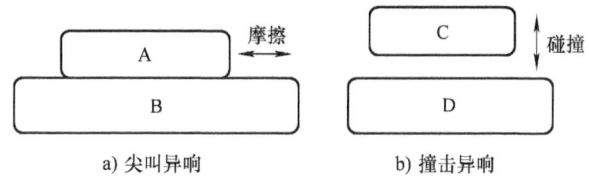

图 1-39 尖叫异响和撞击异响

在冲击力的作用下,两个相邻的部件发生碰撞,发出的敲击声音被称为撞击异响,英文用 rattle 描述,如图 1-39b 所示。金属与金属、金属与橡胶之间的碰撞都可能发出撞击异响。比如杂物箱卡板和锁扣之间发生碰撞时,就会发出撞击异响声。再比如仪表板内的螺钉和结构松动,汽车在凸凹路面行驶时,路面的冲击会激起仪表板内部部件间的碰撞,发出撞击异响。

2. 异响的识别

异响可以通过试验来识别,也可以通过 CAE 计算来预测。

试验识别有两种:道路识别和四通道激振台识别。道路识别是在各种不同的道路上驾驶汽车,通过主观评价和客观测试来识别异响。有些异响是在所有道路上都可以听见,有的异响只是在某种特殊的道路上才能听见。因此,异响的试验一定要在尽可能多的道路上进行。识别异响的道路包括粗糙水泥路面、波纹路面、随机冲击路面、鹅卵石路面、比利时路面、石块路面、碎石路等。异响的出现还与车辆的行驶速度有关,即在有些速度下出现异响,而在其他速度下异响消失。

在道路上识别异响,通常采用主观打分来评价。分别在平滑路面、粗糙路面和坏路面驾驶汽车,根据异响的严重程度打分,然后通过加权方法得到汽车的异响指数。异响指数是各个部件出现异响贡献的总和。异响指数越低,表明汽车异响越少。在确定了异响部位后,还可以通过测量结构的振动加速度和车内声音来定量判定异响大小,并根据分析结果来控制异响。

在四通道激振台上识别异响也是常用的方法。四个轮胎分别放置在四个激振器上,输入给激振器的信号可以是采集的路谱,也可以是随机信号、正弦信号等。与在道路上识别异响相比,在激振台上试验的好处是人可以在车外和车内仔细听异响,并且可以用听诊器来寻找异响部位。

异响的 CAE 分析是采用有限元法来分析可能出现异响部位的响应,并根据响应来预测发生异响的概率。异响有限元分析包括:车身刚度与模态分析、子系统的模态分析、车身异响灵敏度分析、整车异响响应分析。车身刚度不足是产生异响的重要原因,因此分析车身刚度、门框变形就可以预测车门和车身是否发生碰撞。子系统模态分析是分析闭合件、仪表板、转向支撑等系统的模态振型和频率,这些系统共振会带来异响。车身异响灵敏度分析是分析车身上的卡扣和螺栓连接部位在外力作用下的灵敏度,灵敏度大,表明发生异响的可能性大。整车异响响应分析是指在路面激励下,分析整车上的卡扣、螺栓连接部位以及一些关键部位的响应,通过响应大小来判断产生异响的可能性。

3. 异响的控制

产生异响的主要原因:间隙的设计不合理、尺寸公差控制得不好、装配精度不高或者安装不牢固、接触面材料的兼容性差、结构的刚度和模态不合理等。

异响控制不仅仅是在样车出来之后,通过试验来寻找发生异响的部位,而且是在整个汽车开发过程中都要进行异响控制。在设计阶段,要确定相邻部件之间的间隙、材料的兼容性、卡扣和螺栓的分布。通过 DMU 检查来发现部件结构之间的间隙和搭接关系是否合理,线束、管道之间的布置是否会带来干涉问题,以及非金属件的要求是否合理。用有限元法来进行车身刚度、灵敏度等异响分析,通过相邻部件的模态解耦、提升刚度、降低卡扣等处的灵敏度来降低出现异响的概率。在样车阶段,通过道路试验和四通道激振台试验来确定异响产生的部位。在量产阶段,要进行入厂零部件的质量检查、整个生产过程的质量控制、出厂的性能检查。

第四节 车身开发过程中的噪声振动控制

汽车开发的周期一般是三年。车身 NVH 开发贯穿于整个开发周期。在项目初期,主要工作是做 Benchmark 测试与分析,研究竞争车的车身 NVH 特征,设定车身 NVH 目标。在项目中期,进行车身 CAE 优化、数字样车的检查、白车身的试验、声学包装结构设计与分析。在项目的后期,进行白车身和内饰车身的气密性检测、吸声与隔声性能检测、车身模态和车身灵敏度等测试与分析。

车身的模态分布和NVH目标贯穿了整个开发过程，并指导车身NVH开发。从项目前期的目标设定到后期的目标验收，NVH开发工作都是以"NVH目标"为核心开展的，所以制定好目标并有效执行是确保汽车NVH开发成功的关键。

一、车身的模态分布

车身是汽车最重要的载体，主要系统和部件，如发动机、排气系统、悬架系统等，都是"挂"在车身上。这些相互关联的系统都有各自的模态，如果它们的模态频率相同或者接近，就会产生共振。因此，必须绘出一张模态频率表，列出所有相关系统的频率，这样就可以一目了然地看出各个系统之间是否会产生共振耦合。确定了各个系统的频率后，这些系统就可以独立开发，整车开发是由主机公司和很多供应商共同协作而又相互独立完成的。

车身开发初期，必须制定三张模态频率表：整车模态频率表、车身模态频率表和激励源频率表。表1-1为整车模态频率表。

表1-1 整车模态频率表

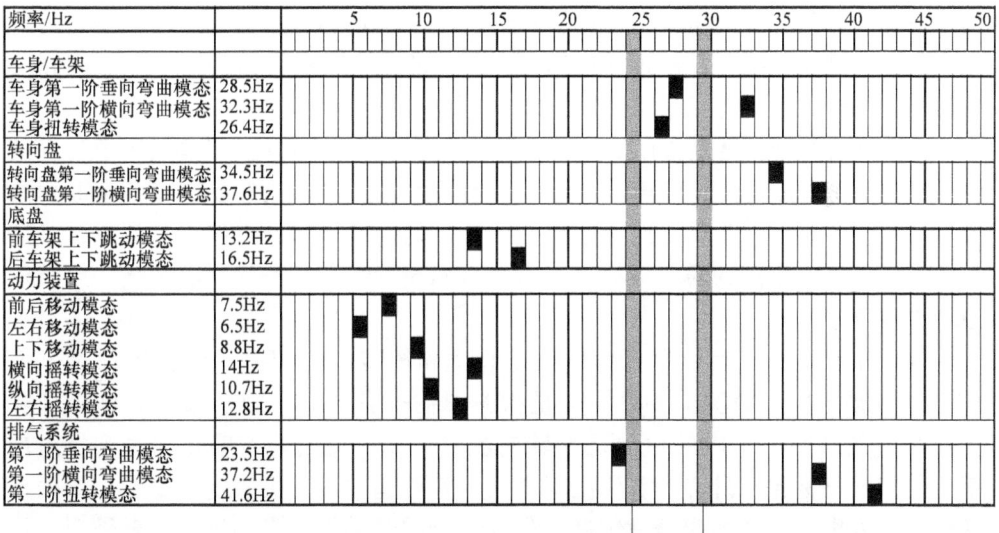

整车模态频率表是汽车开发的基石，它指导着车身和相关系统与部件的开发。在这张表上，从车身的角度可以看到三个方面的内容：第一，这张表包括了车身和各个主要系统的模态频率，以及发动机的怠速频率；第二，可以看到相连系统的模态频率之间的关系，即它们是耦合的还是解耦的（车身模态频率一定要与动力总成、排气系统、悬架系统等的模态频率避开）；第三，车身模态频率与怠速频

率之间的关系，这两者的频率一定要避开。

车身模态表列出的是车身整体模态、局部模态的频率和主要激励频率。车身的主要局部结构包括前壁板、前地板、后地板、前纵梁、顶棚、转向盘、反光镜、声腔模态等，它们有着各自的局部模态。局部模态会产生三类噪声振动问题：一是局部模态与车身的整体模态产生共振；二是局部模态与声腔模态耦合共振；三是局部模态被外界激励起来。制定车身局部模态表的目的是使车身局部模态频率与整车模态频率分离，避免与声腔耦合，并与激励频率分离。

激励源频率表是将可能激励车身的所有频率都绘制在一张表或者图上。激励频率包括稳定激励，如急速，还包括随着转速变化的激励，如加速。激励车身的噪声和振动源很多，如发动机、变速器、风扇、轮胎等。绘制这张表的目的是将车身模态表与激励表放置在一起，来分析车身可能被激励起来的频率，从而找到避免产生该频率（以下简称"避频"）的方法。

第二章将详细讲述车身模态频率表和激励频率表。

二、车身的 NVH 目标体系

车身模态分布是车身目标体系中的一部分，它既列出了车身主要的结构模态频率目标，也列出了相邻系统的模态频率。车身 NVH 目标体系是建立车身自身的噪声和振动目标。这个目标体系包括四个层面的目标：整车级的车身 NVH 目标、内饰车身 NVH 目标、白车身 NVH 目标和零部件的 NVH 目标。

整车级的车身目标是指在整车状况下，车身对整车 NVH 的影响所需要设立的目标，包括车身振动目标和声学目标。振动目标包括整车状态下车身的弯曲模态频率和扭转模态频率，板结构（如前壁板等）的模态频率，附件（如反光镜、后视镜、仪表台板等）的模态频率等。声学目标包括整车气密性、隔声量、声腔模态和关门声品质。

内饰车身的振动目标包括弯曲模态频率和扭转模态频率，外界振动对车内振动的传递振振灵敏度。外界振动是指施加在车身上的激励，如动力总成悬置点对车身的激励。车内的振动是指转向盘、座椅、地板处人感知的振动。内饰车身的声学目标包括外界声音激励对车内声音传递的声声灵敏度，以及外界振动激励对车内声音传递的声振灵敏度。外界声音的激励是指发动机的辐射噪声、排气口的噪声等，车内声音是指人耳听到的声音。

白车身的 NVH 目标包括了弯曲模态频率和扭转模态频率，板结构的模态频率，原点动刚度。将白车身所有的功能性和工艺性孔洞堵起后，可以检查其气流的泄漏情况，因此白车身气密性是它的声学控制目标。

零部件目标是给车身上的一些附件确定目标，包括各种支架的模态频率，发动机盖板和行李箱盖板的模态目标，声学包装材料的吸声系数、隔声系数和隔声量，车门内部的目标（如车门内板、外板的模态频率，锁扣的原点动刚度）等。

三、目标的执行

车身模态频率表和 NVH 目标体系是车身 NVH 开发的指南，它们引导着整个车身开发的过程。要实现这些目标，就必须制定严格的实施方法和步骤。汽车开发流程有多个阶段，每个阶段的里程碑都有目标的实施计划和完成情况。首先是实现零部件和白车身目标，然后实现内饰车身目标，最后实现整车目标。

在这个实施过程中，里程碑检查非常重要。需要制定每个里程碑的输入目标和输出要求，如果没有达成里程碑要求，一定要进行风险分析，并确定下一阶段的工作。在开发前期，使用 CAE 分析、DMU 检查等工具可以实现前期的风险控制。在开发后期，应进行白车身和内饰车身的试验，以确认目标的实现。

第五节 本书的结构

本书全面阐述了汽车车身噪声振动的机理和控制方法。本书共分九章，分别介绍了车身整体结构振动与模态、局部结构振动与噪声、声学包装、灵敏度、风噪、声品质、异响控制和目标体系。下面简单地介绍每一章的内容。

第一章"概述"首先介绍了车身结构，以及车身各个系统带来的噪声振动问题。然后，从结构声和空气声角度，描述了噪声振动源以及向车内传播的途径。在传递路径分析的基础上，简明扼要地讲解了车身 NVH 控制的关键技术，如车身结构振动控制、声学包装技术、风噪控制和声品质控制。最后，简单介绍了车身开发过程中的 NVH 控制，包括模态频率表的制定、目标体系的建立和里程碑检查等过程控制。

第二章"车身整体结构振动控制"讲述与车身整体结构有关的 NVH 问题。车身整体刚度和模态是汽车 NVH 的基石。决定车身整体刚度的因素有车身的整体布局、框架梁的刚度、连接点的刚度、黏结剂的刚度等。本章从机理、CAE 分析和试验分析来讲述了车身刚度和模态的测试与分析。最后，从模态解耦的角度说明了系统与激励之间的解耦，以及相邻系统之间的解耦。

第三章"车身局部振动与噪声控制"介绍了车身上的局部板结构振动和声辐射的机理与控制技术。车身整体框架的刚度和模态影响到整车 NVH 性能和异响等问题，而局部板结构的模态则会带来一些特定频率的噪声问题。车身上的板结构有前壁板、地板、顶棚、行李箱盖板等。当板的模态被外界激励激起来之后，会辐射噪声；而当板的模态与车身声腔模态耦合时，则产生低频压耳的轰鸣声。本章从板结构控制的角度出发，介绍了结构振动与声腔耦合的激励分析，板结构的阻尼处理，以及一些关键部件的 NVH 控制技术。

第四章"声学包装"描述了吸声和隔声材料与其结构的机理。静态密封是声学包装最基础的技术，本章讲述了车身密封和空腔阻隔的测量与控制方法。吸声材料及其结构是消除中高频噪声的主要方法，而隔声材料及其结构是消除中低频噪声的主要手段。本章详细地描述了吸声与隔声的应用。

第五章"车身灵敏度分析与控制"从"源-传递通道-接受体"的角度出发，讲解了与传递通道密切相关的车身 NVH 灵敏度。与灵敏度的输入点相对应，本章还描述了车身的主要噪声和振动激励源的特征。结构灵敏度讲述了车身结构振动对车内噪声和振动的传递，而声学灵敏度讲述了车外声音对车内声音的传递。本章还介绍了与结构灵敏度密切相关的原点动刚度以及它的控制方法。

第六章"风噪及控制"介绍了在高速行驶下，车身产生风噪的机理和控制方法。本书将风噪归为脉动噪声、气吸噪声、风振噪声和空腔噪声四大类，详细描述了每种风噪的机理。本章阐述了整体造型和局部设计不当带来的风噪问题，并给出了从设计角度来控制风噪的方法。如果说静态密封是声学包装的基础，那么动态密封则是车身风噪控制的基石。本章描述了动态密封的机理和控制方法。最后，还详细介绍了在风洞和在道路上进行风噪试验的方法，以及风噪的数字计算方法。

第七章"关门声品质"首先介绍了声品质的概念和评价指标，然后讲述了动力声品质、电器声品质和关门声品质三大汽车声品质问题。最后，详细讲述了关门声品质的特征、声品质图谱与车门部件之间的关系，以及声品质的控制方法。

第八章"车身异响与控制"分析了摩擦产生的尖叫异响和碰撞产生的敲击异响。异响的机理非常复杂，涉及非线性问题。识别异响可以通过在道路上试验和台架上试验得到。通过识别，可以判断异响的部位和严重程度。本章还强调了异响控制可以提前到开发前期的 CAE 分析阶段，这些分析包括车身刚度与模态分析、子系统模态分析、车身敏感度分析和整车响应分析。本章最后介绍了整车开发过程的异响控制，包括结构一体化设计、异响 DMU 检查、材料摩擦对的匹配、制造过程的控制等。

第九章"车身噪声与振动的目标体系"介绍了车身目标的设定、分解与控制的原则。从车身结构出发，分别介绍整车车身、内饰车身、白车身和零部件的 NVH 目标。

本书按照列出的九章内容来写。但是有少数内容会出现在不同章节，因为它们彼此关联。遇到相互关联的地方，读者可以从不同的角度来理解特定的问题。

Chapter 2 第二章

车身整体结构振动控制

第一节 概 述

车身刚度是车身设计最重要的指标之一，也是决定汽车品质和性能的重要指标。本章将阐述车身的整体刚度和模态，第三章将集中讲述车身的局部刚度与模态。

一、车身整体刚度

刚度是指结构在外力的作用下抵抗变形的能力，即恢复原形的弹性变形能力。车身是一个结构体，因此它具备一定的刚度。

1. 车身刚度的分类

车身主要变形有两种形式，即弯曲变形和扭转变形。因此，车身刚度的第一种分类方法是按照变形形式的不同，将车身刚度分为弯曲刚度和扭转刚度。弯曲刚度是指外力与位移变形的比值，表示抵抗弯曲变形的能力，单位是 N/mm。扭转刚度是指扭转力矩与角度变形的比值，表示抵抗扭转变形的能力，单位是 kN·m/rad。

按照部件的不同，车身可分为白车身、内饰车身和整车车身。因此，车身刚度的第二种分类方法是按照结构的不同，将车身刚度分为白车身刚度、内饰车身刚度和整车车身刚度。这三者都包含了弯曲刚度和扭转刚度，比如对白车身来说，有白车身弯曲刚度和白车身扭转刚度。

前面两种分类都是对整体车身而言，都是指车身的整体刚度。车身上还有许多板件和局部重要的连接点，因此，车身刚度的第三种分类方法是从车身整体和局部的角度，将车身刚度分为整体刚度和局部刚度。整体刚度是指整体车身抵抗变形的能力，它影响到整车的低频噪声振动性能。局部刚度是指局部结构的刚度，它影响到某个局部的振动以及对车内的噪声辐射，涉及的频率范围比较宽。局部刚度包括局部板（如前壁板、顶棚、侧围板等）的刚度和连接点（发动机与车身的连接点、排气挂钩与车身的连接点等）的刚度。

在第一种和第二种分类方法中提到的刚度，即弯曲刚度、扭转刚度、白车身刚度、内饰车身刚度、整车车身刚度，都是指车身的整体刚度。

2. 车身刚度不足带来的问题

车身刚度是整车车身结构的基础，并决定了汽车的品质和性能，包括异响、NVH 性能、操控性能、碰撞安全性能、可靠性等。车身刚度不足会带来以下问题：

① 异响问题。如果车身刚度不足，那么当汽车在粗糙路面上行驶或者受到冲击时，车身变形就大，容易与周边的部件产生碰撞或者摩擦，从而产生异响。比如，当车身框架与车门之间的变形有比较大的不一致时，两者之间就产生碰撞，发出"咯咯""嗒嗒"的异响声；车身与仪表板之间也可能产生摩擦，从而发出"叽叽"的异响声。

② NVH 问题。车身模态是由车身刚度决定的。当刚度不足时，整车的模态频率低，容易与外界激励频率一致或者接近，从而产生共振。比如，整车第一阶弯曲模态频率只有 22Hz，而车载四缸发动机的怠速为 650r/min，对应的二阶发火频率为 21.7Hz，这时，整个车身就会被激励起来，产生共振。再比如，车身刚度低，汽车高速行驶时，车身与车门之间的变形不一致，产生了动态密封问题，即出现缝隙，进而产生风噪。

③ 操控问题。汽车转弯和变线的操作对车身的扭转刚度要求比较高。如果扭转刚度不足，那么车身的扭转角度大，整车的跟随感差，进而降低了操控性能。

④ 可靠性问题。车身刚度是决定疲劳性能和可靠性的重要因素之一。比如，当汽车一边轮胎受到冲击时，如果车身的扭转刚度低，这边的车身变形会很大，车门有可能被卡在车身框架上，从而导致不能打开车门。再比如，车身的某些部位刚度低，会使局部应力增加，汽车长期运行之后，在这些部位可能出现龟裂和破损。

⑤ 碰撞安全问题。车身刚度会影响碰撞能量的吸收和对行人的保护。碰撞与 NVH 对车身刚度的要求有些情况是一致的，有一些情况则相反。

总之，车身刚度的重要性一目了然。足够高刚度的车身才能避免异响，达到良好的 NVH 性能、操控性能、可靠性和碰撞安全性能，才能使汽车有着良好的品质感。车身刚度甚至会给顾客购车带来直接影响，会在他们心中留下"一辆没有安全感的车""一辆不舒适的车""一辆可靠的车""一辆好车""一辆有品位的车"等这样的印象。

3. 车身刚度对 NVH 的影响

车身刚度对 NVH 影响非常大。车身刚度不足直接降低了 NVH 性能，除了上面列出的共振和动态密封问题外，还会带来很多其他的噪声振动问题，如低频轰鸣声。图 2-1 给出了一组车辆的弯曲刚度和扭转刚度与车内噪声的关系，这些汽车以 40km/h 的速度在粗糙路面行驶。从图中可以看出，总体趋势是车身刚度越大，车内噪声越低。

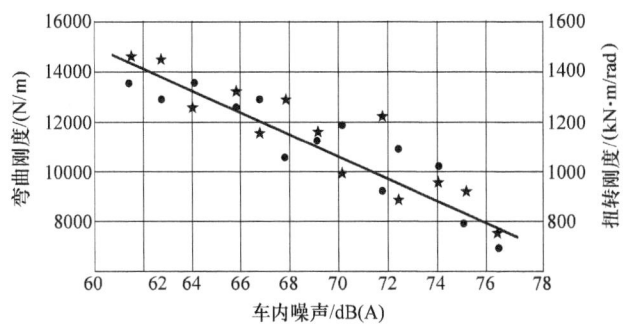

图 2-1　车身刚度与车内噪声的关系

除了在粗糙路面行驶外，汽车在怠速、加速、减速、高速巡航等状态下，车内噪声与车身刚度的关系也与图 2-1 类似。从 NVH 角度来看，一般来说，整车 NVH 性能随着车身刚度的增加而提高。图 2-2 显示了主观打分与车身刚度的关系。不过，当车身刚度增加到某个值时，可能会使整体模态与激励发生共振，使 NVH 性能降低，但是当刚度继续增加，整车模态避开了共振，NVH 性能会提高。因

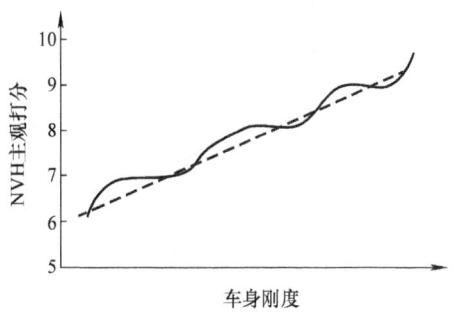

图 2-2　车身刚度与 NVH 性能的关系

此，图 2-2 显示的是一个波动的曲线，但是总体趋势是车身刚度增加，整车的 NVH 性能提升。

当然，车身刚度也不能过大。过大的刚度会使汽车重量增加、成本上升。另外，过大的刚度也会使某些性能（如舒适性）下降。因此，车身刚度应该控制在合理的范围内。对不同的车型，要确定车身合理的刚度。合理的刚度应该在性能、成本和重量之间达到良好的平衡。

4. 白车身刚度的重要性

白车身是整体车身的核心。

第一，白车身刚度是整车刚度的基础。汽车的其他系统和内饰件都安装在白车身上，白车身是其他系统的载体。白车身刚度是决定内饰车身和整车车身刚度最重要的因素。

第二，白车身刚度决定了车身的整体模态。内饰车身或整车车身上有很多附件，进行模态分析时，整体模态和局部模态混杂在一起，这不利于集中研究车身整体模态。整车车身的模态形式与白车身模态形式基本一致，只是频率不同。因

此，了解白车身模态是分析车身整体模态的基础。

第三，白车身相对简单，能清晰地反映影响车身刚度的主要因素。因此，研究白车身刚度对控制整车的整体刚度和模态非常关键。

二、车身整体模态

1. 模态与模态分析

模态是一个物体结构固有的特征。对线性系统来说，模态是结构固定不变的特征，与外界的输入和输出没有关系。物体的模态参数包括模态振型、模态频率、模态阻尼等。车身被视为一个线性结构，因此它的模态参数包括车身模态振型、模态频率和模态阻尼。

结构的模态参数可以通过计算方法获得，也可以通过试验方法获得。车身模态也是通过这两种方法得到的。

计算模态分析是指通过计算而获得结构模态参数的方法。首先，将系统的振动微分方程中的物理坐标转换成模态坐标，使在物理坐标下相互耦合的方程组转变成在模态坐标下一系列相互独立的方程。然后，在解耦的模态坐标下，得到系统的模态频率和模态振型。模态振型是指某个频率下，不同位置的相对位移构成的虚拟的"振动形状"。车身模态计算分析通常采用有限元方法。连续的车身结构通过网格划分，被分解成有限个离散的单元，然后在软件中建立质量矩阵、刚度矩阵和阻尼矩阵，进行迭代运算，最后得到系统的各阶模态频率和对应的模态振型。通过计算得到的模态称为计算模态。

试验模态分析是指通过直接测量实物而获取模态参数的方法。对车身模态测试来说，首先将它用柔软的绳子吊起或者用空气弹簧支撑起，形成所需要的边界条件。然后，用激振器激励车身的某些部位，同时测量不同部位的加速度响应和激励力的输入响应，通过信号处理和参数识别，便得到了系统的模态振型和模态频率。通过试验得到的模态称为试验模态。

模态分析是研究结构动态特征一种非常重要的方法，在车身噪声与振动控制中广泛应用。通过模态分析识别出车身的主要模态频率和振型，就可以预测在外界载荷激励下的响应，为解决汽车噪声与振动问题提供依据。

2. 模态的种类

与刚度的分类一致，车身模态也有三种分类方法：

第一种方法是按照模态振型来分。车身模态的振型有弯曲、扭转、呼吸、复杂的复合形式等，对应的模态为弯曲模态、扭转模态、呼吸模态、复合模态等。

第二种方法是按照车身结构来分。对应于白车身、内饰车身和整车车身，车身模态分为白车身模态、内饰车身模态和整车模态。

第三种方法是按照整体车身与局部结构来分。车身模态可以分成车身整体模态和局部模态。白车身模态、内饰车身模态和整车车身模态都包括弯曲模态和扭转模态，它们是车身的整体模态。局部模态是指车身上板结构的模态（如前壁板模态、顶棚模态、地板模态）和附件模态（如转向柱模态、支架模态）。

在车身整体模态中，一阶弯曲模态和一阶扭转模态最重要。一是因为它们的频率低，接近发动机的激励频率和路面的激励频率，同时与其他相连系统的频率也比较接近，因此容易产生共振；二是因为这两个模态对低频噪声与振动响应的贡献非常大。

白车身模态是车身整体模态研究的基础。白车身模态分析与控制比较简单，结构修改相对容易，能反映出车身最本质的特征。内饰车身模态和整车模态是以白车身模态为基础的，它们之间有一定的关联。内饰车身和整车车身比白车身重，它们之间的弯曲刚度变化不大，因此内饰车身和整车车身的弯曲模态频率大大低于白车身的弯曲模态频率。内饰车身和整车车身的扭转刚度比白车身的扭转刚度高，它们的扭转模态频率比白车身降低，但是没有弯曲模态降低那么多。一般来说，控制好白车身模态，也就控制好了内饰车身和整车车身的整体模态。

3. 车身模态的重要性

车身模态分析在汽车噪声和振动的研究中起着非常重要的作用。具体来说，车身模态分析可以解决以下问题：

① 了解车身结构的动态特征，设计出与市场需求相适应的车身。低于市场需要的欠设计将使汽车在市场上缺乏竞争力，远高于市场需求的设计会造成成本上升、售价上升，同样失去市场竞争力。

② 为车身与其他系统解耦提供依据。其他系统（如动力总成、排气系统等）都与车身相连，这些系统必须与车身解耦，否则很容易发生共振。确定了车身的模态后，就为其他系统的模态设计提供了依据。

③ 为整车模态与局部模态解耦提供依据。车身除了整车模态外，其他局部模态（如前壁板、顶棚、转向系统等）模态的制定也非常重要，否则会产生板结构与整车结构共振。

④ 预测噪声与振动响应。噪声或者振动响应是由许多不同模态的响应叠加而成的，提供模态分析，可以得到整体响应，同时分辨出主要贡献的模态。

⑤ 为噪声与振动控制提供依据。模态振型为其他系统或者部件的布置提供了线索，比如将激励源对车身的激励点、集中重量等放置在车身的节点上，会降低车内的噪声与振动响应。同时，汽车的很多噪声振动问题与车身模态有关，如车内轰鸣声、车身共振等。分析了车身模态特征后，才能识别出具体噪声振动源和传递路径，从而为分析车身噪声与振动的原因提供依据。

车身刚度是在静态下得到的，而模态则是表征车身结构动态性能的重要参数。模态参数取决于车身的刚度、重量分布和阻尼等因素。上述5个方面说明了车身结构的模态频率和振型对整车 NVH 性能的影响非常大，因此模态分析是车身 NVH 最核心的内容之一。

三、车身整体结构振动研究的内容

车身整体结构振动研究的目的是分析车身整体结构对整车的噪声和振动的影响因素，并找到控制方法。其主要研究内容有三个：一是车身整体刚度的分析与控制；二是车身的模态特征分析以及模态控制方法；三是车身整体模态以及车身各个系统的模态分布规律。

1. 车身整体刚度分析与控制

车身刚度是影响整车 NVH 最主要的因素之一，合理的整体车身刚度是实现良好 NVH 性能的关键。车身的整体刚度研究就是要找到影响整体刚度的主要参数以及控制方法。

影响车身整体刚度的因素主要有四个：车身框架结构的整体布置、框架梁的截面形式、梁与梁连接处的刚度、部件之间黏结胶的刚度。

车身框架结构的整体布置是指纵梁、横梁、立柱的整体布置形式，如图 1-4 所示。与房屋的框架类似，车身梁和立柱要形成一个完整的封闭结构，才能保证整体结构有良好的刚度。如果梁和柱等结构之间没有形成封闭，整体车身刚度会大大降低。

梁和立柱的截面形式有很多，有封闭式和开口式，有矩形截面、圆形截面等。不同截面的抗弯能力和抗扭能力是不一样的，从而会使车身具有不同的弯曲刚度和扭转刚度。

纵梁、横梁和立柱的交汇处是经过特殊设计的。连接部位的刚度是决定车身整体刚度的重要因素。即便纵梁、横梁和立柱自身的刚度非常大，但是连接处的刚度小，那么车身整体的刚度仍然会小。

有些板件之间不是焊接，而是采用黏结剂连接。前风窗玻璃和后风窗玻璃是用玻璃胶与车身框架结构粘连起来的。这些黏结剂和连接胶是否能牢固地将部件连接起来，会极大地影响到车身整体刚度。

2. 车身模态分析与控制

车身模态对整车 NVH 性能的影响非常大，如何获取和控制车身模态至关重要。车身模态的获取方法有试验方法和计算方法。试验方法是通过激励车身并同时测量激励信号和响应信号，得到响应对激励的传递函数，从中获取模态信息。这涉及支撑方式的选取、激励点的确定和激励方法、真实模态的获取。

计算模态方法通常采用有限元的方法来得到车身的模态信息。这涉及边界条件的确认、模态计算、模态确认以及与试验模态相关性的确认。

对于整车车身、内饰车身和白车身这三种车身结构，模态分析的另一项任务是寻找到这三者之间的关系。如果能找到这种关系，那么在产品开发的初期，就可以通过控制白车身模态来达到控制整车车身模态的目的。

模态控制研究的内容是通过结构参数设计来使车身整体模态、局部模态和激励频率之间解耦。控制模态的结构参数主要有刚度和重量。通过控制车身结构的刚度和重量分布来调节车身的模态。阻尼对整体模态的频率影响很小，它主要影响某些频率响应的峰值。另外，通过动态吸振器可以控制某些模态影响。

3. 车身模态规划

在制定车身模态规划时，需要制作三张表或图，即整车模态分布表、车身模态分布表和激励源频率图。有了这三张表或图，就可以清晰地了解车身整车模态、局部模态和激励频率之间的关系。

在整车模态分布中，将车身模态频率（详见第一章）与动力总成模态频率、悬架系统模态频率等放在一张表中。从表中，可以看到车身模态与相关联系统之间是否存在频率耦合。

对车身本身而言，为了进一步了解车身整体和各个部件的模态频率，也制作了一张"车身模态表"。表中列出整车状态下的车身的弯曲模态和扭转模态频率，以及各个部件的模态频率，这些部件包括前壁板、前地板、后地板、天花板、前侧围板、后侧围板、车门、油箱等。这张表重点关注局部模态问题：一是关心局部模态是否与整车模态耦合；二是局部模态频率是否被外界激励频率耦合。

为了了解与车身相关的激励源频率，将各种激励源的频率和阶次绘制在一张图上或列表，便形成了车身模态控制的三张图或表。

第二节　车身的整体刚度

受到外力作用时，车身出现弯曲变形和扭转变形。因此，车身需要有足够的弯曲刚度和扭转刚度来抵抗这些变形。车身作为一个整体结构，弯曲刚度和扭转刚度是车身设计的主要指标，而且它们又与车身模态频率和振型密切相关。

车身是左右对称结构。从纵向看，可以将车身简化为一根梁。由于梁是简单结构，其刚度很容易得到。因此，本节从梁的弯曲刚度和扭转刚度入手，来介绍车身的弯曲刚度和扭转刚度的概念、测试与分析方法，以及一般的目标值。

一、车身的弯曲刚度

1. 梁的弯曲刚度

在外力的作用下，梁产生弯曲变形。截取一段梁，如图2-3所示。

以梁的中心线为原点，离开原点 y 处的应变 ε 为

$$\varepsilon = \frac{x_1 x_2 - \mathrm{d}x}{\mathrm{d}x} = \frac{(\rho + y)\mathrm{d}\theta - \rho \mathrm{d}\theta}{\rho \mathrm{d}\theta} = \frac{y}{\rho} \tag{2-1}$$

式中，ρ、$\mathrm{d}\theta$ 分别是弧度 $\mathrm{d}x$ 对应的半径和角度。

切开垂直于 xy 平面的截面，在 yz 平面内（图2-3b），得到 xy 平面内绕 z 轴转动的弯矩为

$$M = \int y\sigma \mathrm{d}A \qquad (2-2)$$

式中，$\mathrm{d}A$ 为截面上的一个微小单元；y 是微小单元与 z 轴之间的距离。

将应力和应变的关系 $\sigma = E\varepsilon$ 和式（2-2）代入式（2-1）中，得到

$$\frac{1}{\rho} = \frac{M}{EI_z} \qquad (2-3)$$

式中，I_z 为横截面对 z 轴的惯性矩，表达为

$$I_z = \int y^2 \mathrm{d}A \qquad (2-4)$$

$\dfrac{1}{\rho}$ 表示梁轴线变形后的曲率。由式（2-4）可知，EI 越大，曲率越小。EI 表示了抵抗弯曲变形的能力，因此将 EI 称为梁的抗弯刚度。

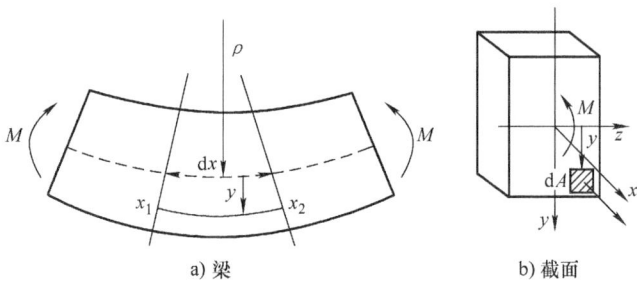

图 2-3　一段梁及其截面

车身架在前悬架和后悬架上，从研究弯曲刚度的角度，可以将它简化成一根简支梁。图2-4所示为一根简支梁，在梁上面施加了一个集中载荷 F。

通过建立平衡方程，分别得到两端 A 和 B 的支撑反力为

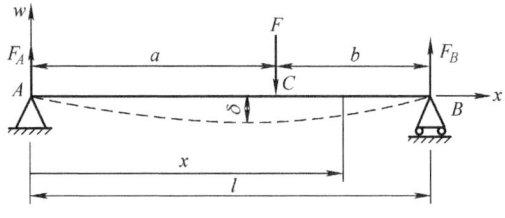

图 2-4　简支梁及受力情况

$$F_A = \frac{Fb}{l} \qquad (2-5)$$

$$F_B = \frac{Fa}{l} \qquad (2-6)$$

式中，l 为梁的长度；a 为集中力到 A 点的距离；b 为集中力到 B 点的距离。

AC 段（$0 \leq x \leq a$）的弯矩方程为

$$\frac{d^2w}{dx^2} = \frac{Fb}{EIl}x \quad (2\text{-}7)$$

式中，w 为挠度；E 为杨氏模量；I 为惯性矩。

求解方程（2-7），并代入边界条件，得到挠度为

$$w = \frac{Fbx}{6EIl}(x^2 - l^2 + b^2) \quad (2\text{-}8)$$

CB 段（$a \leq x \leq l$）的弯矩方程为

$$\frac{d^2w}{dx^2} = \frac{Fb}{EIl}x - \frac{F}{EIl}(x - a) \quad (2\text{-}9)$$

求解方程（2-9），并代入边界条件，得到挠度为

$$w = \frac{Fbx}{6EIl}(x^2 - l^2 + b^2) - \frac{F}{6EI}(x - a)^3 \quad (2\text{-}10)$$

假设力作用在梁的中点，则挠度 δ 为

$$\delta = -\frac{Fl^3}{48EI} \quad (2\text{-}11)$$

在这种情况下，梁中点的弯曲刚度为

$$k = \frac{48EI}{l^3} \quad (2\text{-}12)$$

从式（2-12）中可知，EI 越大，梁的刚度越大；跨度越大，梁的刚度越低。EI 表示梁的抗弯刚度，单位是 $N \cdot mm^2$，它并不是真正的刚度。而式（2-12）中的 k 是梁的刚度，单位是 N/mm。

2. 车身弯曲刚度的测量与分析

车身和整车的弯曲刚度可以在静态变形测试平台上测量得到，也可以通过 CAE 计算得到。其支撑边界条件和施加的集中载荷与简支梁类似，如图 2-5 所示。车身安装与测量步骤如下：

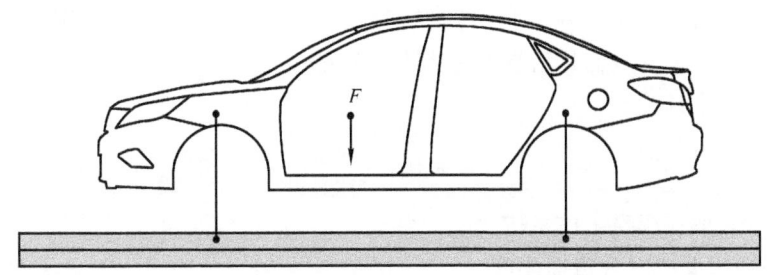

图 2-5　车身弯曲刚度测试示意图

第一步是安装车身。将车身放置到试验台架上之后，首先调整后轴的位置，使它与地面平行，并且与台架的纵轴线垂直，再调整后轴固定支架的位置，使它

与台架固定。然后调整前轴的位置，使车身水平，并且与台架的纵轴线对称。确认前减振器和后减振器与车身连接点已经约束住。

第二步是安装位移传感器。将位移传感器安装在车身前纵梁、后纵梁、门槛梁和隧道梁下方的若干个位置。在左、右纵梁和门槛梁上对称地布置传感器时要对称。安装时，一定要确认传感器与地面垂直。

第三步是施加力。在前座椅的后安装点附近施加集中力。首先施加相对小的力（比如1000N）对车身进行预加载，保持一定时间后，卸载，以便消除安装间隙。开始测试时，施加相对大一些的载荷，集中载荷一般在2000~4000N之间。

第四步是记录每个位移传感器和力传感器的值，并绘制出刚度曲线。

图2-6为某个车身一侧的位移测量曲线。横坐标是车身纵向位置，纵坐标是车身位移值。

由于车身横向并非完全对称结

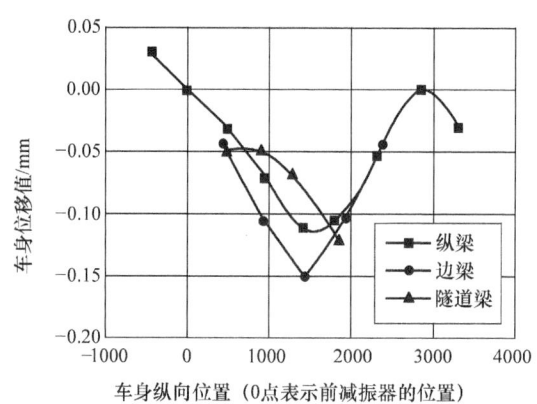

图2-6 车身受弯曲变形时的位移曲线

构，车身的安装和传感器的安装不可能完全对称，因此车身两侧的位移有微小的差异。分析刚度时，需要取车身两侧位移的平均值作为车身的位移值，同时还要考虑到前、后悬架轴的位移。施加的力除以最大变形便得到了车身的弯曲刚度。最大位移 δ_{max} 为

$$\delta_{max} = \frac{\delta_{Lmax} + \delta_{Rmax}}{2} - \frac{\delta_{FL} + \delta_{FR} + \delta_{RL} + \delta_{RR}}{4} \tag{2-13}$$

式中，δ_{Lmax} 和 δ_{Rmax} 分别是左、右两侧位移线最大位移；δ_{FL} 和 δ_{FR} 分别是前悬架左、右两边的位移；δ_{RL} 和 δ_{RR} 是后悬架左、右两边的位移。

车身的弯曲刚度为

$$k_{bending} = \frac{F}{\delta_{max}} \tag{2-14}$$

式中，F 是施加在车身上的集中力。

3. 各种车型的车身弯曲刚度

不同车身的弯曲刚度是不同的。图2-7给出了一组带风窗玻璃的经济型轿车的白车身弯曲刚度值，主要区间为8000~12000N/mm。图2-8给出了一组带风窗玻璃的中高级轿车的白车身弯曲刚度值，主要区间为10000~16000N/mm。图2-9给出了一组带风窗玻璃的SUV的白车身弯曲刚度值，主要区间为8000~

14000N/mm。一般来说,汽车越大,车身弯曲刚度越大;汽车越高档,车身弯曲刚度越高。相对于同级别的轿车和SUV,轿车的弯曲刚度大些。

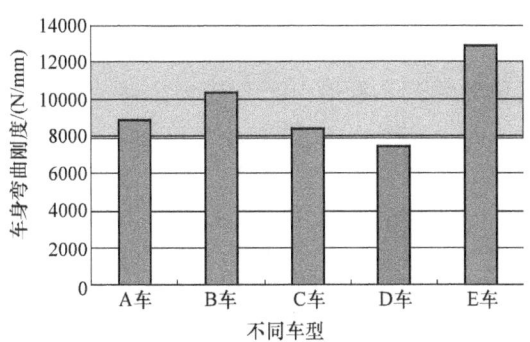

图2-7　一组经济型轿车的白车身弯曲刚度值

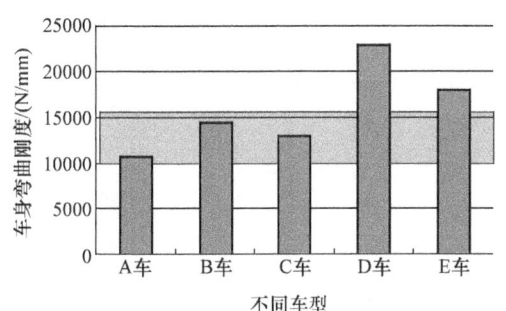

图2-8　一组中高级轿车的白车身弯曲刚度值

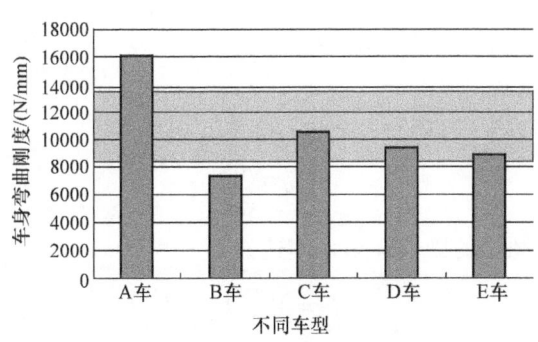

图2-9　一组SUV的白车身弯曲刚度值

结合其他的一些统计数据,一般来说,经济轿车白车身弯曲刚度控制在10000N/mm左右,中高级轿车白车身弯曲刚度控制在13000N/mm左右,SUV白车身弯曲刚度控制在12000N/mm左右,这样才能使这些车的车身具备良好的NVH

性能。当然,弯曲刚度越大,NVH 性能越好。有的车的弯曲刚度非常高,甚至超过 20000N/mm。

二、车身的扭转刚度

当施加在汽车两边的载荷不同时,车身受到扭转,产生扭转变形。比如行驶在凸凹不平的道路上,路面的激励通过两边的轮胎传递到悬架,再传递到车身,此时车身承受扭转振动。只有当车身的扭转刚度足够时,才能抵抗这个扭转振动而满足 NVH 要求。

与弯曲刚度分析类似,分析车身扭转刚度时,也可以将它看成是一根梁。首先分析梁的扭转刚度,再分析车身的扭转刚度。

1. 梁的扭转刚度

图 2-10 表示一根受扭的梁和从中截取的一小段 dx。在垂直于 x 轴线的截面上,半径为 ρ 的圆圈周边上的变形 s 为

$$s = \rho d\theta = \gamma_\rho dx \qquad (2-15)$$

式中,$d\theta$ 为在横截面上的角变形;γ_ρ 为 dx 轴向的角变形。

在圆周 ρ 处的剪切应力和应变的关系为

$$\tau_\rho = G\gamma_\rho \qquad (2-16)$$

在这个截面上,扭转力矩就是内力对圆心的力矩,表达为

$$T = \int \rho \tau_\rho dA \qquad (2-17)$$

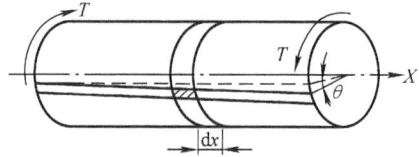

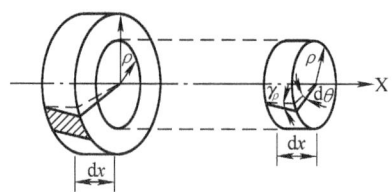

图 2-10 一根受扭的梁和截取段 dx

式中,ρ 是微小单元与 y-z 平面中心 O 点之间的距离。

将式 (2-15) 和式 (2-16) 代入式 (2-17) 中,得到

$$T = GJ \frac{d\theta}{dx} \qquad (2-18)$$

式中,J 为横截面对圆心的极惯性矩,表达为

$$J = \int \rho^2 dA \qquad (2-19)$$

在横截面上的角变形表示两个截面绕轴线的相对转角,即扭转角,式 (2-18) 变为

$$d\theta = \frac{T}{GJ} dx \qquad (2-20)$$

在长度为 l 的梁上,承受恒定的扭转力矩 T,整根梁的扭转角为

$$\theta = \int_0^l \frac{T}{GJ}\mathrm{d}x = \frac{Tl}{GJ} \tag{2-21}$$

从式（2-21）中可知，当 GJ 越大时，扭转角越小。GJ 表示了抵抗扭转变形的能力，因此将 GJ 称为梁的抗扭刚度。GJ 并不是梁的扭转刚度。梁的扭转刚度为

$$k_\varphi = \frac{T}{\theta} = \frac{GJ}{l} \tag{2-22}$$

扭转刚度的单位是 Nm/rad。

2. 车身扭转刚度的测量与分析

车身和整车的扭转刚度可以在静态变形测试平台上测量得到，也可以通过 CAE 计算得到。其支撑边界条件和施加扭转力矩与梁类似，如图 2-11 所示。

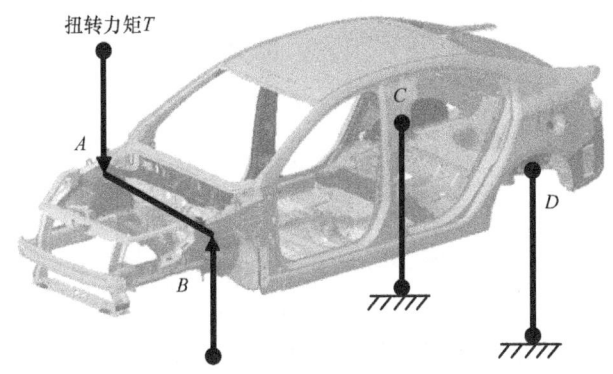

图 2-11　车身扭转刚度测试示意图

车身的安装方式与测试弯曲刚度一样，但约束的边界不一样。后悬架与车身连接点约束，在前减振器与车身连接点施加扭转力矩。扭转力矩的大小一般为 3000N·mm。

位移传感器的安装位置和方式与测量弯曲刚度一样，即将位移传感器安装在车身两侧的前纵梁、后纵梁、门槛梁和隧道梁下方的某个位置。通过测试，得到车身纵向两侧若干点的位移，而约束点和施加扭转力矩点的位移可以通过插值方法得到。车身横向截面并非完全对称结构，因此，同一横截面的左、右两侧位移有些差异。比较左右两侧的位移差值，就可以得到扭转角度，为

$$\theta = \arctan\frac{\delta_A - \delta_B}{l_1} - \arctan\frac{\delta_C - \delta_D}{l_2} \tag{2-23}$$

式中，δ_A 和 δ_B 分别是前轴左、右两侧位移；δ_C 和 δ_D 分别是后悬架左、右两边的位移；l_1 是 A 点和 B 点之间的距离；l_2 是 C 点和 D 点之间的距离。

图 2-12 为某个车身受扭转时的扭转角测量曲线。横坐标是车身的纵向位置，纵坐标是各个位置对应的扭转角。

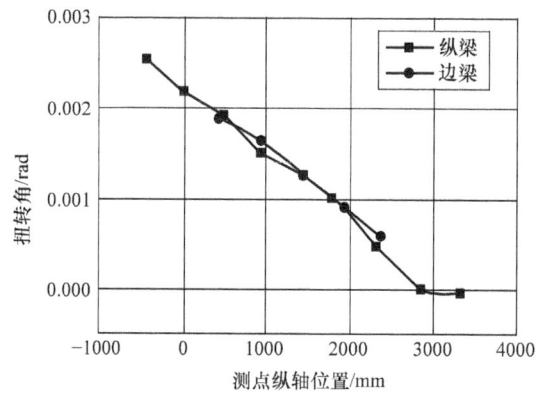

图 2-12　车身受扭转作用时的扭转角曲线

扭转力矩除以扭转角便得到了车身的扭转刚度，其为

$$k_{\text{torsion}} = \frac{T}{\theta} \tag{2-24}$$

式中，T 为施加的扭转力矩。

3. 各种车型的车身扭转刚度

不同车身的扭转刚度是不同的。图 2-13 给出了一组带风窗玻璃的经济型轿车的白车身扭转刚度值，主要区间为 700~900kN·m/rad。图 2-14 给出了一组带风窗玻璃的中高级轿车的白车身扭转刚度值，主要区间为 900~1300kN·m/rad。图 2-15 给出了一组带风窗玻璃的 SUV 的白车身扭转刚度值，主要区间为 1000~1300kN·m/rad。一般来说，汽车越大越高档，车身扭转刚度越大，SUV 的扭转刚度大于轿车。

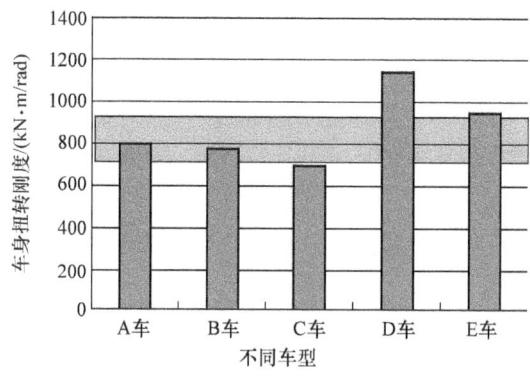

图 2-13　一组经济型轿车的白车身扭转刚度值

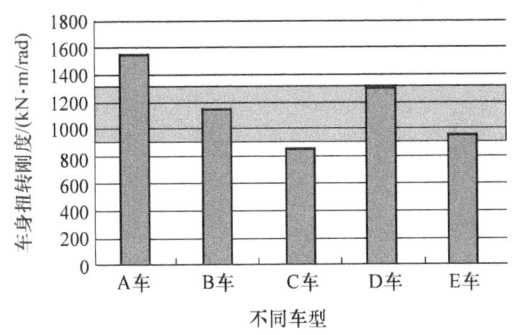

图 2-14 一组中高级轿车的白车身扭转刚度值

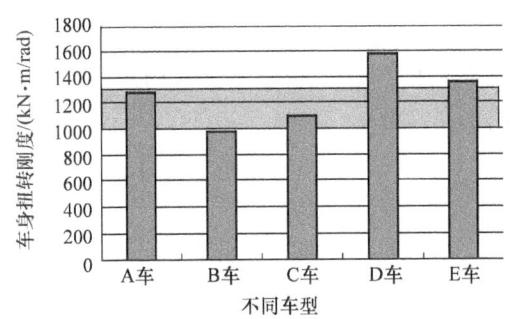

图 2-15 一组 SUV 的白车身扭转刚度值

一般来说，经济轿车白车身扭转刚度控制在 800kN·m/rad 左右，中高级轿车白车身扭转刚度控制在 1000kN·m/rad 左右，SUV 白车身扭转刚度控制在 1100kN·m/rad 左右，这样才能使这些车的车身具备良好的 NVH 性能。当然，扭转刚度越大，NVH 性能越好。有的车的扭转刚度非常高，达到 1600kN·m/rad。

第三节 车身整体刚度的控制

影响车身整体刚度的主要因素：整体框架结构的布置、梁和立柱的截面形式、连接头的刚度、连接胶的连接刚度、板结构的刚度。这些因素决定了车身整体刚度和整车模态，而这些模态又决定了车内低频轰鸣声和车身抖动。

整体框架结构布置是指梁和立柱的组成形式和连接方式。车身框架是由纵梁、横梁、立柱以及一些支撑梁组成。它们能否形成一个封闭的框架，以及梁和立柱的布置是否合理对车身刚度影响非常大。

截面形式是指梁和立柱的截面形状和周边的闭合状态。截面形状有矩形、圆形、无规则形状，钣金件截面周线有闭合的，也有开口的。截面形状以及周线开口或者闭合不仅影响到梁和立柱的局部刚度，而且是影响整体刚度的重要因素。

连接头刚度是指几根梁与梁或者立柱交汇在一起处的刚度，如 A 柱顶部是由 A 柱、顶棚前横梁和顶棚纵梁交汇在一起，形成一个连接头。在 A 柱顶部交汇处必须有足够的刚度才能使 A 柱局部刚度高，而且对整体刚度影响大。

连接胶部件的刚度是指钣金件之间和风窗玻璃与车身钣金件连接处的刚度。这些部位的连接刚度对车身整体刚度影响很大，特别是扭转刚度。

板结构的刚度是指部分钣金件（如车门板）的刚度。板结构的刚度主要影响车身的局部模态以及声辐射。它对车身整体刚度的影响主要是扭转刚度。第三章"车身局部振动与噪声控制"将详细阐述板结构振动问题，因此，本节不涉及板结构的刚度问题。

下面将分别介绍框架结构的整体布置、梁截面、梁与梁的连接和胶连接部位对车身整体刚度的影响。

一、车身的整体布局

车身整体布置方式是车身的基础，它涉及造型、内饰件的布置、加工方式（冲压、焊接、总装）、材料的选择、顾客的使用需求等。这些因素会影响车身的刚度和模态。

从车身刚度的角度来讲，整体布置是指组成车身框架中梁和立柱的组成和结构形式。车身框架由纵梁、横梁、立柱以及主要的支撑梁和板组成。梁的结构形式是指框架外围的几何尺寸、梁与梁之间的连接方式、板结构与梁的连接方式等。

由梁和立柱组成的车身框架整体形式是决定车身刚度的主要因素之一。梁和立柱结构的布置一定要合理。车身整体布局要遵循以下三个原则：第一是框架一定要形成封闭结构；第二是梁的数量和它们之间的距离一定要使车身刚度尽可能高；第三是避免车身梁被外界激励起来而产生共振。

1. 封闭结构和开口结构

梁与梁之间要形成封闭结构。封闭结构是指组成结构的梁形成闭环圈，如图 2-16 所示，图中的横梁和纵梁连在一起形成了闭环。图 2-17 显示为几个开环的框架结构：图 a 表示在尾端，两根纵梁没有连在一起；图 b 表示一根纵梁在中间分成了两端，没有形成封闭形式；图 c 表示中间的一根横梁断开，没有封闭。封闭结构的刚度要高于开口结构的刚度。

主梁之间必须形成封闭结构。主梁是指前纵

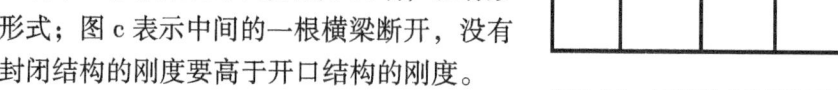

图 2-16　封闭形式的框架结构

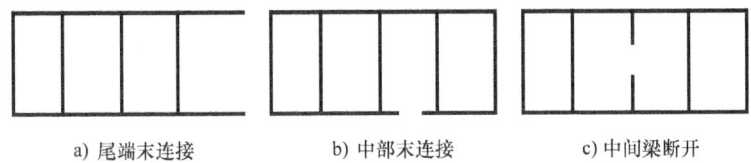

a) 尾端末连接　　　　b) 中部末连接　　　　c) 中间梁断开

图 2-17　开环形式的框架结构

梁、后纵梁、门槛梁、上纵梁、上横梁和立柱。如果主梁是开环形式，那么车身的刚度就会大大下降。一般来说，车身的主梁设计基本上是封闭的，但是有的车（如皮卡、货车）没有 C 柱，因此它们的扭转刚度会比较低。在同一平台上开发的轿车和皮卡，轿车的车身扭转刚度比皮卡高很多。除了主梁之外，其他次梁（如隧道梁、中间的次纵梁和次横梁）也要形成封闭结构。图 2-18a 中的隧道梁和两根次纵梁与中间的横梁之间没有连接，形成了一个开口形状。这样，车身的弯曲刚度就会受到很大影响。修改结构形式，将隧道梁和次纵梁与中间横梁连接起来，形成封闭结构，如图 2-18b 所示。与开口结构车身（图 a）的刚度相比，封闭结构车身（图 b）的刚度大大提升。

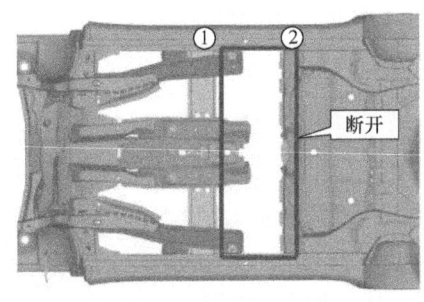　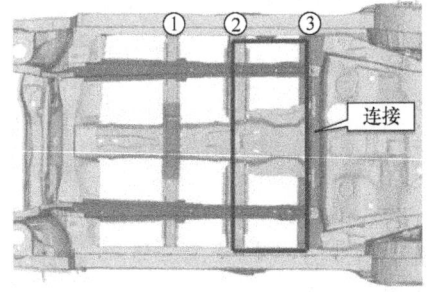

a) 开口梁　　　　　　　　　　　　b) 封闭梁

图 2-18　开口梁和封闭梁的地板结构（见彩插）

2. 梁的数量和距离对刚度的影响

梁的数量对车身刚度影响很大。在结构尺寸一定的前提下，梁的数量越多，刚度越大。图 2-19a 和 b 的框架尺寸一样，由于 b 多出一根横梁，它的刚度就比 a 高。在车身设计中，梁的数量受到车身空间布置、重量、成本等因素的影响，它只能限制在一定的合理范围内。中间梁的数量不仅影响车身的整体刚度，同时也影响板结构的局部刚度。比如，在顶棚上加一根横梁，顶棚板的模态频率会提升，从而降低了声辐射。

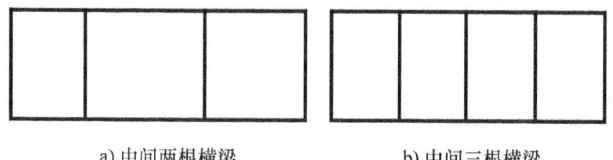

a) 中间两根横梁　　　b) 中间三根横梁

图 2-19　梁的数量影响车身刚度

主梁之间的距离会影响车身刚度。在现代化汽车平台化开发中，经常在一个平台上进行多车型设计，比如将车身加宽或者拉长，变成另一款车。假设其他设计不变，这种加宽和拉长的变化会使车身刚度降低。图 2-20a 为一个基础车的框架，图 b 是在 a 的基础上加宽。加宽后，在同样的扭转力矩作用下，扭转角度增加，使扭转刚度降低。因此，车身加宽或者拉长后，一定要进行其他结构修改，以保证车身具有足够高的刚度。

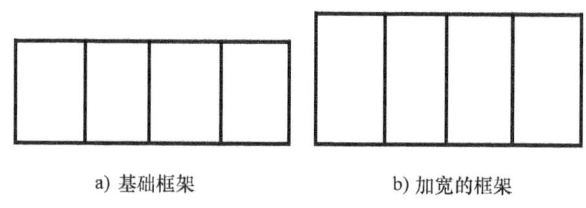

a) 基础框架　　　b) 加宽的框架

图 2-20　基础框架和加宽的框架

3. 梁的共振

梁的共振有整车梁共振和局部梁共振两种形式。当车身梁框架结构设计不当时，使整车车身模态频率与外界激励频率一致，导致全车振动。比如在急速时，座椅和转向盘振动；用手触摸车身各个部位，都会感受到振动；打开车门，可以看见它在抖动；这种现象是整车共振所致。对这种情况，就必须从整车的梁框架来分析车身的刚度和模态。

局部梁共振是指局部梁被外界力激励起来。比如，机舱上纵梁的模态频率与发动机的激励频率一致，会使机舱产生较大的横向振动，而且这个振动会传递到车身，然后传到转向盘、地板和座椅。在车身梁的整体布局设计时，要充分考虑到每根梁的局部刚度。在产品开发后期，经常会有局部梁振动问题，这时，已经没有机会来修改车身的整体布局。当出现局部梁振动时，就必须分析它的刚度和模态，进行局部布局修改。例如某款车在急速时，发动机舱纵梁被发动机激励起来，产生局部共振。在纵梁之间增加一根横梁或一根 V 形梁，如图 2-21 所示，使发动机机舱纵梁的局部刚度和模态频率增加，从而避免了共振。

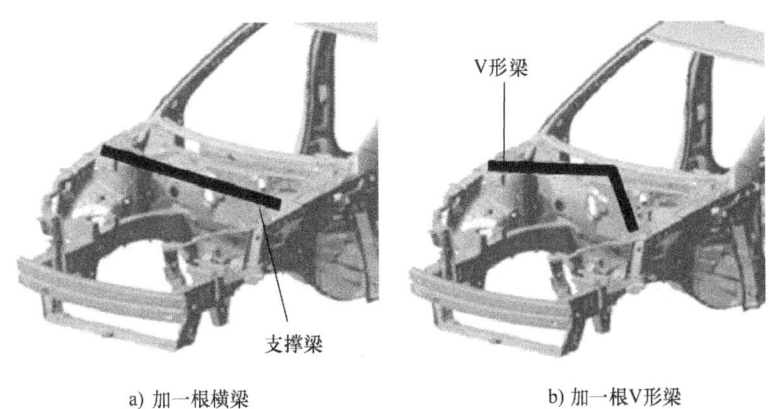

a) 加一根横梁　　　　　　　　　b) 加一根V形梁

图 2-21　在发动机机舱纵梁之间增加一根横梁或一根 V 形梁

二、车身梁断截面与刚度分析

1. 截面的种类

车身上的梁和立柱主要功能有两个：一是承载重量；二是构建刚度足够大的车身框架。很多系统（如动力总成）直接安装在车身上，因此，梁和立柱必须能承载这些重量。梁和立柱构建成了一定刚度的框架结构，来满足 NVH 等方面的性能要求。由于车身重量的限制，梁和立柱必须重量小、结构轻巧。梁和立柱都由薄壁板构成，即它们是由一块或者叠在一起的几块薄钢板卷曲而成。薄壁梁是指壁厚远远小于其他几何尺寸（如长度、高度）的梁。薄壁梁具有较大的刚度重量比，在车身上得到了广泛应用。

车身薄壁梁的截面有各种各样的形状，如矩形、圆形、不规则形状等，如图 2-22 所示。车身梁和立柱的截面通常是不规则形状，以达到最佳承重能力和最大刚度。

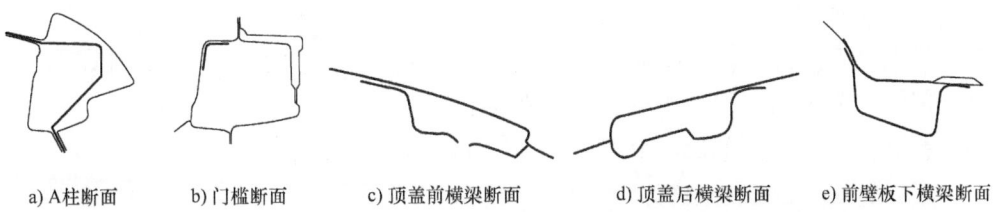

a) A柱断面　　b) 门槛断面　　c) 顶盖前横梁断面　　d) 顶盖后横梁断面　　e) 前壁板下横梁断面

图 2-22　车身梁和立柱的几种截面形状

车身梁截面通常是封闭的，即形成一个完整的环形。有些梁由多块钢板组成，形成几个环形。图 2-23 显示一个截面由两个环形组成，包括三块钢板，形成两个封闭的环形。环形的形状决定了梁的刚度，但是设计的时候，它受到空间布置的限制。所以，截面的设计要在刚度和空间布置之间寻找平衡。

按照截面是否开口，可将截面分为开口截面和闭口截面。如果截面的中线是一条封闭的曲线或者折线，这个截面被称为闭口截面；如果截面的中线是一条不封闭的曲线或者折线，这个截面被称为开口截面，如图 2-24 所示。

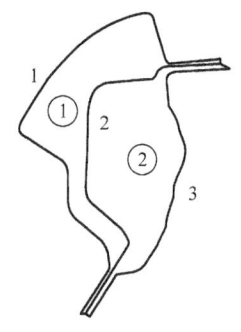

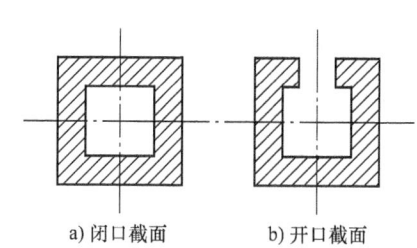

a) 闭口截面　　b) 开口截面

图 2-23　两个环形的截面　　　　图 2-24　闭口截面和开口截面

2. 截面形状与刚度

梁的抗弯刚度 EI 和抗扭刚度 GJ 中，E 和 G 分别是材料的弹性模量和剪切模量，与材料本身的性质有关。I 和 J 是截面的惯性矩和极惯性矩。式（2-4）和式（2-19）表明它们仅仅与截面的形状和轴的位置有关。因此，在材料确定的情况下，梁的抗弯刚度和抗扭刚度取决于梁的截面形状和大小。

在设计车身梁时，应该尽可能使用闭口截面，因为闭口截面梁的刚度要远高于开口截面梁。下面以开口圆形薄壁梁和闭口圆形薄壁梁来说明它们的刚度差别，如图 2-25 所示。假设这两个圆截面的半径相同，壁厚相同，材料相同，下面以扭转刚度为例来说明两者的差别。

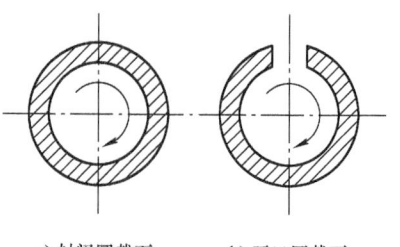

a) 封闭圆截面　　b) 开口圆截面

图 2-25　封闭圆截面和开口圆截面

开口圆截面的扭转刚度为

$$(GJ)_{\text{open}} = \frac{2}{3} G \pi r t^3 \qquad (2-25)$$

式中，r 为圆的半径；t 为壁厚。

封闭圆截面的扭转刚度为

$$(GJ)_{\text{close}} = 2G\pi r^3 t \tag{2-26}$$

开口圆截面的扭转截面刚度与封闭圆的扭转刚度之比为

$$\frac{(GJ)_{\text{open}}}{(GJ)_{\text{close}}} = \frac{1}{3}\left(\frac{t}{r}\right)^2 \tag{2-27}$$

由于梁的壁厚远远小于半径，即 $t \ll r$，因此开口截面梁的扭转刚度 $(GJ)_{\text{open}}$ 远远小于封闭梁的扭转刚度 $(GJ)_{\text{close}}$。对弯曲刚度，结论也一样。在车身上，应该尽可能避免使用开口截面梁，所以车身上的纵梁、横梁、立柱等梁的截面多数是封闭形状。

车身上的梁截面通常非常复杂而且不规则。当梁承受到扭转力矩时，梁截面的变形会使截面变成了一个空间曲面，而不在一个平面内，即出现翘曲变形。因此，计算车身截面的刚度非常复杂，通常需要将截面离散化，用几何分析和解析分析方法才能得到截面的刚度。

封闭截面的刚度比开口截面的刚度高很多，因此梁截面的设计尽可能是封闭的。车身梁上的封闭截面居多，但也有少数开口梁，比如隧道梁。有的地方是局部开口，如 B 柱安放安全带的地方。遇到需要开口的地方，要分析它对整体刚度的影响。有些车为了达到高的扭转刚度，甚至连隧道梁也设计成封闭的截面。

三、连接头的刚度

1. 连接头

连接头是指车身中两个以上的承载构件相互连接的接合部位。车身上有很多连接头，它们将梁和梁或梁和立柱连在一起，形成了车身框架。图 2-26 显示了轿车的 A 柱、B 柱和 C 柱部位的连接头。可以近似认为车身是对称结构，这样就只需研究车身一侧的连接头。轿车(三厢车)车身一侧有 7 个主要的连接头，下面分别给出定义。

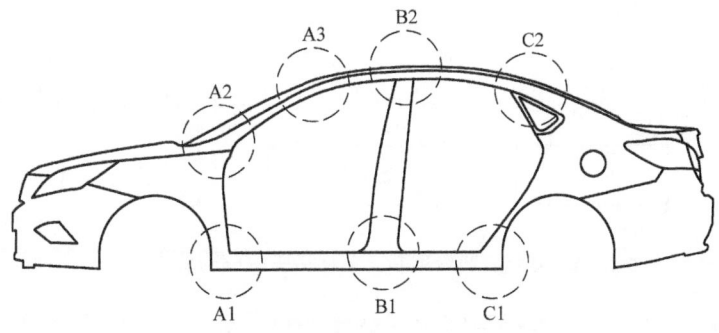

图 2-26　轿车车身 A 柱、B 柱和 C 柱处的连接头

A1 连接头：A 柱与地板纵梁、地板前横梁、前轮毂包的连接部位。
A2 连接头：A 柱与风窗前罩板、发动机舱上边梁的连接部位。
A3 连接头：A 柱与顶棚纵梁、顶棚前横梁和顶棚钣金件的连接部位。
B1 连接头：B 柱与地板纵梁、地板中间横梁、地板钣金件的连接部位。
B2 连接头：B 柱与顶棚纵梁、顶棚中间横梁和顶棚钣金件的连接部位。
C1 连接头：C 柱与地板纵梁、地板后横梁和地板钣金件的连接部位。
C2 连接头：C 柱与顶棚纵梁、顶棚后横梁和顶棚钣金件的连接部位。

对于 SUV 来说，除了三厢车的 7 个连接点外，还有两个连接点，如图 2-27 所示：

D1 连接头：D 柱与地板纵梁、地板后横梁的连接部位。
D2 连接头：D 柱与顶棚纵梁、顶棚后横梁和顶棚钣金的连接部位。

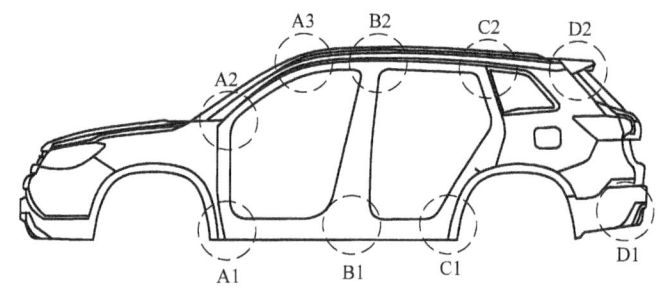

图 2-27 SUV 车身 A 柱、B 柱、C 柱和 D 柱的连接头

2. 连接头的刚度分析

一个系统由几个刚度非常大的梁和一个连接头组成，那么这个系统的刚度不仅仅取决于梁的刚度，而且还取决于连接头的刚度。假设一个系统由两根梁和一个连接头组成，如图 2-28 所示，梁的刚度分别是 k_1 和 k_2，连接头的刚度为 k_3，则这个系统可以看成是一个串联系统，其刚度为

$$\frac{1}{k} = \frac{1}{k_1} + \frac{1}{k_2} + \frac{1}{k_3} \tag{2-28}$$

只有当梁的刚度和连接头的刚度都足够大，才能保证这个系统的刚度大。

图 2-28 两根梁和一个连接头组成的系统

连接头的刚度是决定车身整体刚度最重要的因素之一。如果连接头的刚度不足，会带来很多问题，如异响、NVH 问题、可靠性问题等：第一，连接头连接不

当会使局部刚度大大降低，连接头处的几个部件之间很容易产生变形，从而使车门框架对角线的变形增大；第二，门框的大变形会使车身与车门之间产生异响，并影响车门和车身之间的密封；第三，连接头刚度低使车身的整体刚度降低，从而降低了车身的弯曲模态和扭转模态频率，整车很容易出现轰鸣声和共振；第四，连接头连接不当还会使局部应力集中加大，从而使车身出现裂纹，甚至疲劳断裂。

连接头的刚度很大程度上取决于连接处几个连接件的截面形状和支撑情况。如果梁的截面改变了，那么连接头的刚度会改变。连接头的刚度可以看成是几个连接件截面参数的函数。例如，图 2-26 中的 B2 连接头由 B 柱、顶棚前纵梁、顶棚中间横梁和顶棚后纵梁这四根梁组成。这些梁的参数如下：

B 柱：　　　　　　　　　I_{x1}, I_{y1}, J_1, A_1

顶棚前纵梁：　　　　　　I_{x2}, I_{y2}, J_2, A_2

顶棚中间梁：　　　　　　I_{x3}, I_{y3}, J_3, A_3

顶棚后纵梁：　　　　　　I_{x4}, I_{y4}, J_4, A_4

连接头部件：　　　　　　I_{x5}, I_{y5}, J_5, A_5

连接头最重要的刚度是前后方向的弯曲刚度（K_{xx}）、内外方向的弯曲刚度（K_{yy}）和扭转刚度（K_{zz}）。于是，B2 连接头的刚度就是上述梁截面参数的函数，即

$$K_{xx} = f_1(I_{x1}, I_{y1}, J_1, A_1, \cdots, I_{x5}, I_{y5}, J_5, A_5) \quad (2\text{-}29\text{a})$$

$$K_{yy} = f_2(I_{x1}, I_{y1}, J_1, A_1, \cdots, I_{x5}, I_{y5}, J_5, A_5) \quad (2\text{-}29\text{b})$$

$$K_{yy} = f_3(I_{x1}, I_{y1}, J_1, A_1, \cdots, I_{x5}, I_{y5}, J_5, A_5) \quad (2\text{-}29\text{c})$$

连接头的刚度很难通过测试得到，也很难通过理论分析得到精确值，通常用 CAE 计算得到，如有限元方法。使用有限元方法分析连接头刚度时，以连接头为中心，在 X、Y 和 Z 三个方向分别截取一定长度（如 100mm 或 180mm）的部分作为分析对象，如图 2-29 所示为 B2 连接头截取区域。固定相对坚固部分，在最弱的梁截面上分别施加三个方向的弯矩，便得到前后方向的弯曲刚度、内外方向的弯曲刚度和扭转刚度。

3. 连接头刚度的控制方法

连接头刚度的控制方法主要有两种：一是从设计上来提升刚度；二是通过在连接头处增加附加材料来提升刚度。

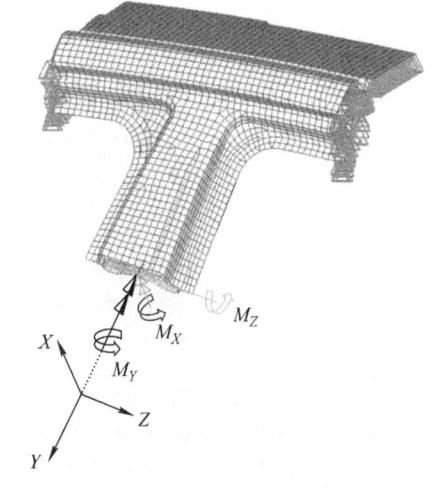

图 2-29　连接头刚度分析的截取部分

从连接头的设计来提升刚度是最主要的方法。图 2-30 为一个 B2 连接头的解剖图，连接头由车身顶棚、顶棚横梁、侧围内板、侧围内加强板、内部安装孔加强板、B 柱内板、B 柱内加强板和车身侧围组成。这些部件的刚度对连接头的刚度影响非常大。在车身板、梁和立柱已经定型的情况下，内板和加强板的设计非常重要。另外，这些部件的弯曲半径、上面的孔、焊点的位置和间距等也会影响连接头的刚度。

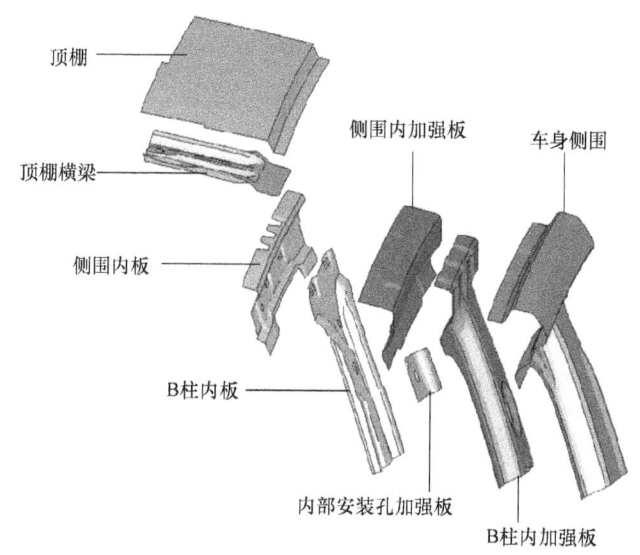

图 2-30　连接头的解剖图

提升连接头刚度的第二种方法是在连接头处增加结构泡沫，如图 2-31 所示。

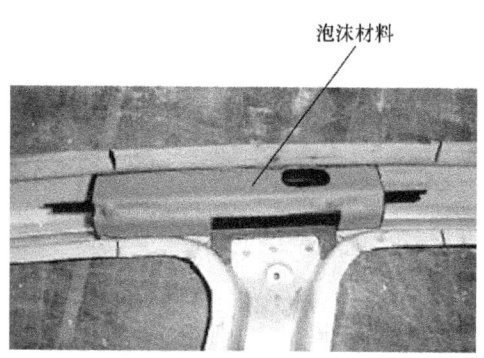

图 2-31　连接头处的结构泡沫

前面已经讲到连接头刚度对整体车身刚度的贡献非常大。对敞篷车，连接头的刚度就更加重要。由于没有顶棚结构，敞篷车的扭转刚度大大下降。为了弥补扭转刚度的下降，需要使地板上连接头（如门槛梁连接头）的刚度比一般轿车大。

四、结构胶和玻璃连接胶对整车刚度的影响

在车身上使用的连接胶中,主要有密封胶、结构胶和玻璃胶。密封胶的功能是密封车身钣金件之间的缝隙,保证密封表面不发生渗透,阻止气流和液体泄漏,以及降低声音的传递。第四章"声学包装"将详细介绍密封胶。结构胶是以热固性树脂、橡胶和聚合物合金为主的胶粘剂,其功能是将同种材料或不同材料牢固地接合在一起,使其达到强度、刚度、碰撞安全、可靠性等方面的要求,比如车身上钣金件之间的黏结。玻璃胶是将风窗玻璃与车身钣金件连接起来,使玻璃与钣金件牢固地粘结在一起,并且提升车身刚度。

结构胶可以代替某些焊接和铆接工艺,在车身上得到了广泛应用。在焊接不能到达的地方、在外观要求不能使用焊接的地方,可以使用结构胶。使用粘结胶的地方能够保证光滑漂亮的外形。它可以在不同材料之间使用,如金属与非金属之间。车身上有几千个焊点,采用结构胶之后,可以减少10%~20%的焊点,而且提高了结构强度,避免了焊接带来的应力集中和焊点撕裂的问题,因此车身重量减轻,成本降低。它还具有良好的抗腐蚀性能、抗冲击性能、耐疲劳性能、密封性能。它还可以增加车身的强度和承载能力,提高了结构的碰撞能的吸收能力,提升了碰撞安全能力。

对 NVH 来说,结构胶的使用可以提高车身刚度,同时由于重量减轻,使模态频率提升。找两个具有同样焊点和分布的白车身(同样的车身)进行试验,一个没有涂结构胶,另一个在门框、纵梁、底板和置物板上涂了结构胶,如图 2-32 所示。图 2-33 是它们的频响函数的比较,有结构胶的车身频率比没有涂结构胶的车身频率提升。通常使用结构胶的车身与没有结构胶的车身相比,刚度能提升 20%~40%,频率能提升 1~4Hz。

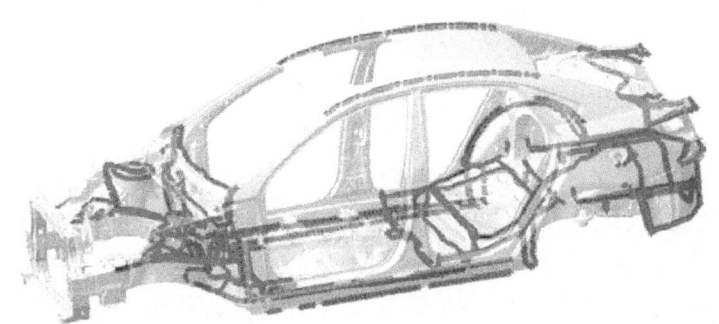

图 2-32 在某个车身的门框、纵梁、底板和置物板上使用了结构胶(见彩插)

当然,结构胶并不是完美的,还有许多需要改进的地方,比如高强度、高耐久性和耐高温等方面的能力还需要进一步提升。在汽车装配工序上还需要完善,

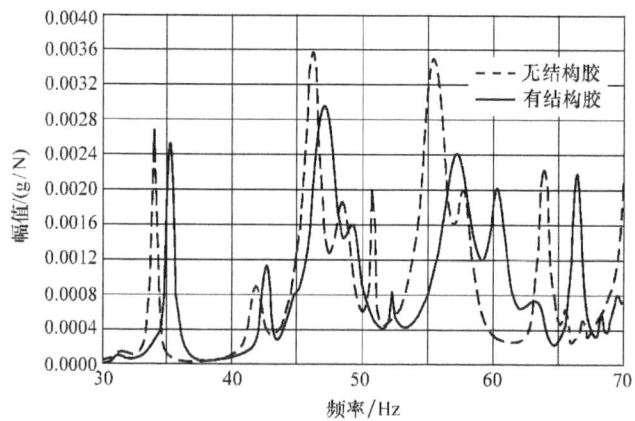

图 2-33 有和没有结构胶的车身频响函数的比较

比如车身焊接工序中使用了结构胶，则后续工序（如涂装）不能给结构胶带来损伤。

与结构胶类似，玻璃胶用来连接风窗玻璃与钣金件。车身的前风窗玻璃框架和后风窗玻璃框架是一个薄弱的框架结构，在车身受到扭力时，这些地方很容易产生扭转变形，从而使车身的扭转刚度降低。当安装了前、后风窗玻璃之后，这些薄弱的框架被玻璃"支撑"起来，承受扭转力矩的能力大大提升。图 2-34 给出了一组不带风窗玻璃的白车身和加了风窗玻璃之后弯曲刚度和扭转刚度的比较。图 2-34a 显示加了风窗玻璃之后，白车身的弯曲刚度只提高了一点点，这说明风窗玻璃对车身弯曲刚度的影响很小。图 2-34b 显示加了风窗玻璃之后，白车身的扭转刚度提高了很多（15%~35%），这说明风窗玻璃对车身扭转刚度的影响非常大。

只有风窗玻璃和钣金件之间的连接很强时，才能使玻璃起到良好的"支撑"作用。对于同样的车身和同样的风窗玻璃，若玻璃胶不同，会使车身的扭转刚度完全不同。

五、梁和连接头对车身整体刚度的贡献分析

刚度表示抵抗变形的能力。一个系统承受外力作用时会产生变形。在变形过程中，外力所做的功存储在系统中。系统的变形储能越大，表明变形越大，刚度越低。因此，可以通过变形能分析来确定系统的刚度以及刚度强弱的分布。

当外力减小时，所储存的能量慢慢释放而做功，使变形逐渐恢复。这种在系统变形过程中所储存的能量被称为应变能。应变能是衡量系统变形的一个非常重要的参数，经常用来评价系统的弯曲变形和扭转变形。系统中应变能大的地方代表了系统薄弱的地方。

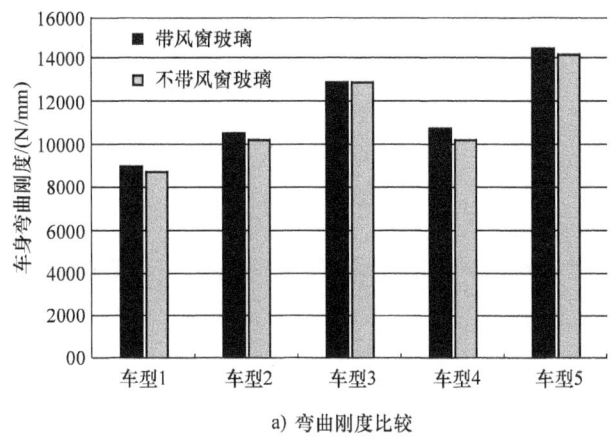

a) 弯曲刚度比较

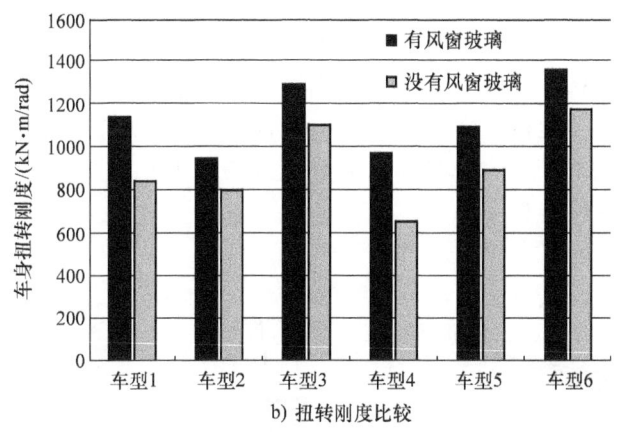

b) 扭转刚度比较

图 2-34 有和没有风窗玻璃的白车身弯曲刚度和扭转刚度比较

一个系统上承载着多种不同的载荷，包括力、扭转力矩、力矩等，如图 2-35 所示。在外力的作用下，系统产生变形，包括位移变形、角度变形等。对弹性体来说，变形过程中储存的应变能取决于载荷和变形的最终值，而与施加载荷的顺序无关。用广义力来表示所有的载荷，即 F_1、F_2……F_n，对应的最终变形也用广义变形表示，即 δ_1、δ_2……δ_n，则这个系统的变形能表达为

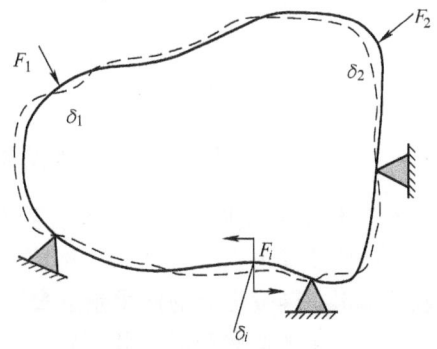

图 2-35 系统承受广义力作用和产生的广义变形

$$W = \frac{1}{2}F_1\delta_1 + \frac{1}{2}F_2\delta_2 + \cdots + \frac{1}{2}F_n\delta_n \tag{2-30}$$

长度为 L 的梁受到弯矩 M 作用时，产生了弯曲变形 $\theta = \frac{ML}{EI}$。梁的承受弯矩作用的应变能为

$$W_M = \frac{1}{2}\frac{M^2 L}{EI} \tag{2-31}$$

梁受到扭转力矩 T 作用时，产生了扭转变形 $\varphi = \frac{TL}{GJ}$。梁的承受扭转作用的应变能为

$$W_T = \frac{1}{2}\frac{T^2 L}{GJ} \tag{2-32}$$

应变能大的部位表明该处储存能量的能力最强，刚度最弱，在该处施加加强结构会带来最佳的效果。对于车身来说，找到了弯曲应变能和扭转应变能最大的地方，增加这些地方的局部刚度，能够有效地提升车身的整体弯曲刚度和扭转刚度。

通过有限元计算可以得到车身各个部位的应变能。图 2-36 显示出了静态弯曲载荷下，某一白车身梁和连接头的弯曲应变能分布。梁的应变能总和占 44%，连接头的应变能总和占 26%，车身其余部分占 30%。由此可见，梁对弯曲变形起最主要作用，其次是连接头。

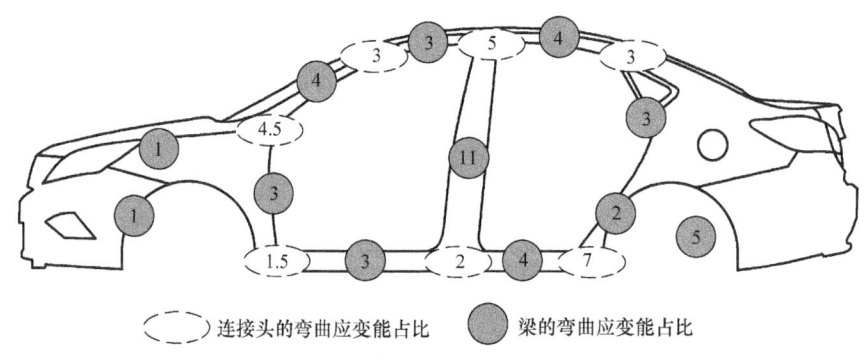

图 2-36 静态弯曲载荷下白车身弯曲应变能的分布

图 2-37 显示出同一个白车身在静态扭转载荷下，梁和连接头的扭转应变能分布。梁的应变能占 42%，连接头的应变能占 39%，车身其余部分占 19%。所以梁和连接头对扭转变形起的作用差不多。

从白车身的弯曲变形能和扭转变形能的分布来看，决定车身刚度的不仅仅是梁的刚度，连接头的刚度也起到了至关重要的作用，因此连接头刚度的设计非常重要。另外，对连接头自身来说，每个连接头的刚度分布应该尽可能均匀。

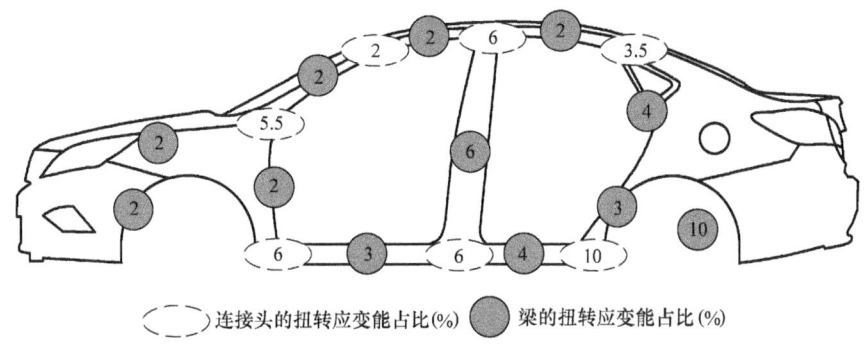

〇 连接头的扭转应变能占比(%) ● 梁的扭转应变能占比(%)

图 2-37 静态扭转载荷下白车身扭转应变能的分布

第四节 车身整体模态识别

一、模态分析基础

模态分析是将线性定常系统的耦合物理坐标转换成非耦合的模态坐标,使方程组解耦,得到一组用模态坐标和模态参数来描述的独立方程,并求出模态参数。然后,用坐标变换,使模态坐标下的解转回到物理坐标的解。

对一个 N 自由度的线性定常系统建立物理方程组,表达为

$$M\ddot{X} + C\dot{X} + KX = F \tag{2-33}$$

式中,M、C、K 分别是系统的质量矩阵、阻尼矩阵和刚度矩阵;X 和 F 分别是系统的位移向量和激励力向量,分别表示为

$$X = \begin{bmatrix} x_1 & x_2 \cdots x_r \cdots x_N \end{bmatrix}^T \tag{2-34}$$

$$F = \begin{bmatrix} f_1 & f_2 \cdots f_r \cdots f_N \end{bmatrix}^T \tag{2-35}$$

方程(2-33)是用物理坐标表示的运动方程组。每个方程中都包含了各个点的物理坐标,它们是一组耦合方程。当系统的自由度很大时,求解这样一组耦合方程,难度非常大,甚至不可能。因此,必须将耦合方程变成解耦的、彼此独立的方程来求解,这样就必须进行一定的转换。这个转换是用模态坐标来代替物理坐标,以实现方程的解耦。

对方程(2-33)两边进行拉氏变换,得到

$$(s^2 M + sC + K)X(s) = F(s) \tag{2-36}$$

对时不变系统,$s = j\omega$,将之代入方程(2-36),得到

$$(K - \omega^2 M + j\omega C)X(\omega) = F(\omega) \tag{2-37}$$

任何一点的响应可以表示为各阶模态的线性组合,例如,l 点的响应可以表

示为

$$x_l(\omega) = \sum_{r=1}^{N} \varphi_{lr} q_r(\omega) \qquad (2\text{-}38)$$

式中，φ_{lr} 是响应点 l 处的第 r 阶振型系数；q_r 是第 r 阶的模态坐标。对 N 自由度系统，第 r 阶的振型系数阵列为

$$\boldsymbol{\phi}_r = [\varphi_1\ \varphi_2\cdots\varphi_r\cdots\varphi_N]^{\mathrm{T}} \qquad (2\text{-}39)$$

式中，φ_r 表示第 r 阶的模态振型，被称为第 r 阶的模态向量。

将各阶模态向量组合在一起，形成一个矩阵，就得到系统的模态矩阵 $\boldsymbol{\Phi}$，表达为

$$\boldsymbol{\Phi} = [\boldsymbol{\phi}_1\ \boldsymbol{\phi}_2\cdots\boldsymbol{\phi}_r\cdots\boldsymbol{\phi}_N] \qquad (2\text{-}40)$$

模态坐标 q_r 表示第 r 阶模态对响应的贡献量。将各阶模态坐标写在一起，形成模态坐标矩阵 $\boldsymbol{Q}$，表达为

$$\boldsymbol{Q} = [q_1\ q_2\cdots q_r\cdots q_N]^{\mathrm{T}} \qquad (2\text{-}41)$$

通过模态矩阵，可以建立起物理坐标和模态坐标之间的关系，为

$$\boldsymbol{X} = \boldsymbol{\Phi}\boldsymbol{Q} \qquad (2\text{-}42)$$

将式（2-42）代入式（2-37）中，得到

$$(\boldsymbol{K} - \omega^2\boldsymbol{M} + \mathrm{j}\omega\boldsymbol{C})\boldsymbol{\Phi}\boldsymbol{Q} = \boldsymbol{F}(\omega) \qquad (2\text{-}43)$$

车身结构的阻尼很小，可以认为系统的模态为实模态，阻尼为比例阻尼。式（2-43）两边分别乘以 $\boldsymbol{\Phi}^{\mathrm{T}}$，将物理坐标下耦合系统转换成在模态坐标下的解耦系统，模态坐标上的运动方程为

$$(\boldsymbol{K}_r - \omega^2\boldsymbol{M}_r + \mathrm{j}\omega\boldsymbol{C}_r)\boldsymbol{Q} = \boldsymbol{F}_r(\omega) \qquad (2\text{-}44)$$

式中，$\boldsymbol{M}_r$、$\boldsymbol{K}_r$、$\boldsymbol{C}_r$ 分别是模态坐标下的模态质量矩阵、模态刚度矩阵和模态阻尼矩阵，它们都是对角矩阵。

$$\boldsymbol{M}_r = \boldsymbol{\Phi}^{\mathrm{T}}\boldsymbol{M}\boldsymbol{\Phi} = \begin{bmatrix} M_1 & & & & \\ & \ddots & & & \\ & & M_r & & \\ & & & \ddots & \\ & & & & M_N \end{bmatrix} \qquad (2\text{-}45)$$

$$\boldsymbol{K}_r = \boldsymbol{\Phi}^{\mathrm{T}}\boldsymbol{K}\boldsymbol{\Phi} = \begin{bmatrix} K_1 & & & & \\ & \ddots & & & \\ & & K_r & & \\ & & & \ddots & \\ & & & & K_N \end{bmatrix} \qquad (2\text{-}46)$$

$$C_r = \boldsymbol{\Phi}^T \boldsymbol{C} \boldsymbol{\Phi} = \begin{bmatrix} C_1 & & & & \\ & \ddots & & & \\ & & C_r & & \\ & & & \ddots & \\ & & & & C_N \end{bmatrix} \quad (2\text{-}47)$$

$F_r(\omega)$ 是模态坐标下的激励向量，表达为

$$\boldsymbol{F}_r(\omega) = \boldsymbol{\Phi}^T \boldsymbol{F}(\omega) = [f_{m1} \cdots f_{mr} \cdots f_{mN}]^T \quad (2\text{-}48)$$

对于第 r 阶模态，式（2-44）表达为

$$(K_r - \omega^2 M_r + j\omega C_r) q_r = f_{mr} \quad (2\text{-}49)$$

式中，M_r、K_r 和 C_r 分别是第 r 阶模态的质量、刚度和阻尼；f_{mr} 为第 r 阶激励力，为

$$f_{mr} = \boldsymbol{\phi}_r^T \boldsymbol{F}(\omega) \quad (2\text{-}50)$$

对于单点激励的情况，假设在 p 点激励，则式（2-35）为

$$\boldsymbol{F} = [0 \quad 0 \cdots f_p \cdots 0]^T \quad (2\text{-}51)$$

式（2-50）中的模态力变成

$$f_{mr} = \phi_{pr} f_p(\omega) \quad (2\text{-}52)$$

将式（2-52）代入式（2-49）中，得到第 r 阶模态坐标的响应为

$$q_r = \frac{\phi_{pr} f_p(\omega)}{(K_r - \omega^2 M_r + j\omega C_r)} \quad (2\text{-}53)$$

将式（2-53）代入式（2-38）中，得到 l 点的响应为

$$x_l(\omega) = \sum_{r=1}^{N} \frac{\phi_{lr} \phi_{pr} f_p(\omega)}{(K_r - \omega^2 M_r + j\omega C_r)} \quad (2\text{-}54)$$

响应点 l 的位移对激励点 p 的激励力的频响函数为

$$H_{lp}(\omega) = \frac{x_l(\omega)}{f_p(\omega)} = \sum_{r=1}^{N} \frac{\phi_{lr} \phi_{pr}}{(K_r - \omega^2 M_r + j\omega C_r)} \quad (2\text{-}55)$$

二、车身模态振型和频率

1. 车身模态的描述

从上面的模态理论分析可知，任何点的响应都是该点各阶模态响应的叠加。对于某阶模态，对应地有模态频率和模态振型。模态振型就是在这个频率下结构的振动"形状"，当然这个"形状"是看不见的。

下面以一根悬臂梁（图2-38a）为例来说明模态振型。图2-38b 和 c 显示出来第一阶弯曲模态和第二阶弯曲模态。对第一阶弯曲模态来说，在固定支撑处的位移为零，在自由端的位移最大。对第二阶弯曲模态来说，在固定支撑处的位移为零，然后位移逐渐增大，在中间某个位置时达到最大，接着位移变小并在某个位置为零，再朝反方向运动并达到一个极值。

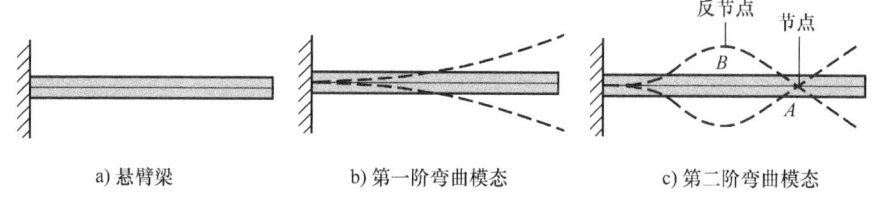

a) 悬臂梁　　　　　b) 第一阶弯曲模态　　　　c) 第二阶弯曲模态

图 2-38　悬臂梁的第一阶弯曲模态和第二阶弯曲模态

在模态振型中，模态位移为零的点称为节点，如图 2-38c 中的 A 点。幅值最大的点称为反节点，如图 2-38c 中的 B 点。在节点处，表明该模态对整体响应没有贡献。弯曲模态、扭转模态和其他复合模态都存在着节点和反节点。集中质量和外力的激励点都应该尽可能放置在节点或者接近节点，从而减小激励对系统的输入和降低系统的响应。

在车身模态中，最重要的是第一阶弯曲模态和第一阶扭转模态。整车或者内饰车身的模态非常复杂，一些局部模态经常与车身的整体模态混杂在一起，因此观察模态振型不容易。为了清晰地观察到车身整体模态，白车身是最好的选择。图 2-39 所示为一个白车身的第一阶弯曲模态，它的振型具有下面几个特征：

❏ 车身的主要运动和变形是在垂直方向；
❏ 车身前端和后端在垂直方向做同向运动；
❏ 车身的中部与前端和后端做反向运动；
❏ B 柱有横向的呼吸运动；
❏ 地板和顶棚通常是同向运动，少数情况下出现反向的呼吸运动。

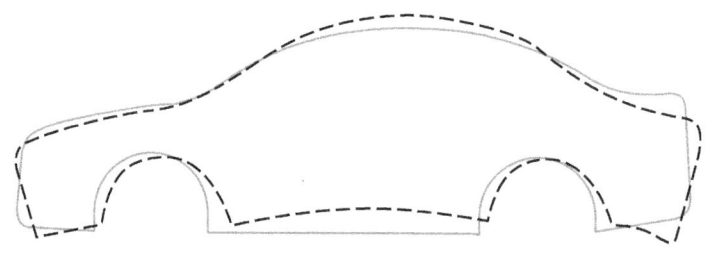

图 2-39　车身的第一阶弯曲模态图

图 2-40 所示为一个车身的第一阶扭转模态，车身沿着对角线方向的被扭曲。它的振型具有下面几个特征：

❏ 前端的左右两边做反向运动；
❏ 后端的左右两边做反向运动；
❏ 前端和后端的对角线做同向运动。

车身的第一阶弯曲模态和第一阶扭转模态对整车的振动、转向盘和座椅的振动、车内轰鸣声的影响非常大。如果这些模态频率与动力系统的激励频率或者路面激励频率一致，很容易产生上述的噪声和振动问题。

对整车或者内饰车身来说，除了整体的弯曲模态和扭转模态外，还有很多其他局部模态，如前壁板弯曲的模态、车门呼吸模态、转向盘的弯曲模态等。车身的模态可以分成四大类，下面列出部分模态并简单描述。

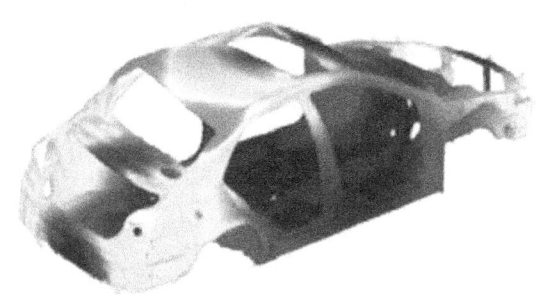

图2-40 车身的第一阶扭转模态图（见彩插）

① 车身整体模态：以车身整体形式呈现出的模态，主要有：

垂向弯曲模态：在垂直方向，前后两端同向运动，并且与中心方向的运动相反，形成了第一阶垂向弯曲模态；在垂直方向，前后运动方向相反，即相位相差180°，形成了第二阶垂向弯曲模态。

横向弯曲模态：与垂向模态类似，只是运动方向在横向，即在平行与地面的平面上。

扭转模态：车身前后形成扭曲的运动形式。

② 车身板结构模态：车身梁和/或立柱之间的板呈现出的局部模态，它不是车身的整体模态。板结构模态主要有：

前壁板弯曲模态：垂直于前壁板的运动形式，或者沿着车身前后方向运动的形式。

车门呼吸模态：由于B柱的弯曲运动，使两侧的车门出现反向的运动形式，看上去像"呼吸"的样子。

侧板的模态：垂直于侧板的弯曲运动形式，即在横向的运动。

地板模态：垂直于地板的运动形式。

备胎板模态：垂向的弯曲运动形式。

油箱板模态：由于油箱的跳动而引起的地板局部的垂向运动形式。

③ 次梁模态：除了车身主梁和立柱之外的次梁所产生的局部模态，它不是车身的整体模态。次梁模态主要有：

发动机舱上纵梁模态：上纵梁的横向弯曲模态和垂向弯曲模态。

冷却模块支撑梁模态：支撑梁的垂向弯曲模态。

保险杠模态：前部保险杠的弯曲模态和扭转模态。

④ 附件模态：安装在车身上的附件的模态，主要有：

转向盘模态：垂向弯曲模态、横向弯曲模态和扭转模态。

后视镜模态：后视镜的局部弯曲模态。

座椅模态：座椅的前、后方向和横向的弯曲模态。

本章讲述的是车身整体模态。第三章"车身局部振动与噪声控制"将详细介绍车身板的运动、板的局部模态和附件模态。

2. 车身模态频率

车身模态的重点研究对象是白车身，因为它是车身的核心，主要有三个原因：一是白车身是内饰车身和整车车身的基础，它们的模态形式和频率存在一定的关系，一般来说，白车身的模态频率高，内饰车身和整车车身的模态频率也高；二是白车身的模态相对比较单纯，能够清晰地分辨出整体弯曲模态、扭转模态和钣金件的局部模态，而且分析和测试白车身相对容易；三是在产品开发初期，车身设计的主要任务是设计车身整体结构，决定白车身的结构参数、刚度和模态。

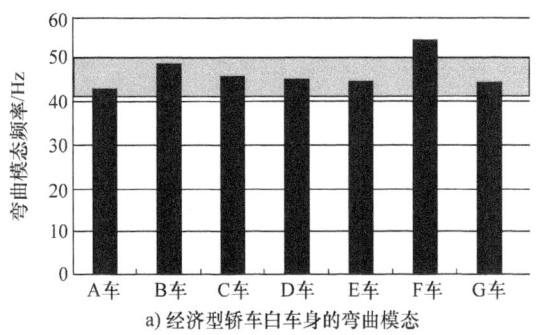

a) 经济型轿车白车身的弯曲模态

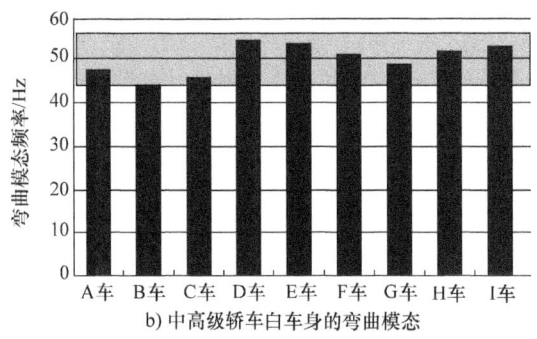

b) 中高级轿车白车身的弯曲模态

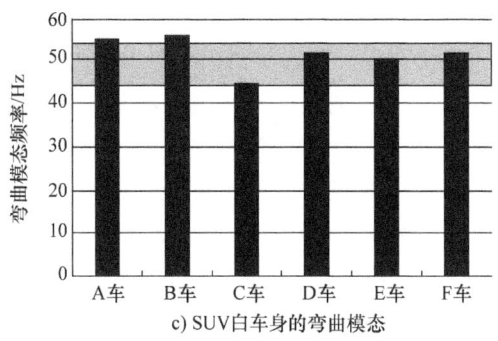

c) SUV白车身的弯曲模态

图 2-41　白车身的第一阶弯曲模态

图 2-41 给出了一组经济型轿车、中高级轿车和 SUV 白车身的第一阶弯曲模态。经济型轿车白车身的第一阶弯曲模态频率一般为 40~50Hz，中高级轿车一般为 45~55Hz，SUV 一般为 45~55Hz。

白车身安装了车门、内饰件、座椅之后，就变成了内饰车身，由于质量增加，使弯曲模态频率下降了许多。内饰车身的第一阶弯曲频率比白车身的第一阶弯曲频率大约降低 20Hz。整车车身的第一阶弯曲频率比内饰车身的第一阶弯曲频率大约降低 1~3Hz。整车车身的第一阶弯曲频率通常为 20~30Hz。白车身的第一阶弯曲模态频率大约是整车车身的 1.5~2.2 倍。

图 2-42 给出了一组经济型轿车、中高级轿车和 SUV 白车身的第一阶扭转模态。经济型轿车白车身的第一阶扭转模态频率一般在 40Hz 左右，中高级轿车一般为 40~50Hz，SUV 一般为 35~40Hz。

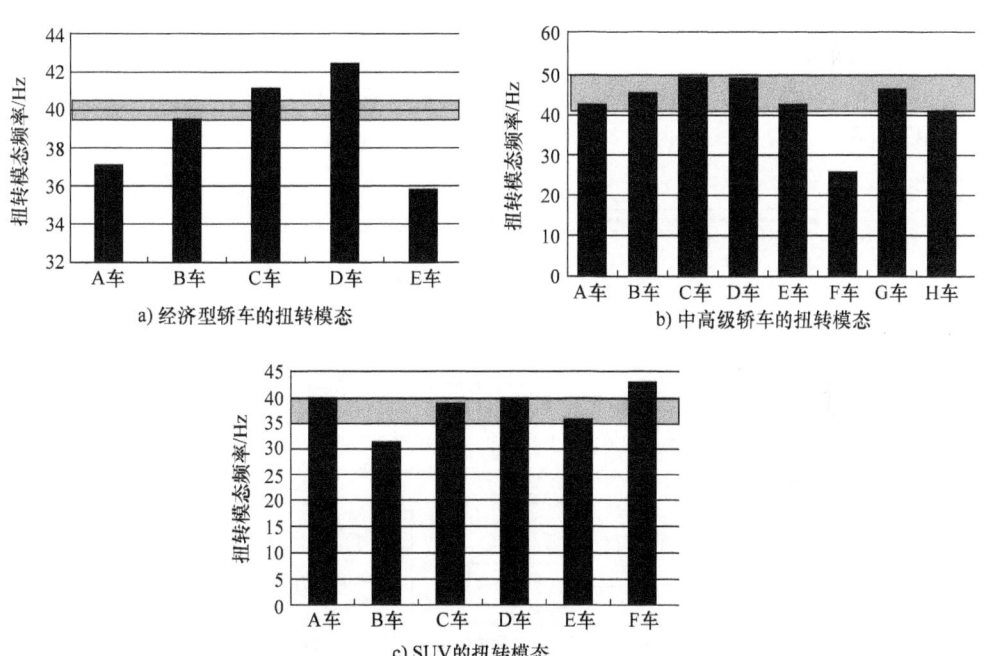

图 2-42 车身的第一阶扭转模态

内饰车身的第一阶扭转频率比白车身的第一阶扭转频率大约降低 5~10Hz。整车车身的第一阶扭转频率比内饰车身的第一阶扭转频率大约降低 1~3Hz。整车车身的第一阶扭转频率通常为 20~30Hz。白车身的第一阶扭转模态频率大约是整车车身的 1.1~1.6 倍。

中高级轿车和 SUV 白车身的弯曲刚度和扭转刚度比经济型轿车大许多，但是它们的模态频率差别并不明显，这是因为经济型轿车的重量轻，车身较短，结构紧凑。由于中高级轿车和SUV重量大，车体长，甚至会使某些车的模态频率比经济型轿车还低。

车身模态由车身结构决定。下车体结构，如纵梁、隧道梁等，对弯曲刚度的影响非常大；而上车体，如顶棚梁、立柱、风窗玻璃等，对扭转刚度的影响很大。有风窗玻璃的白车身的第一阶扭转模态频率比没有风窗玻璃的高3~10Hz，但是对弯曲模态频率的影响不大。

三、车身模态测试

车身模态试验基于几个假设：第一，车身是线性系统，符合叠加原理；第二，车身是一个时不变系统，结构的动态特性不随时间而变化；第三，可观察性假设，即所有动态分析的数据都是可以测量到的；第四，满足互逆性原则，即A点输入引起的B点响应，等于同样的输入作用在B点而引起在A点的响应。

1. 测试系统

车身模态测试系统由激振系统、响应系统和数据处理系统三部分组成，如图2-43所示。

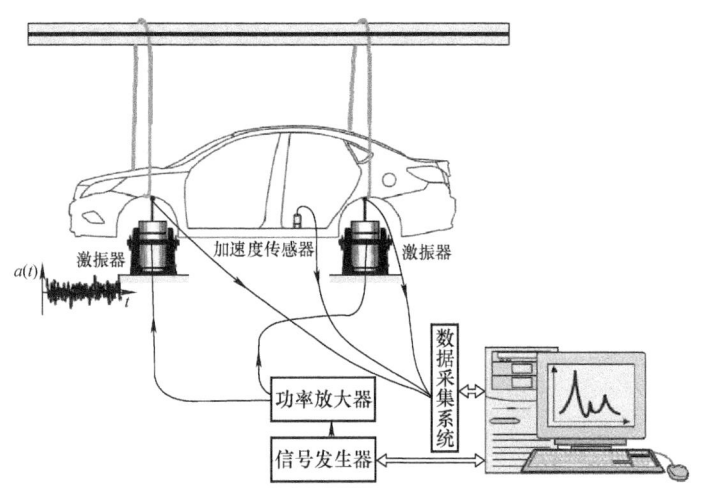

图2-43 车身模态测试系统

车身是一个比较大的系统，很难用激振锤把整个车身的模态激励起来，因此通常使用激振器来激励车身。激振系统由信号发生器、功率放大器和激振器组成。信号发生器将信号传送给功率放大器，经过放大后的信号推动激振器运动。激振器和车身由一根挺杆连接起来，挺杆的一端安装有力传感器或者阻抗头，激振器的振动通过挺杆传递到车身，确保只有沿着激振杆的轴向力输入。

测试时，可以使用一个激振器，也可以使用多个激振器。选择一个或者多个激振器遵循两个原则。第一个原则是要使车身被激励起来,所有测试点都要获得清晰的信号。假设只在车身前部使用一个激振器,设定输入激励电压,使前部能感觉到振动,然后逐步增大电压,使车身后端也能感觉到振动,而且测试信号清晰,达到足够高的信噪比。第二个原则是输入的能量不能太大,否则车身的传递函数会出现非线性现象,使测试失真。

激励信号有几种:正弦激励、正弦扫描、随机激励、随机触发等。

响应系统包括加速度传感器、力传感器和数据采集系统。力传感器用来测量施加在车身上的激励力;加速度传感器布置在车身的不同部位,以得到这些点的加速度响应;数据采集系统采集激励力和加速度信号,以便进行后续信号处理。

数据处理系统是将测量的加速度、激励力等信号进行后期处理的系统。在模态测试与分析阶段,它主要对测量的加速度和力信号进行处理得到响应对激励的传递函数,然后进行模态识别以得到车身的模态参数。

2. 边界条件

进行车身模态测试时,要将它设置成"自由-自由"的边界条件,即边界条件对测试结果没有影响。通常用两种方法来实现这个"自由-自由"的边界条件:一是用柔软的橡胶绳将车身水平地吊起,如图2-44所示;二是将车身放置在柔软的空气弹簧上,如图2-45所示。悬吊或者支持车身的点应该处于或者接近于车身主要模态的节点上。车身的最高刚体模态频率比车身最低弹性体模态频率低10%。

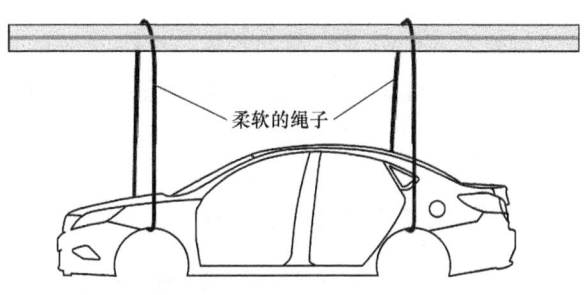

图2-44 柔软的绳子吊起车身

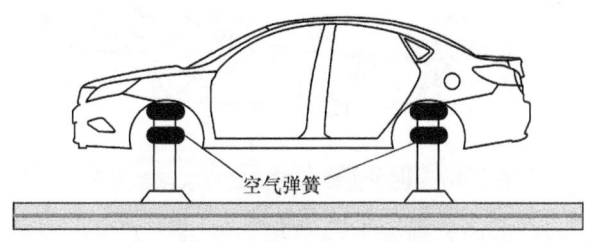

图2-45 柔软的空气弹簧支撑车身

3. 激励点

激励点是能量的输入点。在分析的频率范围内，激励的输入应该是白噪声信号。为了保证输入信号的质量和能量，激励点的选择要满足以下几点要求：

❏ 激励点处的刚度要足够大；

❏ 激励点应该尽可能接近实际激励的位置，而且便于安装激振器和阻抗头或者力传感器；

❏ 激励点应该避开车身的模态节点和/或支撑点；

❏ 激励点不应该选在车身的对称平面上。

在进行模态信号分析时，通常将力传感器信号设置为参考信号。在测试过程中，可以分别在几个点上尝试激励，以便找到能得到最佳传递函数的点，并将它选为最终的激励点。图2-46显示了一个激振器的激励点，这个点在后纵梁上，在悬架弹簧或减振器安装点附近。它满足上述几个关于激励点选择的条件。

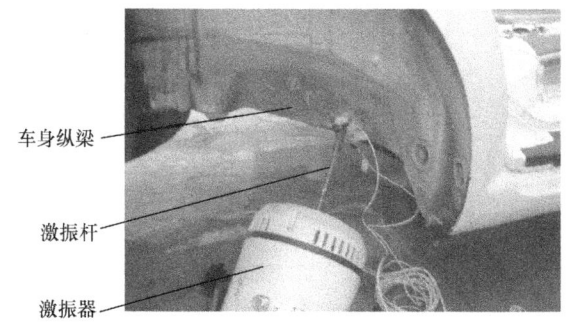

图2-46 激励点的选择（见彩插）

4. 响应点

模态测试是为了得到车身的模态振型和频率，所以响应点的选择很重要，必须遵循几个原则。第一原则是这些点能反映车身结构的外形特征。对于整车模态测试，这些点要均匀地布置在车身上，以获得车身的模态振型轮廓，特别要考虑一些重要的点，如梁与梁、梁与立柱的连接点，外力作用点，集中质量点，边界点，如图2-47所示。图中的小方块表示布置加速度传感器的地方。

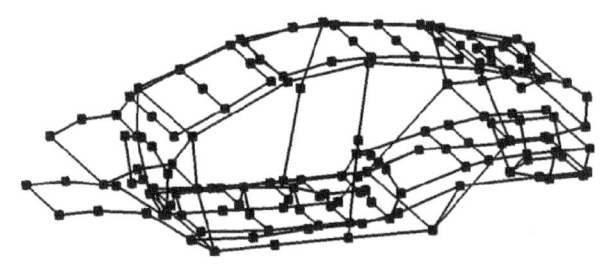

图2-47 白车身模态测试的响应点布置图

响应点选择的第二原则是要避开关键模态节点。车身的关键模态是指前二阶弯曲模态和前二阶扭转模态。

响应点选择的第三原则是关注局部模态测试的要求。除了车身的整体模态外，如果还需要测量某个局部模态，则需要在车身局部布置足够多的测点。在第三章中，我们将详细介绍车身的局部模态，如前壁板模态、顶棚模态、地板模态等。图 2-48 给出了测量前壁板模态时的布点布置图，在前壁板上布置了若干个加速度传感器，就可以获得足够多的精确的局部模态。

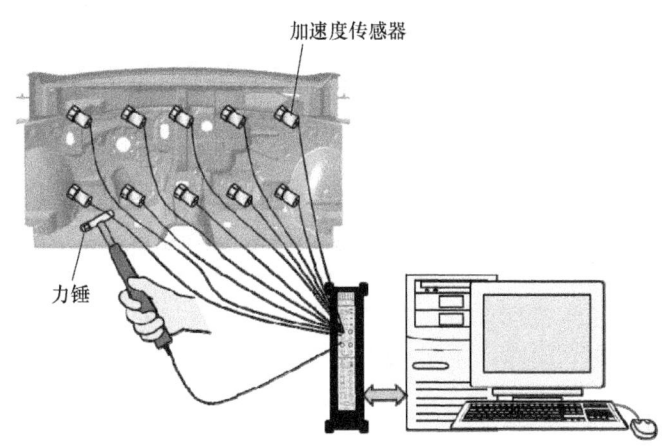

图 2-48 前壁板模态测试的响应点布置图

激励原点的传递函数通常会作为一个参考，因此在激励点与力传感器平行的地方布置一个加速度传感器。如果测试时使用的是阻抗头，由于阻抗头自身带有加速度传感器，就没有必要再专门布置一个加速度传感器。

5. 测试与信号处理

测试之前，在软件中绘制三维测点布置图。软件中的坐标点应与测试样件上的布点一一对应。所关心的白车身整体模态频率在 100Hz 以内，故采样频率设为 256Hz 就可以了，分辨率为 0.25Hz。但是局部模态的频率比较高，通常会超过 200Hz 或者更高，因此采样频率也随之增加。

为了确保测试数据的质量，必须对数据进行激励力的自功率谱、线性度、互易性、频响函数、相关函数等方面的检查。激励力的自功率谱检查，是检查在测试频率范围内功率谱呈现白噪声特征，即使所有频率内输入能量相同。如果有多个激振器，它们的自功率谱的差值应控制在 2dB 内。

线性度检查是确保车身系统和测试数据是线性的。调整激励力的大小，即可得到几组频响函数。对线性系统来说，这些频响函数应该是一致的，与输入大小没有关系。如果使用正弦输入，得到的输出信号也是正弦信号。

互易性检查是将激励点与响应点互换，比较互换前和互换后测量的频响函数。对于线性系统而言，这两组频响函数是一样的。

频响函数检查是观察频响函数曲线的清晰程度。在共振点和反共振点处，曲线的过渡应该非常清晰。

相干函数检查是检查输出信号和输入信号之间的关系,确保两者的相干系数足够高。相干系统越接近 1 时,两个信号之间的相干性就越好。

从频响函数上,可以读取模态频率、模态振型等模态参数。图 2-49 是某个车身某点对激励点的加速度对力的频响函数。在 45Hz 处出现共振点,峰值信号非常清晰。在 45Hz 处,提取车身上所有响应点的频响函数,就可以绘制模态振型,如图 2-50a 所示。

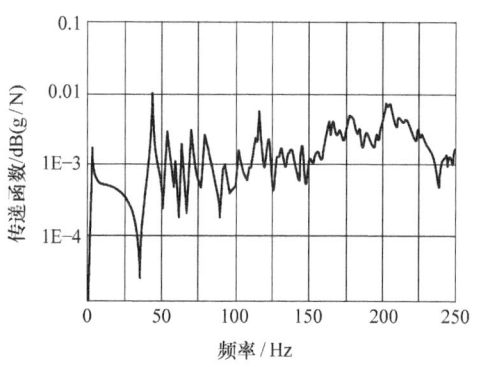

图 2-49 车身上某点的加速度对力的频响函数

这个模态振型显示了车身前端和后端做同向运动,而与中间的运动反向,它表明这是第一阶弯曲模态。同样,在 52Hz 处,得到了车身的第一阶扭转模态振型,如图 2-50b 所示。

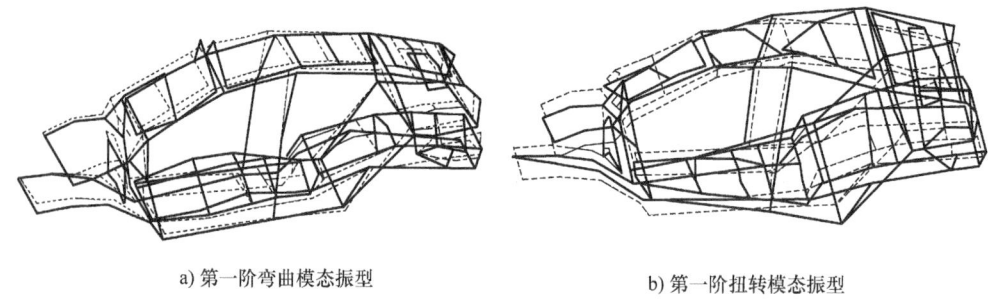

a) 第一阶弯曲模态振型　　　　　b) 第一阶扭转模态振型

图 2-50 车身的第一阶弯曲模态振型和第一阶扭转模态振型

四、车身模态计算

车身是一个非常复杂的弹性连续体,通过数字解析分析来得到车身模态是不可能的。目前,最常用的方法是有限元法。有限元法是将车身这样的弹性连续体简化成有限个自由度的离散体,通过建立有限个自由度离散方程组来求解系统的模态参数。

车身自身的阻尼很小,而且对模态频率和模态振型的贡献很小,因此在用有限元进行模态计算时,通常将阻尼忽略。不过,在计算响应和频响函数时,需要考虑阻尼的影响。式(2-33)可以简化为

$$M\ddot{X} + C\dot{X} + KX = 0 \qquad (2\text{-}56)$$

建立车身有限元模型是分析的第一步。车身有限元模型的建立是以 CAD 三维数据为基础，进行网格划分；然后，确定车身的边界条件为自由边界，即不施加任何约束；最后，采用合适的方法进行计算，得到结果。有限元的模态计算方法有很多，如子空间法、兰索斯（Lanczos）法、模态浓缩法等。

车身的主要模态频率在 100Hz 以内，但是与车身相连的系统的模态频率或者激励频率会超过 100Hz，同时考虑到局部模态的频率范围，因此，通常将分析频率设为 250Hz；当频率再高时，计算的工作量会大大增加，同时精确度下降；当频率高到一定时，系统的模态难以区分清楚，需要用统计方法来计算。

图 2-51 是用有限元法计算出的某个车身的第一阶弯曲模态和第一阶扭转模态。

a) 第一阶弯曲模态

b) 第一阶扭转模态

图 2-51　有限元法计算的白车身的第一阶弯曲模态和第一阶扭转模态（见彩插）

为了验证有限元法计算的模态的准确性，可以将计算模态值与测试模态值进行比较，以便对计算模态进行修正。这种比较从固有频率、振型的视角、模态置信因子、频响函数等几个方面进行。

首先是固有频率比较。将计算的和测试的固有频率列在一张表上，比较相关的频率。对车身模态来说，计算频率和测试频率之间的百分比误差在 3% 之内，就表明是同一模态频率。

第二是视角比较。以动画的形式显示出测试模态振型和计算模态振型，观察它们振型的形状和运动形式，来确定两者之间的关联性。

第三是计算模态置信因子。由于计算模型的自由度远远大于试验模型自由度，因此需要将计算模型进行模型减缩，使它与试验模型自由度相同。模型减缩的方法有很多，但是必须保证减缩后的模态与原始有限元模态特征一致。

将测试模态向量 $\boldsymbol{\phi}_t$ 和计算模态向量 $\boldsymbol{\phi}_c$ 进行比较，定义模态置信因子（MAC）为

$$MAC = \frac{|\boldsymbol{\phi}_t^T \boldsymbol{\phi}_c|^2}{(\boldsymbol{\phi}_t^T \boldsymbol{\phi}_t)(\boldsymbol{\phi}_c^T \boldsymbol{\phi}_c)} \tag{2-57}$$

当 $\boldsymbol{\phi}_t$ 和 $\boldsymbol{\phi}_c$ 为同一模态时，$MAC \approx 1$；当 $\boldsymbol{\phi}_t$ 和 $\boldsymbol{\phi}_c$ 为不同模态时，$MAC \approx 0$。MAC 在 0~1 之间。MAC 值越大，表明两个模态越相关。通常相关模态的 MAC 值大于 0.8。可以将所有试验模态和计算模态的 MAC 值计算出来，构成一个 $MAC(i,j)$ 矩阵。如果试验模态和计算模态的一致性好，那么 MAC 对角线上的值都接近于 1，而非对角线上的值接近于 0。

第四是频响函数比较。在计算频响函数时，必须考虑阻尼。将计算的和测试的频响函数绘制在一张图上，比较它们的形状、频率和峰值等方面的差异，以判断计算与测试值的可信度。

第五节 车身整体模态控制

车身的结构响应是由车身的模态特征和外界激励决定的，当激励的频率与结构的频率一致时，就产生了共振。因此，车身模态振型和频率的设计非常重要，如果设计不当，就会带来车内噪声与振动问题，如怠速的轰鸣声、加速时的车身抖动等。车身整体模态控制可以从三方面进行：第一是分析可能带来问题的激励频率和各个系统的频率，使之与车身系统的模态频率分离；第二是制定完善的模态目标表；第三是实施控制措施来达到模态分离或者抑制噪声与振动。

一、车身模态分离与解耦

整车车身整体模态解耦包括三个方面：
❏ 第一是车身整体模态频率与外界激励频率的解耦；
❏ 第二是车身整体模态频率与相联系系统的解耦；
❏ 第三是车身整体模态与局部模态的解耦。

1. 车身整体模态与激励源频率的分离

首先要了解车身的振动激励源。车身的振动激励源主要有发动机激励、路面激励、风激励、风扇等旋转机械类激励、随机激励和脉冲激励。本书第五章"车身灵敏度分析与控制"将详细分析各种激励的特征，下面对几种主要激励频率进行简单描述。

<u>发动机激励源</u>：对四缸发动机来说，怠速转速范围通常为 600~1000r/min，对

应的二阶发火阶次频率为 20~33.3Hz。加速或者巡航时的转速为 1000~6000r/min，对应的二阶发火阶次的频率为 33.3~200Hz。

路面与轮胎激励源：路面与轮胎的激励与汽车行驶速度和轮胎尺寸大小有关，轮胎第一阶动不平衡激励频率一般为 10~20Hz。

旋转机械激励源：风扇、发电机、压缩机、水泵等旋转机械会激励车身，其中风扇的激励最常见。风扇的转速范围一般为 1500~3000r/min，对应的一阶动不平衡的频率为 25.5~50Hz。风扇上有若干叶片，因此还有频率偏高的其他阶次的激励。

随机激励源和脉冲激励源：汽车行驶时，会受到来自路面的随机激励和脉冲激励。气流的激励也具有随机特征。车身上的附件还会有脉冲激励，比如燃油管的脉冲激励会引起地板振动，从而对车内辐射噪声。

在了解了以上激励源的激励频率后，要注意车身模态频率一定要与它们分离，以避免产生共振。表 2-1 给出了一个例子，表示某车的车身模态频率、转向系统频率、发动机怠速转速和风扇转速以及对应的激励频率。

表 2-1 某车的车身模态频率、转向系统频率、发动机和风扇转速及频率

	转速/(r/min)	频率/Hz
车身第一阶弯曲模态		26
车身第一阶扭转模态		38
转向盘模态		31
发动机怠速（空调关）	700	23.3
发动机怠速（空调开）	750	25
风扇	1900	31.6

从表 2-1 中可知，空调开启时，发动机的二阶激励频率为 25Hz，这与车身第一阶弯曲模态频率 26Hz 非常接近，因此发动机激励引起车身共振的可能性非常大。所以必须修改车身结构来提高弯曲模态频率，或者调整发动机的转速。

当风扇运转时，其激励频率为 31.6Hz，这与转向系统模态频率 31Hz 非常接近。风扇的激励传递到车身，再传递到转向系统，就可以引起转向盘共振。因此，必须修改转向系统的设计，或者调整风扇转速。

原则上，激励频率与结构频率之间至少要差开 3Hz 以上，才能达到良好的避频效果。

2. 车身整体模态与相连接系统模态的分离

与车身相连接的主要系统有动力总成、悬架系统、排气系统、传动轴系、转向系统等。

动力总成的模态分为刚体模态和弹性模态。刚体模态主要是用来进行隔振分

析,其频率比较低,通常在5~15Hz。弹性模态比较高,通常大于200Hz。因此,动力总成模态不会与车身模态频率耦合。

悬架的跳动模态一般为10~16Hz,与车身耦合的可能性不大,但是这些模态频率容易与动力总成模态和路面激励频率耦合。悬架前、后方向的模态频率通常为15~30Hz之间,与车身模态有重叠区域。

排气系统通过挂钩与车身相连,将振动传递给车身。它的模态包括弯曲模态和扭转模态,频率通常为20~50Hz。车身的弯曲和扭转模态通常也在这个频率区间,因此,一定要将排气系统的频率与车身分离开。

传动轴系通过轴承和隔振块与车身相连,会将振动传递到车身。它的模态与其结构形式有关,传动轴系有单根传动轴结构、双根传动轴结构和三根传动轴结构。一般来说,约束状态下的模态频率在90~250Hz范围内,这与整车模态没有重叠,但是与车身局部模态存在一部分重叠。因此,设计传动轴系时,也必须将之与车身频率分离开。

原则上,要使其他系统的模态频率与车身的模态频率错开至少3Hz以上,一般要求达到5Hz以上。

3. 车身整体模态与局部模态的分离

如果车身的局部模态频率与车身整体耦合,那么车身整体振动会加大局部结构的振动。比如,前地板的频率为39Hz,而车身第一阶扭转模态的频率为38Hz,那么当车身受到外界38Hz激励时,车身就会出现扭转共振,而地板的振动会急剧加大。再比如,转向系统安装在车身上,它的模态频率通常为25~35Hz,与车身模态频率区间重叠比较多,就存在车身振动引起转向盘共振的可能。

因此,局部板结构和附件的设计一定要避开车身的整体模态频率。

二、车身模态规划表

模态分离与解耦是车身噪声与振动控制中最重要的工作之一。要实现前面提到的三个解耦原则,就必须制定模态规划表来指导各个系统的开发。对车身来说,需要制定三张模态规划表或图,即整车模态规划表、车身模态规划表和激励特征图。在开发过程中,按照这些模态规划来开展工作,一是可以使各个系统的工作相对独立,二是可以使开发工作有序进行,减少产品后期的整改工作,从而降低成本。

1. 整车模态规划表

整车模态规划表是将车身与其他系统的模态频率画在一张表内,见表1-1。车身的主要模态小于100Hz,因此这张表的频率范围在100Hz之内。50Hz内的频率更为重要,表的频率范围也可以设定为50Hz。这张表给出了车身、动力总成、底盘、排气等系统的模态频率以及怠速激励频率,其目的是使汽车各个部分的模态解耦,并且避开怠速激励频率。当整车模态规划表确定后,就确定了各个系统的模态目标，它们的开发就可以相对独立进行。

在表1-1中，车身的一阶弯曲和一阶扭转模态频率分别是28.5Hz和26.4Hz，与车身相连接的系统频率分别是：
- 动力总成的刚体频率是：7.5Hz，6.5Hz，8.8Hz，10.7Hz，12.8Hz和14Hz；
- 底盘的跳动模态频率是：13.2Hz和16.5Hz；
- 排气系统的模态频率是：23.5Hz、37.2Hz和41.6Hz。

由此可见，车身的模态频率避开了相连系统的模态频率。

空调关和开时对应的发动机转速分别是750r/min和900r/min。对一个四缸发动机来说，二阶的激励频率分别为25Hz和30Hz。车身的模态频率与急速的激励频率错开了一定范围。

有了整车模态表，车身的开发就相对独立。根据整车车身模态、内饰车身模态和白车身模态频率之间的关系，根据表中的整车车身模态频率就可以设定白车身的模态频率目标，并以此作为车身NVH开发的基础。

2. 车身模态规划表

车身模态表是将整车车身的模态与车身上各个部件的模态放在一起，见表2-2。其目的是使整车模态频率与车身局部模态频率分离，以及激励频率分离。车身的主要局部包括：前壁板、前地板、后地板、前纵梁、顶棚、前侧围板、后侧围板、行李箱地板、行李箱盖板、发动机舱盖板、转向盘、反光镜、内后视镜、座椅、声腔模态。

表2-2 车身整体模态和局部模态频率规划表

	模态描述	模态频率
发动机激励	急速激励（空调关）	
	急速激励（空调开）	
	发火阶次激励	
车身整体模态	第一阶弯曲模态	
	第一阶扭转模态	
板结构模态	前壁板弯曲模态	
	前地板弯曲模态	
	顶棚弯曲模态	
	翼子板弯曲模态	
	置物板弯曲模态	
	前车门呼吸模态	
	后车门呼吸模态	
	前罩盖弯曲模态	
	前罩盖扭转模态	
	行李箱盖板/后背门弯曲模态	
	行李箱盖板/后背门扭转模态	

(续)

	模态描述	模态频率
声腔模态	乘员舱声腔	
	行李箱声腔	
附件模态	转向系统弯曲模态	
	仪表台板弯曲模态	
	外后视镜模态	
	内后视镜模态	
	座椅横向弯曲模态	
	座椅纵向弯曲模态	
	油箱刚体跳动模态	
	备胎刚体跳动模态	
支架模态	动力总成左支架模态	
	动力总成右支架模态	
	动力总成后支架模态	
	电池支架模态	
	……	
次梁模态	车身前端结构	
	散热器总成刚体模态	
	前防撞横梁弯曲模态	
	保险杠弯曲模态	

这些局部模态会产生两类噪声振动问题。第一类是与车身的整体模态产生共振。例如，前面提到的前地板39Hz的模态频率与38Hz的车身第一阶扭转频率接近，当车身整体受到这个频率段激励时，地板很容易被激励起来。第二类是局部模态被外界激励起来。板结构很容易被发动机、风、路面等激励起来。例如，压缩机的激励传递到空调管，管子穿过前壁板时，可能将它激励起来。

如果有了一款车的上述数据，就可以填入到表2-2中，然后画出类似于表1-1那样的形式，从而直观地看到相邻结构之间的耦合情况。

3. 车身模态与激励特征图

汽车上还有很多旋转机械激励源，如发电机、水泵、机油泵、压缩机、鼓风机、风扇等，可以将它们分成两类。

第一类是转速固定的，比如怠速时的发动机转速、风扇转速。比如，某车怠速空调关（AC-Off）时，发动机转速为700r/min，它对应的二阶激励频率为23.3Hz；空调开（AC-On）时，发动机转速为900r/min，对应的二阶激励频率为

30Hz。风扇通常有几个档位，假设这辆车的风扇只有高档和低档两个档位，转速分别为1800r/min和2600r/min，对应的基频分别为30Hz和43.3Hz。将这些参数列在一张表上（表2-3），就可以清晰地看到转速与频率的关系。

表2-3 某车固定旋转部件的转速和频率关系

	转速/(r/min)	频率/Hz
发动机怠速（空调关）	700	23.3
发动机怠速（空调开）	900	30
风扇低档	1800	30
风扇高档	2600	43.3

第二类是旋转机械与发动机转速成比例关系，而且它们内部还有叶片和/或轴承等，这些将决定它们相对于发动机的阶次。这类旋转机械的阶次比较复杂，比如发电机内部有叶片、线槽和轴承，这一个部件就会有三个激励阶次，类似的部件还有压缩机、水泵等。表2-4列出了某车上部分第二类旋转机械与发动机的传动比、叶片/轴承/线槽数，以及对应的发动机阶次。

表2-4 某车部分旋转机械与发动机的传动比以及对应的发动机阶次

旋转机械	旋转机械轴/发动机轴速比	旋转机械叶片数或轴承数或线槽数	对应发动机的阶次
发动机二阶	1:1		2
发动机四阶	1:1		4
压缩机	1.25:1	叶片数：5	6.25
发电机	1.3:1	叶片数：10	13
		轴承数：12	15.6
		线槽数：16	20.8
水泵	1:1	叶片数：9	9
……	……	……	……

把车身的模态列出来，见表2-5。为了简化问题，表2-5仅列出了这辆车的部分车身模态。

将表2-3～表2-5的数据画在一张转速-频率-阶次图上，如图2-52所示。横坐标是频率，纵坐标是转速。将表2-4中的发动机激励和与之相关的旋转机械激励画成散射型的阶次线，将表2-5中车身模态对应的频率画成竖直线，将表2-3中相对转速固定的激励画成水平线，同时划出对应的频率竖直线，就形成了这张车身模态与激励特征图。

表 2-5 某车部分车身模态

部件	模态描述	频率/Hz
车身	第一阶弯曲模态	26
	第一阶扭转模态	35
前壁板	弯曲模态	185
地板	前地板弯曲模态	75
	后地板弯曲模态	120
顶棚	前顶棚弯曲模态	75
	后顶棚弯曲模态	52
……		

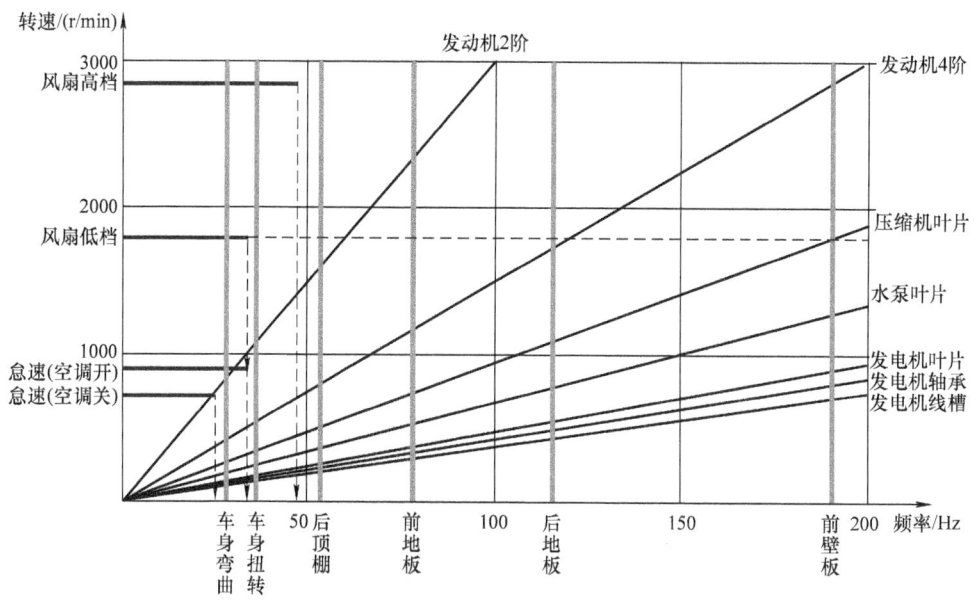

图 2-52 车身模态与旋转机械的激励关系

从图 2-52 中可以清晰地看到车身模态与激励源的关系，可以一目了然地诊断问题。比如这辆车在加速过程中，出现了 185Hz 轰鸣声，它与发动机的转速密切相关，在 1800r/min 附近。在这张表上，画一根 1800r/min 处的水平线，它与发动机、风扇和压缩机激励相交。发动机的二阶和四阶对应的频率是 60Hz 和 120Hz，风扇低档和高档对应的频率分别是 30Hz 和 43.3Hz，压缩机对应的频率是 187.5Hz。因此，可以判断激励源来自压缩机。压缩机的激励通过管道传递到前壁板，而前壁板的频率是 185Hz，因此它被激励起来，对车内辐射噪声。

图 2-52 只给出了一部分车身模态和激励源，实际的车身模态与激励源图比这复杂，但是分析原理是一样的。

三、车身整体模态控制

设计车身结构时，要使第一阶弯曲模态和第一阶扭转模态等几个主要模态的频率尽可能高；要使对车身振动影响大的模态远离主要激励源的频率；如果车身模态频率与激励频率出现不可避免的重合，就必须使激励尽可能靠近模态节点。

车身的整体模态主要与车身的刚度和质量分布有关，因此改变车身模态也就是从这两方面入手。车身的整体结构阻尼很小，在分析模态时，阻尼可以忽略。不过，对车身板的局部模态来说，阻尼对抑制振动和降低噪声辐射非常重要。另外，与车身相连接的某些部件可以看成是车身的动态吸振器，这些部件的设计可以降低车身的振动。

1. 车身模态的刚度控制

车身刚度的控制从整体刚度的分布、梁截面的控制、连接头的控制和结构胶四方面入手。用应变能来分析车身承受静态弯曲载荷和扭转载荷的应变能，找到应变能大的地方，即找到了车身刚度弱的位置。

图 2-36 和图 2-37 给出了静态载荷下车身应变能分布，从图中可以看到刚度弱的部位。从模态的角度，也可以做类似的分析，即对车身进行模态应变能分析，分析弯曲模态和扭转模态下的应变能分布。从分布中，找到影响弯曲模态和扭转模态的主要部位。结合静态载荷下的应变能分布和模态应变能分布，从每根梁和每个连接头数据上，可以看到它们各自的贡献，即对应刚度的强弱。对车身整体弯曲刚度和模态影响大的结构有 A 柱、B 柱、C 柱、A 柱和 B 柱附件的顶棚结构、门槛梁、前纵梁、后纵梁。提升弯曲刚度和模态就要从这些影响大的结构入手，进行结构优化。对车身整体扭转刚度和模态影响大的结构有 B 柱、C 柱、门槛梁、后纵梁、前后风窗玻璃。提升扭转刚度和模态就要从这些影响大的结构入手，进行结构优化。

在开发一个车身的初期，需要根据 Benchmark（对标）和经验数据来确定梁和连接头的刚度。如果这些刚度达到了设计值，那么整个车身的刚度和模态基本上可以达到预期的目标。影响车身整体弯曲刚度和弯曲模态的主要参数为梁和立柱截面的惯性矩和连接头的扭转刚度。这两组值可以形象地标识在车身图上。图 2-53 表示了某款车在梁和连接头处的弯曲刚度目标值。在图的下面给出了梁的惯性矩和连接头扭转刚度的基本值，椭圆圈内的数据表示连接头对应刚度系数，圆圈内的数字表示梁对应的惯性矩。例如，B 柱上标注的数字"11"表示 B 柱梁截面惯性矩目标为 $11 \times 10^5 \text{mm}^4$，B1 连接头处标注的数字"68"表示该处的扭转刚

度为 $68 \times 10^4 \mathrm{Nm/rad}$。

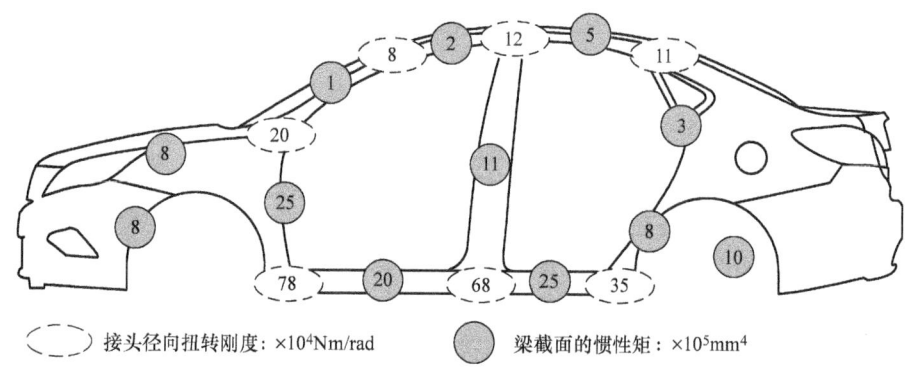

图 2-53 某个车身梁和连接头的弯曲刚度目标

影响车身整体扭转刚度和扭转模态的主要参数为梁截面的极惯性矩（J）和连接头的扭转刚度。图 2-54 给出了某款车与扭转刚度相关的梁和连接头的刚度目标值。图中圆圈和椭圆圈中数字的意义与弯曲刚度类似。

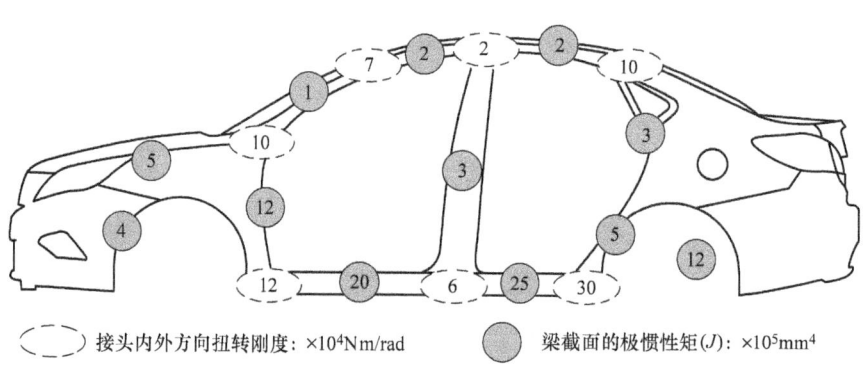

图 2-54 某个车身梁和连接头的扭转刚度目标

2. 车身模态的质量控制

车身的模态频率是由刚度和质量决定的。假设质量沿着车身均匀分布，增加质量会降低整体模态频率。将内饰件装到白车身上，使车身的质量增加，因此内饰车身的模态频率比白车身低。根据经验统计，内饰车身的弯曲模态频率与白车身的弯曲模态频率比近似等于质量比的平方根。虽然内饰部件增加了质量，但是车门等闭合件使扭转刚度有所增加，因此与弯曲模态频率降低的程度相比，内饰车身的扭转模态频率降低得少一些。

同样的质量安装在不同的位置对模态频率影响也不一样。将质量安装在模态节点上，对车身模态影响最小。图 2-55 表示一个 25kg 的电池安装在白车身的三个位置：车身前端、前轮胎的上方和后座椅下方。没有安装电池时白车身的弯曲模态是 52Hz，当将电池装在上述三个位置时，白车身的模态分别变为 47.5Hz、51.2Hz 和 49.8Hz。增加质量后，白车身的模态频率降低，装在三个位置使频率降低的程度不一样。车身前端是模态幅值点，安装电池后，模态受到的影响很大，频率下降了 4.5Hz。前轮胎上方是模态节点，安装电池后对模态影响不大，频率仅降低 0.8Hz。座椅上方不是模态节点，但靠近节点，因此安装电池后，模态受到一定影响，频率降低了 2.2Hz。

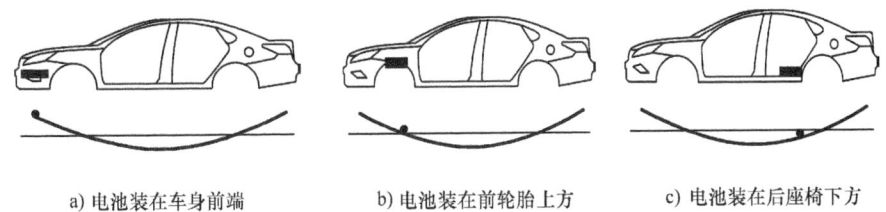

a) 电池装在车身前端　　b) 电池装在前轮胎上方　　c) 电池装在后座椅下方

图 2-55　质量安装在白车身不同位置对弯曲模态的影响

将质量加在模态幅值最大点时，对模态的影响最大。如果为了改变模态振型和频率，那么最好将质量安装在模态振幅最大的点。例如，车身最前端的弯曲模态幅值最大，将防撞梁安装在这个地方可以有效地改变模态振型和幅值。

如果集中质量同时也是激励源，则必须将它们安装在模态节点上。比如，动力总成可以看成是一个大质量块，同时也是激励源，它的安装点就应该选择在模态节点上。悬架系统也是集中质量系统，并将路面的激励传递到车身，因此，它们也必须选择在车身的模态节点上。

3. 车身结构的动态吸振器

除了刚度和质量能改变车身的模态外，将汽车上的一些系统设计成车身的动态吸振器也可以改变车身模态。关于动态吸振器的原理，请参阅第三章。动态吸振器是由主系统和附加系统组成，附加系统的振动可以消除主系统中某个频率的共振。比如，将动力总成看成是一个附加质量-弹簧系统，如图 2-56 所示。在这个系统中，车身和悬架是主系统，动力总成是附加系统。如果将动力总成参数调节到一定程度，它就成为车身的动态吸振器，使弯曲模态的频率和振型发生改变。再比如，将防撞梁和散热器看成是车身上的附加质量-弹簧系统（图 2-57），则在这个系统中，车身和悬架是主系统，冷却模块是附加系统。通过调节橡胶隔振垫的参数，就可以将冷却模块调节成车身的一个动态吸振器，从而改变车身的一阶弯曲模态。

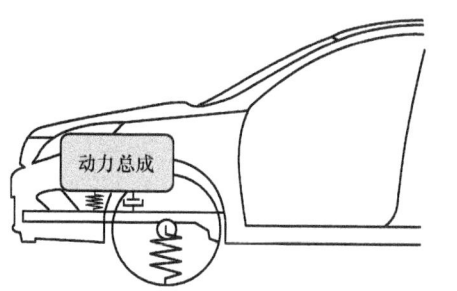 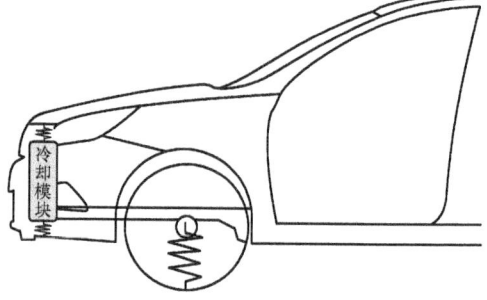

图 2-56 动力总成作为车身的动态吸振器　　图 2-57 冷却模块作为车身的动态吸振器

参 考 文 献

[1] David Griffiths, Edward R Green, Kuang-Jen Liu. Application of the Modal Compliance Technique to a Vehicle Body in White [C]. SAE Paper 2007-01-2355.

[2] D J Ewins. Modal Testing: Theory and Practice [M]. New York: John Wiley & Sons, 1984.

[3] Hyo-Sig Kim, Seong-Ho Yoon. A Design Process using Body Panel Beads for Structure-Borne Noise [C]. SAE Paper 2007-01-1540.

[4] Igor Silva, Marcelo Magalhães. Influence of Spot Weld Modeling on Finite Elements Results for Normal Modes Vibration Modes of a Trimmed Vehicle Body [C]. SAE Paper 2004-01-3358.

[5] Istvan L Ver, Leo L Beranek. Noise and Vibration Control Engineering: Principles and Applications [M]. New York: John Wiley & Sons, 2006.

[6] J Jans, K Wyckaert, M Brughmans, et al. Reducing Body Development Time by Integrating NVH and Durability Analysis from the Start [C]. SAE Paper 2006-01-1228.

[7] Karan R Khanse, Shekhar P Pathak. Test Set-Up of BIW (Body in White) Stiffness Measurements [C]. SAE Paper 2013-01-1439.

[8] Ki-chang Kim, In-ho Choi, Chan-Mook Kim. A Study on the Development Process of a Body with High Stiffness [C]. SAE Paper 2005-02-2465.

[9] Kichang Kim, Inho Choi. Design Optimization Analysis of Body Attachment for NVH Performance Improvements [C]. SAE Paper 2003-01-1604.

[10] Kurt M Lilley, Michael J Fasse, Philip E Weber. A Comparison of NVH Treatments for Vehicle Floorpan Applications [C]. SAE Paper 2001-01-1464.

[11] Marcelo Magalhães, Fábio Ferraz, Alexandre Agostinho. Comparison Between Finite Elements Model and Experimental Results for Static Stiffness and Normal Vibration Modes on a Unibody Vehicle [C]. SAE Paper 2004-01-3351.

[12] Mark J Moeller, Robert S Thomas, Harish Maruvada. An Assessment of a FEA NVH CAE Body Model for Design Capability [C]. SAE Paper 2001-01-1401.

[13] Malcolm J Crocker. Handbook of Noise and Vibration Control [M]. New York: John Wiley & Sons, 2007.

[14] Nicolas Merlette, Jean-Luc Wojtowicki. FEA Design of a Vibration Barrier to Reduce Structure Borne Noise [C]. SAE Paper 2007-01-2164.

[15] P J Shorter, B K Gardner and P G Bremner. A Review of Mid-Frequency Methods for Automotive Structure-Borne Noise [C]. SAE Paper 2003-01-1442.

[16] Shung H Sung, Donald J Nefske. Assessment of a Vehicle Concept Finite-Element Model for Predicting Structural Vibration [C]. SAE Paper 2001-01-1402.

[17] Takayuki Koizumi, Nobutaka Tsujiuchi, Shin Nakahara. Mode Classification Analysis using Mutual Relationship between Dynamics of Automobile Whole-Body and Components [C]. SAE Paper 2007-01-3500.

[18] Takashi Yamamoto, Shinichi Maruyama. Feasibility Study of a New Optimization Technique for the Vehicle Body Structure in the Initial Phase of the Design Process [C]. SAE Paper 2007-01-2344.

[19] William T Thomas, Marie Dillon Dahleh. Theory of Vibration with Application [M]. London: Prentice Hall, 1993.

[20] Yoshitaka Isomura, Toshiya Ogawa, Hiroshi Monna. New Simulation Method Using Experimental Modal Analysis for Prediction of Body Deformation during Operation [C]. SAE Prentice Hall 2001-01-0494.

[21] Yun Ki You, Hong Jae Yim, Chan Muk Kim, et al. Development of an Optimal Design Program for Vehicle Side Body Considering the B. I. W. Stiffness and Light Weight [C]. SAE Paper 2007-01-2357.

[22] 庞剑, 谌刚, 何华. 汽车噪声与振动:理论与应用 [M]. 北京:北京理工大学出版社, 2006.

[23] James F Doyle. 结构中波的传播 [M]. 北京:科学出版社, 2013.

[24] 沃德·海伦, 斯蒂芬·拉门兹, 波尔·萨斯. 模态分析理论与试验 [M]. 北京:北京理工大学出版社, 2001.

[25] 师汉民, 黄其柏. 机械振动系统-分析·建模·测试·对策 [M]. 武汉:华中科技大学出版社, 2013.

[26] 付志芳, 华宏星. 模态分析理论与应用 [M]. 上海:上海交通大学出版社, 2000.

[27] 张阿舟, 诸德超, 姚起航, 等. 实用振动工程-振动理论与分析 [M]. 北京:航空工业出版社, 1996.

[28] 范钦珊, 殷雅俊. 材料力学 [M]. 北京:清华大学出版社, 2008.

Chapter 3 第三章

车身局部振动与噪声控制

第一节 车身局部结构带来的噪声振动问题

一、车身局部结构的分类与模态

第二章介绍了车身整体结构的振动与控制。本章将阐述车身局部结构的振动、声辐射及其控制。本书将车身的局部结构分成四大类：板结构、声腔结构、附件结构和次梁结构，如图3-1所示。局部结构有局部模态，产生振动和噪声。下面简单地描述这四种局部模态。

1. 板结构

车身除了主要的梁和立柱结构外，剩下的部分主要由各种板结构组成。板通过焊接或者其他连接方式与梁相连而形成封闭的车身。板结构包括固定的板结构和活动的板结构。固定的板结构有：前壁板、顶棚、地板、侧围板、轮毂包、置物板等；活动的板结构包括车门、发动机舱盖板、行李箱盖板等。

这些板结构是车身振动和噪声的主要贡献源，都有自身的模态。它们的模态称为板结构局部模态。

2. 声腔结构

车内空气形成的固定空间被称为车内声腔。对于三厢车来说，还有一个行李箱，因此除了车内声腔外，还有一个行李箱声腔。与固体结构模态一样，声腔也有自身的模态，被称为声腔模态。图3-2显示了一辆轿车的车内声腔。

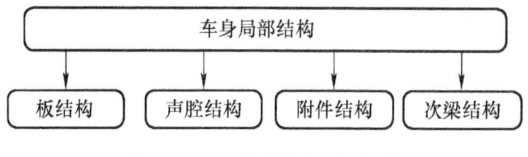

图3-1 车身局部结构分类

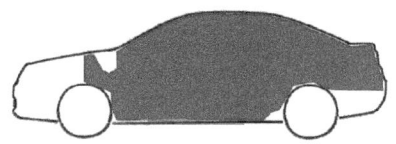

图3-2 车内声腔

车身内部的空气在外界激励下会运动并产生声腔共振，而声腔运动通常与车身的局部结构有关，因此将声腔模态列入车身局部模态范畴。

3. 附件结构

车身上安装着许多附件，如转向系统、仪表台板、内后视镜、外后视镜、油箱、备用胎、天线等。有的附件是由许多零部件组成的，如外后视镜由壳体、镜子、电动机等组成；转向系统由转向柱、转向横梁等部件组成。

这些系统都有各自的功能，有自身的模态，将之称为车身附件模态。有些附件模态会随着外界条件的变化而变化，比如油箱模态与油量的多少有关，备胎模态与备胎的质量和固定方式有关。附件模态是车身局部模态的一种。

4. 次梁结构

纵梁、横梁和立柱是车身上的主梁结构，决定了车身整体模态。除了主梁外，车身上还有一些结构稍弱的梁结构，如保险杠、防撞梁、支撑梁等，如图3-3所示。这些梁不承载发动机和路面等主要激励源的载荷，相对主梁而言，它们对车身的振动与噪声影响小些，因此，将之称为"次梁"结构。

次梁结构有自身的模态，是车身局部模态的一部分。这些模态被称为次梁模态，比如前端冷却模块支撑梁模态、保险杠模态、顶棚支撑梁模态等。次梁模态也会给车身带来噪声与振动问题。

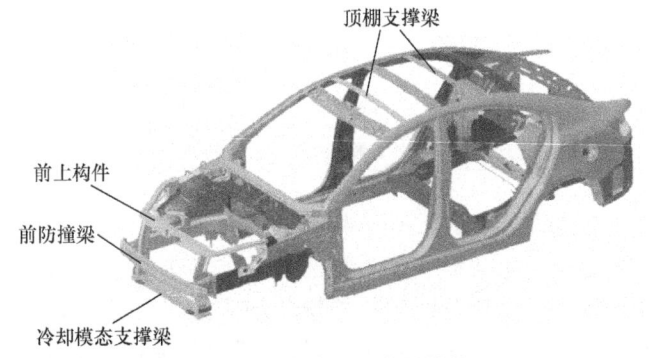

图3-3 车身上的次梁结构

二、局部模态带来的噪声振动问题

汽车承载着各种动载荷，如发动机的激励、路面的激励等。当这些载荷的频率与局部模态频率一致时就产生共振，并且产生噪声。当车身的局部模态频率与整车模态的频率一致时，或者当相邻的两个局部模态频率一致时，一旦一个系统受到激励，两个系统就很容易产生共振。车身板结构的模态频率比较低，容易与车身的声腔模态耦合，一旦出现这种情况，车内就会有让人非常不舒服的轰鸣声。另外，车身板结构、门结构、仪表板等内饰附件，在外力的激励下还会产生异响。下面根据上述四种局部模态形式，来讲解局部模态带来的噪声振动问题。

1. 板结构局部模态带来的噪声振动问题

车身板类似于扬声器的膜，当受到激励时，板产生振动并辐射声音。车身板的振动基本上是沿着板的法线方向传递，其模态表现为沿着法线方向的弯曲运动形式。对于车门、发动机罩盖、行李箱盖等活动的板结构，除了弯曲模态外，还有扭转模态。车身板的模态频率从几十赫兹到几百赫兹，非常容易被发动机和路面等激励源激励起来。另外，车身板的模态与声腔模态耦合时，会产生车内轰鸣声。

车身板结构的主要模态有：前壁板模态、顶棚模态、地板模态、发动机舱罩盖模态、行李箱罩盖模态、车门板模态等。表3-1给出了车身板模态的描述。下面介绍几个局部板结构模态带来的噪声振动问题。

表3-1 车身板结构模态的描述

	车身板结构	板结构模态描述
板结构模态	前壁板	弯曲模态
	前地板	弯曲模态
	后地板	弯曲模态
	顶棚	弯曲模态
	侧围板	弯曲模态
	置物板	弯曲模态
	车门	弯曲模态、扭转模态、呼吸模态
	前罩盖	弯曲模态、扭转模态
	行李箱盖板/后背门	弯曲模态、扭转模态

前壁板上有很多孔洞，线束和管道从中间穿过，如图3-4所示。这些线束和管道与其他系统相连接，可能会将其他系统的振动传递到前壁板上，最典型的例子就是空调管。空调管的一端与压缩机相连接，而压缩机安装在发动机上，因此空调管会将压缩机的振动、发动机的振动、空调管内部流体的脉动传递给前壁板。如果这些激励中有些频率与前壁板的模态频率一致，前壁板就会产生共振。被激励起的前壁板对车内辐射声音。

有的前壁板上还安装着许多附件，如真空泵、空调系统的鼓风机等。这些附件工作时，会将振动直接作用在前壁板上，前壁板被激励后，对车内辐射噪声。

地板上主要安装有排气系统、传递轴系、油管等，如图3-5所示。排气系统会将发动机的振动和排气管内气体的脉动，通过吊耳传递到车身。对后驱车和四驱车，轴系会将来自变速器和驱动桥的振动传递到车身。这些激励源会带来地板的振动，人可以直接感受到，同时该激励源还对车内辐射噪声。即便很小的油管也可能给车内带来严重的噪声和振动问题。油管通过卡扣与车身相连接，如果油管与车身之间没有良好的隔振，燃油在油管内的脉冲首先激励油管，然后激励地板，对车内辐射噪声。图 3-6 所示为油管与车身刚性连接和油管与车身之间用隔振软垫连接时，车内的怠速噪声。采用软隔振垫后，在中频段（200～600Hz），怠速噪声降低了许多，而总体噪声降低了约 1.5dB（A）。

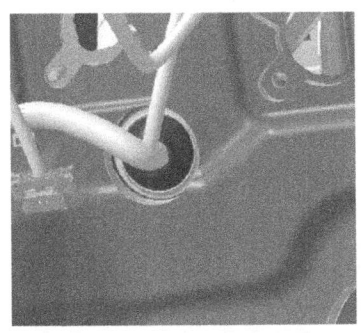

图 3-4 线束和管道穿过前壁板

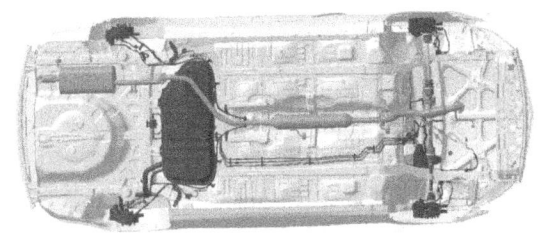

图 3-5 地板和安装在地板上的结构（见彩插）

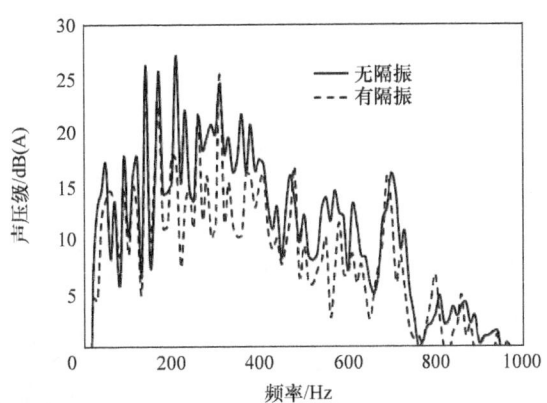

图 3-6 油管和车身之间刚性连接和用隔振软垫连接时的车内怠速噪声

顶棚由一块大薄板构成，刚度低。汽车高速行驶时，风可以对顶棚产生激励，顶棚的振动会对车内辐射噪声。如果顶棚的模态与声腔模态一致，在车内产生较大的压力脉动，从而产生严重的轰鸣声。因此，顶棚上必须安装一些次梁来支撑，如图 3-7 所示。近年来，顶棚梁的使用越来越多，间隔越来越密，其目的是提升顶棚的模态频率。

行李箱模态频率比较低，与车身纵向声腔模态频率接近。受到外界激励，特别来自路面的激励，行李箱盖板模态与声腔模态耦合时，就产生巨大的车内轰鸣声。图 3-8 所示为一款车在粗糙路面以 60km/h 的速度行驶时，在 46Hz 处出现巨大的轰鸣声。其原因是行李箱盖板的模态频率与第一阶声腔模态频率都是 46Hz，产生了耦合。

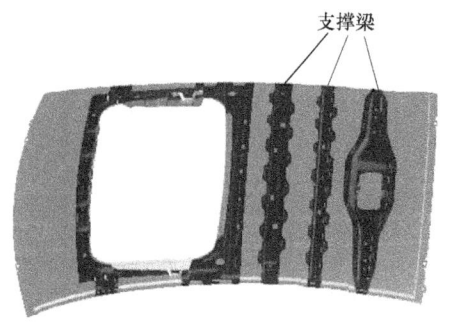

图 3-7 顶棚和顶棚梁

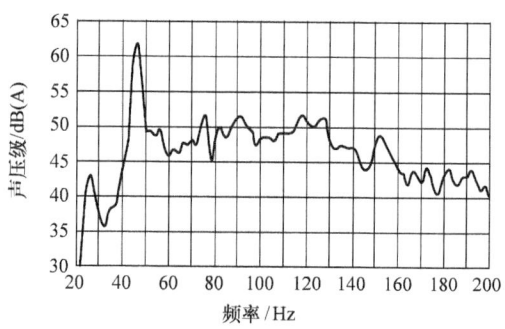

图 3-8 某车在粗糙路面行驶时，在 46Hz 处出现轰鸣声

其他的车身板结构会产生类似于前壁板、顶棚、地板和行李箱盖板的噪声振动问题，这里就不一一列举了。

2. 声腔模态带来的噪声问题

固体结构有固体模态，声腔有声腔模态。车内声腔模态形式有纵向模态、横向模态和复合声腔模态，见表 3-2。

表 3-2 车身声腔的描述

声腔模态	乘员舱声腔	纵向声腔模态、横向声腔模态、复合模态
	行李箱声腔	纵向声腔模态

声腔模态带来了两类轰鸣声问题。第一类是声腔模态与车身板结构模态耦合。车身板是典型的弹性薄壁板结构，板受到外力的激励后，推动声腔运动。当两者的模态频率一致时，就产生轰鸣声。前面提到的行李箱盖板与车身纵向声腔模态在 46Hz 处的耦合就属于这种情况。图 3-9 为某车的第一阶声腔模态。第一阶声腔模态形状

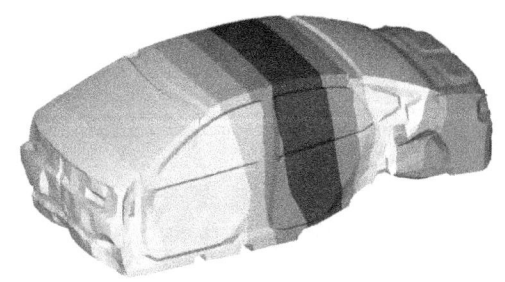

图 3-9 某车身的第一阶声腔模态图（见彩插）

沿纵向变化，即沿着车的轴线（x 方向），而在横向的振型几乎没有变化，其频率通常为 40~60Hz。如果车内轰鸣声出现在这个频率范围内，最大可能是在 x 方向的局部板有相同频率的结构模态，它与声腔模态共振。因此，需要分析纵向板的模态，如前壁板、行李箱板、内置板、前风窗玻璃等。如果轰鸣声出现在 100Hz，就需要分析高阶声腔模态。假设某阶声腔模态频率吻合也是 100Hz，它的振型沿着

横向（y方向），这时就需要分析侧板（如侧围板、车门板等）的结构模态。

另一类是外界的噪声频率与声腔模态频率耦合，产生轰鸣声。例如排气尾管噪声传递到车内，当某个频率与声腔模态频率耦合时，就会产生车内轰鸣声。

3. 附件局部模态带来的噪声振动问题

表3-3列出了车身附件模态，包括支架模态、转向系统模态、内后视镜模态、外后视镜模态、油箱模态、座椅模态、仪表台板模态等。如果这些部件结构设计不当，也会带来车内噪声振动问题，下面举几个附件模态来说明它们带来的噪声振动问题。

表3-3 车身附件模态

	车身局部结构	局部模态描述
附件模态	支架	弯曲模态、扭转模态、复合模态
	转向系统	横向弯曲模态、纵向弯曲模态、扭转模态
	仪表台板	弯曲模态、扭转模态
	外后视镜	弯曲模态
	内后视镜	弯曲模态
	座椅	弯曲模态、扭转模态
	油箱	刚体跳动模态
	备胎	刚体跳动模态
	……	……

支架是将其他系统与车身相连接的部件，如发动机支架、排气挂钩等。模态频率低的支架是带来噪声和振动问题最常见的部件。例如，发动机的支架频率为285Hz，而动力总成的弯曲模态频率为280Hz，这两个频率非常接近，极易引起支架共振并传递到车身。

转向系统的振动是最常见的振动问题，是顾客可以用手直接感知的。很多振动源会激励起转向盘振动，比如发动机的振动激励、冷却风扇的振动激励、鼓风机的振动激励等。怠速、加速和巡航时，转向盘都会出现比较大的振动。在一些特殊工况下，转向盘还会出现"摆振"现象。

后视镜模态频率偏低会带来振动问题。汽车受到路面的激励和发动机的激励时，后视镜会被激励起来，这时从镜片内看到的物体在不停地晃动。

油箱的垂直跳动模态会使车内产生轰鸣声。如果油箱与车身的连接没有采用隔振处理或者连接不好，就可能带来轰鸣声，而且这个轰鸣声的频率随着油量的改变而改变。油箱的跳动模态通常为20~30Hz，具体值取决于油量。

本章第六节将详细介绍附件的模态与控制，重点讲述支架、转向系统和座椅的模态。

4. 次梁结构局部模态带来的问题

次梁模态包括冷却模块支撑梁模态、防撞梁模态、保险杠模态、支撑梁模态等。表 3-4 给出了部分次梁模态描述。下面举两个例子来说明次梁结构带来的噪声振动问题。

表 3-4 车身次梁结构的模态

	车身局部结构	局部模态描述
次梁模态	车身前端结构	垂向弯曲模态、横向弯曲模态、扭转模态
	冷却模块支撑梁	弯曲模态
	前防撞横梁	垂向弯曲模态、横向弯曲模态
	保险杠	弯曲模态
	支撑梁	弯曲模态
	……	……

发动机舱盖压在发动机舱上边梁（Shortgun）上，上边梁的横向弯曲模态频率通常比较低，可能带来比较大的横向振动。有些车上，在两根上边梁之间增加一根支撑梁来提升这个局部模态。

前上横梁和后上横梁分别与前、后风窗玻璃连接，它们与风窗玻璃一起形成了一个频率低的结构。当该结构被激励起来，就可能对车内辐射噪声。有些车的上横梁采用添加一个质量块或动态吸振器来降低轰鸣声。

三、局部模态的控制策略

车身局部模态会带来很多噪声和振动问题。如果局部模态得不到有效的控制，那么乘员就会感受到转向盘振动、地板振动，还会听到轰鸣声，这将极大地影响乘员的舒适感。为了避免车身共振，降低车内的振动噪声，就必须有效地规划整车模态和局部模态，因此研究车身模态非常重要。

局部模态的控制方法有五种：模态避频、刚度控制、阻尼控制、质量控制、动态吸振器控制。下面对几种方法进行简单的介绍。

1. 模态避频策略

模态避频策略的首要任务是制定一张完整的模态分布表，将车身的所有局部模态列在表上，同时还要列出发动机等激励源的频率和整车模态，参见表 2-2。从这张表中，能清晰地看到激励源频率是否与局部模态频率一致。

首先是要使局部模态与整车模态分开，如果两者一致，当整车振动时，会将它传递到局部结构。例如转向系统的模态概率与车身的弯曲模态概率一致时，整车的振动会带动转向盘振动。例如前地板的模态频率通常为 25～35Hz，运动模式是垂直于地板的垂向运动，中间位置的幅值最大。这个局部模态一定要与整车的弯曲模态分开。

第二是将激励频率与局部模态分开。例如，前壁板的模态频率要与穿过它的部件（如空调管道）的激励频率避开。对地板来说，排气挂钩的位置要选择在车身局部模态的节点上，地板的局部模态频率要与排气等系统的激励频率避开。对顶棚来说，通过加支撑横梁来加强顶棚的结构，以避开路面的激励。对转向系统来说，应使它的模态频率与所有可能引起它振动的激励频率避开，比如与发动机的点火频率避开。

第三，可以利用某些部件作为车身的动态吸振器来抑制车身某些频率的振动。比如将保险杠与车身的两边相连接，可以抵抗车身的扭转振动。如果将保险杠频率与车身的扭转频率设计成一样的，那么保险杠就起到了动力吸振器的作用。同样，前端冷却模块通过橡胶块与支撑梁连接，可以看成车身的一个动态吸振器来抑制某个频率的振动。

2. 刚度控制策略

刚度是调节频率的主要因素，它能便捷地调节模态频率。一个平面板结构的频率很低，在平板上冲几条筋或者加几根支撑，板的模态频率会迅速提升。例如前壁板振动比较容易辐射噪声，加强前壁板的刚度就可以抑制轰鸣声。B柱的横向运动是导致车门呼吸模态的主要原因，所以增加B柱的刚度和车门板的刚度可以降低呼吸模态运动的幅值。行李箱模态频率经常与声腔模态频率耦合，加强行李箱的刚度，可以避开声腔模态频率。

3. 阻尼控制策略

阻尼可以抑制板的振动，从而减小声辐射。一块平板在外界的激励下，振动很大，但是在板上加一个阻尼层，其振动就会降低。

4. 质量控制策略

质量也可以调节结构频率，但是调节的范围没有施加刚度改变那么大。对上面提到的行李箱模态，也可以在背板上增加质量来使其频率避开声腔模态频率。

5. 动态吸振器控制策略

动态吸振器用来降低某个窄频段的振动。通过在系统上增加一个与共振频率一致的附加系统，使这个频率以及附件的振动幅值降低。

第二节　车身板振动与声辐射

研究车身板结构振动和声辐射的方法有解析方法、数字方法和试验方法。用解析方法来求解板的振动响应和声辐射非常困难，只有对一些简单结构才能这样做，如简支平板的振动分析，无限障板上的活塞声辐射分析。数字方法是最常用的方法，如用有限元来解复杂板结构的模态和振动响应，用边界元方法来计算板的声辐射。数字分析法在工程上得到了广泛应用。工程上，也常常用试验方法来测试车身结构的模态和板声辐射的贡献。

分析车身板结构振动和声辐射的变化仍然可以使用解析法。这时，可以将车身板简化成一些理想的结构,如将局部车身板简化成四边简支的薄板,来分析其振动特征和声辐射,以确定增加刚度和阻尼的部位。本节将分析理想板结构的振动与声辐射特征。

一、板结构振动

板结构的振动非常复杂,只有对一些简单的板结构,如简支的矩形板,才能得到解析解。车身板与纵梁和横梁相连接,由于梁的刚度远远大于板的刚度,板在与梁连接处的变形远小于板其他部位的变形,所以此处的变形接近于零。在连接处的挠度和弯矩的边界条件比较难确定,如果挠度和转角接近于零而弯矩不接近于零,那么可以近似为固定边界条件;反之,如果挠度和弯矩接近于零而转角不接近于零,则近似为简支边界条件。车身板的实际边界条件介于简支和固定之间,但是更接近于简支边界。下面就以简支板来说明板的振动问题。

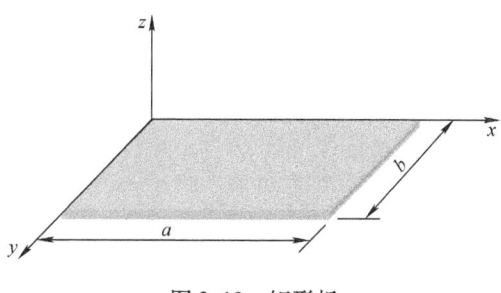

图 3-10 矩形板

薄板中的振动传播主要呈现弯曲波的形式,下面来分析板的振动特征。图 3-10 是一个矩形板,长度为 a,宽度为 b,厚度为 h。

薄板振动方程为

$$D_0\left(\frac{\partial^4 w}{\partial x^4} + 2\frac{\partial^4 w}{\partial x^2 \partial y^2} + \frac{\partial^4 w}{\partial y^4}\right) + \rho h \frac{\partial^2 w}{\partial t^2} = q(x,y,t) \tag{3-1}$$

式中,ρ 为密度;w 为 z 方向的位移;q 为表面载荷;D_0 为薄板弯曲刚度,表示为

$$D_0 = \frac{Eh^3}{12(1-\mu^2)} \tag{3-2}$$

式中,μ 是波松比;E 是杨氏模量。

对于四边简支的矩形板,其振型函数为

$$w_{i,j}(x,y) = A_{i,j}\sin(i\pi x/a)\sin(j\pi y/b)e^{j\omega t} \tag{3-3}$$

式中,$A_{i,j}$ 为振型幅值;i、j 分别是沿着 x 和 y 方向的模态数,$i,j=1,2,3,\cdots$。

这个振型函数满足四边简支的边界条件,即

$$w\big|_{x=0} = \frac{\partial^2 w}{\partial x^2}\big|_{x=0} = 0 \tag{3-4a}$$

$$w\big|_{x=a} = \frac{\partial^2 w}{\partial x^2}\big|_{x=a} = 0 \tag{3-4b}$$

$$w\big|_{y=0} = \frac{\partial^2 w}{\partial y^2}\big|_{y=0} = 0 \tag{3-4c}$$

$$w\mid_{y=b}=\frac{\partial^2 w}{\partial y^2}\mid_{y=b}=0 \tag{3-4d}$$

将振型函数和边界条件代入方程（3-1），可以解得系统的固有频率，为

$$\omega_{i,j}=\pi^2\left(\frac{i^2}{a^2}+\frac{j^2}{b^2}\right)\sqrt{\frac{D_0}{\rho h}} \tag{3-5}$$

车身板由许多小块板组成，梁可以看成是板的边界。这些小板的边长通常为 300~400mm，厚度在 1mm 左右。下面就以一个边长为 300mm 和 400mm、厚度为 1mm 的矩形简支板为例，来说明它的振型和频率。表 3-5 列出了板的几何尺寸和物理参数。板的振动分析可以用解析方法，也可以用数字方法（如有限元）。表 3-6 列出了根据式（3-5）计算和用有限元分析得到了该板的前 10 阶频率。有限元分析的结果比理论值低，但是前几阶模态频率非常接近。随着分析频率的增加，两种方法计算值之间的误差加大，这是由于有限元网格的划分使得板的刚度降低所致。

表 3-5 矩形板的几何尺寸和物理参数

参　数	符　号	单　位	数　值
长度	a	m	0.4
宽度	b	m	0.3
厚度	h	mm	1
密度	ρ	kg/m³	7850
杨氏模量	E	GPa	210
泊松比	μ	—	0.3

表 3-6 矩形板的理论计算和有限元分析频率

模　态	理论计算/Hz	有限元分析/Hz	误差（%）
(1, 1)	42.7	42.6	0.23
(2, 1)	88.8	88.5	0.34
(1, 2)	124.6	124.4	0.16
(3, 1)	165.6	165.1	0.30
(2, 2)	170.7	169.8	0.52
(3, 2)	247.6	245.6	0.80
(1, 3)	261.2	260.7	0.19
(4, 1)	273.2	272.3	0.33
(2, 3)	307.3	305.4	0.62
(4, 2)	355.1	351.9	0.90

图 3-11 为用有限元计算的矩形简支板的前 10 阶振型。振型呈空间分布，每一

阶振型用两个数字来表达，如（3，2）阶振型。括号中的第一个"3"代表 x 方向的振型，第二个"2"代表 y 方向的振型。

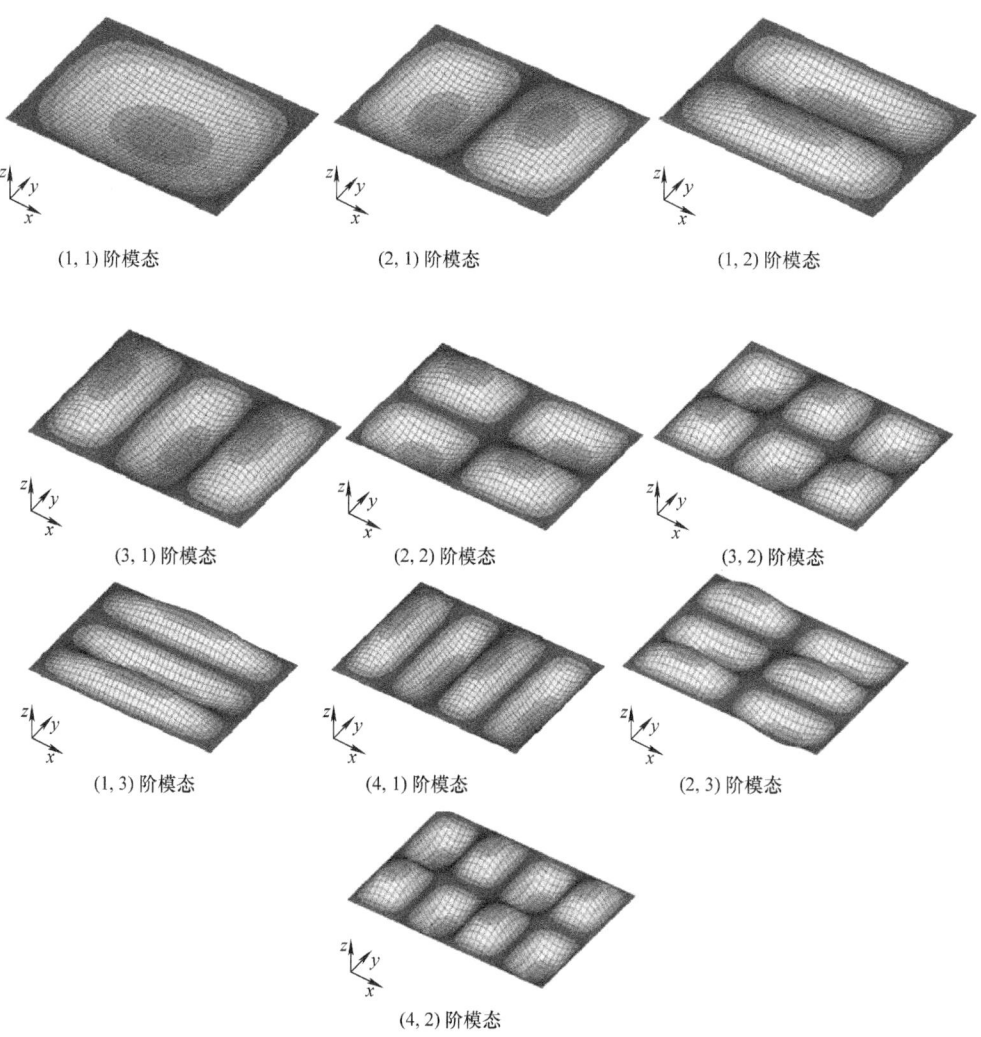

图 3-11　矩形薄板的前 10 阶模态振型（见彩插）

这个矩形板最基本的振型是（1，1）阶振型，它对应的频率为 42.6Hz。它是一个以中心为对称点、在 x 和 y 方向对称、上下运动的振型。振型最大幅值出现在中间。（2，1）阶的频率是 88.5Hz，振型是以 y 轴的中线为对称轴线，轴线上的振型位移始终是 0，即它是一条节线。在轴线的左右两边，板的振型分别做向上和向下运动，相位相差 180°。（1，2）阶的频率是 124.4Hz，其振型与（2，1）阶类似，只是对称轴线沿着 x 轴。随着阶次的增加，振型变得越来越复杂。

了解板的振型有助于声辐射的控制。比如，（1，1）阶振型类似于一个单自由度质点振动，可以将它视为一个单极子声源。(2，1) 阶振型像两个相反运动的物体，可以把它看成相位相差180°的两个声源，即双极子声源，它们在远场产生的声音相互抵消。从远场声辐射的角度来看，(1，1) 阶的振动模态必须控制，而 (2，1) 阶的振动模态可以不控制。

对于简支矩形板这样的简单规则结构，可以用解析方法得到模态频率和振型，但是对于复杂的结构，用解析法来求解是不可能的，只能采用数字方法，如有限元。对于车身这样复杂的结构，求解结构振动特征和响应几乎都是用有限元方法。在得到了车身结构的振型后，就可以分析每阶振型可能带来的声辐射，从而从结构上来控制板的振动，如加筋、加质量、加阻尼，等等。

二、板结构声辐射

在研究板的声辐射之前，先来分析点声源的辐射。点声源（图3-12）是一个单极子声源，它对空中辐射的声压，$p(r,t)$，表达为

$$p(r,t) = j\frac{\omega\rho_0 Q}{4\pi r}e^{j(\omega t - kr)} \tag{3-6}$$

式中，r 是点声源到辐射点的距离；ρ_0 是空气密度；ω 是频率；Q 是体积速度；k 是波数。

$j\omega\rho_0 Q$ 被称为"单极子声源强度"。

将式 (3-6) 中的一部分定义为自由空间格林 (Green) 函数，$G(r,\omega)$，表达为

$$G(r,\omega) = \frac{e^{-jkr}}{4\pi r} \tag{3-7}$$

将式 (3-6) 代入式 (3-7)，可以得到格林函数的另外一个表达式，为

$$G(r,\omega) = \frac{1}{j\omega\rho_0}\frac{p(r,t)}{Q}e^{-j\omega t} \tag{3-8}$$

从式 (3-8) 中可以解读格林函数的意义，它表示为辐射到远场的声压与体积声源之间的传递函数。这个意义对理解车身板的声辐射非常重要。

如结构的振动计算一样，声辐射的计算也只能针对简单结构和特殊的边界条件。与结构的振动计算相比，声辐射的计算更加复杂。目前，板的声辐射解析分析只是针对矩形板、圆形板这样的简单结构，而且板的四周用无限的障板包围，即将有限的矩形板或者圆形板（如活塞）放置在无限的障板之中。

本书以在无限大障板中的矩形板（图3-13）的声辐射来介绍板件声辐射的一些概念和问题，如辐射效率、声强等。矩形板的长宽分别是 a 和 b。

矩形板可以分解成许多小块。每个小块可以看成是一个点声源，面积为 δS。假设第 n 块板的法向速度为 u_n，小块辐射的体积速度则为 $u_n \delta S$。板振动产生声波

向两边辐射。如果只考虑声音向单面辐射,则体积速度为

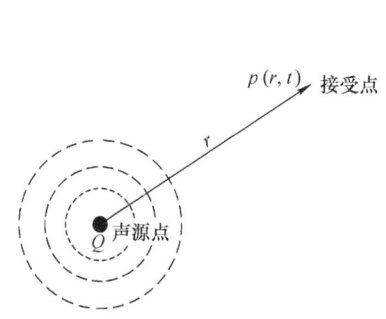

图 3-12 点声源对空中声辐射

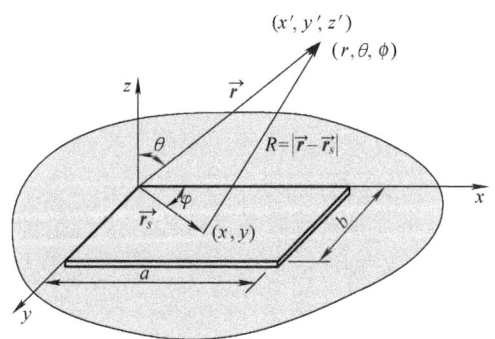

图 3-13 无限大障板中的矩形板对空中声辐射

$$Q_n/2 = u_n \delta S \tag{3-9}$$

把式(3-9)代入式(3-6),矩形板中的一个点声源(x, y)对空中任意一点(x', y', z')的辐射声压可以写成

$$p(\boldsymbol{R}, t) = j\frac{\omega \rho_0 u_n(\boldsymbol{r}_s) \delta S}{2\pi R} e^{j(\omega t - kR)} \tag{3-10}$$

式中,$u_n(\boldsymbol{r}_s)$是板件表面的振动速度;$\boldsymbol{r}_s$为板件振动表面位置(x, y)矢量,$\boldsymbol{r}$为观察点位置$(x', y', z'$或$r, \theta, \phi)$对原点的矢量,R是$|\boldsymbol{r} - \boldsymbol{r}_s|$的模,即$R = |\boldsymbol{r} - \boldsymbol{r}_s|$。当观察点的距离远远大于矩形板的尺寸时,即$R >> a, b$,$R \approx r - x\sin\theta\cos\phi - y\sin\theta\sin\phi$。

板向单面辐射是所有"点"单元辐射的集合,根据 Rayleigh 公式,可得到板辐射空间的声压为

$$p(\boldsymbol{r}, t) = \frac{j\omega\rho_0}{2\pi} e^{j\omega t} \int_S \frac{u_n(\boldsymbol{r}_s) e^{-jkR}}{R} dS \tag{3-11}$$

对式(3-3)微分,可以得到简支矩形板的法向速度分布,表达为

$$u_n(x, z) = j\omega A_{ij} \sin(i\pi x/a) \sin(j\pi z/b) e^{j\omega t} \tag{3-12}$$

将式(3-12)代入式(3-11),得到空间任意一观察点(x', y', z')的辐射声压为

$$p(x', y', z', t) = -\frac{\omega^2 \rho_0 A_{ij} e^{j\omega t}}{2\pi} \iint_0^{a\ b} \frac{\sin(i\pi x/a)\sin(j\pi y/b) e^{-jkR}}{R} dxdy \tag{3-13}$$

在远场,质点速度与声压的关系为

$$v(r, \theta, \phi, \omega) = \frac{p(r, \theta, \phi, \omega)}{\rho_0 c} \tag{3-14}$$

空中 R 位置的声强为

$$I(r,\theta,\phi,\omega) = \frac{1}{2}\text{Re}[p^*(r,\theta,\phi,\omega) \cdot v(r,\theta,\phi,\omega)] \tag{3-15}$$

式中，*表示共轭复数。

无限大障板中简支矩形板做简谐振动，在远场，$R \gg a$，b，它的辐射声强可以表示为

$$\bar{I}(r,\theta,\phi,\omega) = 2\rho_0 c\omega^2 A_{ij}^2 \left(\frac{kab}{\pi^3 rij}\right)^2 \left\{\frac{\begin{matrix}\cos\\ \sin\end{matrix}\left(\frac{\alpha}{2}\right)\begin{matrix}\cos\\ \sin\end{matrix}\left(\frac{\beta}{2}\right)}{[(\alpha/i\pi)^2 - 1][(\beta/j\pi)^2 - 1]}\right\}^2 \tag{3-16}$$

式中，$\alpha = ka\sin\theta\cos\phi$；$\beta = kb\sin\theta\sin\phi$。

当i、j取奇数时，大括号里分子项取$\cos\frac{\alpha}{2}\cos\frac{\beta}{2}$；当$i$取奇数、$j$取偶数时，取$\cos\frac{\alpha}{2}\sin\frac{\beta}{2}$；当$i$取偶数、$j$取奇数时，取$\sin\frac{\alpha}{2}\cos\frac{\beta}{2}$；当$i$、$j$取偶数时，取$\sin\frac{\alpha}{2}\sin\frac{\beta}{2}$。

当声波频率很低、波长很长（远大于板的尺寸）时，可得远场声强最大值为

$$\bar{I}_{\max} \approx 2\rho_0 c\omega^2 A_{ij}^2 \left(\frac{kab}{\pi^3 rij}\right)^2 \tag{3-17}$$

模态辐射声功率可由远场声强对无限大障板一面的半球面积分得到，即

$$\overline{W}_{ij}(\omega) = 2\rho_0 c\omega^2 A_{ij}^2 \left(\frac{kab}{\pi^3 rij}\right)^2 \int_0^{2\pi}\int_0^{\frac{\pi}{2}} \left\{\frac{\begin{matrix}\cos\\ \sin\end{matrix}\left(\frac{\alpha}{2}\right)\begin{matrix}\cos\\ \sin\end{matrix}\left(\frac{\beta}{2}\right)}{[(\alpha/i\pi)^2 - 1][(\beta/j\pi)^2 - 1]}\right\}\sin\theta\text{d}\theta\text{d}\phi \tag{3-18}$$

辐射效率定义为空中辐射的声能量与板的振动能量比值，表达为

$$\sigma_{ij} = \frac{\overline{W}_{ij}}{\rho_0 cab\langle \bar{u}_n^2\rangle_{ij}} \tag{3-19}$$

式中，$\langle \bar{u}_n^2\rangle$为板的均方振速。对于四边简支矩形板，其均方振速为

$$\langle \bar{u}_n^2\rangle = \frac{1}{8}\omega^2 |A_{ij}|^2 \tag{3-20}$$

将式（3-18）和式（3-20）代入式（3-19），得四边简支矩形板模态辐射效率为

$$\sigma_{ij} = \frac{16k^2 ab}{(\pi^3 ij)^2}\int_0^{2\pi}\int_0^{\frac{\pi}{2}}\left\{\frac{\begin{matrix}\cos\\ \sin\end{matrix}\left(\frac{\alpha}{2}\right)\begin{matrix}\cos\\ \sin\end{matrix}\left(\frac{\beta}{2}\right)}{[(\alpha/i\pi)^2 - 1][(\beta/j\pi)^2 - 1]}\right\}\sin\theta\text{d}\theta\text{d}\phi \tag{3-21}$$

若声波频率很低，波长很长（大于板的尺寸），此时，$\alpha \ll i\pi$，$\beta \ll j\pi$，并且当i、j取奇数时，辐射效率为

$$\sigma_{ij} = \frac{16k^2 ab}{(\pi^3 ij)^2} \int_0^{2\pi}\int_0^{\frac{\pi}{2}} \cos\left(\frac{\alpha}{2}\right)^2 \cos\left(\frac{\beta}{2}\right)^2 \sin\theta d\theta d\phi = \frac{32}{\pi^3} \frac{1}{i^2 j^2}\left(\frac{b}{a}\right)\left(\frac{ka}{\pi}\right)^2 \quad (3-22)$$

第三节 车身的声腔模态

一、声腔模态的定义与形式

1. 声腔模态的定义

车身壁板围成了一个封闭的空间，即车内空间，里面充满了空气。一个结构体（如白车身）存在着其固有的模态振型和模态频率，同样，对于一个空气组成的封闭空间（如车内空间），也存在着模态形式和模态频率。由封闭空气而形成的模态被称为声腔模态。结构体在外力的作用下产生振动，而封闭空间受到外界的扰动时，压力发生变化，从而产生声音。封闭空间内的空气受到外界扰动有两种：一种是板结构的振动；一种是声波的扰动。

第一种扰动是板结构（如前壁板振动、顶棚振动等）的振动。这种扰动使车内空间的空气体积发生微小的变化，并产生很大的声音。轿车的车内空间大约为 $3m^3$，如果车内空气体积变化 $0.002m^3$，那么车内的声压将达到 1.4Pa，或者 94dB。板振动扰动了封闭空间内的空气，就像是扬声器发出声音。图 3-14 表示前壁板振动，壁板推动空气，从而改变了车内空气体积，这时前壁板就是一个扬声器。

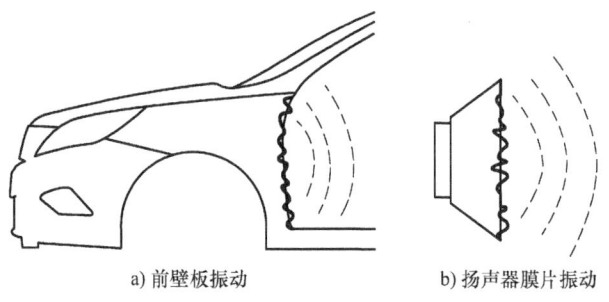

a) 前壁板振动　　　　b) 扬声器膜片振动

图 3-14　前壁板与扬声器运动类比

第二种扰动是声波的直接扰动，外界的声音（如排气尾管声音）穿过车身，直接传递到车内，推动空气运动。这些声源就是一个个扬声器，推动车内封闭空气运动而使空气体积变化。如果声源频率与声腔模态频率一致，就产生了车内轰鸣。另外，车内的一些声源（如鼓风机的声音）会直接作用在车内封闭空气上，推动它运动。

声腔在外界的作用下，各处的压力均发生变化，因此，声压是描述声腔模态的一个特征量。结构体的模态分布是用位移来表征的，而封闭空间的模态分布是用压力来表征的。结构模态和声腔模态有相似的地方，表3-7给出了两者的比较。

表3-7 结构模态和声腔模态的比较

物 体	结 构 体	（封闭空间）空气体
模态	结构模态	声腔模态
表征物理量	位移	压力
外界激励	力	压力扰动
模态形状	位移的变化	压力的变化

2. 声腔模态的形式

车内空间的声腔模态是客观存在的，可以通过测试或CAE分析得到。一个连续结构体有很多模态，如第一阶弯曲模态、第二阶扭转模态等。一个封闭的空气体也有许多模态，被称为一阶声腔模态、二阶声腔模态等。

图3-9给出了某车身的第一阶声腔模态图，模态形状体现出压力的变化。图中的颜色表示压力的大小，车身不同位置的压力是不一样的，有的地方的压力为零。压力为零的地方的连线称为声腔模态的节线，这类似于结构模态的节点。在这个声腔模态图中，压力变化的分布基本上是沿着汽车的纵轴向，即前后方向或x方向。在横向（y方向）和垂向（z方向）上，压力的变化很小。

图3-15 某车身的第三阶声腔模态图（见彩插）

车身的每一阶声腔模态有特定的形状，即特定的声压分布。比如图3-15为同一个车身的第三阶声腔模态，它与图3-9的第一阶模态不一样。它的形态在纵向（x方向）的变化很小，在垂向（z方向）有些变化，但主要变化是在横向（y方向）。随着模态阶次增加，模态形状越来越复杂，高阶模态形状在x、y和z三个方向都有较大变化。本节后续材料将详细介绍一些声腔模态的形状。

二、声腔模态的理论分析与测量

1. 声腔模态的计算

声腔模态的计算是基于经典的声学理论。在理想流体分析中有几条假设：流体是可以压缩的；介质是连续的和均匀的；没有声扰动的时候，介质是静态的；声音在传播过程中，介质的稠密和稀疏过程是绝热的；介质中传递的是小振幅声波，即声压远小于静态声压。在这些条件下，对介质建立三个方程：运动方程、连续方程和理想气体方程。将这三个方程结合在一起，就得到了三维声波方程

$$\frac{1}{c^2}\frac{\partial^2 p}{\partial^2 t} - \nabla^2 p = 0 \tag{3-23}$$

式中，c 是声速；t 是时间；p 是声压，声压是时间和空间的函数，即 $p(x, y, z, t)$；∇ 为拉普拉斯算符，表达如下：

$$\nabla^2 = \frac{\partial^2}{\partial x^2} + \frac{\partial^2}{\partial y^2} + \frac{\partial^2}{\partial z^2} \tag{3-24}$$

对于封闭空间，空气有一定的质量、刚度和阻尼，通过 Galerkin 方法将式（3-23）的表达式进行离散化处理，将封闭空间分成若干个小的有限单元。流场内的波动方程可以写成有限元矩阵方程，为

$$M_f \ddot{P} + C_f \dot{P} + K_f P = 0 \tag{3-25}$$

式中，M_f 为流体等效质量矩阵；C_f 为流体等效阻尼矩阵；K_f 为流体等效刚度矩阵。

与结构模态分析类似，求解式（3-25），可以得到声腔模态的声压分布形态，即声腔模态。式（3-25）中没有外界的激励输入，它是空腔自由运动方程。

声腔是非常复杂的结构，理论计算很难实现。计算声腔模态基本上是采用有限元方法。采用声学流体单元建立空腔的有限元模型，如图 3-16 所示，这是一个不带座椅的模型。单元越密，计算精度越高，但是计算时间就越长。在最大分析频率对应的声波波长内，保证有 6~8 个声学单元。

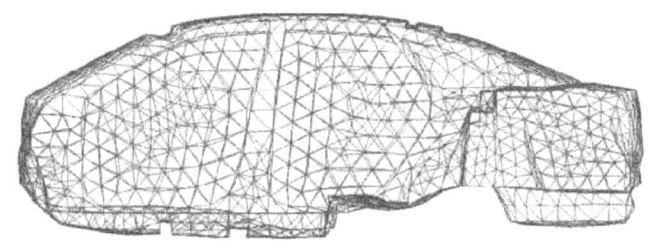

图 3-16　车身空腔有限元模态（见彩插）

图 3-17 是某车没有座椅的前五阶声腔模态。图 3-17a 是第一阶声腔模态，频率为 57Hz，其运动形式沿着汽车的纵向（x 轴）传递。声压沿着 x 轴变化，有的声压变大，有的变小，而在中间某个部位声压为 0。在同一横截面上，压力基本不变，即压力在横向（y 轴）和垂向（z 轴）方向压力不变。在纵向，声压的变化看上去像拉手风琴一样，因此，这种形状的模态称为纵向声腔模态。第一阶声腔模态称为第一阶纵向声腔模态。当声腔受到外界激励时，声压变化大的地方响应大，即灵敏度大，反之也一样。而在声压没有变化的地方，外界激励不引起任何变化，这些地方就形成了声腔模态的节点、节线和节面。

图 3-17b 为第二阶声腔模态,频率为 102.5Hz,也是纵向模态,被称为第二阶纵向模态。其形状特征与第一阶声腔模态类似。

图 3-17c 为第三阶声腔模态,频率为 119.5Hz。这个模态显示声压变化在纵向（x 方向）和垂向（z 方向）的很小,而主要是沿着汽车的横向（y 方向）,因此这种形式的模态被称为横向模态。由于是第一次出现的横向模态,因此图 3.17c 的模态被称为该车的第一阶横向模态。与纵向模态一样,其声压有的变大,有的变小,有的不变。不变的地方就形成了第一阶横向模态的节点、节线和节面。

图 3-17d 为第四阶声腔模态,频率为 141.4Hz。这个模态显示声压在纵向 x 和横向 y 都有变化,其形态是纵横变化交织在一起。

图 3-17e 为第五阶声腔模态,频率为 153.6Hz。通常,从第五阶模态起,它们的声腔模态变得复杂。

汽车声腔模态中,第一阶模态都是纵向模态;第二阶模态也是纵向模态(少数情况除外);第三阶模态基本上是横向模态;第四阶呈现纵向和横向交织在一起的形式;从第五阶模态开始,高阶模态的形式就趋向复杂,形成了纵向、横向和垂向交织在一起的模态。

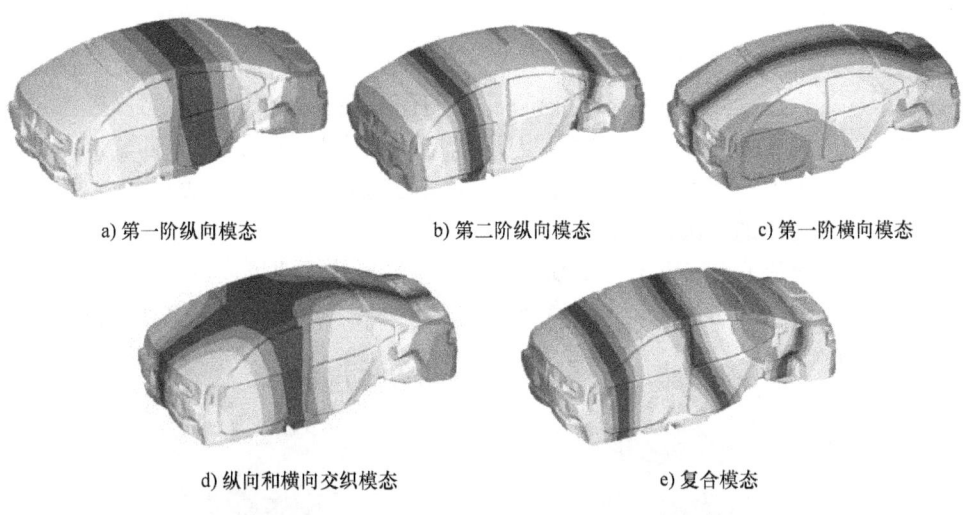

a) 第一阶纵向模态　　　b) 第二阶纵向模态　　　c) 第一阶横向模态

d) 纵向和横向交织模态　　　e) 复合模态

图 3-17　某款车的前五阶声腔模态(见彩插)

2. 声腔模态的测量

除了通过有限元分析获取声腔模态外,通过测量也可以得到声腔模态。

首先画出声腔轮廓,并确定好传声器布置的位置。将一系列传声器安装在车内,传声器之间的距离为 20~30cm,以确保有足够高的测量精度。传声器的安装有两种方式。

第一种是将 6~8 个传声器绑在一根横杆上,如图 3-18 所示,横杆可以前后和上下移动。测试时，首先将横杆放置在一个位置进行测量，然后前后移动横杆到不同的位置测量，再上下移动横杆到不同位置再测量。经过多次移动横杆和多次测量后，得到整车空腔内的声压。

传声器的第二种安装方式是在整个车内按照 20~30cm 的间距，在前后、横向、上下布满传声器，形成传声器阵列，如图 3-19 所示。一次测试就得到了整个声腔内的声压分布。与第一种安装方式相比，第二种方式测试时间短、速度快，但是需要的传声器数量多，成本高。

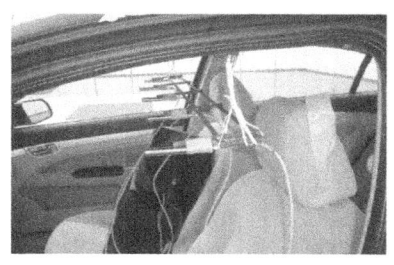

图 3-18　安装在横杆上的传声器

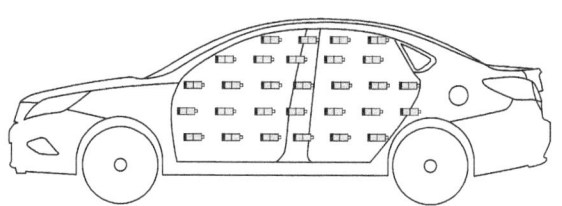

图 3-19　车内传声器阵列

测试声腔模态的激励源通常采用体积声源，如图 3-20 所示，以便有足够的能量激起所需的声腔模态。另一种激励方式是使用高质量的低频扬声器。体积声源的位置不能放置在模态节点地方。在不能确定节点位置之前，可以尝试地将声源放置在不同的地方，然后通过检查传声器测量的响应与体积声源的激励之间的相关函数来确定合适的激励位置。

通过测量得到了响应声压和激励源之间的传递函数，便可以得到声腔模态和频率。图 3-21 为测量某车身的第一阶声腔模态，声压沿着车身的纵向变化，这与计算结果是一致的。

图 3-20　体积声源

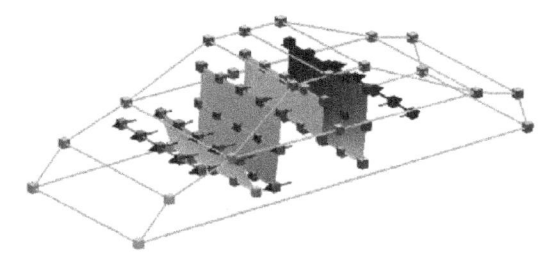

图 3-21　测试的声腔模态

3. 座椅对声腔模态的影响

图 3-22 是有座椅的声腔有限元模型。图 3-23 是有座椅的前五阶声腔模态，将

之与图3-17中无座椅的声腔模态振型比较，可以看到它们对应的振型只有微小差别，但是振型形状基本一致，即第一阶和第二阶是纵向模态，第三阶是横向模态，第四阶是纵横交错的模态，第五阶是复合模态。

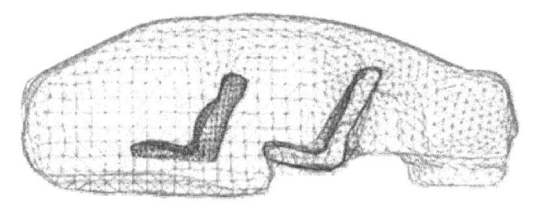

图3-22 有座椅的声腔有限元模型（见彩插）

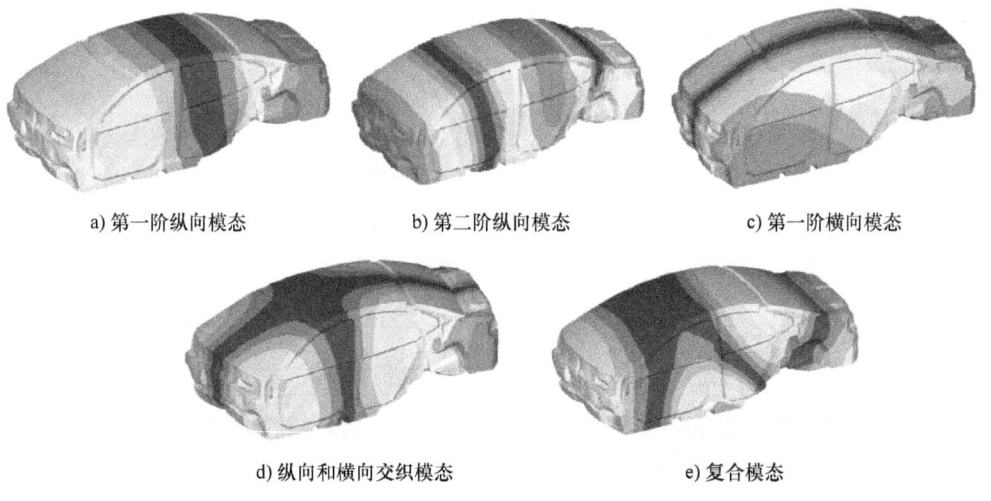

a) 第一阶纵向模态　　　　b) 第二阶纵向模态　　　　c) 第一阶横向模态

d) 纵向和横向交织模态　　　　e) 复合模态

图3-23 有座椅的前五阶声腔模态（见彩插）

将无座椅和有座椅的声腔模态频率列入表3-8中，比较加入座椅后声腔模态频率的变化。加入座椅后，第一阶声腔模态频率从57Hz降低到50.1Hz，第二阶声腔模态频率从102.5Hz降低到96.2Hz，第三阶声腔模态频率从119.5Hz降低到118.4Hz，第四阶声腔模态频率从141.4Hz降低到139.8Hz，第五阶声腔模态频率从153.6Hz降低到150.8Hz。也就是说，座椅使车身的声腔模态频率变低，而且对低阶模态频率的影响高于高阶模态。

座垫和靠背由泡沫材料组成。这些泡沫材料里面充满着空气，形成了一个特殊的腔体。当泡沫腔体与车身的空气腔体耦合在一起时，它们共同组成的腔体模态频率就降低。因此，在分析声腔模态时，应该考虑座椅的影响。人如坐汽车内，声腔模态的频率会进一步降低。

表3-9给出了声腔模态常见的形式和频率范围。了解了声腔模态的振型和

频率范围后，在分析车内轰鸣声时，可以将它们与车身板的结构模态对比，从而找出产生轰鸣声的板。

表3-8 没有座椅和有座椅的声腔模态频率

阶 次	模态形式	没有座椅/Hz	有座椅/Hz	频率降低率（%）
1	纵向（第一阶纵向模态）	57.0	50.1	12.1%
2	纵向（第二阶纵向模态）	102.5	96.2	6.14%
3	横向（第一阶横向模态）	119.5	118.4	0.92%
4	纵横交错（第一阶纵横模态）	141.4	139.8	1.13%
5	复合形式	153.6	150.8	1.82%

表3-9 声腔模态常见的形式和频率范围

模态阶次	模态形式	频率范围/Hz
1	纵向（第一阶纵向模态）	40~60
2	纵向（第二阶纵向模态）	60~100
3	横向（第一阶横向模态）	90~130
4	纵横交错（第一阶纵横模态）	100~150
5	复合形式	>150

由于大多数车内轰鸣声集中在30~100Hz，因此分析声腔模态时，主要关心前三阶模态。纵向模态引起的轰鸣声是最常见的情况，因此在分析结构模态与声腔模态引起的轰鸣声问题时，需要重点分析车身上垂直于纵轴（x方向）的板结构。这些板的振动方向与声腔压力变化的方向是一致的，都沿着纵向。

当一辆车的尺寸确定后，其声腔模态的形式和频率就基本定了，因此要改变车身的声腔模态频率几乎是不可能的，但是可以通过一些调整来改变节点位置，使人耳尽可能接近节点位置。

4. 声腔模态频率的简单计算公式

声腔模态的有限元方法能给出其模态形式和频率。汽车开发过程中，当需要快速预估声腔模态频率时，可以将声腔简化成一个长方形的盒子（图3-24），从而预估出其模态频率，计算公式为

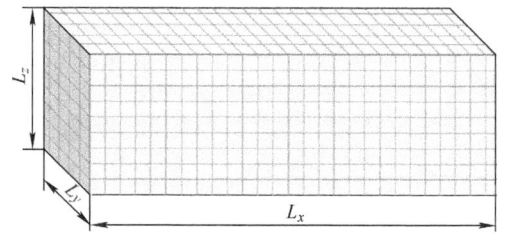

图3-24 长方体声腔

$$f_{ijk} = \frac{c}{2}\sqrt{\left(\frac{i}{L_x}\right)^2 + \left(\frac{j}{L_y}\right)^2 + \left(\frac{k}{L_z}\right)^2} \quad (3\text{-}26)$$

式中，c 是声速；L_x、L_y 和 L_z 分别是声腔在 x、y 和 z 三个方向的长度；i、j 和 k 分别是 x、y 和 z 三个方向的模态阶数。

声腔模态振型可以用下面的简单公式来表示：

$$\Phi_{\text{air}} = \cos\frac{i\pi x}{L_x}\cos\frac{j\pi y}{L_y}\cos\frac{k\pi z}{L_z} \quad (3\text{-}27)$$

将图 3-16 的有限元模型进行简化，取三维方向最大尺寸，使之变成一个矩形，如图 3-24 所示。图 3-16 所示模型的三个方向最大尺寸分别为：$L_x = 3248\text{mm}$、$L_y = 1491\text{mm}$，$L_z = 1282\text{mm}$。建立这个矩形的有限元模型并计算出模态频率，然后与式（3-26）计算值及真实声腔有限元计算值比较，前三阶模态频率的比较见表 3-10。

表 3-10　用有限元方法和用公式计算的矩形声腔模态频率的比较　　　（单位：Hz）

阶次	模 态 形 式	简单公式计算值	有限元计算值	真实声腔模型有限元计算值
1	第一阶纵向模态 (1, 0, 0)	52.3	52.3	57.0
2	第二阶纵向模态 (2, 0, 0)	104.7	104.7	102.5
3	第一阶横向模态 (0, 1, 0)	114.0	114.1	119.5

用简单公式与矩形有限元模型计算的值是一致的，但是与真实声腔模型计算的值有一定差距，其原因是公式计算或矩形模型与真实模型是不一样的。在一个方向（如 x 方向）上，矩形模型从一端到另一端的尺寸相同，而真实模型不一样，这样就使它们的计算值出现不同。用简单公式或矩形模型来计算，第二阶纵向模态频率是第一阶纵向模态频率的一倍，而真实模型不存在这种关系，原因是真实模型复杂而且并非完全对称。尽管有这种差距，但是用简单公式来计算车身声腔模态频率的方法还是有用，有三个原因：第一是它们的差别并不是太大；第二是计算结果的趋势是一致的；第三是简单计算可以快速地估算声腔模态频率，对快速进行工程问题的判断有帮助。

三、声腔模态与结构模态的耦合

封闭的车内空气和车身板是连在一起的。车身板的振动激励声腔，使空气扰动，声压变化。与此同时，空气的运动也会作用到车身板上，激励起板的振动。因此声腔和车身板之间相互作用，即流体和固体之间相互作用。流体和结构之间的耦合关系可以用一个耦合矩阵 R 来表示。

板结构施加在流体上的力表示为

$$F_1 = -R\ddot{U} \quad (3\text{-}28)$$

式中，U 为板结构的振动位移；$\ddot{U}$ 为加速度。

流体作用在板结构上的力表示为

$$F_f = R^T P \tag{3-29}$$

式中，P 为声腔的声压。

如果将车身板的振动输入加到声腔上，式（3-25）就变成了

$$M_f \ddot{P} + C_f \dot{P} + K_f P = -R\ddot{U} \tag{3-30}$$

板结构受到的激励包括来自发动机、底盘等系统的外界激励（F_s），以及声腔施加的力（F_f）。板结构振动的动力学方程表示为

$$M_s \ddot{U} + C_s \dot{U} + K_s U = F_s + R^T P \tag{3-31}$$

将式（3-30）和式（3-31）写成一个矩阵方程组，得到

$$\begin{bmatrix} M_s & 0 \\ R & M_f \end{bmatrix} \begin{Bmatrix} \ddot{U} \\ \ddot{P} \end{Bmatrix} + \begin{bmatrix} C_s & 0 \\ 0 & C_f \end{bmatrix} \begin{Bmatrix} \dot{U} \\ \dot{P} \end{Bmatrix} + \begin{bmatrix} K_s & -R^T \\ 0 & K_f \end{bmatrix} \begin{Bmatrix} U \\ P \end{Bmatrix} = \begin{Bmatrix} F_s \\ 0 \end{Bmatrix} \tag{3-32}$$

声腔与车身板的耦合分析主要是计算车身板振动对声腔的影响。板与声腔的耦合分析应用有三方面：

第一方面是找到声腔声压变化的特征。板振动推动了声腔运动，使声腔的声压发生变化，这种变化是分析车内噪声的基础。

第二方面的应用是分析产生轰鸣声的板结构。当板的振动频率与声腔频率一致时，产生了车内轰鸣，所以找到具体产生共振的板是控制轰鸣的前提，并通过改进板的结构来避开声腔模态频率。

第三方面的应用是进行板的贡献源分析，即分析众多车身板中，每个板对车内声压的贡献。分析每块板对车内噪声的频率和大小的贡献，从而找到主要贡献源，通过改进结构来降低车内辐射声。

四、声腔模态的控制

当车身结构确定后，车身的声腔模态也就确定了。声腔模态的形状和频率几乎不能改变。所以只能从三个方面来控制声腔模态带来的轰鸣声。

第一，在车身设计的初期，把声腔模态频率作为车身 NVH 的一个控制目标。将声腔模态频率绘制在模态表上，使其与发动机和其他动力系统的激励频率错开。

第二，考虑座椅和人对声腔模态和频率的影响。安装座椅后，车身模态有所改变，因此座椅设计与安装是影响声腔模态的一个因素。但是，座椅设计主要是关注乘坐的舒适性和人机工程的便捷性。人坐进去之后，声腔模态进一步发生变化。座椅设计、安装和人的坐姿决定了人耳朵的位置，要使人的耳朵尽可能地靠近声腔模态的节线上，从而降低听到的轰鸣声。

第三,与声腔模态相关的车身板模态控制。产生车内轰鸣声的一个主要原因是结构板模态和声腔模态耦合。在难以改变声腔模态的情况下,板的设计显得尤为重要。避开板与声腔的耦合是车身板设计的一个重要原则。

第四节 板的贡献量分析

一、板贡献量的概念

车身板受到外界激励会产生弯曲振动,然后对车内辐射噪声,如图 3-25 所示。对车内的声学空腔来说,这是一种结构噪声的传递。车身上板包括前壁板、地板、顶棚板、侧围板、车门板、行李箱板等,这些板的振动对车内噪声辐射的贡献不一样。只有找到那些对车内噪声贡献大的板,才能有针对性地、有效地抑制它们的振动。另外,每个板又是由很多小块或者区域组成,每个小块对车内噪声的辐射也不一样。只有找到那些辐射能力强的小区域,才能有效地抑制它们的振动。板贡献量分析的目的就是要识别每块板和每个区域上的振动和对车内声辐射的贡献,从而找到需要控制的板单元。

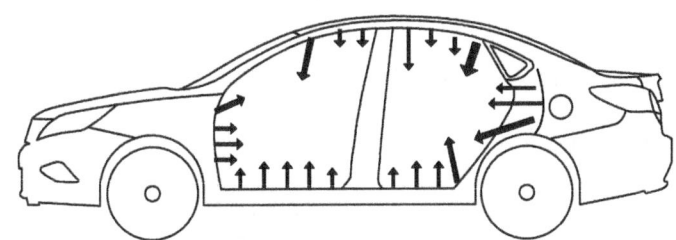

图 3-25 车身板结构振动对车内辐射噪声的示意图

每块板的振动引起贴着板的空气运动,它的体积速度施加在声腔上,经过接收点(如人耳处)对体积速度之间的传递函数,最终形成了接收点的声压。车内噪声是所有板贡献声压的叠加,图 3-26 给出了板的振动对车内声辐射的过程。板振动和辐射强弱由每块板的体积速度决定,而辐射到车内噪声的大小还取决于每块板与人耳处声音的声传递函数。

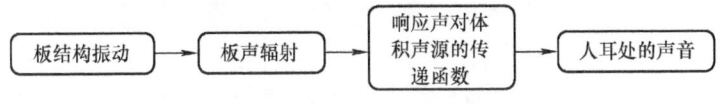

图 3-26 板的振动对车内声辐射的过程

二、板振动与声辐射贡献源分析

车身声腔可以看成是一个被板包围的封闭空间。图 3-27 为一个封闭空间,

内部 C 点有一个体积声源 V_C,封闭空间的壁板 S 是弹性体,振动并辐射声音。O 是坐标原点,空中其他点都是以它为参考点。空间内某一点(A 点)的声音贡献来自体积声源和壁板振动辐射声源。A 点的声压为

$$p = p_v + p_s \quad (3\text{-}33)$$

式中,p_v 和 p_s 分别是体积声源和壁板声源对 A 点的辐射声压。

空间内的声源可以看成是一个点声源,它直接对接收点辐射声音,由式(3-10),对它包含的小体积声源积分,得到接收点(A)的声压为

$$p_v(r,t) = j\omega\rho_0 \int_V G(r_0, r_C, \omega) Q(r_C) \mathrm{d}V \quad (3\text{-}34)$$

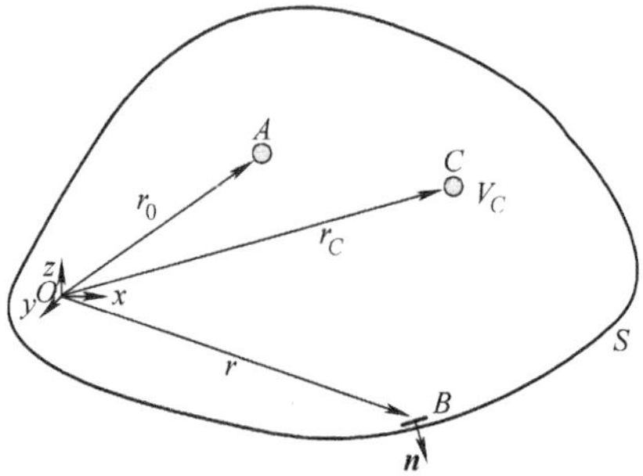

图 3-27 封闭空间内的体积声源和壁板振动声源

式中,r_C 是声源点(C)到原点(O)的距离,Q_C 是 C 点的体积声源,$G(r_0, r_C, \omega)$ 是 C 点与 A 点之间的格林函数。

封闭空间 S 壁面的振动而产生的声辐射可以用亥姆霍兹(Helmholtz)积分求得

$$p_s(r_0, \omega) = \oint_S \left(G(r_0, r, \omega) \frac{\partial p_A(r,\omega)}{\partial n} - p_A(r,\omega) \frac{\partial G(r_0, r, \omega)}{\partial n} \right) \mathrm{d}S \quad (3\text{-}35)$$

式中,$G(r_0, r, \omega)$ 是壁面上 B 点的体积声源对 A 点的声压之间的格林函数,表达为

$$G(r_0, r, \omega) = \frac{1}{j\omega\rho_0} \frac{p_A(r_0, \omega)}{Q_B(r, \omega)} \quad (3\text{-}36)$$

式中,$Q_B(r, \omega)$ 是 B 点的体积声源;$p_A(r_0, \omega)$ 是 A 点的声压。

在测试格林函数时,通常是将体积声源放置在接收点(如驾驶人耳朵处),而测量封闭空间表面(如车身板)的声压。根据互逆原理,可以得到格林函数的另外一种表达式,为

$$G(r_0, r, \omega) = \frac{j}{\omega\rho_0} \frac{p_B(r, \omega)}{Q_A(r_0, \omega)} \quad (3\text{-}37)$$

式中,$Q_A(r_0, \omega)$ 是 A 点的体积声源;$p_B(r, \omega)$ 是 B 点的声压。

对式(3-37)求导,得到

$$\frac{\partial G(r_0, r, \omega)}{\partial \boldsymbol{n}} = \frac{j}{\omega\rho_0 Q_A(r_0, \omega)} \frac{\partial p_B(r, \omega)}{\partial \boldsymbol{n}} \quad (3\text{-}38)$$

声压在 $\boldsymbol{n}$ 方向的导数与声速之间的关系为

$$\frac{\partial p_A}{\partial \boldsymbol{n}} = -j\omega\rho_0 v_A(r, \omega) \quad (3\text{-}39)$$

由于速度是矢量，B 点的声压与速度的关系可以表达为

$$\frac{\partial p_B}{\partial \boldsymbol{n}} = \mathrm{j}\omega\rho_0 \boldsymbol{v}_B(r,\omega) \tag{3-40}$$

将式（3-38）~式（3-40）代入式（3-35），得到

$$p_s(r_0,\omega) = \oint_S \left(\frac{p_B(r,\omega)}{Q_A} v_A(r,\omega) + \frac{v_B}{Q_A} p_A(r,\omega) \right) \mathrm{d}S \tag{3-41}$$

考虑到封闭空间内部声源和壁板振动辐射声源，在空间 A 点的声压为

$$p(r_0,\omega) = \mathrm{j}\omega\rho_0 \int_V G(r_0,r_C,\omega) Q(r_C) \mathrm{d}V + \oint_S \left(\frac{p_B(r,\omega)}{Q_A} v_A(r,\omega) + \frac{v_B}{Q_A} p_A(r,\omega) \right) \mathrm{d}S \tag{3-42}$$

在分析车身板贡献源时，通常车内不存在体积声源，因此式（3-42）中的第一项消失。由于声源 A 传递到壁板边缘的速度很低，可以忽略，因此车身板辐射到车内 A 点的声压为

$$p(r_0,\omega) = \oint_S \frac{p_B(r,\omega)}{Q_A} v_A(r,\omega) \mathrm{d}S \tag{3-43}$$

假设 i 点是封闭壁板上的一点或一小块，它对 A 点的辐射声音为

$$p_{A_i}(r_0,\omega) = \frac{p_i(r,\omega)}{Q_A} v_{A_i}(r,\omega) \delta S_i \tag{3-44}$$

壁板上的很多点或小块都对 A 点辐射声音，而 i 点所占的比例为

$$t_i(\omega) = \frac{p_{Ai}(r_0,\omega)}{p(r_0,\omega)} \tag{3-45}$$

$t_i(\omega)$ 表示封闭板上的 i 小块对车内噪声的贡献量。当把所有的小块贡献量绘制在一起的时候，就可以确定每个小块对车内声辐射的贡献量。根据频率和转速分析，也可以确定特定频率或转速下，每块板对车内声压的贡献。通过板的贡献源分析，找到主要贡献板，然后改进板结构来降低它的声辐射。

进行板结构振动对车内噪声的传递函数分析时，可以将声源放置在板单元，但是这样做的工作量非常大。根据式（3-43）或式（3-44），可以将声源放置在接收点，通过测量板附近的声压得到传递函数。

下面以某车身板为例来说明板结构贡献源分析。首先将车身板分为顶棚、前地板、后地板、前围板、左侧板、右侧板和行李箱盖板七块板。图 3-28 表示在粗糙路面行驶时，每块板的噪声贡献量和总声压级。从图中得知，顶棚的贡献量最大，而且在 75 Hz 时，出现了峰值，伴随着轰鸣声。为了精确确定顶棚板具体部位对 75Hz 轰鸣声的贡献，再将顶棚板分成许多小板，如图 3-29 所示，进行贡献源分析。图 3-30 表示 75Hz 下，顶棚板上各个小板的贡献量，贡献量有正、有负，还有零。

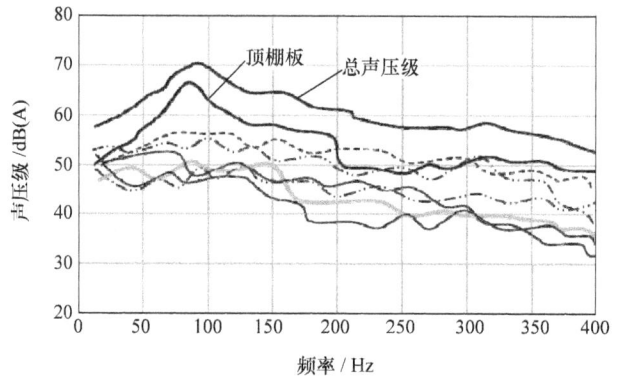

图 3-28　车身七块板车内噪声的贡献

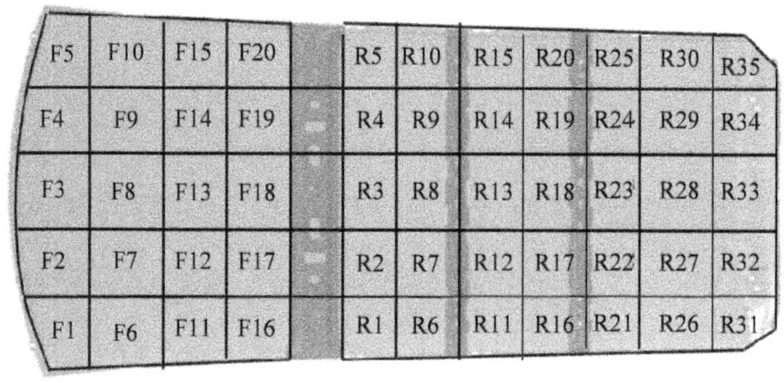

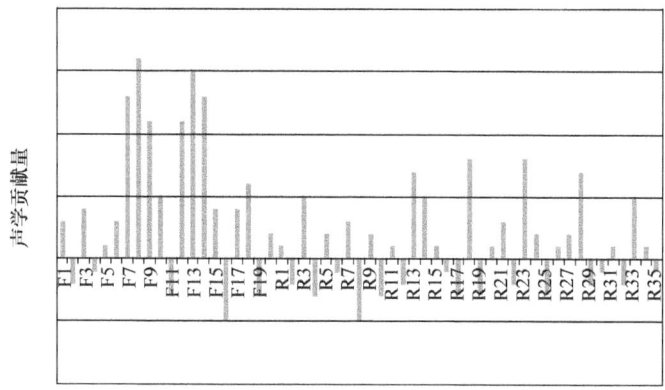

图 3-29　顶棚板被分割成许多小板

图 3-30　顶棚上每块小板对 75Hz 轰鸣声的贡献

根据板的振动产生的声辐射对总声压的贡献，板被分成三类：正贡献板、负贡献板和中性板。如果一块板引起的声压与总声压同相，并且贡献量大，则这块板就被称为正贡献板，即总声压随着这块板的振动增加而加大。如果一块板引起的声压与总声压反相,并且贡献量大,则这块板就被称为负贡献板,即总声压随着板的振动增加而减小。如果一块板引起的声压对总声压的贡献量很小,则这块板就被称为中性贡献板。因此,板振动大并不意味着对车内噪声贡献大。车内噪声是每块板声辐射贡献的矢量和。只有找到正贡献板并对其进行处理,才能起到降低噪声的作用。在这个例子中,从图3-30可以看到,前顶棚中部的几块板是75Hz轰鸣声的主要贡献部位。为了消除这个轰鸣声,就必须修改这部分的结构设计。

三、板结构振动和辐射噪声的测试方法

除了用体积声源来确定板振动对车内噪声的传递函数并根据每块板的振动来进行贡献源分析外,还可以用其他一些方法来测试板的振动和声辐射,如窗口方法、声强测量、激光测量、近场声全息和波束形成方法,下面简单介绍这几种方法。

1. 窗口测量方法

为了研究板振动对车内噪声的贡献量,将车身板分成若干区域,如20~30个区域,首先用声学材料将整车车身板覆盖,如图3-31a所示,测量车内噪声。声学材料包括吸声材料和隔声材料,厚度通常达到50mm。然后,去掉某个区域的吸声和隔声材料,即留下了一个窗口,如图3-31b所示,再测量车内噪声。比较以上两组测量数据,就可以得到这个区域的噪声贡献。每个区域都这样做,就得到了每个区域板振动对车内噪声的贡献。这种方法被称为窗口测量方法。

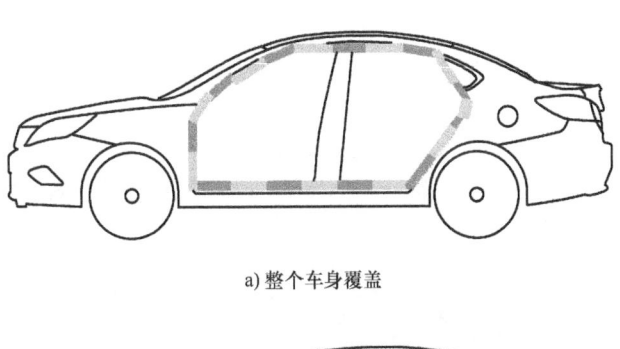

a) 整个车身覆盖

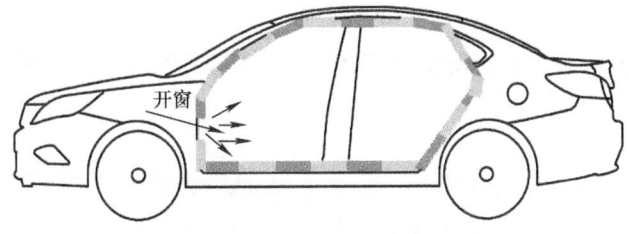

b) 开一个"窗口"

图3-31 车身板窗口测量方法

这种方法的优点是简单，在工程上用得比较多，测试结果比起板声辐射贡献源方法要可靠些。但是由于这样"开窗"测量单独板振动对车内的贡献，失去了板与板贡献之间的相位关系，因此对低频不准。窗口方法只适用250Hz以上的情况。另外，覆盖材料很重，很难加在顶棚板上，所以使用起来不方便。

2. 声强测量

声强是指在垂直于声波传播方向上，在单位时间内、单位面积上通过的平均声能量，表示为

$$I = \frac{1}{T}\int_0^T \mathrm{Re}(p)\mathrm{Re}(v)\mathrm{d}t \tag{3-46}$$

式中，p 和 v 分别是声压和声速；Re 表示实部。

声强可以通过两种方法得到：第一种方法是直接测量出声压和介质的速度，根据式（3-46）计算出声强；第二种方法是采用两个传声器来测量附近两点的声压，然后计算出介质速度，再计算声强。因为介质的速度很难直接测量，所以第一种方法很少用，而实际工作中，基本上采用第二种方法。在理想流体介质中，对于小振幅声波，介质的速度和声压存在如下关系：

$$v = -\frac{1}{\rho}\int \frac{\partial p}{\partial r}\mathrm{d}t \tag{3-47}$$

用两个靠得很近的传声器来测量声压梯度，就可以得到平均声压和介质速度，分别表示为

$$p = \frac{p_1 + p_2}{2} \tag{3-48}$$

$$v = -\frac{1}{\rho}\int \frac{p_1 - p_2}{\Delta r}\mathrm{d}t \tag{3-49}$$

式中，p_1 和 p_2 分别是两个传声器测量到的声压；Δr 是两个传声器之间的距离。

于是，声强可以表达为

$$I = -\mathrm{Re}\left[\frac{p_1 + p_2}{2}\left(-\frac{1}{\rho}\int \frac{p_1 - p_2}{\Delta r}\right)^* \mathrm{d}t\right] \tag{3-50}$$

式中，* 表示共轭复数。

将式（3-50）两边进行傅里叶变换，可以得到用声压的互谱来表示声强的表达式，为

$$I(\omega) = -\frac{\mathrm{Im}(G_{12}(\omega))}{2\rho\omega\Delta r} \tag{3-51}$$

式中，$G_{12}(\omega)$ 表示声压 p_1 和 p_2 互谱；Im 表示取虚数。

由式（3-50）可知，将两个传声器放置在一起，便可以测量声强。两个传声器按照一定的排列放置在一个支架上，形成声强探头，如图 3-32 所示。两个传声

器之间的距离为 Δr。声强测量系统由探头、分析仪和显示仪组成。

声强既有大小，也有方向，是一个矢量。用声强测量方法来识别噪声源利用了声强的矢量特征和探头对声波方向的敏感特征。图 3-33 给出了一个声源和探头之间的关系。

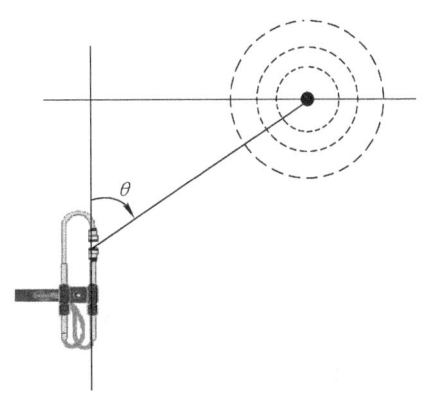

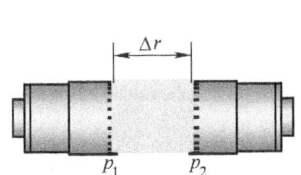

图 3-32 声强探头

图 3-33 声源和探头之间的关系

声强探头的轴线与声源点到探头中心点连线之间的夹角为 θ。当 $\theta = 0°$ 或 $\theta = 180°$ 时，声强最大，$I(0°) = I(180°)$；当 $\theta = 90°$ 时，声强为 0。θ 角在 $0° \sim 180°$ 之间变化，在任意 θ 时的声强为 $I(\theta)$，可以写为

$$I(\theta) = I(0°)\cos\theta \qquad (3\text{-}52)$$

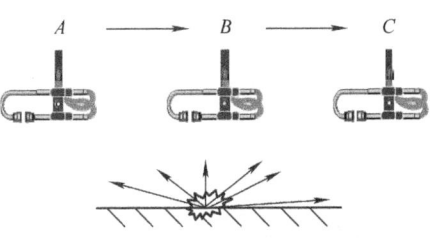

图 3-34 探头扫过声源的示意图

图 3-34 表示探头扫过声源的示意图。从 A 点到 B 点，声强由大到小；而从 B 点到 C 点，声强由小到大。B 点是个转折点，声强为零。由此可以识别出声源的位置。

声强是矢量，具有很强的方向性，因此测量环境对声强测量影响不大。而声压是标量，需要在特定的声学环境（如消声室、混响室）内测量。与声压测量相比，声强测量的适应范围更广，被广泛地应用到声功率测量、声源定位、隔声量测量等方面。声强测量系统的校准比声压测量难，因为它包括了大小和相位。在汽车 NVH 领域，它可以在室外进行近场测量，环境噪声的干扰很小。用声强探头测量噪声，非常便捷，也非常快。

3. 激光测量法

激光测量法是一种非接触式的振动测量方法。激光测振的方法有几种，如激光多普勒测振、激光全息测振和电子斑干涉方法。其中，激光多普勒测振得到了广泛应用。

物体辐射声波波长随着声源和观测位置的相对运动而变化,这种现象被称为多普勒效应。在运动的声源前面,声波被压缩,波长变短,频率变高;在运动的声源后面,声波被拉长,波长变长,频率变低。

多普勒效应不仅适用于声波,也适用其他种类的波,如电磁波、光波等。一定频率的激光射到运动物体上时,反射波的频率会随着物体运动速度的变化而变化。激光多普勒测振就是利用多普勒效应来测量运动物体的速度和位移的。

在进行车身板结构贡献源测量时,采用在车身板上布置加速度传感器来测量振动的方法有几个困难:一是需要布置很多传感器;二是传感器的质量会改变板的频率和模态;三是在风洞测试时会引起额外的激励源。激光测量克服了这些困难。由于非接触式的测量不需要传感器,不会改变车身板结构的特征。

图3-35为激光测量车身振动的示意图。激光测量仪将参考光束和测量光束打到车身板上,就可以得到各个频率下的板振动信号。如果汽车放置在风洞内被风激励或者放置在转鼓上被激励,就可以得到在运动状况下各块板的振动贡献。如果车身被激振器激励,就可以得到车身的模态。图3-36为用激光测量得到的某个车身振动响应。

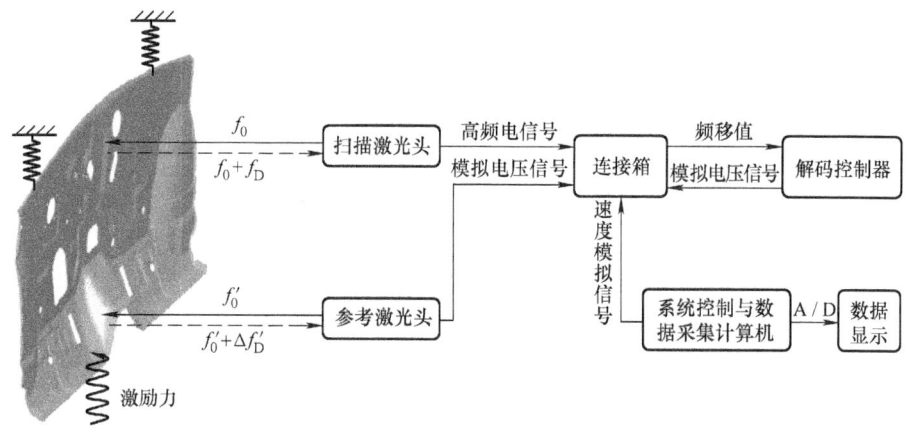

图3-35 激光测量车身振动的示意图(见彩插)

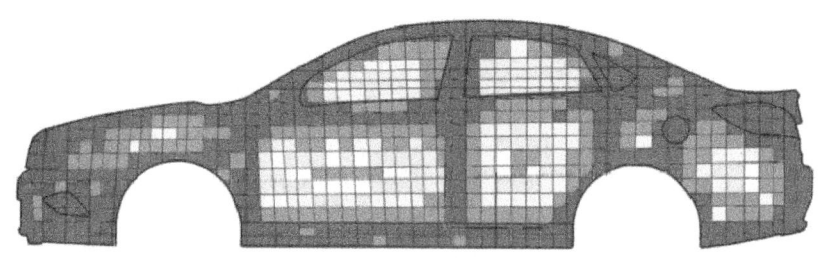

图3-36 用激光测量得到的某个车身振动响应(见彩插)

近年来，由于它的非接触式和快捷等特征，激光测量得到了广泛应用。但是它有一个缺陷，就是激光光束一定要垂直于板平面，因此只能测量板表面的垂向振动。

4. 近场声全息方法

近场声全息（Near-field Acoustic Holography，NAH）是用声全息技术在近场识别声源特征的一种方法。近场是指离声源最高频率对应波长的 1~2 倍距离的区域。在近场，声波非常复杂，既不是球面波也不是平面波，声压级和距离之间没有确定的关系。比如，我们对声源最感兴趣的频率是 5000Hz，近场就是离声源 7~14cm 的区域。

近场声全息方法的关键是用一系列传声器组成传声器阵列，在声源面的近场构建一个全息测量面，如图 3-37 所示，通过测量面和声源面之间的关系来识别声源特征。近场声全息方法利用测量面上的声压是声源面上声压和格林函数的卷积关系，将二维傅里叶变换用于亥姆霍兹方程，实现空间域和空间波数域快速变换计算，重新构建声源面的声场，得到物体表面声压分布，最后用照片的形式显示出来。

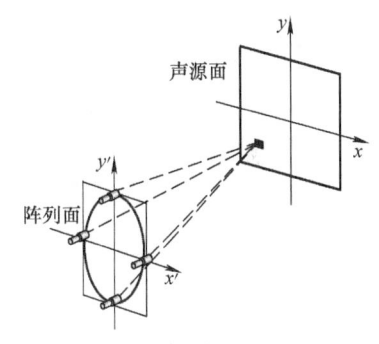

图 3-37 声源面和传声器阵列测量面

传声器阵列上横向和纵向有规则地布置了许多传声器。阵列设计包括两个方面：一是阵列大小；二是传声器之间的距离。

阵列大小应该与被测部件的大小相当，否则会遗漏一部分被测量物体，同时阵列大小还决定了最低分析频率。当被测物体尺寸大于传声器阵列时，可以分批测量，但是前提是物体的运行状态应该是稳态的。假如物体的运动状况不是稳态的，比如声音随着转速变化（如发动机加速声音），或者声音是脉冲信号（如关门声音），那么就一定要在同样的运行工况下多次测量。

传声器之间的距离决定了最高分析频率以及对声源的分辨率。传声器之间的距离越近，分析频率越高，对声源的识别精度越高。但是它们也不能太靠近，否则声场会相互干扰。

近场声全息方法可以测量复杂结构表面的声音和振动，而且在整个宽频带内精度都非常高，因此它被广泛地应用在汽车声源识别、定位和贡献源分析。近场声全息方法主要用来测量中低频噪声。图 3-38 显示车身近场声全息的测试图。它可以用于车身板结构声辐射识别和贡献源分析。图 3-39 所示为某个车身在 192Hz 下的声源分布。由图可知，后视镜、A 柱、后三角窗处噪声大。

虽然近场声全息具有识别声源的强大功能，但是也存在缺陷。首先它要求传声器阵列面大小与被测物体一样，尽管对大尺寸物体可以分批测量，但是多次测量会带来误差，特别是对非稳态工况。第二个缺陷是分析高频率时，需要布置密集的传声器，但是在日常测试工作中，没有那么多传声器和测试通道。另外，过度密集的传声器布置还会影响声场。波束形成方法可以克服这些缺陷。

图3-38　车身近场声全息的测试图（见彩插）　　　图3-39　某个车身在192Hz的声源分布（见彩插）

5. 波束形成方法

波束形成（Beamforming）技术是一种在远场识别声源的技术。在声场中，质点振动速度和声压存在平面波的简单关系的区域称远场。在远场，可以认为声波是以平面波的形式传播。

在远场放置一个传声器阵列，声源的声波以平面波或者球面波的形式传递到阵列的每个传声器上。声源与每个传声器的距离和相对位置不同，每个传声器接收到声波的时间不同。利用这种位置差异和时间差异，经过一定的计算，增加选定方向上的信号而衰弱其他方向的信号，在传声器阵列中重建噪声信号，从而识别声源。最简单和最常用的计算方法是延迟求和，它是通过延时、加权、求和等计算得到声源的主瓣（最大值）以及旁瓣。

阵列的构建影响到识别精度。阵列具有不同的指向性，不同的阵列对识别结果影响大。阵列分平面阵列和空间阵列。平面阵列包括一字阵列、十字阵列、矩形网格阵列、圆形阵列、圆环形阵列，如图3-40所示。空间阵列有矩形体阵列、菱形阵列、球形阵列等，其中球形阵列最普遍，如图3-41所示。阵列形状和传声器布置可以是规则的，如矩形阵列、圆形阵列；也可以是不规则的，如随机阵列、阿基米德螺旋形阵列。规则阵列会产生空间混叠问题，产生虚影现象，影响识别精度。设计良好的不规则阵列的识别精度高于规则阵列，但是这种阵列设计比较难，需要大量的经验和数据积累。

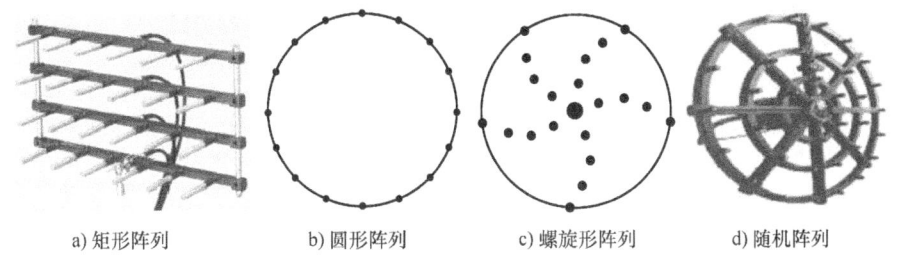

a) 矩形阵列　　　b) 圆形阵列　　　c) 螺旋形阵列　　　d) 随机阵列

图 3-40　几种平面阵列

波束形成法是将阵列放置在远场，因此它特别适合于不能靠近物体的噪声测量，比如在风洞里测量车外风噪。声波的传递与阵列大小没有关系，因此它可以用来测量大尺寸物体的噪声，比如用一个直径只有 0.5m 的圆形阵列就可以测量整车的噪声。波束形成法可以用于稳态和非稳态测试。

但是波束形成方法也有缺陷。它的原理中假设了声源是由互不相干的点声源组成，而且分辨率取决于阵列与声源的距离、阵列尺寸以及声波波长，因此它对低频声源识别的精度低。这种技术只适合用于识别中高频噪声，主要是 1000Hz 以上的信号。

波束形成方法在汽车领域得到了广泛应用，市场上有各种各样的声像仪（或者叫声学照相机）。类似于近场声全息测量，波束形成法中的传声器同时记录信号，可以很快地以图像的形式将噪声呈现出来。车外噪声测量采用平面阵列，车内噪声可以采用球形阵列。图 3-42 为用球形阵列测量某款车内噪声的照片。图 3-43 显示的是车内噪声测试结果。

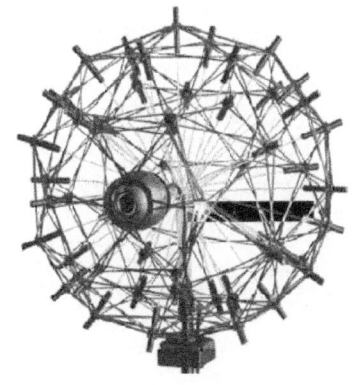

图 3-41　球形阵列

图 3-42　用球形阵列测量某款车内噪声的照片（见彩插）

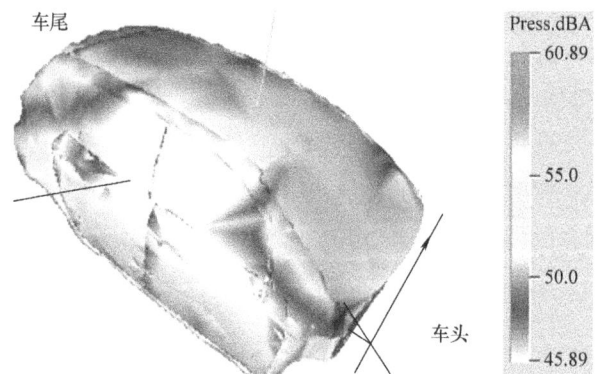

图 3-43　用球形阵列测量的车内噪声（见彩插）

第五节　板结构振动与声辐射的阻尼控制

一、阻尼现象与描述

静止的物体受到外界激励时，会产生振动。一旦没有外界激励，振动就会慢慢消失，这就是阻尼在起作用。图 3-44 表示一个系统没有阻尼和有阻尼的自由振动示意图和振动曲线。如果没有阻尼，振动会一直持续下去，阻尼的存在会使运动逐渐衰减。从振动与噪声控制的角度来看，阻尼可以定义为消耗系统振动能量的能力，将系统的振动能或者声能转变成热能或者其他形式的能量而耗散掉，从而抑制了系统的振动并降低辐射噪声。阻尼使得自由振动的幅值不断衰减，直到振动停止。在强迫振动中，阻尼消耗了激励力所做的一部分功而使振动幅值降低，特别是抑制系统的共振。

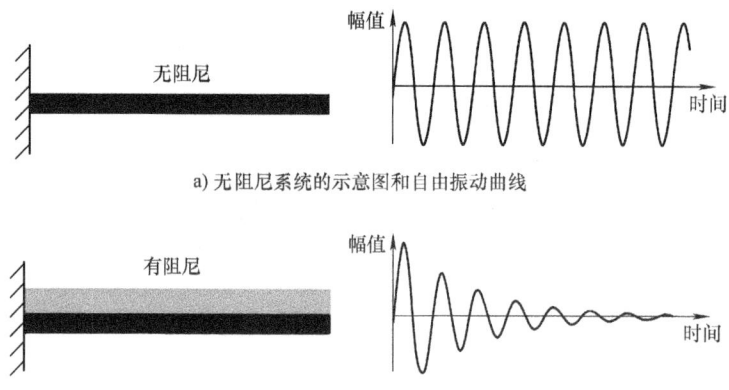

图 3-44　无阻尼系统和有阻尼系统的示意图和自由振动曲线

自然界的任何物体或者结构都存在着阻尼。阻尼分为内部阻尼和外部阻尼。内部阻尼是指材料内部的分子或者金属晶粒运动时，相互摩擦而损耗能量所产生的阻尼。外部阻尼是指物体与外界黏性流体之间或者固体之间的摩擦而损耗能量所产生的阻尼。

任何一个物体或者结构都存在内部阻尼，有的大有的小。钢材的内部阻尼非常小，其损耗因子为 0.0001 ~ 0.0006；阻尼合金的损耗因子比金属材料大大提高，可以达到 0.2；高分子聚合物的阻尼非常大，损耗因子可以达到 0.8。

阻尼控制技术研究的内容包括研究各种阻尼机理及建立阻尼模型、阻尼材料的特征及应用、阻尼结构的特征及应用。在车身阻尼研究和应用中，主要工作是阻尼材料特征的研究、阻尼结构的设计、阻尼材料的选择以及阻尼的优化控制等，最终目的是减小车身板的振动和声辐射。

二、阻尼模型

1. 阻尼模型的种类

车身上存在阻尼的地方很多，如车身板件自身的阻尼、阻尼材料的阻尼、隔振元件带来的阻尼等。车身阻尼可以分为三类：第一类是结构本身的内部阻尼，如车身板、黏弹性材料等；第二类是相邻部件之间摩擦产生的阻尼；第三类是运动时受到的空气阻尼。

为了研究结构和材料的阻尼，人们建立了很多阻尼模型，包括黏性阻尼模型、结构阻尼模型、比例阻尼模型等。与车身阻尼分类相对应，阻尼模型也分成三类：

第一类是结构体阻尼模型，主要有黏性阻尼模型、迟滞阻尼模型和结构阻尼模型。车身板结构、阻尼材料等属于此类。本章重点介绍黏弹性阻尼模型。

第二类是干摩擦阻尼模型，主要是库伦阻尼模型。库伦阻尼是描述具有相对运动或者有运动趋势的物体界面间的阻尼。摩擦力（F_d）与表面的正压力（N）成正比，与运动的方向相反，与速度幅值无关，即 $F_d = -\mu N$，μ 为摩擦系数。车身金属板之间、金属板和橡胶之间、连接部位等地方都存在着摩擦力。

第三类是空气阻尼模型，主要是空气动力阻尼模型。汽车运动时，受到空气的阻力，这属于外部阻力。其阻力（F_d）与汽车运动速度的平方成正比，即

$$F_d = \beta v^2$$

式中，β 为空气摩擦阻尼系数，v 为车速。

由于本章讲述的阻尼是车身板的阻尼，阻尼是用来控制板结构的振动和噪声辐射，所以涉及的阻尼属于第一类。

下面用单自由度系统来描述带阻尼的系统方程，如图 3-45 所示。系统的运动方程可以表达为

$$m\ddot{x} + F_d + kx = f \tag{3-53}$$

式中，F_d 为系统的阻尼力；m 为系统的质量；k 为系统的刚度，x 为系统的位移；f 为外界施加的力。

应用图 3-45 的模型，下面就第一类阻尼模型（黏弹性模型、迟滞模型和结构阻尼模型）进行简单的描述。

2. 黏性阻尼模型

黏性阻尼模型是所有模型中最常用的。黏弹性阻尼力与物体运动速度成正比，即 $F_d = c\dot{x}$，其中 c 为阻尼系数。黏性阻尼模型表达为

$$m\ddot{x} + c\dot{x} + kx = f \tag{3-54}$$

引入临界阻尼 c_{cr} 的概念，即 $c_{cr} = 2\omega_n m = 2\sqrt{km}$。$\omega_n = \sqrt{k/m}$，为系统的固有频率。定义阻尼比（$\xi$）为

$$\xi = \frac{c}{c_{cr}} \tag{3-55}$$

对自由振动的情况，式（3-54）改写为

$$\ddot{x} + 2\xi\omega_n \dot{x} + \omega_n^2 x = 0 \tag{3-56}$$

工程中，绝大部分阻尼是欠阻尼，即 $0 < \xi < 1$。求解方程（3-56），得到系统的自由振动响应为

$$x = e^{-\xi\omega_n t}(X_0 \cos\sqrt{1-\omega_n^2}\,t + \frac{\dot{X}_0 + \xi\omega_n X_0}{\sqrt{1-\omega_n^2}}\sin\sqrt{1-\omega_n^2}\,t) \tag{3-57}$$

式中，X_0 是系统的初始位移值。

图 3-46 表示这个欠阻尼系统自由振动的位移随时间变化的曲线。其振动幅值随着时间逐步衰减，起衰减作用的是阻尼比 ξ。为了评价阻尼对幅值衰减的快慢，可以用相邻两个周期内振幅的对数比来表示，即对数衰减率 δ：

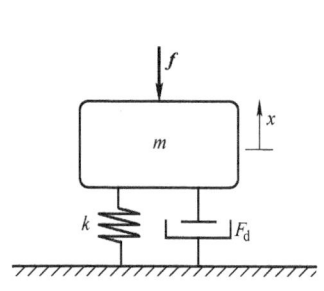
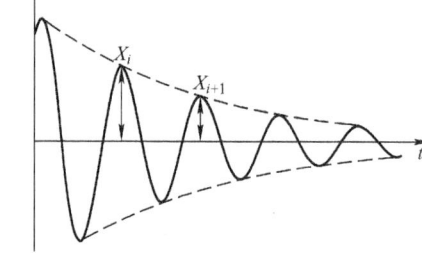

图 3-45 带阻尼的单自由度系统　　图 3-46 欠阻尼系统自由振动的位移随时间变化的曲线

$$\delta = \ln\frac{X_i}{X_{i+1}} = 2\pi\xi\frac{1}{\sqrt{1-\xi^2}} \tag{3-58}$$

对小阻尼情况，即 $\xi \ll 1$，式（3-58）可以简化为

$$\delta = 2\pi\xi \tag{3-59}$$

从式（3-58）或式（3-59）可以看出，阻尼比决定了自由振动幅值的衰减快慢程度。

黏性阻尼模型是最简单的阻尼模型，阻尼力是线性的。应用这个模型来处理和求解振动运动方程非常方便，其他复杂阻尼模型可以经过等效能量损耗的方式来简化成黏弹性阻尼模型。

3. 迟滞阻尼模型

黏性模型中，阻尼消耗的能量与振动频率成正比（将在本节后续内容介绍）。这个结论与一些结构振动能耗情况不相符，于是引入迟滞阻尼模型，以消除频率的影响，即迟滞阻尼力为 $F_d = \dfrac{h}{\omega}\dot{x}$，$h$ 为迟滞阻尼系数。迟滞阻尼模型为

$$m\ddot{x} + \frac{h}{\omega}\dot{x} + kx = f \tag{3-60}$$

4. 结构阻尼模型

结构阻尼是假设结构内部的阻尼与弹性力成正比，与速度同相位，即阻尼力为 $F_d = ivkx$，其中 v 为结构阻尼系数。结构阻尼模型为

$$m\ddot{x} + ivkx + kx = f \tag{3-61}$$

将式（3-61）中的阻尼力和弹性力合并为一项，形成总的内力，表示为

$$F_i = (1+iv)kx \tag{3-62}$$

$(1+iv)k$ 被称为系统的复刚度。

5. 比例阻尼和等效阻尼

当一个阻尼系统非常复杂时，采用以上的阻尼模型都难以得到振动的解析解，人们就将它们简化。通常被简化的模型有比例阻尼模型和等效阻尼模型。将阻尼看成是与质量和刚度成比例的关系，即将阻尼项分解到质量项和刚度项。由于质量项和刚度项满足正交原理，对多自由度系统来说，通过模态转换，方程可以变成离散的多个单自由度方程。

三、损耗因子

下面以黏性阻尼模型为对象来讨论损耗因子。对自由振动，可以用振动幅值的衰减来衡量阻尼效果。对强迫振动，衡量阻尼的效果是能量的衰减。在一个循环内，阻尼损耗的能量与总的机械能量的比值是用来衡量阻尼效果的指标。

假设系统为简谐运动，则激励力和位移分别为

$$f = F\sin\omega t \tag{3-63}$$

$$x = X_0 \sin(\omega t + \phi) \tag{3-64}$$

式中，F 为激励力的幅值；X_0 为位移响应的幅值；ω 为谐振频率。

系统的速度为

$$\dot{x} = X_0\omega\cos(wt+\phi) \tag{3-65}$$

对黏性阻尼模型，一个振动周期内损耗的能量为

$$E_\mathrm{d} = \int_0^{2\pi} F_\mathrm{d}\mathrm{d}x = \int_0^{2\pi} c\dot{x}\mathrm{d}x = \int_0^{2\pi} c(\dot{x})^2\mathrm{d}t = \int_0^{2\pi} cX_0^2\omega^2\cos^2(\omega t+\phi)\mathrm{d}t = \pi cX_0^2\omega \tag{3-66}$$

由此可见，阻尼消耗的能量与振动频率成正比。

机械振动能包括动能和势能。在任意时刻，动能为

$$E_\mathrm{k} = \frac{1}{2}m\dot{x}^2 = \frac{1}{2}mX_0^2\omega^2\cos^2(\omega t+\phi) \tag{3-67}$$

势能为

$$E_\mathrm{p} = \frac{1}{2}kx^2 = \frac{1}{2}kX_0^2\sin^2(\omega t+\phi) \tag{3-68}$$

在共振处，$\omega = \omega_\mathrm{n}$，$\omega_\mathrm{n}^2 = k/m$。一个周期内总的机械能量为

$$E = \int_0^{2\pi}(E_\mathrm{k}+E_\mathrm{p})\mathrm{d}t = \pi kX_0^2 \tag{3-69}$$

将一个周期内阻尼损耗的能量与总的机械振动能之比定义为损耗因子（η），表达式为

$$\eta = \frac{E_\mathrm{d}}{E} = \frac{c\omega}{k} \tag{3-70}$$

在共振的情况下，有

$$\eta = \frac{E_\mathrm{d}}{E} = \frac{c\omega_\mathrm{n}}{k} = \frac{c}{k}\sqrt{\frac{k}{m}} = \frac{c}{\sqrt{km}} \tag{3-71}$$

将临界阻尼 $c_\mathrm{cr} = 2\sqrt{km}$ 和阻尼比 $\xi = \dfrac{c}{c_\mathrm{cr}}$ 代入式（3-71）中，得到共振时的损耗因子为

$$\eta = 2\xi \tag{3-72}$$

式（3-72）给出了阻尼比和损耗因子的数字关系，但是它们之间的物理意义是不一样的。阻尼比描述的是振动幅值的衰减，而阻尼损耗因子描述的是系统能量的衰减。

与黏性阻尼模型一样，迟滞阻尼模型和结构阻尼模型也可以得到对应的损耗因子的表达式，本书不再一一列出。

四、黏弹性阻尼材料的特征

作为一种高分子材料，黏弹性材料的阻尼取决于很多因素，比如分子的构造、

分子间的摩擦和运动状态、添加剂成分等。

在运动过程中，弹性材料能够储备能量和释放能量，而不消耗能量。标志弹性材料的主要指标是杨氏模量 E。黏性材料不能储备能量，而是消耗能量。描述黏性材料的主要指标是损耗因子 η。黏弹性材料同时具备"弹性"和"黏性"特征，所以描述黏弹性材料的主要指标是杨氏模量 E 和损耗因子 η。钢板能量损耗不随温度和频率而变化，但是黏弹性材料的阻尼特征却与温度和频率有关。

图 3-47 是典型的黏弹性材料的杨氏模量和损耗因子随温度变化的曲线。根据杨氏模量和损耗因子随温度变化的特征，可以把温度分成三个区域：低温区、中温区、高温区。

① 低温区。材料呈现出玻璃状态，其杨氏模量很大。材料中分子之间的约束力很大，分子活动不活跃，因此材料的损耗因子低。因此，低温区也被称为"玻璃状态区"。

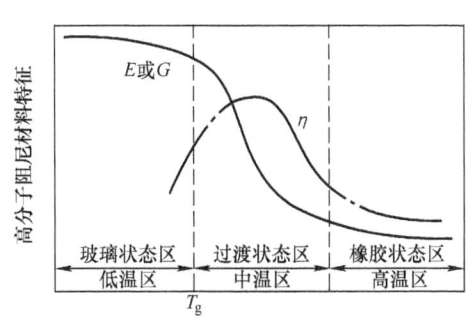

图 3-47 黏弹性材料的杨氏模量和损耗因子随温度变化的曲线（E 表示杨氏模量；G 表示切变模量）

② 中温区。从低温区到中温区的边界（被称为临界温度 T_g）开始，随着温度升高，分子间的约束力降低，分子变得活跃，因此材料的杨氏模量迅速降低，损耗因子迅速增加并在某个温度达到峰值。这个区域也被称为"过渡状态区"。

③ 高温区。在这个区域，材料呈现出橡胶状态，甚至是流动状态。因此，虽然材料中的分子依然活跃，但是杨氏模量继续下降且趋缓，损耗因子也降低。高温区也被称为"橡胶状态区"。

在过渡状态区内，材料的阻尼效果最佳，阻尼材料最佳温度一般为 20~60℃。可以通过调节阻尼材料的成分来使损耗因子峰值跨越的温度范围，该范围越宽越好。自由阻尼结构的最佳温度范围偏低，靠近玻璃状态区，如图 3-48a 所示；约束阻尼结构的最佳温度区偏高，靠近橡胶状态区，如图 3-48b 所示。

图 3-49 是在某个温度下，典型黏弹性材料的杨氏模量和损耗因子随频率变化的曲线。随着频率的增加，杨氏模量增加，损耗因子先增加，达到一个峰值后开始下降。黏弹性阻尼材料的最佳使用频率范围为 200~500Hz。

在设计阻尼结构时，必须考虑黏弹性材料杨氏模量和损耗因子随温度和频率变化的特征。比如车身结构和发动机结构的温度和频率不同，其使用的黏弹性阻尼材料不一样。因此，在宽温度范围和宽频率范围内，都具备高损耗因子的材料是最理想的选择。

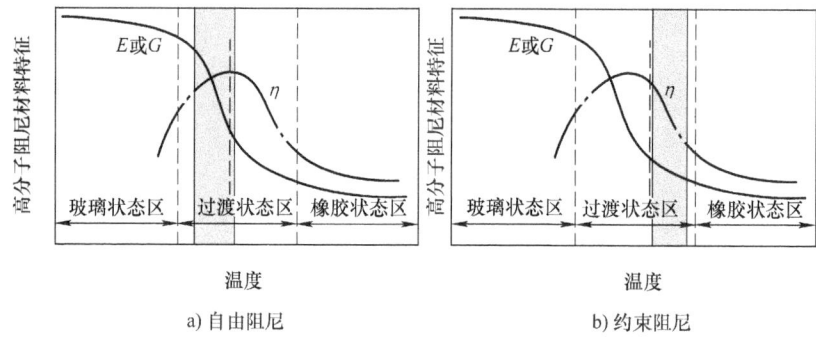

图 3-48 自由阻尼和约束阻尼的最佳阻尼区域

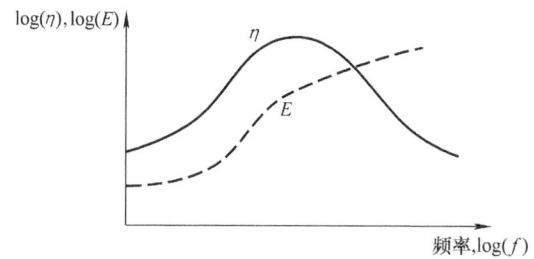

图 3-49 阻尼材料的杨氏模量和损耗因子随频率变化的曲线

五、车身阻尼材料和结构的种类

1. 车身阻尼的分类

车身阻尼有四类：黏弹性阻尼材料和结构、高阻尼合金结构、复合阻尼材料、智能阻尼材料和结构。

（1）黏弹性阻尼材料。

黏弹性材料是一种同时具有黏性液体和弹性固体特性的高分子聚合物材料。"黏"是指在外力的作用下，这种材料能够消耗能量；"弹"是指在运动过程中具备存储能量的特征。也就是在运动过程中，一部分能量被转化成热能或者其他形式的能量而消耗掉，而另一部分能量以势能的形式被存储起来。黏弹性材料的阻尼损耗因子是随温度、振幅和频率而变化的。黏弹性材料与基础板之间可以组合成不同的结构形式，以使组合结构同时具有良好的阻尼和弹性。

（2）阻尼合金

阻尼合金是特殊的金属材料，在应力和应变的交替作用下，由于磁弹效应和晶界效应等使能量损耗，一般金属的损耗因子非常小，几乎没有阻尼作用，而阻尼合金的损耗因子比较大，具有良好的阻尼性能。

（3）复合阻尼材料

复合阻尼材料是在固体基体材料中添加一些特别的材料来提升其阻尼。基体材料有聚合物基体材料和金属基体材料。在聚合物基体中改变纤维结构，在金属基体中添加一些颗粒，从而使得这些基体同时具有较高的强度和阻尼。

(4) 智能阻尼材料和结构

智能阻尼材料或结构是利用材料本身性能随外界环境变化而变化的特征，来实现自身的大阻尼。仅仅是外界环境变化（如振动变化）而使材料或系统的阻尼变化，这就形成了半主动控制。具有代表性的半主动阻尼是压电阻尼材料。在高分子材料中加入压电粒子这类导电材料，当受到振动时，压电材料中的压电颗粒将振动能转换成电能，然后导电粒子将电能转换成热能而耗散掉，从而抑制结构的振动和噪声辐射。

需要通过控制手段施加到材料或者结构上来改变阻尼特征，就形成了主动控制。图 3-50 所示的是一个约束阻尼结构，但是与传统约束结构不同的是中间的材料不是黏弹性材料，而是特殊的液体。液体有极微小的极性粒子与绝缘介质，在外加电场的作用下，物体的状态发生很大变化，可以从液体到固体，损耗因子可以超过 10，提供巨大的阻尼。

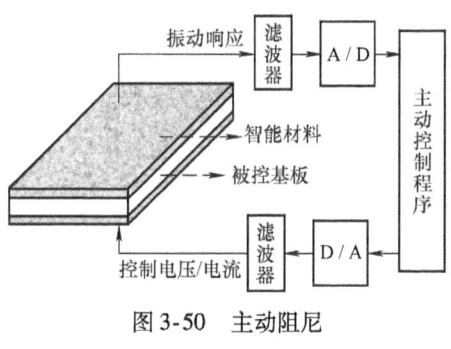

图 3-50　主动阻尼

因为需要外界输入能量（电场），因此所产生的阻尼是主动阻尼。

汽车上使用的智能阻尼材料主要有电流变流体和磁流变流体。电流变流体是在液体中添加了微小的极性粒子和绝缘介质。当给液体施加电场时，悬浮液体的物理状态发展急剧变化，损耗因子急剧提升，从而达到抑制振动的作用。磁流变流体是在液体中添加颗粒，在外界磁场的作用下，流体的性能随磁场而变化，使损耗因子增加。

2. 黏弹性阻尼材料的种类

黏弹性阻尼材料主要有三类：沥青类阻尼材料、橡胶类阻尼材料和水基阻尼材料。阻尼材料由三部分组成：基体材料、填充材料和添加剂。这三大类阻尼材料是根据基体材料的不同而划分的。沥青类阻尼材料的基体材料是沥青，橡胶类阻尼材料的基体材料是橡胶，水基阻尼材料的基体材料是树脂。

沥青类阻尼材料是以沥青为基材，加入石墨、锯末、石蜡、甲苯等有机和无机填料混合而成。沥青本身有一定的阻性。石墨能提高材料的导热性能，可以避免因为过热而使材料老化，避免因为阳光照射而降解，而且可以提高材料的刚度，加宽损耗因子的峰值。锯末轻，可以使材料的密度降低，减轻重量。

橡胶类阻尼材料是以橡胶为基体，加入云母粉、炭黑、石墨等而形成的材料。

橡胶主要有丁基橡胶、氯化丁基橡胶、丁腈橡胶等。橡胶阻尼有良好的耐水、耐油和粘接性能。橡胶分为天然橡胶和合成橡胶。天然橡胶主要来自三叶橡胶树，将树皮割开，流出白色的胶乳。合成橡胶是人工合成的高弹性聚合物。天然橡胶的性能比合成橡胶好，但是成本高。汽车上使用橡胶阻尼材料多半是合成橡胶。

水基阻尼是以树脂为基材，添加云母片、碳酸钙、石墨等填充材料。在添加填充材料之前，将水与树脂混合形成水溶性树脂液。水起着溶剂的作用，因此这种阻尼材料被称为"水基"阻尼材料。云母是主要添加材料，它的片层结构会增加聚合物的剪切变形，因此云母能提高材料的阻尼性能。

沥青主要来自石油的副产品。合成橡胶是以石油化工产品中提炼出的不饱和烃作为原料，然后经过复杂的化学反应而形成的材料。受热时，沥青和橡胶都会挥发出一些对人体和环境有害的物质。冬天，这些材料弹性降低，变硬，减振作用降低。

树脂是从天然高聚合物中获取的。水基阻尼材料无味、无毒、没有有机溶剂挥发，因此它对环境没有污染，对人体无害。水基材料是一种安全、可靠的阻尼材料，应用范围正在逐步扩大。因此，汽车阻尼材料发展的趋势是逐步使用环保的水基阻尼材料。

3. 阻尼材料的形态种类

阻尼材料的使用形态主要有片状型阻尼和喷涂型阻尼。在片状阻尼形态中，按照与车身连接方式的不同又分成三类：热熔类片状阻尼、磁吸类片状阻尼和粘贴类片状阻尼。图3-51为阻尼使用形式的分类。

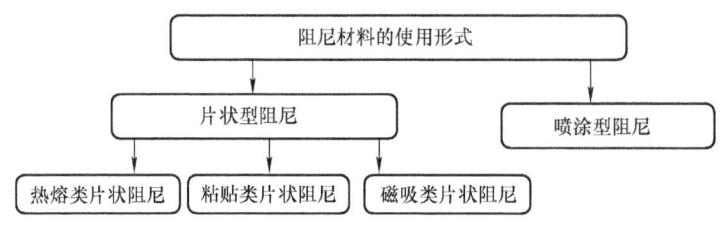

图 3-51　阻尼使用形式

（1）热熔类片状阻尼

常温下，这种阻尼材料呈现固体片状。将它放置到钢板上，经过高温烘烤，阻尼材料熔化，冷却后，阻尼材料牢固地粘在钢板上。由于这种阻尼材料需要经过高温烘烤才能与金属板结合在一起，因此将它称为热熔型片状阻尼材料。热熔型片状阻尼材料主要应用在车身地板上。将阻尼材料放置在地板上，当车身经过涂装线烘烤时，阻尼材料和车身结合在一起。

（2）磁性类片状阻尼

在黏弹性材料中添加一些磁粉，使其具有一定的磁性，便形成了磁性阻尼材料。片状的磁性阻尼结构被吸附在钢板上,但是它们之间的结合力并不强。与热熔类片状阻尼类似,当磁性片状阻尼材料通过涂装线烘烤后熔化,冷却后牢固地与钢板贴合在一起。这类材料通常用在门板、侧围、顶棚、轮毂包等地方。由于这些部位有垂直的、有倾斜的、有带弧面的,只有磁性材料才能附着在钢板上。

(3) 粘贴类片状阻尼

这类阻尼材料的表面有一层压敏胶(热熔胶),并覆盖一张保护纸。使用的时候,将保护纸撕掉,把阻尼材料直接贴在车身板上即可。粘贴片状阻尼材料可以用到车身的各种金属板上,也可以用在非金属板上(如空滤器表面)。由于使用方便,粘贴类片状阻尼材料在汽车开发过程中得到了广泛应用。

(4) 喷涂型阻尼

与片状阻尼材料呈现的固体形状不一样,喷涂类阻尼材料呈现液体形态。通过喷射或者涂刷将阻尼材料与车身板结合在一起。这类阻尼材料应用在轮毂包外侧、地板外侧等地方。

4. 阻尼板结构的种类

阻尼材料与车身板或基板的贴合方式有两种:一种是阻尼材料自由地粘贴在基板(如钢板)上,如图 3-52 所示;另一种是阻尼材料夹在两片板之间,如图 3-53所示。根据贴合方式的不同,可将阻尼板结构分为自由阻尼结构和约束阻尼结构。

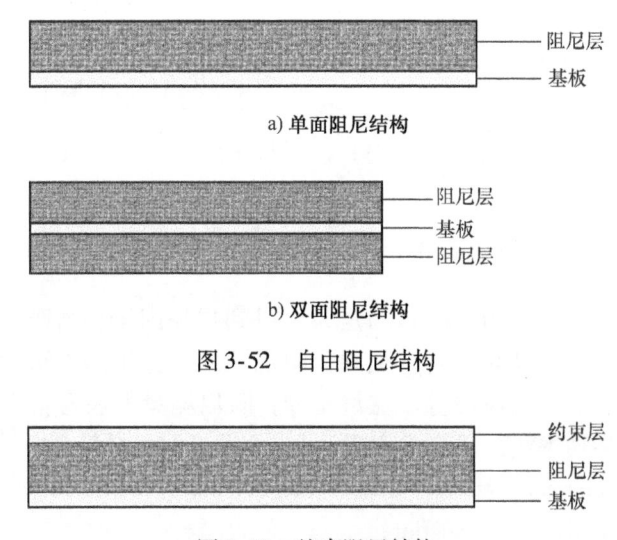

图 3-52 自由阻尼结构

图 3-53 约束阻尼结构

图 3-52 所示的自由阻尼结构由基板和阻尼层组成。将阻尼材料粘贴或者喷涂在基板表面,阻尼材料没有受到任何约束,这样的阻尼层被称为自由阻尼层。图 3-52a中只在一个表面有阻尼层,它是单面阻尼结构,而在图 3-52b 中两个表面

都有阻尼层，它是双面阻尼结构。当板弯曲振动时，由于钢板和阻尼都会产生自由的压缩和拉伸变形，阻尼材料承受着交变应力与应变，一部分振动机械能转换成了热能，从而抑制了钢板的振动。

自由阻尼结构的损耗因子取决于阻尼材料的特征和阻尼材料厚度与钢板厚度的比值。图3-54为一种自由阻尼结构的损耗因子随阻尼层厚度（H_2）和钢板厚度（H_1）比值变化的曲线。在比值低的区域，损耗因子很小；随着比值的增加，损耗因子迅速增加；当比值大于6时，虽然损耗因子随着比值的增加而增加，但是增加的趋势减缓；当比值大于9之后，损耗因子的增加非常平缓。所以，阻尼层过薄，阻尼结构的效果不明显，但是阻尼层过厚，阻尼效果增加不明显而且成本增加。通常阻尼层与钢板的厚度比取2~5。

图3-53所示的约束阻尼层结构由基板、阻尼层和约束层组成。将阻尼材料粘在钢板上，然后用一层刚度大的板（通常也是钢板）压住，形成了一个"三明治"结构。当板做弯曲振动时，由于基板和约束层的弹性模量远远大于阻尼层的弹性模量，因此基板和约束层之间产生相对滑移运动，使阻尼层产生剪切运动，从而使一部分振动机械能转换成

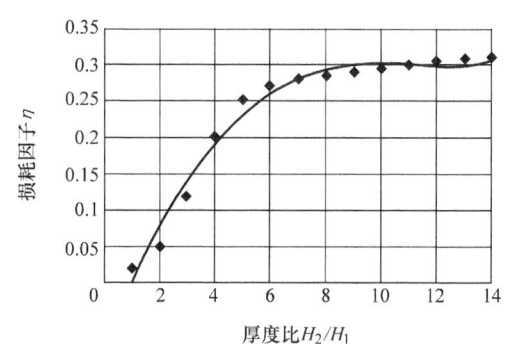

图3-54　自由阻尼结构损耗因子随阻尼层厚度（H_2）和钢板厚度（H_1）比值变化的曲线

热能。约束层的厚度与基板的厚度相当；与自由阻尼结构相比，约束阻尼层厚度与基板厚度比要小些。

六、阻尼损耗因子的测量

测量阻尼材料和阻尼结构的目的是为了得到损耗因子、杨氏模量等参数，并得到它们随温度和频率变化的特征曲线。阻尼测量和分析的方法很多，如半功率法、峰值共振法、自由衰减法等。在汽车界，阻尼测量方法通常采用美国汽车工程学会标准中的半功率法，即SAE J1637《支撑钢杆的材料复合振动阻尼特性实验室测试方法》（Laboratory Measurement of the Composite Vibration Damping Properties of Materials on a Supporting Steel Bar）。

SAE J1637标准中的测试样件是杆件。杆一端固定在台架上，另一端自由悬着，形成一个悬臂梁，如图3-55所示。台架刚度足够大，以避开测试样件的模态频率。阻尼材料贴合在杆件上面，与台架之间有一段距离，以保证阻尼不受安装的影响。

杆件受激振器激励，激励信号可以是正弦扫描或者随机信号。测量激励信号和响应信号，然后得到响应信号与激励信号之间的传递函数。由于样件的质量小，传感器的质量会影响测试结果。因此，激励信号和响应信号的获取最好用非接触式传感器，以避免给杆件增加阻尼和质量。如果响应传感器是接触式的，其重量要小于0.5g。

杆件放置在一个恒温箱内，以使测试温度保持不变。测试的温度覆盖阻尼材料使用的温度范围，从 -20℃、-5℃、0℃、10℃、25℃、40℃到55℃。测试频率范围为100~1000Hz。

SAE J1637 标准中分析损耗因子的方法是半功率法。从测试的传递函数（图3-56）上，确定某个模态的共振频率f，找到共振频率峰值两侧小于峰值3dB的位置，即峰值的半功率点。得到两个半功率点对应的频率，小于f的频率称为下偏频率，用f_L表示；高于f的频率称为上偏频率，用f_U表示。上偏频率和下偏频率之间的差值为频率带宽，表示为$\Delta f = f_U - f_L$。在这个共振频率下的损耗因子为

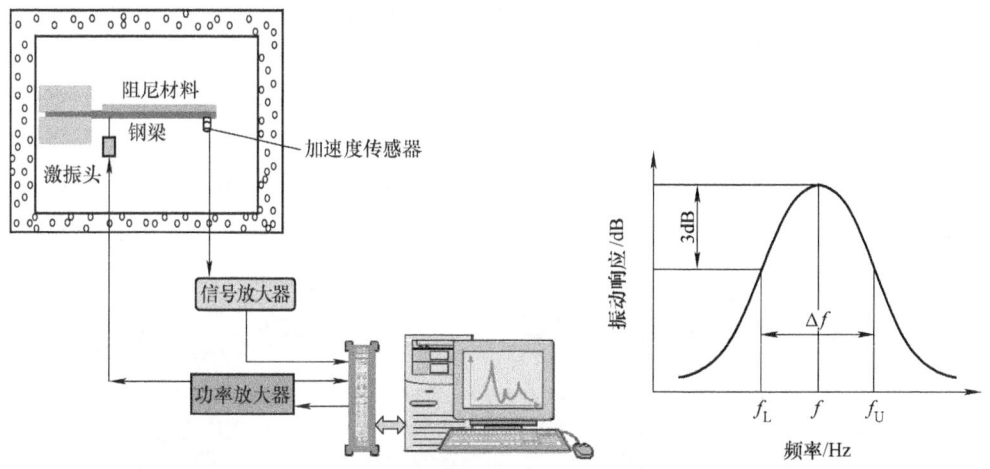

图 3-55　SAE 阻尼材料测试示意图　　图 3-56　传递函数与对应的共振频率和偏差频率

$$\eta_c = \frac{f_U - f_L}{f} \tag{3-73}$$

除了 SAE J1637 之外，还有其他测量方法，如 ASTM E756。ASTM E756 是美国材料与试验学会的标准，即《材料振动阻尼特性的标准测试方法》（Standard Test Method for Measuring Vibration-Damping Properties of Materials）。SAE J1637 是在 ASTM E756 的基础上发展起来的，两者有很多相似的地方，但也有不同之处，如所使用的测试样件和安装条件不一样。

在中国，也有阻尼材料的测试标准，即 GB/T 18258—2000《阻尼材料 阻尼性能测试方法》，它是参考 ASTM 测试标准制定的。

七、阻尼材料和阻尼结构在车身上的应用

虽然高分子聚合物的阻尼大，但是刚度低，因此它不能单独在工程上使用。将高分子聚合物与钢板一起使用，就可以充分利用钢板的高刚度和高分子聚合物的大阻尼，实现复合结构的高强度和大阻尼。

车身阻尼控制技术就是充分利用钢板和高分子聚合物的优势，通过优化设计和工艺，使这两者组成的复合结构性能最佳，从而实现车身板的振动和噪声控制。将阻尼材料加到应变能最大的地方会取得最好的效果。阻尼材料和阻尼结构的最佳使用频率范围是 200~500Hz。

1. 阻尼片的应用

阻尼片是指常温下阻尼材料的形状是片状。它要么附着在一层银箔上，因阻尼具有黏性，所以它可以贴在金属板上；要么是一块坚硬的阻尼板，高温熔化后，贴在金属板上。常用的阻尼片有银箔约束阻尼片和扩展型阻尼片。

（1）银箔约束阻尼片（Foil Constrained Layer）

银箔约束阻尼片是将阻尼材料铺在一层薄银箔上，然后再覆盖一张纸。常温下，阻尼材料是柔软的并且具有黏性。使用时，将覆盖的纸去掉，将阻尼直接贴在车身部位，外表面就是银箔。图 3-57 是银箔阻尼片贴在车门和顶棚的照片。银箔约束阻尼片可以裁剪成任何形状，容易粘贴，重量轻，在车身 NVH 开发过程中经常用到。

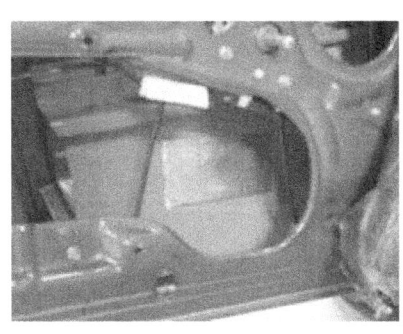

图 3-57　银箔约束阻尼片的应用（见彩插）

（2）扩展型阻尼片（Expandable Damper Sheet）

常温下，这种阻尼片呈现坚硬的块状。使用时，将阻尼片放置在车身的某个部位，经过高温烘烤，阻尼熔化，然后与车身板熔为一体。扩展型阻尼片阻尼效果非常好，粘贴性能很好，还可以增加车身刚度，防止金属腐蚀。在前壁板上、轮毂包上、中控道上应用比较多，如图 3-58 所示。扩展型阻尼层的厚度通常为 2~4mm。

 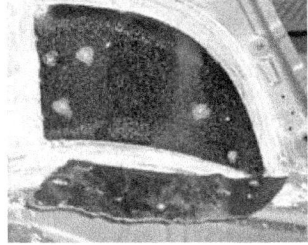 

a) 地板上　　　　　　　　b) 轮毂包上　　　　　　　　c) 中控道上

图 3-58　扩展型阻尼片在车身上的应用（见彩插）

沥青板也属于扩展型阻尼片。沥青价格便宜，具有良好的阻尼，在地板上使用最多。由于沥青板太重，常温下很难放置在垂直面、斜面和弧面上，因此除了地板这样的水平面上，其他地方用得不多。

2. 阻尼涂层的应用

阻尼涂层使用的阻尼材料呈液体状，使用的时候，用喷枪将阻尼材料喷到车身上或者使用刷子将阻尼材料涂在车身上。片状阻尼层看上去很平整，而阻尼涂层看上去凸凹不平而且呈现出颗粒状。

阻尼涂层也具备良好的阻尼性能，通常使用在车身外面，如地板底部和轮毂包上，如图 3-59 所示。阻尼涂层能很好地衰减来自路面的石子敲击和溅水敲击，降低车身板的振动和辐射噪声。

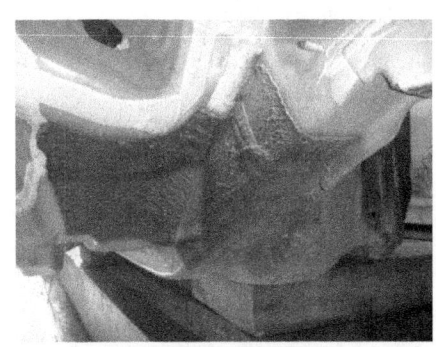 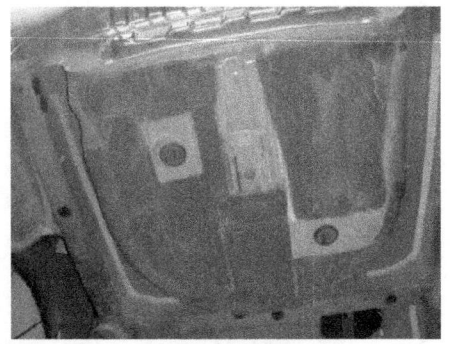

a) 地板中控通道部位　　　　　　　　b) 地板备胎池部位

图 3-59　阻尼涂层的应用（见彩插）

3. 复合阻尼钢板

复合阻尼钢板是约束阻尼结构，即在两层钢板之间夹了一层黏弹性阻尼材料。钢板保证了结构的强度，而黏弹性材料本身以及它与钢板约束层之间的剪切提供了阻尼，所以复合阻尼钢板具有钢材的高强度和黏弹性材料大阻尼的特征。复合阻尼钢板在车身上和发动机上已经广泛使用。

在车身板上，复合阻尼板在前壁板上使用得最多。有的车身上，整个前壁板用复合阻尼钢板做成，除了达到阻尼减振的目的外，它还取代了部分隔声功能。图 3-60a 表示传统的前壁板与两边的吸声和隔声层，图 3-60b 表示采用复合阻尼材料的前壁板与两边的吸声和隔声层。采用复合阻尼钢板后，可以减少隔声与吸声层，仍然达到一样的隔声效果，而且重量可以减轻 1~3kg。

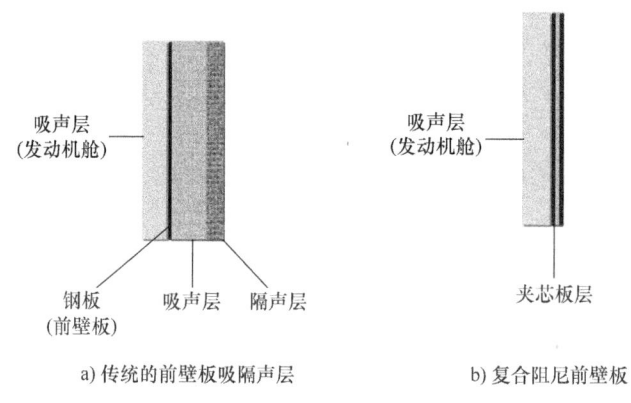

图 3-60　复合阻尼钢板

复合阻尼钢板在车身上更多是局部应用，即将复合阻尼钢板附加在车身板的某个部位来抑制局部振动。图 3-61 是在前壁板的两个部位增加复合阻尼钢板来提高局部的阻尼，同时也增加了局部刚度并提升了局部隔声能力。

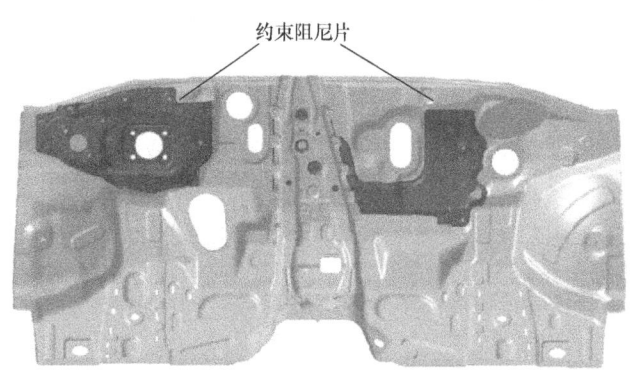

图 3-61　复合阻尼板加在前壁板的局部位置上（见彩插）

某款车被诊断其前壁板的振动对车内噪声贡献比较大。在进行了前壁板的模态分析后，确定了振动大的部位和频率，然后在局部增加了复合阻尼板。图 3-62a 给出了普通钢板和加了复合阻尼板后的某点的振动比较。加了复合阻尼板后，前壁板的振动在整个转速范围内都降低，特别是使 3400r/min 附近的峰值降低了许多。图3-62b是对应的车内噪声图,在整个转速范围内,噪声降低了1~3dB,特别是在3400r/min,降低了约5dB(A)。

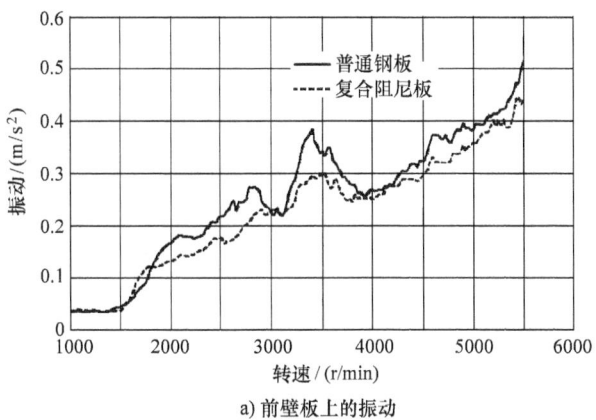

a) 前壁板上的振动

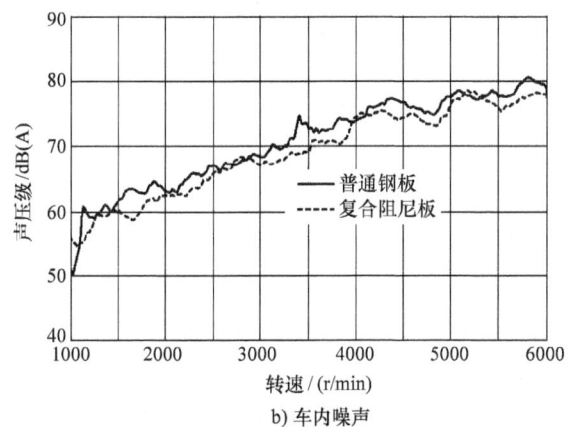

b) 车内噪声

图3-62　没有加和加了复合阻尼板的比较

第六节　车身板结构振动与声辐射的刚度控制

控制车身板结构振动与声辐射最基本的原则是避频原则,即板结构的模态频率要与激励频率避开,同时相邻结构之间的频率要避开。

车身板焊接在周边梁上,梁是板的边界。比如地板被纵梁和横梁分成了几块,前壁板的四周是A柱、地板前梁和上面的梁。单独分析板的振动及模态振型时,梁就成了板的边界条件。梁本身有一定的刚度和弹性,因此梁形成的边界既不是固定边界，也不是简支边界，而是介于两种边界之间。

板的振动是由不同的模态响应组成的。降低车身板振动和抑制噪声辐射的办法有加阻尼、加质量和增加板的刚度。加质量和增加刚度通常是针对某个低频的振动，使得板的振动频率变化，避开激励源频率和声腔模态频率。针对单一频率的振动情况，可以将板的刚度和质量简化成一个单自由度系统，如图3-45所示。

一、刚度控制的原理

板的声辐射能量主要取决于板的振动速度。可以通过速度对输入力的传递函数，来得到板的振动控制方法。下面从分析单自由度速度响应出发，得到这个传递函数。

设位移为 $x = X_0 \mathrm{e}^{\mathrm{j}\omega t}$，$X_0$ 是振动位移幅值；激振力为 $f = F \mathrm{e}^{\mathrm{j}\omega t}$，$F$ 是激振力的幅值。对位移分别求一次和二次导数，则有

$$\dot{x} = \mathrm{j}\omega X_0 \mathrm{e}^{\mathrm{j}\omega t} \tag{3-74a}$$

$$\ddot{x} = -\omega^2 X_0 \mathrm{e}^{\mathrm{j}\omega t} \tag{3-74b}$$

根据式（3-74），得到位移、速度和加速度之间的关系，表达为

$$x = \frac{\dot{x}}{\mathrm{j}\omega} \tag{3-75a}$$

$$\ddot{x} = \mathrm{j}\omega \dot{x} \tag{3-75b}$$

$$\ddot{x} = -\omega^2 x \tag{3-75c}$$

传递函数是指输出与输入的比值，第五章"车身灵敏度分析与控制"将详细介绍传递函数的概念与分析方法。振动可以用位移或速度或加速度来表示，因此，振动传递函数可以用位移或速度或加速度输出对激励力输入的传递函数表达。板的声辐射与振动速度的幅值直接相关，由此，可以用速度对输入力的传递函数来表达。

将式（3-75）代入式（3-54），得到

$$[(k - m\omega^2) + \mathrm{j}c\omega]x = f \tag{3-76a}$$

$$\left[\frac{(k - m\omega^2) + \mathrm{j}c\omega}{\mathrm{j}\omega}\right]\dot{x} = f \tag{3-76b}$$

$$\left[\frac{-\mathrm{j}(k - m\omega^2) + c\omega}{\mathrm{j}\omega^2}\right]\ddot{x} = f \tag{3-76c}$$

由式（3-76），分别得到位移、速度和加速度对激励力的传递函数为

$$H_d(\omega) = \frac{x}{f} = \frac{1}{(k - m\omega^2) + \mathrm{j}c\omega} \tag{3-77a}$$

$$H_v(\omega) = \frac{\dot{x}}{f} = \frac{j\omega}{(k - m\omega^2) + jc\omega} \tag{3-77b}$$

$$H_a(\omega) = \frac{\ddot{x}}{f} = \frac{-\omega^2}{(k - m\omega^2) + jc\omega} \tag{3-77c}$$

式中，H_d，H_v 和 H_a 分别表示位移、速度和加速度对激励力的传递函数。

上述传递函数的幅值分别为

$$|H_d(\omega)| = \frac{1}{\sqrt{(k - m\omega^2)^2 + (c\omega)^2}} \tag{3-78a}$$

$$|H_v(\omega)| = \frac{\omega}{\sqrt{(k - m\omega^2)^2 + (c\omega)^2}} \tag{3-78b}$$

$$|H_a(\omega)| = \frac{\omega^2}{\sqrt{(k - m\omega^2)^2 + (c\omega)^2}} \tag{3-78c}$$

为了用图来表示刚度对传递函数的影响，引入表 3-5 中的例子。将简支矩形板等效成单自由度系统。对于 （1，1） 阶模态，当板件振动动能及势能等于集中质量振动动能及势能时，简化单自由度模型的等效质量和等效刚度，分别为

$$m_{e(1,1)} = 0.25 m_p \tag{3-79}$$

$$k_{e(1,1)} = \frac{1}{4} ab D_0 \left[\left(\frac{\pi}{a} \right)^2 + \left(\frac{\pi}{b} \right)^2 \right]^2 \tag{3-80}$$

式中，$m_{e(1,1)}$ 和 $k_{e(1,1)}$ 分别为板件 （1，1） 阶模态的等效质量和等效刚度；m_p 为板件质量。对于表 3-5 中的例子，等效质量为 0.2355kg，等效刚度为 16938.4N/m，并假设阻尼为 10N·s/m。

图 3-63 给出了不同刚度下的位移、速度和加速度对力的传递函数。刚度增加，系统的固有频率增加，位移对力传递函数的幅值下降，速度对力传递函数的幅值不变，加速度对力传递函数的幅值增加。因此，增加刚度的主要作用是增加频率。

二、板的刚度调节

1. 提高板刚度的方式

对一个边长为 L 的简支正方形板，根据式 （3-5），它的 （1，1） 阶模态频率为

$$\omega_{(1,1)} = \frac{2\pi^2}{L^2} \sqrt{\frac{D_0}{\rho h}} \tag{3-81}$$

将式 （3-2） 代入式 （3-81），得到

$$\omega_{(1,1)} = \sqrt{\frac{\pi^4 E h^3}{3L^4(1-\mu^2)\rho h}} \qquad (3-82)$$

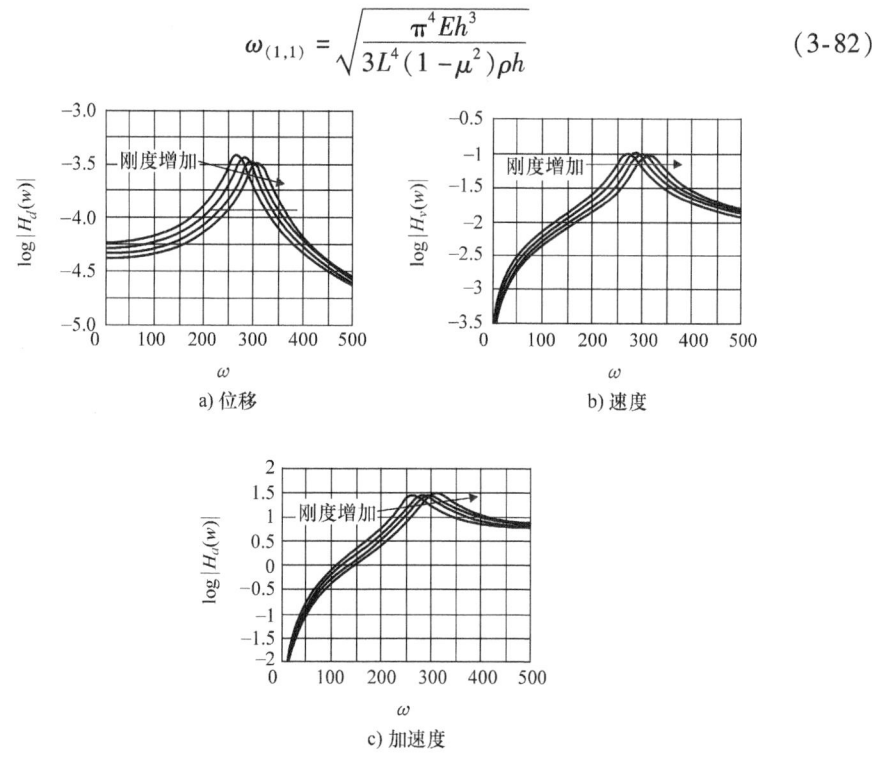

图 3-63 刚度对位移、速度和加速度对力传递函数的影响

板的质量为 $m = \rho L^2 h$，（1，1）阶模态的等效质量为 $m_{e(1,1)} = 0.25\rho L^2 h$。固有频率表示为质量和刚度的关系为 $\omega = \sqrt{k/m}$，将这两个表达式代入式（3-82），得到刚度的表达式为

$$k_{(1,1)} = \frac{\pi^4 E h^3}{12(1-\mu^2)L^2} \qquad (3-83)$$

根据式（3-80），对长度为 L 的正方形简支板，即 $a = b = L$，也可以得到（1，1）阶模态的刚度，其表达式与式（3-83）一样。

由式（3-83）可知，板的刚度与长度的平方成反比，与厚度的三次方成正比，与材料的杨氏模量成正比。要提高板的刚度，必须减小板的长度并增加厚度，或者使用杨氏模量高的材料。显然，由于设计限制，板的长度不可能太小，也不可能太厚，材料很难更换。因此，提高板的刚度必须寻找其他方法。工程上，提高板的刚度的方法有下面几种，如图 3-64 所示。

① 将板做成阶梯状（图 b）或槽型（图 c）。
② 在板上面冲筋（图 d）或做成曲面板（图 e）。
③ 在板上增加支撑结构，如加筋板（图 f）或贴补强胶（图 g）。

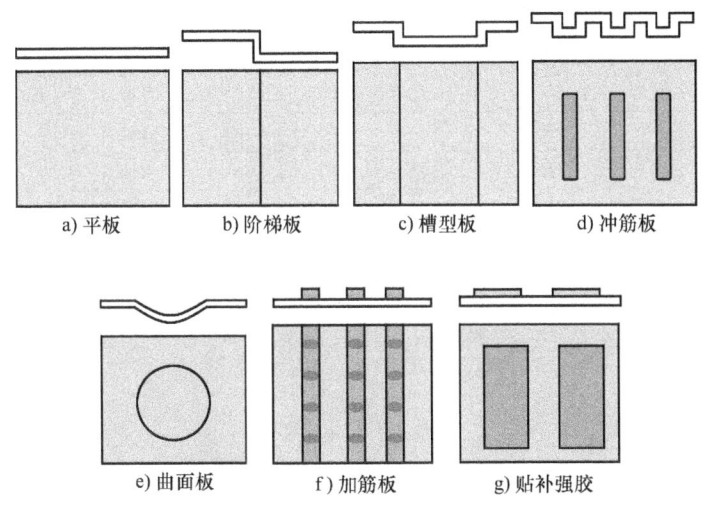

图 3-64 平板和几种刚度加强板

2. 刚度的改变对模态和响应的影响

为了说明刚度对模态的影响,下面以一块正方形简支平板(图3-65a)为例,采用三种方式来增加它的刚度:沿着板的横向加筋,即单向冲筋板,如图3-65b所示;沿着横向和纵向都加筋,即双向冲筋板,如图3-65c所示;将板中央部分冲压成弧形,即弧形板,如图3-65d所示。

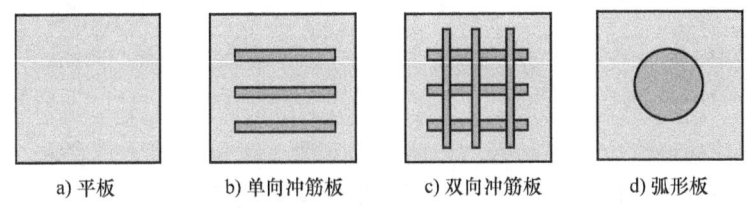

图 3-65 矩形平板和几种增加刚度的板

表3-11给出了简支正方形平板(边长300mm,厚度1mm)和三种刚度加强板的模态频率。弧形板和冲筋板的刚度都比平板的模态频率大大提升,双向冲筋板的频率比单向冲筋板频率高。以第一阶模态频率为例,平板为54.5Hz,单向冲筋板为88Hz,双向冲筋板为127.7Hz,弧形板为98.7Hz。轿车的第一阶声腔模态通常为40~60Hz,平板结构振动模态与声腔模态耦合的可能性比较大。通过以上方式提高平板的刚度后,就与声腔模态频率错开。

图3-66给出了平板、单向冲筋板、双向冲筋板和弧形板的前五阶振型。加强板的振型与平板的振型相比,第一阶模态振型基本相同,但是第二阶模态及高阶模态发生了变化。这些变化也将影响到声辐射。

表 3-11　平板和加强板的模态频率　　　　　　　　（单位：Hz）

模态阶数	原 状 态	单向冲筋板	双向冲筋板	弧 形 板
1	54.55	88.03	127.7	98.76
2	136.4	166	184.4	177.7
3	136.4	197	236.1	177.7
4	217.8	293.3	349.2	514.1
5	272.8	305.9	387.6	559.3

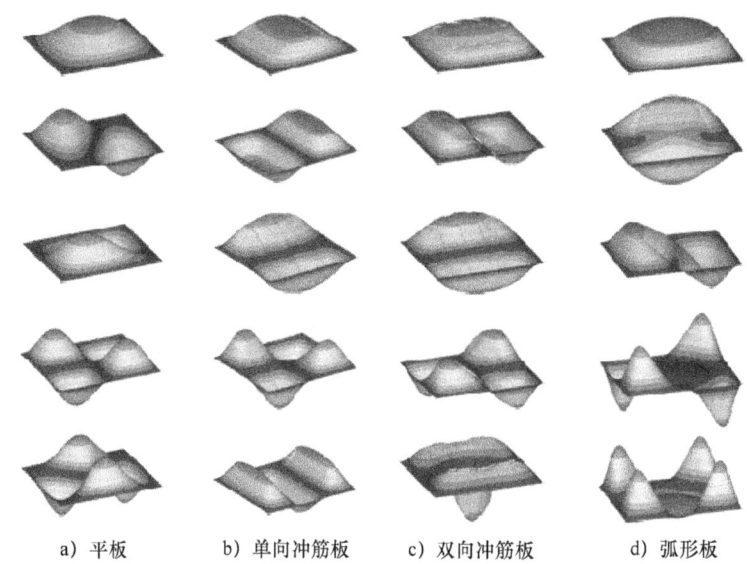

a) 平板　　　b) 单向冲筋板　　　c) 双向冲筋板　　　d) 弧形板

图 3-66　平板、单向冲筋板、双向冲筋板和弧形板的前五阶振型（见彩插）

为了比较速度响应与激励力之间的传递函数，可以在板上选择一个点施加单位力，选择另一个点作为响应点。车身板所承受的力多半来自边缘梁，因此施力点选择在板的边缘。第一阶振型的幅值发生在板的中点，因此选择中点作为响应点。图 3-67 显示了施力点和响应点。

图 3-68 为平板、单向冲筋板、双向冲筋板和弧形板的速度对力的传递函数。从图中可以看出，板的刚度提高后，传递函数的第一阶共振频率提高，可是，幅值可能提高也可能降低。由此可见，板的刚度增加反而使第一阶振动增加，但是对应的频率也增加。提高板的刚度的目的是使板的第一阶固有频率避开激励频率和声腔

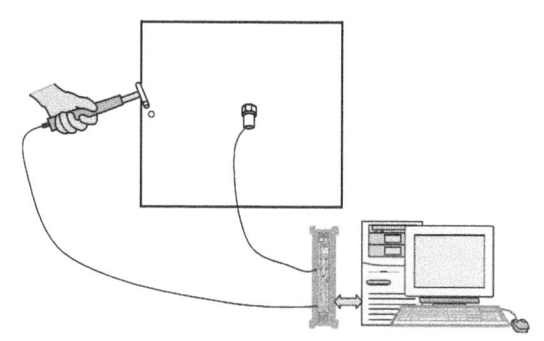

图 3-67　板上施力点和响应点

模态频率。板的第一阶频率比较低的时候，很可能与发动机、路面等激励源的频率耦合，从而产生共振。增加板的刚度后，第一阶频率高于这些激励源的频率，因此板不会被激励起来。对于第二阶以后的情况，幅值有提升的，也有降低的。通常二阶以后的频率比较高，高于激励源的频率，因此被激励起来的可能性比较小。

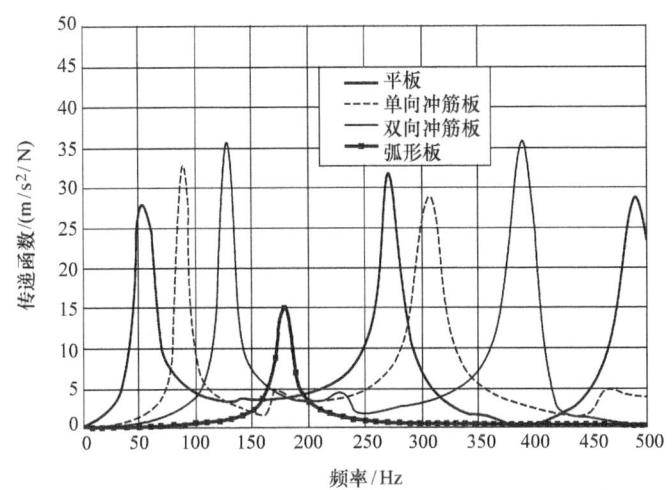

图3-68　平板、单向加筋板、双向加筋板和弧形板的速度对激励力的传递函数

三、刚度改变对声辐射的影响

刚度的改变会改变板的辐射能力。为了比较板的辐射能力，可以用辐射到空中的声压级来比较。在板的正上面1m的地方，计算声压级。

利用图3-67的例子，当板受到激励后，对空中辐射噪声。图3-69为上述四种板振动后对空中辐射的声压级。对第一阶模态，板的刚度提高后，声辐射变大。从板的振动辐射分析中得知，板的刚度越大，辐射能力越强。第一个模态形式是（1，1）型，振型单一，辐射声能量与板的振动速度一致。因此，提高板的刚度的目的是为了避开激励频率，同时也是为了避开声腔模态。第二阶及高阶声辐射是各阶模态各点振动辐射的叠加结果，各点振型相位的影响非常重要，同相位相互叠加，而反相位相互抵消。

四、车身刚度改变的案例分析

车身板出现共振问题或者声辐射问题时，增加板的刚度是最常见的方法。增加车身板刚度的方法可以归纳为两大类：一类是改变板自身的结构，如将板设计成曲面、阶梯形状、冲筋；另一类是通过增加支撑结构来加强车身板，如增加支撑梁、加补强胶等。

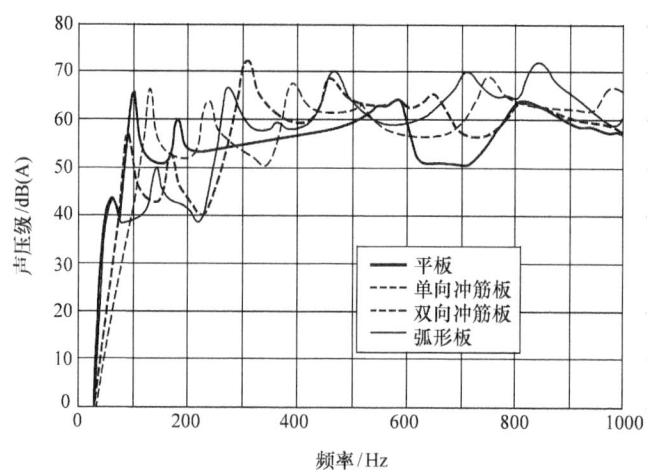

图 3-69　四种板振动后对空中辐射的声压级

1. 改变板自身的结构来提高刚度

前壁板是通过改变板自身的结构来提高刚度最典型的例子。前壁板是一块很大的薄板，一款中型轿车前壁板的长度约为1200mm，高约为500mm，其模态频率非常低。提高前壁板结构刚度的措施有两种：一是使板前后呈现在几个不同的平面上；二是在板上冲筋。这样，板的频率大大提高。图 3-70 给出了两个前壁板图，图 a 中的前壁板冲筋较少，其模态频率低；图 b 中的前壁板冲筋较多，其模态频率较高。

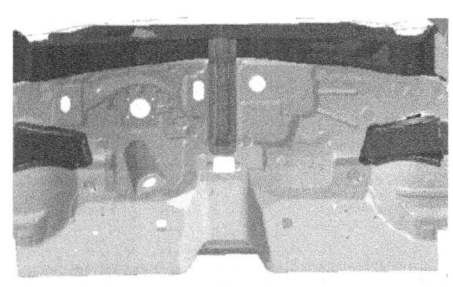
a) 冲筋少的前壁板

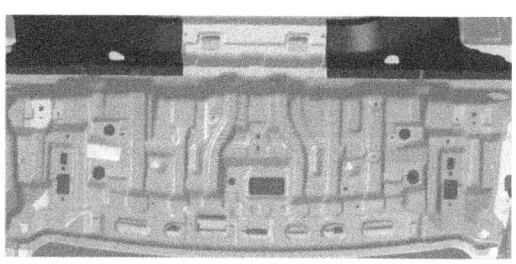
b) 冲筋多的前壁板

图 3-70　冲筋少的前壁板和冲筋多的前壁板

通过改变结构来提高板自身刚度的例子随处可见。图 3-71 所示的地板、顶棚板、置物板、车门内板、轮毂包等板结构上冲出了很多筋。图 3-72 所示的侧围板、轮毂包、备胎池等结构被做成了弧形。这种弧形在满足造型设计的同时，使板的刚度提升。

第三章　车身局部振动与噪声控制　149

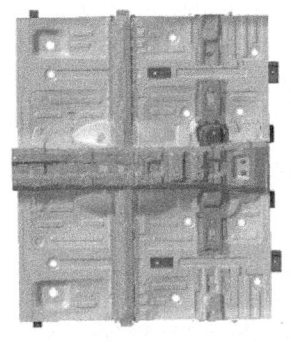 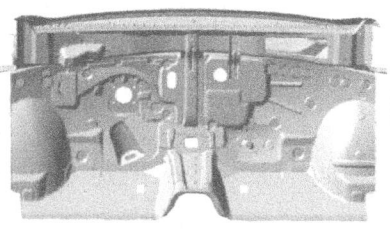 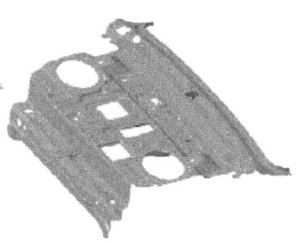

　　a) 地板上的筋　　　　　　　b) 前壁板上的筋　　　　　　c) 置物板上的筋

图 3-71　车身上的一些冲筋板

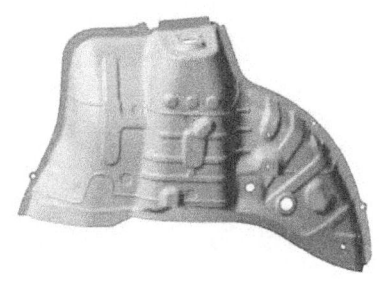 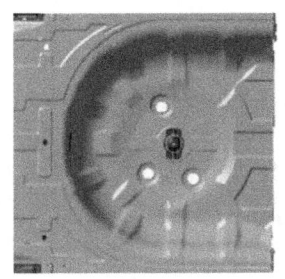

　　　a) 轮毂包上的筋　　　　　　　　　b) 备胎池上的筋

图 3-72　车身上的一些弧形板（见彩插）

2. 增加支撑结构

　　车身上的一些外观板是不能冲筋或者设计成几个平面，如车门外板、侧围板、顶棚、发动机舱盖板、行李箱盖板等。这些板的尺寸通常比较大，如果不进行加强，其模态频率就非常低。因为这些板暴露在视线内，所以只能在板的内侧进行加强处理。加强板内部结构的方法有三种：附加支撑板、支撑梁和补强胶。

　　① 附加支撑板：在车身外板的内侧增加一些附加板来提高车身板的刚度。图 3-73a 是发动机盖板内侧增加了支撑板；图 3-73b 是一个行李箱盖板内侧加了一些支撑板；图 3-73c 是后侧围板内增加了支撑板。

　　② 支撑梁：在车身板的内侧增加一根或者几根梁来提高车身板的刚度。图 3-74a 是在车门外板的内侧安装了一根防撞梁。这根梁既提升了车门的防撞能力，也提高了板的刚度。防撞梁与车门之间可以用乳胶发泡材料牢固地黏结起来。图 3-74b 是在顶棚上增加了几根支撑梁。

　　③ 补强胶：在难以加支撑板或支撑梁的板上，将补强胶片贴到板的内侧来提高板的刚度。补强胶片是一种以环氧树脂为主的合成材料，包括粘合层、硬化发

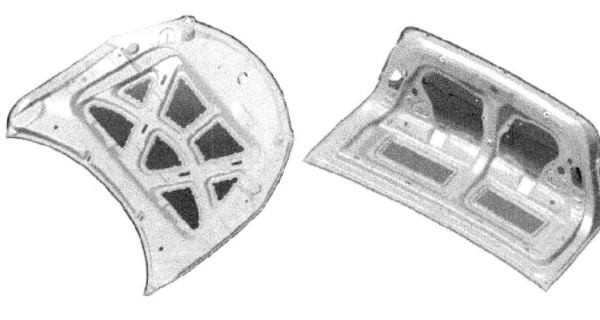 

a) 发动机盖板内侧的支撑板　　b) 行李箱盖板内侧的支撑板　　c) 侧围板内的支撑板

图 3-73　车身外板的内侧增加支撑板（见彩插）

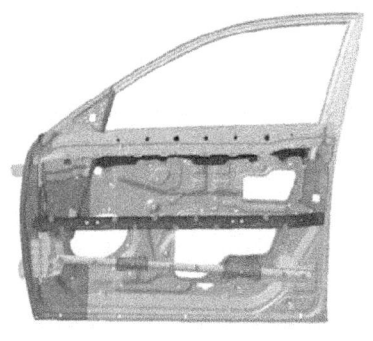 

a) 车门外板内侧的防撞梁　　　　　　b) 顶棚上的支撑梁

图 3-74　车身内侧的支撑梁（见彩插）

泡层和分隔带，如图 3-75 所示。补强胶片很容易地粘贴在钢板表面，经过高温（160℃）烘烤后，硬化发泡，就像一块钢板贴在板件上，可以有效地提高板件局部的刚度。补强胶在车身板上用得很多，如车门板、轮毂包和顶棚上，图 3-76 所示为在车门外板内侧贴补强胶。

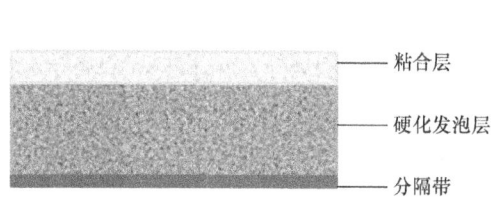 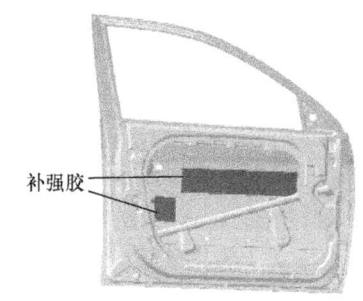

图 3-75　补强胶结构（见彩插）　　　图 3-76　车门外板内侧贴补强胶（见彩插）

下面以一个例子来说明补强胶的应用。某款车在 3200~3500r/min 范围内有很大的轰鸣声。经过分析，主要原因来自后轮毂包和顶棚的振动与声辐射。在后轮毂包和顶棚上贴上补强胶，如图 3-77 所示。加补强胶前后车内的噪声比较如图 3-78 所示，在这个范围内，车内的轰鸣明显降低，声压级降低了 3~4dB。

图 3-77　在后轮毂包和顶棚上贴上补强胶（见彩插）

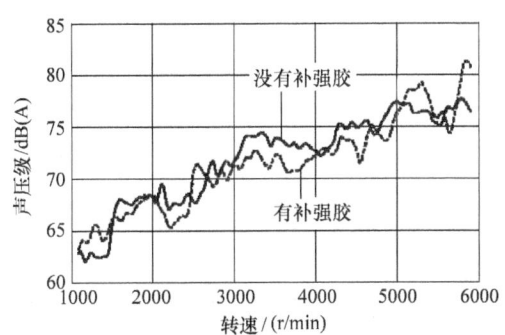

图 3-78　加补强胶前后的车内噪声比较

第七节　车身板结构振动与声辐射的质量控制

一、质量控制原理

质量控制原理与刚度控制原理类似，通过分析响应与输入之间的传递函数，得到质量变化对传递函数的影响。

式（3-77）给出了单自由度的位移、速度和加速度对力的传递函数。采用第六节中的例子，绘制出不同质量的传递函数，如图 3-79 所示。由此图可以看到，当质量增加时，系统的固有频率降低，位移传递函数的幅值增加，速度传递函数的幅值不变，加速度传递函数的幅值降低。

当板的结构不能改变时，可以在板上加质量来解决板的振动和声辐射问题。

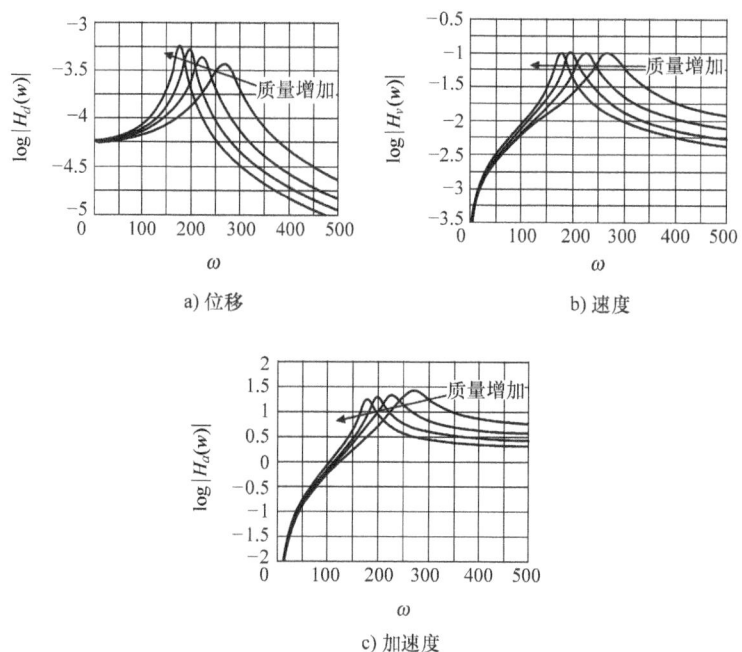

图 3-79 质量对位移、速度和加速度对力传递函数的影响

通过分析或测试板的模态振型与辐射特征来确定质量大小和最佳位置。加质量后，板的振动频率降低，同时幅值变化，因此板的结构振动和车内轰鸣声能得到抑制。很多时候，人们习惯地将增加的质量称为"质量阻尼器"，英文称 mass damper。

二、质量控制的应用

"质量阻尼器"在车身上被广泛使用。除了采用测量和分析板的模态特征来确定质量阻尼器之外，在产品开发过程中，为了快速解决车内轰鸣声，大量采用"试错"的方法来确定质量阻尼器的质量和安装部位。"试错"过程中采用的"质量阻尼器"有沙袋、吸铁石、铁块等。下面举两个例子来说明质量阻尼器的应用。

1. 用在车身板上的质量阻尼器

某辆车以 60km/h 的速度在粗糙路面上行驶，车内出现了让人难以接受的轰鸣声。测试结果表明在 46Hz 处，有个非常高的峰值。轰鸣声就是来自于 46Hz 的峰值。汽车以 60km/h 的速度行驶时，对应的路面激励频率是 46Hz，车内的第一阶声腔模态为 46.3Hz。因此可以判断，在路面的激励下，某些车身板被激励起来，而板的振动频率与声腔模态频率耦合，就形成了这个轰鸣声。

知道了轰鸣声的产生源之后，就必须确定有哪些板被激励起来。首先分析声腔模态的形状,第一阶声腔模态声压的变化是沿着车身的纵向,而在横向上几乎没有变化,因此就可以排除横向的车身板,如侧围板、车门板等。纵向上的板是引起轰鸣声的板,这些板包括前壁板、行李箱盖板、前风窗玻璃、后风窗玻璃等。通过有限元分析或试验的方法得到这些板的模态频率和振型,找到有46Hz模态的板。有时,为了快速寻找引起轰鸣声的板,可以采用"试错"的方法,在不同板上加质量,来评价轰鸣声的改变。

对这款车来说,最主要的贡献板是行李箱后盖板。在后盖板上加两块质量为1.5kg的铁块,如图3-80所示,46Hz的轰鸣声消失。加质量块前后,在46Hz处的峰值比较如图3-81所示。加质量块后,46Hz峰值降低了9dB。

2. 用在车身梁上的质量阻尼器

某款车在以50km/h的速度行驶时,车内有明显的轰鸣声。测试表明产生轰鸣声的峰值在52Hz。对于这样低频的轰

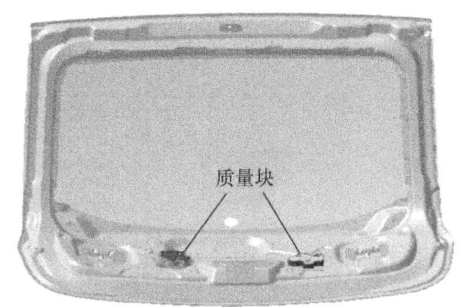

图3-80 在行李箱后盖板上加两块质量各为1.5kg的铁块(见彩插)

鸣声,通常是板的振动与第一阶声腔模态耦合,因此分析的板就集中在纵向板上。

这个例子与前面的例子非常类似。车身的第一阶声腔模态频率为53Hz,但是在"试错"过程中,只有在后风窗玻璃上加质量块,才能降低轰鸣声。但是在风窗玻璃上加质量块是不可能的。经过车身的有限元分析和模态试验后,发现在53Hz时,结构振动纵向最大幅值出现在后风窗玻璃与后横梁的交界处。图3-82是53Hz的模态测试图,最大峰值出现在后风窗玻璃上横梁中间。于是,在后横梁上安装一块2kg的质量块(图3-83),轰鸣声大大降低,53Hz处的峰值从60dB(A)降低到51dB(A),如图3-84所示,轰鸣声消除。

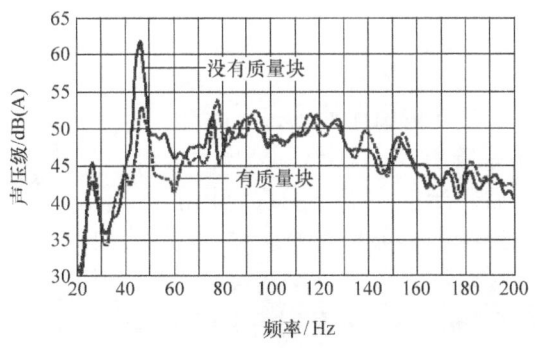

图3-81 加质量块前后车内轰鸣声峰值的变化

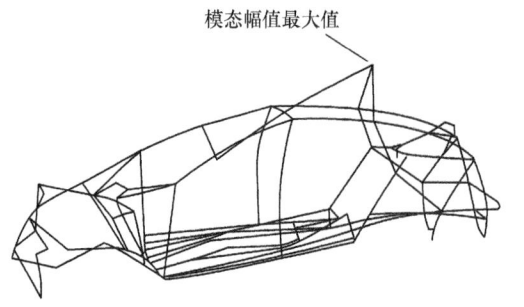

图 3-82 轰鸣声对应的模态幅值最大值出现在后风窗玻璃横梁上

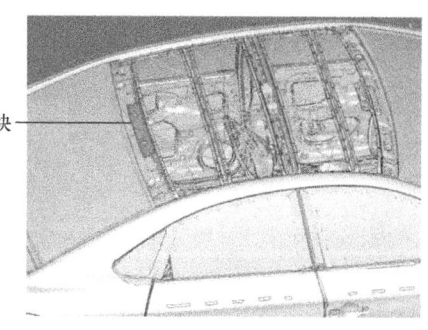

图 3-83 在后横梁上安装一块质量块（见彩插）

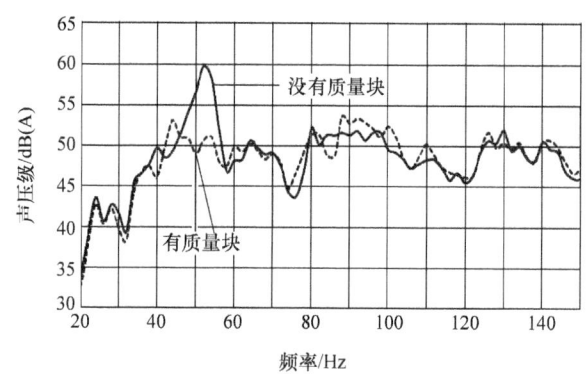

图 3-84 施加质量块前后的车内噪声曲线比较

第八节 车身板结构振动与声辐射的动态吸振器控制

一、动态吸振器原理

动力吸振器是由一个弹簧阻尼质量主系统和一个附加的弹簧质量系统组成，如图 3-85 所示。附加系统加到主系统后，产生一个与主系统相位相差 180°的振动，从而抵消主系统某个频率的振动。这里以一个单质量系统（也称为主系统）为例来说明吸振器的应用，m_1、k_1、c_1 分别是主系统的质量、刚度和阻尼，m_2、k_2、c_2 代表附加质量系统（即吸振器）的质量、刚度和阻尼。

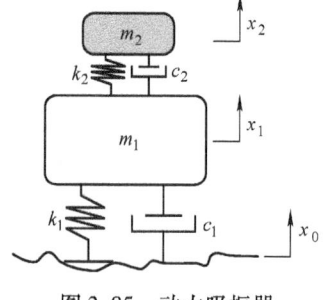

图 3-85 动力吸振器

主系统和吸振器构成了一个两自由度的系统，其动力吸振系统的动力方程可以写成

$$m_1 \ddot{x}_1 = -k_1(x_1 - x_0) - c_1(\dot{x}_1 - \dot{x}_0) - k_2(x_1 - x_2) - c_2(\dot{x}_1 - \dot{x}_2) \quad (3\text{-}84\text{a})$$

$$m_2 \ddot{x}_2 = -k_2(x_2 - x_1) - c_2(\dot{x}_2 - \dot{x}_1) \quad (3\text{-}84\text{b})$$

式中，x_1 和 x_2 分别是主质量和附加质量的位移；x_0 是基础的位移。

假设系统做简谐运动，上面的两个方程转化到频域内，得到

$$[(k_1 + k_2) + j\omega(c_1 + c_2) - m_1\omega^2]X_1 - (k_2 + j\omega c_2)X_2 = (k_1 + j\omega c_1)X_0 \quad (3\text{-}85\text{a})$$

$$-(k_2 + j\omega c_2)X_1 + (k_2 + j\omega c_2 - m_2\omega^2)X_2 = 0 \quad (3\text{-}85\text{b})$$

式中，X_1、X_2 和 X_0 分别是主质量、附加质量和基础位移的幅值。

由方程（3-85b）得到

$$X_2 = \frac{k_2 + j\omega c_2}{k_2 + j\omega c_2 - m_2\omega^2} X_1 \quad (3\text{-}86)$$

将式（3-86）代入到方程（3-85a）中，得到主质量系统与基础的位移幅值之比为

$$\frac{X_1}{X_0} = \frac{(k_1 + j\omega c_1)(k_2 + j\omega c_2 - m_2\omega^2)}{[(k_1 + k_2) + j\omega(c_1 + c_2) - m_1\omega^2](k_2 + j\omega c_2 - m_2\omega^2) - (k_2 + j\omega c_2)^2} \quad (3\text{-}87)$$

图 3-86 为没有动力吸振器和加入动力吸振器后主质量响应与基础位置之间的比值，这个比值被称为传递率。单自由度系统有一个大的峰值，加了动力吸振器后，这个峰值大大降低。加入吸振器之后的双质量系统有两个峰值，分别在单自由度系统峰值的两侧，比单自由度系统的峰值小很多。动力吸振器的频率可以通过附加系统的质量和弹簧刚度来调节。

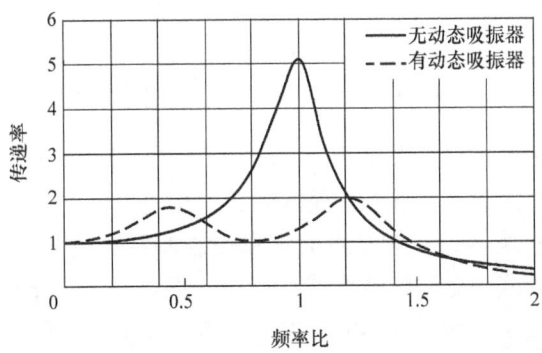

图 3-86　有和没有动力吸振器的主质量响应与基础响应的比值

车身板有很多模态，但是车内轰鸣声基本上是由第一阶模态引起的，因此只需关心板的基频振动，这个板就可以看成是一个单自由度系统。在车身板上加一

个动态吸振器,就构成了双质量系统,从而抑制了这个频率的振动以及声辐射。

二、动态吸振器控制车内轰鸣声的应用

动态吸振器在汽车上得到广泛应用,比如在悬置支架上、排气管上、底盘支架上等都安装了动态吸振器。当然,动态吸振器也用在车身上,其目的是抑制板的某个频率振动,从而降低车身板与声腔的耦合。下面举例说明动态吸振器在车身上的应用。

在介绍用质量阻尼器降低车内轰鸣声的第一个例子中,在行李箱盖板上加了两个各重1.5kg的质量块(图3-80),消除了车内46Hz的轰鸣声,其对应的峰值降低了9dB(图3-81)。增加3kg是对车身重量控制是一个挑战。

由于46Hz所对应的车身板已经确定,也得到了盖板的振动模态特征,这时就可以用动态吸振器来降低轰鸣声。拿掉3kg质量块,换成两个各自重0.5kg的46Hz动态吸振器。图3-87表示加了质量块/动态吸振器和原始状况下车内噪声的比较。在46Hz处,峰值降低9dB,46Hz两边的峰值略有增加,但是主观上已经感受不到轰鸣声。

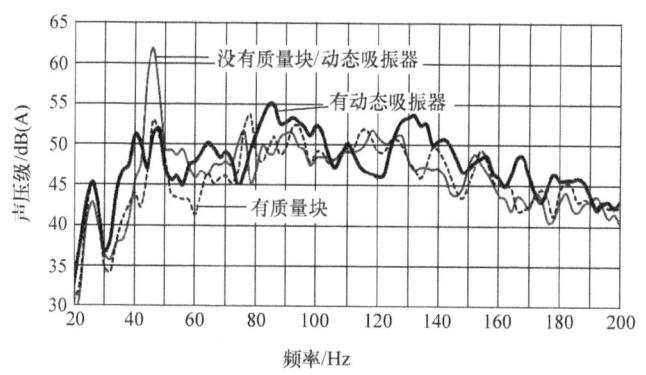

图3-87 加了质量块/动态吸振器和原始状况下的车内噪声比较

通过加质量块和动态吸振器都将46Hz的车内轰鸣声降低,峰值的降低量差不多。两个质量块的总质量是3kg,吸振器的总质量是1kg。达到同样的效果时,吸振器的重量要比质量块轻,这对车身的重量控制非常有意义。当然,吸振器通常由质量块和阻尼橡胶或者金属弹簧组成,所以吸振器的结构复杂些,成本也高些。因此,决定使用质量块或者吸振器时,要综合考虑成本、质量、制造等因素。

第九节 车身附件结构的噪声与振动控制

内饰车身中的梁和板结构、玻璃窗和声学包装材料是车身的主体结构,而支

架、转向系统、后视镜、座椅等是车身的附件结构。这些附件与车身焊接在一起或者铆接在一起，受到来自发动机的激励和路面的激励。当这些附件与激励产生共振时，带来了很多NVH问题，比如支架共振会传递到车内，转向盘发生共振时使手抖动，后视镜的抖动会造成视线模糊。

附件的控制非常重要。本节主要讲述三大类附件：支架、转向系统和座椅。

一、支架的模态控制

1. 支架的分类

车身上的支架非常多，外界系统通过支架与车身的连接。例如，发动机通过悬置支架与纵梁或者横梁连接，或者与副车架连接；排气管通过挂钩与车身连接；电池通过支架安装在车身上；后视镜通过支架与车身或者车门连接；电动机通过支架与车身连接；等等。

本书将车身支架分成两大类：强激励支架和弱激励支架。

强激励支架是指那些与动力总成激励密切相关，而且产生噪声振动问题频次比较高的支架。强激励支架包括动力总成悬置的支架和排气挂钩。因为这些支架直接受到发动机的强烈激励，经常会带来严重的噪声振动问题，所以在设计时要给予这些支架特别多的关注。

弱激励支架是指那些与动力总成的激励没有直接关系或者关系不是很大，而且产生噪声振动问题频次不是很高的支架。弱激励支架又分成两类。第一类是与动力激励有关的支架，包括空气滤清器支架、谐振腔支架、油管支架等。动力系统会激励到这些支架，但是与悬置支架那种受到强烈的激励相比，它们受到的激励比较弱。如空气滤清器支架受到进气系统内部气流脉冲的作用而产生振动，油管支架受到输油管内燃油的脉冲激励而将振动传递到车身，但是激励力相对比较弱。第二类是与动力激励没有直接关系的支架，包括电池支架、后视镜支架、空调管支架、线束支架等。这些支架主要承受来自路面的激励，或者间接地受到动力系统的激励。弱激励支架受到的激励虽然小，但是有时候带来的问题不能忽视，比如油管振动会激励起车身地板振动并产生车内噪声，怠速时，噪声会增加1~3dB；后视镜的支架弱时，它会发抖，影响视线。所以绝不能忽视这些支架的NVH控制。

2. 支架的噪声振动问题

支架是其他系统与车身之间的连接"桥梁"，同时，也成为噪声振动源传递的一个"通道"，会带来三类噪声振动问题。

第一类问题是支架自身的结构模态被激励起来，成为振动传递的"通道"。比如发动机悬置支架的模态频率是300Hz，当一个四缸发动机在4500r/min激励时，其四阶激励频率是300Hz，支架就可能发生共振，并将它传递到车身结构上，形成车内共振。

第二类问题是支架辐射噪声。当支架设计得类似于板结构时,它会直接发出声音而向四周传播,如发动机支架就可以直接发出空气声。

第三类问题是支架与相连接的部件构成一个独立的系统而产生共振,支架类似于弹簧,而其他系统类似于质量,它们构成了一个"弹簧-质量"系统,会带来共振问题。例如,电池和电池支架就构成一个"弹簧-质量"系统。当外界的激励(如路面激励或者发动机激励)频率与这个"弹簧-质量"系统频率一致时,"系统"共振,而将振动传递到车身。

3. 支架的设计原则

设计一个好的支架,以满足 NVH 要求,需要遵循以下四个原则:

第一原则是使它避开主要的激励频率。比如四缸发动机的主要激励阶次是 2 阶和 4 阶,在 6000r/min 时,4 阶的激励频率是 400Hz。为了设计保险起见,动力总成悬置支架的频率要高于激励频率的 20%,所以支架频率设定为 480Hz。

图 3-88a 为一个发动机悬置支架,频率为 300Hz。在 4500r/min 时,这个支架的频率与发动机 4 阶的激励频率发生共振,并在车内产生了轰鸣声。修改支架设计,如图 3-88b 所示,支架频率提高到 520Hz,避开了发动机的激励,支架共振消除,车内轰鸣声也消除了。

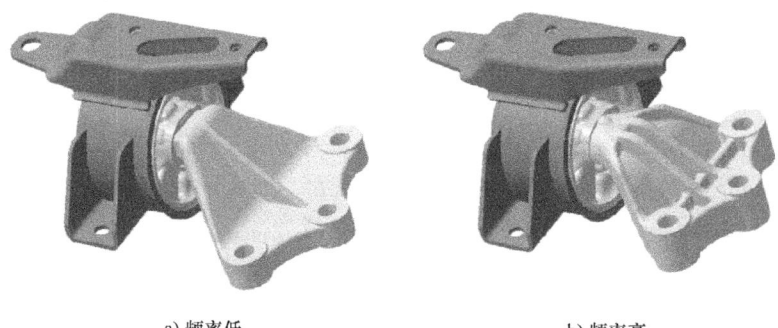

a) 频率低　　　　　　　　b) 频率高

图 3-88　发动机悬置支架

第二原则是尽可能避免长支架。支架就像一根悬臂梁,如图 3-89a 所示。要提高这根悬臂梁的频率,有两种方法:第一,加支撑以支起它的最远端,如图 3-89b所示;第二,在支架上冲筋。

第三原则是支架与车身连接点的数量和分布合理。安装点不足会导致系统

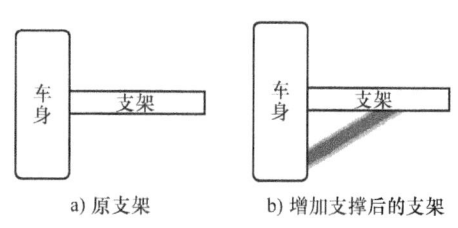

a) 原支架　　　b) 增加支撑后的支架

图 3-89　悬臂梁支架

的整体刚度低。图3-90给出了转向管梁支撑与A柱的连接方式：图a中只有两点连接，图b中有三点连接，显然，图a的连接刚度不足。

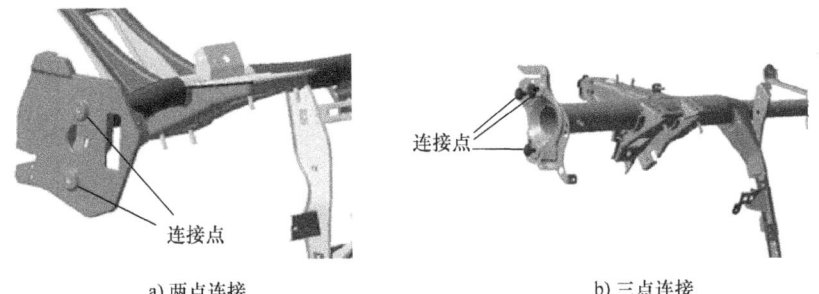

a) 两点连接　　　　　　　　　　b) 三点连接

图3-90　转向管梁支撑与A柱的连接

如果有三个连接点，就必须使其分布成三角形，避免它们在一根直线上或者接近直线。图3-91a表示一个悬置支架，上面有三个安装点，但是三点几乎在一条直线上，这会导致支架刚度不足。图3-91b中支架的三个安装点呈三角形，因此这个支架的安装刚度高。

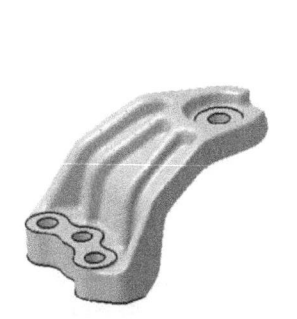 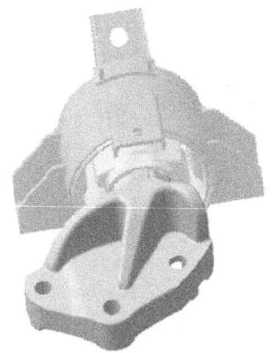

a) 三个安装点几乎在一条直线上　　　　b) 三个安装点呈三角形

图3-91　支架安装点

第四原则是支架一定要安装在车身结构强的地方，即车身原点动刚度大的地方，比如纵梁或地板横梁上。关于原点动刚度（IPI）的概念，请参阅第五章"车身灵敏度分析与控制"。支架不能安装在结构弱的地方，比如排气挂钩不能安装在地板上。

二、转向系统的振动控制

1. 转向系统的结构及转向盘的振动问题

转向系统是由转向柱系统和管梁系统这两大系统组成，如图3-92所示。

图3-93a为转向柱系统，转向柱通过两个支撑支架与车身相连接，转向盘安装在转向柱的上端，安全气囊安装在转向盘的中间。图3-93b是管梁系统，管梁的两端与A柱相连，中间有一个与地板相连接的大支架，有些管梁还有与车身的风窗前罩板连接的支架。

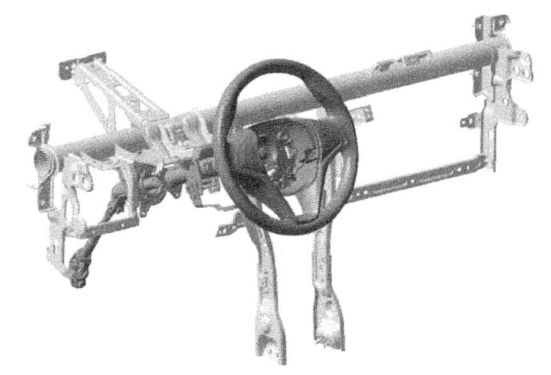

图3-92 转向系统

因为转向系统与车身相连接，所以传递到车身上的振动都有可能传递到转向盘上。比如，发动机的振动会通过悬置系统传递到车架，再传递到转向柱，达到转向盘；传动系统的振动传递到转向节，到转向器，再到达转向柱和转向盘；前端冷却风扇的振动传递到车身，达到转向盘；等等。

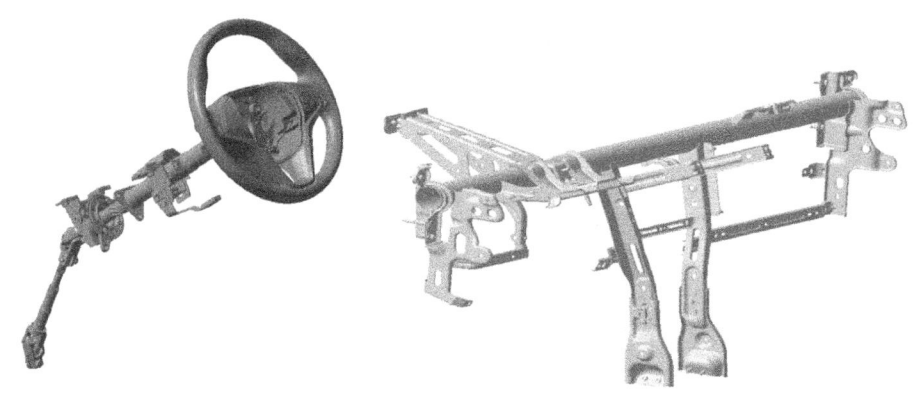

a) 转向柱系统　　　　　　　　b) 管梁系统

图3-93 转向柱与管梁

转向盘的振动是顾客能直接感知到的，也是顾客抱怨最多的NVH问题。转向盘的振动问题有三大类：一类是怠速时的抖动；二是加速过程中的抖动；三是巡航和加速过程中的摆振（nibble）。

怠速抖动的频率比较低，通常为20~35Hz。抖动的原因是发动机、风扇等部件的激励频率与转向盘的固有频率耦合。怠速抖动多出现在空调开启时，因为开空调时，发动机的转速上升，容易与转向盘的模态频率耦合。比如一辆车装载的是四缸发动机，怠速转速是650r/min，对应的频率是21.7Hz。转向盘的固有频率是30Hz，与发动机的激励频率避开。当开空调时，转速上升到900r/min，对应的频率是30Hz，这与转向盘的固有频率吻合，从而产生了转向盘抖动。

摆振是在巡航时转向盘圆周方向的振动，振动频率一般为 10~15Hz。摆振的源头是轮胎的不平衡力，特别是当左、右两边的轮胎相位相反的时候，振动会加剧。这个振动通过底盘悬架系统传递到转向盘，人感受到的是转向盘在圆周方向振动。

摆振涉及轮胎、轮毂、悬架系统和转向盘，因此必须对每个部件进行很好的控制，才能消除或者降低摆振。当转向盘出现摆振时，需要检查轮胎的动平衡、悬架的刚度和胶套的刚度与阻尼，以及悬架的运动轨迹、转向盘系统的摩擦和阻尼。

2. 转向系统的频率

转向系统的频率取决于几何结构、惯性和刚度。转向系统的振动频率是由转向柱系统和转向管梁系统这两个子系统的频率决定的。可以近似地将转向系统视为转向柱系统和管梁系统的串联，因此转向系统的频率 f 可以写为

$$\frac{1}{f} = \frac{1}{f_1} + \frac{1}{f_2} \tag{3-88}$$

式中，f_1 为转向柱系统的频率；f_2 为管梁系统的频率。

由式（3-88）可知，只有当两个子系统的频率都足够大时，转向系统的频率才能达到期望的值。

转向系统的频率要避开发动机和路面等激励频率，还要与车身模态频率分离，至少 5Hz。

3. 转向柱的结构控制

图 3-94 所示为一个转向柱系统的局部图，包括转向柱、转向盘和两个支架。它类似于一个悬臂梁，其频率由支架的支撑点位置和支架刚度、转向柱刚度、转向盘质量和安全气囊的质量决定。

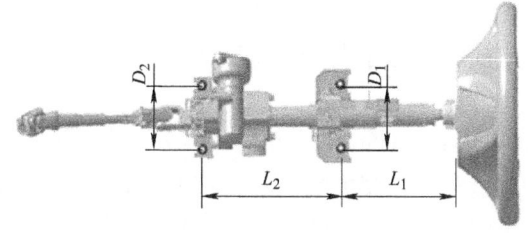

图 3-94　简化转向管柱的几何结构

通常，转向柱通过两个支架，即上支架和下支架与车身连接。每个支架有两个安装点，共四个安装点，如图 3-94 所示。安装点的位置对转向柱刚度的影响非常大。下面简单讲述连接点之间的距离、转向柱的直径、转向盘质量等因素对转向柱频率的影响。

① 上支架到转向盘的距离 L_1。上支架与转向盘之间的关系就像一根悬臂梁，L_1 就是悬臂梁的长度。L_1 越短，转向柱频率越高，因此要尽可能使上支架靠近转向盘。

② 上支架和下支架之间的距离 L_2。上支架和下支架之间的部分形成了一个扭转弹簧，L_2 越大，扭转刚度越大。因此，下支架要尽可能往下安装，以增

加两个支架间的距离。

③ 每个支架两个安装点之间的距离 D_1 和 D_2。连接点间的距离越小，就能使支架与转向柱贴合得越紧，转向柱的频率越高。因此，要尽可能使连接点靠近转向柱。

④ 转向柱的直径。管的弯曲刚度与其直径的 4 次方成正比，因此增加直径会大大地提升管的频率。

⑤ 转向盘的质量。作为一个悬臂梁，转向盘的质量越小，转向柱系统的频率就越高。设计时，可以采用轻质材料来做转向盘，如用铸铝合金或者复合材料来代替钢材。如果有安全气囊，则尽可能用质量小的气囊，并且将气囊安装到转向盘的最下面，使气囊与上支点的距离最短。同时气囊要刚性地与转向盘连接。

⑥ 转向柱上的开孔。开孔会降低系统的频率，因此要避免在转向柱上开孔。如果有开孔，就要减小孔的尺寸，以避免频率的降低。

4. 转向管梁的控制

图 3-95 表示一个管梁系统。管梁的主体是一根管柱，两边通过支架与车身 A 柱相连，中间支架一边与管柱相连，另一边则与地板相连。有些管柱上还有一些小的支架与车身梁相连。

管梁系统的频率 f_2 是由管梁的刚度、与 A 柱连接的边界条件、中间支撑条件以及小支架的支持情况决定的。

① 管梁的刚度。管梁安装在车身两边，如果安装得非常牢固，则可以把它看成固支梁。固支梁的刚度取决于它的长度和直径。长度是由车身设计决定的，只有增加直径才能提高刚度，但是，管直径的增加受到空间布置、重量和成本的限制。

② 与 A 柱的连接方式。连接方式决定了管梁的边界条件，只有将管梁两边与车身（A 柱）牢固连接时，才能使其刚度最大。因此，它与 A 柱的连接一定采用三点或更多点的连接，而且连接点要靠近管柱。

③ 中间支撑。在管梁中间加支撑就相当于把管分成了几部分，从而使其长度变短。中控箱支架是最重要的支撑。中控箱支架与管梁有两个支撑点，支撑点之间的距离越大，管梁的刚度越高。在管梁上再增加一个或者几个小支架会进一步提高刚度。当然，中控箱支架刚度非常重要，这取决于其自身刚度和与地板的连接方式。

5. 转向盘动态吸振器

在产品开发的后期，有些车的转向盘振动仍然得不到有效的控制，特别是在开空调的时候。假设转向系统的频率是 31Hz，四缸发动机的怠速是 650r/min，开空调时为 900r/min，对应的二阶频率分别是 21.7Hz 和 30Hz。由于转向系统的频率与激励频率太近，会产生转向盘共振。因为在产品开发后期无法修改其他系统，此时最好的办法就是加装动态吸振器。吸振器呈扁平形状,如图 3-96 所示,与转向盘中间部分的形状吻合。

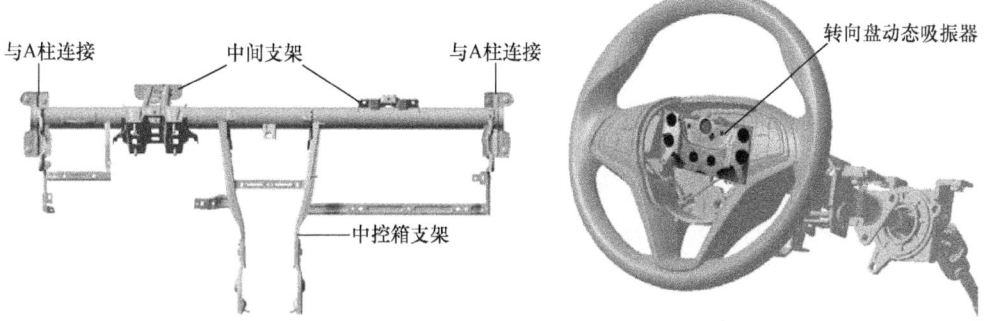

图 3-95　转向管梁系统　　　　图 3-96　转向盘上的动态吸振器

三、座椅的振动控制

座椅是车身附件中重要的部件。人身体直接与座椅接触,汽车的振动都会通过座椅传递到人的身体。因此,座椅的动态性能设计非常重要。座椅外部是由头枕、座垫泡沫、靠背泡沫、旁侧板组成。座椅内部是由靠背骨架、靠背拉网、座垫骨架、座垫拉网、调角器和座椅导轨组成,如图 3-97 所示。

座椅的振动分析主要有两部分:一是座椅靠背的振动分析;二是座椅的乘坐舒适性分析。

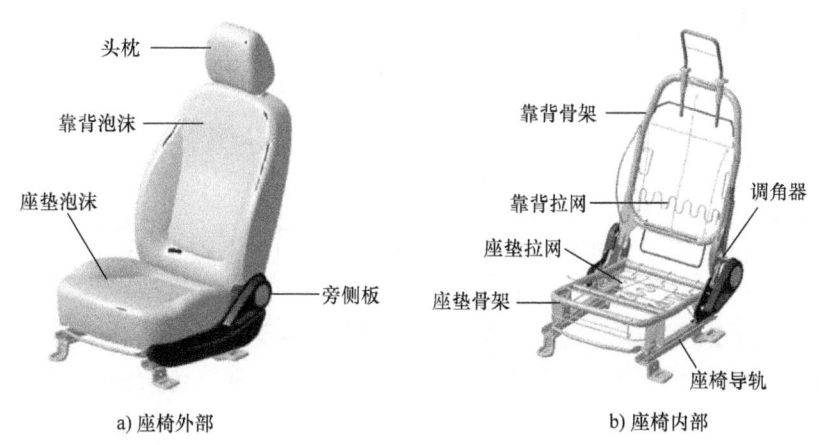

a) 座椅外部　　　　b) 座椅内部

图 3-97　座椅结构

1. 座椅靠背的振动控制

座椅靠背可以视为一根悬臂梁,梁的根部是靠背与座垫的接合处。决定靠背刚度的因素有靠背自身的刚度和接合处的刚度。

座椅靠背的模态频率与发动机、路面和风扇的激励频率比较接近，因此被引起共振的可能性比较大。座椅的结构模态频率主要由靠背骨架和靠背拉网的结构决定。模态振型可以用骨架来显示。测量模态时，剥开靠垫泡沫材料一小块区域，露出骨架，然后在骨架上布置加速度传感器，如图3-98a所示；或者直接在金属骨架上布置传感器，如图3-98b所示。

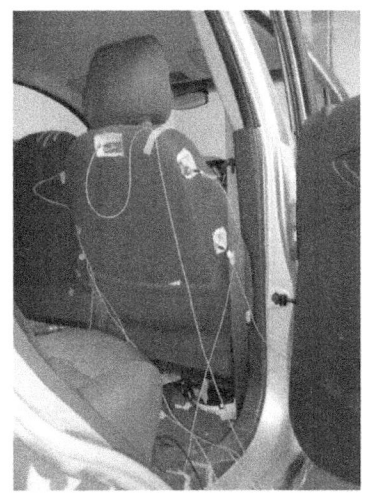 

a) 剥开骨架边的部分材料，布置传感器　　b) 直接在骨架上布置传感器

图 3-98　座椅的模态测试布点图（见彩插）

座椅靠背的模态主要有第一阶纵向弯曲模态和第一阶横向弯曲模态，如图3-99所示。它们是造成靠背振动大的两个主要模态。通过改变靠背的刚度来改变模态频率。由于座椅靠背是个悬臂梁结构，因此上端会将下端的振动放大。也就是说，如果靠背的刚度低，当座椅导轨上的小的振动传递到靠背上时，振动可能非常大。因此，靠背的刚度一定要大。

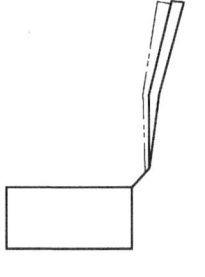 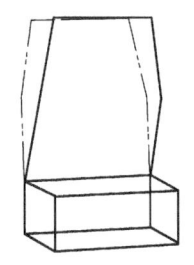

a) 第一阶纵向弯曲模态　　b) 第一阶横向弯曲模态

图 3-99　座椅的模态

靠背的刚度控制包括靠背自身刚度和接合处的刚度控制。图3-100给出两个座椅靠背骨架结构：图a的骨架单薄，拉网稀疏，因此它的刚度低；图b的骨架两边有很强的支撑，拉网密实，因此它的刚度高。设计靠背时，一定要使骨架刚度高，而且拉网分布合理。

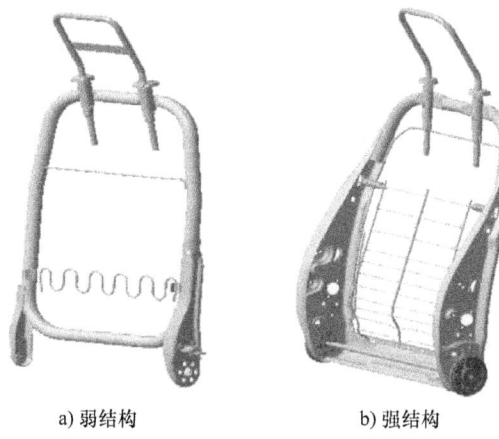

a) 弱结构　　　　　　　　b) 强结构

图 3-100　座椅靠背骨架结构

靠背骨架和座垫骨架连接处的刚度决定了"梁"的边界，只有当连接处非常结实时，它才能算是"悬臂梁"，否则边界可以自由运动，靠背就不是"悬臂梁"。决定连接处刚度的主要部件是调角器，只有调角器牢固地连接这两个骨架，才能使"边界"的刚度高。图 3-101 给出了两种调角器连接，图 b 中双调角器比图 a 中单调角器的刚度高。

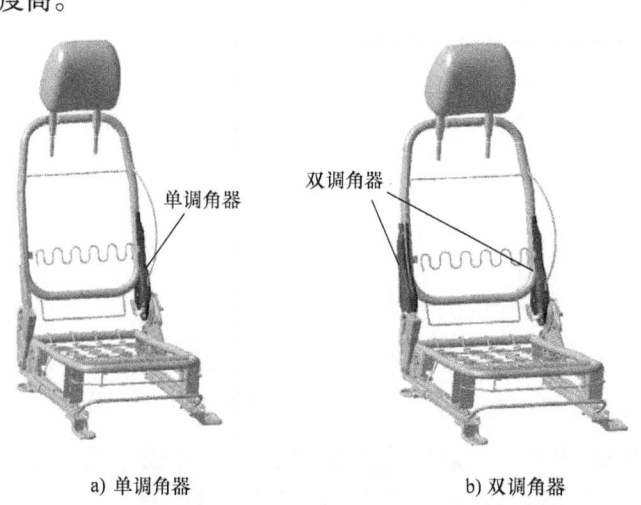

a) 单调角器　　　　　　　　b) 双调角器

图 3-101　靠背骨架和座垫骨架连接处的结构

2. 座椅舒适性分析

舒适性是指在没有共振的情况下，人体乘坐的舒适感受。舒适感来自垂直方向的臀部和水平方向的靠背。坐在座椅上，人主要承受着垂向载荷。人在垂向最敏感的频率是 $4 \sim 8\text{Hz}$，如图 3-102 所示。控制舒适性的结构主要是座垫、靠垫和拉网。

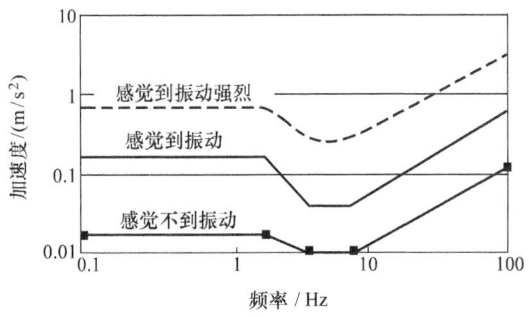

图 3-102　人体垂向振动敏感曲线

分析与评价乘坐舒适性最基础的指标是座垫与导轨之间的振动传递函数。座垫上的响应代表人体，导轨的响应代表了车身对座椅的输入。传递函数可以在车内测试，也可以在专门的振动台架上测试。图 3-103 显示了安装有座椅的振动平台。分别给平台输入从 $0.05g \sim 0.45g$ 的加速度白噪声激励，测量平台上和座椅上的振动信号。图 3-104 给出了这组激励下，座垫和平台之间的振动传递函数。随着激励加大，这组传递函数呈现两种变化趋势：一是共振频率降低；二是共振的幅值降低。从传递函数随着输入变化的特征来看，座椅是一个典型的非线性系统。

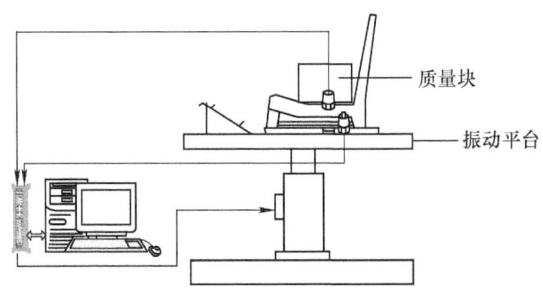

图 3-103　座椅振动测试平台

设计座椅动态特征时，一般要使座垫衰减来自平台或者车身的振动，即在 $4 \sim 8Hz$ 频率范围内的传递函数幅值小于 1。对于常用的小振动激励（$0.05g \sim 0.1g$），在敏感频率范围内，图 3-104 中的座椅传递函数值小于 1，这是典型豪华车座椅的特征，达到了舒适性目的。但是对于跑车，在人体敏感频段，座垫不仅不衰减振动，反而要使振动增加。图 3-105 是一款典型跑车座椅的传递函数图，在 $4 \sim 8Hz$ 频率范围内，传递函数幅值大于 1，即在敏感频率范围内，振动被放大，由此，驾驶人会体验到驾驶的运动感和兴奋感。

除了垂向振动外，靠背的横向振动也很重要。人在横向敏感的振动频率是 8～12Hz。靠背分析方法与垂向分析方法一样，通过测试或模态分析，可以得到结构的频率。通过改变靠垫参数来设计舒适型的靠垫结构。

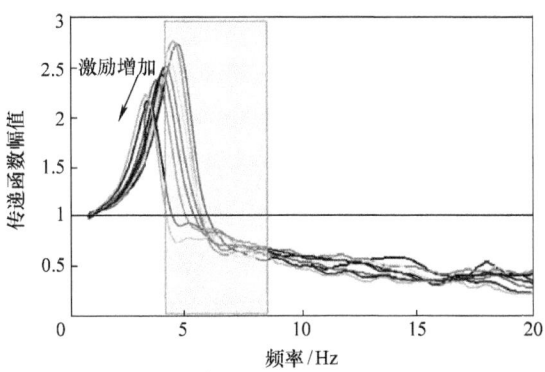

图 3-104　舒适型汽车座椅的传递函数

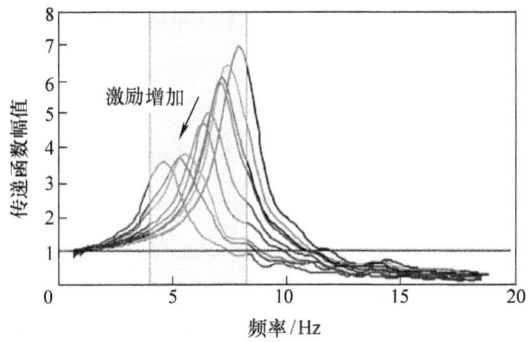

图 3-105　跑车座椅的传递函数

参 考 文 献

[1] Allan Aubert, Art Howle. Design Issues in the Use of Elastomers in Automotive Tuned Mass Dampers [C]. SAE Paper 2007-01-2198.

[2] Andrea Grosso, Daniel Fernandez Comesana, Hans-Elias De Bree. Further Development of the PNCA: New Panel Noise Contribution Reference-Related (PNCAR) [C]. SAE Paper 2012-01-1539.

[3] Ananth Sakthivel, Sethuraman Sriraman, Rakesh B Verma. Study of Vibration from Steering Wheel of an Agricultural Tractor [C]. SAE Paper 2012-01-1908.

[4] Arnaud Courjal, Karthik Balachandran. Advanced Modeling Approaches for the Evaluation of Interior Vehicle Acoustics over the Full Range of Frequencies [C]. SAE Paper 2012-01-1546.

[5] Barry Yang, Steven W Nunez, Thomas E Welch, et al. Laminate Dash Ford Taurus Noise and Vibration Performance [C]. SAE Paper 2001-01-1535.

[6] Beranek L L. Noise and Vibration Control [M]. New York: McGraw Hill, 1971.

[7] Chetan Prakash Jain, Prashanth Balachandran. Reduction of Seat Back Vibrations in a Passenger Car- An Integrated CAE - Experimental Approach [C]. SAE Paper 2011-01-0497.

[8] Claudio Bertolini, Ciro Gaudino, Davide Caprioli. Improved NVH Performance Via Genetic Optimization of Damping and Shape of Vehicle Panels [C]. SAE Paper 2005-01-2329.

[9] Daniel Fernández Comesaña, Jelmer Wind, Hans- Elias de Bree. A Scanning Method for Source Visualization and Transfer Path Analysis Using a Single Probe [C]. SAE Paper 2011-01-1664.

[10] Daniel Fernandez Comesana, Andrea Grosso, Hans- Elias De Bree, et al. Further Development of Velocity- based Airborne TPA: Scan & Paint TPA as a Fast Tool for Sound Source Ranking [C]. SAE Paper 2012-01-1544.

[11] Daniel Sophiea, Hong Xiao. A New Light Weight, High Performance, Spray Applied Automotive Damping Material [C]. SAE Paper 1999-01-1674.

[12] D J Ewins. Modal Testing: Theory and Practice [M]. New York: John Wiley & Sons, 1984.

[13] D J Mead, Y Yaman. The Response of Infinite Periodic Beams of Point Harmonic Forces: A Flexural Wave Analysis [J]. Journal of Sound and Vibration. 1991, 144 (3): 507-530.

[14] D J Mead, Y Yaman. The Harmonic Response of Rectangular Sandwich Plates with Multiple Stiffening: A Flexural Wave Analysis [J]. Journal of Sound and Vibration. 1991, 145 (3): 409-428.

[15] David Stotera, Terence Connelly, Bryce Gardner, et al. Testing and Simulation of Anti- Flutter Foam and High Damping Foam in a Vehicle Roof Structure [C]. SAE Paper 2013-01-1944.

[16] Eric Frank, Chris Moon, Jason Rae, et al. Optimization of Test Parameters and Analysis Methods for Fuel Tank Slosh Noise [C]. SAE Paper 2013-01-1961.

[17] Farokh Kavarana, Anna Schroeder. A Practical CAE Approach to Determine Acoustic Cavity Modes for Vehicle NVH Development [C]. SAE Paper 2012-01-1184.

[18] F J Fahy. Some Application of the Reciprocity Principle in Experimental Vibroacoustics [J]. Acoustical Physics. 2003, 49 (2).

[19] Frank Fahy and Paolo Gardonio. Sound and Structural Vibration: Radiation, Transmission and Response [M]. Amsterdam: Elsevier, 2007.

[20] F Alton Everest. The Master Handbook of Acoustics [M]. New York: McGraw- Hill, 2001.

[21] F G Leppington, E G Broadbent, K H Heron. The Acoustic Radiation Efficiency of Rectangular Panels [C]. Proceedings of Royal Society, London, 1982.

[22] Fan Li, Stephen D Sibal, Ian Francis McGann, et al. Radiated Fuel Tank Slosh Noise Simulation [C]. SAE Paper 2011-01-0495.

[23] Geoffrey D Gwaltney, Jason R Blough. Evaluation of Off- Highway Vehicle Cab Noise and Vibration Using Inverse Matrix Techniques [C]. SAE Paper 1999-01-2815.

[24] Gordon Ebbitt, Michael Hansen. Mass Law - Calculations and Measurements [C]. SAE Paper 2007-01-2201.

[25] Gregor Koners. Panel Noise Contribution Analysis: An Experimental Method for Determining the Noise Contributions of Panels to an Interior Noise [C]. SAE Paper 2003-01-1410.

[26] Guilherme Augusto Lopes da Silva, Rodrigo Nicoletti. Sheet Metal Bending Pattern Optimization for Desired Natural Frequencies [C]. SAE Paper 2012-36-0630.

[27] H Khan, S Sergiyenko, C Reis. Sheet Dampers vs Spray-On Dampers: Current Status and Prospective Applications [C]. SAE Paper 2005-01-2280.

[28] Hiromichi Tsuji, Toshio Enomoto, Shinichi Maruyama, et al. A Study of Experimental Acoustic Modal Analysis of Automotive Interior Acoustic Field Coupled with the Body Structure [C]. SAE Paper 2012-01-1187.

[29] Hiromichi Tsuji, Shinichi Maruyama, Takuya Yoshimura, et al. Experimental Method Extracting Dominant Acoustic Mode Shapes for Automotive Interior Acoustic Field Coupled with the Body Structure [C]. SAE Paper 2013-01-1905.

[30] Hong-Cheol Park, Seong-Ho Yoon. Contribution Analysis of Vehicle Interior Noise Using Airborne Noise Transfer Function [C]. SAE Paper 2007-01-2359.

[31] Hua He, Qijun Zhang, Richard J. Fridrich. Vehicle Panel Vibro-Acoustic Behavior and Damping [C]. SAE Paper 2003-01-1406.

[32] Hyo-Sig Kim, Seong-Ho Yoon. A Design Process using Body Panel Beads for Structure-Borne Noise [C]. SAE Paper 2007-01-1540.

[33] Ion Pelinescu, Andrew Christie. Measuring Damping Loss Factors of High Performance LASD Coatings [C]. SAE Paper 2011-01-1632.

[34] Istvan L Ver, Leo L Beranek. Noise and Vibration Control Engineering: Principles and Applications [M]. New York: John Wiley & Sons, 2006.

[35] Jan Rejlek, Hans H Priebsch. On the Use of the Wave Based Technique for a Three-Dimensional Noise Radiation Analysis of Coupled Vibro-Acoustic Problems [C]. SAE Paper 2011-01-1713.

[36] Jay Tudor. Determination of Dynamic Properties and Modeling of Extensional Damping Materials [C]. SAE Paper 2003-01-1433.

[37] Jian Pang, Mohamad Qatu, Rao Dukkipati, et al. Model Identification for Nonlinear Automotive Seat Cushion Structure [J]. Int. J. Vehicle Noise and Vibration. 2004, 1 (1/2).

[38] Jian Pang, Mohamad Qatu, Rao Dukkipati, et al. Nonlinear Seat Cushion and Human Body Model [J]. Int. J. Vehicle Noise and Vibration. 2005, 1 (3/4).

[39] Jian Pang, Changki Mo, Rao Dukkipati, et al. Automotive Seat Cushion Nonlinear Phenomenon: Experimental and Theoretical Evaluation [J]. Int J Vehicle Autonomous Systems. 2003, 1 (3/4).

[40] J Liu, L Zhou, D W Herrin. Demonstration of Vibro-Acoustic Reciprocity including Scale Modeling [C]. SAE, 1 (3/4). 2011-01-1721.

[41] John Flint. A Review of Theories on Constrained Layer Damping and Some Verification Measurements on Shim Material [C]. SAE Paper 2003-01-3321.

[42] John Z Lin, Suresh Lanka, Thomas Ruden. Physical and Virtual Prototyping of Magnesium Instrument Panel Structures [C]. SAE Paper 2005-01-0726.

[43] Jose Javier Bayod. FEM Evaluation of Elastic Wedge Method for Damping of Structural Vibrations at Low Frequencies [C]. SAE Paper 2011-01-1689.

[44] Leo L Beranek. Acoustics [M]. New York: Acoustical Society of America, 1996.

[45] Kenneth A Cunefare, M Noelle Currey. On the Exterior Acoustic Radiation Modes of Structures [J]. Journal of Acoustical Society of America. 1994, 96 (4).

[46] Kenneth L Oblizajek, John D. Sopoci. Small Amplitude Torsional Steering Column Dynamics on Smooth Roads: In-Vehicle Effects and Internal Sources [C]. SAE Paper 2011-01-0560.

[47] Kurt M Lilley, Michael J Fasse, Philip E Weber. A Comparison of NVH Treatments for Vehicle Floorpan Applications [C]. SAE Paper 2001-01-1464.

[48] Kyoung-jae Min, Cheol-woo Kang, Kang-hyug Seo, et al. The Experimental Study on the Body Panel Shape to Minimize the Weight of the Damping Material [C]. SAE 2 Paper 003-01-1715.

[49] LMS. Airborne Sources Quantification [C]. Leuven: LSM International, 2007

[50] Luca Mazzarella, Philippe Godano, Jan Horak. Reciprocal Powertrain Structure-borne Transfer Functions Synthesis for Vehicle Benchmarking [C]. SAE Paper 2007-01-2354.

[51] Malcolm J Crocker. Handbook of Noise and Vibration Control [M]. New York: John Wiley & Sons, 2007.

[52] Mallikarjuna Bennur. Vehicle Acoustic Sensitivity Performance Using Virtual Engineering [C]. SAE Paper 2011-01-1072.

[53] Matthew D Black, Mohan D Rao. Material Damping Properties: A Comparison of Laboratory Test Methods and the Relationship to In-Vehicle Performance [C]. SAE Paper 2001-01-1466.

[54] M Danti, D Vigè, G V Nierop. A Tool for the Simulation and Optimization of the Damping Material Treatment of a Car Body [C]. SAE Paper 2005-01-2392.

[55] Mehdi Ahmadian, Kristina M Jeric. The Application of Piezoceramics for Reducing Noise and Vibrations in Vehicle Structures [C]. SAE Paper 1999-01-2868.

[56] Michael A Sanderson, Roush Taner Onsay. CAE Interior Cavity Model Validation using Acoustic Modal Analysis [C]. SAE Paper 2007-01-2167.

[57] M Noelle Currey, Kenneth A Cunefare. The Radiation Modes of Baffled Finite Plates [J]. Journal of Acoustical Society of America. 1995, 98 (3).

[58] Nickolas Vlahopoulos, Aimin Wang. Modeling of Stiffened Panels Using the Energy Finite Element Analysis [C]. SAE Paper 2011-01-1696.

[59] Oliver Wolff. Fast Panel Noise Contribution Analysis Using Large PU Sensor Arrays. Proceedings of Inter-Noise 2007 [C]. Istanbul, 2007.

[60] Oliver Wolff, Roland Sottek. Panel Contribution Analysis - An Alternative Window Method. SAE Paper 2005-01-2274.

[61] Parimal Tathavadekar, Taner Onsay, Wenlung Liu. Damping Performance Measurement of Non-uniform Damping Treatments [C]. SAE Paper 2007-01-2199.

[62] Peter Davidsson. Structure-Acoustic Analysis, Finite Element Modeling and Reduction Methods [D]. Lund: Lund University, 2004.

[63] Pierre De Man, Jules-Joseph Van Schaftingen. Prediction of Vehicle Fuel Tank Slosh Noise from Component-Level Test Data [C]. SAE Paper 2012-01-0215.

[64] P J Shorter, B K Gardner, P G Bremner. A Review of Mid-Frequency Methods for Automotive

Structure-Borne Noise [C]. SAE Paper 2003-01-1442.
[65] Pranab Saha, Akbar S Hussaini. A Graduated Assessment of a Sprayable Waterborne Damping Material as a Viable Acoustical Treatment [C]. SAE Paper 2003-01-1588.
[66] Pranab Saha, Satyajeet P Deshpande, Jonathan Fisk, et al. Damping Performance Using a Panel Structure [C]. SAE Paper 2013-01-1938
[67] Prasanth B, Sachin Wagh, Jayeshkumar Raghuvanshi. Body Induced Boom Noise Control by Hybrid Integrated Approach for a Passenger Car [C]. SAE Paper 2013-01-1920.
[68] Robson Demétrius Araújo Abreu, Frederico Moura. Operational Modal Analysis Techniques used for Global Modes Identification of Vehicle Body Excited from a Vehicle in Idle Engine [C]. SAE Paper 2012-36-0639.
[69] Roland Sottek, Philipp Sellerbeck, Martin Klemenz. An Artificial Head Which Speaks from Its Ears: Investigations on Reciprocal Transfer Path Analysis in Vehicles, Using a Binaural Sound Source [C]. SAE Paper 2003-01-1635.
[70] Ungar E E. Loss Factors of Viscoelastically Damped Beam Structure [J]. Journal of Acoustic Society of America, 1962, 34: 1082-1089.
[71] SAE J1637. Laboratory Measurement of the Composite Vibration Damping Properties of Materials on a Supporting Steel Bar [J]. Warrendale, Society of Automotive Engineer, 2007.
[72] Sandro Guidati, Roland Sottek. Advanced Source Localization Techniques Using Microphone Arrays [C]. SAE Paper 2011-01-1657.
[73] Sangyun Lee, Kwangseo Park, Shung H Sung, et al. Boundary Condition Effect on the Correlation of an Acoustic Finite Element Passenger Compartment Model [C]. SAE Paper 2011-01-0506.
[74] Shigeki Terashi, Makoto Asal, Jiro Nalto. Damping Aanlysis of Body Panels for Vehicle Interior Noise Reduction [C]. SAE Paper 891135.
[75] Shih-Wei Kung, Rajendra Singh. Determination of Viscoelastic Core Material Properties Using Sandwich Beam Theory and Modal Experiments [C]. SAE Paper 1999-01-1677.
[76] Shung Sung, Sung Chao, Hari Lingala. Structural-Acoustic Analysis of Vehicle Body Panel Participation to Interior Acoustic Boom Noise [C]. SAE Paper 2011-01-0496.
[77] S J Elliott, M E Johnson. Radiation Modes and the Active Control of Sound Power [J]. Journal of Acoustical Society of America. 1993 94 (4).
[78] Taner Onsay, Anab Akanda, Gregory Goetchius. Vibro-Acoustic Behavior of Bead-Stiffened Flat Panels: FEA, SEA, and Experimental Analysis [C]. SAE Paper 1999-01-1698.
[79] Téo Rocha, Márcio Calçada, Yuri Ribeiro. The Use of Piezoelectric Resonators to Enhance Sound Insulation in a Vehicle Panel [C]. SAE Paper 2012-36-0613.
[80] Thomas Lewis, Peter Jackson, Oliver Nwankwo. Design and Implementation of a Damping Material Measurement / Design System [C]. SAE Paper 1999-01-1675.
[81] Tomohisa Kato, Kunihiro Hoshi, Eiji Umemura. Application of Soap Film Geometry for Low Noise Floor Panels [C]. SAE Paper 1999-01-1799.
[82] Vadiraj Kulkarni, Ashish Tiwari. CAE based Study of Vehicle Floor Beading Patterns for Low Frequency Noise and Vibration Reduction [C]. SAE Paper 2011-26-0021.

[83] Visconte Giovanni. Passive Control and Local Structural Modification of a Mechanical System through the Application of High Stiffness Double Layer Dampers [C]. SAE Paper 2007-01-2351.

[84] Wen L Li. Modeling the Vibrations of and Energy Distributions in Car Body Structures [C]. SAE Paper 2011-01-1573.

[85] William T Thomas, Marie Dillon Dahleh. Theory of Vibration with Application [M]. London: Prentice Hall, 1993.

[86] Clarence W de Silva. 振动阻尼、控制和设计 [M]. 北京：机械工业出版社，2013.

[87] 庞剑，谌刚，何华. 汽车噪声与振动：理论与应用 [M]. 北京：北京理工大学出版社，2006.

[88] 戴德沛. 阻尼减震降噪技术 [M]. 西安：西安交通大学出版社，1986.

[89] 盛美萍，王敏庆，孙进才. 噪声与振动控制技术基础 [M]. 北京：科学出版社，2007.

[90] 何祚镛. 结构振动与声辐射 [M]. 哈尔滨：哈尔滨工程大学出版社，2001.

[91] 杜功焕，朱哲民，龚秀芬. 声学基础 [M]. 南京：南京大学出版社，2012.

[92] 马大猷，沈嚎. 声学手册 [M]. 北京：科学出版社，1983.

[94] 马大猷. 噪声与振动控制手册 [M]. 北京：机械工业出版社，2002.

[95] 许肖梅. 声学基础 [M]. 北京：科学出版社，2003.

[96] 卢天健，辛锋先. 轻质板壳结构设计的振动和声学基础 [M]. 北京：科学出版社，2012.

[97] James F Doyle. 结构中波的传播 [M]. 北京：科学出版社，2013.

[98] 赵志高. 结构声辐射的机理与数值方法研究 [D]. 武汉：华中科技大学，2005.

[99] 乔宇锋. 板结构辐射声的声品质基础理论研究 [D]. 武汉：华中科技大学，2007.

[100] 靳国永. 结构声辐射与声传输有控制技术 [D]. 哈尔滨：哈尔滨工程大学，2007.

[101] 梁新华. 汽车车身薄壁件阻尼复合结构振动-声学分析与优化 [D]. 上海：上海交通大学，2007.

[102] 李普. 结构振动声辐射系统鲁棒 H_∞ 控制研究 [D]. 南京：东南大学，2001.

[103] 王海英. 夹层结构振动声辐射特性研究 [D]. 大连：大连理工大学，2009.

[104] 任慧娟，盛美萍. 矩形薄板的声辐射效率 [J]. 机械科学与技术，2010，29 (10).

[105] 白胜勇，靳晓雄，丁玉兰，等. 轿车乘坐室声学模态分析 [J]. 同济大学学报，2010，4，29 (10)，2000.

[106] 孙凌玉，吕振华. 有关汽车内部声场模态分析的几点讨论 [J]. 汽车工程，2003，25 (1).

[107] 杨搏，朱平，韩旭，等. 轿车车身结构噪声性能分析与优化研究 [J]. 噪声与振动控制，2006，5.

[108] 谭亮红，周志诚，贺才. 水性阻尼涂料的动态力学性能研究 [J]. 涂料工业，2006，36 (11).

[109] 张晓君，丁智平，王进，等. 乳液共混法制备水性阻尼涂料 [J]. 化工时刊，2007，21 (5).

[110] 李宝祥，王晓梅. 减振降噪新材料（szm 水性阻尼涂料）的研究 [J]. 劳动保护科学技术，1990，5.

[111] 王子建. 汽车车身用喷涂型阻尼材料的应用研究 [D]. 镇江：江苏大学，2009.

[112] 李宝祥,陈云芳,陈静. 水性减振阻尼材料 [J]. 涂料工业,1992,5.
[113] 谭亮红,周志诚,贺才春. 水性阻尼涂料的动态力学性能研究 [J]. 涂料工业,2006,11.
[114] 张娟,张慧萍,晏雄. 丁腈橡胶类阻尼材料声学性能的研究 [J]. 玻璃钢/复合材料,2009,2.
[115] 李鹏,邵大球,杨秋芳. 防震(阻尼)材料在汽车车身上的应用 [J]. 现代涂料与涂装,2010,13(8).
[116] 李素华. 减振降噪阻尼材料在汽车上的应用 [J]. 汽车工艺与材料,2005,7.
[117] 徐丰辰,李洪林,刘福. 浅谈汽车用阻尼材料阻尼系数的测试方法 [J]. 汽车工艺与材料,2008,8.
[118] 张宇,吴懿平,周岁华,等. 粘弹性阻尼减振材料及其在汽车领域的应用 [J]. 汽车工艺与材料,2003,6.
[119] 赵志高,黄其柏,何程,等. 有限元与声辐射模态的薄板声辐射灵敏度分析 [J]. 声学技术,2008,27(3).
[120] 刘东明,方健,赵敬义,等. 车身板件对车内噪声的贡献源分析 [J]. 噪声与振动控制,2011,2.
[121] 李素华. 减振降噪阻尼材料在汽车上的应用 [J]. 汽车工艺与材料,2005,7.

Chapter 4

第四章

声学包装

第一节 概 述

一、空气声对车内的传递

前面章节介绍了结构声和空气声对车内的传递。结构声是指当车身受到外界振动激励时，振动传递到车身板上，板的振动产生声音对车内辐射，形成车内噪声。结构声的控制主要用改变结构的刚度、质量和阻尼等方法来实现，第三章"车身局部振动与噪声控制"详细地介绍了结构声的控制方法。

空气声是指外界噪声直接传递到车内而存在的声音。以动力总成辐射噪声对车内传递为例来说明空气声对车内的传递。将图 1-15 细化成图 4-1，外界声音传递到车内有两种方式：第一种方式是通过车身上的缝隙和孔洞直接传递到车内；第二种方式是传递到车身板结构上，一部分被反射回去，另一部分透过板结构而传递到车内。

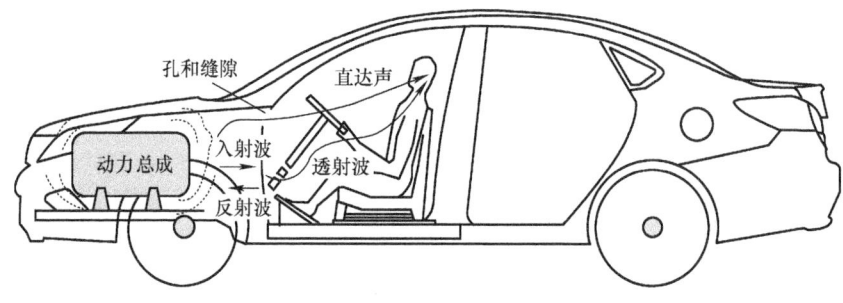

图 4-1 空气声对车内传递的两种方式

图 4-2 表示车内噪声的频率特征。在低频段，结构声是主要成分；在中频段和高频段，空气声是主要成分。人对中高频声音非常敏感，即便很小的声音，也容

易听到。空气声的控制主要集中在中高频段。

车身上的缝隙和孔洞会让乘员直接听到外面的声音。高速行驶时,当感觉到风直接吹进来时,他们不仅不能接受这样的噪声,甚至会怀疑车的可靠性。即便很小的缝隙,敏感的顾客也能听到"嘘嘘"的声音,通常也会抱怨车身漏风。所以,车身的密封至关重要。密封是车身噪声控制的基础。

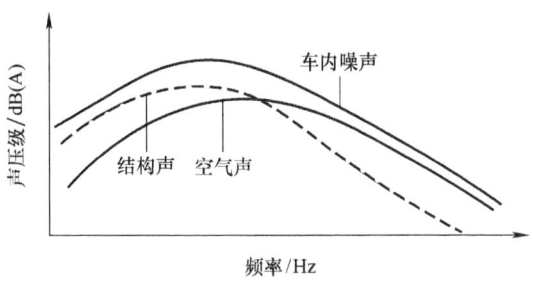

图 4-2 车内噪声的频率特征

在密封良好的情况下,乘客仍然感受到车外噪声直接传递到车内,这就表明车身的隔声效果差。隔声效果差的直接结果就是车内噪声大。降低车内噪声是 NVH 控制的第一步,是提升声品质的基础,因此,车身的隔声非常重要。

根据传递的方式,控制空气声的首要原则是阻止声音直接传递到车内,确保车身上没有任何缝隙和孔洞;第二原则是使车外噪声尽可能少地透过车身传递到车内,这可以通过车身钣金结构、隔声结构和吸声结构来实现。

厚的钣金结构能够起到良好的隔声作用,但是由于车身板的厚度在 1mm 左右,属于薄钣金件,其隔声能力有限。为了使车身具有良好的隔声性能,必须在车身钣金板上附加隔声结构。隔声部件可以安装到车身板外侧,也可以安装在车身板内侧。

除了隔声之外,吸声同样重要。吸声是降低车内噪声的常见方法,其原理是将声音能量消耗掉,即将声能转化成热能。在车身外面安装吸声结构,可以降低源头的声音;在车身内安装吸声结构,可以降低车内的声音,并且提高声品质。

二、声学包装研究的内容

声学包装是从英文 Sound Package 翻译而来。习惯上,人们将车身上与声学处理相关的非金属材料、结构和技术统称为声学包装。因为好像用一些特殊的材料和结构将金属车身包裹起来,所以用"包装(package)"这个词来描述这样的声学处理方法。一般情况下,声学包装指的是"狭义"声学包装,其研究范围包括三方面:车身的密封、吸声材料和吸声结构、隔声材料与隔声结构。"广义"的声学包装是在狭义声学包装的基础上,再加上两个研究内容:阻尼材料和阻尼结构、补强材料和补强结构。

车身密封是声学包装的基石。如果车身密封没有做好,车身的吸声与隔声处理都没有意义。车身密封是将车身上的缝隙、泄漏孔和洞密封严实,使气流不能穿过。密封分成静态密封和动态密封。密封的研究内容包括密封的处理方式、密封性的测量、密封的设计控制和空腔阻隔。

吸声是指声波传递到吸声材料或者结构后，没有反射波。吸声材料安装在车外，可以降低外界声源的噪声；安装在车内，可以减小传递到车内的噪声并提升声品质。吸声的研究内容包括材料的吸声系数、影响吸声系数的因素、吸声系数的测量、吸声结构与应用。

隔声是指声波传递到隔声结构上，一部分声波被反射，一部分透过，即声波被隔声材料"隔"掉了一部分。隔声的研究内容有材料的隔声系数、影响隔声系数的因素、隔声系数的测量、隔声结构的设计与应用。

阻尼材料是非金属材料，通常将阻尼材料粘贴在金属板件上来抑制板的振动，从而降低板的声辐射。阻尼材料和结构用来降低中低频结构噪声。

补强材料也是非金属材料，将它粘贴在金属板上以提升板的刚度。补强材料用来增加车身的局部刚度。

第三章已经详细地介绍了阻尼材料和补强材料的原理与应用。广义上，它们也被归为声学包装范畴。本章只介绍狭义声学包装。

第二节　车身密封

一、密封的重要性

1. 车身上的孔和缝隙

车身上有很多孔和缝隙，如图 4-3 所示。它们可以归纳为三类：功能性孔、工艺性孔、错误的孔和缝隙。

第一类是功能性的孔，即为了达到某个功能性的目的，不得不在车身上开孔。例如：转向柱、线束、空调管等要从发动机舱穿过前壁板到车内，就必须在前壁板上开孔，如图 1-26 所示；车门底部有几个流水孔，水通过这些孔流到车外；B 柱和 C 柱上的安全带需要安装孔。这些孔具备一定的功能，设计车身时，必须有这些孔。

第二类是工艺类的孔，即在制造过程中，必须开孔以完成某道工序，制造完成后，这些孔和缝就没有用了。例如：在电泳阶段，整个车身浸泡在电泳液中，当浸泡完毕后，液体必须流出来，于是在车身上开孔，让液体流出。一旦浸泡工艺程序完成了，这些孔就再也没有用了。地板上和 A 柱、B 柱、C 柱上的有些孔就属于工艺孔，如图 4-4 所示。

第三类是错误的孔和缝隙。由于设计错误和制造误差而产生的孔和缝隙，它们既不满足使用的功能，工艺上也不需要。比如图 4-5 中所示的三块板连接在一起

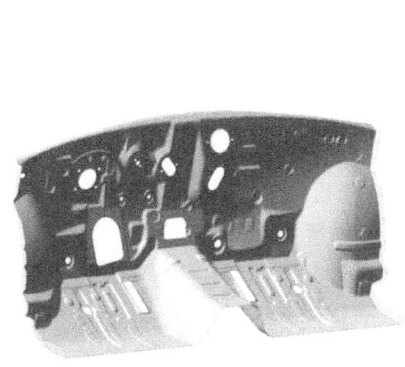
a) 前壁板上的孔

b) 后视镜支撑板上的孔

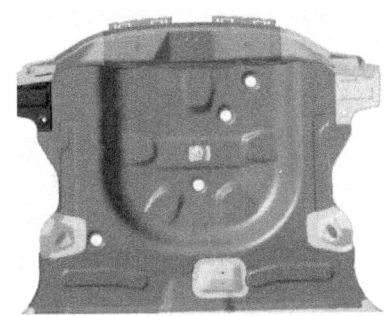
c) 备胎池板上的孔

图 4-3　车身上的一些孔和缝隙

的时候，由于制造工艺的问题，这三块板不能形成一个闭合的曲面，而留下一个孔，这个孔被称为"老鼠洞"。比如，门把手与车门贴合不好而留下一个缝隙。再比如汽车运动时，车身和车门之间可能出现缝隙。

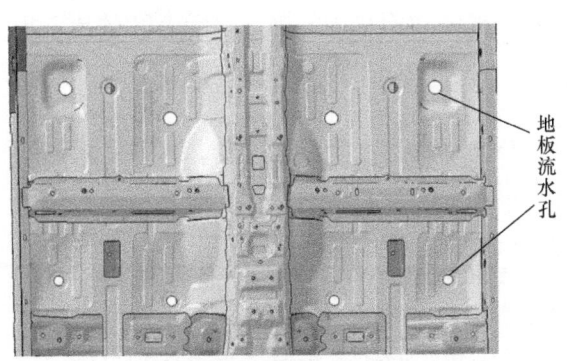

图 4-4　地板上的工艺孔

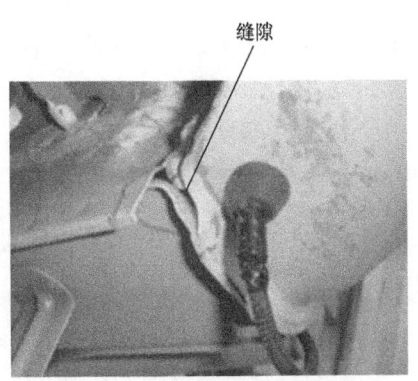

图 4-5　错误的孔（见彩插）

2. 孔和缝隙带来的问题

噪声会穿过车身上的孔和缝隙直接传递到车内。驾驶人和车内乘客直接感受到来自车外的声音。把孔和缝隙的面积与整个车身板的面积之比定义为车身开孔率（γ），表示为

$$\gamma = \frac{A_{\text{hole}}}{A_{\text{body}}} \tag{4-1}$$

式中，A_{body} 为车身的表面积；A_{hole} 为车身上孔和缝隙的表面积。

开孔率越大，声音就越容易直接传递到车内。当孔和缝隙大到一定的时候，车内外就完全相通了。

车身整体隔声与吸声的综合效果是用传声损失来表达的，本章后续材料将详细介绍传声损失。传声损失越大，表明车外声音传到车内的声音越小，即隔声效果越好。如果车身上有开孔，那么传声损失将降低。开孔率对传声损失的影响可以用式（4-2）表示：

$$TL_{\text{hole}} = -10\log[\gamma + 10^{-TL/10}(1-\gamma)] \tag{4-2}$$

式中，TL 是没有孔和缝隙情况下的传声损失；TL_{hole} 是在开孔率为 γ 时的传声损失。

根据式（4-2），图 4-6 给出了不同开孔率下的传声损失与无开孔的传声损失的关系图。为了说明这张图，首先分析开孔率对传声损失的影响。比如在横坐标上找到传声损失为 30dB 的点，画一条直线，它与不同开孔率的传声损失曲线交汇。在开孔率为 0%、0.1%、1%、2%、5%、10%、20% 等处的传声损失分别为 30dB、27dB、20dB、15 dB、11 dB、7.7 dB、7dB。开孔率增加，传声损失急剧下降。其次，分析传声损失与密封的关系。当开孔率为 1% 时，传声损失从理想状态的 30dB 降低到 20dB；如果开孔率只有 0.1%，传声损失为 27dB。也就是说，虽然车身结构的隔声设计得很好，但是由于开孔率高，其隔声效果还不如隔声能力差但开孔率低的结构。

当车身存在一定的孔和缝隙时，隔声失效的成分主要是高频，如图 4-7 所示。图中的直线表示没有孔的传声损失随着频率增加而增加，虚线表示有孔的传声损失曲线，在高频部分，传声损失降低。

3. 密封的重要性

密封是汽车噪声控制的基础。一个开孔率到达一定量的车身，其他系统的噪声和振动控制得再低，对降低车内噪声也无济于事。比如一台发动机的怠速噪声只有 55dB（这已经是非常安静的发动机了），如果车身密封得很好，车内怠速声音可能只有 36dB；但是如果前壁板上的开孔很大，发动机声音直接传递到车内，车内噪声可能高达到 48dB，这辆车的噪声就非常糟糕。

密封是车身声学包装工作的前提。声学包装的任务是使得车身达到良好的隔声与吸声性能。如果开孔率高，那么声音直接传递到车内，对其他没有孔和缝隙

的地方进行隔声处理就没有意义了。同样,由于车外比较大的噪声已经传递到车内,这时在车内进行吸声处理,所取得的效果也非常差。

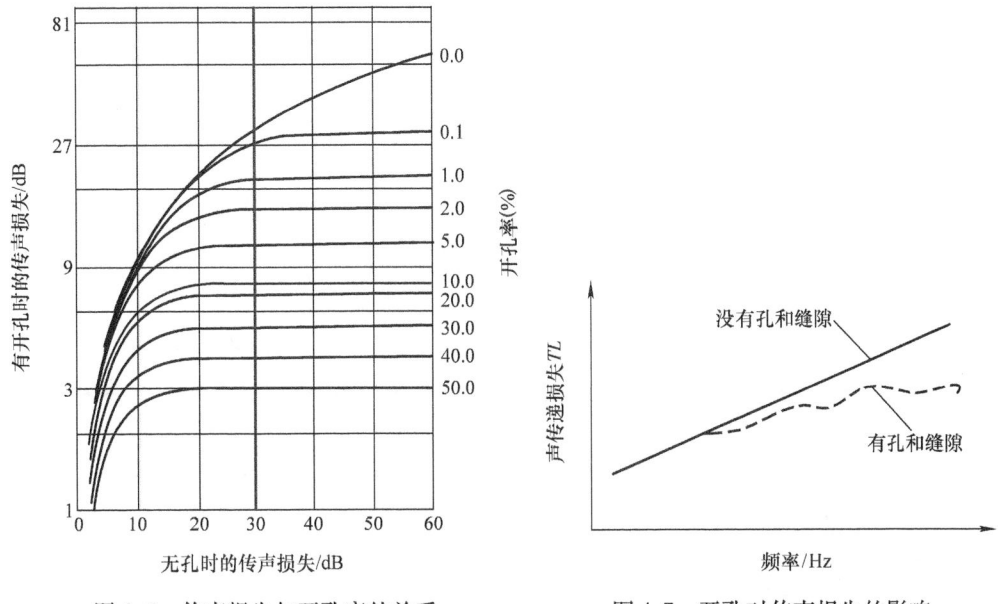

图 4-6　传声损失与开孔率的关系　　　图 4-7　开孔对传声损失的影响

车身上存在的孔和缝隙不仅影响传声损失,而且车外的灰尘、湿气和污染物会传到车内,车内的空调效率大大降低,因此必须对车身进行密封处理。只有进行了良好的车身密封处理,将开孔率控制在可以接受的范围,才能开始声学包装处理和整车噪声控制。

二、静态密封与动态密封

密封是汽车噪声控制的基础,也是声学包装的前提,因此可以说声学包装的首要任务是解决密封问题。

车身密封分为静态密封和动态密封两种:静态密封是指汽车静止状态下的密封;动态密封是指汽车运动时的密封。汽车运动时,声音会透过孔和缝隙传递到车内,对高速行驶的风噪影响非常大,因此,本书将动态密封放在第六章"风噪及控制"中。本章只介绍静态密封。

静态密封的任务就是在汽车静止状况下,将上述的三类孔和缝隙密封好,将开孔率降低到最低程度。第一,密封功能孔,比如转向柱穿过车身时,采用密封结构,使转向柱与前壁板之间没有缝隙;第二,密封工艺孔,比如用堵头将电泳过孔堵上;第三,消除设计带来的错误孔,堵住制造留下的误差孔和缝隙,比如车门和车身之间采用足够的密封条使两者之间没有缝隙,比如在制造误差带来的缝隙上涂一层密封胶。

三、静态密封的测量

静态密封测量的目的有两个：一是要找到孔和缝隙的位置；二是要定量地描述它们的泄漏面积。测量的方式有三种：烟雾测量法、超声波测量法和气密性测量法。

1. 烟雾测量法

烟雾测量法是将烟雾发生器放置在车内，它释放出烟雾，在车内弥漫，遇到孔和缝隙的地方，烟雾就会渗透到车外。人站在车外，观察烟雾的流出，从而判断车身上孔和缝隙的位置。

由于车内外的压力差别不大，烟雾的流动比较慢，为了快速看到烟雾向外流出，有时将鼓风机与烟雾发生器配合使用，有时使用有颜色的气体，以便更清晰地观察。

烟雾测量法是一种古老的测量方法，非常直观，操作简单。但是烟雾测量不能定量地得出孔和缝隙的泄漏量，而且对环境影响不好，因此现在这种方法已经很少使用。

2. 超声波测量法

超声波是一种高频短波，超出了人的正常听觉范围。超声波具备方向性，容易被阻隔或者遮掩。

超声波测量仪包括发声器和接收器。测量时，将发声器放置在车内，接收器在车外，接收器上的探头扫描不同的位置来探测泄漏量，如图 4-8 所示。或者将发声器放置在车外，接收器放在车内。由于超声波的方向性和容易被阻隔或者遮掩的特征，很容易从接收器的读数上识别出泄漏位置和泄漏量。对于噪声环境复杂的区域，可以使用橡皮聚音探头来缩小接收区域，以阻隔噪声干扰，更好地确定泄漏部位和泄漏量。

因为接收器上可以显示泄漏量的数据，所以超声波测量法可以定量地给出车身孔和缝隙的大小。

图 4-8 超声波测量法示意图

除了能"看"到接收器上的泄漏量外，超声波测量还有一个优点，就是可以"听"到泄漏声的大小。虽然人耳听不到超声波，但是通过外差法，可以将超声波转换成音频信号，使用耳机就可以"听"到泄漏声。

这种方法操作起来非常简单，不受环境干扰，因此在工程上得到了广泛使用。

3. 气密性测量法

气密性测量法是根据压差式流量测量原理来测量车身泄漏。

用一根波纹管将鼓风机和车身连起来，如图4-9所示，鼓风机给车身充气。如果车身有孔和缝隙，则一部分气体会流出，车内压力下降。这时，通过调节鼓风机的风量，不断地给车内充气，并使车内压力恒定在一个值，即流入车内的空气量与泄漏的空气量达到平衡。测量出节流器两边的压力以及车内的静压，就可以得到气体流量与泄漏面积之间的关系，表达式为

$$Q = a_\mathrm{D} A \sqrt{\frac{2(P_i - P_0)}{\rho_0}} \tag{4-3}$$

式中，Q 为体积流量（$\mathrm{m^3/h}$）；a_D 为流量系数；A 为泄漏面积（$\mathrm{cm^2}$）；P_i 为车内压力（Pa）；P_0 为车外的压力（Pa）；ρ_0 为车内空气密度（$\mathrm{kg/m^3}$）。

流量和压力是容易测量到的，根据式(4-3)就可以计算泄漏面积。这个面积表征了车身上泄漏区域的大小。面积越大，则泄漏区域越大，泄漏量也越大。

图4-10为气密性检测装置，它由鼓风机、波纹管、调速仪、节流装置、压力器、运算器

图4-9 与车身和鼓风机相连的波纹管

等部件组成。调速仪调节鼓风机的风量，压力器读取压力信号，流量和压力信号可以在运算控制器上显示出来。

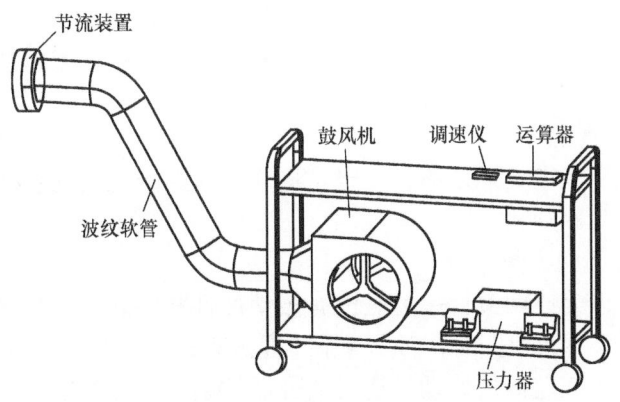

图4-10 气密性检测装置

气密性方法能精确定量地给出整个车身的泄漏量。如果将泄漏部分逐个密封，就可以得到每个泄漏点的贡献量。表4-1给出了某款车的车身泄漏面积和每个泄漏

部分的贡献。

表 4-1 某款车的车身泄漏面积和每个泄漏部分的贡献

序 号	整车气密性/cm²	贡献量 Δ/cm²	备 注
1	133		整车
2	131	2	封堵底盘漏水孔
3	113	18	封堵车门限位器、铰链、门框焊缝
4	109	4	封堵四门外开手柄
5	97	12	封堵车门漏水孔
6	92	5	封堵玻璃呢槽
7	85.5	6.5	封堵车门密封条
8	62.5	23	封堵空调内外循环孔
9	60.5	2	封堵前围板踏板支架过孔

表中显示该车身的整体泄漏面积为 $133cm^2$，识别出了 8 个泄漏点，如底盘漏水孔、车门泄漏点、车门漏水孔等。其中，空调内外循环孔和车门限位器等的泄漏面积分别为 $23cm^2$ 和 $18cm^2$，是最主要的泄漏地方。

气密性检查装置的制作比较简单。这种测量方法可以定量地给出泄漏面积，精度高，因此在工程上得到了广泛应用。

四、静态密封的控制

静态密封的控制需要从设计原则、DMU 检查和试验验证三方面进行。设计原则是指确定功能性密封和工艺密封孔和缝隙的位置、大小、密封方式等。DMU 检查是从三维设计图上检查数字样车的密封是否达到要求。试验验证是针对样车进行测试，检查泄漏部位和泄漏量。

1. 三类孔和缝隙的密封

在进行吸声和隔声处理之前，一定要将前面描述的三类孔和缝隙密封好。下面介绍它们的密封原则和方法。

（1）功能性孔的密封

功能性孔可以分成两类：一类是没有振动部件的穿孔，比如线束。线束处于相对静止的状况，穿过车身时，对车身不传递振动；另一类是有振动部件的穿孔，比如离合器拉索，变速器的振动传递到离合器拉索上，拉索穿过车身时，将振动传递到车身。

进行功能性孔洞密封时，遵循三个原则：首先是实现气流密封，即空气不能从这些孔中穿过，保证气密性好；第二是进行声学密封，在气流密封的基础上，使声音通过孔时的传递最小，即保证声密性好；第三，振动部件对车身传递的振动小,即密封孔的填充材料必须具备良好的隔振功能。

图4-11为一个部件穿过前壁板的示意图。密封橡胶圈将部件和前壁板之间密封得非常严实,没有气流流过,达到了良好的气密性。但是,密封圈材料很薄,隔声性能不好,声音很容易穿过橡胶圈,传递到车内,即声密性不好。

为了提高声密性,有两个方法:第一是增加橡胶圈的厚度,提升隔声能力,如图4-12a所示;第二是改变密封设计,实现双层隔声,如图4-12b所示。

当振动部件穿过车身时,必须进行良好的隔振处理。以前壁板为例,穿过它的振动部件有离合器拉索、换档拉索、空调水管、空调冷凝管、制动管、转向柱管等。比如,当换档拉索与车身之间的密封垫隔振效果不好时,拉索会将变速器的振动传递到前壁板,并激起板振动,使车内声音的品质降低。图4-13表示某车在怠速时出现了车内轰鸣声。经过诊断,其原因是压缩机有一个192Hz的振动源,经过管道传递到前壁板上,与前壁板产生了共振。再检查空调管与前壁板的连接,发现连接橡胶硬(硬度为65)而且体积小。更换了硬度为55而且体积大的橡胶后,管道传递到前壁板的振动降低,特别在192Hz处,车内轰鸣声也消失了。

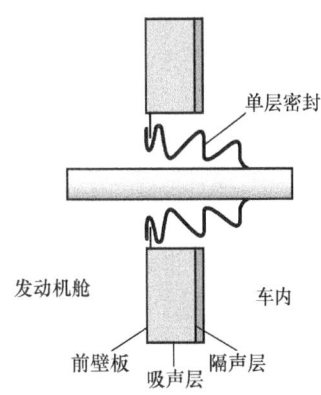

图4-11 部件穿过前壁板的单层密封

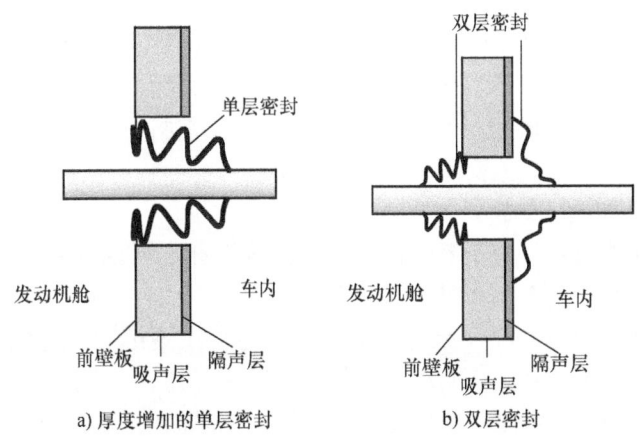

a) 厚度增加的单层密封　　　b) 双层密封

图4-12 改进部件穿过前壁板的密封

(2) 工艺孔的密封

工艺孔只是在制造过程中的某个工艺阶段起作用。一旦完成了它的使命,就

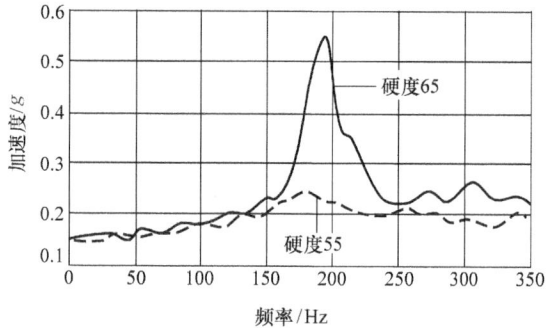

图 4-13 管道与前壁板的连接对振动的影响

必须将之密封起来，以阻止车外噪声对车内的传递。工艺孔大小的设计一定要合理，在满足工艺要求的情况下，这些孔要尽可能小。密封工艺孔的方法有三种：贴片、堵头和热成型材料，如图 4-14 所示。

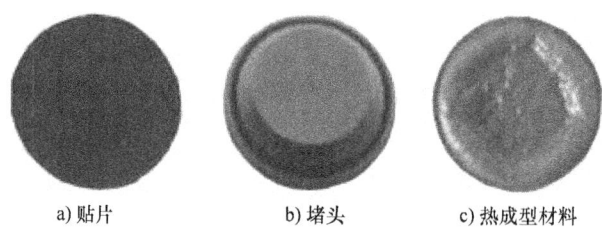

a) 贴片　　　　b) 堵头　　　　c) 热成型材料

图 4-14　工艺孔的密封方法（见彩插）

一般来说，对于直径 10mm 以下的工艺孔，通常采用贴片密封，其隔声能力基本能满足隔声的要求。对于 10mm 以上的工艺孔，贴片的质量小，不能满足隔声要求，必须采用堵头或热成型材料来密封。在这三种密封方式中，热成型材料的密度最高，密封性也最好，堵头次之，贴片最差。

（3）错误孔和缝隙的密封

错误孔和缝隙通常是由于钣金件之间的搭接设计不当或者制造不当而形成的。因此，钣金件之间的搭接设计对密封很重要。

两块钣金件平行地放在一起的，不可避免地会出现缝隙，它们之间必须进行密封处理。通常采用密封胶将两块钣金件的缝隙密封住。

在两块搭接的钣金件之间留出足够的空间，用来涂密封胶。图 4-15a 中，钣金件 1 和钣金件 2 挨在一起，到达顶端的长度也一样，即形成平头搭接，这样就没有涂密封胶的位置。为改进设计，将钣金件 2 与钣金件 1 的长度做得不一样，相差 3~5mm，如图 4-15b 所示，形成错位搭接，这样就有足够的位置来涂密封胶，达到密封的效果。

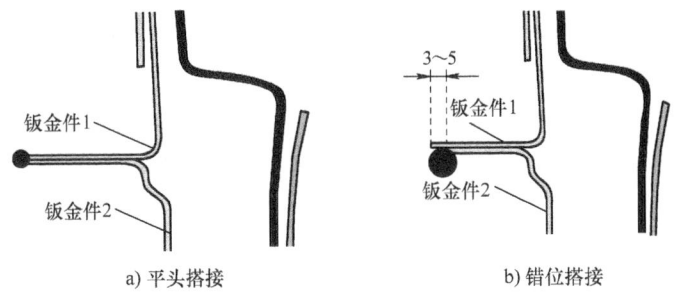

a) 平头搭接　　　　　　b) 错位搭接

图 4-15　两块钣金件之间的密封

在搭接钣金件之间涂胶困难的地方，可以设计专门的涂胶槽。在搭接之前，就把密封胶涂在槽内。图 4-16 显示两块钣金件搭接在一起，在设计的时候，专门在第一块钣金

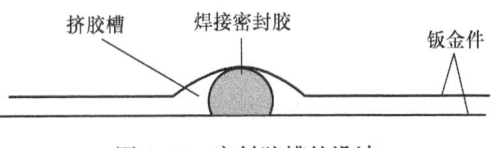

图 4-16　密封胶槽的设计

件上设计一个涂胶槽。制造过程中，先将焊接密封胶置于槽内，再将两个钣金件放在一起，一道工序就完成了板的焊接与密封。这种地方使用的密封胶不是普通的密封胶，而是焊接密封胶。焊接密封胶分为膨胀型和非膨胀型。膨胀型密封胶在经过高温烘烤工序后膨胀，其密封效果更好。在钣金件缝隙比较大的地方，膨胀胶的效果比非膨胀胶的效果好。

2. 密封的设计控制与 DMU 检查

在设计阶段和样车阶段，都要进行孔和缝隙的密封控制。设计阶段的技术要求和控制尤为重要，在设计任务书中，要明确给出气密封、声密封和振动隔离的要求。在设计过程中，始终要考虑密封问题。只有在设计阶段解决了这些问题，才能有效地实现良好的车身 NVH 性能，节约成本，缩短开发时间。

设计完成后，应进行数字样车（DMU）检查，来确定设计上是否会带来密封不好的问题。DMU 检查仍然可以按照前面划分的三类密封问题来进行。

针对功能性的孔，需要检查穿孔大小、穿过部件与车身板的位置和隔离处理等。例如检查前壁板时，需要检查的孔包括：转向柱穿孔、线束穿孔、离合器拉索穿孔、换档拉索穿孔、制动穿孔、空调水管穿孔、HVAC 孔等。图 4-17 所示为换档拉索穿过前壁板的 DMU 示意图。首先检查这个开孔的尺寸是否合理；然后检查盖板是否与前壁板有橡胶隔离，如果有隔离，则检查橡胶的硬度；第三检查拉索与前壁板的角度，拉索最好垂直于前壁板。

图 4-18 所示为一个车门流水孔的 DMU 示意图。漏水孔的功能是让进入车门内的水能够顺畅地流出，但是这些孔与车厢是相通的，如果孔太大，声音很容易传递到车内，因此必须控制。针对车门流水孔，需要检查孔的大小和位置的分布。

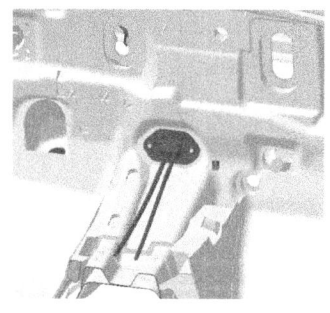
图 4-17 换档拉索穿过前壁板的 DMU 示意图（见彩插）

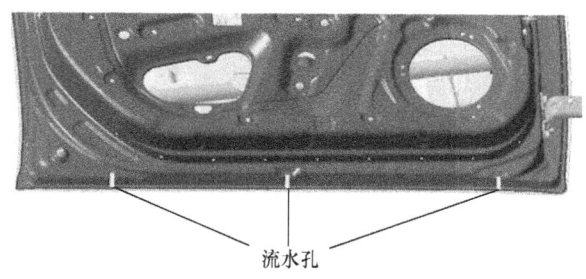
图 4-18 车门流水孔的 DMU 示意图（见彩插）

工艺孔的 DMU 检查有两个目的：一是确认孔的作用，如果孔没有任何工艺作用，设计时一定要取消；二是确认在完成加工工艺后，有密封这些孔的措施。

错误状况孔和缝隙的 DMU 检查有两个目的：一是避免这些孔的出现；二是在无法避免的情况下，对这些孔进行密封处理。设计阶段的错误状况孔和缝隙主要有两种：一是两个板件之间的搭接出现了缝隙；二是几个板件之间的交汇处出现了比较大的"老鼠洞"。例如：图 4-19 所示为轮毂包上三块板交汇处的 DMU 示意图，图中有一个大的缝隙，它属于尺寸较大的"老鼠洞"。在数字样车上发现了这个问题，必须修改设计，消除"老鼠洞"，或者控制它的尺寸以涂密封胶。

图 4-19 轮毂包上三块板交汇处的 DMU 示意图（见彩插）

3. 密封的试验控制

按照孔和缝隙的设计要求来设计车身并进行 DMU 检查，然后制造样车。有了样车后，必须进行实车的密封性检查。首先检查白车身的气密性，然后检查内饰车身或者整车的气密性。

白车身密封检查的目的是检查那些由于制造误差而产生的泄漏缝隙，如板件缝隙、老鼠洞等，以及涂胶状况。用塑料布和胶布将白车身上的窗口、功能性和工艺性孔密封，按照气密性测量方法检查车身上泄漏的地方。白车身气密性的泄漏目标值应该小于 $15cm^2$，这个目标对所有车都一样。

整车密封检查主要是检查车门密封条、总装密封件、功能孔和工艺孔的密封。不同车型的密封要求是不一样的，车越好，密封要求越高。高级车的气密性泄漏值一般小于 $30cm^2$，中级车小于 $50cm^2$，经济型车小于 $70cm^2$。

第三节 吸声材料

一、吸声原理及吸声系数

声波在媒质中传播或者入射到另一个媒质的过程中,声能减少的过程就是吸声。如果媒质是空气,声音能量在空气中的衰减过程就是空气吸声。

吸声的原理是声能转换成热能。一方面,声波在传递过程中,质点的振动速度不同,这种速度梯度使得相邻质点间产生了相互作用的内摩擦力和黏性力,从而阻碍了质点的运动,使得声能不断地转化成热能。另一方面,媒体中各个质点的疏密程度和温度不一样,这种温度梯度使得相邻质点间产生了热交换,也使得声能转化成热能。

当声音从空气入射到另外材料表面时,一部分声能被吸收,这种材料被称为吸声材料。图 4-20 表示能量为 E_i 的声波入射到一种材料上,一部分能量(E_a)被吸收,另一部分能量(E_r)被反射回空气中。衡量材料吸声能力的指标是吸声系数,它定义为被吸收的能量与入射能量的比值,表达为

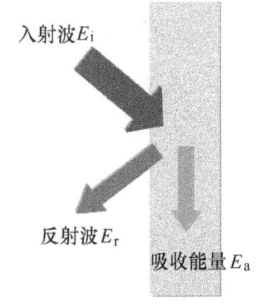

图 4-20 入射声波、吸收声波和反射声波

$$\alpha = \frac{E_a}{E_i} = 1 - \frac{E_r}{E_i} \qquad (4-4)$$

当 $E_r = E_i$ 时,$\alpha = 0$,即入射声能遇到材料时全部被反射;当 $E_a = E_i$ 时,$\alpha = 1$,即入射声能全部被材料吸声。材料的吸声能力介于这两种情况之间,吸声系数为 0~1。吸声系数越大,表明材料的吸声能力越强。通常将吸声系数大于 0.2 的材料称为吸声材料。

吸声系数的大小除了与吸声材料本身有关外,还与入射声波的角度等参数有关。吸声材料和吸声结构分成两大类:多孔吸声材料和共振吸声结构。

二、多孔吸声材料

1. 吸声系数的特征

多孔吸声材料是指从表到里有很多相互串通的微孔的材料,如图 4-21 所示。根据材料微孔形状的不同,多孔吸声材料可分为纤维型、泡沫型和颗粒型。材料内部有足够多的微孔,而且它们向外敞开,以吸声声能。

图 4-22 所示为一个典型多孔吸声材料的吸声系数随频率变化的曲线。低频时,吸声系数很低,所以解决低频噪声问题,采用吸声材料是无济于事的。通常,频

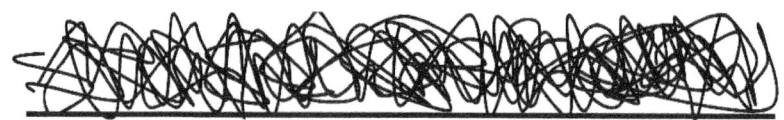

图 4-21 多孔吸声材料示意图

率大于 250Hz 以后，吸声材料才有实质性的吸声作用。随着频率的提高，吸声系数增加。但是当增加到某一个频率时，吸声系数达到最高，然后开始随着频率增加而波动，最后趋向一个稳定的值或降低。

2. 影响吸声系数的因素

影响材料吸声系数的因素有材料结构参数、几何参数和环境因素。材料的结构参数包括流阻、孔隙率和结构因子；几何或者物理参数包括厚度和密度；环境因素包括温度和湿度。

（1）结构参数的影响

① 流阻的影响。流阻是指空气质点通过材料空隙的过程中所受到的阻力。当体积速度为 U 的空气流通过表面积为 A 的吸声材料时，在材料前后形成一个压力差（Δp）。材料中的这种受阻力现象可以用流阻率（R_f）来描述，表达为

$$R_f = \frac{\Delta p A}{U} \tag{4-5}$$

式中，A 是物体的表面积。

或者表示为

$$R_f = \frac{\Delta p}{u} \tag{4-6}$$

式中，u 为垂直于材料表面的线速度，$u = \frac{U}{A}$。

流阻反映了材料的透气性，流阻越大，材料的透气性越差。图 4-23 显示了高流阻、中流阻和低流阻三种材料的吸声系数。对于低流阻材料，因为其内摩擦力

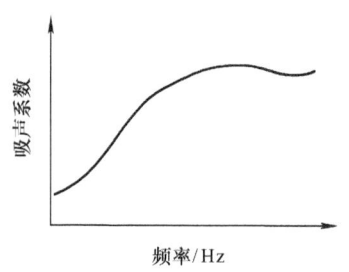

图 4-22 多孔吸声材料的吸声系数
　　　　随频率变化的曲线

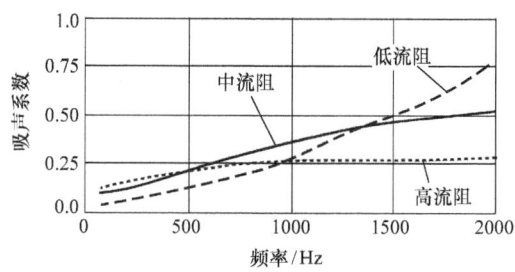

图 4-23 流阻与吸声系数的关系

和黏性力低，产生的声能损耗也低，所以低频段的吸声系数低，但是到了某个频率，吸声系数迅速上升。对高流阻材料，因为其过高的流阻使空气穿透材料的能力降低，导致吸声性能不好，所以整个频段内的吸声系数都很低。为了达到良好的吸声性能，材料的流阻一定要选择在一个合适的范围，通过增加或者减小材料的体积密度来调整流阻。最佳流阻为 100~1000Pa·s/m。

② 孔隙率的影响。孔隙率（B）是指材料中空气的体积与整个样件的体积之比，表示为

$$B = \frac{V_a}{V_m} \tag{4-7}$$

式中，V_a 为空气的体积；V_m 为整个样件的体积。

多孔材料的孔隙率一般在 70% 以上，矿渣棉为 80% 以上，玻璃棉为 95% 以上。一般来说，材料孔隙率高、孔隙细小，则吸声性能较好；反之，孔隙过大，则吸声效果较差。

③ 结构因子的影响。结构因子是指多孔材料内部微观结构对吸声性能影响的因子。理论上，假设多孔材料中的微小间隙沿着毛细管厚度方向纵向排列，但是实际材料的间隙形状和排列非常复杂而没有规律。为了使理论分析与实际测量一致，引入了"结构因子"这个修正系数。多孔材料的结构因子大多数为 2~10，也有个别高达 25。结构因子对低频吸声基本没有影响。当材料流阻比较小时，可以增大结构因子，使吸声系数在中高频范围内呈现周期性变化。

(2) 物理参数的影响

通常，从事声学材料研究和开发的工程师关心材料的结构参数对吸声性能的影响，而汽车 NVH 工程师更关心物理参数或者几何参数对吸声性能的影响。

① 厚度的影响。厚度对吸声系数影响比较大。图 4-24 所示为不同厚度的同一种材料的吸声系数。厚度增加，吸声系数增加，特别是在中低频段。但是厚度增加到一定值之后，吸声系数的增加量就开始减少。图 4-25 所示为厚度增加与吸声系数的关系，厚度从 20mm 增加到 40mm，平均吸声系数从 0.41 增加到 0.62，即厚度增加了 20mm 后，吸声系数增加了 0.21。厚度再增加 20mm，即从 40mm 到 60mm 时，吸声系数从 0.62 增加到为 0.78，即增加了 0.16。厚度继续增加到 80mm，吸声吸声为 0.83，即厚度增加 20mm，吸声系数仅提高 0.05。

在车身上，声学包装材料的厚度一般不超过 30mm。在这个厚度范围内，增加厚度对提高吸声系数是有益的。在设计内饰结构时，要尽可能地给声学材料留下足够大的空间。

② 密度的影响

材料的体积密度与材料的纤维、颗粒大小等因素有关，它对吸声系数的影响

比较复杂。可以从两个方面来描述密度对吸声系数的影响：一是材料相同但密度不同；二是材料不同但密度相同。

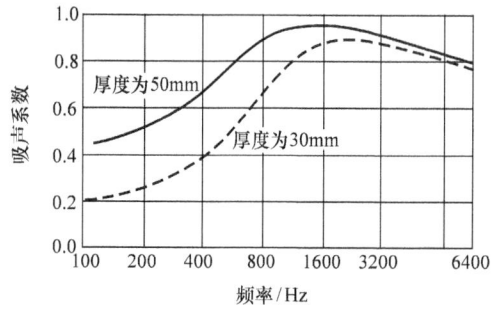

图 4-24 不同厚度的同一种材料的吸声系数

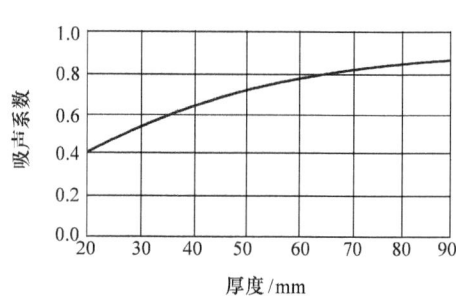

图 4-25 厚度增加与吸声系数的关系

体积密度增加，材料内部的孔隙率降低，流阻增加，这样低频段的吸声系数提高，但高频段的吸声系数降低。图 4-26 所示为同样厚度的玻璃棉的吸声系数与密度的关系。密度从 $10kg/m^3$ 增加到 $20kg/m^3$ 后，中低频吸声系数提高，而高频吸声系数降低，共振吸声频率往低频移动。

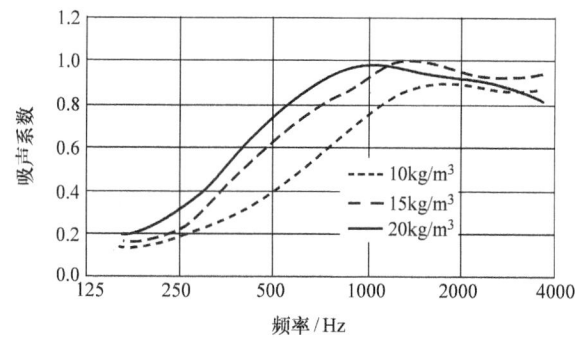

图 4-26 同样厚度玻璃棉的吸声系数与密度的关系

体积密度一样的不同材料，其吸声系数可能不同。一定的体积密度能使某种吸声材料达到最佳的吸声效果，但是对另一种吸声材料的却不一定合适，因此不同的材料有不同的最佳体积密度。图 4-27 显示了某种吸声材料的最佳体积密度为 $140 \sim 160kg/m^3$，此时的吸声系数最大。

（3）环境因素的影响

① 温度的影响。在常温下，环境温度对材料的吸声系数几乎没有影响。当温度变化时，声速和波长也会发生变化，因此吸声系数的频率会漂移，如图 4-28 所示。温度降低，整个吸声系数曲线往低频方向漂移；温度升高，则往高频方向漂移。

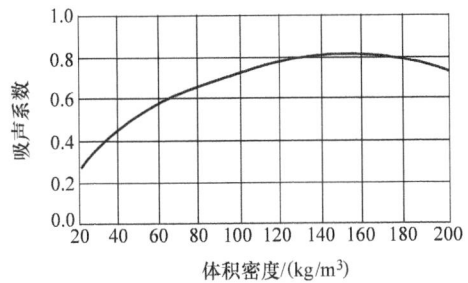

图 4-27　体积密度与吸声系数之间的关系

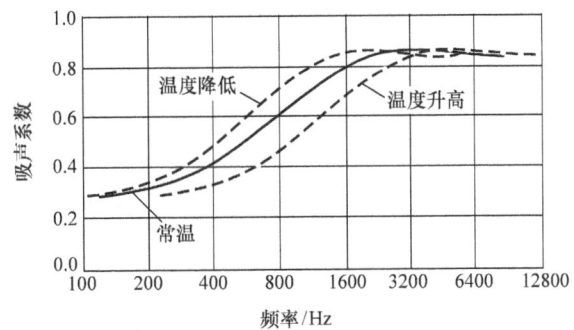

图 4-28　温度与吸声系数的关系

② 湿度的影响。湿度增加会降低材料的孔隙率,从而降低吸声系数。另外,湿度高还会使材料变质。

三、共振吸声结构

共振吸声结构是由一个穿孔板和后面的吸声材料组成,如图 4-29 所示。穿孔板和后面的空气层可以看成由很多个赫尔姆兹谐振腔组成。

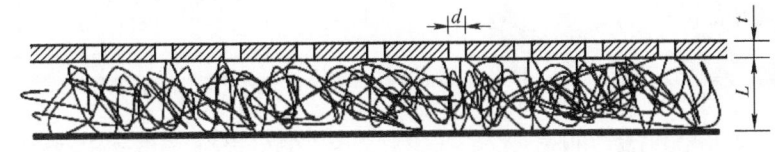

图 4-29　共振吸声结构

赫尔姆兹谐振腔如图 4-30 所示,可以将它看成是一个质量弹簧系统,颈部的空气相当于质量,而谐振腔大容积相当于一个弹簧。考虑连接管的修正系数后,赫尔姆兹谐振腔的频率为

$$f = \frac{c}{2\pi}\sqrt{\frac{A}{Vt_e}} = \frac{c}{2\pi}\sqrt{\frac{A}{V(t+0.8d)}} \tag{4-8}$$

式中，c 为声速；A 为颈口面积；t_e 为颈口有效长度；t 为颈口的实际深度；V 为空腔容积；d 为颈口直径。

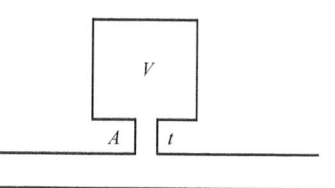

图 4-30　赫尔姆兹谐振腔

当入射波的频率与谐振腔频率一致时，穿孔板内的空气会产生激烈的振动与摩擦，使声能转化成热能，从而达到吸声效果。穿孔板的厚度、孔径以及板后面的空气深度会影响窄频带的共振吸声频率范围，而板后面的吸声材料会影响宽频带的吸声系数。根据式（4-8），得到穿孔板的共振频率为

$$f_0 = \frac{c}{2\pi}\sqrt{\frac{B_1}{(t+0.8d)L}} \tag{4-9}$$

式中，B_1 为穿孔率，即穿孔的面积与整个板面积之比；L 为传孔板后面的空气层厚度。

从式（4-9）可以知道，板越厚，以及板后面的空气层越厚，共振频率越低；穿孔率越大，共振频率越高。但是当穿孔率超过 20% 之后，穿孔吸声的效率就会大大降低，起不到赫尔姆兹谐振腔的作用，而只是由吸声材料起吸声作用。

在汽车上，有的地方使用穿孔板共振吸声结构，如发动机隔热罩，如图 4-31 所示。隔热罩里面有一层带穿孔的铝箔，铝箔里面有玻璃纤维吸声材料。图 4-32 为带穿孔铝箔与不带铝箔的隔热垫吸声系数对比图。在 800~3000Hz 范围内，带穿孔铝箔隔热罩的吸声效果明显高于仅有吸声材料的隔热罩。因为动力总成噪声主要频段在 1000~3000Hz 范围内，所以采用穿孔板隔热罩能够很好地吸收发动机噪声。

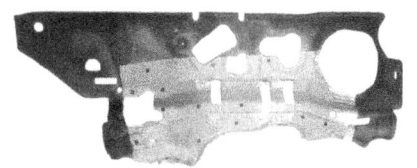

图 4-31　带穿孔铝箔的发动机隔热罩

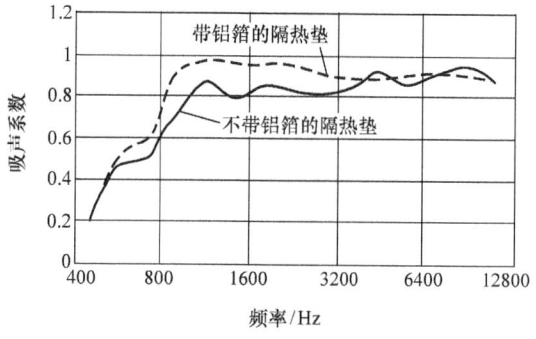

图 4-32　带穿孔铝箔与不带铝箔的隔热垫吸声系数对比

四、吸声系数的测量

材料或部件的吸声系数测量可以在混响室内进行，也可以在驻波管内进行。

将大块材料或者部件放在混响室内,通过测量混响时间,计算出吸声系数。因为入射波来自各个方向,所以这种方法能很好地反映材料的吸声性能。用驻波管测量吸声系数时,需要截取一块材料小样件,放置于驻波管内,使声波垂直入射到样件上。这种方法能反映材料的吸声特征,但是与实际情况有一定误差,因为材料对不同入射方向的声波的吸声系数是不一样的。驻波管测量又分成单传声器驻波管法和双传声器驻波管法。下面分别介绍这几种吸声系数的测量方法。

1. 混响室吸声系数测量法

混响室是指能产生扩散声场的房间。扩散声场是指空间内各点声能密度均匀的声场,而且各个方向的声波相位无规则地随机分布。混响室的各个壁面非常坚硬而光滑。声源发出声波后,遇到壁面,被反射;再次入射到壁面,再反射,最终使室内的声场均匀。但是实际上,声波遇到壁面时,一部分能量被反射,还有一部分能量被吸收,最终声音慢慢地衰减。室内声音衰减的快慢可以用混响时间来描述。当声音停止后,声压级从原始值降低 60dB 所需要的时间被称为混响时间,用 T_{60} 来表示,如图 4-33 所示。

美国声学家塞宾总结了混响时间与房间的容积、表面积和平均吸声系数的关系,表达为

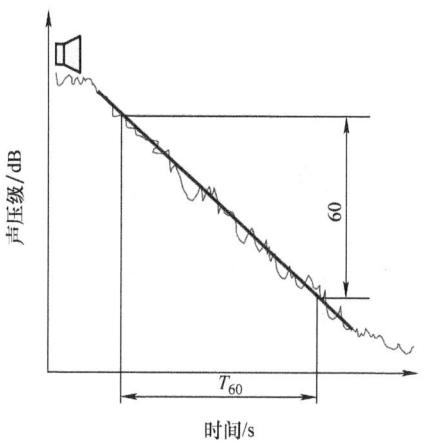

图 4-33 混响时间定义示意图

$$T_{60} = \frac{0.161V}{S\alpha} \tag{4-10}$$

式中,V 为房间的容积;S 为房间的表面积;α 为房间的平均吸声系数。

混响室的墙壁经过特殊处理,吸声能力非常低,混响效果非常好,混响时间长。在混响室内能有效地测量材料或者部件的吸声系数。首先测量混响室的混响时间,然后放入吸声材料或者部件,再测量混响时间,根据两次混响时间的不同,就可以计算出材料的吸声系数,表达为

$$\alpha_2 = \frac{0.163V}{S_2}\left(\frac{1}{T_2} - \frac{1}{T_1}\right) + \alpha \tag{4-11}$$

式中,T_1、T_2 分别是吸声部件放入混响室之前和之后的混响时间;S_2 是吸声部件的面积;α 是混响室的平均吸声系数,由式(4-10)计算得到。

因为测量混响时间时,在不同位置测量得到的声压级有所不同,所以测量时,可以选取 4~6 个位置测量,然后取平均值。混响室的容积对部件吸声系数测量的精度影响比较大,一般要求混响室的容积大于 200m³。

2. 驻波管测量方法

图 4-34 是一个驻波管测量材料吸声系数的示意图。将测试样件放置在管的末端，扬声器发出单频声音信号，用一个传声器测量不同位置的声压级。

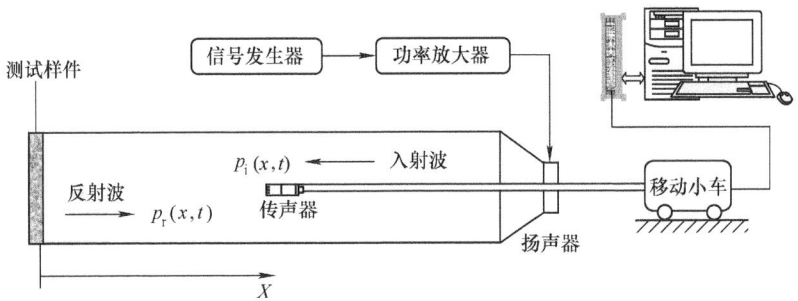

图 4-34 驻波管测量材料吸声系数的示意图

在所考虑的频率范围内，声波的波长远远大于驻波管道的直径，因此在管道中，声波被认为以平面波的形式传播。声波在管道中传播，当到达末端的时候，一部分声波被材料吸收，而另一部分声波则被反射回去，形成反射波。管道中的入射波声压 $p_i(x,t)$ 和反射波的声压 $p_r(x,t)$ 分别为

$$p_i(x,t) = P_i e^{j(\omega t - kx)} \tag{4-12}$$

$$p_r(x,t) = P_r e^{j(\omega t + kx)} \tag{4-13}$$

式中，P_i、P_r 分别是入射波和反射波声压的幅值；k 为波数；x 是传声器到测试样件的距离。

管道中任何一点的声波是由入射波和反射波组成的，表达为

$$p(x,t) = P_i e^{j(\omega t - kx)} + P_r e^{j(\omega t + kx)} \tag{4-14}$$

反射波声压的幅值与入射波声压的幅值之比定义为反射系数（R）表达为

$$R = \frac{P_r}{P_i} \tag{4-15}$$

将式 (4-15) 代入式 (4-14)，得到

$$p(x,t) = P_i e^{j\omega t}(e^{-jkx} + Re^{jkx}) \tag{4-16}$$

驻波比（n）定义为管道中最大声压值和最小声压值之比，即

$$n = \frac{p_{max}}{p_{min}} \tag{4-17}$$

式中，p_{max} 为最大声压值；p_{min} 为最小声压值。

根据式 (4-16) 求得声压的最大值和最小值，然后代入式 (4-17)，得到

$$R = \frac{n-1}{n+1} \tag{4-18}$$

由此得到吸声系数为

$$\alpha = 1 - R^2 = \frac{4n}{(n+1)^2} \quad (4\text{-}19)$$

采用驻波管测量,每次发出一个频率的信号,通过调节传声器的位置,得到声压的最大值和最小值,计算出驻波比,然后得到该频率下的吸声系数。对每个频率都要重复这样的测量,因此测量速度慢,但是其精度高。

3. 双传声器驻波管法

双传声器驻波管测量克服单传声器测量速度慢的缺陷,能够一次测量多个频率的吸声系数。图4-35是双传声器测量吸声系数的示意图。它的测试原理与单传声器一样,不同的是在管道中布置两个传声器。

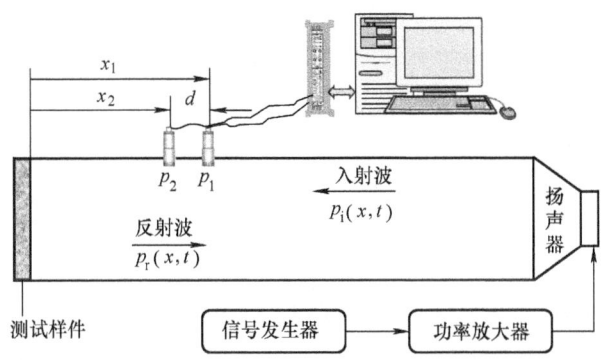

图 4-35 双传声器测量吸声系数的示意图

传声器1和传声器2的测量到的声压分别是

$$p_1(x,t) = P_i e^{j(\omega t - kx_1)} + P_r e^{j(\omega t + kx_1)} \quad (4\text{-}20)$$

$$p_2(x,t) = P_i e^{j(\omega t - kx_2)} + P_r e^{j(\omega t + kx_2)} \quad (4\text{-}21)$$

式中,x_1、x_2分别是传声器1和传声器2到样件之间的距离。

传声器2到传声器1的声压传递函数(H_{12})定义为

$$H_{12} = \frac{p_2(x,t)}{p_1(x,t)} = \frac{P_i e^{j(\omega t - kx_2)} + P_r e^{j(\omega t + kx_2)}}{P_i e^{j(\omega t - kx_1)} + P_r e^{j(\omega t + kx_1)}} = \frac{e^{-jkx_2} + Re^{jkx_2}}{e^{-jkx_1} + Re^{jkx_1}} \quad (4\text{-}22)$$

两个传声器之间的距离为

$$d = x_1 - x_2$$

传声器2与传声器1之间的入射波声压传递函数(H_i)定义为

$$H_i = \frac{p_i(x_2, t)}{p_i(x_1, t)} = e^{-jk(x_2 - x_1)} = e^{jkd} \quad (4\text{-}23)$$

同样,两个传声器之间的反射波声压传递函数(H_r)定义为

$$H_r = \frac{p_r(x_2, t)}{p_r(x_1, t)} = e^{jk(x_2 - x_1)} = e^{-jkd} \quad (4\text{-}24)$$

将式(4-23)和式(4-24)代入式(4-22),得到反射系数的表达式

$$R = \frac{H_i - H_{12}}{H_{12} - H_r} e^{-j2kx_1} \qquad (4-25)$$

然后,根据式(4-19)就可以计算出吸声系数。在式(4-25)的表达式中,H_i 和 H_r 中包含了波数,即包含了频率,因此双驻波管方法可以一次测量多频率的吸声系数。

第四节 隔声材料与隔声结构

一、隔声原理与声传递损失

采用特殊的材料和结构将外界声源与接收环境隔离开来,使环境噪声降低,这就是隔声。

当声音从空气入射到另外结构的表面时,一部分声能被反射回来,另一部分声能则透过这个材料,继续在空气中传播,如图4-36所示。被反射回来的声能称为反射声能(E_r),透过结构继续传播的声能称为透射声能(E_t)。透射声能小于入射声能(E_i),这个结构阻挡了一部分声音的传播,就起到了隔声作用。

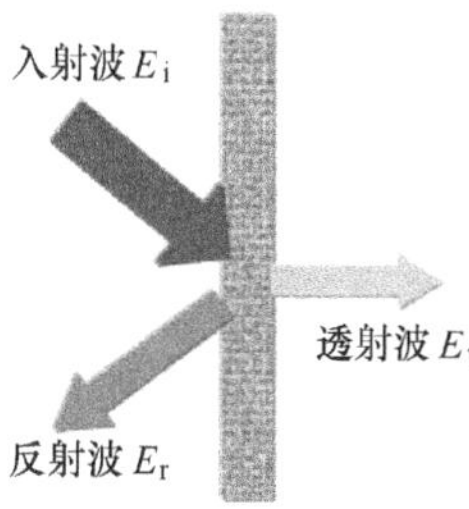

用透射声能与入射声能之比来表示声音的穿透能力,将其定义为声传递系数(τ),表达为

图4-36 声波反射和入射的示意图

$$\tau = \frac{E_t}{E_i} \qquad (4-26)$$

当 $E_r = E_i$ 时,$\tau = 0$,即入射声能全部被反射;当 $E_t = E_i$ 时,$\tau = 1$,即入射声能全面透过结构。材料的声音穿透能力介入这两种情况之间,声传递系数在0到1之间。声传递系数越大,表明透射声能越多,材料的隔声能力越差。

透射声音与隔离声音是两个相反的概念,为了表示材料的隔声能力,就必须使用声传递系统的倒数。由于这个倒数的值往往非常大,不利于数字表达,于是就采用了对数形式。材料或者结构的隔声能力称为声传递损失,用 STL(Sound Transmission Loss)表示

$$STL = 10\log\left(\frac{1}{\tau}\right) = 10\log\left(\frac{E_i}{E_t}\right) = 10\log E_i - 10\log E_t \qquad (4-27)$$

声传递损失越大,材料的隔声性能就越好。

二、单层板隔声

假设板件为匀质薄板。单层板的隔声性能是由板的面密度(质量)、刚度和阻

尼（材料的损耗因子）决定的。图 4-37 表示单层板隔声量与频率的关系，从总体趋势来看，随着频率的增加，板的隔声量也增加。从频率域上，可以将隔声特征分成三个区域：刚度控制区、质量控制区和吻合效应控制区。

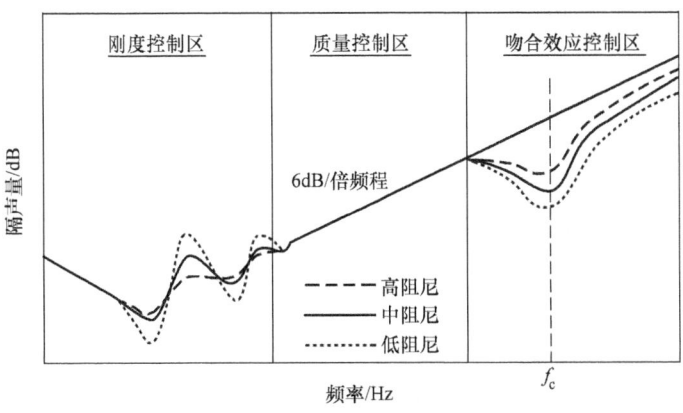

图 4-37 单层板隔声量与频率的关系

刚度控制区：在很低的频率范围内，即低于板结构的固有频率，板结构相当于一个刚体，其隔声量随着频率的增加而降低。在板结构的固有频率处，板开始共振，隔声量迅速降低，一旦超过了共振频率区，质量开始起作用，隔声量迅速增加。板的固有频率与板的结构和边界条件有关。在本书第三章中，给出了四边简支矩形板的振型和固有频率。

质量控制区：板的质量越大，隔声效果越好；频率越高，隔声量越大。在这个区域，有两个"6dB 原则"。第一个是当频率增加一个倍频程时，隔声量增加 6dB，即隔声量随着频率增加的直线斜率为 6dB/倍频程，如图 4-38 所示。第二原则是当质量增加 1 倍时，隔声量增加 6dB，即隔声曲线整体向上移 6dB。在质量控制区，增加板的质量是提高隔声量的主要手段。

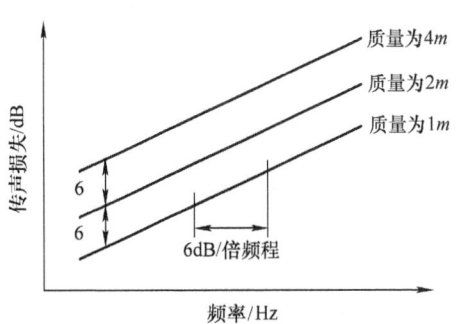

图 4-38 单层板质量与隔声量的关系

吻合效应控制区：由于板有一定的弹性，在声波的激励下，板产生受迫弯曲振动，即声波的运动与板的运动产生了耦合，一部分声能量透过板结构，使得板的隔声量下降。开始的时候，隔声量下降并出现一个低谷，然后又上升。开始上升的斜率为 10dB/倍频程，然后恢复到 6dB/倍频程。由于隔声量上升的后段与质量控制区内隔声特征相似，因此这个区域也被称为质量控制延伸区。

在某个频率时，板中弯曲波的波长与入射声波波长在板上的投影相等，两个波产生了耦合共振。大量声能透过板，使板的隔声量降低，隔声量低谷所对应的频率称为吻合频率，也称为临界频率（f_c），表示为

$$f_c = \frac{c^2}{2\pi}\sqrt{\frac{M}{K}} = \frac{c^2}{2\pi t}\sqrt{\frac{12\rho}{E}} \tag{4-28}$$

式中，c 为声速；M 为板的面密度（kg/m^2）；E 为杨氏模量（N/m^2）；t 为板的厚度（m）；ρ 为板的密度（kg/m^3）；$K = Et^3/12$，为板的刚度。

根据式（4-28），如果材料确定了，那么吻合频率只与厚度有关。车身上常用的钢板和玻璃的厚度通常用毫米（mm）表示，它们对应的吻合频率分别表达为

$$f_{\text{steel}} = \frac{12650}{t} \tag{4-29}$$

$$f_{\text{glass}} = \frac{12240}{t} \tag{4-30}$$

车身钢板的厚度在 1mm 左右，对应的吻合频率大于 10000Hz。激励源的频率几乎没有大于 10000Hz，因此，在车身隔声方面，可以不考虑钢板吻合频率的影响。但是玻璃的厚度通常为 3.5～5mm，对应吻合频率为 2500～3500Hz。外界激励的频率成分中，2500～3500Hz 普遍存在，因此玻璃是很容易产生吻合效应的部件。在进行声学包装处理时，一定要处理好玻璃的隔声问题。

为了减小或者避免吻合效应对隔声的影响，通常采用两种方法：阻尼处理和避开吻合效应频率。如图 4-37 所示，阻尼越大，隔声量的降低就越小。这样通过增加板结构的阻尼就可以提高隔声量。第二种方法，就是将吻合效应频率移到所关心的频率之外，比如提高吻合效率频率，使空气声的激励频率远远低于板结构的吻合频率。根据式（4-28）可知，可以通过减小板的厚度和/或提高板的密度来提高吻合频率。

假设板是均匀而密实的无限大板，当声波垂直于板平面入射时，板的隔声量为

$$STL_0 = 10\lg\left[1 + \left(\frac{\pi fM}{\rho_0 c}\right)^2\right] \tag{4-31}$$

式中，ρ_0 为空气密度（kg/m^3）。

由于 $\frac{\pi fM}{\rho_0 c} \gg 1$，式（4-31）可简化为

$$STL_0 = 20\lg(fM) - 20\lg\left(\frac{\rho_0 c}{\pi}\right) \tag{4-32}$$

将空气的密度 $\rho_0 = 1.18kg/m^3$ 和声速 $c = 344m/s$ 代入式（4-32）中，得到

$$STL_0 = 20\lg(fM) - 42.5 \tag{4-33}$$

实际上，声波垂直地入射到板平面的情况极为罕见，通常声波是从不同的角度散射到平面板上，绝大多数声波入射角为 0～80°。对这种情况，近似认为声传

递损失（STL）与垂直入射情况的声传递损失（STL_0）之间只相差一个常数，即 5dB，表达为

$$STL = STL_0 - 5 \qquad (4\text{-}34\text{a})$$

或者表达为

$$STL = 20\lg(fM) - 47.5 \qquad (4\text{-}34\text{b})$$

从式（4-33）和式（4-34）知道，板的隔声量只与板的面密度和频率有关。这个公式也解释了质量控制区内"两个6dB"的原理。

以上描述的隔声公式是基于无限大平板的假设，是一种理想情况。实际上，板结构的尺寸有限，而且结构的边界条件、刚度、阻尼等会影响到其隔声效果。大量试验数据表明，当板的面密度增加1倍时，隔声量增加量只有5dB；当频率增加一个倍频程时，隔声量增加只有4dB。板的实际隔声量可以用经验公式计算：

$$STL = 16\lg M + 14\lg f - 29 \qquad (4\text{-}35)$$

三、双层板隔声

理想单层板隔声遵循质量定律，板的厚度增加1倍，理论上的隔声量增加6dB。图4-39a给出一块板的隔声量为10dB。增加一块同样厚度的板并与原板紧密地贴合在一起，如图4-39b所示，组合板的隔声量应该为16dB。将图4-39b中的两个板分开，如图4-40所示。第一块板的隔声量为10dB，第二块板的隔声量也是10dB，在理想状况下，这两块分离的板的整体隔声量将达到20dB。但是实际上是达不到20dB隔声量的，本节后续将解释该原因。

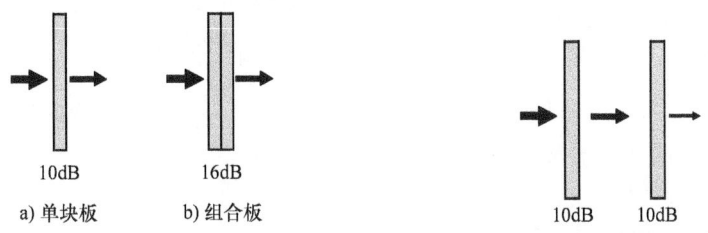

图4-39 单块板与组合板　　　图4-40 分开的两块板

尽管两块分离板的隔声量达不到20dB，但是肯定比组合板的16dB高。两块板分离开，中间有空气隔离，这样的组合形式为双层板隔声结构，如图4-41所示。

图4-41可以划分成三个区域。在第Ⅰ区域，声波透射到A板上时，一部分声波被反射，形成反射波，另一部分穿过板，形成了透射波。透射波在第Ⅱ区域内继续传播，遇到B板时，一部分声波被反射，形成反射波2，另一部分穿过B板，进入第Ⅲ区域，形成了透射波2。在第Ⅱ区域内，声波会反复地在A板和B板之间传播，不断形成反射波和透射波。

声波从第Ⅰ区域传递到第Ⅲ区域，经过了两块板的反射和透射，能量得到了

很大衰减。A 板和 B 板之间不是直接连接,中间是空气,而空气具有一定的弹性。A 板的振动首先传递给空气,空气将振动衰减,然后再传递给 B 板。因此,双层板能取得良好的隔声性能。

具备弹性特征的空气可以看成是一根弹簧,因此双层隔声系统可以看成是一个"质量-弹簧-质量"系统,其固有频率(f_0)为

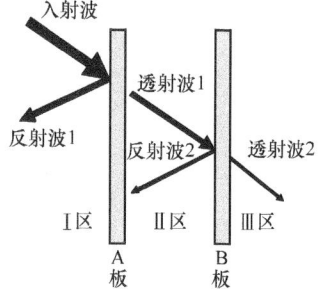

图 4-41 双层板隔声结构

$$f_0 = \frac{1}{2\pi}\sqrt{\left(\frac{1}{M_1} + \frac{1}{M_2}\right)\frac{\rho_0 c^2}{d}} \qquad (4\text{-}36)$$

式中,M_1、M_2 分别是两个板的面密度(kg/m²);d 是两个板之间的空气层厚度(m)。

图 4-42 表示双层隔声系统的隔声量曲线。以固有频率 f_0 为界面,这个曲线可以分成三个区域:低频区、共振区和高频隔声区。

① 低频区。当声波频率低于系统的固有频率 f_0 时,两块板之间几乎没有相对运动,它们做同向运动,可以将它们视为一块板,其隔声量符合质量定律,为

$$STL = 20\lg f(M_1 + M_2) - 47.5 \qquad (4\text{-}37)$$

② 共振区。当声波频率与系统的固有频率 f_0 一致时,双层板系统发生共振,声波很容易穿过双层板。此时的隔声量降低并形成一个低谷,双层板的隔声量甚至比单层板还低。当两块板的面密度相同时,即 $M_1 = M_2$,则只有一个共振频率,隔声量降低的谷底比较深。当两块板的面密度不同时,即 $M_1 \neq M_2$,则有两个共振频率,隔声量降低的谷底比较浅。固有频率 f_0 越低,整个频率段的隔声效果越好,因此要尽可能降低系统的固有频率。

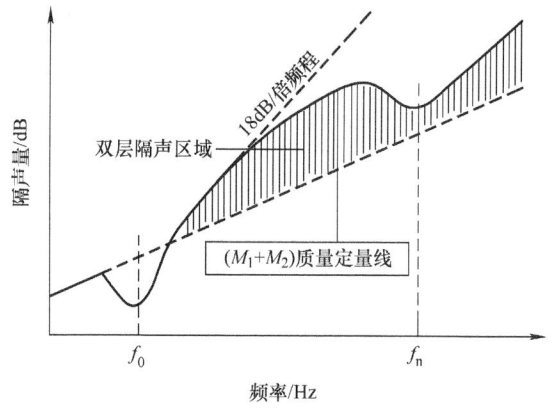

图 4-42 双层隔声系统的隔声量曲线

③ 双层隔声区。当声波的频率高于共振频率时,隔声量从低谷往上增加,增加到一定的频率时,隔声量就超过了两块板贴合在一起的组合板隔声量。当频率进一步增加时,两个板之间的空气存在驻波效应,这会使隔声量降低,从而使隔声量上升曲线趋向平缓。

对于垂直入射的声波,驻波频率为

$$f_n = \frac{nc}{2d} \qquad (4\text{-}38)$$

式中，n 为驻波的阶次（$n=1$、2、3……）。

当声波频率高于 $\sqrt{2}f_0$，但低于驻波频率和单层板的吻合频率时，隔声量以 18dB/倍频程的斜率增加，如图 4-42 所示，传声损失为：

$$STL = 20\lg f(M_1 + M_2) - 47.5 + 40\lg(f/f_0) \quad (4\text{-}39)$$

车身上的双层板结构很多。车身很多部位是由金属板、吸声层和隔声层组成的，如前壁板。金属板和隔声层可以看成是一个双层隔声系统，而中间的吸声层可以看成是一个弹簧。当吸声层非常柔软时，它的刚度低于空气刚度，系统的固有频率低于式（4-36）的计算值。当吸声层具备一定刚度时，它的刚度高于空气，系统的固有频率高于式（4-36）的计算值。以前壁板为例来说明它的固有频率，钢板厚度为在 1mm 左右，隔声层采用 EVA 材料，厚度为 $1.5 \sim 2.5$mm，中间是 $10 \sim 20$mm 的吸声层。前壁板结构的固有频率一般低于 200Hz，而第一阶驻波频率高于 8000Hz。在中频段，可以按照式（4-39）来估算前壁板的隔声量。

四、材料隔声性能的测量

材料隔声性能的测量有实验室方法和驻波管方法。实验室方法又分为混响室-混响室方法和混响室-消声室方法。

1. 混响室-混响室方法

混响室-混响室方法是利用两个套组的混响室来测量材料的隔声性能。图 4-43 中，两个混响室连在一起，中间有一个窗口。被测试的样件放置在窗口上，并且将四周密封好。在一个混响室内放置球形声源或扬声器，这个房间是声源室。声音透过隔声样件，传递到另一混响室内，这个房间称为受声室。在声源室和受声室内分别放置传声器，测量声音大小。

分别测量两个混响室内的声压级，就可以得到两个房间的噪声降低量，用 NR（Noise Redaction）表示。

$$NR = SPL_s - SPL_r \quad (4\text{-}40)$$

式中，SPL_s、SPL_r 分别是声源室和受声室的平均声压级。

计算样件的声传递损失时，要考虑受声室的吸声能力。样件的传声损失为

$$STL = NR + 10\lg(S/\alpha S_r) \quad (4\text{-}41)$$

式中，S，S_r 分别是样件的面积和受声室的表面积；α 是受声室的吸声系数。

混响室-混响室方法测试比较简单。由于采用了两个混响室中的平均声压级来计算声传递损失，因此无法确定样件每个部位的隔声量。

2. 混响室-消声室方法

混响室-消声室方法是利用套组的混响室和消声室来测量声传递损失，测试样件安装在混响室和消声室之间的窗口上，如图 4-44 所示。混响室作为发声室，声源放置其中。消声室作为受声室。

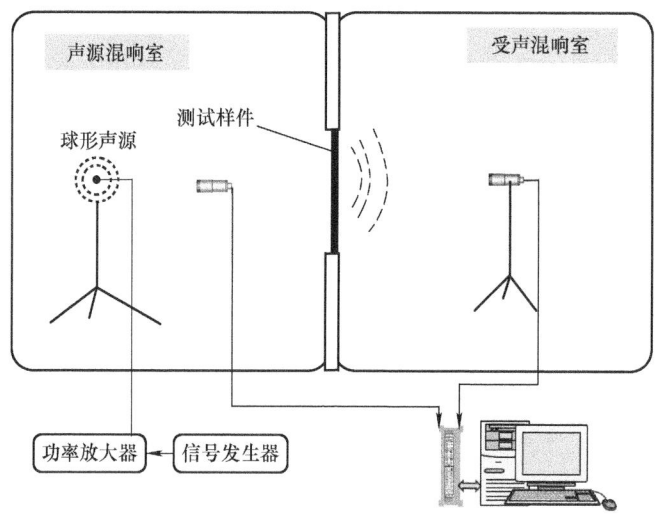

图 4-43 混响室-混响室隔声量测量示意图

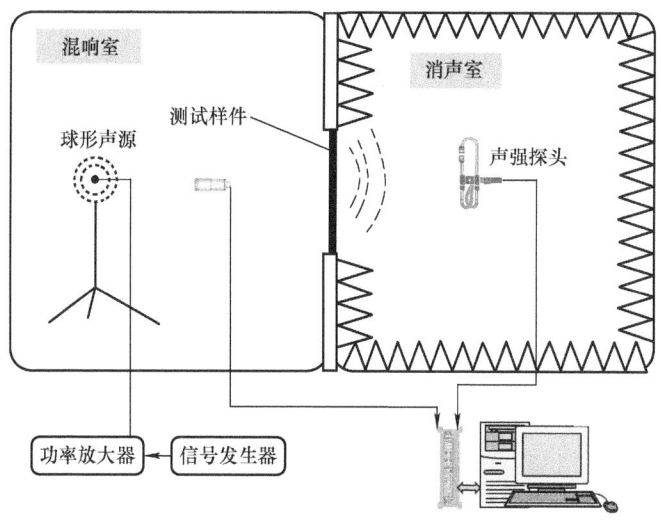

图 4-44 混响室-消声室隔声量测量示意图

在混响室内,声源随机地入射到样件上。通过测量出混响声场的平均声压来计算传递到样件上的声功率,表达式为

$$W = \frac{\overline{p}^2}{4\rho c} S \quad (4\text{-}42)$$

式中,$\overline{p}^2$ 为混响室内多点声压均方值;S 为被测试样件的面积。

在消声室内,通过测量声强来计算接受声功率。声强测量有两种方法:一是

扫描法；二是固定测点法。扫描法是匀速地扫描样件，得到样件的声强，声强乘以样件的面积，就得到了声功率，即

$$W_{in1} = IS \qquad (4-43)$$

式中，I 是被测试样件的声强。

固定测量法是每次测量样件一小块面积的声强，得到该区域的声功率。样件的整体声功率是每隔区域声功率的和，即

$$W_{in2} = \sum_{i=1}^{n} I_i S_i \qquad (4-44)$$

式中，S_i 为样机第 i 个区域的面积；I_i 为对应的声强。

将样件两侧的声功率代入声传递损失定义公式中，然后将空气密度和声速代入，就得到混响室-消声室中被测样件的声传递损失，表达为

$$STL = 10\lg \frac{\overline{p}^2 S/(4\rho c)}{IS} = \overline{L}_p - \overline{L}_1 - 6 \qquad (4-45)$$

式中，$\overline{L}_p$ 为混响室的平均声压级；$\overline{L}_1$ 为消声室的平均声强级。

3. 驻波管方法

驻波管方法是将样件放置在驻波管内来测量它的隔声系数，如图 4-45 所示。将被测材料样件放置在驻波管中间，在样件两侧各放置两个传声器，即两个传声器在声源管中，两个在接受管中。通过测量四个传声器的声压来计算样件的隔声量。

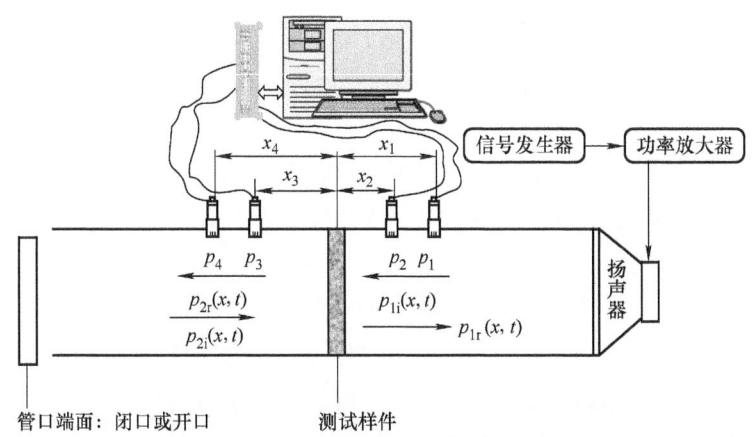

图 4-45 材料声传递损失的驻波管方法

声源管中的入射波（p_{1i}）遇到样件后，一部分被反射回来，在声源管中形成反射波（p_{1r}），另一部分透过样件进入接受管。在接受管中，从声源管透射过来的声波就是 p_{2i}，对样件来说，它又变成了入射波（p_{2i}）。被反射回来的就是反射波（p_{2r}）。

对线性系统而言，声源管中和接受管中的声波存在线性关系，表达如下：

$$\begin{Bmatrix} p_{1i}(x,t) \\ p_{1r}(x,t) \end{Bmatrix} = \begin{pmatrix} e_1(\omega) & e_2(\omega) \\ e_3(\omega) & e_4(\omega) \end{pmatrix} \begin{Bmatrix} p_{2i}(x,t) \\ p_{2r}(x,t) \end{Bmatrix} \quad (4\text{-}46)$$

式中，e_1、e_2、e_3 和 e_4 为声源管和接受管中声压之间的系数。根据声传递损失的定义，样件的声传递损失为

$$STL(\omega) = 20\lg|e_1(\omega)| \quad (4\text{-}47)$$

因此，得到了这些系数就得到了样件的隔声量。

根据前面的描述，管中任一点的声压是入射波声压和反射波声压之和，四个传声器处的声压分别为

$$p_1(x,t) = P_{1i}e^{j(\omega t - kx_1)} + P_{1r}e^{j(\omega t + kx_1)} \quad (4\text{-}48a)$$

$$p_2(x,t) = P_{1i}e^{j(\omega t - kx_2)} + P_{1r}e^{j(\omega t + kx_2)} \quad (4\text{-}48b)$$

$$p_3(x,t) = P_{2i}e^{j(\omega t + kx_3)} + P_{2r}e^{j(\omega t - kx_3)} \quad (4\text{-}48c)$$

$$p_4(x,t) = P_{2i}e^{j(\omega t + kx_4)} + P_{2r}e^{j(\omega t - kx_4)} \quad (4\text{-}48d)$$

$p_1(x,t)$、$p_2(x,t)$、$p_3(x,t)$ 和 $p_4(x,t)$ 由四个传声器测量得到。根据式（4-48a）~式（4-48d），可以求解得到样件两侧的入射波和反射波声压：P_{1i}、P_{1r}、P_{2i} 和 P_{2r}。

在方程组（4-46）的两个方程中，有四个未知数，即 e_1、e_2、e_3 和 e_4，显然无法求解四个未知量。为了解决这个问题，设计了两种末端管口：一个是开口的，一个是闭口的。于是，将方程（4-46）拓展成四个方程。

在开口末端状态下，有两个方程，为

$$\begin{Bmatrix} p_{1io}(\omega) \\ p_{1ro}(\omega) \end{Bmatrix} = \begin{pmatrix} e_1(\omega) & e_2(\omega) \\ e_3(\omega) & e_4(\omega) \end{pmatrix} \begin{Bmatrix} p_{2io}(\omega) \\ p_{2ro}(\omega) \end{Bmatrix} \quad (4\text{-}49)$$

式中，p_{1io} 和 p_{1ro} 分别是开口状态下声源管内的入射波和反射波；p_{2io} 和 p_{2ro} 分别是开口状态下接受管内的入射波和反射波。

在闭口末端状态下，还有两个方程，为

$$\begin{Bmatrix} p_{1ic}(\omega) \\ p_{1rc}(\omega) \end{Bmatrix} = \begin{pmatrix} e_1(\omega) & e_2(\omega) \\ e_3(\omega) & e_4(\omega) \end{pmatrix} \begin{Bmatrix} p_{2ic}(\omega) \\ p_{2rc}(\omega) \end{Bmatrix} \quad (4\text{-}50)$$

式中，p_{1ic} 和 p_{1rc} 分别是闭口状态下声源管内的入射波和反射波；p_{2ic} 和 p_{2rc} 分别是闭口状态下接受管内的入射波和反射波。

根据式（4-48），分别测量出开口和闭口状态下的四个传声器的声压，然后计算出对应的入射波声压和反射波声压。方程组（4-49）和（4-50）中共有四个方程，求解之后，就可以得到 e_1、e_2、e_3 和 e_4 这四个系数。然后，根据公式（4-47）就可以计算出材料样件的声传递损失或隔声量。

第五节 声学材料的应用

声学包装材料和结构广泛地应用在汽车车身上,如图 4-46 所示。它们几乎应用在车身上的所有部位,如前壁板、地板、顶棚、中控箱、行李箱、立柱、轮毂包等。而且,近年来,随着顾客对声品质要求不断提升,声学包装材料应用得越来越多。

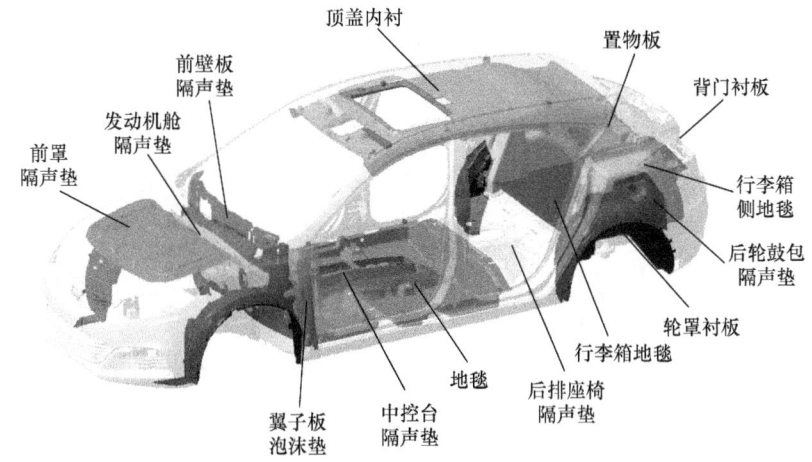

图 4-46 声学包装在车身上的应用(见彩插)

声学包装的应用可以归纳成三类:

第一类,吸声材料的应用。这是指吸声材料单独应用在车身的某个部位,既有在车身外侧,也有在车身内部。例如在车身外,发动机舱盖上的隔热和吸声垫就是一种吸声材料,以吸收发动机辐射出来的中高频噪声。例如在车身内部,车门的外板和内板之间放置着吸声材料,以吸收传入车内的噪声。

第二类,隔声结构和吸声材料的组合应用。这是指将隔声结构和吸声材料组合在一起应用,以减小车内的噪声并提升声品质。比如前壁板隔声垫就是隔声层和吸声层组合在一起的结构。除了玻璃外,车身上单独使用隔声结构的部件很少。绝大多数声学包装结构是这种隔声结构和吸声材料的组合。

第三类,阻隔材料的应用。这是指在车身梁空腔内安装阻隔发泡材料,以阻隔噪声在空腔内的串通,从而阻止它在车内的传递。

下面将详细地介绍上述三种声学包装材料和结构的应用。

一、吸声材料和结构的应用

1. 吸声材料应用的地方和种类

图 4-47 显示了吸声材料在车身上的主要应用地方。吸声材料独立使用的地方

有：仪表板、车门、立柱、顶棚、轮毂包、行李箱、中控通道、发动机舱、座椅等。

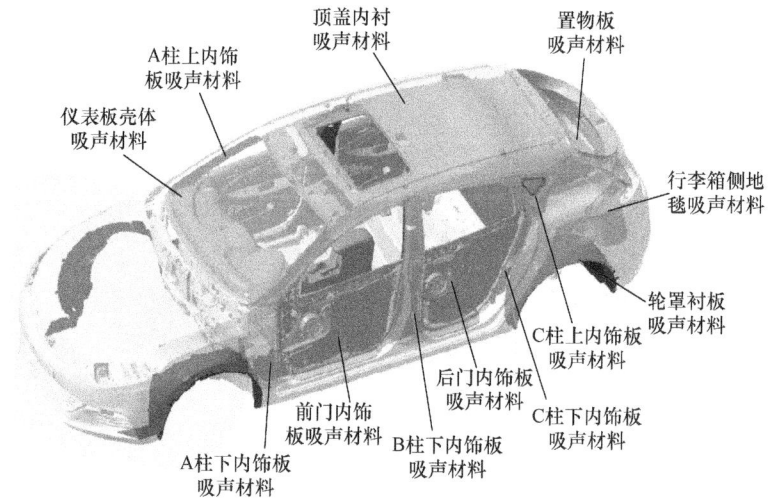

图 4-47 吸声材料在车身上的应用（见彩插）

吸声材料的应用可以分成三类：第一类是形状固定的吸声结构，如发动机舱盖板隔热垫、发动机舱前壁板吸声垫；第二类是自由放置的材料或者形状没有严格规定的结构，比如放置在轮毂包内的吸声材料、车门内板里面的吸声材料、仪表板内部的吸声材料、中控通道内部的吸声材料、顶棚装饰板上的吸声材料、ABC 柱内的吸声材料；第三类是座椅，座椅作为一个特殊的结构，其吸声作用非常重要。

汽车上常用的吸声材料有两种：泡沫吸声材料和纤维吸声材料。

泡沫吸声材料的吸声系数非常高。特别在 2000~4000Hz 范围内，吸声系数可以达到 0.7。PU 发泡材料是一种广泛应用在车身上的泡沫型多孔吸声材料，比如用在前壁板上、地毯上等。但是，它的成本比较高，因此主要用在中高级车上。

纤维吸声材料包括玻璃纤维、针刺纤维毡、热塑纤维毡、树脂纤维等。纤维材料的吸声系数随着频率的增加而增加，只有到了比较高的频率时，吸声系数才可能达到 0.7。比如棉毡就是一种应用非常广的纤维材料，多用在前壁板、地毯等地方。由于成本较低，纤维吸声材料在经济型汽车上得到了广泛应用。

2. 固定成型的吸收结构

固定成型吸声结构的典型例子是发动机舱盖板隔热垫和前壁板外侧隔热垫。这种吸声结构有一定的形状，用螺栓或者卡扣安装在金属钣金件上，而且其形状基本保持不变。图 4-48 所示为一个发动机舱盖板隔热垫，它由三层结构组成：中间的吸声材料和外面两层隔热面料。它既能隔离发动机的热传递，也能吸收发动机的噪声。

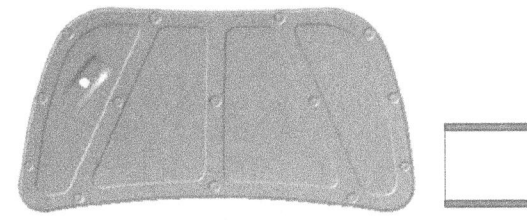

图 4-48 发动机舱盖板隔热垫

中间层常使用的吸声材料有玻璃纤维、PU 泡沫和热塑纤维毛毡。玻璃纤维的隔热性能和吸声性能都非常好,而且成本低,但是对人体有害,主要用于经济型汽车。PU 材料在吸声材料外面加两层面料(通常是无纺布),就像覆盖了薄膜,起到一点点隔声作用,提升了中低频的吸声性能,但是高频的吸声性能有所降低,主要用在中高级轿车。

图 4-49 所示为某车急速时,在发动机罩盖上方测量的噪声曲线,两条曲线分别在有隔热垫和没有隔热垫的条件下测得。增加隔热垫之后,整个频段内的噪声都降低了,中高频段降低了 5 ~ 10dB (A)。这表明隔热垫起到了良好的隔声效果。

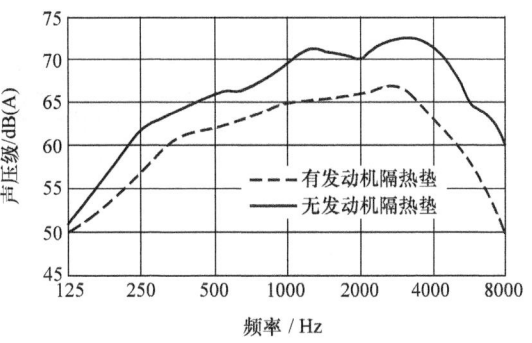

图 4-49 隔热垫对车外急速噪声的影响

图 4-50 所示为汽车全加速 (WOT) 状态下,有无隔热垫的车内噪声曲线比较。可以看出,安装

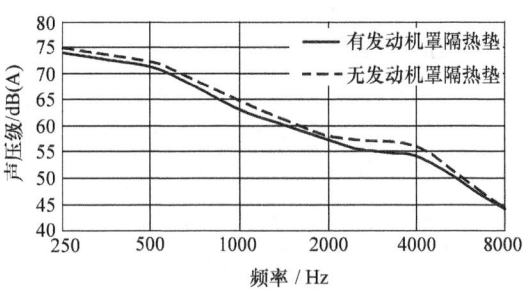

图 4-50 隔热垫对车内加速噪声的影响

了隔热垫后,车内噪声整体上有所降低,在 2000 ~ 4000Hz 范围内,噪声降低了约 2dB (A)。

3. 自由放置或者形状没有严格固定的吸声结构

将吸声材料布置在车门内侧、轮毂包上、中控通道内、ABC 柱内。这些吸声材料没有固定形状,自由放置;或者虽然有一定形状,但安装比较简单。结构的变形对吸声功能几乎没有影响,也不会带来其他问题。即便固定松动,也不会带来异响问题。图 4-51 显示放置在 A 柱内、车门内、置物板内的吸声材料。下面以顶棚为例来说明车内吸声结构对吸收声音的作用。

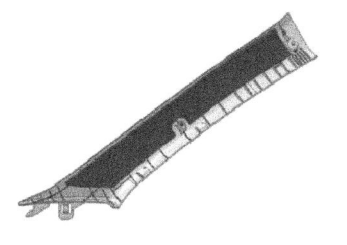
a) A柱内饰板吸声材料

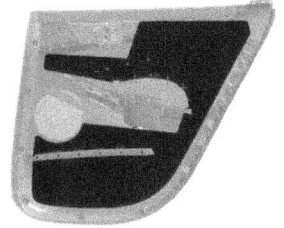
b) 车门内饰板吸声材料

c) 置物板吸声材料

图 4-51　自由放置或者形状没有严格固定的吸声结构

图 4-52 是顶棚结构的剖面图。它由七层组成，分别为装饰层、黏结层、加强层、吸声层、面料层、空气层、钢板层。

第一层：装饰层。装饰层是人可以看见的，主要起装饰作用，材料通常是无纺布或者机织布。它只能起很小的吸声作用，但必须具备良好的透气性以便使上面的吸声材料发挥作用。有的装饰层后面还加

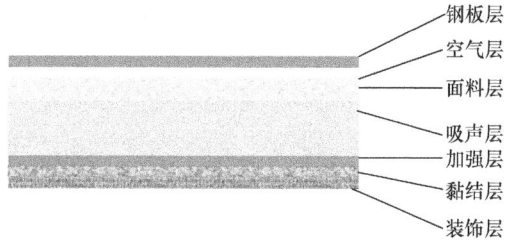

图 4-52　顶棚结构的剖面图（见彩插）

上了一层泡沫或者海绵，一方面增加装饰层的厚度，另一方面起到了一定的吸声作用。

第二层：黏结层。黏结层的作用是将装饰层与加强层连在一起。黏结层没有任何吸声作用，但是必须有足够的透气性。

第三层：加强层。顶棚吸声结构面积大，有一定的重量，因此它必须具备一定强度。同时有些小电器安放在顶棚上，它必须有一定的承重能力。同样，加强层必须有良好的透气性能。

第四层：吸声层。它也被称为结构衬底层，由吸声材料组成，是顶棚吸声的主体。因为前面的三层有良好的透气性，所以声波很容易到达衬底层，实现良好的吸声效果。顶棚离人很近，因此衬底层通常使用多孔泡沫材料，偶尔也使用玻

璃纤维复合材料。

第五层：面料层。它也被称为护理层，是防止吸声材料窜动。如果护理层设计得当，它可以与后面的空气层组成谐振腔结构，起到消声作用。有的车没有护理层。

第六层：空气层。

第七层：钢板层。这是指车身顶棚钢板。

前面五层组成了顶棚的声学包装结构。由于人耳离它很近，顶棚吸声设计非常重要。图4-53是某车以120km/h巡航时，有和没有顶棚声学包装结构的车内噪声对比。在整个频段内，安装了顶棚吸声结构后，车内声压降低1~3dB（A）。

4. 座椅的吸声

图4-54是座椅的表面和内部声学材料的解剖图。座椅的表面材料有三种：布、真皮革和人造皮革。内部是多孔泡沫材料。

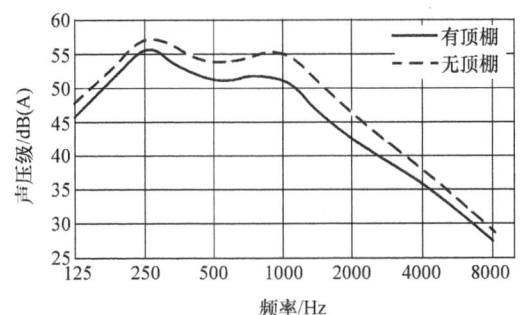

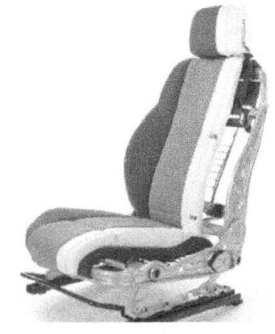

图4-53 有和没有顶棚声学包装结构的车内噪声对比

图4-54 座椅的表面和内部声学材料的解剖图

与其他车身部件相比，座椅吸声有两大特点：面积大、厚度深。座椅面积非常大，里面又是多孔吸声材料，因此座椅的吸声能力非常强。图4-55表示某款车车身不同部件的吸声量的比例，座椅的吸声量占到了近一半。结构的厚度决定了吸声频率的效果，只有当厚度大于波长的1/10时，对应频率的声波才能被吸收。座椅的厚度是其他任何吸声结构无法比拟的，因此它对低频声音的吸收远远优于其他部件。图4-56为某款车在120km/h巡航时，有和没有座椅的车内噪声比较。在整个频段内，两者的吸声量相差约5dB（A）。

座椅表面对吸声性能影响很大。布面料的透气性能好，声波很容易穿过而进入泡沫材料，从而被吸收。皮革面料的透气性很差，声波穿透有难度，因此它的吸声性能远远小于布面料。三个内部结构和吸声材料相同但面料不同的座椅：布面料、皮面料、穿孔皮面料的吸声比较如图4-57所示。从图中可以看出，皮面料座椅在中高频段的吸声系数远远低于布面料座椅。在皮面料上穿孔，增加其透气性，虽然使吸声系数有所提升，但是仍然远低于布面料。

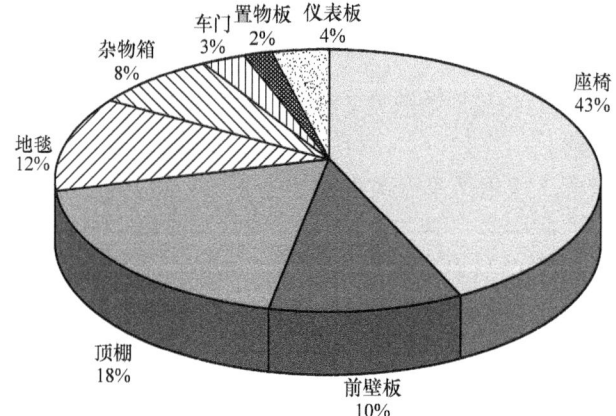

图4-55 车身不同部件的吸声量的比例

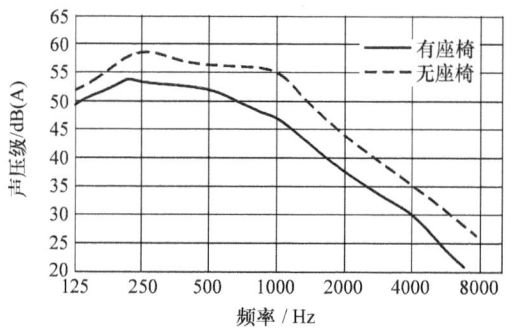

图4-56 有和没有座椅的车内噪声比较

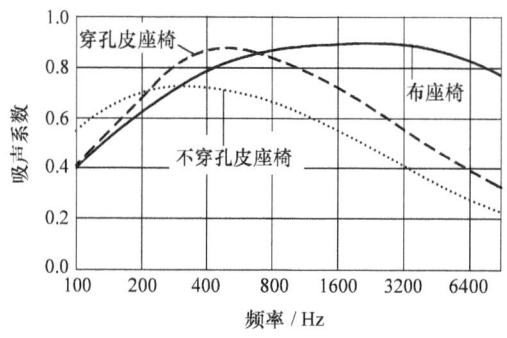

图4-57 面料对座椅吸声系数的影响

二、隔声结构与吸声材料的组合应用

1. 复合隔声与吸声结构

车身上多数声学包装结构是吸声材料和隔声材料的组合，如前壁板隔声垫、地毯垫等。图4-58给出了几种典型吸声部件与隔声部件的不同组合。

材料的吸声性能和隔声性能往往是交织在一起的。吸声材料也有一定的隔声性能，但主要起吸声作用；同样，隔声材料也有吸声性能，但主要起隔声作用。图 4-59 显示了声波在吸声材料和隔声材料中的传播过程。声波进入吸声材料和隔声材料后，不断地入射、反射和透射，最后衰减，达到了降低声音的目的。

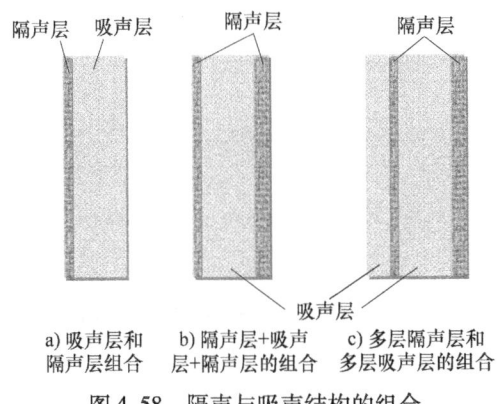

图 4-58　隔声与吸声结构的组合

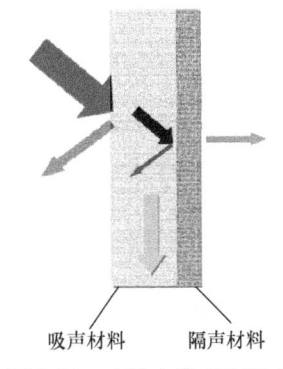

图 4-59　声波在吸声和隔声材料中的传播过程

2. 前壁板声学包装结构

图 4-60 是一个前壁板和隔声垫的示意图。声学包装结构由吸声层和隔声层组成。吸声层通常采用 PU 泡沫或者棉毡，隔声层通常采用 EVA。EVA 具有一定的质量，能起到较好的隔声作用。如果把前壁板也作为隔声层，那么这个组合的结构就由三层组成：钢板隔声层、吸声层和隔声层。钢板是很好的隔声材料，但是车身钢板的厚度在 1mm 左右，并不能有效地隔离来自发动机传递到车内的声音，因此要增加声学包装来提升隔声能力。

图 4-61 是某车在加速情况下，有和没有隔声垫的车内噪声比较。当没有隔声垫时，车内噪声增加，特别在中高频段，比如在 2000Hz 时，噪声比有隔声垫的情况高出了 3dB（A）。

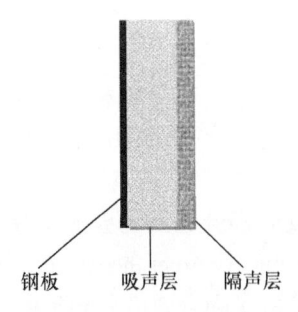

图 4-60　前壁板和隔声垫的示意图

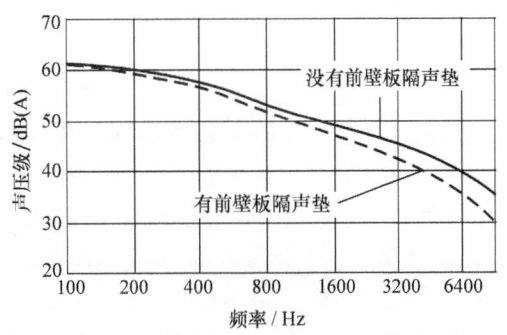

图 4-61　有和没有隔声垫的车内噪声图

PU泡沫的成本较高，因此有些车的前壁板隔声垫不用PU泡沫，不用EVA隔声层，而是用双层毛毡来代替。双层毛毡吸声能力较强，但是它质量较小，隔声能力会有所降低。

前壁板隔声垫的隔声能力不仅与钣金的厚度、吸声层的吸声能力和隔声层的隔声能力有关，而且与它与钣金贴合的程度有关。图4-62为隔声垫与前壁板贴合的两种情况。图4-62a显示两者贴合得非常好，透过钣金的噪声首先被吸声层吸收一部

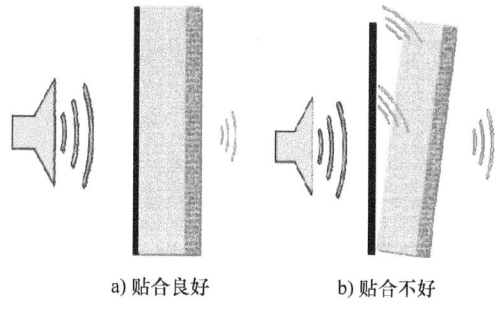

a) 贴合良好　　b) 贴合不好

图4-62　隔声垫与前壁板贴合

分，然后被隔声层隔离一部分，传递到车内的噪声大大降低。图4-62b表示两者贴合不好，透过钣金的噪声会透过缝隙直接传递到车内，隔声层起的作用大大降低。

3. 地毯声学包装结构

图4-63为典型的地毯声学包装结构，它由地毯衬垫、隔声层和面料层组成。地毯衬垫材料为泡沫或者毛毡，起吸声作用。面料主要起装饰作用，有的也具有一点隔声和吸声性能。如果将地板考虑成隔声层，那么"地板-衬垫-隔声层"就组成了一个双层隔声系统。它的隔声能力与隔声层的面密度和地板厚度有关。图4-64所示为某车加速时，有和没有地毯的车内噪声比较。有地毯的车内噪声比没有地毯的低，特别在中高频段，地毯能使噪声降低2~8dB（A）。

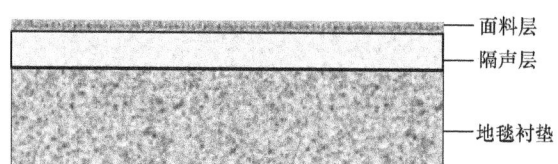

图4-63　典型的地毯声学包装结构

4. 复合夹层玻璃

车身上的玻璃主要有前风窗玻璃、后风窗玻璃、门窗玻璃。近年来，出现了全景天窗，即整个顶棚都是由玻璃组成。本章第四节介绍了车身钢板和玻璃的吻合频率。钢板的吻合频率在10000Hz以上，车外这么高频率的激励源很少，因此钢板一般不会遇到吻合频率被激励起来的情况。玻璃的吻合频率多在2500~3500Hz之间，这个频段内的外界激励源很多，因此玻璃都会遇到吻合频率带来的隔声量降低的问题。图4-65所示为玻璃厚度分别为4mm和5mm的声传递损失曲线，在3000~4000Hz频率范围内，隔声量降低，这是由于吻合效应所导致的。

为了弥补吻合效应引起的声传递损失降低，近年来，一种复合夹层玻璃结构

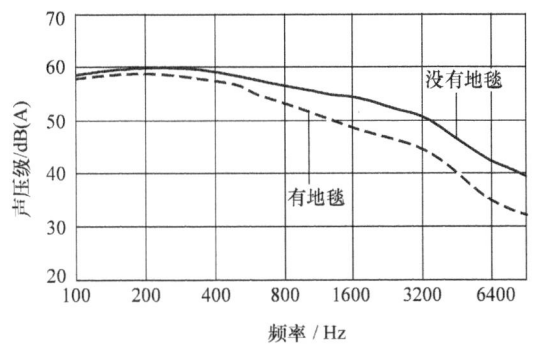

图 4-64 有和没有地毯的车内噪声比较

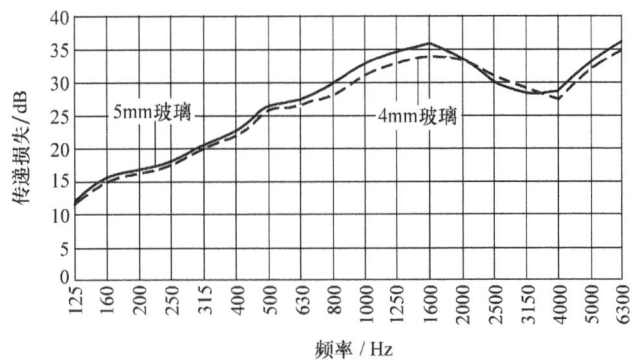

图 4-65 玻璃的声传递损失曲线

开始在汽车上得到应用。复合夹层玻璃是在两层玻璃之间夹一层很薄的 PVB 胶片，如图 4-66 所示。图 4-67 所示为同样厚度的夹层玻璃和普通玻璃的声传递损失曲线比较。在 3000~4000Hz 的频率范围内，普通玻璃的声传递损失下降，出现了一个低谷，但是夹层玻璃却没有这个现象。夹层玻璃声传递损失提高有三个原因：一是避开了单层玻璃所产生的吻合效应问题；二是夹层玻璃形成了一个双层隔声结构，改变了单层玻璃的隔声特征；三是 PVB 材料具有一定的阻尼作用。

夹层玻璃已经广泛应用到汽车前风窗玻璃上，特别是中高级轿车。在高级轿车上，门窗玻璃也开始使用夹层玻璃。

5. 夹心层复合钢板结构

第三章详细地介绍了复合钢板的阻尼作用。与传统的单层钢板相比，复合钢板不仅降低了板的振动，而且隔声效

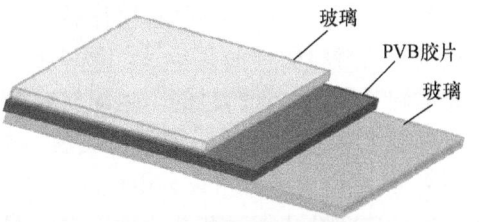

图 4-66 复合夹层玻璃结构

果也得到提升。图3-60是两种前壁板组合结构的比较。图a是传统结构,由四层结构组成,图b是采用了复合板的结构,由两层组成。

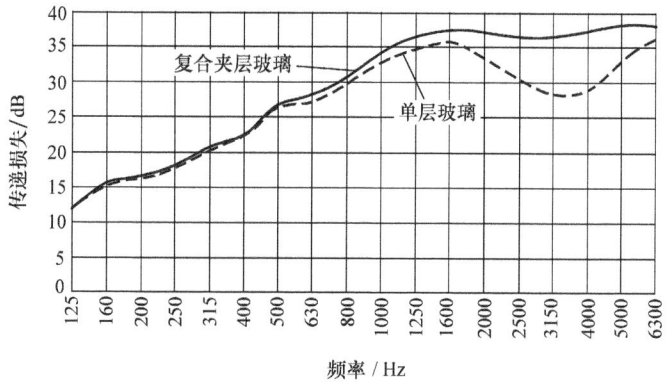

图4-67 同样厚度的夹层玻璃和普通玻璃的声传递损失曲线比较

三、阻隔材料的应用

图4-68a是一根管道,流体(水、空气等)可以自由地在管道内流动。用一块材料将管道堵起来,如图4-68b所示,流体就不能流过去了。

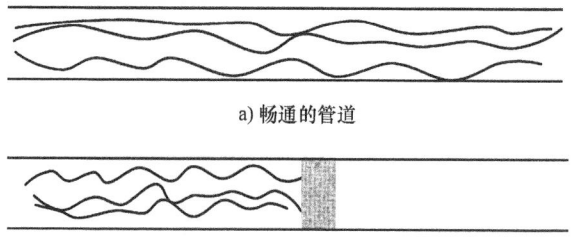

a) 畅通的管道

b) 被堵塞的管道

图4-68 管道与流体

当这根管道被厚实的材料堵住后,入射到管道的声波绝大部分会被反射回去,而透过封堵材料的声波很少,如图4-69所示。这样,声音就很难在管道中传播,从而达到了隔离声音的目的。阻隔材料就是这样的特殊材料,专门用来封堵管道。

车身上有很多类似于管道的结构,如横梁、纵梁、ABC立柱等都是空心管,如图4-70所示。声音可以自由地在梁和柱里面传递。这些梁和柱上面还有很多开孔,包括功能性孔和工艺孔。而有些孔是与车身内腔相通的,如B柱上面安全带安装孔。气流或者声音就可以从车外流经梁和柱,传递到孔,再传递到车厢里面。

为了阻止气流在梁和立柱这些通道中流动,就必须封堵通道。图4-71表示用阻隔材料封堵了横梁和立柱的几个地方。这样气流便不能在这些通道中传播,声

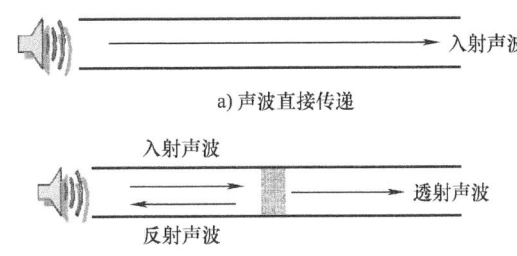

a) 声波直接传递

b) 声波受到阻隔

图 4-69　声波在封堵的管道中传播

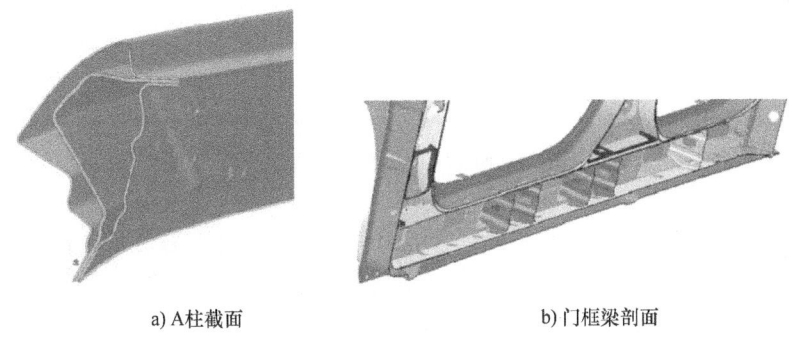

a) A柱截面　　　　　　　　b) 门框梁剖面

图 4-70　车身上的梁和柱是空心管

图 4-71　用阻隔材料封堵横梁和立柱

音也被阻隔。

阻隔材料是一种发泡材料。它的原始体积很小，烘烤时，在高温的作用下膨胀，体积能比没有烘烤前大几倍甚至几十倍。图 4-72表示阻隔发泡材料烘烤前后体积的变化。如果放置在管道中，膨胀后的阻隔材料将牢牢地卡在通道中间。

阻隔材料可以采用临时安装的方式放置在梁和立柱的相应位置，比如简单的挂钩。图 4-73显示一块阻隔材料用一个支架放置在 B 柱的下端。当车身经过烘烤工艺线时，阻隔材料膨胀，然后牢牢地与梁和柱的内壁紧紧相连，将通道封堵。

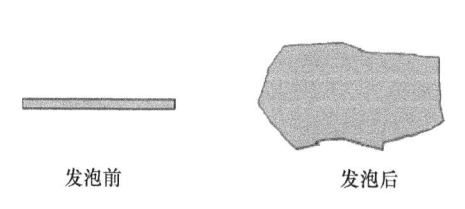
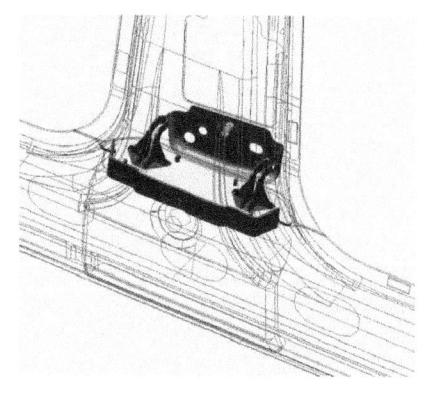

图 4-72　阻隔发泡材料烘烤前后体积的变化　　图 4-73　一块阻隔材料放置在 B 柱的下端

第六节　统计能量分析及应用

统计能量分析方法始于 20 世纪 60 年代。美国一群科学家为了分析航空发射器受到随机宽带激励所带来的振动和声辐射问题，引入了传热学和室内声学分析方法。后来，R. H. Lyon 将这些工作整理成了统计能量分析方法。到了 80 年代，这种方法开始用来分析汽车高频噪声。进入 90 年代后，统计能量分析开始在汽车界广泛应用。最后，形成了非常成熟的商业软件。统计能量法的英文时 Statistical Energy Analysis，通常简写为 SEA。

一、统计能量分析的概念

统计能量分析是从"统计"和"能量"两个角度来分析振动和噪声问题。下面先解释一下这两个概念。

1. 统计的概念

图 4-74 为一个典型的汽车车内噪声振动响应图谱。在低频时，响应（如速度、声压等）的曲线非常清晰，每个峰值的大小和对应的频率都可以清楚地读出来。在中间频率时，响应的峰值密度增加，有的可以辨别出来，有的就难以分辨了。进入高频区域，响应的峰值非常密集，每个峰值的大小和对应的频率已无法分辨。

对低频响应，由于可以清晰地分辨出响应，因此，就可以用

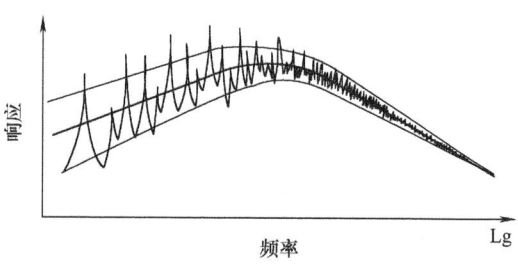

图 4-74　典型的汽车车内噪声振动响应图谱

传统的、清晰的解析方法来分析，得到每个位置、每个频段具体的速度值和声压值等。在高频区域，由于模态密集，无法得到每个响应具体的值，因此，只有用统计的方法来描述某个频段的响应平均值。对于高频密集的振动与噪声信号，"统计"就是很好的分析方法。

2. 能量的概念

当一个系统的振动模态非常密集时，系统的动能和势能相当。系统的总能量（E_V）可表示为：

$$E_V = M \bar{v}^2 \tag{4-51}$$

式中，M 为系统的质量；$\bar{v}$ 为平均速度。

将式（4-51）改写为

$$\bar{v} = \sqrt{E_V/M} \tag{4-52}$$

式（4-52）用来表征结构振动的速度与系统能量之间的关系。

对于一个声腔系统来说，当声腔模态密度足够大时，声能（E_S）与声腔空间的平均声压（$\bar{p}$）的平方成正比，表达为

$$E_S = \frac{\bar{p}^2}{\rho_0 c} V_i \tag{4-53}$$

式中，V_i 为声腔的体积；ρ_0 为空气密度；c 为声速。

式（4-53）改写为

$$\bar{p}^2 = \frac{E_S}{V_i} \rho_0 c \tag{4-54}$$

式（4-54）用来表征声音的声压信号与系统能量之间的关系。

由式（4-52）和式（4-54）可知，对于模态密度高的高频系统，表征振动信号的速度和表征声音信号的声压可以用能量来表示。即对于高频密集的振动与噪声信号，"能量"是一种很好的分析方法。

将"统计"的分析方法和"能量"的分析方法结合到一起，来分析高频噪声和振动问题，就是统计能量分析的基础。

二、统计能量分析理论

1. 能量平衡

系统的统计能量分析是以系统间流入、流出和损耗能量之间的平衡为基础的。图 4-75 表示一个系统由两个耦合在一起的子系统组成。

对第一个子系统来说，它的能量流由四部分组成：

① 外界输入的功率：外界对子系统做的功，用 Π_1 来表示。

② 第二个系统输入到第一个系统功率，即第二子系统通过流出的形式而损耗的能量，Π_{21}，表示为

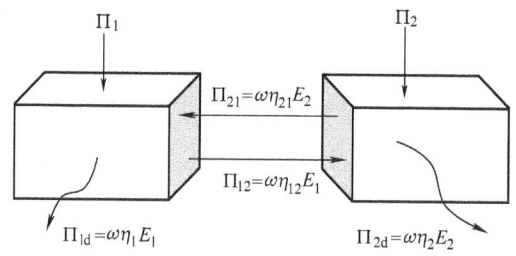

图 4-75 由两个子系统组成的耦合系统

$$\Pi_{21} = \omega \eta_{21} E_2 \tag{4-55}$$

式中，η_{21} 为第二个系统对第一个系统的耦合损耗因子；E_2 为第二个系统的能量。

③ 内部消耗的功率：由于系统存在阻尼，内部要消耗掉一部分能量，并转化成其他形式的能量。对于黏性阻尼而言，其消耗的功率为

$$\Pi_{1d} = c_1 \dot{x}^2 = \omega \eta_1 E_1 \tag{4-56}$$

式中，c_1 为第一个系统的阻尼系数；η_1 为第一个系统内部损耗因子；E_1 为第一个系统的能量；$\dot{x}$ 为振动速度；ω 为子系统的固有频率。

④ 第一个系统输出到第二个系统的功率，即第一个系统通过流出的形式而损耗的能量，Π_{12}，表示为

$$\Pi_{12} = \omega \eta_{12} E_1 \tag{4-57}$$

式中，η_{12} 为第一个系统对第二个系统的耦合损耗因子。

对于一个保守系统来说，流入的能量等于内部消耗的能量加上流出的能量。对第一个子系统来说，流入的功率包括外部输入的功率和从第二个系统输出的功率。因此，这个子系统的能量平衡方程可以表达为

$$\Pi_1 + \Pi_{21} = \Pi_{1d} + \Pi_{12} \tag{4-58}$$

将式（4-55）~式（4-57）代入式（4-58），得到

$$\Pi_1 = \omega \eta_1 E_1 + \omega \eta_{12} E_1 - \omega \eta_{21} E_2 \tag{4-59}$$

2. 系统的能量平衡方程

图 4-75 中的第二个系统也可以写出与第一个系统同样的功率平衡方程式，表达为

$$\Pi_2 = \omega \eta_2 E_2 + \omega \eta_{21} E_2 - \omega \eta_{12} E_1 \tag{4-60}$$

式中，Π_2 是外界对第二个系统的输入功率；η_2 是第二个系统的内部损耗因子。

将式（4-59）和式（4-60）写在一起，就得到图 4-75 所示的由两个子系统组成的整个系统的功率流方程组，表示为

$$\omega \begin{bmatrix} \eta_1 + \eta_{12} & -\eta_{21} \\ -\eta_{12} & \eta_2 + \eta_{21} \end{bmatrix} \begin{Bmatrix} E_1 \\ E_2 \end{Bmatrix} = \begin{Bmatrix} \Pi_1 \\ \Pi_2 \end{Bmatrix} \tag{4-61}$$

将这种功率流的分析方法推广到由 N 个子系统组成的系统，如图 4-76 所示。对于每个系统，输入的能量等于内部消耗的能量加上对外输出的能量。

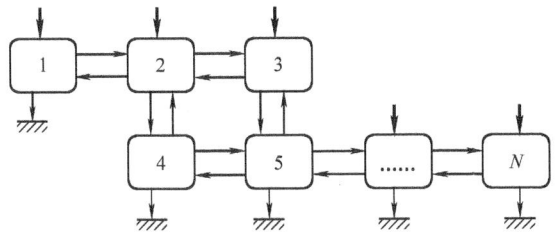

图 4-76　由 N 个子系统组成的系统

对于 N 个子系统的大系统，功率流方程组表示为

$$\omega \begin{bmatrix} \eta_1 + \sum_{j \neq 1} \eta_{1j} & -\eta_{21} & \cdots & -\eta_{N1} \\ -\eta_{12} & \eta_2 + \sum_{j \neq 2} \eta_{2j} & \cdots & -\eta_{N2} \\ \vdots & \vdots & & \vdots \\ -\eta_{1N} & \cdots & \cdots & \eta_N + \sum_{j \neq N} \eta_{Nj} \end{bmatrix} \begin{Bmatrix} E_1 \\ E_2 \\ \vdots \\ E_N \end{Bmatrix} = \begin{Bmatrix} \Pi_1 \\ \Pi_2 \\ \vdots \\ \Pi_N \end{Bmatrix} \quad (4\text{-}62)$$

式（4-62）可以简单地改写成

$$\omega [\eta] \{E\} = \{\Pi\} \quad (4\text{-}63)$$

从式（4-62）或式（4-63）来看，给定了输入功率 $\{\Pi\}$ 和系统的损耗因子 $[\eta]$，就可以求得系统的能量 $\{E\}$。得到了系统的能量之后，根据式（4-52）或式（4-54），就可以得到系统的振动速度或声压。

三、统计能量分析的假设与应用范围

在描述统计能量分析时，提到了被分析的系统是保守系统，即系统的"能量"是平衡的，同时符合统计规律。这样，统计能量分析只有在特定的条件下，才可以使用。这个条件包括一些假设和模态规律。

1. 统计能量分析的基本假设

① 线性系统：系统是线性的，各个子系统之间的耦合是线性的。
② 保守系统：系统的能量平衡，即能量在各子系统之间流动。
③ 模态能量均衡：在一个频率带宽内，所有模态的能量相等。
④ 互易原则：两个耦合的系统之间，每个子系统在一个频段内的损耗因子与模态数的乘积是相等的。

2. 统计能量分析使用的范围

在讨论统计能量分析方法使用的范围之前，先明确"模态密度""等效频率"

等几个概念。

(1) 模态密度

在一个频率范围 (ω_1, ω_2) 内，所拥有的模态数 (N) 与带宽的比值，被定义为模态密度，用 $n(\omega)$ 表示，即

$$n(\omega) = \frac{N}{\omega_2 - \omega_1} \tag{4-64}$$

(2) 等效频率

在一个频段内有许多模态，根据模态能量均衡的原则，所有模态的能量相等。因此，可以用一个单自由度阻尼系统具备的功率来等效这个频段内所有模态的功率。单自由度等效功率对应的频率范围定义为等效功率频率范围 (Δe)，表达为

$$\Delta e = \frac{\pi}{2} \omega \eta \tag{4-65}$$

(3) 模态重合度

在一个频率范围内所包含的模态数量被称为模态重合度，用 $\overline{D}$ 表示，表达为

$$\overline{D} = \Delta e \times n(\omega) = \frac{\pi}{2} n(\omega) \omega \eta \tag{4-66}$$

当模态重合度远远小于 1 时，就表明各个模态分辨得十分清晰。当模态重合度远远大于 1 时，就表明各个模态之间难以分辨。

(4) 统计能量分析使用的范围

根据统计的原则，只有当模态难以区分时，系统分析才具备统计的特征。由此，可以用模态重合度来评判统计能量分析的适应范围。只有当模态重合度远远大于 1 时，才能使用统计能量分析方法。

四、损耗因子

1. 损耗因子的分类

从式 (4-61) 可知，系统的损耗因子包括子系统自身的内部损耗因子 (η_i) 和子系统之间的耦合损耗因子 (η_{ij})。

内部损耗因子指的是一个周期内阻尼损耗的能量与系统总的机械振动能之比。第三章详细地介绍了内部损耗因子的分析和测量方法。一般材料的内部损耗因子很小，但是阻尼结构的损耗因子很大。阻尼结构通过增加内部的能量损耗来降低结构的振动和声辐射。

耦合损耗因子表示子系统之间的损耗因子。它决定了能量从一个子系统流到另一个子系统的大小。耦合损耗因子分为固体子系统之间的耦合损耗因子、流体子系统之间的损耗因子以及固体子系统与流体子系统之间的耦合损耗因子。

固体子系统之间的耦合方式有三种：点耦合、线耦合和面耦合，如图 4-77 所示。杆件之间的耦合属于点耦合，板与板之间的耦合属于线耦合，固体的面之间的耦合属于面耦合。

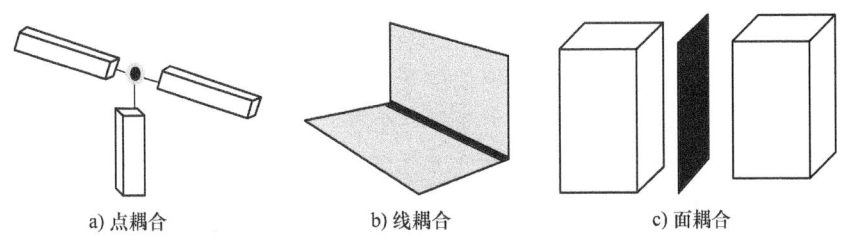

a) 点耦合　　　　　　b) 线耦合　　　　　　c) 面耦合

图 4-77　固体子系统之间的耦合方式

2. 损耗因子的获取

耦合损耗因子可以通过解析法、试验方法和数字计算方法得到。

（1）解析法

用解析法来分析耦合损耗因子非常复杂，只适合于简单结构，如杆与板之间的耦合。即便对简单结构，其数学分析表达也非常复杂，如图 4-78 中所示的杆与块板的耦合，杆对板的耦合损耗因子表示为

$$\eta_{r,p} = \frac{1}{\omega \dfrac{l}{2\pi} \sqrt{\dfrac{\rho_r}{E}}} \left[\frac{1}{\Delta\omega} \int_{\omega-\Delta\omega/2}^{\omega+\Delta\omega/2} \frac{4\mathrm{Re}\left(\dfrac{1}{2A\sqrt{E\rho_r}}\right)\mathrm{Re}\left(\dfrac{1}{8\sqrt{Dh\rho_p}}\right)}{\left|\dfrac{1}{2A\sqrt{E\rho_r}} + \dfrac{1}{8\sqrt{Dh\rho_p}}\right|^2} \mathrm{d}\omega \right] \quad (4\text{-}67)$$

在车身上，固体子系统与流体子系统之间的耦合主要是板和空气的耦合。板对空气的耦合损耗因子表达为

$$\eta_{pa} = \frac{\rho_0 c \sigma}{\omega \rho_s} \quad (4\text{-}68)$$

式中，ρ_0 是空气的密度；ρ_s 是板的面密度；σ 是声辐射系数。

声场与声场之间也存在耦合损耗，例如车内声腔与行李箱声腔之间的耦合。两个相互耦合的声场之间的耦合损耗因子表达为

$$\eta_{12} = \frac{cS}{4\pi V_1} \quad (4\text{-}69)$$

式中，S 是耦合窗口的面积；V_1 是第一声腔的体积。

（2）试验法

结构损耗因子的测量方法有稳态能量流法和

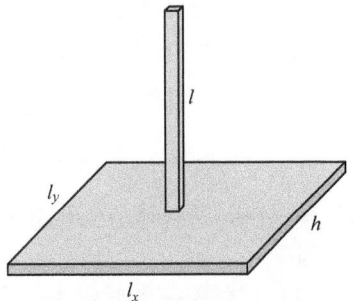

图 4-78　杆与板之间的耦合

瞬态衰减法。

损耗因子可以写成输入给系统的功率（Π_{in}）和系统能量（E）的函数，表达为

$$\eta = \frac{\Pi_{in}}{\omega E} \quad (4\text{-}70)$$

如果测量得到输入的功率和系统的能量，就可以根据式（4-70）来计算损耗因子。稳态能量流法需要给系统输入稳定的功率，测量出系统的响应（速度$\bar{v}$或声压$\bar{p}$），得到系统的能量E后，根据式（4-70）计算损耗因子η。

统计能量法的目的是在给出功率和损耗因子的情况下，求得系统的响应。而式（4-70）是在给定功率和系统响应的情况下，求系统的损耗因子。因此，稳态试验方法可以看成是统计能量分析的逆运算。由于需要稳定的功率输入，这种方法比较复杂。

瞬态衰减法是利用振动或声信号的衰减特性，通过测试信号的衰减时间来确定内损耗因子。瞬态衰减方法比较简单，适合于快速估算结构或声腔的损耗因子。第三章介绍的用 SAE J1637 方法来测量部件的损耗因子就是瞬态衰减法。车身上损耗因子的测量多半采用瞬态方法，即采用力锤激励来测量加速度响应。比如测量后备胎池曲面板的损耗因子，如图 4-79 所示。在板周边布置 5 个加速度传感器，用力锤敲击备胎池某点，得到响应和输入的频

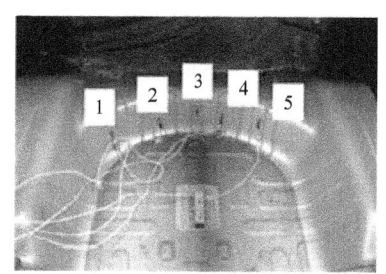

图 4-79 备胎池后曲面板损耗因子测试（见彩插）

响函数及信号的衰减曲线，从而计算出损耗因子。图 4-80 所示为五个点的损耗因子以及五点的平均损耗因子。

声腔能量的损耗是因为声能被吸收，因此可以利用声能的衰减来测量声腔损耗因子。用混响室内混响时间的测量方法，测量出声腔内的混响时间T_{60}，然后计算出声腔内部损耗因子，表达为

$$\eta = \frac{2.2}{T_{60} f} \quad (4\text{-}71)$$

测量车内声腔损耗因子时，采用体积声源激励来测量声压信号。在车内布置几个传声器，在某处放置体积声源激励。测量声音信号的衰减，从而得到声腔的损耗因子。

(3) 损耗因子的数字方法

损耗因子的解析非常复杂。对于复杂结构，根本就得不到解析解。试验方法

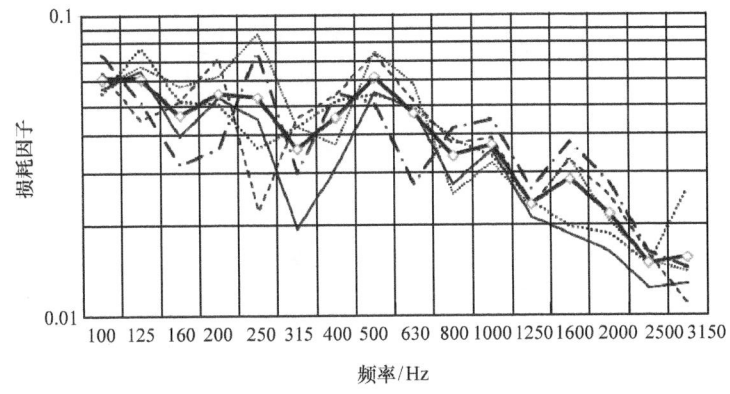

图4-80 备胎池后曲面板损耗因子测试结果

也比较复杂,而且耗时间。因此,数字方法使用起来比较普通,相对简单。通过有限元计算,可以得到复杂系统每个子系统内部的损耗因子以及子系统之间的耦合损耗因子。

3. 耦合损耗因子的互逆原则

两个耦合系统(i 子系统和 j 子系统)之间的损耗因子 η_{ij} 和 η_{ji} 与系统的模态密度紧密相关。耦合因子之间满足互逆原则,即

$$\eta_{ij} N_i = \eta_{ji} N_j \tag{4-72}$$

式中,N_i 是 i 子系统的模态数量;N_j 是 j 子系统的模态数量。

对两个耦合的子系统,知道了从第 i 子系统到第 j 子系统之间的耦合损耗因子,就可以知道从第 j 子系统到第 i 子系统之间的耦合损耗因子。

五、输入功率

使用统计能量法计算系统的能量时,除了需要知道系统的损耗因子外,还需要知道输入功率。对于受到力激励而产生振动的系统,其功率为

$$\Pi = \frac{1}{2} \text{Re}\{F^* u\} \tag{4-73}$$

式中,F 和 u 分别为输入的力和速度响应;*表示复数共轭变换。

通过测量输入给系统的力和速度响应,就可以计算出系统的输入功率。车身结构受到各种外界振动激励,如发动机的振动、路面和底盘的振动、传动系统的振动等。第五章将详细介绍各种振动源的特征。

车身系统除了受到力的激励外,还受到声压激励。输入声功率表示为

$$\Pi = IS = \frac{p^2}{\rho_0 c} S \tag{4-74}$$

式中,I 为声强;S 为面积。

车身外的声压可以通过测量或 CFD 计算得到。图 4-81 所示为某车外部声压测试图。

车身受到声压和流场压力的激励,将在第五章和第六章详细说明。第五章将介绍各种声源的特征,如发动机声源、排气尾管声源等。第六章还将介绍风引起的激励特征,以及车身表面声压的获取。

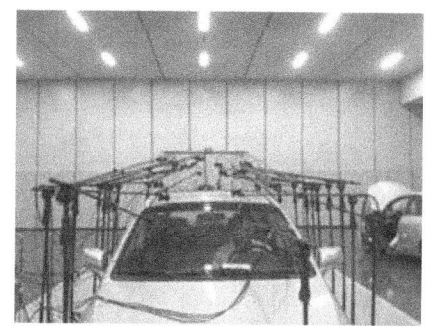

图 4-81 某车外部声压测试图(见彩插)

六、统计能量分析在车身上的应用

统计能量分析基本上是基于现有的商业软件进行。用商业软件,可以进行整个车身的声学分析,也可以计算系统和部件的隔声量。

1. 车身声学分析

用统计能量法分析车身的振动和噪声问题时,需要建立车身的结构子系统和声腔子系统模型。商业软件都具备建立 SEA 模型的功能。

车身结构子系统单元主要是平板、单曲率板以及双曲率板等单元。结构子系统模型是由 CAD 数据或有限元模型转换而得到。图 4-82 为某车型 SEA 结构子系统模型,其结构的材料和几何参数可以由有限元模型直接转换得到。

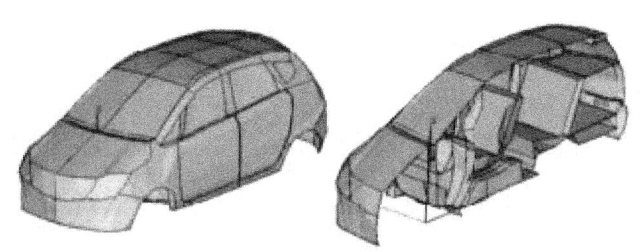

图 4-82 车身 SEA 结构子系统模型(见彩插)

声腔模型分为车身内模型和外模型。车身外声腔模型(图 4-83a)主要是输入声压,构成对车身的输入。车身内声腔模型(图 4-83b)用于计算车内声压响应。内声腔包括乘员舱声腔、车门声腔以及 A、B 和 C 柱的声腔。

建立了子系统模型后,再输入损耗因子、内饰材料几何和物理参数,然后输入外界激励,包括振动和压力等激励。这样,就可以在软件中进行统计能量计算。

统计能量分析在车身上的应用主要有两方面:计算车内的声压和车身声学包装分析。车身的 SEA 模型建立之后,就将声压施加在车身表面。声压的获取可以

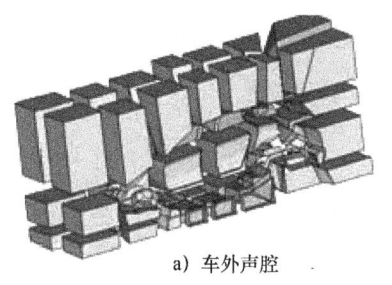
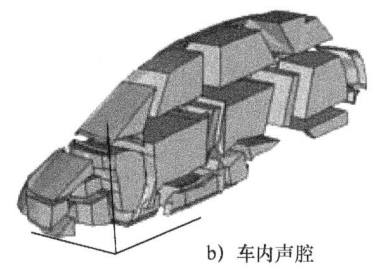

a) 车外声腔   b) 车内声腔

图 4-83 车身外场声腔模型和内声腔模型（见彩插）

来自试验，如图 4-81 所示那样，也可以来自 CFD 的流场计算。施加了外部激励后，就可以得到车内的声压。图 4-84 所示为某车以 100km/h 的速度行驶时车内噪声的测量值与 SEA 预测值的比较。在 500Hz 以下，预测值与测试值相差 5~10dB。超过 500Hz 以后，预测值与测量值非常接近。SEA 对中高频噪声的预测是非常有用的。

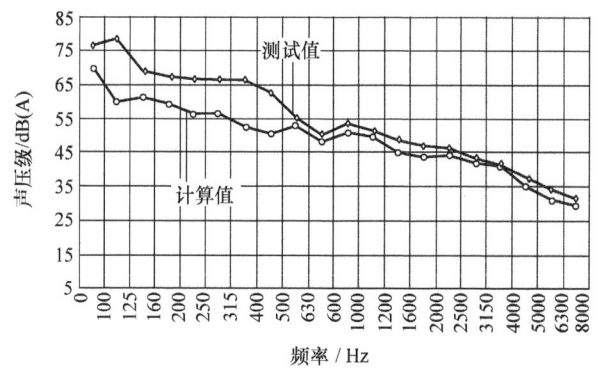

图 4-84 用 SEA 方法预测车内噪声与测试值的比较

2. 系统和部件隔声量分析

统计能量法可以用来预测和比较系统和部件的隔声量，比如前壁板、车门等。与整车车身一样，需要建立系统或部件的结构子模型和声腔子模型。另外，还需要建立混响室和消声室模型，将系统或部件模型置于它们之间。

图 4-85 所示为一个前壁板的 SEA 模型。将前壁板置于发动机舱和乘员舱之间，发动机舱为声源室，乘员舱为接收室。声源室模拟混响室，接收室模拟消声室。类似于测试过程，通过 SEA 分析，就可以得到前壁板的隔声量。

图 4-86 是某车前壁板隔声量的 SEA 计算值与测试值的比较。可以看出在 300Hz 以上，这两条曲线非常接近。用 SEA 方法还可以预测系统上安装不同部件、不同材料或不同结构的隔声量，从而进行优化分析。前壁板上的线束和管道过孔

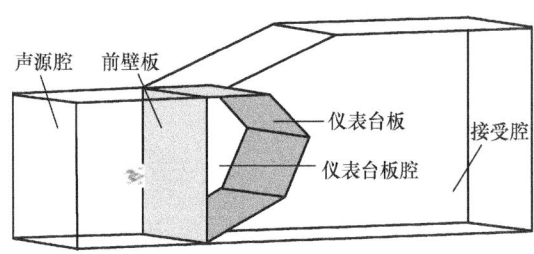

图 4-85 前壁板的结构模型和声腔模型（见彩插）

对隔声量的影响比较大，定量的影响就可以用 SEA 方法来分析。也可以计算前壁板开孔的隔声量。如图 4-86 所示，开了一个小孔后，高频部分的隔声量降低了 8dB。

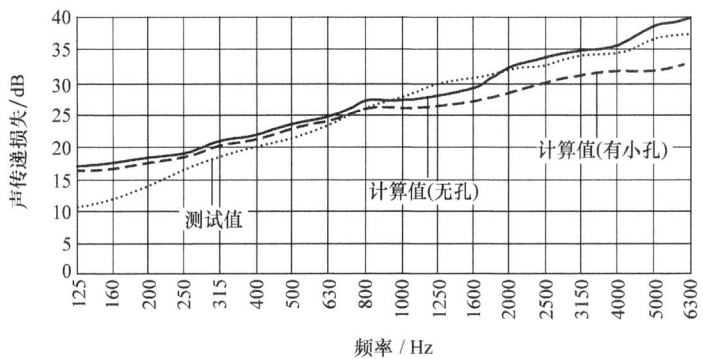

图 4-86 前壁板隔声量 SEA 计算值与测试值的比较

参 考 文 献

[1] Alan V Parrett, Chong Wang, Xiandi Zeng, et al. Application of Micro-Perforated Composite Acoustic Material to a Vehicle Dash Mat [C]. SAE Paper 2011-01-1623.

[2] Andrea Grosso, Hans-Elias De Bree, Steven Steltenpool, et al. Scan and Paint for Acoustic Leakage Inside the Car [C]. SAE Paper 2011-01-1673.

[3] Anna Färm, Susann Boij, Ragnar Glav. On Sound Absorbing Characteristics and Suitable Measurement Methods [C]. SAE Paper 2012-01-1534.

[4] Arnaud Duval, Jean-Francois Rondeau, Ludovic Dejaeger, et al. Generalized Light-Weight Concepts: A New Insulator 3D Optimization Procedure [C]. SAE Paper 2013-01-1947.

[5] ASTM. Standard Test Method for Sound Absorption and Sound Absorption Coefficients by the Reverberation Room Method [C]. Conshohocken, ASTM International, 2009.

[6] Barry R Wyerman, David B Reed. The Role of a Fiber Decoupler on the Acoustical Performance of Automotive Floor Systems [C]. SAE Paper 2007-01-2185.

[7] Barry Robert Wyerman, David B Reed, Tracy Krumnow. The Impact of Sample Size on Sound Absorption Measured in a Small Reverberation Room [C]. SAE Paper 2013-01-1967.

[8] B&K. Fundamentals of the Two-microphone Method [M]. Denmark: B&K, 2009.

[9] Brian H Tracey, Liangyu (Mike) Huang. Transmission Loss for Vehicle Sound Packages with Foam Layers [C]. SAE Paper 1999-01-1670.

[10] Chadwyck Musser, Jerome Manning, George Chaoying Peng. Prediction of Vehicle Interior Sound Pressure Distribution with SEA [C]. SAE Paper 2011-01-1705.

[11] Ching-Hung Chuang, Kun-Tien Shu, Wei Liu, et al. A CAE Optimization Process for Vehicle High Frequency NVH Applications [C]. SAE Paper 2005-01-2422.

[12] Chong Wang, Katherine Tao, Alan Parrett. Performance Equivalent Thickness of a Sound Insulation System [C]. SAE Paper 2013-01-1981.

[13] Chong Wang, Alan Parrett. Damping Mass Effects on Panel Sound Transmission Loss [C]. SAE Paper 2011-01-1633.

[14] Christine Völker, Ulrike Thesing. Acoustic Optimization of a Blow Molded Resonant Absorber [C]. SAE Paper 2003-01-1568.

[15] Claudio Bertolini, Luca Guj. Numerical Simulation of the Measurement of the Diffuse Field Absorption Coefficient in Small Reverberation Rooms [C]. SAE Paper 2011-01-1641.

[16] Claudio Bertolini, Tommy Falk. On Some Important Practical Aspects Related to the Measurement of the Diffuse Field Absorption Coefficient in Small Reverberation Rooms [C]. SAE Paper 2013-01-1972.

[17] C R Fredö. A Modification of the SEA Equations: A Proposal of how to Model Damped Car Body Systems with SEA [C]. SAE Paper 2005-01-2436.

[18] C T Griffen, S Khambete, A Sampath. An Efficient Design & Manufacturing Process for Automotive Dash Insulators with Optimally Tuned Performance [C]. SAE Paper 2003-01-1421.

[19] David Stotera, Terence Connelly, Bryce Gardner, et al. Testing and Simulation of Anti-Flutter Foam and High Damping Foam in a Vehicle Roof Structure [C]. SAE Paper 2013-01-1944.

[20] Dhaval B Jain, Pranab Saha. Predicting the Acoustical Performance of Weak Paths in a Sound Package System [C]. SAE Paper 2005-01-2520.

[21] Dow Automotive. 3D-Cavity Sealing with BETAFOAM™ AFI [M]. Auburn Hill: Dow Automotive, 2007.

[22] Edward Ray Green, Andrea Frey. The Effect of Edge Constraints on the Measurement of Automotive Sound Package Materials Using a Tube Apparatus [C]. SAE Paper 2013-01-1942.

[23] Fabien Chevillotte, Raymond Panneton, Jean-Luc Wojtowicki, et al. Characterization of the Bulk Elastic Properties of Expanding Foams from Impedance Tube Absorption Tests [C]. SAE Paper 2007-01-2191.

[24] FAlton Everest. The Master Handbook of Acoustics [M]. New York: McGraw-Hill, 2001.

[25] Giovanni Visconte, Alessandro Fasana. Transmission Loss Prediction of Multilayered Components - A New Impedance Formulation to Take in Account Finite Structural Connection [C]. SAE Paper 2011-01-1715.

[26] Gordon Ebbitt, Todd Remtema, John Scheick. Sound Absorbers in Small Cavities [C]. SAE Paper 2013-01-1945.

[27] Gordon Ebbitt, Michael Hansen. Mass Law - Calculations and Measurements [C]. SAE Paper 2007-01-2201.

[28] Hidenori Tanaka, Yoshihito Miyama, Hitoshi Murakami, et al. Balance Weight-Saving with Performance of Acoustic Isolation Using Hybrid SEA Model [C]. SAE Paper 2012-01-0216.

[29] Hugues Nelisse, Taner Onsay, Noureddine Atalla. Structure Borne Insertion Loss of Sound Package Components [C]. SAE Paper 2003-01-1549.

[30] Istvan L Ver, Leo L Beranek. Noise and Vibration Control Engineering: Principles and Applications [M]. New York: John Wiley & Sons, 2006.

[31] Jason Zhu, David Hammelef, Michelle Wood. Power-Based Noise Reduction Concept and Measurement Techniques [C]. SAE Paper 2005-01-2401.

[32] Jerry R Veen. Material Construction, Manufacturing Processes and Acoustic Performance Characteristics of Fibrous Absorber Materials Used in the Automotive Industry [C]. SAE Paper 2005-01-2381.

[33] J Liu, D W Herrin. Effect of Contamination on Acoustic Performance of Microperforated Panels [C]. SAE Paper 2011-01-1627.

[34] John G Cherng, Qian Xi, Pravansu Mohanty, et al. A Comparative Study on Sound Transmission Loss and Absorption Coefficient of Acoustical Materials [C]. SAE Paper 2011-01-1625.

[35] Jonathan Alexander, David Reed, Ronald Gerdes. Random Incidence Absorption and Transmission Loss Testing and Modeling of Microperforated Composites [C]. SAE Paper 2011-01-1626.

[36] Julio A Cordioli, Márcio Calçada, Teo Rocha, et al. Application of the Hybrid FE-SEA Method to Predict Sound Transmission Through Complex Sealing Systems [C]. SAE Paper 2011-01-1708

[37] Jung Wook Lee, Wonku Lee, Su Nam Lee, et al. A Study for Improving the Acoustic Performance of Dash Isolation Pad Using Hollow Fiber [C]. SAE Paper 2013-01-0101.

[38] Kazuhito Misaji, Hiroko Tada, Tsuyoshi Yamashita, et al. Prediction of the SEA Input Parameters for the Sound Package [C]. SAE 2003-01-1022.

[39] Kazuhito Misaji, Hiroko Tada, Tsuyoshi Yamashita, et al. Prediction of the SEA Input Parameters for the Sound Package [C]. SAE 2003-01-1022.

[40] J Han, D W Herrin, A F Seybert. Accurate Measurement of Small Absorption Coefficients [C]. SAE Paper 2007-01-2224.

[41] Jian Pan, Brad Semeniuk, Javier Ahlquist, et al. Optimal Sound Package Design Using Statistical Energy Analysis [C]. SAE Paper 2003-01-1544.

[42] Jian Pan, Pranab Saha, Jerry R Veen. Random Incidence Sound Absorption Measurement of Automotive Seats in Small Size Reverberation Rooms [C]. SAE Paper 2007-01-2194.

[43] J Liu, D W Herrin, A F Seybert. Application of Micro-Perforated Panels to Attenuate Noise in a Duct [C]. SAE 2007-01-2196.

[44] Kent K H Fung, Xiaochuan Li, Wei Huang, et al. Measurement of Sound Transmission Loss Properties in Single & Multi-layered Systems - A Comparative Study between Two-room and Stand-

ing Wave Tube Techniques [C]. SAE Paper 2011-01-1653.

[45] Laura E Gish, Michael A Sanderson. Use of Layered Media for Noise Abatement in Automotive Interiors: A Balanced Approach [C]. SAE Paper 2001-01-1456.

[46] Leo L Beranek. Acoustics [M]. New York: Acoustical Society of America, 1996.

[47] Malcolm J Crocker. Handbook of Noise and Vibration Control [M]. New York: John Wiley & Sons, 2007.

[48] Michael Dinsmore, Richard Bliton, Scott Perz. Density Optimization of Underhood Sound Absorber Applications [C]. SAE Paper 2011-01-1634.

[49] Michael Dinsmore. Measurement Dynamic Range Considerations for Sound Transmission Loss Testing [C]. SAE Paper 2011-01-1650.

[50] Michael Fasse. The Current State of Pre-Formed versus Bulk Cavity Filler Technologies in the Automotive Medium Duty and Heavy Truck Markets [C]. SAE Paper 2013-01-1946.

[51] Michael Fasse, Nicolas Brichet. Innovative Thermoplastic Cavity Filler Design Solutions [C]. SAE Paper 2013-01-1939.

[52] Mike Patching, James Taylor, Hameed Khan. Carpets & Floor Surface Technologies: An Overview Considering Global Vehicle Design & Performance [C]. SAE Paper 2007-01-2193.

[53] Maxime Bolduc, Nourddine Atalla, Andrew Wareing. Measurement of SEA Damping Loss Factor for Complex Structures [C]. SAE 2005-01-2327.

[54] Noé Geraldo Rocha de Melo Filho, Marcus Vinicius Girão de Morais, Álvaro Campos Ferreira, et al. Experimental Modal Identification of Vibro-Acoustic Cavities with Calibrated Acoustic Source [C]. SAE Paper 2012-36-0619.

[55] Norimasa Kobayashi, Hisanori Tachibana. A SEA-Based Optimizing Approach for Sound Package Design [C]. SAE Paper 2003-01-1556.

[56] Paulo Eduardo Ferreira, Fábio Menegatti de Melo, Marcelo Gomes da Silva. Sound Package Evaluation of Dash Panel Focusing on Weight Reduction Using Particle Velocity Measurements [C]. SAE Paper 2012-36-0627.

[57] Peter C Laux, Jerry R Veen, Robert J Unglenieks, et al. Novel Design of a Multi-Function Acoustics Laboratory for the Testing and Evaluation of Automotive Acoustics Systems and Components [C]. SAE Paper 2001-01-1489.

[58] Pranab Saha. Application of Noise Control Materials to Trucks and Buses [C]. SAE Paper 2002-01-3063.

[59] Pranab Saha. The Thought Process for Developing Sound Package Treatments for a Vehicle [C]. SAE Paper 2011-01-1679.

[60] Prasanth B, Sachin Wagh, David Hudson. Evaluation of Acoustic Performance of Expandable Foam Baffles and Correlation with Incab Noise [C]. SAE Paper 2011-01-1624.

[61] R M Pieper, Jonathan H Alexander, J Stuart Bolton, et al. Assessment of Absorbers in Normal-Incidence Four-Microphone Transmission-Loss Systems to Measure Effectiveness of Materials in Lateral-Flow Configurations of Filled or Partially Filled Cavities [C]. SAE Paper 2007-01-2190.

[62] Qijun Zhang, Alan Parrett, Chong Wang, et al. SEA Modeling of A Vehicle Door System [C].

SAE Paper 2005-01-2427.

[63] Richard E Wentzel, Allan C Aubert. An Interactive Approach to the Design of an Acoustically Balanced Vehicle Sound Package [C]. SAE Paper 2007-01-2314.

[64] Richard Kolano. Design and Construction of an Innovative Sound Transmission Loss Testing Fixture [C]. SAE Paper 2013-01-1963.

[65] Robert J Unglenieks. Dependence of Sound Package Item Sensitivities on Initial Conditions [C]. SAE Paper 2005-01-2423.

[66] Roland Woodcock, Gordon Ebbitt. Modeling the Vibro-Acoustical Behavior of Composite Multi-layered Systems [C]. SAE 2001-01-1413.

[67] SAE J1400. Laboratory Measurements of the Airborne SoundBarrier Performance of Automotive Materials and Assemblies [J]. Warrendale: Society of Automotive Engineer, 2010.

[68] Saeed Siavoshani, Jim Frost. ACOUSTOMIZE™ A Method to Evaluate Cavity Fillers NVH & Sealing Performance [C]. SAE Paper 2011-01-1672.

[69] Saurabh Suresh, Jeff Kastner, Teik Lim. Transmission Loss Analysis through Porous Laminated Glass using Transfer Matrices [C]. SAE Paper 2011-01-1629.

[70] S K Jain, Paresh Shravage, Manasi Joshi, et al. Acoustical Design of Vehicle Dash Insulator [C]. SAE Paper 2011-26-0022.

[71] S T Raveendra, W Zhang. Vibro-acoustic Analysis Using a Hybrid Energy Finite Element / Boundary Element Method [C]. SAE Paper 2007-01-2177.

[72] Takashi Yamamoto, Shinichi Maruyama, Hiroshi Shimada. Weight Reduction of Damping Materials on Vehicle Body Panels by using an Optimization with Sound Pressure Constraints [C]. SAE Paper 2012-01-0220.

[73] Terence Connelly, James D Knittel, Ramkumar Krishnan, et al. The Use of in Vehicle STL Testing to Correlate Subsystem Level SEA Models [C]. SAE Paper 2003-01-1564.

[74] Timothy Hirabayashi, Phillip Rusch, David McCaa, et al. Application of Noise Control and Heat Insulation Materials and Devices in the Automotive Industry [C]. SAE Paper 951375.

[75] Victoria Shkreli, Kelly A Vandenbrink. The Use of Subjective Jury Evaluations for Interior Acoustic Packaging [C]. SAE Paper 2003-01-1506.

[76] Wenlung Liu, David Tao, Gururaj Kathawate. Use of Statistical Energy Analysis Method to Predict Sound Transmission Loss of Sound Barrier Assemblies [C]. SAE Paper 1999-01-1707.

[77] X Hua, D W Herrin. Reducing the Uncertainty of Sound Absorption Measurements Using the Impedance Tube Method [C]. SAE Paper 2013-01-1965.

[78] X Hua, D W Herrin, P Jackson. Enhancing the Performance of Microperforated Panel Absorbers by Designing Custom Backings [C]. SAE Paper 2013-01-1937.

[79] Yang Qian, Jeff Vanbuskirk, Tom Gorzelski. Sound Package Weight Reduction: An Analysis Through Tests and SEA Models [C]. SAE Paper 1999-01-1696.

[80] Zhiming Luo, Marco Schneider, John G Cherng. Investigation and Validation of Transmission Loss for Vehicle Components with a Large Aperture [C]. SAE Paper 2001-01-1621.

[81] Zhiming Luo, Marco Schneider, John G Cherng. Investigation and Validation of Transmission

Loss for Vehicle Components with a Large Aperture [C]. SAE Paper 2001-01-1621.

[82] 庞剑, 谌刚, 何华. 汽车噪声与振动: 理论与应用 [M]. 北京: 北京理工大学出版社, 2006.

[83] 马大猷, 沈嚎. 声学手册 [M]. 北京: 科学出版社, 1983.

[84] 马大猷. 噪声与振动控制手册 [M]. 北京: 机械工业出版社, 2002.

[85] 杜功焕, 朱哲民, 龚秀芬. 声学基础 [M]. 南京: 南京大学出版社, 2012.

[86] 许肖梅. 声学基础 [M]. 北京: 科学出版社, 2003.

[87] 刘从光, 万鹏程, 程育虎, 等. 统计能量分析在汽车前壁板隔声分析中的应用 [C]. 2013 中国 SAE 年会论文集. 北京: 中国汽车工程学会, 2013.

Chapter 5

第五章

车身灵敏度分析与控制

第一节 概 述

一、系统与传递函数

系统是指相互关联和相互依存的部件组成的一个集合体,而且具备某种特殊的功能。任何一个物体都可以看成是一个系统,如车身是一个系统、发动机是一个系统等。一张桌子也可以看成一个系统。

对任何一个系统,施加了输入,就会得到输出。输入可以是力、温度、压力等,输出可以是力、位移、速度等。图 5-1 表示一个系统和输入/输出的关系图。输入也被称为激励,输出被称为响应。

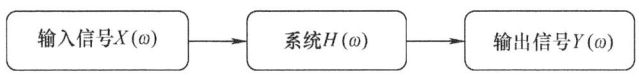

图 5-1 系统与输入/输出之间的关系

对于一个动态结构系统或声学系统,输入信号和输出信号都是频率的函数,分别用 $X(\omega)$ 和 $Y(\omega)$ 来表示。输入和输出信号之间存在着某种关系,用传递函数来表征这个关系。传递函数定义为输出信号与输入信号的比值,用 $H(\omega)$ 表示,如式 (5-1) 所示。

$$H(\omega) = \frac{Y(\omega)}{X(\omega)} \tag{5-1}$$

传递函数也是频率的函数,它表征了动态系统的固有特征,即每个动态系统都存在传递函数。当一个系统的传递函数与输入和输出没有任何关系的时候,它被称为线性系统,也就是说不管输入怎么变化,系统的传递函数是不变的。线性系统的传递函数与输出和输入之间的比例关系是固定的,例如图 3-45 中的单自由度系统,假设其弹性力与位移成正比,阻尼力与速度成正比,也就是说系统的弹性和阻尼都是线性的。对这个线性系统,位移响应与力输入之间的传递函数是固定的，即无论输入力是 10N 还是 1000N，传递函数的曲线是不变的，如图 5-2 所示。

叠加原理适用于线性系统。对于线性系统，输入是 $X_1(\omega)$，得到的输出是 $Y_1(\omega)$；输入是 $X_2(\omega)$，得到的输出是 $Y_2(\omega)$，即

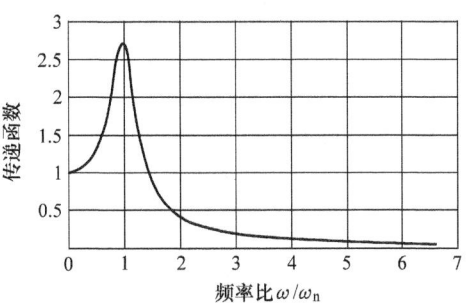

图 5-2 单自由度线性系统输出和输入之间的传递函数

$$Y_1(\omega) = H(\omega)X_1(\omega) \quad (5\text{-}2a)$$
$$Y_2(\omega) = H(\omega)X_2(\omega) \quad (5\text{-}2b)$$

当输入是 $\varepsilon_1 X_1(\omega) + \varepsilon_2 X_2(\omega)$ 时，得到的输出是 $\varepsilon_1 Y_1(\omega) + \varepsilon_2 Y_2(\omega)$，即

$$\varepsilon_1 Y_1(\omega) + \varepsilon_2 Y_2(\omega) = H(\omega)[\varepsilon_1 X_1(\omega) + \varepsilon_2 X_2(\omega)] \quad (5\text{-}3)$$

式中，ε_1、ε_2 均为输入的系数。

根据叠加原理，可以把任何一个总输入分解成若干子输入，每个子输入得到一个子输出，然后将所有子输出叠加就得到了总的输出响应。对线性系统来说，这样就可以分别分析每个子输入与子输出的关系，这给研究复杂输入的系统带来了极大方便。

当一个系统的特征随着输入和输出的变化而变化的时候，它就被称为非线性系统。也就是说系统的传递函数不是固定的，当输入变化时，不仅输出变化，传递函数也会变化。这就导致了输出与输入之间不存在比例关系。

汽车座椅具有非常明显的非线性特性。图 3-104 表示汽车座椅的椅垫响应和地板输入之间振动传递函数曲线。当地板的输入变化时，传递函数曲线是变化的。这个传递函数曲线有两个明显的非线性特征：当地板振动加速度增加的时候，传递函数的固有频率减小；传递函数的幅值降低。

世界上很少有严格意义上的线性系统，但是绝大多数系统可以近似地看成是线性系统，汽车上的系统也是这样。严格来说，车身是一个非线性系统，但是在分析时，可以将车身结构近似看成是一个线性系统。

二、车身振动激励点和声音激励点

汽车上的各种振动激励和噪声激励作用到车身上，然后传递给人体。振动施加在车身上，振动波在车身的梁结构和板结构中传播，振动直接作用到手和身体上，人感受到振动，同时板结构被激励后向车内辐射噪声，人耳听到声音。这种由于外界振动传递到车身而使人体感受到振动和噪声就是结构声。噪声直接穿过车身而作用到人耳，这就是空气声。

人体感受到的噪声和振动既取决于源的大小和特征，也取决于车身本身的传

递特征。源作用的位置，即车身上的振动激励点和噪声激励点，对分析车身传递函数非常重要。下面介绍振动和噪声作用在车身上的激励点。

1. 车身上振动激励点

汽车上的很多系统直接安装在车身上，如动力总成系统、排气系统、进气系统、行驶系统、底盘系统、转向系统、电器系统等。这些系统运动时，将力和振动通过与车身相连接的安装点传递给车身。这些力和振动的输入点被称为车身的连接点或接附点。车身上的主要连接点有：

① 动力总成与车身的连接点。
② 排气挂钩与车身的连接点。
③ 悬架系统与车身的连接点。
④ 传动系统与车身的连接点。
⑤ 冷却模块与车身的连接点。
⑥ 进气系统与车身的连接点。
⑦ 电气系统与车身的连接点。
⑧ 管路与车身的连接点。
⑨ 各种附件与车身的连接点。

图 5-3 给出了车身上的主要连接点。

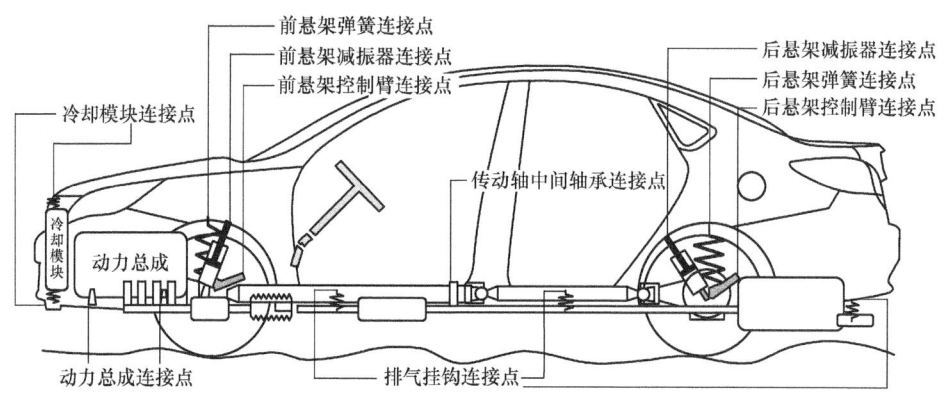

图 5-3 车身部分连接点示意图

按照车身和其他系统之间的连接是否采用柔性连接件，可以把连接点的形式分成两大类：一类是柔性连接；另一类是刚性连接。

柔性连接是指在其他系统与车身连接之间增加一个柔性连接元件，如隔振器、橡胶垫等，如图 5-4 所示。柔性连接按照柔性元件的大小和功能可以归纳成以下几类：

① 隔振器柔性连接：隔振器承载了较大的载荷，尺寸比较大，动刚度大，比如动力总成隔振器。隔振器与车身和激励部件之间通过支架相连接，如图 5-5①所

图 5-4　外界激励-柔性连接件-车身示意图

示。隔振器有橡胶隔振器、液压隔振器等。

② 套装类柔性连接：隔振元件尺寸大小不一，通常也承载较大的载荷，动刚度有大有小，如底盘与车身的连接胶套、副车架与车身连接胶套、传递轴系与车身的连接胶套等。这类柔性连接器与隔振器非常类似，也分橡胶类和液压类。不同的是它们与车身和激励部件之间通常直接相连，如图 5-5[2]所示。个别情况下也采用支架。

③ 垫圈类柔性连接：隔振元件尺寸较小，比较薄，动刚度较低，如各种管路的隔振垫、散热模块隔振垫、空滤器隔振垫等，如图 5-5[3]所示。

④ 挂钩类柔性连接：隔振元件尺寸中等，运动的位移比较大，如排气吊耳等，如图 5-5[4]所示。

图 5-5　柔性元件与车身的连接

这类柔性连接元件衰减了其他系统传递来的力，使得输入到车身上的力降低，因此这类柔性连接元件的设计非常重要。

刚性连接是指激励系统用螺栓直接与车身相连，如副车架与车身刚性连接、方向管柱与车身刚性连接等。在这类连接中，其他系统将力直接传递给车身，当然连接方式和预紧力对力的传递有影响。

2. 车身上声音的激励点

振动的激励点直接作用在车身结构上,但是车身的噪声激励源一般不是直接与车身相连,大部分噪声源在车身外面。噪声源将噪声传递到车身,车身衰减一部分能量,剩下的噪声能量就传递到车身内。车身的主要噪声激励点有:

① 发动机辐射噪声激励点。
② 进气口噪声激励点。
③ 排气口噪声激励点。
④ 轮胎噪声激励点。
⑤ 风噪声激励点。
⑥ 变速器辐射噪声激励点。
⑦ 传动轴系噪声激励点。
⑧ 各种电器噪声激励点。
⑨ 车身板结构受到风和其他激励的辐射噪声点。
⑩ 车外附件(如后视镜)受气流激励的噪声点。
⑪ 各种壳体辐射噪声(如消声器壳体、空气滤清器壳体、车身板)点。

图 5-6 显示了车身的主要噪声激励点。

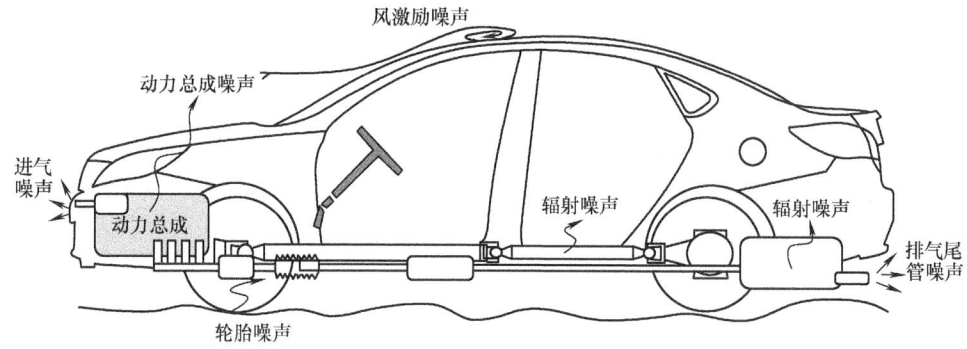

图 5-6 车身的主要噪声激励点示意图

三、人体响应点

传递函数涉及激励点和响应点。人体通过耳朵听到声音,通过身体感受到振动,因此感受到声音和振动的人体部位就是响应点,如图 5-7 所示。

噪声响应点:耳朵部位。

振动响应点:
① 转向盘上的振动点(手感受到的振动)。
② 变速杆上的振动点(手感受到的振动,特别是手动变速器)。
③ 地板上的振动点(脚感受到的振动)。

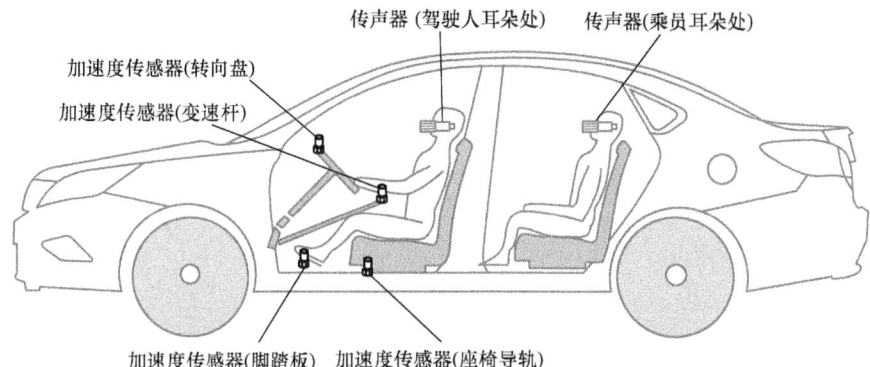

图 5-7　车内人体噪声振动响应点示意图

④ 座椅导轨上的振动点（会传递到臀部）。
⑤ 座椅上的振动点（臀部感受到的振动）。
⑥ 靠背上的振动点（背部感受到的振动）。

四、车身灵敏度的定义

外界对车身的输入有振动激励和噪声激励。人体的响应是听到了声音和感受到了振动。对车身这个系统来说，人体的响应与外界的输入之比就产生了车身的传递函数。这些传递函数包括可以分成三类：

① 人体振动响应与外界激励力之间的传递函数。
② 人体噪声响应与外界激励力之间的传递函数。
③ 人体噪声响应与外界噪声激励之间的传递函数。

在汽车 NVH 界，人们更加习惯地将这些传递函数称为灵敏度。灵敏度表示外界施加一定输入时，系统响应敏感的程度。当输入一定时，系统响应大，则表明这个系统非常灵敏；反之，系统则不灵敏。因此，针对上述车身传递函数，就有了对应的三类车身灵敏度：

① 振振灵敏度。
② 声振灵敏度。
③ 声声灵敏度。

在上述灵敏度名词的描述中，第一个字表示响应，第二个字表示激励。比如"声振灵敏度"，"声"表示车内噪声响应，"振"表示车外激励力输入。下面简单地介绍这三类灵敏度。

在以后的描述中，有的用"传递函数"，有的用"灵敏度"。它们的意义是一样的，怎样使用这两个名词，更多取决于习惯。

1. 振振灵敏度（振振传递函数）

振振灵敏度是指车内振动响应与车身上受到激励力的比值。车内振动响应用

$V(\omega)$ 表示，车身上的激励力用 $F(\omega)$ 表示，振振灵敏度（H^{VF}）可以表示为

$$H^{VF}(\omega) = \frac{V(\omega)}{F(\omega)} \qquad (5-4)$$

2. 声振灵敏度（声振传递函数）

声振灵敏度是指车内噪声响应与车身上受到激励力的比值。车内噪声的响应用 $P(\omega)$ 表示，车身上的激励力用 $F(\omega)$ 表示，声振灵敏度（H^{SB}）可以表示为

$$H^{SB}(\omega) = \frac{P(\omega)}{F(\omega)} \qquad (5-5)$$

式中，灵敏度的上标"SB"表示结构噪声，是英文 Structure Borne 的缩写。

3. 声声灵敏度（声声传递函数）

声声灵敏度是指车内噪声响应与车身外噪声激励的比值。车外噪声激励用 $P_E(\omega)$ 表示，声声灵敏度（H^{AB}）可以表示为

$$H^{AB}(\omega) = \frac{P(\omega)}{P_E(\omega)} \qquad (5-6)$$

式中，灵敏度的上标"AB"表示空气噪声，是英文 Air Borne 的缩写。

本章的后述章节将详细介绍这三类灵敏度。

第二节 车身激励源-传递通道-响应模型

一、源-传递通道-响应模型

噪声和振动对车内的传递过程可以描述为车外"噪声和振动源"通过车身"传递通道"传递到车内，"人"感受到振动和噪声，即"源-传递通道-人"的过程，如图 5-8 所示。

图 5-8 "源-传递通道-人"的传递过程

这个物理传递过程可以抽象成"源-传递函数-响应"数学和分析模型。"源"是指车外的振动源和噪声源，了解源的特征是分析响应的基础。这些源的特征很复杂，它们是频率、转速、阶次等方面的函数。"传递函数"是指车身结构的频响特征，它只是频率的函数。车身是控制噪声和振动传递的屏障，因此传递函数的频率特征对控制不同源的输入非常重要。"响应"是指人的听觉和触觉感受，它是由"源"和"传递函数"共同决定的。人的"响应"是由"噪声响应"和"振动响应"组成，下面就以人的响应为中心来描述两个模型，即"源-传递函数-振动"模型和"源-传递函数-噪声"模型。

二、源-传递函数-振动模型

任意一个振动源（f_i）激励车身上的某一点（用 i 表示），就会在人触觉感知处产生振动（V_i）。图 5-9 表示这条路径（第 i 条）的振动传递过程。对这个固定的激励点和接受点，其车内振动与激励源振动的传递函数是确定的，用 $H_i^{VF}(\omega)$ 表示。车内振动响应与激励和传递函数之间的关系为：

$$V_i(\omega) = H_i^{VF}(\omega)f_i(\omega) \tag{5-7}$$

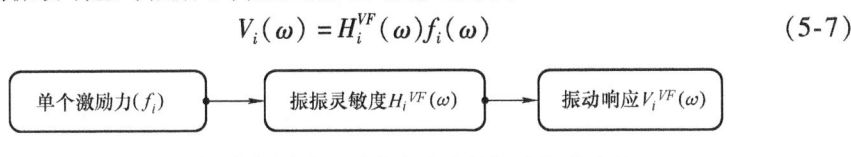

图 5-9　第 i 条振动路径对车内产生的振动传递过程

车身上的振动源很多，假设有 N 个力作用在车身 N 个不同的位置或方向，那么每个力都会将振动传递到车身，然后人就会感知到，如图 5-10 所示。人体感知的振动是各个力将振动分别传递到车身再传递到人体的总和，表达为

$$V(\omega) = \sum_{i=1}^{N} V_i(\omega) = \sum_{i=1}^{N} H_i^{VF}(\omega)f_i(\omega) \tag{5-8}$$

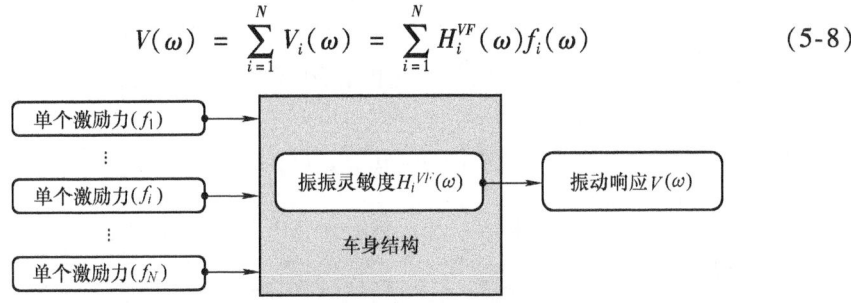

图 5-10　N 条振动路径对车内的振动传递过程

三、源-传递函数-噪声模型

产生车内噪声的原因有两个：车身上的外力激励和车外的噪声传递。车内噪声是结构声和空气声之和。

1. 结构声的传递

图 5-11 所示的第 i 振动源不仅产生车内振动，而且还产生车内结构噪声。对这个固定的激励点和固定的声音接受点，其车内噪声与激励源振动之间的传递函数是确定的，用 $H_i^{SB}(\omega)$ 表示。图 5-11 表示第 i 个振动源对车内传递，然后产生噪声的过程。车内声音响应与激励和传递函数之间的关系为

$$P_i^{SB}(\omega) = H_i^{SB}(\omega)f_i(\omega) \tag{5-9}$$

车身上的 N 个振动源都会将激励传递到车身，然后产生结构声，如图 5-12 所示。人听到的声音是各个振动源分别产生的结构声的总和，表达为

图 5-11　第 i 条路径振动对车内产生噪声的传递过程

图 5-12　N 条振动路径对车内的噪声传递过程

$$P^{SB}(\omega) = \sum_{i=1}^{N} H_i^{SB}(\omega) f_i(\omega) \tag{5-10}$$

2. 空气声的传递

图 5-13 表示第 j 个噪声源（P_j）对车内空气声的传递过程。车外噪声穿过车身传递到车内，达到人耳。对这个固定的噪声激励点和固定的人耳处，其车内噪声与激励源噪声之间的传递函数是确定的，用 $H_j^{AB}(\omega)$ 表示。车内声音响应与激励和传递函数之间的关系为

$$P_j^{AB}(\omega) = H_j^{AB}(\omega) P_j(\omega) \tag{5-11}$$

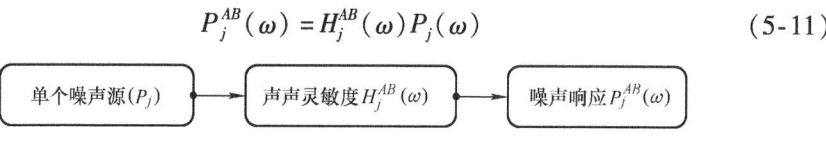

图 5-13　第 j 个噪声源对车内空气声的传递过程

车身外的 M 个噪声源都会穿透车身，传递到人耳，形成空气声，如图 5-14 所示。人听到的声音是各个噪声源分别产生的空气声的总和，表达为

$$P^{AB}(\omega) = \sum_{j=1}^{M} H_j^{AB}(\omega) P_j(\omega) \tag{5-12}$$

图 5-14　M 个噪声源对车内空气声的传递过程

3. 车内的总体噪声

车身上振动的激励在车内产生结构声，车外噪声激励在车内产生空气声。车

内所接受的噪声是结构声和空气声之和，如图 5-15 所示。

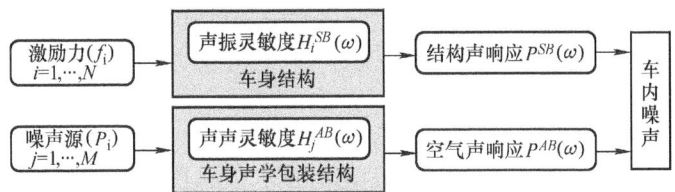

图 5-15　车内噪声是结构声和空气声之和

在外界振动和噪声的激励下，车内噪声表达为

$$P(\omega) = P^{SB}(\omega) + P^{AB}(\omega) = \sum_{i=1}^{N} H_i^{SB}(\omega) f_i(\omega) + \sum_{j=1}^{M} H_j^{AB}(\omega) P_j(\omega) \quad (5\text{-}13)$$

式（5-8）将所有的振动传递通道的贡献集成在一起形成车内总的振动。式（5-13）将所有的结构声传递通道和空气声传递通道的贡献集成在一起形成车内总的噪声。将所有的结构声和空气声传递路径的贡献和车内总的噪声绘制在一张图上，就可以知道每条噪声路径的具体贡献。图 5-16 给出了某车车内全加速时，车内总体声压曲线、结构声、空气声以及部分路径对车内的贡献。这样就可以知道每个转速下，结构声和空气声的贡献，以及每条传递路径的贡献。同样，将所有的振动传递路径的贡献和车内总的振动绘制在一张图上，就可以知道每条振动路径的具体贡献。这种分析车内总体噪声和振动与每条路径贡献关系的方法称为传递路径分析，用 Transfer Path Analysis 的简写 TPA 来表示。

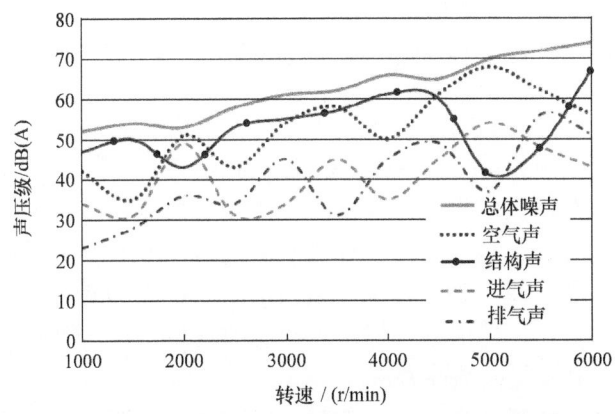

图 5-16　各个噪声传递通道对车内噪声的贡献

第三节　噪声与振动激励源特征分析

本章研究的对象是"灵敏度"或者"传递函数"，而对线性系统的车身而言，

它与输入和输出是没有关系的。尽管如此,了解激励源及其特征对分析车身灵敏度和系统的响应会有一定的帮助。另外,阅读本书其他章节时,如对板结构的激励(第三章)、对声学包装(第四章)控制的输入等,也需要了解车身激励源,因此,本节将着重汇总车身主要激励源。

可以从不同的角度来分析噪声和振动的激励特征。从噪声和振动的角度,可以分别分析噪声激励的特征和振动激励的特征。但是由于同样的噪声振动源,其噪声特征和振动特征相同或者类似,如发动机产生的噪声特征和传递到悬置支架上的振动特征有很多相同的地方,所以可以将它们放在一起分析。有些系统的噪声振动特征有别于别的系统,如发动机噪声振动特征与风激励产生的噪声特征完全不同,因此,从系统的角度,可以分别分析各自系统的噪声振动特征。

下面按系统来分析一些有代表性的噪声振动特征。汽车噪声振动源可以归纳成以下几类:

① 发动机及其相关部件的激励特征。
② 传动系统的激励特征。
③ 轮胎激励特征。
④ 旋转机械的激励特征。
⑤ 其他系统的随机或者脉冲激励特征。
⑥ 风激励源。

关于风激励源特征,将在第六章中进行详细介绍,因此本章不再赘述。下面分别简单介绍前五类噪声振动激励特征。

一、发动机及其相关系统的激励特征

发动机是汽车最主要的噪声与振动源。与发动机相关的系统的噪声振动特征与发动机相同,这些相关系统包括进气系统、排气系统、悬置系统和传动系统。

汽车上使用的发动机多为四冲程发动机,即曲柄连杆机构带动活塞运动,活塞在气缸内经过进气、压缩、燃烧和排气四个过程,形成一个循环。完成这样一个循环,曲轴转 2 周,即 720°。发动机运动时产生巨大的燃烧压力和惯性力,形成了四种对外界的激励,即由于气体压力产生的扭转力矩、惯性力产生的扭转力矩、不平衡惯性力和不平衡惯性力矩。

发动机的激励与转速有关。怠速转速一般为 600~1000r/min,加速运动的转速一般为 1000~6000r/min。在不同的转速和负荷下,发动机的燃烧情况不一样,从而产生了不同大小和特征的噪声与振动。

发动机在一个循环内发生一次点火燃烧,燃烧爆炸时产生了巨大激励,这样就形成了一个"阶次"特征。对一个气缸来说,在一个循环内(曲轴转两圈)点火一次,就产生"一阶"激励。如果曲轴转一圈,即 360°,也就是说发生"半个循环",那么就产生"半阶"激励。四缸发动机每个气缸转一圈,都会点火"半次",因此四个缸转一圈,就点火"两次",因此四缸发动机的发火阶次是"二阶"。以此类推,六缸和八缸发动机的发火阶次是"三阶"和"四阶"。

由此可见,发动机产生的噪声和振动除了与频率有关外,还与发动机的转速和发火阶次有关。这是发动机产生的噪声和振动有别于其他噪声和振动源的地方。发动机激励有三大特征:

① 阶次特征。
② 转速特征。
③ 频率特征。

不同转速、阶次和频率的组合声音就产生了不同的声品质。发动机的振动、进气系统的噪声与振动、排气系统的噪声与振动、悬置系统的振动也有同样的转速、阶次和频率关系。频率(f)与转速和阶次之间的关系可以表达为

$$f = \frac{转速}{60} \times 阶次 \tag{5-14}$$

四缸发动机除了发火阶次"2阶"外,还有发火阶次的谐阶次,它们是2阶的整数倍,即4阶、6阶、8阶等。另外,还有除了发火阶次和谐阶次的其他整数阶次,如1阶、3阶、5阶等。"半阶次"也是很重要成分,包括0.5阶、1.5阶、2.5阶等。表5-1给出了四缸发动机的转速、阶次和频率的前四阶数据。

表5-1 四缸发动机的转速、阶次和频率的前四阶数据 (单位:Hz)

转速/(r/min)	0.5阶	1阶	1.5阶	2阶	2.5阶	3阶	3.5阶	4阶
600	5.0	10.0	15.0	20.0	25.0	30.0	35.0	40.0
700	5.8	11.7	17.5	23.3	29.2	35.0	40.8	46.7
800	6.7	13.3	20.0	26.7	33.3	40.0	46.7	53.3
900	7.5	15.0	22.5	30.0	37.5	45.0	52.5	60.0
1 000	8.3	16.7	25.0	33.3	41.5	50.0	58.3	66.7
2 000	16.7	33.3	50.0	66.7	83.3	100.0	116.7	133.3
3 000	25.0	50.0	75.0	100.0	125.0	150.0	175.0	200.0
4 000	33.3	66.7	100.0	133.3	166.7	200.0	233.3	266.7
5 000	41.7	83.3	125.0	166.7	208.3	250.0	291.7	333.3
6 000	50.0	100.0	150.0	200.0	250.0	300.0	350.0	400.0

在600~1000r/min的怠速范围,转速基本是固定的或者有较小的波动。因为转速固定,所以怠速激励的频率也就可以确定。例如:一个四缸发动机的怠速为750r/min,那么对应的发火频率为25Hz。

加速过程中，转速在 1000~6000r/min 范围内变化。将表 5-1 中的转速、频率和阶次画在一张图上，能形象地说明它们之间的关系，如图 5-17 所示。横坐标为频率，纵坐标为转速，不同散射线表示了不同的阶次。通过这张图，可以非常直观而清晰地看到转速、频率和阶次三者之间的关系，可以快速找到噪声与振动的频率和阶次。

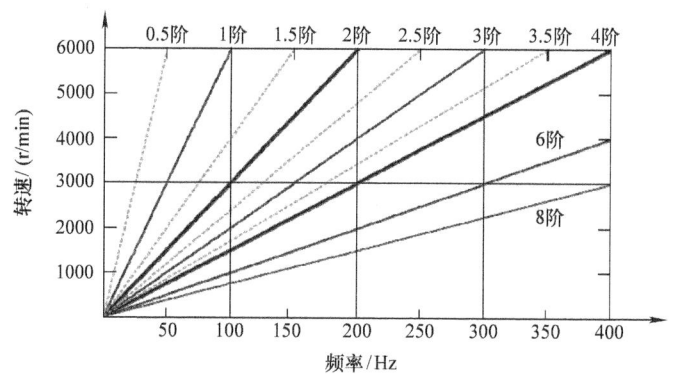

图 5-17 发动机频率、转速和阶次的关系

除了上述的转速、阶次和频率之间的关系外，发动机和其他相关系统的激励还有另外一个特征，即共振。发动机、进气系统和排气系统都有可能产生具有共振特征的轰鸣声，即空气轰鸣声。发动机和排气系统还可能产生结构共振，或者它们的激励频率与悬置支架或者排气挂钩模态频率一致，这些共振激励起车身结构振动，从而在车内产生轰鸣声，即结构轰鸣声。图 5-18 表示发动机的激励与悬置支架在 280Hz 处共振，从而在 280Hz 处车内产生轰鸣声。

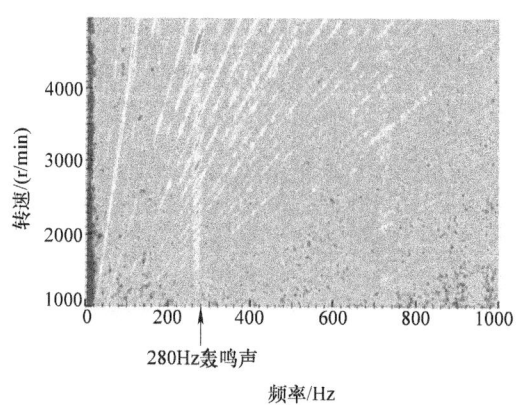

图 5-18 车内轰鸣声共振带（见彩插）

其他系统，如传动轴系，与发动机激励也有关系，也存在阶次和转速问题，

但是传动系统又有其自身的特征，因此对这类系统进行单独的分析。

二、传动系统的激励特征

传动系统是动力系统的一部分，包括动力总成内部传动轴系（图 5-19）和外部传动轴系（图 5-20）。动力总成由发动机、离合器和变速器组成，内部传动轴系是指发动机、离合器和变速器内部轴连接的系统。外部传动轴系包括前半轴、后驱（或四驱）传动轴、后桥和后半轴。传动系统的激励特征也与发动机紧密相关，包括转速、阶次、频率和共振特征。另外，它又有其自身的特点，主要是在齿轮啮合方面。

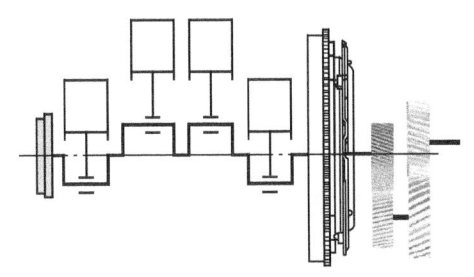

图 5-19　动力总成内部传动系统

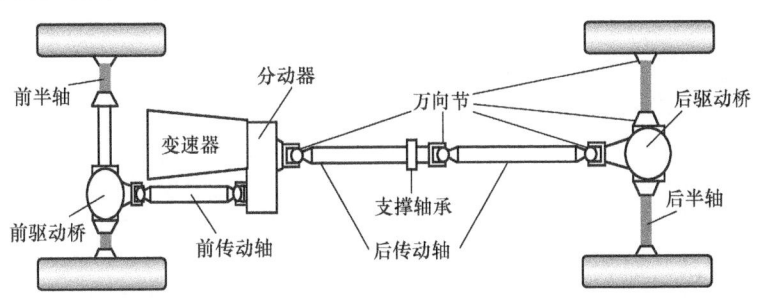

图 5-20　动力传动轴系

1. 传动系统的啮合阶次

传动系统中，轴和齿轮的转速与发动机的转速有一定的比例关系，从而可以确定传动系统部件的阶次。图 5-21 表示发动机与变速器相连接示意图，变速器中有两对齿轮，齿数分别是 z_1 和 z_2、z_3 和 z_4。第一对齿轮中，第一个齿轮通过轴直接与发动机连接，因此第一对齿轮的啮合阶次就是第一个齿轮的齿数，即 z_1 阶。通过第一和第二个齿轮啮合后，第二根轴的转速为

$$n_2 = \frac{z_1}{z_2} n_1 \qquad (5-15)$$

式中，n_1 和 n_2 分别是第一根轴和第二根轴的转速（图 5-21）。

第二个齿轮通过第二根轴连接带动第三个齿轮运转。第二对齿轮啮合的阶次就取决于第二根轴的转速和第三个齿轮的齿数。转换成以 n_1 为基准，得

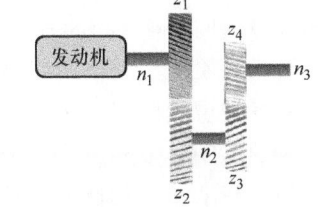

图 5-21　发动机与变速器
相连接示意图

到第二对齿轮的啮合阶次为 $\frac{z_1}{z_2}z_3$。

通过第三个和第四个齿轮的啮合，第三根轴的转速为

$$n_3 = \frac{z_3}{z_4}n_2 = \frac{z_1}{z_2}\frac{z_3}{z_4}n_1 \tag{5-16}$$

下面举一个例子来说明阶次与齿数的关系。假设图 5-21 中两对齿轮的齿数分别是 $z_1=29$，$z_2=38$，$z_3=17$，$z_4=73$，第一对齿轮的传动比为 $z_2/z_1=1.31$，第二对齿轮的传动比为 $z_4/z_3=4.294$，总的传动比为 $(z_2/z_1)(z_4/z_3)=5.626$。第一对齿轮的啮合阶次为 29 阶，而第二对齿轮的啮合阶次为 12.97（$=29\times17/38$）阶。

2. 传动系统的噪声与振动源特征

在传动系统中，有四类噪声与振动现象：啸叫、敲击、二次振动和共振。

一对齿轮啮合时，如果在接触部位出现了滑移，使得两个齿轮在啮合点的线速度不相等，产生了传递误差，就会发出声音。因为这种声音的频率比较高，听起来像尖叫声，所以将这种声音称为"啸叫"。啸叫有着非常明显的阶次特征。根据前面介绍的齿轮齿数和发动机转速的关系，可以确定啮合阶次。啸叫可以透过变速器或者驱动桥的壳体辐射以空气声的形式传递到车内，也可以是内部振动传递到壳体再传递到车身而以结构声的形式传递到车内。图 5-22 为车内噪声彩色图，从中可以看到，在高阶次区域有两条明显的直线，这就是变速器内齿轮啮合所产生的啸叫声：一条是档位齿轮 31 阶的啮合啸叫；一条是主减齿轮 19.63 阶的啮合啸叫。

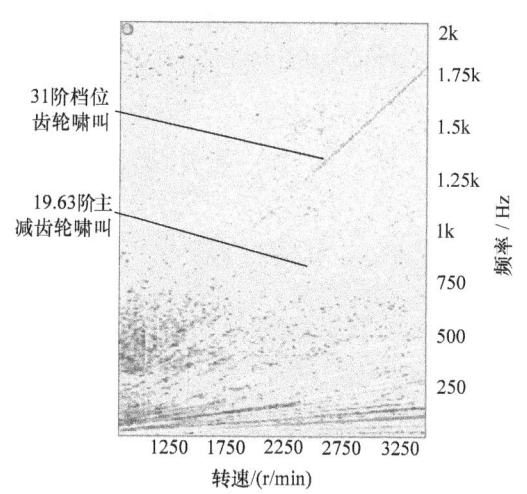

图 5-22 变速器齿轮啮合产生的啸叫图谱（见彩插）

与发火阶次以及谐阶次声音相比，啸叫的量级比较小，但是由于频率高，所以很容易被识别出来。

变速器中有很多齿轮，但是工作时只有一对齿轮啮合，而其他齿轮在轴的带动下自由转动。一对自由转动的齿轮间存在间隙，如果两个齿轮运动的转速不一致，它们就会发生碰撞，从而发出敲击声，如图 5-23 所示。

在图 5-24 中，除了阶次噪声外，还有一大片与转速没有关系且频率带很宽的噪声，这就是敲击噪声。敲击噪声的频率带比较宽，通常为 300~5000Hz。齿轮敲击可以通过空气声和/或结构声传递到车内。

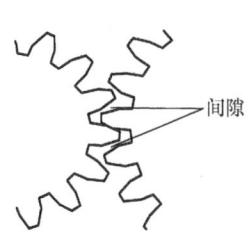

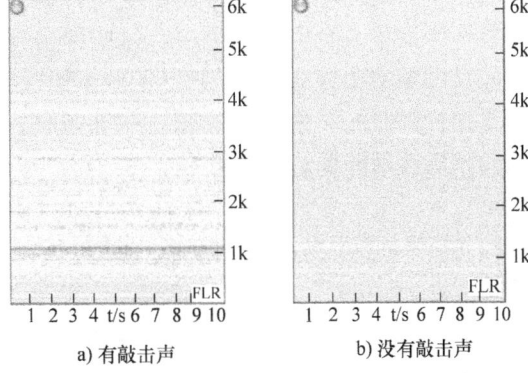

图 5-23 自由转动的齿轮之间存在间隙　　　图 5-24 敲击噪声的谱图（见彩插）

万向节将两根轴连起来，如图 5-25 所示。当轴与轴或者轴与连接部件存在一定角度时，主动轴匀速地转一圈，而被动轴的转速由大到小，再由小到大发生两次变化，如图 5-26 所示。这样就产生了传动系统的二次振动，它通过结构声传递到车内。

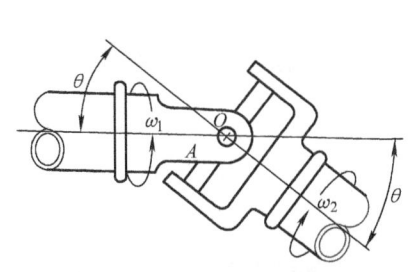

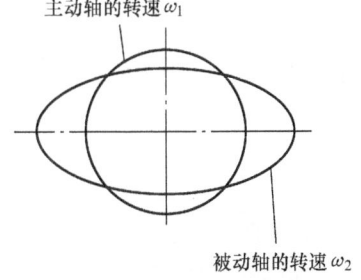

图 5-25 万向节示意图　　　　　图 5-26 轴的二次运动示意图

当传动轴的模态频率与激励源的频率一致时，就产生了传动轴的共振。连接变速器和轮毂的半轴，以及连接变速器和驱动桥的传动轴都有可能产生共振。变速器壳体和驱动桥的壳体也有可能产生共振。

三、轮胎的激励特征

轮胎与路面摩擦产生噪声与振动，是汽车主要的噪声振动源。轮胎产生的噪声振动源有三类：轮胎与地面摩擦产生的宽频带噪声、轮胎空腔模态所带来的窄频带空腔噪声以及轮胎动不平衡产生的低频振动。

1. 轮胎-路面噪声

轮胎胎面有很多花纹和沟槽。汽车向前运动时，轮胎的沟槽受到冲击，发出噪声。轮胎被挤压，花纹、沟槽与地面形成一个个封闭的小空间。当汽车继续前行时，小空间被释放，被封闭的空气包破裂，产生空泡噪声。同时，轮胎与路面间会产生滑移，发生摩擦噪声。这些冲击噪声、空泡噪声和摩擦噪声所组成的轮胎噪声的频率比较宽。图 5-27 显示了某车以 50km/h 的速度分别在粗糙路面和平滑路面行驶时的车内噪声比较。在低频时，车内噪声的声压级大，随着频率的增加，声压逐渐降低。在平滑路面行驶时的车内噪声比在粗糙路面行驶时的低。

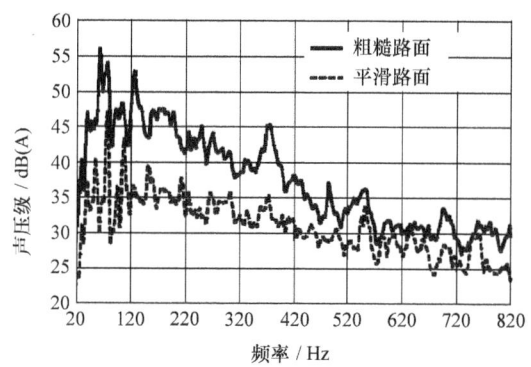

图 5-27 在粗糙路面和平滑路面行驶时的车内噪声比较

2. 轮胎声腔模态与共振

轮胎内部的空气形成了一个封闭的腔室，有着固有的模态，其第一阶声腔模态频率可以用下面公式粗略计算：

$$f = \frac{c}{2\pi r} \tag{5-17}$$

式中，r 为轮胎中心线的半径；c 为声速。

轿车轮胎声腔模态频率通常为 210~240Hz。当悬架的频率和轮胎声腔模态频率一致时，它们发生共振，并将振动传递到车身。图 5-28 是某车以 45km/h 的速度行驶时的车内噪声图。在 232Hz 有一个峰值，引起了车内轰鸣声。该车轮胎的声腔模态频率为 232Hz。轮辋支架结构的模态频率是 230Hz，因此轮胎的声腔模态与结构模态频率产生了耦合。轮胎的激励被传递到车身，形成了车内 232Hz 的噪声峰值。

3. 轮胎的不平衡激励

轮胎是一个圆形结构，但是由于各个方向的径向刚度不一致、制造误差、轮胎与旋转轴不同心等因素，使得轮胎出现偏心状态，即出现了动平衡问题。轮胎的动平衡不好，使得车轮在行驶时产生离心力。这个激励力引起悬架结构振动，

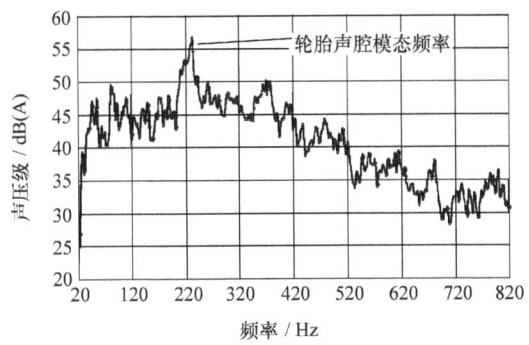

图 5-28　轮胎的声腔模态引起了车内噪声轰鸣

并传递到车身。汽车匀速运行过程中，轮胎动不平衡力激励的频率为

$$f = \frac{nv}{2\pi r} \tag{5-18}$$

式中，v 为车速（m/s）；r 为轮胎半径；$n=1, 2, 3, \cdots$，为阶次。

> 在行驶过程中，轮胎动不平衡激励的频率低，是转向盘摆振的主要原因。例如：某车使用 175/65R14 轮胎，行驶速度为 80~120km/h，轮胎的第一阶激励频率为 12.7~18.7Hz，这样低的激励频率很容易引起摆振。表 5-2 列出了在不同车速下，该轮胎第一阶和第二阶的动不平衡激励频率。

表 5-2　轮胎第一阶和第二阶的动不平衡激励频率

车速/(km/h)	轮胎第一阶激励/Hz	轮胎第二阶激励/Hz
80	12.7	25.4
85	13.4	26.8
90	14.1	28.2
95	14.8	29.6
100	15.5	31
110	17.3	34.6
120	18.7	37.4
125	19.4	38.8

四、旋转机械的激励特征

本书提到的"旋转机械"是指除发动机、变速器、轮胎等主要激励源之外的"旋转"机械部件，如发电机、水泵、机油泵、压缩机、鼓风机、风扇等。它们直接或间接地与车身相连，是车身重要的噪声振动源。例如：风扇激起前端冷却模块振动，然后传递到车身，形成结构声，同时风扇的噪声作为空气声直接传递到车内。再例如：发电机的啸叫声会直接传递到车内。

这些旋转机械有个共同的特点，就是它们的激励与转速有关，这就决定了其独特的噪声与振动的阶次和频率特征。它们的激励频率为

$$f = \frac{N}{60}n \tag{5-19}$$

式中，N 为转速；$n = 1, 2, 3, \cdots$，为阶次。

例如：风扇的转速为 2100r/min，则其激励的基频为 35Hz。

旋转机械可以分成两类：一类与发动机的转速有关系；另一类与发动机的转速没有关系。与发动机转速有关系的旋转机械有：发电机、水泵、机油泵、压缩机。这些机械通过带或者链条以一定的传动比与发动机曲轴连接，因此它们的激励阶次可以转换到发动机的激励阶次。表 5-3 给出了某款发动机上旋转机械与曲轴的传动比。

表 5-3 某款发动机上旋转机械与曲轴的传动比

机械名称	机械/与曲轴的传动比
曲轴正时齿轮	18
凸轮轴正时齿轮	36
发电机	29.76
水泵	7.8
机油泵	22
压缩机	11.8

旋转机械的阶次除了与传动比有关外，还与它们自身的结构有关。水泵、发电机和压缩机这类部件上有若干个叶片、轴承、线槽，正时齿轮和凸轮上有若干齿，这些因素与传动比一起决定了它们的阶次。以发动机转速为基准，将这些机械的阶次和频率画出来，如图 5-29 所示。从这张图上可以清晰地看到这些旋转机械的阶次和频率特征，这可以帮助快速寻找噪声与振动源。

与发动机转速没有关系的旋转机械有燃油泵、风扇、鼓风机等。将旋转机械的转速和频率列出来（与表 2-3 类似），对快速寻找噪声与振动源也有帮助。

五、其他系统的随机或者脉冲激励特征

除了以上描述的激励和风激励外，车身还有几种随机或者脉冲激励。

车身上安装着很多管道和拉索，如空调管、燃油管、离合器拉索、换档拉索

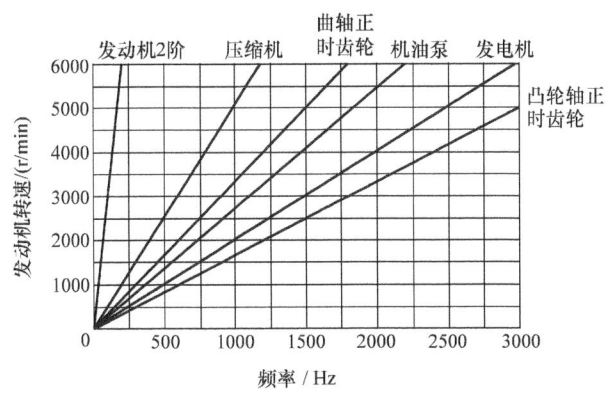

图 5-29 发动机上旋转机械的阶次

等。这些管道和拉索体积小，但是绝对不能忽视它们对车身噪声与振动的贡献。比如细长的燃油管通过卡扣与地板连接，如果连接不当，会使车内怠速噪声增加 1~3dB。

管道的激励主要是由管道内流体的脉动引起的。例如：在燃油管内，燃油不断地以脉冲的形式输送燃油，激励管壁，再将振动传递到车身。因此，从脉动源到车身之间要有良好的隔振处理，以减小脉冲的传递，如采用柔性壁的管道、增加隔振垫等。

离合器拉索和换档拉索将动力总成的振动传递到前壁板和地板，形成结构声，同时拉索的振动会辐射到车内形成空气声。因此对拉索进行减振处理时，降低噪声与振动的传递是必要的，比如在拉索与前壁板之间增加隔振，在拉索上增加质量块等。

上述管道和拉索的激励具备脉冲或随机特征。

第四节 原点动刚度

一、机械阻抗与机械导纳

为了分析振动问题的便利，引入与传递函数和灵敏度相关的几个概念：机械阻抗和机械导纳。

机械阻抗定义为简谐运动系统的激励力与响应之比，用 Z 来表示。"阻抗"，顾名思义，反映了一个系统在外力作用下发生振动的难易程度。振动的响应分别有位移、速度和加速度，因此阻抗也就有位移阻抗（Z^X）、速度阻抗（Z^V）和加速度阻抗（Z^A）。

对单自由度黏弹性系统，第三章已经给出了其动力方程和响应解，即

$$m\ddot{x} + c\dot{x} + kx = f \tag{5-20}$$

施加在质量上的激励力为 $f = Fe^{j\omega t}$，位移响应为 $x = X_0 e^{j(\omega t - \varphi)}$，对应的速度和加速度响应分别为

$$\dot{x} = j\omega X_0 e^{j(\omega t - \varphi)} = j\omega x \tag{5-21a}$$

$$\ddot{x} = -\omega^2 X_0 e^{j(\omega t - \varphi)} = -\omega^2 x = j\omega \dot{x} \tag{5-21b}$$

将位移和力的表达式代入式（5-20），得到位移阻抗为

$$Z^X = \frac{f}{x} = (k - m\omega^2) + jc\omega \tag{5-22}$$

位移阻抗的幅值为

$$|Z^X| = \sqrt{(k - m\omega^2)^2 + (c\omega)^2} \tag{5-23}$$

将速度和力的表达式代入式（5-20），得到速度阻抗为

$$Z^V = \frac{f}{\dot{x}} = \frac{(k - m\omega^2) + jc\omega}{j\omega} \tag{5-24}$$

速度阻抗的幅值表达为

$$|Z^V| = \frac{1}{\omega}\sqrt{(k - m\omega^2)^2 + (c\omega)^2} \tag{5-25}$$

将加速度和力的表达式代入式（5-20），得到加速度阻抗为

$$Z^A = \frac{f}{\ddot{x}} = \frac{(k - m\omega^2) + jc\omega}{-\omega^2} \tag{5-26}$$

加速度阻抗的幅值表达为

$$|Z^A| = \frac{1}{\omega^2}\sqrt{(k - m\omega^2)^2 + (c\omega)^2} \tag{5-27}$$

机械导纳是指简谐运动系统的响应与激励力之比，即为机械阻抗的倒数，用 Y 表示。对于位移、速度和加速度响应，导纳有位移导纳 Y^X、速度导纳 Y^V 和加速度导纳 Y^A。这些导纳的幅值与阻抗幅值关系表达为

$$|Y^X| = 1/|Z^X| \tag{5-28a}$$

$$|Y^V| = 1/|Z^V| \tag{5-28b}$$

$$|Y^A| = 1/|Z^A| \tag{5-28c}$$

二、原点动刚度

1. 动刚度的概念

对于线性系统，用施加在系统上的力除以位移，即得到了刚度。刚度是系统固有的特征，与外界施加的力和响应没有关系，即"静止"状态就存在的，所以称之为静刚度。在静止状态下，在系统上施加力并测量位移，就可以得到静刚度。式（5-20）中的 k 就是单自由度系统的静刚度。

在外力的作用下，系统运动起来，其刚度特性随着输入的频率而发生变化。将速度和加速度与位移的关系代入式（5-20），得到系统的刚度为

$$k_\mathrm{d} = \frac{f}{x} = (k - m\omega^2) + \mathrm{j}c\omega \tag{5-29}$$

此时的刚度是激励频率（ω）的函数，即刚度是随着频率而变化的，而不是一个固定值。此时的刚度被称为动刚度，其幅值为

$$|k_\mathrm{d}(\omega)| = \sqrt{(k - m\omega^2)^2 + (c\omega)^2} \tag{5-30}$$

动刚度取决于系统的质量、阻尼和静刚度。图 5-30 显示了一个单自由度系统的动刚度曲线，它对应的质量为 2kg，阻尼为 10N·s/m，静刚度为 2000N/m。

式（5-29）或式（5-30）中，当系统静止时，即 $\omega = 0$ 时，$k_\mathrm{d} = k$，即动刚度就是静刚度。因此，可以说静刚度是动刚度的一种特殊情况。

将式（5-30）和式（5-23）进行比较，发现这两个公式的表达式是一样的。也就是说，动刚度就是位移阻抗，即

$$|k_\mathrm{d}| = |Z_X| = \sqrt{(k - m\omega^2)^2 + (c\omega)^2} \tag{5-31}$$

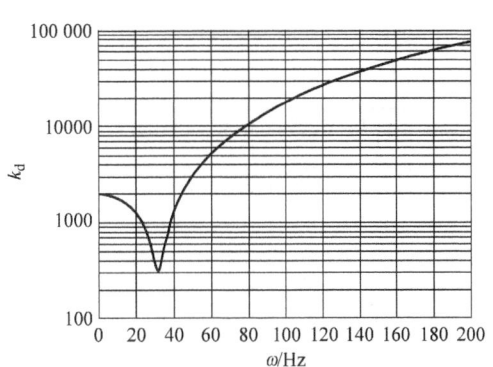

图 5-30　一个单自由度系统的动刚度曲线

2. 原点动刚度

在一个系统中，若激励力的点和响应点是同一点，则得到的刚度就被称为原点动刚度。"原点"是指响应和激励为同一点。对图 3-45 这样的单自由度系统，激励点和响应点是同一点，因此，式（5-29）表示的动刚度就是原点动刚度。

多自由度系统或者连续体系统中，施加力的点和响应点可能很多，如图 5-31 所示。

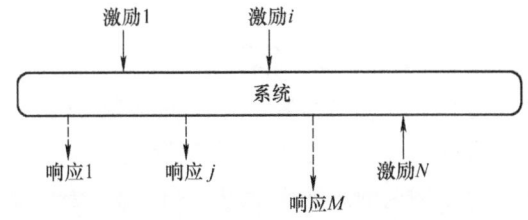

图 5-31　多自由度或连续系统的激励点和响应点示意图

在第二章模态分析基础部分，详细介绍了多自由度的模态分析理论以及单点

激励和单点响应的传递函数。式（2-55）给出了响应点（l点）与激励点（p点）之间的传递函数，即

$$H_{lp}(\omega) = \frac{x_l(\omega)}{f_p(\omega)} = \sum_{r=1}^{N} \frac{\phi_{lr}\phi_{pr}}{(K_r - \omega^2 M_r + \mathrm{j}\omega C_r)} \quad (5\text{-}32)$$

式（5-32）就是单点激励下的系统位移导纳。

当响应点与激励点为同一点时，假设都是在 l 点，就得到

$$H_{ll}(\omega) = \frac{x_l(\omega)}{f_l(\omega)} = \sum_{r=1}^{N} \frac{\varphi_{lr}\varphi_{lr}}{K_r - \omega^2 M_r + \mathrm{j}\omega C_r} \quad (5\text{-}33)$$

式（5-33）就是同一点的位移导纳，或者称为原点导纳。由于导纳与动刚度（或阻抗）互为倒数，因此原点动刚度就是原点导纳的倒数。根据式（5-33）得到了原点导纳，就得到了原点动刚度。

三、IPI 与原点动刚度

式（5-29）可以重新写成

$$x = \frac{f}{k_\mathrm{d}} \quad (5\text{-}34)$$

式（5-34）表明，激励力一定时，原点动刚度越大，连接点的位移响应就越小。由于动刚度就是位移阻抗，换句话说，阻抗越大，位移响应越小。根据式（5-24）和式（5-26），针对速度和位移响应，可以得到同样的结论，即速度阻抗越大，速度响应越小；加速度阻抗越大，加速度响应越小。因此，控制外界振动输入到车身点处的动刚度对降低振动向车身的输入非常重要。

人们习惯用加速度来表征系统的振动响应，而且与位移和速度相比，加速度更容易测量。因此，有必要建立加速度和动刚度的关系。

将式（5-21b）代入式（5-26），得到

$$Z^A = \frac{f}{-\omega^2 x} = -\frac{1}{\omega^2} k_\mathrm{d} \quad (5\text{-}35)$$

式（5-35）建立起了加速度阻抗和动刚度之间的关系。两者之间的幅值为

$$|Z^A| = \frac{1}{\omega^2}|k_\mathrm{d}| \quad (5\text{-}36)$$

刚度与结构特征直接相关，容易控制。在进行车身 NVH 分析时，需要设定静刚度和动刚度值。为了方便起见，往往将动刚度设定成一个固定值，即所有频率下，动刚度的值一样。当连接点的刚度小于 $10^6\,\mathrm{N/m}$ 时，表明这点的刚度太弱，外界振动极易通过这点传递到车身。当刚度值达到 $10^8\,\mathrm{N/m}$，可以认为外界振动对车身的输入没有任何影响。连接点的刚度越大越好，但是在一般情况下，刚度增加会带来重量和成本的增加。根据工程经验，当连接点的刚度达到 $10^7\,\mathrm{N/m}$ 或

10 000N/mm时，这个连接点的刚度即可足够抵抗外界的激励，局部结构能有效地控制激励力对车身结构的振动传递。因此，将 10^7N/m 定为原点动刚度的目标值。在测试或分析连接点的动刚度时，往往将这三个值作为参考值，如图5-32所示。

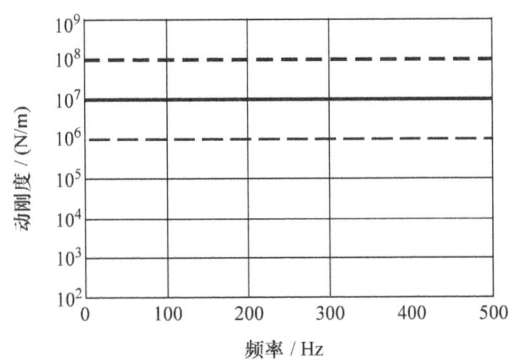

图5-32　车身连接点动刚度的目标值和参考值

对应图5-32，根据式（5-36），可以画出加速度阻抗的图，如图5-33所示。图5-33中的水平线变成了随着频率增加而衰减的曲线。由上自下，三条线分别对应 10^8N/m，10^7N/m 和 10^6N/m。

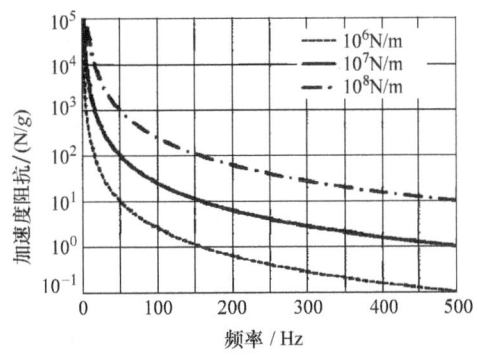

图5-33　加速度阻抗与原点动刚度的目标值和参考值

把测量的加速度和力转化成加速度阻抗，并与原点动刚度的目标值和参考值画在一起，如图5-34所示。从图中，可以查看每个频率下原点动刚度的大小，曲线越往上，表明原点动刚度越大，反之亦然。对这条测试曲线，在某些频率下，原点动刚度形成了一些倒峰，值非常小，这表明结构在这些频率下很弱。在这张图中，我们解读到的是"朝下"的峰值有问题。

长期以来，在测试或分析噪声和振动频响曲线时，人们习惯了共振峰值朝上，即"朝上"的峰值有问题，而朝下的峰值没有问题。图5-34中峰值的趋势与我们的习惯相反，看起来有些别扭。于是，为了让图5-34中倒立的、有问题的峰值从"朝下"颠倒"朝上"，就引入了一个新的表述方法，即IPI。

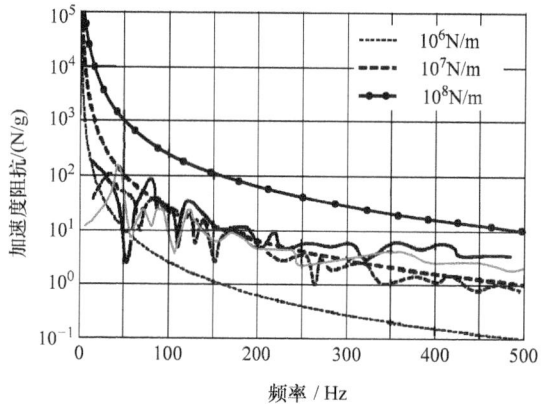

图 5-34　测试的加速度阻抗与原点动刚度的参考曲线

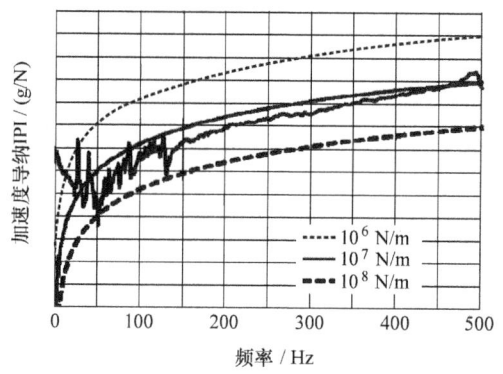

图 5-35　IPI 与原点动刚度

IPI 是 Input Point Inertance 的简写。Inertance 这个单词表述的意思是惯性，用机械术语来描述，就是导纳。IPI 就是指系统的加速度导纳，即表示加速度响应与输入力的传递函数。由于在考虑 IPI 时，主要关心的是其幅值，而不考虑相位，因此 IPI 可以表达为

$$\text{IPI} = \left| \frac{\ddot{x}}{f} \right| = \frac{\omega^2}{\sqrt{(k - m\omega^2)^2 + (c\omega)^2}} \tag{5-37}$$

式 (5-37) 表明 IPI 与加速度阻抗互为倒数。将三个原点动刚度参考值画在 IPI 图上，其值随着频率的增加而增加。自上而下，三条线分别为 10^6 N/m、10^7 N/m 和 10^8 N/m。将测试的原点动刚度曲线画在 IPI 图上，"朝下"的问题峰值就"朝上"了，如图 5-35 所示。朝上的峰值越高，表明原点动刚度越低。因此，这些朝上的峰值就像"共振峰"一样，识别起来就非常方便。

从以上分析可以看到原点动刚度和 IPI 是两个概念。原点刚度是激励力与位移

响应的比值，是位移阻抗，单位是 N/m。原点动刚度是激励力与加速度响应的比值，是加速度阻抗，单位是 N/(m/s²)。IPI 是加速度与激励力的比值，是加速度导纳，是加速度阻抗的倒数，单位是 (m/s²)/N 或 g/N。在图 5-35 中，原点动刚度参考值的水平线已经转换成了随频率增加而呈抛物线增加的加速度导纳曲线，因此，图中的参考值和测试值具备可比性，单位也一样。IPI 值可以通过直接测量或计算得到，但是概念抽象，不便于用中文来描述。基于以上原因，在中国汽车 NVH 界，人们习惯上将 IPI 称为原点动刚度。

四、原点动刚度的控制

原点动刚度的控制可以从连接点部位的结构、与连接点相连接的支架结构以及输入给连接点的能量三方面入手。

1. 连接点部位的结构

第一，车身整体结构的刚度会影响连接点的刚度。例如：动力总成安装在车身纵梁上，纵梁的刚度不仅决定了车身的整体刚度，也影响到悬置安装点的刚度。图 5-36 表示两种纵梁结构：一个是开口纵梁；一个是闭口纵梁。第二章已经分析过，闭口截面梁的刚度远远大于开口结构梁的刚度。因此，要避免开口梁。

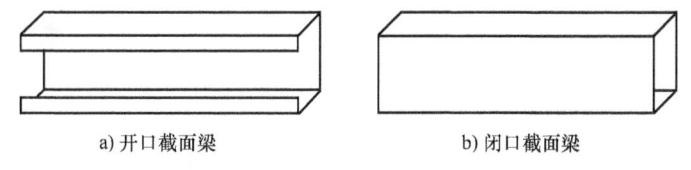

a) 开口截面梁　　　　b) 闭口截面梁

图 5-36　开口和闭口车身纵梁

第二，梁截面的优化。截面的惯性矩和极惯性矩决定了梁的刚度，所以梁截面的优化设计对原点动刚度非常重要。例如：如果车身上有的梁或立柱必须采用开口结构，则必须对截面进行局部修改。图 5-37 是在图 5-36a 的开口梁上增加一根支撑。图 5-38 显示开口梁增加支撑前后的 IPI 变化。增加支撑后，梁的整体刚度提升，固有频率提高。

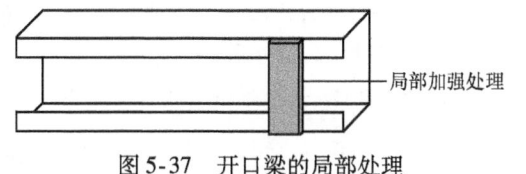

图 5-37　开口梁的局部处理

第三，连接点局部加强。在梁截面无法更改的情况下，可通过局部加强来提升原点动刚度，如冲筋、加支架。

第四，增加结构的厚度或者改变材料。增加结构厚度会提高其刚度，但是也将增加其重量和成本。材料的改变会改变杨氏模量，从而改变结构刚度。

2. 与连接点相连接的支架结构

外界激励源系统往往通过支架与车身相连接,如发动机支架,如图3-88所示。激励源并不是直接施加在车身上,而是作用在支架上,因此可以把支架看成是车身的延伸。IPI不仅取决于车身连接点的刚度,还取决于支架的刚度。

车身和支架可以视为两个串联的弹簧,如图5-39所示。假设车身连接点的刚度为 K_{b1},支架的刚度为 K_{b2},那么车身和支架的整体刚度(K_a)为

$$\frac{1}{K_a} = \frac{1}{K_{b1}} + \frac{1}{K_{b2}} \tag{5-38}$$

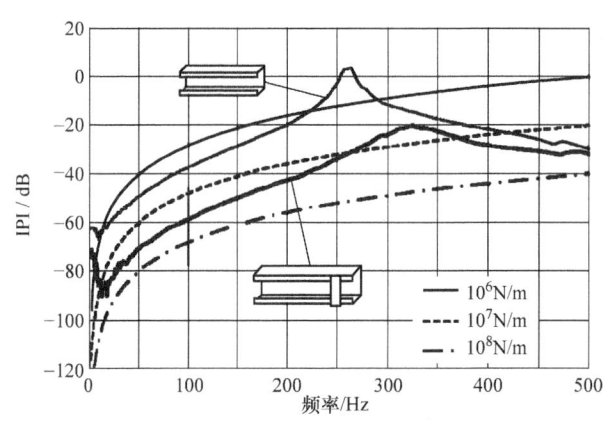

图5-38 开口梁上增加支撑前后某点上的 IPI 比较

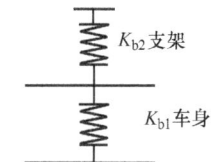

图5-39 两个串联的弹簧

只有当支架的刚度无穷大时,即 $K_{b2} \to \infty$,整体刚度才是车身连接点的刚度,即 $K_a = K_{b1}$。对这种情况,可以不考虑支架的影响。

支架的刚度不可能无穷大,如果支架的刚度与车身连接点的刚度一样,即 $K_{b1} = K_{b2}$,则整体刚度是 $K_a = 0.5 K_{b1}$,即整体刚度降低到车身连接点刚度的一半。

3. 输入给连接点的能量

当原点受到外界激励时,会有能量输入到系统中。输入的能量为

$$W = \oint f \mathrm{d}x = \int_0^T F\sin\omega t X_0 \cos(\omega t - \varphi) \mathrm{d}t = \pi F X_0 \sin\varphi \tag{5-39}$$

将位移、力和动刚度的关系 $X_0 = \dfrac{F}{K(\omega)}$ 带入式(5-39),得到

$$W = \frac{\pi F^2 \sin\varphi}{K(\omega)} \tag{5-40}$$

从式(5-40)可以得出,输入到系统的能量取决于激励力的大小和原点动刚度。激励力是外界的输入,当外激励力越大时,输入给系统的能量也越大。

动刚度是由系统本身决定的。当外界输入一定的时候,原点动刚度越小,输入给系统的能量就越大;反之,原点动刚度越大,输入到系统的能量越小。原点动刚度

高,可以使接触点的阻抗大,从而使波在结构中传播的幅值低,相应地传递到车内的噪声和振动就降低。因此,对系统自身来说,控制原点动刚度非常重要。

第五节　振振灵敏度与声振灵敏度

振动源作用在车身上,振动波在梁、立柱和板内传递,最后传递到转向盘和座椅等人体感知的部位。人体感知的振动响应对振动源激励之间的传递函数就是振振灵敏度。同时,在结构中传递的振动波通过板向车内辐射,形成了车内噪声。人耳处的噪声响应与振动源激励之间的传递函数就是声振灵敏度。

一、振动激励对车内振动的传递以及振振灵敏度

1. 振动源对车内的振动传递

车身上有很多振动源,本章第一节列出了一些激励点的位置。人体感知振动的部位有转向盘、地板(座椅导轨)、座椅和变速杆。下面以一个振动激励源(一个悬置安装点)和一个响应点(转向盘)为例来说明振动对车内振动的传递过程(图1-31)。

发动机将激励力施加在车身悬置安装点上,振动传递到纵梁,然后通过三条主要路径传递到转向盘,如图5-40所示。下面分别描述这三条路径。

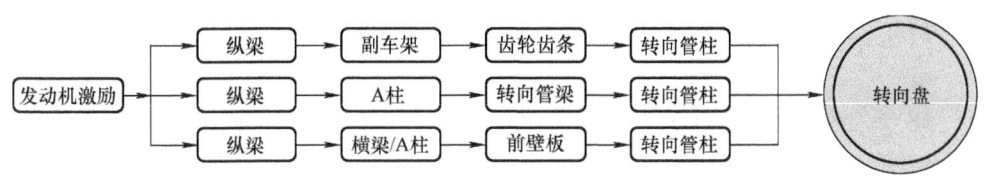

图5-40　振动流在车身上的传递和达到转向盘的三条路径

第一条路径:振动波从激励点出发,首先在纵梁内传播。传递到梁与副车架的连接处时,它跨过车身梁与副车架之间的胶套,振动波衰减一部分,剩下的继续在副车架内传递。转向系统中的齿轮齿条结构安装在副车架上,因此振动波传递到转向管柱上,抵达转向盘,手感知到振动。

第二条路径:纵梁中的振动波传递到A柱上。转向系统中的管梁与车身两侧的A柱相连接,于是振动波传递到管梁上,再传递到管柱和转向盘上,手感知到振动。

第三条路径:纵梁中传递的波激励起纵梁和A柱,然后激励前壁板。转向管柱的支架与前壁板相连接,因此振动波从前壁板传递到管柱上,进一步传递到转向盘上,人感知到振动。

车身承受的其他振动激励对人体感知点(转向盘、地板、座椅和变速杆)的

振动传递路径中,有的要经过多条路径(如风扇的激励),有的只有一条路径(如排气挂钩直接激励车底板)。

车身上有 N 个激励源,而且每一个振动源激励方向都是空间的,即在 x、y 和 z 三个方向都有激励,而每个方向的激励都会在感知部位产生三个方向的响应。将图 1-31 细化,就可以看到一个悬置安装点三个方向的激励引起转向盘三个方向的振动,如图 5-41 所示。

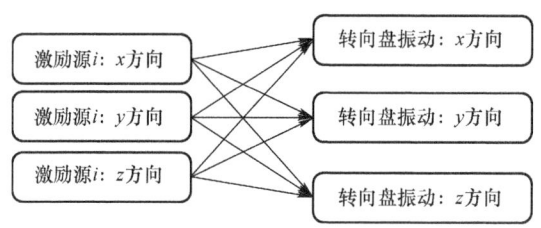

图 5-41 一个悬置在三个方向的激励力引起转向盘三个方向的振动

在 N 个激励源中,第 i 个激励源在 j 方向(x,y,z)的激励力用 $F_{i,j}$ 表示。它在转向盘 x、y 和 z 三个方向上产生的振动速度分别为 $V_{i,j,x}^{str}$、$V_{i,j,y}^{str}$ 和 $V_{i,j,z}^{str}$。$F_{i,j}$ 对转向盘 x 方向振动传递的振振灵敏度为

$$H_{i,j,x}^{str} = \frac{V_{i,j,x}^{str}}{F_{i,j}} \tag{5-41}$$

转向盘在 x 方向上的速度相应表示为

$$V_{i,j,x}^{str} = H_{i,j,x}^{str} F_{i,j} \tag{5-42}$$

由 N 个激励源在三个方向的激励而产生的转向盘 x 方向的振动为

$$V_x^{str} = \sum_{i=1}^{N} \sum_{j=1}^{3} V_{i,j,x}^{str} \tag{5-43}$$

同样,可以得到转向盘在 y 和 z 方向上的速度,分别为

$$V_y^{str} = \sum_{i=1}^{N} \sum_{j=1}^{3} V_{i,j,y}^{str} \tag{5-44}$$

$$V_z^{str} = \sum_{i=1}^{N} \sum_{j=1}^{3} V_{i,j,z}^{str} \tag{5-45}$$

转向盘上的总的振动是三个方向振动的矢量和,表达为

$$V^{str} = \sqrt{(V_x^{str})^2 + (V_y^{str})^2 + (V_z^{str})^2} \tag{5-46}$$

用同样的方法,可以得到各个振动源对其他振动感知点(地板、座椅和变速杆)的振动响应,以及响应与源之间的灵敏度。

2. 振振灵敏度的测试与分析

车身灵敏度可以通过测试得到,也可以通过计算(如有限元分析)得到。

在转向盘、座椅导轨、座椅、变速杆等人体接触的部位布置加速度传感器,

用力锤敲击外界激励力施加在车身上的点（如车身上动力总成的悬置安装点），测量加速度信号和力信号，如图 5-42 所示。经过数据处理后，即可以得到振振灵敏度。

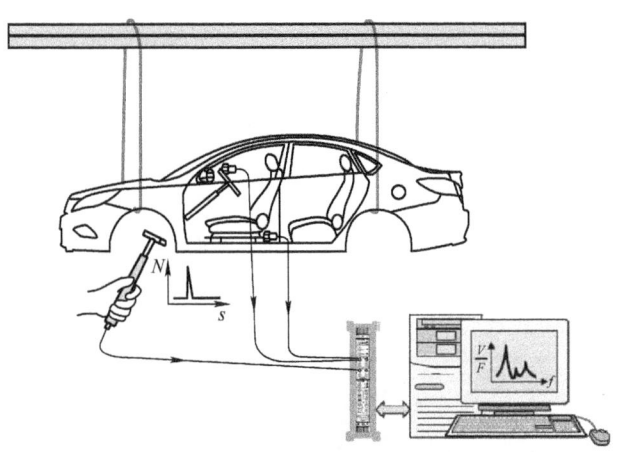

图 5-42　振振传递函数的测试示意图

振振灵敏度的测试对象可以是内饰车身，也可以是整车。如果是内饰车身，可以将它用柔软的绳子吊起或者用弹性垫将它支起来，以便形成"自由"的边界。在整车上测量时，由于其他系统已经占据了激励点，如动力总成的激励点就被悬置占据，力锤无法直接敲击这些激励点。测量时，可以敲击车身上最靠近激励点的位置，有时还需要制作专门的夹具。

有限元计算与测试类似，在相应位置选择激励点和响应点，计算传递函数，就得到车身的振振灵敏度。

振振灵敏度的图形显示形式有两种：曲线图和彩条图。

图 5-43 为一条振振灵敏度曲线图。横坐标是频率轴，纵坐标是灵敏度值。从这条曲线上，可以看到各个频率下的灵敏度值。

图 5-44 是一条传递路径振振灵敏度的彩条图。横向表示频率，色彩表示灵敏度的大小。从这张图看，在频率为 480Hz 时，灵敏度最高。

将车身上所有激励源对某个感知点响应的灵敏度绘制在一

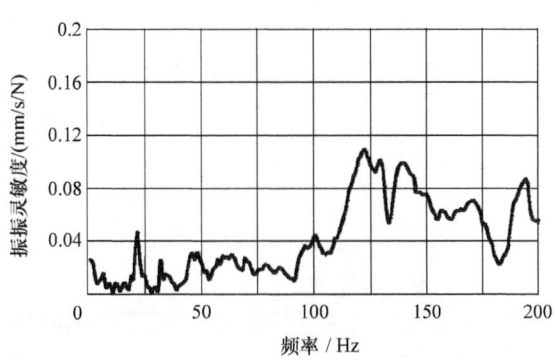

图 5-43　振振灵敏度频谱曲线图

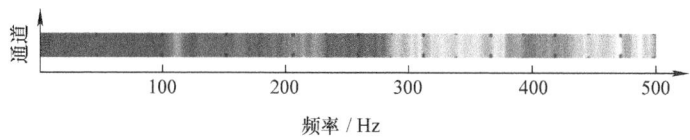

图 5-44 一条振振灵敏度的彩图谱（见彩插）

起,来比较每条传递路径的贡献,从而找到车内某些频率下振动大的传递路径。这种比较可以采用灵敏度曲线,也可以采用彩条图。图 5-45 显示了一组传递路径的灵敏度彩条。通过彩条组图,可以清晰地看出每个频率下最敏感的通道。例如:在 330~350Hz 范围内,发动机右悬置在 x 和 y 方向的激励是最敏感的通道。如果车内在这个频段内振动大,那么降低这两条通道的灵敏度对降低振动的效果最佳。

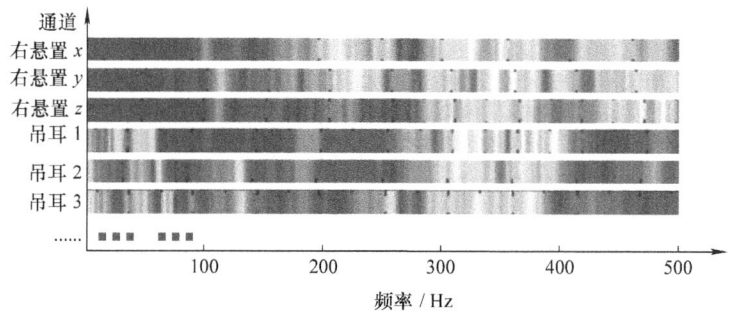

图 5-45 振振灵敏度的彩色频谱组图（见彩插）

二、振动激励对车内噪声的传递以及声振灵敏度

1. 声振灵敏度传递过程

还是以动力总成的一点激励来说明振动对车内噪声的传递过程。激励力将振动波传递到纵梁上,然后传递到其他梁和立柱上,再激励起车身板振动。板振动后,辐射声音到车内,如图 5-46 所示。

图 5-46 一个悬置激励力对车内噪声传递的示意图（p 为声压）

在 N 个激励源中，第 i 个激励点、在 j 方向施加力（$F_{i,j}$），在车内产生声音用 $P_{i,j}^{SR}$ 表示。这条路径的声振灵敏度为

$$H_{i,j}^{SB} = \frac{P_{i,j}^{SB}}{F_{i,j}} \tag{5-47}$$

式（5-47）重新写成声压响应形式，为

$$P_{i,j}^{SB} = H_{i,j}^{SB} F_{i,j} \tag{5-48}$$

N 个激励点共同作用下，产生的车内噪声为

$$P^{SB} = \sum_{i=1}^{N} \sum_{j=1}^{3} P_{i,j}^{SB} \tag{5-49}$$

2. 声振灵敏度的测试与分析

与振振灵敏度一样，声振灵敏度可以通过测试得到，也可以通过计算（如有限元分析）得到。

测量声振灵敏度的激励方式与测量振振灵敏度一样，即用力锤敲击激励点。在人耳处安放传声器，来测量声音响应。根据需要，传声器可以放置在右耳和/或左耳处；可以只在驾驶人耳朵处放置传声器，还可以在乘员耳朵处（前排或/和后排）放置传声器，如图 5-47 所示。将测量的声音和振动信号进行处理后，即可以得到声振灵敏度。

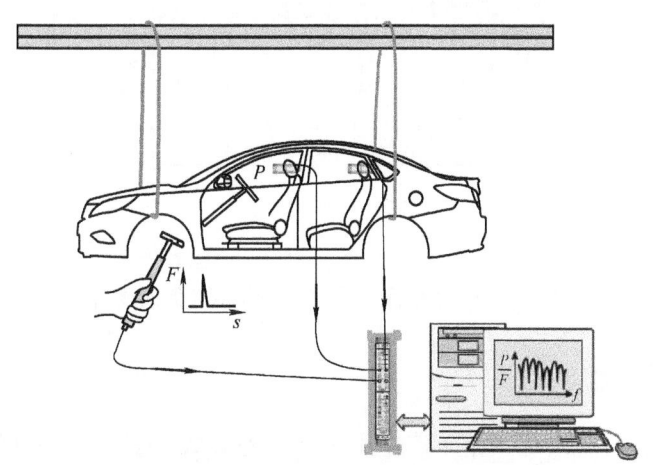

图 5-47　声振灵敏度的测试示意图
（注：P 为声区，F 为力，P/F 表示声压对激励力的传递函数）

在实际工程测试中，通常是用力锤敲击激励点，同时测量人体振动感知部位的振动和耳朵处的声音，即同时得到振振灵敏度和声振灵敏度。

声振灵敏度通常是用随频率变化的曲线表示，单位是 dB/N，如图 5-48 所示。它也可以用彩色频谱图表述。从这条曲线可知每个频率下灵敏度的大小，例如

图 5-48 中，在 180Hz 时，灵敏度值高达 60dB/N。这个值偏高，在这个频率下，外界小的振动就可以引起较大的车内噪声。

为了比较各个传递路径声振灵敏度的大小，可以将所有灵敏度绘制在一张图上，如图 5-49 所示。从灵敏度组图上，可以找到声音的主要传递路径，从而采取针对性的措施来降低灵敏度。例如图 5-49 显示了三个通道的灵敏度，在

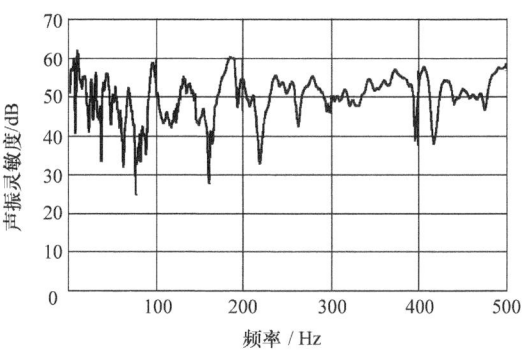

图 5-48 声振灵敏度频谱曲线

140Hz 处，第一通道的灵敏度达到 70dB/N，在 130Hz 处，第二和第三通道的灵敏度到达 62dB/N。这几个频率下的对应通道的灵敏度高，对应的激励对车内噪声贡献最大，因此降低这条路径上的对应频率的灵敏度是非常重要的。

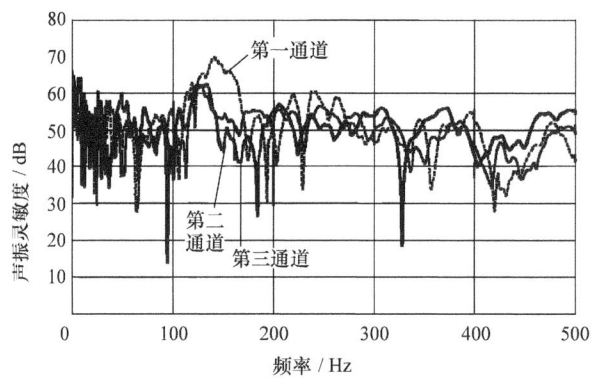

图 5-49 多个传递路径的声振灵敏度频谱曲线组图

三、灵敏度控制

将振动对车内的振动和噪声传递用另外一种方式来表述，可以将传递路径分成几个模块：激励和原点模块、梁（柱）模块、隔振模块、转向模块、板模块。根据这个模块路径，灵敏度的控制也从这五方面入手。

1. 激励原点的控制

式（5-22）~式（5-27）表示在相同外力的作用下，原点阻抗（位移阻抗、速度阻抗和加速度阻抗）越大，即原点动刚度越大，原点的响应（位移、速度和加速度）越小。式（5-40）表明在相同的外力作用下，原点动刚度大，输入到系统的能量就小，即阻抗大的部件消耗的能量比阻抗小的部分消耗的能量多，因

此,输入到系统中的能量就小。由此可见,提高原点动刚度是控制激励输入的第一步。

如果车身结构已定,一定要把激励点选择在原点动刚度大的地方。图 5-50 表示一辆车的横截面。将外界激励源与车身的连接点分别选择在 A、B、C 和 D 四个位置:A 点在梁上;B 点靠近梁;C 点远离梁;D 为中间地板。同样的激励源分别施加在这四个位置上,得到车内的声振灵敏度。四个激励点所产生的声振灵敏度分别是 53dB/N、55dB/N、63dB/N 和 72dB/N。车内的声振灵敏度随着连接点离开梁的距离增加而增加。梁上的刚度最大,地板中间的刚度最小。因此,连接点要选择在梁结构上或者附近。

利用车身振型分布,可以最大限度地减少外界激励对车身的能量输入。把连接点选在某个模态的节点上,激励对该模态频率的输入就为零。把连接点选择在节点的附近,输入到系统的能量就非常低。图 5-51 表示车身第一阶弯曲模态示意图和三个激励点 E、F 和 G。E 在模态节点上,F 靠近节点,G 在振幅最大的地方。对应这三个位置激励,在这个模态频率下,车内所产生的声振灵敏度分别是 55dB/N、58dB/N、70dB/N。因此,外界激励源应该放置在模态节点上或者附近。

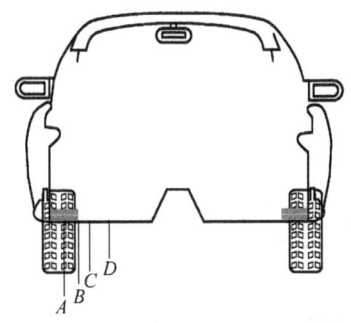
图 5-50 车身横截面上四个激励点

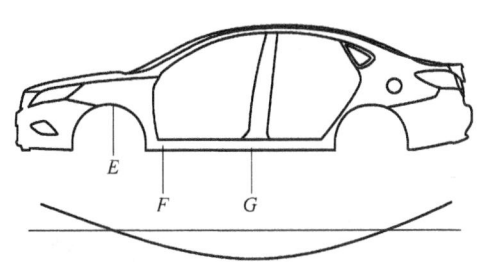
图 5-51 激励源置于车身模态振型的三个位置

2. 梁结构的控制

与车身板结构相比,梁和立柱的壁厚要大许多,因此可以认为梁是固体结构,而不是板结构。振动在固体结构中主要是以弯曲波的形态传递。

声波在管道中传递,当遇到截面变化时,由于声阻抗发生变化,因此声波会被反射回去,使得继续前进的声波能量减弱。振动波在固体结构中传播时,也有类似现象。图 5-52 表示一根梁(图 a)和中间一段截面变小(图 b)的情况。在这两根梁的源头(A 点)施加同样的激励,在梁的尾端(B 点)得到响应。图 5-53a 给出这两根梁在 B 点时域响应的比较曲线,当梁的截面变小后,结构中固体波都衰减了。图 5-53b 给出这两根梁在 B 点频域响应的比较曲线,当梁的截面变小后,幅值降低,但是频率发生偏移。同样,对截面变大的情况,也可以得到类似结果。因此,在梁结构的设计中,利用截面的改变可以衰减固体波的传递,从而衰减振动源的能量。

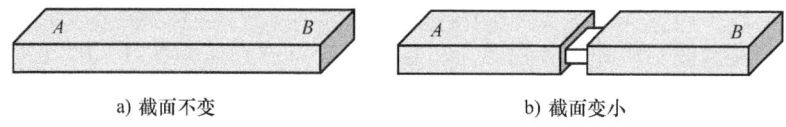

a) 截面不变　　　　　　　　　b) 截面变小

图 5-52　截面不变和变小的梁

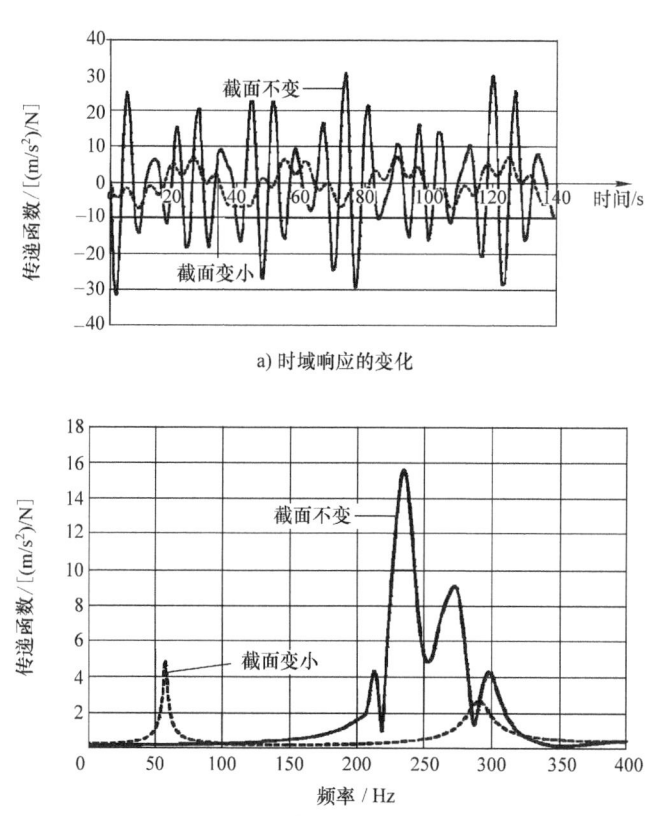

a) 时域响应的变化

b) 频域响应的变化

图 5-53　截面不同的梁中固体波响应的比较

3. 隔振控制

在传递路径上,如果采用隔振元件,可以极大地衰减结构波传递。图 5-54 给出了两种副车架结构:图 a 中的副车架与车身梁刚性连接;图 b 中的副车架与车身梁之间采用了隔振橡胶,形成了柔性连接。图 5-55 显示在副车架上施加同样的激励,车内噪声对激励点的声振灵敏度。采用了橡胶隔振的副车架会大大降低对车内噪声的传递。

第五章　车身灵敏度分析与控制　267

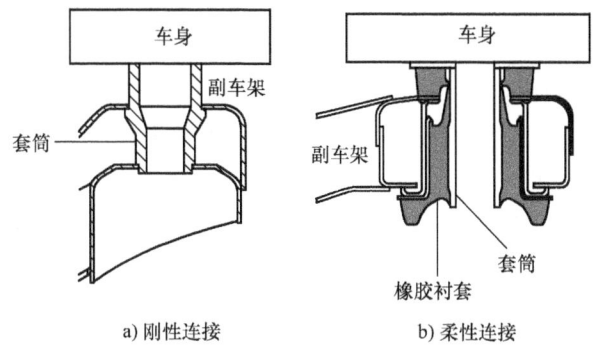

图 5-54　副车架与车身的连接

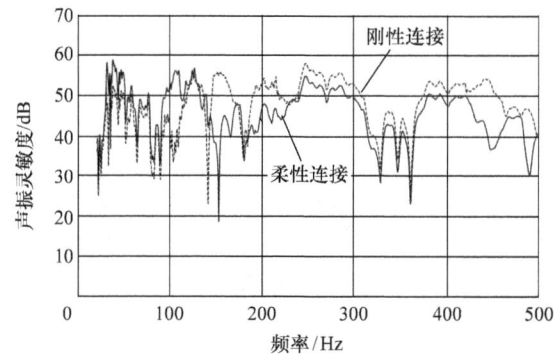

图 5-55　车内噪声对副车架激励的声振灵敏度：刚性连接和柔性连接副车架

由于振动波在传递途径中被衰减，振动源传递到车身板和人感知部位的振动会大大降低。因此，在传递路径上采用隔振处理是降低振振灵敏度和声振灵敏度的常用方法。但是，对运动车和 SUV 等对操控感和运动感要求高的车，副车架和车身之间往往是刚性连接。

4. 转向系统模态控制

人体直接与转向系统接触。控制转向系统的模态，是使其避开外界激励源的频率和降低手感知的振振灵敏度的重要方法。关于转向系统模态的控制，请参阅第三章。

5. 板结构振动控制

当振动传递到车身板时，板被激励起来。一方面，板的振动直接传递给人体；另一方面，板振动引起声辐射，传递到人耳。因此，板结构的控制对降低振振灵敏度和声振灵敏度非常重要。板的控制包括：刚度控制、阻尼处理、质量控制、动态吸振器控制等，详情请参阅第三章。

四、灵敏度目标

1. 振振灵敏度的目标

振动的响应可以用速度表示，也可以用加速度表示。在分析振振灵敏度时，通常用速度响应与激励力的比值来表示，即单位为（m/s）/N，或者（mm/s）/N。

在第三章分析座椅和人体对振动频率敏感度时，已经知道人体垂直方向最敏感的频率是 4～8Hz，如图 3-102 所示。8Hz 以上的加速度是一条条线性上升的直线，即加速度随着频率增加而线性增加，表示为

$$\ddot{x} = B\omega \tag{5-50}$$

式中，B 是常系数；ω 为频率。

对加速度曲线进行积分处理，就可以得到速度，为

$$\dot{x} = \frac{\ddot{x}}{j\omega} = \frac{B}{j} \tag{5-51}$$

速度的幅值为

$$|\dot{x}| = B \tag{5-52}$$

速度的幅值线是一条水平线，即随着频率的增加，速度不变。水平的速度线能非常清晰和便捷地表征振动响应。振动考虑的频率要高于最敏感频率，因为激励源频率、车身模态频率等都大于8Hz。因此，在大于8Hz的范围，采用一条直线来作为目标会使人一目了然。振振灵敏度分析目标就采用速度对输入力的响应，对应的目标线是一条水平线。一般情况下，急速振振灵敏度设定在 0.1（mm/s）/N。图 5-56 给出了几条振灵敏度测试曲线和 0.1（mm/s）/N 的水平目标线。

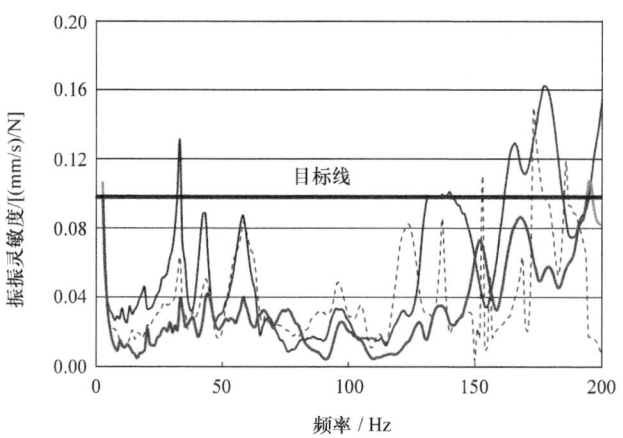

图 5-56 振振灵敏度曲线和目标线

2. 声振灵敏度的目标

声振灵敏度是车内声音和施加力的比值，它的单位是 Pa/N，或者 dB/N。声振

灵敏度的目标一般确定为 0.01Pa/N 或 55dB/N。图 5-57 给出了几组声振灵敏度的测试曲线和目标线。

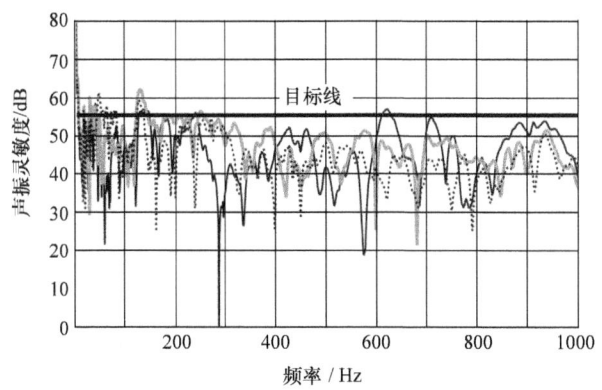

图 5-57 声振灵敏度的测试曲线和目标线

第六节 声声灵敏度及控制

一、车外噪声源对车内的传递

图 5-6 给出了汽车的主要噪声源。这些噪声源是以空气声的形式传递到车内，人听到声音。下面以发动机的辐射噪声为例，来说明车外噪声对车内的传递。发动机的辐射噪声遇到车身时，第一部分能量被车身外板反射回去，第二部分能量被声学包装吸收，第三部分能量穿过车身上的孔洞直接传递到车内，第四部分能量是透射过车身而传递到车内。第三部分和第四部分能量就是传递到车内的噪声。

一般认为，噪声源和传递到车内的声音是无指向性的。假设第 i 个噪声源的声压为 P_i，车内人耳处的声压为 P_i^{AB}，就得到第 i 个噪声源对车内的声声灵敏度为

$$H_i^{AB} = \frac{P_i^{AB}}{P_i} \tag{5-53}$$

式 (5-53) 改写为第 i 个声源在车内产生的声压，为

$$P_i^{AB} = H_i^{AB} P_i \tag{5-54}$$

M 个噪声源传递到车内的声压为各个噪声源分别传递到车内的声压之和，即

$$P^{AB} = \sum_{i=1}^{M} P_i^{AB} \tag{5-55}$$

二、声声灵敏度的表达方式

式 (5-53)~式 (5-55) 只是描述了声声灵敏度的概念。在工程分析与应用

上，通常使用三种方法来定量地表征隔声灵敏度：噪声降低量、声传递函数和基于功率的噪声降低量。

1. 噪声降低量（NR）

在车外和车内布置传声器，如图 5-58 所示，来测量声压级大小。用车外声压级减去车内声压级，就得到了噪声降低量，用 NR（Noise Reduction）来表示，表达如下：

$$NR = SPL_{out} - SPL_{in} \tag{5-56}$$

式中，SPL_{out} 为车外声压级；SPL_{in} 为车内声压级。

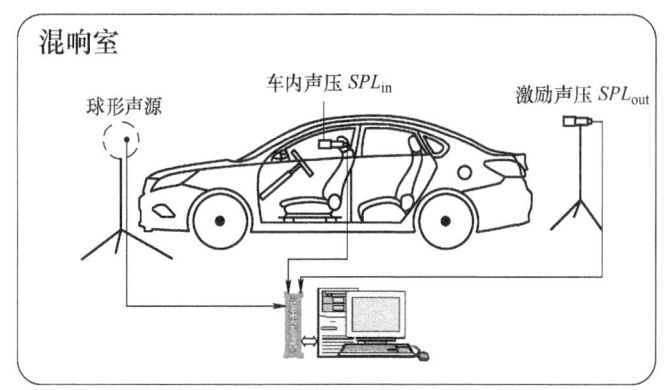

图 5-58　混响室内测量 NR 的示意图

测量车身的噪声降低量需要有特定环境，以排除环境噪声的干扰。特定的环境是指混响室和消声室。测量车身噪声降低量有混响室法和消声室法。图 5-58 表示在混响室内测量 NR。

将整车或车身放置在混响室内，在车外放置声源作为激励源，在车外和车内分别布置若干个传声器。声源在混响室内发声（对体积足够大的混响室），即便汽车在混响室内，各处的声压级也基本相同。图 5-59 所示为室内放置一辆车的情况下五个不同位置的声压级。不同点的声压级基本相当，这表明了混响室内声场的均匀分布。

由于混响室内声场的均匀性，可以用车外任何一点的声压级代表"源"的声压级。将车外声压级减去车内声压级，就得到了车身的隔声量。如果将传声器放置在车内不同地方，如前壁板处、车门处、顶棚处，就可以分别得到这些部件的隔声量，如图 5-60 所示。

在混响室内测量 NR，可以得到整个车身的隔声量，但是不能得到车身对各个声源（如发动机）的噪声降低量。只有在消声室内，才能实现这个目的。为了得到车身对声源的隔声量，声源必须是白噪声而且必须真实地模拟声源特征，这样就必须使用特殊的声源装置。发动机声音模拟器是一个特制的发声设备，在它的几个表面安装一些不同尺寸的扬声器，来模拟发动机的发声状况。将发动机声

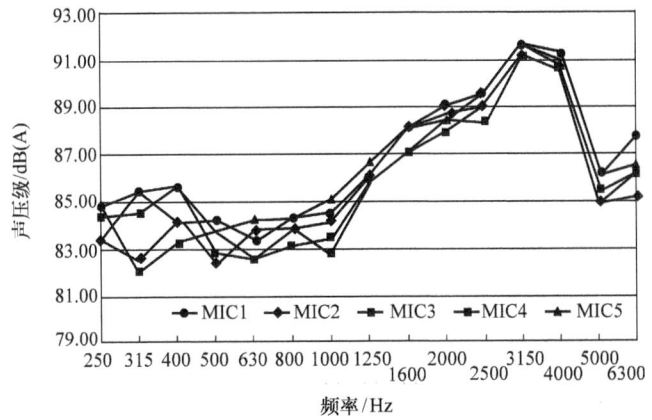

图 5-59 混响室内不同点的声压

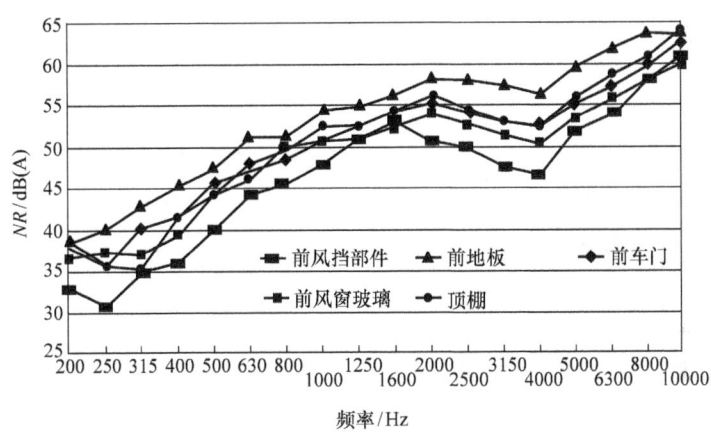

图 5-60 某车前壁板、车门、顶棚等部位的隔声量

音模拟器放置在发动机舱内,再将汽车放到消声室内,如图 5-61 所示。模拟器各个表面都发出声音,测量模拟器 6 个面的声压级和车内声压级。6 个面的声压分别减去车内声压级,就得到了发动机 6 个表面对车身的噪声降低量,如图 5-62 所示。图中显示发动机的各个部位对车身的噪声降低量是不一样的。

同样,为了确定进气口、排气尾管口、轮胎等声源处对车身的噪声降低量,可以分别将进气排气声音模拟器、轮胎声源模拟器放置在相应位置,来测量这些部位对车身的 NR 值。

2. 声学传递函数

声音模拟器复杂、成本高,而且发动机和进、排气系统的声音模拟器还不一样。在工程上,除了使用模拟器来测量声声灵敏度外,更加广泛使用的声源是体积声源,如图 5-63 所示。将声源放置在车外声源(发动机、排气尾管口等)处,

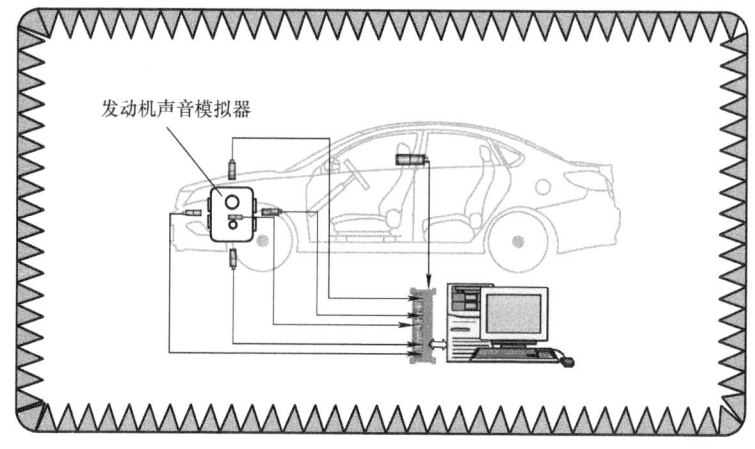

图 5-61　在消声室内测量车身对发动机声源的隔声量

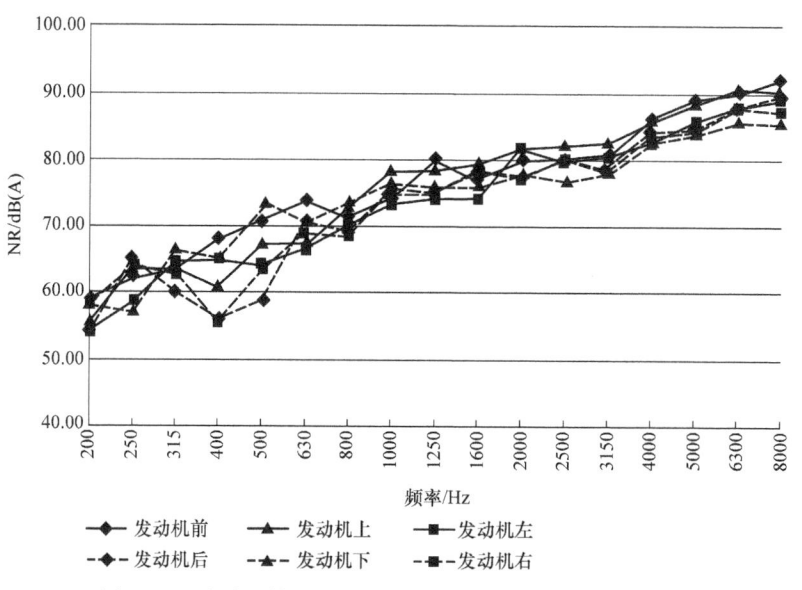

图 5-62　发动机模拟器 6 个表面对某个车身的噪声降低量

在车内布置传声器。测量声源的体积加速度和车内的声压，就可以得到声声传递函数，它被称为声学传递函数。

声学传递函数是响应点的声压与声源处的体积加速度的比值，用 ATF（Acoustic Transfer Function）来表示声学传递函数，为

$$ATF = \frac{p}{Q_a} \quad (5\text{-}57)$$

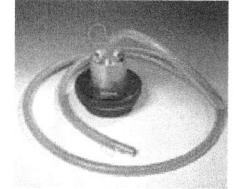

图 5-63　体积声源

式中，Q_a 是体积加速度。

图 5-64 为某车两个部位的声学传递函数测试曲线。曲线值越小,表明声源对车内的传递越小,即隔声越好。ATF 值的趋势正好与 NR 相反,NR 值越大越好。随着频率增加,ATF 值减小,即频率高时,车身的隔声效果越好。

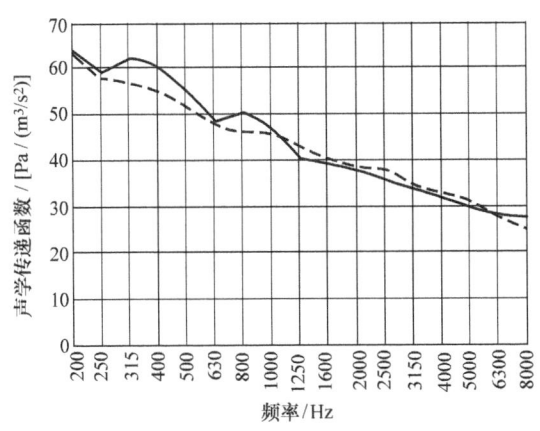

图 5-64 某车的声学传递函数曲线

根据互易原理,也可以将声源放置在车内,测量车外的声压和车内体积加速度,得到车身响应位置的声学传递函数。

3. 基于功率的噪声降低量(PBNR)

基于功率的噪声降低量是从英文"Power Based Noise Reduction"翻译而来,用 PBNR 表示。PBNR 定义为点声源的声功率与接受点的声压级的平方值比,再取对数的值,表达为

$$PBNR = 10\lg\left(\frac{\Pi}{p \cdot p^*}\frac{1}{\text{Ref}}\right) \tag{5-58}$$

式中,Π 为点声源在自由场中的声功率;p 为接受点的声压;p^* 为 p 的共轭;Ref 为参考值,是参考声功率和参考声压平方的比值,表达为

$$\text{Ref} = \frac{\Pi_{\text{ref}}}{p_{\text{ref}}^2} = \frac{1}{\rho c} \tag{5-59}$$

式中,Π_{ref} 为参考声功率;p_{ref} 为参考声压。与参考声功率和参考声压对应的空气声阻抗为 400。

在自由场中,点声源的声功率为

$$\Pi = \frac{\rho Q_a Q_a^*}{4\pi c} \tag{5-60}$$

式中,Q_a 为体积声源的体积加速度;Q_a^* 为 Q_a 的共轭。

将式(5-59)和(5-60)代入到式(5-58)中,得到

$$PBNR = 10\lg\left(\frac{Q}{p}\left(\frac{Q}{p}\right)^*\right) + 10\lg\frac{\rho^2}{4\pi} = -20\lg\left|\frac{p}{Q_a}\right| - 9.4 \tag{5-61}$$

$|p/Q_a|$ 就是 ATF 的幅值。式（5-61）表明可以通过测量声学传递函数来得到基于功率的隔声量。

PBNR 与 NR 的关系为

$$PBNR = NR + 10\lg\frac{A_1\alpha_1}{4} \tag{5-62}$$

式中，A_1 为声源侧吸声面积；α_1 为吸声系数。

$A_1\alpha_1$ 表示声源侧的有效吸声量。式（5-62）表示 NR 高，PBNR 就高。声源的吸声量大，PBNR 大。NR 仅仅是考虑声源侧和接受侧的噪声衰减，而 PBNR 不仅包含了这个衰减，还考虑了两侧的隔声和吸声。因此，PBNR 能更好地展现车身的整体隔声和吸声特性。车外安装了吸声垫的 PBNR 值比没有安装的大，而随着频率的增加，这个差距也加大。这表明 PBNR 反映了声源的吸声特征。

三、声声灵敏度的目标与控制

1. 目标

振振灵敏度和声振灵敏度的表达方式和测量方法比较成熟，长期以来，工程师们有了比较一致的目标，比如，"55dB/N"的声振灵敏度目标已经在工程师的脑海中根深蒂固。可是，声声灵敏度的表达方式有几种，甚至人们还在探索新的表达方式，因此，它没有共识的目标。

通常，采用对标（Benchmarking）的方法来制定目标。图 5-65 给出了一组汽车的排气尾管噪声对车内声音的噪声降低量以及设定的目标。曲线越高，声传递损失越大，车身隔声越好。假设在开发某款车时，确定了声学包装具备领先性，即优于竞争车，那么该车的噪声降低量目标线要高于其他线。图中的直线就是该车的目标线。

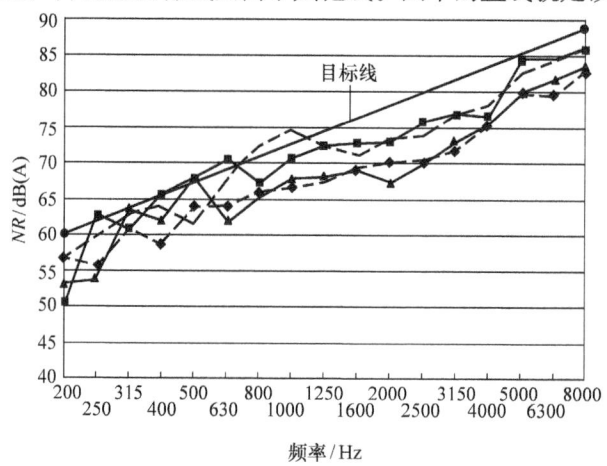

图 5-65　一组汽车的车尾管噪声对车内声音的声声灵敏度测试曲线和某车的目标线

2. 声声灵敏度的控制

声声灵敏度的控制取决于车身的声学包装和板的声辐射能力。第一，确保车身的气密性好，尽可能减少孔和缝隙；第二，确保隔声效果好；第三，确保吸声性能好；第四，降低车身板的声辐射，同时使得板结构振动模态与声腔模态避开。关于板结构声辐射和声学包装，请参阅第三章和第四章的相关内容。

参 考 文 献

[1] Arnaud Charpentier, Prasanth Sreedhar, Kazuki Fukui. Using the Hybrid FE-SEA Method to Predict Structure-borne Noise Transmission in Trimmed Automotive Vehicle [C]. SAE Paper 2007-01-2181.

[2] Alan Parrett, Qijun Zhang, Chong Wang, et al. SEA in Vehicle Development Part I: Balancing of Path Contribution for Multiple Operating Conditions [C]. SAE 2003-01-1546.

[3] Dhanaji Kalsule, David Hudson, Yogesh Yeola, et al. Structure Borne Noise and Vibration Reduction of a Sports Utility Vehicle by Body-Mount Dynamic Stiffness Optimization [C]. SAE Paper 2011-01-1599.

[4] D J Ewins. Modal Testing: Theory and Practice [M]. New York: John Wiley & Sons, 1984.

[5] David Bogema, Andreas Schuhmacher, Gary Newton, et al. High-Frequency Time Domain Source Path Contribution: From Engine Test Bench Data to Cabin Interior Sounds [C]. SAE Paper 2013-01-1957.

[6] F Alton Everest. The Master Handbook of Acoustics [M]. New York: McGraw-Hill, 2001.

[7] Farshid Haste, Anbu Nachimuthu. Calculating Partial Contribution Using Component Sensitivity Values: A Different Approach to Transfer Path Analysis [C]. SAE Paper 1999-01-1693.

[8] Geoffrey D Gwaltney, Jason R Blough. Evaluation of Off-Highway Vehicle Cab Noise and Vibration Using Inverse Matrix Techniques [C]. SAE Paper 1999-01-2815.

[9] George Chaoying Peng. Measurement of Exterior Surface Pressures and Interior Cabin Noise in Response to Vehicle Form Changes [C]. SAE Paper 2011-01-1618.

[10] Georg Eisele, Klaus Wolff, Norbert Alt, et al. Application of Vehicle Interior Noise Simulation (VINS) for NVH Analysis of a Passenger Car [C]. SAE Paper 2005-01-2514.

[11] Hirotaka Shiozaki, Theo Geluk, Frank Daenen. Time-domain Transfer Path Analysis for Transient Phenomena Applied to Tip-in/Tip-out (Shock & Jerk) [C]. SAE Paper 2012-01-1545.

[12] Hong-Sun Baik, Seung-Gyoon Jung, Yeon-Jun Kang. The Study on the Optimization of Attachment Stiffness in Vehicle Body [C]. SAE Paper 2007-01-2346.

[13] Hong-Cheol Park, Seong-Ho Yoon. Contribution Analysis of Vehicle Interior Noise Using Airborne Noise Transfer Function [C]. SAE Paper 2007-01-2359.

[14] H Van der Auweraer, P Mas, S Dom, et al. Transfer Path Analysis in the Critical Path of Vehicle Refinement: The Role of Fast, Hybrid and Operational Path Analysis [C]. SAE Paper 2007-01-2352.

[15] Hyo-Sig Kim, Seong-Ho Yoon. A Design Process using Body Panel Beads for Structure-Borne

Noise [C]. SAE Paper 2007-01-1540.
[16] Hyungtae Kim, Jungseok DO, Sehwun oh, et al. Optimization of Body Attachment for Road Noise Performance [C]. SAE Paper 2013-01-0369.
[17] Istvan L Ver, Leo L Beranek. Noise and Vibration Control Engineering: Principles and Applications [M]. New York: John Wiley & Sons, 2006.
[18] Jason Zhu, David Hammelef, Michelle Wood. Power-Based Noise Reduction Concept and Measurement Techniques [C]. SAE Paper 2005-01-2401.
[19] James F Unruh, Paul D Till, Ted J Farwell. Interior Noise Source/Path Identification Technology [C]. SAE Paper 2000-01-1709.
[20] Jerome E Manning. SEA Models To Predict Structureborne Noise In Vehicles [C]. SAE Paper 2003-01-1542.
[21] Joon-Ho Lee, Kyoung Oh, Youn-Sik Park, et al. Transfer Path Analysis of Structure-Borne Shock Absorber Noise in a Passenger Car [C]. SAE Paper 2001-01-1441.
[22] Juha Plunt. Examples of Using Transfer Path Analysis (TPA) together with CAE-Models to Diagnose and Find Solutions for NVH Problems Late in the Vehicle Development Process [C]. SAE Paper 2005-01-2508.
[23] LMS. Best Practices/Planning for TPA [C]. Leuven: LSM International, 2005.
[24] LMS. LMS Test. Lab Transfer Path Analysis [C]. Leuven: LSM International, 2013.
[25] Luca Mazzarella, Philippe Godano, Jan Horak. Reciprocal Powertrain Structure-borne Transfer Functions Synthesis for Vehicle Benchmarking [C]. SAE Paper 2007-01-2354.
[26] Kichang Kim, Inho Choi. Design Optimization Analysis of Body Attachment for NVH Performance Improvements [C]. SAE Paper 2003-01-1604.
[27] Krishna R Dubbaka, Frederick J Zweng, Shan U Haq. Application of Noise Path Target Setting Using the Technique of Transfer Path Analysis [C]. SAE Paper 2003-01-1402.
[28] Mark Allen Daly. Influence of Mount Stiffness on Body/Subframe Acoustic Sensitivities [C]. SAE Paper 2003-01-1714.
[29] Masato Hashioka, Ichiro Kido. An Application Technique of Transfer Path Analysis for Automotive Body Vibration [C]. SAE Paper 2007-01-2334.
[30] Michel A Tournour, Fumihiko Kosaka, Hirotaka Shiozaki. Fast Acoustic Trim Modeling using Transfer Admittance and Finite Element Method [C]. SAE Paper 2007-01-2166.
[31] Nobutaka Tsujiuchi, Takayuki Koizumi, Takuya Nagao. Vibration Transmission Analysis of Automotive Body for Reduction of Booming Noise [C]. SAE Paper 2011-01-1691.
[32] Renata Guedes, Paulo J P Goncalves. Investigation of Sub-System Contribution to a Pickup Truck Boom Noise Using a Hybrid Method Based on Noise Path Analysis to Simulate Interior Noise [C]. SAE Paper 2003-01-3677.
[33] Roland Sottek, Philipp Sellerbeck, Martin Klemenz. An Artificial Head Which Speaks from Its Ears: Investigations on Reciprocal Transfer Path Analysis in Vehicles, Using a Binaural Sound Source [C]. SAE Paper 2003-01-1635.
[34] Sang Bum Hong, Nickolas Vlahopoulos. Application of a Hybrid Finite Element Formulation for

Analyzing the Structure-Borne Noise in a Body-In-White [C]. SAE Paper 2005-01-2421.
[35] Sang-Kwon Lee, Ki-Sung Park, Min-Sung Lee, et al. Vibrational Power Flow and Its Application to a Passenger Car for Identification of Vibration Transmission Path [C]. SAE 2001-01-1451.
[36] Seigo Yamamoto, Norimasa Kobayashi, Hiroo Yamaoka. Vehicle Interior Noise and Vibration Reduction Method Using Transfer Function of Body Structure [C]. SAE 2011-01-1692.
[37] S M Dumbacher, M C Witter, D L Brown, et al. Evaluation of Sensors for Noise Path Analysis Testing [C]. SAE Paper 1999-01-1859.
[38] Vincent Cotoni, Bryce Gardner, Phil Shorter, et al. Demonstration of Hybrid FE-SEA Analysis of Structure-Borne Noise in the Mid Frequency Range [C]. SAE Paper 2005-01-2331.
[39] 庞剑, 谌刚, 何华. 汽车噪声与振动：理论与应用 [M]. 北京：北京理工大学出版社, 2006.
[40] 马大猷, 沈嚎. 声学手册 [M]. 北京：科学出版社, 1983.
[41] 马大猷. 噪声与振动控制手册 [M]. 北京：机械工业出版社, 2002.
[42] 杜功焕, 朱哲民, 龚秀芬. 声学基础 [M]. 南京：南京大学出版社, 2012.
[43] 许肖梅. 声学基础 [M]. 北京：科学出版社, 2003.
[44] James F Doyle. 结构中波的传播 [M]. 北京：科学出版社, 2013.

Chapter 6

第六章

风噪及控制

第一节 概　　述

一、风噪带来的问题

汽车在怠速和低速运行时，主要噪声来自发动机和其他动力系统（如排气系统、进气系统等）。当车速到达 50km/h 时，路面的噪声增加并随着车速的增加而增加；当车速达到 80km/h 时，路面噪声可能比发动机噪声大，甚至掩盖发动机噪声，成为汽车的主要噪声源。特别是在粗糙路面上，路面噪声更加突出。当汽车速度继续增加，到达 100km/h 时，风噪就开始出现；当车速达到 120km/h 时，风噪成为汽车的主要噪声源。当车速进一步增加时，风噪完全掩盖了发动机噪声和路面噪声。图 6-1 为汽车车速与发动机噪声源、路面噪声源和风噪噪声源的关系图。

行驶的汽车与空气有相对运动。运动的空气作用在车身上，对车内产生的噪声定义为风噪，也称为空气动力噪声。风噪给乘员的感觉就是车门或者玻璃窗没有关紧或者某个地方漏风。风噪大的时候，影响到乘员之间的交流，甚至听不清彼此之间的讲话。风噪大引起车内声压级大，乘员无法接受。即便风噪并不大，但顾客能听到细微的"吱吱"漏气声，而这种高频的声音也让他们感觉到不舒服。

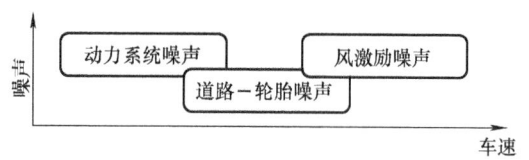

图 6-1　汽车车速与发动机噪声源、路面噪声源和风噪噪声源的关系图

现在，人们在高速公路上开车的时间越来越多，他们对风噪的要求也越来越高。他们不仅要求风噪小，而且不希望听到某些虽然声音小但让人烦恼的高频声和漏气声，因为这些风噪会让长途行驶的驾驶人和乘员疲劳。总之，风噪控制不

仅仅是降低风噪，而且要提升风噪的品质感，使得人们听到的风声是：风噪声音不大、没有漏气声、没有高频的口哨声、没有风振声、没有湍流声，等等。

风噪的控制要从车身设计和制造组装质量控制两方面进行。本书将从设计的角度来介绍风噪控制，包括车身整体造型的设计、局部结构与附件的设计和车身密封三个方面。下面简单地描述这三个方面对风噪的影响。

首先是车身的整体造型。如果车身的造型不流畅，如发动机舱盖与前风窗玻璃之间过渡不流畅、车身外地板上有凸出物等，那么风吹到这些地方，就会产生湍流，引起风噪。

第二是局部造型与附件设计。车身局部造型不流畅或者有凸出物也会引起很大的噪声。例如：前风窗玻璃与 A 柱不在一个平面上，车门手柄的两边与门板之间的高度差太大，一旦风吹到这些部位，会产生漩涡和湍流，从而发出噪声。车外的某些地方缝隙太大并形成了小的空腔，会产生空腔噪声。

附件安装在车身外面，如天线、反光镜等，当风吹到这些凸起的附件上时，就会产生漩涡和湍流，发出噪声。如果这些附件设计妥当，那么噪声会大大降低。另外，这些附件在车身上的安装方式也非常重要，例如：同样的反光镜安装在车身不同的部位，所产生的风噪是不一样的。

第三是车身密封。车身上出现缝隙时，声音会直接进入车内。当声波穿过一些细小的缝隙时，会产生类似于口哨的啸叫声。

二、风噪噪声源及分类

风噪噪声源可以从两个方面来划分：第一方面是从风噪的表现形式来划分，即从所观察和测量到的噪声形式的角度，如由于脉动压力产生的噪声、缝隙产生的噪声；第二方面是从风噪产生的物理机理的角度来划分，如单极子噪声、双极子噪声。

1. 按照表现形式来划分风噪源

运动的空气与车身各个部位的摩擦产生了不同形式的噪声源，它们可以归纳成以下四类：

第一类是脉动噪声。空气作用在车身上，形成涡流并在车身表面产生了压力波动。这种涡流扰动产生的噪声被称为脉动噪声。

第二类是气吸噪声。车外的风声会穿过车身缝隙进入车内。即便车身没有缝隙，但是汽车运动时，相邻部件（如车门与车身）之间可能出现了缝隙，车外的噪声会穿过缝隙进入车内。这种透过缝隙的风噪声被称为气吸噪声。

第三类是风振噪声。当打开天窗或者玻璃窗时，车身就像一个共振腔而发出低频的轰鸣声，这类噪声称为风振噪声。

第四类是空腔噪声。车身外部部件之间都有间隙，比如 A 柱和车门之间的间隙。如果这些间隙大，就形成了一些小的空腔。当风吹到这些小空腔时，气流在里面振荡，并产生噪声。这种噪声就是空腔噪声。

2. 按照产生的物理机理来划分风噪源

在经典声学中，声波的产生是源于物体表面的振动。因为物体的振动使得表面流体产生了压缩和膨胀的交替变化，从而发声。最基本的发声单元是点声源。不同点声源的组合就形成了不同的发声体。最典型的声源有单极子噪声源、双极子噪声源和四极子噪声源。

风噪属于气动声学，其发声机理与经典声学有差异，但是气动声学中的声源可以类比成经典声学中的单极子噪声源、双极子噪声源和四极子噪声源。这样就可以从经典声学发声源的角度来分析风噪，因此，从机理上，将风噪源分成单极子噪声源、双极子噪声源和四极子噪声源。不同极子的噪声源与汽车的速度有关系，并具有不同的声辐射能力。

第一种是单极子噪声源。单极子噪声源是一个脉动球源，以小幅度和周期性的形式不断地做膨胀和收缩运动，向空间均匀地辐射球面波，如图6-2所示。单极子噪声源是不稳定的体积气流运动产生的。单极子噪声源在低马赫数情况下效率最高。当车身表面的脉动压力使得不稳定的气流从车外流向车内时，就形成了单极子噪声源。单极子噪声源的声功率与气流速度的4次方成正比，表达为

$$W \sim (\rho_0 l^2 c^3)\frac{v^4}{c^4} \tag{6-1}$$

式中，ρ_0是空气密度；l是物体表面的特征尺寸；v是流体的速度；c是声速。

单极子噪声源的声功率级可以表示为

$$L_W \sim 40\lg v \tag{6-2}$$

第二类是双极子（或叫偶极子）噪声源。两个距离很近、相位相反的单极子噪声源就构成了双极子噪声源，如图6-3所示。刚性表面上有不稳定气流压力，或紊流冲击到物体表面，就产生了双极子噪声源。例如：气流冲击到天线时，在其周围形成了冯·卡门（Von Karman）涡流，并产生不稳定力，这时就有双极子噪声源。双极子噪声源的声功率与气流速度的6次方成正比，表达为

$$W \sim (\rho_0 l^2 c^3)\frac{v^6}{c^6} \tag{6-3}$$

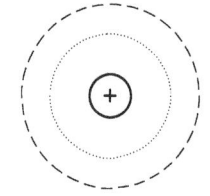

图6-2 单极子噪声源

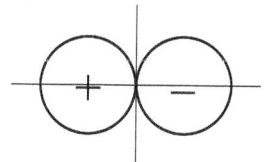

图6-3 双极子噪声源

双极子噪声源的声功率级可以表示为

$$L_W \sim 60 \lg v \tag{6-4}$$

第三类是四极子噪声源。两个距离很近、彼此平行而相位相反的双极子噪声源就构成了四极子噪声源，如图 6-4 所示。当两个流体单元相互碰撞时，使得流体产生不稳定的内部应力，从而形成四级子噪声源。在不稳定剪切层紊流中就存在四级子噪声源。四极子噪声源的声功率与气流速度的 8 次方成正比，表达为

$$W \sim (\rho_0 l^2 c^3) \frac{v^8}{c^8} \tag{6-5}$$

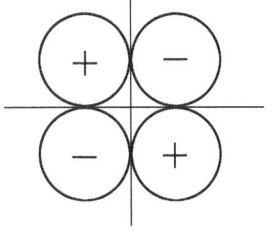

图 6-4　四极子噪声源

四极子噪声源的声功率级可以表示为

$$L_W \sim 80 \lg v \tag{6-6}$$

双极子噪声源强度与单极子噪声源强度之比与马赫数的平方成正比，而四极子噪声源强度与双极子噪声源强度之比与马赫数平方成正比。因此，在超音速情况下，四极子噪声源的声强远远大于双极子噪声源的声强，而双极子噪声源的声强远远大于单极子噪声源的声强。汽车行驶的速度属于小马赫数（$M<0.3$），因此对汽车风噪来说，单极子噪声源强度要远远大于双极子噪声源强度，而双极子噪声源强度要远远大于四极子噪声源强度。由于气吸噪声是由单极子噪声源引起的，因此有不稳定泄气存在，那么气吸噪声占绝对主导。如果没有泄漏，那么风噪主要是双极子噪声源的贡献。

第二节　风噪机理分析

风噪的形式有脉动噪声、气吸噪声、风振噪声和空腔噪声。风噪的物理机理有单极子噪声源、双极子噪声源和四极子噪声源。本书按照风噪的形式来阐述其形成机理，物理机理用来补充说明产生噪声的特征和强度。

一、脉动噪声

1. 脉动噪声产生的机理

图 6-5 所示为一个理想流线体。当气流吹到它时，气流与物体之间贴合得很好，流场非常顺畅。这个理想物体是刚性的，没有任何变形。

当气流吹到这个理想流线物体上时，在它的表面会产生压力波动。这种表面上的压力波动会产生噪声，被称为脉动噪声，也被称为气流冲击噪声（Wind Rush Noise）。由于脉动噪声源是双极子噪声源，其声强与气流速度的 6 次方成正比。

图 6-6 所示为一个弧形角度的长方体。当气流吹到它时，气流先与物体贴合，

然后离开物体,即气流与物体分离,过了一段距离后,再贴合在物体上。把气流与物体分离的区域称为分离区,把它们再贴合的区域称为再附着区。在分离区内,气流会形成旋涡流。旋涡流产生的噪声要远远大于表面压力波动产生的噪声,甚至高达10倍。再附着区域的噪声也大许多。流体在再附着区域的压力波动比贴合区域的压力波动大,因此,噪声也大些。

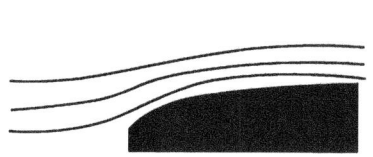

图 6-5　理想流线体

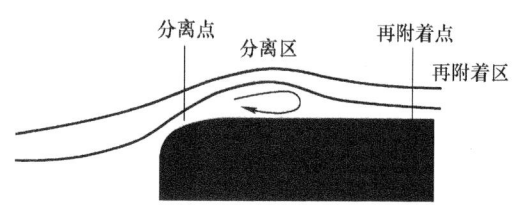

图 6-6　带弧形角度的长方体

图 6-7 所示为一个直角长方体。当气流吹到它的表面时,气流与物体之间没有贴合区,而直接产生分离区。经过很长一段分离距离后,气流再附着在物体上,形成附着区域。与弧形角度的长方体相比,直角长方体的分离区要长许多。

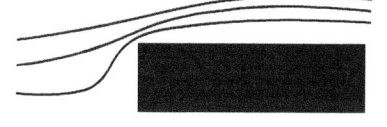

图 6-7　直角长方体

2. 车身上的脉动噪声

当气流流过车身时,在表面产生不稳定的压力波动。这种不稳定的脉动流产生了双极子噪声,然后向各个方向辐射。即便车身非常光滑、刚性,没有任何泄漏,当风吹车身时,由于贴着车身的气流边界层是紊流状态,存在压力波动,因此车身上仍然存在着脉动噪声。这也说明,不管车身怎样设计,风噪是永远存在的。

图 6-8 表示一辆汽车在气流中的流场分布图。车身有气流贴合的区域,还有很

图 6-8　汽车在气流中的流场分布图(见彩插)

多分离区域。最典型的分离区域是在后视镜、A柱、天线。在分离区内,有强烈的旋涡流。旋涡流产生的噪声会比附着区内压力波动产生的噪声大10倍以上。因此,上述区域是汽车脉动噪声产生的主要部位。

脉动噪声是车身风噪中最主要的成分,也是不可避免的噪声。脉动噪声是由双极子噪声源产生的,其频带比较宽。通常,它的强度比气吸噪声和空腔噪声大。

3. 脉动噪声控制

车身脉动噪声产生的原因是气流在车身上的压力波动,而气流与车身的分离迅速加剧了噪声强度。因此,控制脉动噪声就是从产生的因素出发,即使车身具备良好的流线和减少气流与车身的分离。

良好的流线形车身将使气流与车身贴合良好。如果车身表面光滑度足够高,就会降低气流脉动,并使压力波动降低。在进行车身整体设计时,要考虑气流对风阻和噪声的影响,这一点非常重要。因为到样车阶段,改变车身结构几乎是不可能的。

在车身面板变化的地方,面与面之间的连接一定要流畅,避免出现突变区域或者部件。只有这样,才能避免或者降低分离区。例如:A柱区域有前风窗玻璃、车门、车窗等几个面。这几个面要尽可能在一个曲面上,A柱不能凸起,而是要与前风窗玻璃和车门组成一个曲面。

设计车身附件时,必须考虑气流吹上去所形成的分离区所产生噪声的影响。

二、气吸噪声

气吸噪声(Aspiration Noise)是指汽车运动时,车外噪声透过车身缝隙直接传递到车内的噪声。它是由于存在缝隙使得车身出现了"泄漏"而传入车内的噪声,因此,气吸噪声也被称为泄漏噪声(Leak Noise)。

1. 气吸噪声产生的条件

气吸噪声产生的条件有两个:一是静态缝隙;二是动态缝隙。由于设计和/或制造原因,车身上出现了一些静态缝隙("声学包装"一章详细地介绍了三类缝隙)。不论汽车静止还是运动,车外的声音会透过这些缝隙传递到车内。

汽车静止时,车身上原本没有缝隙,但是运动时,就出现了缝隙,这就是动态缝隙。比如车门与车身之间密封很好,但是运动时,由于车门与车身的相对运动发生变化,就可能出现缝隙。车外的声音会透过动态缝隙传入车内。产生动态缝隙的原因是车外和车内的压力发生了变化。

汽车运动时,气流作用在车身表面并产生压力。这个压力(p_s)由两部分组成,表示为

$$p_s = \bar{p} + p' \tag{6-7}$$

式中,$\bar{p}$是平均压力;p'是脉动压力。

脉动压力是产生空气动力脉动噪声的主要原因，而平均压力是产生气吸噪声的主要原因。

车门压住车身时，有一个压力 p_0。汽车运动时，外部气流的速度非常快，平均压力降低，使得车内压力（p_2）与车外压力外形成了一个压力差。当这个压力差大于车门的密封压力时，即

$$|p_2 - \bar{p}| > p_0 \tag{6-8}$$

车门就会被推开了缝隙，产生气吸噪声。

2. 气吸噪声的形式

透过车身缝隙传递到车内的气吸噪声可以分成三种类型。

第一种是直接透过缝隙传递到车内的声音。车外的噪声源，如发动机噪声、轮胎噪声等，直接透过静态缝隙和动态缝隙传递到车内。

第二种是车外的气流在缝隙边缘扰动，产生噪声而传递到车内。图6-9 表示车身上有一个缝隙，车外的气流与缝隙的边缘相互作用，形成湍流或涡流，这种非稳定的质量流会产生噪声。这个噪声源可以向四周扩散，其中一个方向就是朝向缝隙，因此它是一个单极子噪声源。

质量流在缝隙流动，当离开缝隙时，向车内喷出并迅速扩张，形成了新的不稳定气流甚至是涡流，从而产生了偶极子噪声源。进入车内的自由湍流还会产生四极子的噪声源。因此，在这种形式的气吸噪声中，单极子噪声源、双极子噪声源和四极子噪声源并存。自由湍流的速度比较低，所以四极子噪声源很小，可以忽略。这股质量流的运动速度远低于马赫数，单级子噪声源的辐射能力远远高于双级子噪声源，因此，单级子噪声源占主导地位。

在车身风噪成分中，虽然气吸噪声的强度比脉动噪声小，甚至小很多，但是由于气息噪声的频率比较单一，而且频率接近人听力的敏感区域，因此它比脉动噪声更让人烦躁。

第三种是车内气流与车外气流碰撞而产生的噪声，再传递到车内。由于车内的压力远远大于车外的压力，即

$$p_2 \gg p_0 \tag{6-9}$$

车内的气流微团就会朝车外流动，如图 6-10 所示。当它流动到缝隙的外边缘时，与车外的气流碰撞，使得外部的紊流程度加剧，从而使得缝隙外边缘的噪声加大。

3. 气吸噪声出现的地方和控制

车身上有静态缝隙和动态缝隙的地方就会有气吸噪声。气吸噪声可能出现的主要部位有：

① 车门和车身门框之间的间隙。

② 后视镜安装座与车身或车门之间的间隙。

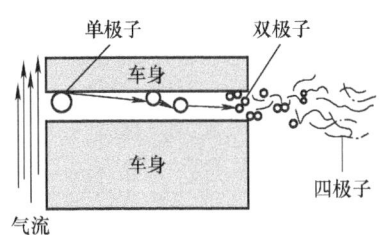

图 6-9　车外质量流运动到车内形成气吸噪声

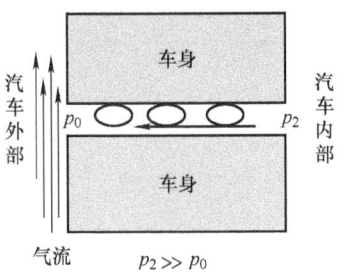

图 6-10　车内的气流微团就会朝车外流动

③ 升降玻璃与密封胶条之间的间隙。
④ 固定玻璃与密封胶条之间的间隙。
⑤ 门手柄与车身之间的间隙。
⑥ 行李箱盖与车身之间的间隙。
⑦ 刮水器装饰盖与前风窗玻璃之间的间隙。

气吸噪声的主要成分是单极子噪声源。它通常是高频纯音信号而且会随时间波动。人对这种声音非常敏感，让人非常不舒服。虽然气吸噪声的声压级并不大，但是由于处于人敏感的频率范围，所以听起来特别清晰。气吸噪声是被乘客抱怨最多的噪声问题之一。因此，在风噪控制中，首先要控制的是气吸噪声。

控制气吸噪声的主要手段是消除车身上的静态和动态缝隙，即做好这些部位的静态密封和动态密封。

三、风振噪声

1. 风振噪声形成的机理

当行驶中的汽车的天窗或者车窗打开时，车内通常产生强烈的轰鸣声。这种噪声被称为风振噪声。

图 6-11 表示一辆开着天窗的汽车在气流中运动。车身表面存在一层不稳定的气流剪切层。剪切流遇到天窗前部边缘处（图中的 A 点），车身表面的漩涡脱离车身并随着剪切层气流往后运动。当旋涡碰到了天窗的后边缘（图中的 B 点）时，旋涡就破裂，并产生了向四周扩散的压力波。一部分压力波进入空腔，一部分压力波辐射到外面，还有一部分波反射到天窗的前边缘（A 点），形成新的旋涡，再向后传递。当这股新的旋涡遇到后边缘（B 点）时，破裂并向四周散射压力波。"旋涡运动—破裂—反射—再形成旋涡—破裂"这个过程以一定的频率反复进行，形成风振噪声的激励源。

当"旋涡运动—破裂—反射—再形成旋涡—破裂"的频率与空腔频率一致时，

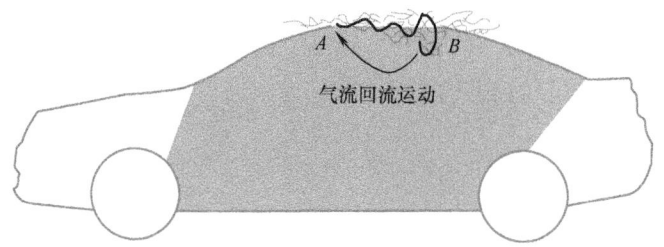

图 6-11　一辆处在气流中、天窗打开的汽车

就产生共振。空腔共振频率，即风振噪声频率，取决于车速、空腔容积、开口形状和面积等。这种风振噪声频率很低，只有几十赫兹。风振噪声的频率甚至会低于 20Hz，即人耳听不到，但是人能够感觉到一股股脉冲不断袭来。这种脉冲的能量很大，噪声级可以超过 100dB。风振噪声让人感觉非常不舒服。

车厢是一个空间，当天窗打开时，就形成了一个赫尔姆兹腔，如图 6-11 所示。车厢空间就是谐振腔的容积，开口部分可以看成是谐振腔的连接管，开口的面积就是连接管的面积，车内和车外的高度差就是连接管的长度。

2. 风振频率的计算

开窗的车身声腔可以看成是一个赫尔姆兹谐振腔，如图 6-12 所示。赫尔姆兹谐振腔由一个空腔和一根管子组成。当外界的压力推动管子内的空气运动时，空腔内的空气被压缩，然后又膨胀，再推动管子里的空气运动。赫尔姆兹谐振腔类似于一个单自由度的弹簧-质量系统。管子里的空气类比于质量，而空腔内的空气类比于弹簧，如图 6-13 所示。

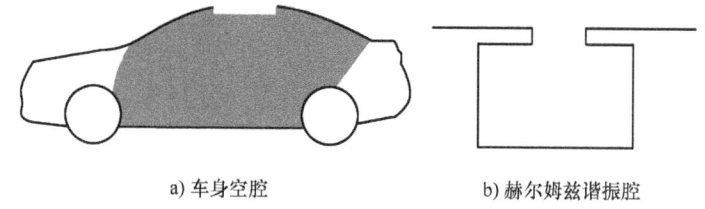

a) 车身空腔　　　　　　　b) 赫尔姆兹谐振腔

图 6-12　车身声腔与赫尔姆兹谐振腔的类比

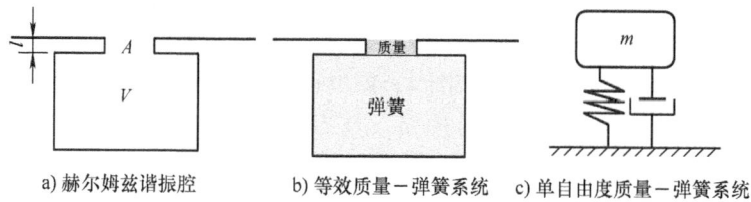

a) 赫尔姆兹谐振腔　　b) 等效质量-弹簧系统　c) 单自由度质量-弹簧系统

图 6-13　赫尔姆兹谐振腔与单自由度质量-弹簧系统类比

赫尔姆兹谐振腔的频率可以表达为

$$f = \frac{c}{2\pi}\sqrt{\frac{A}{Vl}} \tag{6-10}$$

式中，V 是腔室的容积；A 为管子的截面积；l 为管子的长度。

式（6-10）可以用来计算风振噪声的频率。对应着车身空腔，V 是车身的容积，A 是开窗面积，l 是开窗部分的高度。

3. 风振噪声的控制

风振噪声是在"旋涡运动—破裂—反射—再形成旋涡—破裂"这个过程中产生的，只要打破这个循环过程就可以控制它。

图 6-14 显示在天窗前端加一块导板。气流沿着导板运动，当脱离导板时，它在空腔上方运动，没有进入到车身空腔内。气流越过天窗的后端，又附着在车身上。由于气流没有进入到车身内，也没有风振的循环过程，因此风振噪声消失。

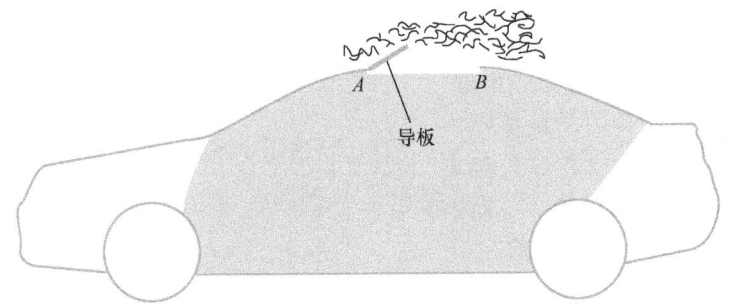

图 6-14　在天窗前端加一块导板

四、空腔噪声

车身上有许多搭接或连接的地方，彼此之间有缝隙，被称为"车外缝隙"。它与车身密封不当所产生的"缝隙"是两个概念。密封"缝隙"是指车身外部和内部穿透，气流和声音可以在车内外相互传递。"车外缝隙"是指车身密封非常好的前提下，车身外侧板与板之间的缝隙，即气流不能在车内和车外串通。

车外缝隙与车身和搭接件之间会形成小空腔。车身外这样的小腔室很多，例如 A 柱与前门之间的缝隙，后视镜与周边连接区域之间的缝隙。图 6-15 所示为 B 柱区域的横剖面图。前门与 B 柱之间、后门与 B 柱之间有密封条密封。但是前门和后门之间有条缝隙，这样，两个车门、B 柱和密封条之间的空间就形成了小空腔。这个小空腔与车内不相通。当气流吹到这些空腔时所产生的噪声被称为空腔噪声。

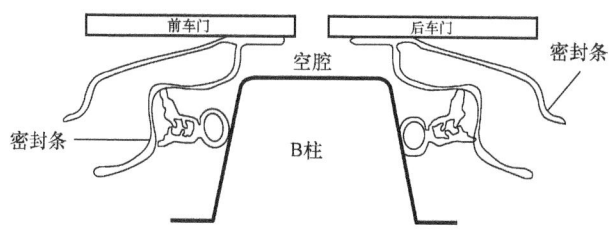

图 6-15 前车门、后车门和 B 柱上端形成的腔室

小空腔可以归纳为几种类型，如图 6-16 所示。有宽开口、深度浅型（图 6-16a），宽开口、深度深型（图 6-16b），窄开口、深度深型（图 6-16c）、赫尔姆兹谐振腔（图 6-16d）等。对于宽开口、深度浅型和赫尔姆兹谐振腔，气流的流动与前面介绍的风振噪声一样；对于窄开口、深度深型，声波会在深度方向传递；而对于宽开口、深度深型，声波会横向传递。当气流吹到这些小空腔时，多半形成单频声音，或者几个频率的声音。与风振噪声的低频不一样，由于这些车外腔室的容积小，声音频率比较高。对有些细小的缝隙，会产生啸叫声。

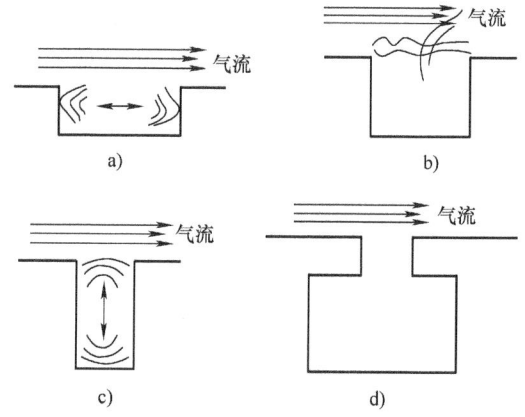

图 6-16 车身外小空腔的类型

消除或降低空腔噪声的方法就是消除这类空腔。在设计的时候，确保搭接部分没有空腔。当空腔无法避免时，需要采取措施将空腔掩盖。比如图 6-15 中出现了 B 柱上端空腔，就可以在 B 柱上贴一块橡胶来填充空腔（图 6-17a），或者在后门上粘贴一块橡胶片来覆盖空腔（图 6-17b）。

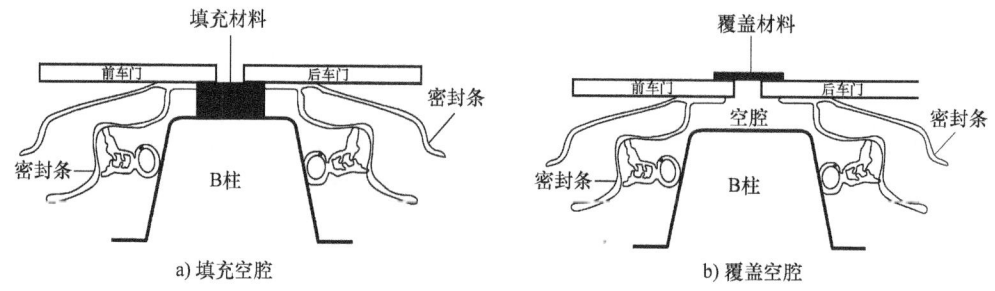

图 6-17 B 柱上端空腔控制

第三节 风噪的控制策略

风噪源有四类：脉动噪声源、气吸噪声源、空腔噪声源和风振噪声源。传递路径有两类：空气声路径和结构声路径。风噪的控制是从源和路径两方面进行的。

一、风噪传递路径

风噪的传递路径与前面几章介绍的一样，分为结构声传递路径和空气声传递路径。车身表面的不稳定气流压力脉动引起车身板的振动，板的振动对车内辐射噪声，这就是结构声传递路径，如图6-18所示。

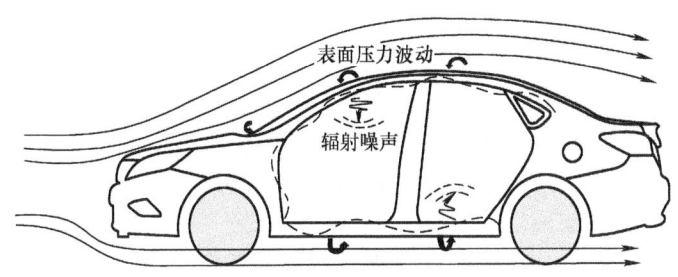

图6-18 风噪的结构声传递路径

空气声传递路径包括车身板结构和车身密封。车身板结构隔离了一部分声音，而另一部分声音会透过车身板传递到车内，如图6-19所示。车身缝隙会使得声音直接穿过而传递到车内。"声学包装"一章已经详细地介绍了车身的"静态密封"问题，但是在研究风噪的时候，更重要的是"动态密封"。本章将详细介绍动态密封。

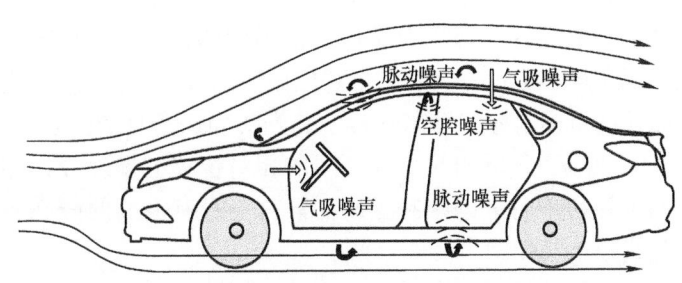

图6-19 风噪的空气声传递路径

图6-20描述了风噪噪声源和传递路径。在四类噪声源中，表面脉动噪声源和空腔噪声源在车身外面，所以降低这两类噪声对车内的传递的方法是控制车身结构的隔声性能。气吸噪声是透过车身上的缝隙进入车内，降低气吸噪声的主要办

法是提升车身的密封性能，特别是动态密封性能。风振噪声是在车身开口的地方引起的，所以降低风振噪声的方法是控制天窗和窗口的局部设计。

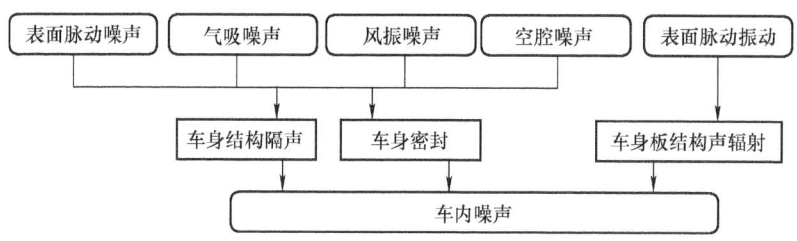

图 6-20　风噪噪声源和传递路径框图

二、风噪的控制策略

根据噪声源和传递路径的特征，风噪的控制可以从源的控制和传递路径的控制两方面进行。源的控制是在分析气流和车身的相互作用之后，优化车身外形设计。路径的控制是控制动态密封和车身板的振动与辐射。

1. 风噪源的控制策略

风噪源的控制是从气流与车身的相互作用的角度来分析风噪的机理，通过改变车身结构来降低风噪，包括控制脉动噪声、气吸噪声、空腔噪声和风振噪声。

脉动噪声源的控制是从车身整体设计和局部设计入手，降低气流与车身的相互作用，从而降低气流的压力波动。车身整体设计应该保持流畅，使得气流与车身之间的脉动尽可能小。车身上的面与面之间的过渡应尽可能光滑，以避免或者减小分离区和再附着区。同样，局部部件设计要使得气流顺畅地流过，降低压力脉动和紊流。实现这个目标可以从两方面入手：第一方面是部件与车身的配合要便于气流流动，如后视镜和车身之间的区域，狭窄的区域会产生巨大的局部涡流；第二方面是部件自身的设计，部件形状应该是圆润的弧线，表面光滑，如后视镜的形状应该让气流顺畅地流过，天线的形状应该避开气流的扰动而产生单频噪声。

气吸噪声的控制目标是做好动态密封。首先要确保车身的静态密封没有问题；第二，分析汽车运动时，分析相邻部件之间的相对位移；最后分析相邻部件之间的橡胶特征，如车身和车门上的密封橡胶。只有车身有良好的静态密封和动态密封，才可以避免或减小气吸噪声。

空腔噪声的控制目标是减小车身外板之间的缝隙。板与板的搭接处应该避免出现大的缝隙和空腔，这样就可以避免气流吹入缝隙和空腔后产生共鸣声。

风振噪声的控制目标是控制车外气流与车内空腔的相互作用。通过设计合理的天窗导流罩，使得气流流过导流罩后不进入车内，而直接落到天窗后面的车身上。

以上四类风噪源是从表现形式上来划分的，其产生的原理各不相同。但是从声源极子的角度来看，有些风噪源有着共同的特征。所以，在分析风噪源时，要同时考虑它的产生原理和极子特征。

2. 风噪传递路径的控制策略

风噪的结构传递路径是车身板，即气流的压力脉动将车身板激励起来，再对车内辐射噪声。因此，板的结构决定了风噪的结构声传播。激励车身板的源很多，如发动机振动、排气系统振动、悬架振动、风激励等。风激励源与以上源不同的是中高频成分多一些。一个良好的车身板结构必须满足在所有振动源的激励下，对车内辐射噪声最小。因此，风噪的结构路径控制就是合理地控制车身板结构。第三章"车身局部振动与噪声控制"已经详细介绍了板的结构振动与声辐射，本章不再赘述。

3. 车身设计的风噪控制策略

将风噪源的控制和传递路径的控制与车身设计结合起来，可以从以下几个角度来控制车身风噪。

第一是整车设计，包括车身整体流线设计、前隔栅与发动机舱盖之间的设计、发动机舱与前风窗玻璃之间的设计、A柱区域的设计、顶棚、后风窗玻璃和行李箱过渡区域的设计，外地板的设计等。

第二是局部设计，包括反光镜的设计、天线的设计、行李架的设计、天窗的设计等。

第三是动态密封控制，包括车门与车身之间的密封、反光镜三角区域的密封、后三角窗的密封、玻璃与密封胶条的密封等。

第四节 车身整体造型与风噪控制

车身的整体造型对风噪影响非常大。设计汽车外形时，需要全方位地、从各个角度来考虑它对风噪的影响，即从车的前面到后面、从左边到右边、从上面到下面来考虑造型。

一、理想车身整体造型

在整车造型中，主要考虑的问题有时尚、风阻和风噪。造型的时尚是为了满足顾客对造型审美的需求，现代社会中，汽车造型就像时装一样，变化非常快。车身阻力是汽车阻力的重要组成部分，设计车身时，一定要使车身风阻低，满足低油耗的要求。低风噪的车身设计更是人们对汽车品质的一个追求。风噪低的汽车将给人们提供一个舒适的驾驶环境，满足现代人对生活品质的要求。

车身是由很多面连接而成的。面与面之间的过渡对风噪影响非常大。从车身的纵截面来看，如图6-21a所示，有以下几个过渡地方：

① 从前格栅到发动机舱盖板的过渡（图6-21中1处）。
② 从发动机舱盖板到前风窗玻璃的过渡（图6-21中2处）。
③ 从前风窗玻璃到顶棚的过渡（图6-21中3处）。
④ 从顶棚到后风窗玻璃窗的过渡（图6-21中4处）。
⑤ 从后玻璃窗到行李箱盖板的过渡（图6-21中5处）。
⑥ 从行李箱盖板到后尾的过渡（图6-21中6处）。

从车身的横截面来看，如图6-21b所示，过渡的地方有：
① 从前隔栅到侧围板之间的过渡（图6-21中7处）。
② 从前风窗玻璃到A柱再到车窗的过渡（图6-21中8处）。
③ 从后车窗到C柱再到后风窗玻璃的过渡（图6-21中9处）。
④ 从后侧面到车尾的过渡（图6-21中10处）。

上述车身过渡的地方，必须曲率大，造型非常流畅。

为了实现低风阻和低风噪，车身最好设计成非常舒展的流线形，表面都设计成图6-5那样的理想流线体，边角处过渡弧度的曲率大，车身上还要避免凸出物。这样设计的目的是迫使气流贴着车身流动，不产生气流的分离和再附着，压力波动小，风噪低和风阻低。图6-22中的实线是一辆汽车的轮廓线，它有凸起的部位。将它进行虚拟的优化设计，将实线变成虚线，形成一辆虚拟车型。虚线是非常光滑的线，没有凸出部位，是理想的流线。按照虚拟车型来设计车身，可以大大降低风噪。

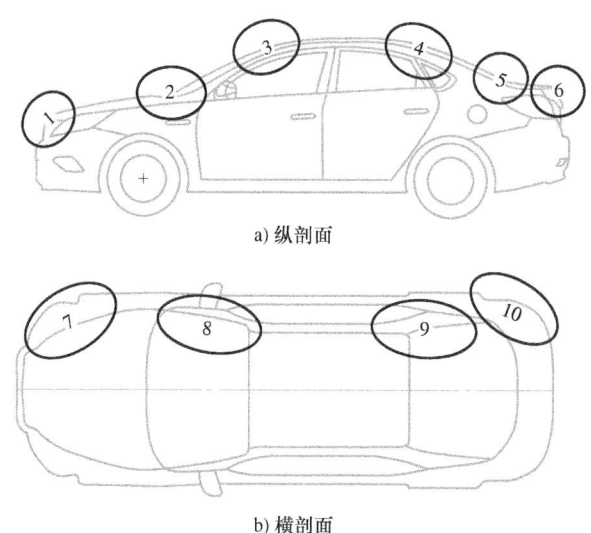

a) 纵剖面

b) 横剖面

图6-21 车身面与面之间的过渡

汽车的首要功能是作为运输工具，乘客要有足够大的车内空间，汽车上要安装发动机、传动系统、车轮等，这些因素使得车身不可能做成图6-22那样的虚拟

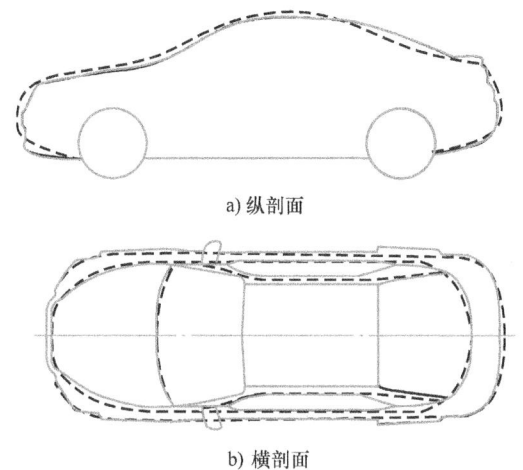

a) 纵剖面

b) 横剖面

图 6-22 理想流线型车身造型

车身。同样，发动机舱、车身内舱、行李箱等要求足够大的空间，这使得其横截面接近矩形。另外，时尚化要求使得车身结构不断变化，也不可能将车身做成理想形状。所以，理想流线形的设计是不现实的。

跑车是最接近理想流线形的汽车，其功能主要是追求高速驾驶的乐趣。由于它的速度快，要求风阻小，噪声低。在车身表面和面与面的连接上，跑车的流线形车身设计比普通轿车好很多。

在造型设计和工程化过程中，要同时考虑汽车定位、功能、造型时尚、风阻和风噪等因素，尽量使其达到平衡。很多情况下，这些因素能统一协调，例如：流线形设计能同时降低风阻和风噪。但是在某些地方，几个因素的协调不一致，如风阻小并不代表风噪低。例如：天线对风阻的影响很小，但是对风噪的影响很大；车身上细小缝隙对风阻影响很小，但是对风噪影响很大。

二、前隔栅与发动机舱盖之间的设计

气流首先是吹到前隔栅和发动机舱盖上。这个区域产生风噪的地方有三个：一是格栅与发动机舱盖板的连接弧度；二是格栅与发动机舱盖板的连接缝隙；三是隔栅本身。

第一，格栅与发动机舱盖两个面的连接弧度影响风噪。弧度越大，越光滑，噪声就越低。图 6-23 为两部车的格栅与发动机舱盖的局部图，它们之间的过渡弧度不一样。图 6-23a 中，这两个部件的面在一个弧面上，具有较好的流线形，因此风噪小。图 6-23b 中，两个部件基本上是垂直的，过渡的弧度没有 a 好，因此气流产生的噪声会大一些。

第二，格栅与发动机舱盖板的连接缝隙影响风噪。缝隙越平行于地面，风噪

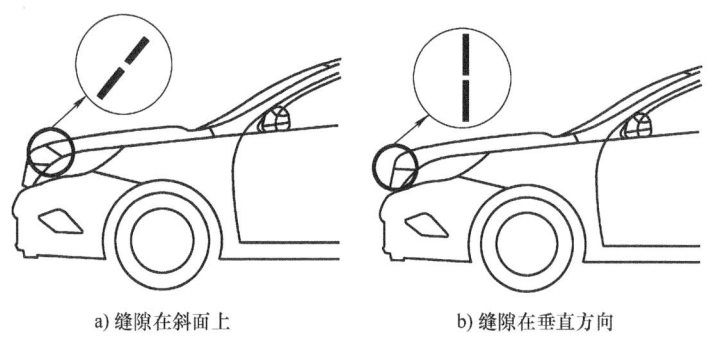

a) 缝隙在斜面上　　　　b) 缝隙在垂直方向

图 6-23　格栅与发动机盖板的连接

越小。图 6-23a 表示格栅与发动机舱盖板连接缝隙在一个斜面上，当气流吹到缝隙处，会产生较强的紊流，从而产生比较大的噪声。所以，这种设计不利于改善风噪。图 6-23b 表示格栅与发动机舱盖板的连接缝隙在水平方向，气流吹到缝隙处时能流畅地运动，局部紊流小，因此风噪小。设计时，应该将格栅和发动机舱盖板的连接线置于水平方向。

第三，格栅缝隙影响风噪。图 6-24 表示隔栅安放在支架上，隔栅与支架之间存在缝隙。当气流吹进这些缝隙时，容易产生啸叫声和轰鸣声。因此，设计隔栅时，要考虑格栅的缝隙，避免出现空腔。

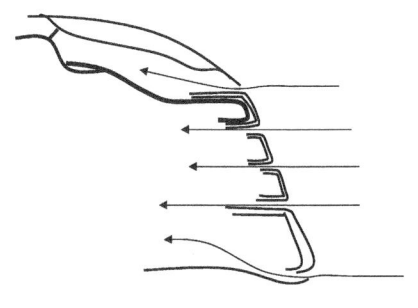

图 6-24　气流吹入前格栅

三、发动机舱与前风窗玻璃之间的设计

1. 噪声源分析

气流吹到发动机舱盖和前风窗玻璃处产生的噪声源有两个原因：一个原因是气流吹到发动机舱盖的后端，出现气流分离，然后气流再附着到前风窗玻璃上，如图 6-25 所示，这种"分离-再附着"使得分离区的压力波动非常大，因而产生噪声。

另一个原因是当刮水器暴露在流场中（图 6-25）时，气流直接吹到刮水器上，产生巨大的压力波动，形成强烈的脉动噪声。

2. 噪声源控制

为了减小这个区域的噪声，必须使发动机舱盖到前风窗玻璃之间有良好的、流线形的过渡曲面，而且曲面的弧度要大，并且使刮水器离开气流区域。有三种设计方法可以达到这个目的。

第一种方法是使发动机舱盖形成一个向上翘起的弧度，逐渐地与前风窗玻璃形成同一弧线，如图 6-26 所示。这样，气流可以流畅地从发动机舱盖板吹到前风窗玻璃上，而且局部气流的速度也降低。刮水器置于发动机舱盖板翘起的下部，避开了气流区域。

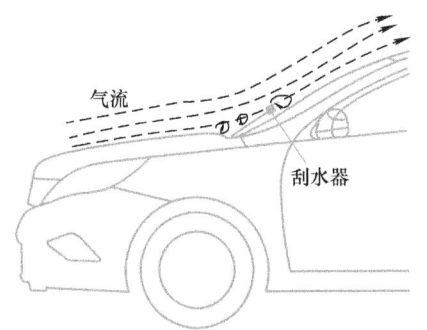

图 6-25　发动机舱盖与前风窗玻璃的连接区域

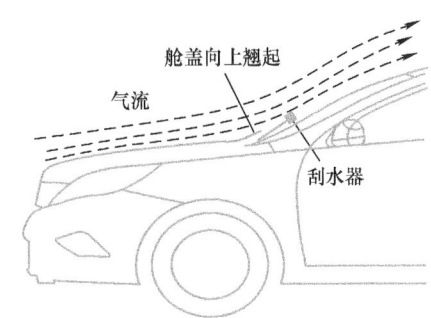

图 6-26　发动机舱盖向上翘起的弧度与前风窗玻璃逐渐形成同一弧线

第二种方法是在刮水器的前端加一个导流罩，如图 6-27 所示。气流可以顺畅地从发动机舱盖流到前风窗玻璃上，同时，刮水器避开了气流。

第三种方法是在发动机舱盖和前风窗玻璃之间加一个过渡板，如图 6-28 所示，使得舱盖、过渡板和前风窗玻璃之间形成一个弧度，以便气流顺畅地流过。同时将刮水器隐藏起来，使它避开气流，达到更好的降噪效果。

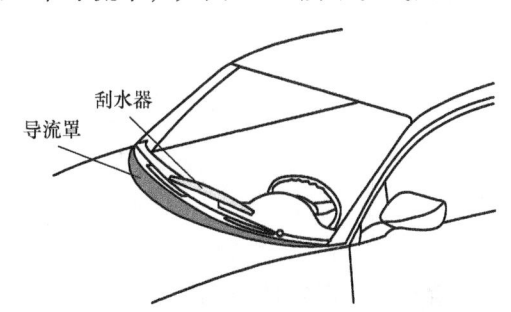

图 6-27　刮水器前面安装导流罩

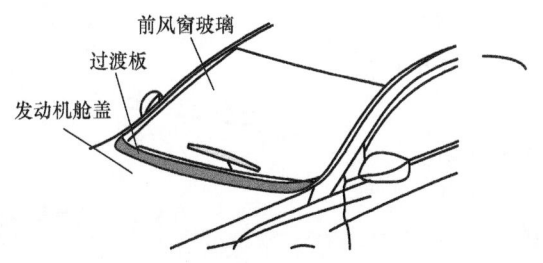

图 6-28　发动机舱盖和前风窗玻璃之间的安装过渡板

四、A 柱区域的低噪声设计

1. A 柱区域的噪声源分析

A 柱区域往往是风噪最大的地方，因为这个区域非常复杂，前风窗玻璃、车门、顶棚、后视镜、前车身等部件交汇在一起。后视镜自身非常复杂,它的形状、与车身安装的方式、自身的缝隙等会带来很大的噪声,本节后面部分将专门讲述后视镜的设计原则。

这个区域的风噪也非常复杂,包括了脉动噪声、气吸噪声和空腔噪声。

第一类风噪是脉动噪声。当气流吹到前风窗玻璃后,向上面分流而流入顶棚,向侧面分流则流过侧窗。在 A 柱与侧窗之间,气流形成了分离区,然后再附着到侧窗上,如图 6-29a 所示。切开 A 柱区域的一个剖面,如图 6-29b 所示,可以清楚地看到分离区和再附着区。在 A 柱边缘处,气流处于静止状态。在分离区内,涡流强烈。

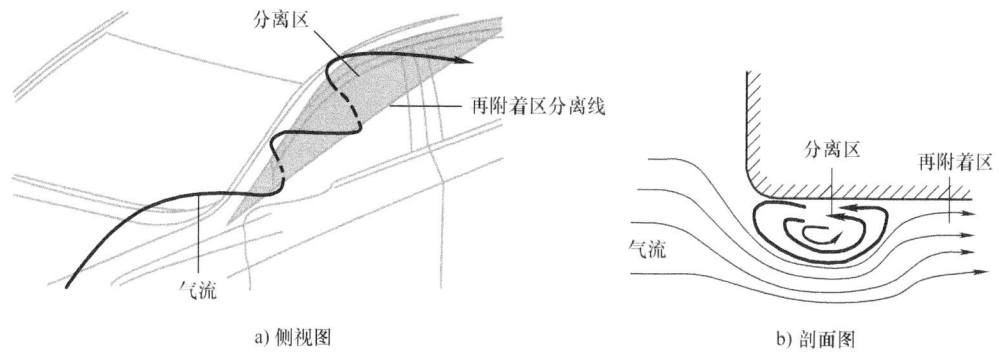

图 6-29 A 柱区域的气流

同样,气流吹到后视镜时,气流分离,然后在离开后视镜一段距离后再汇集,并在车门和玻璃窗上产生再附着层,如图 6-30 所示。在后视镜壳体后面的分离区,形成强烈的涡流。

前风窗玻璃往往与 A 柱不在一个平面上,即它们之间有高度差。当气流吹到这个部位时,也会产生气流分离和再附着。

由此可见,在 A 柱区域有三个气流分离区和再附着区,因此,A 柱分离区的控制非常重要。

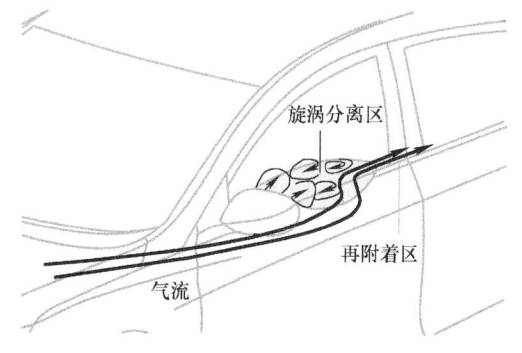

图 6-30 后视镜区域的气流

第二类风噪是气吸噪声。A 柱区域有很多密封条,比如车门与车身之间的密封条、活动玻璃窗的夹条、固定三角玻璃窗的夹条。如果密封不好,这些地方出现缝隙,很容易产生单极子的纯音气吸噪声。

第三类风噪是空腔噪声。在 A 柱区域内,车外有很多缝隙,如车门与 A 柱之间的缝隙,如图 6-31 所示。后视镜区域有几个面交汇在一起,而它们往往不在一个平面上,存在缝隙。大的缝隙(图 6-31a)会形成空腔,导致空腔噪声。车外的

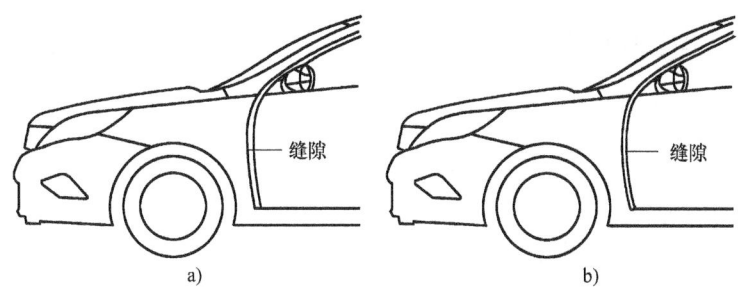

图 6-31 A 柱区域内的车外空腔

缝隙要尽可能小些,如图 6-31b 所示。

A 柱区域气流的相对速度非常高,会使上述几类噪声变大。如果连接部位边缘锋利或转角凸出,风噪会更加明显。A 柱离驾驶人和前排乘客的位置非常近,车外的噪声和气吸噪声很容易传递到车内,顾客对此非常敏感。因此,A 柱区域的设计对风噪控制至关重要。

2. A 柱区域的低风噪设计

A 柱区域引起风噪的部件很多。每个部件的设计以及部件之间的结合一定要遵循低风噪设计原则。下面列出必须遵循的 4 条原则:

第一,在 A 柱区域,面与面之间的连接弧度要有足够大,并且过渡流畅。A 柱区域有 4 个相互关联的面:发动机舱盖板、前风窗玻璃、顶棚、车身侧面。发动机舱盖板和前风窗玻璃相交、前风窗玻璃与车身侧面相交、前风窗玻璃与顶棚相交、顶棚与车身侧面相交。彼此相交的面与面之间过渡要有足够的弧度,而且光滑,如图 6-32 所示。这样,气流吹过这些面时,分离区小,涡流扰动小,噪声低。

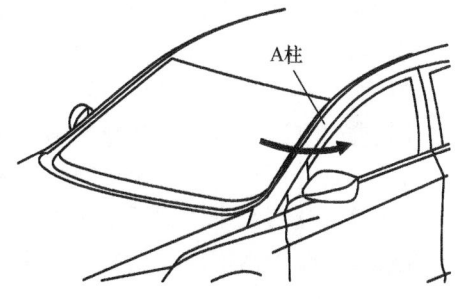

图 6-32 A 柱区域的面与面的过渡

第二,这些相互交织的面和 A 柱尽可能在一个空间曲面上,避免面与面之间出现台阶。图 6-33a 表示前风窗玻璃与 A 柱在同一空间曲面上,气流吹过,流线流畅。而图 6-33b 中,前风窗玻璃与 A 柱不在一个曲面上,而是彼此有高度差,出现台阶。当气流吹到相交的地方,就会形成强烈的分离区,涡流紊乱。

第三,A 柱区域的缝隙尽可能小。大的缝隙容易形成车外空腔,气流吹过时,会产生空腔噪声。车门与车身之间的缝隙,以及车身上板与板连接间的缝隙比较小,对降低风噪有利。

第四,A 柱区域一定要有完好的密封。A 柱区域的密封非常多,包括车门与车身之间的密封、活动玻璃窗与车门夹条之间的密封、三角玻璃窗与车身夹条之间

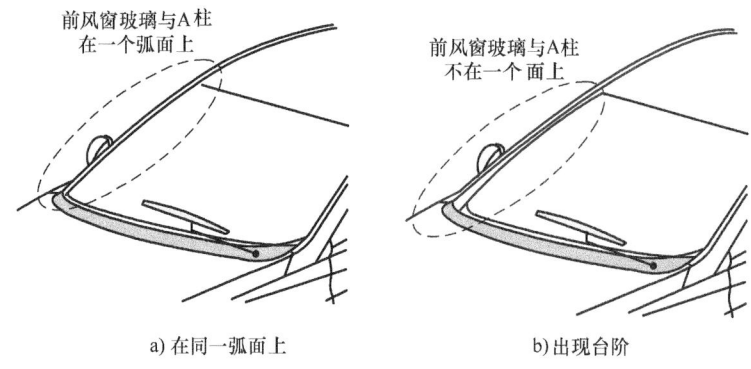

a) 在同一弧面上　　　　b) 出现台阶

图 6-33　前风窗玻璃与 A 柱的连接

的密封、反光镜与车身之间的密封、反光镜内部线束过孔与车身的密封、反光镜上一些孔的密封等。如果这些密封做不好，就极容易出现吸气噪声。

五、顶棚、后风窗玻璃和行李箱过渡区域的设计

在顶棚、后风窗玻璃和行李箱区域，几股气流交汇在一起。一股气流从顶棚吹过后，离开后玻璃窗，然后在玻璃窗的某个位置或者在行李箱盖板上再附着。两股气流分别从车身两侧分离，部分气流向玻璃窗和行李箱盖板区域流动。这几股气流交织在一起，如图 6-34 所示，使这个区域的气流非常复杂。在后风窗玻璃和行李箱盖板交汇的地方形成了明显的分离区，产生强烈的涡流。

设计时，一定要使相互交织的面有流畅的过渡，而且相交曲面的弧度足够大，使气流畅通，以减小分离区并降低涡流强度。

另外，这个区域也存在密封问题。最主要的密封是行李箱盖板反面的密封条，它的作用是阻止气流进入到行李箱内，如图 6-35 所示。如果这个密封条出现缝隙，则气流会在行李箱内出现气吸噪声，并传递到乘员舱内。

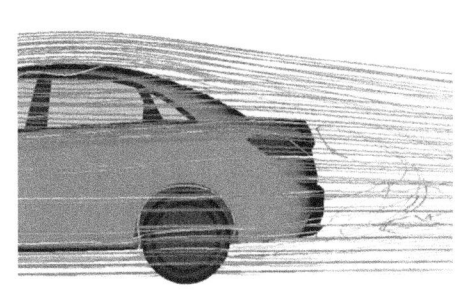

图 6-34　顶棚、后风窗玻璃和行李箱区域的气流（见彩插）

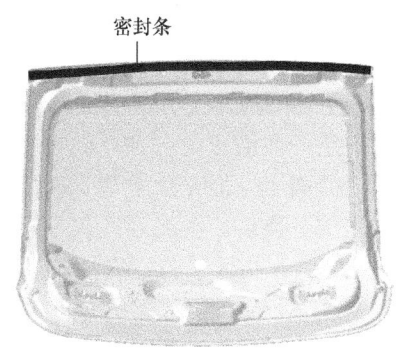

图 6-35　行李箱反面的密封条

六、车身底板的设计

车身底板上有很多凸出的部件，包括动力总成系统、排气管、油箱、油管等，如图 6-36 所示。气流进入车身底部后，冲击这些凸出物，形成分离区，产生强烈的涡流，并产生了双极子噪声源。

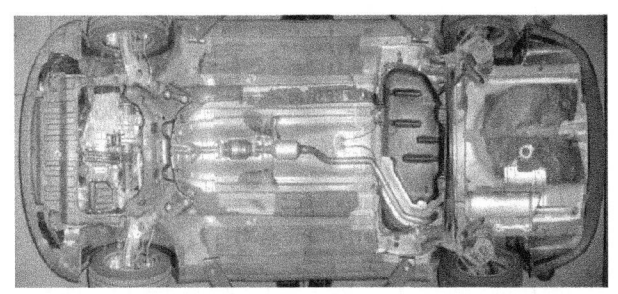

图 6-36 有很多凸出物的车身底部（见彩插）

为了减小气流在车身底板的扰动，通常有两种方法。第一种方法是在车身前下部位加一个导流罩，如图 6-37 所示。导流罩由一个倾斜板和一个水平板组成。导流罩引导气流走向，使得气流避开一部分凸出物。导流罩尽可能装到前面，并具备一定的高度和宽度。

第二种方法是在整个底板上装一块平面装饰板，将凸出物都隐藏起来，如图 1-36 所示。气流不能直接吹到凸起的部件上，而是贴着平板而吹过，从而避免了许多小的分离区，降低了涡流。图 6-38 表示某款车没有安装和安装平面装饰板的车内风噪测试结果。试验在风洞进行，风速为 120km/h。从图 6-38 可以看到安装平面装饰板之后，风噪降低很多，特别是在低频段和中频段。这也说明了车身底板的风噪以低中频为主。

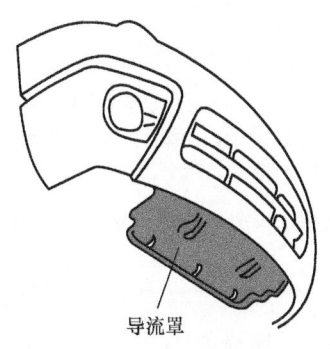

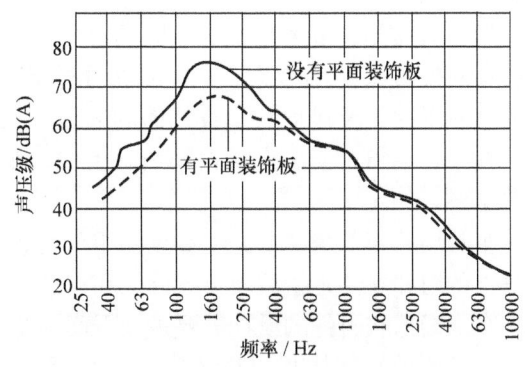

图 6-37 车身前底部的导流罩

图 6-38 底板上没有安装和安装平面装饰板的车内噪声比较

七、轮胎与车身侧面的设计

如果轮胎暴露在车身的侧面（图 6-39 所示的右侧轮胎），气流吹到车身与轮胎上，会在车身和轮胎上都产生分离区，涡流激烈，局部噪声大。轮胎暴露在车外的部位，涡流尤为激烈。所以，轮胎必须掩盖在轮罩的后面，避免直接暴露在气流迎风面，如图 6-39 中左侧的轮胎。

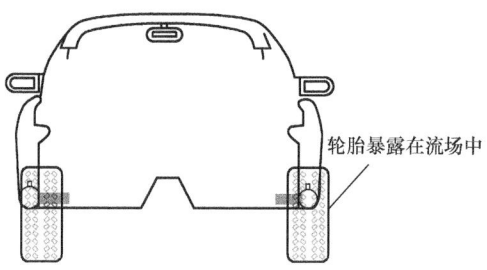

图 6-39　轮胎与车身的位置（右侧轮胎暴露在车身外，左侧轮胎在车身里）

第五节　局部造型与风噪控制

一、局部造型的控制原则

除了整体造型之外，局部造型和附件对风噪影响非常大。整体造型要求整个车身流畅，面与面的交接处应该有足够大的弧度，车底板平整，车身上没有凸出物。这样的整体造型可以减小气流与车身之间的分离和再附着，降低涡流，从而降低脉动噪声。

车身的局部会带来更多的风噪问题，而且风噪的种类也非常多。车身上的凸出物和附件带来脉动噪声，产生双极子噪声；车身的密封不好，声音进入车内，形成单极子的气吸噪声；车身外面的缝隙和凹槽会形成空腔，产生空腔噪声；天窗结构设计不当，会产生风振噪声。因此，车身局部设计和附件设计对降低风噪至关重要。

车身局部细节很多，这里重点介绍天窗、车门手柄、车外空腔的设计与控制。车身上的附件主要是指后视镜、天线和车顶行李架。

车身局部和附件的设计需要遵循下面 4 个原则：

一是让局部结构尽可能不被气流吹到，比如车门手柄最好与车门在一个平面上。

二是使局部结构和附件有足够大和圆润的弧度。气流经过时，所产生的分离区小和涡流强度小。例如：后视镜的迎风面应该有良好的弧面，车顶行李架杆的截面设计成椭圆形。

三是使气流绕过敏感区域。例如：在天窗前加导流罩，改变气流的走向，避开天窗前部敏感区域，从而减小车内轰鸣声。

四是避免单一频率的紊流，即打乱强烈的单一紊流。例如：平整的天线会产生单音噪声，而螺旋状的天线打乱了紊流，消除烦人的纯音。

二、后视镜的设计及其与车身的连接

前面已经介绍了A柱区域的气流非常复杂而且气流的相对速度非常高，而后视镜正好在这个区域。后视镜是车身上风噪最大的部件之一，对车内噪声贡献非常大。在风洞里测试一款车的车内噪声，然后把后视镜去掉，进行同样的测量。将测量结果放在一起比较，如图6-40所示。从图中可以看出两种状态的主要差异是在中高频。去掉后视镜后，中高频噪声降低，声品质提升。

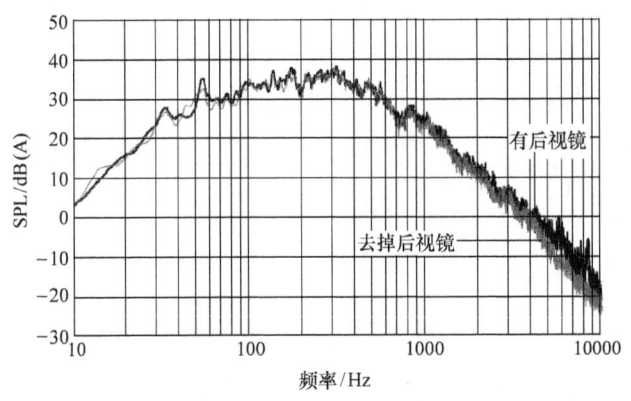

图6-40　有后视镜和去掉后视镜的车内噪声图

后视镜对风噪的影响有三方面：后视镜的造型和几何结构、后视镜与车身的安装和后视镜的密封。下面分别介绍这三个部分影响风噪的因素和控制方法。

1. 后视镜的造型

后视镜是由壳体、镜片、基座、电动机等部分组成，如图6-41所示。基座通常由一个三角导板和一根颈部组成。基座与车身或者车门连接，壳体安装在基座上。电动机安装在壳体和镜片之间。在电动机的带动下，镜片可以转动。

在后视镜的几何结构中，影响风噪的因素有：壳体的外形、壳体上的漏水槽、壳体与基座连接的缝隙。

壳体是直接迎风的部件。气流吹在壳体上，然后分离，在镜片后面形成涡流。设计壳体时，一定要使气流顺畅地流过它的表面，分离区的气流均匀，涡流扰动

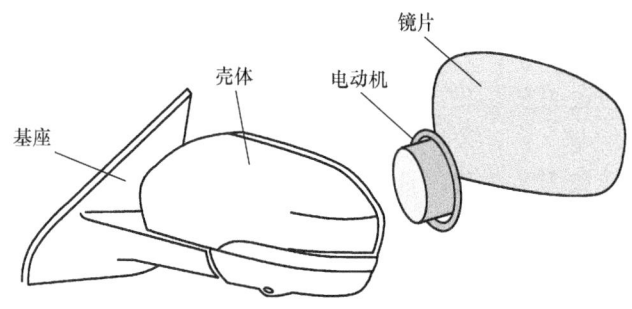

图 6-41 后视镜结构

小。参考图 6-42，下面列出后视镜壳体的设计原则：

第一，后视镜壳体尽可能小。在满足视野需求的情况下，后视镜的壳体面积尽可能小。面积小，气流吹到的区域也小，噪声自然低。

第二，壳体造型呈流线形。壳体尽可能呈圆形或弧形，这样迎风面逐渐过渡，气流均匀，脉动噪声低。

第三，避免尖锐的边缘。尖锐的边缘会使相对气流速度高，气流会产生巨大的压力波动，并产生较大的噪声。边角处一定有弧度，转弯的地方要有 3~5mm 的弧度。

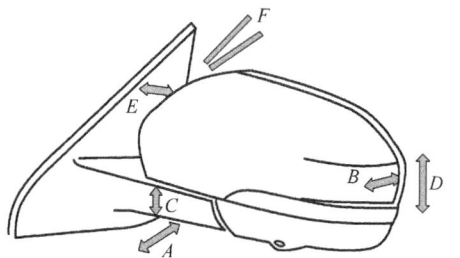

图 6-42 后视镜的外形结构尺寸

第四，后视镜深度尺寸越大越好，即基座颈部深度 A 和壳体深度 B 越大越好，这样可以使气流流过反光镜时的稳定区域长些，气流均匀，扰动降低。

第五，基座颈部高度 C 和反光镜高度 D 尽可能小，这样可以减少气流的分离区域。

第六，后视镜壳体与车门的距离 E 越大越好，这样可以扩大两者之间的流道，避免高速气流。壳体与车门之间形成前小后大的角度，如图中 F 所示。

第七，折叠型壳体与基座之间的间隙（图 6-43）要尽可能小，否则会产生啸叫声。气流穿过这个间隙，如同吹口哨。一般要求间隙小于 0.5mm。

第八，后视镜上漏水槽不能影响气流。后视镜上应该尽可能避免

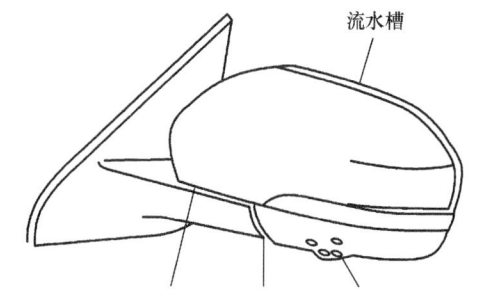

图 6-43 后视镜上的局部设计

流水槽，流线形的壳体会让水自然流下。对必须开流水槽的后视镜，如图6-43所示，应使它避开气流。

第九，后视镜迎风面上避免孔洞。图6-43表示折叠器壳体与基座之间用螺栓连接，在气流吹动下，这个暴露的孔会产生强烈的紊流，发出噪声。如果出现了这样的孔洞，必须用盖板盖上并且进行密封处理。

2. 后视镜与车身的安装

由于A柱附近气流的相对速度非常高，而且流场非常复杂，所以后视镜理想的安装位置应该避开这个区域，即后视镜尽可能靠后安装。后视镜的功能是给驾驶人提供方便，安装位置太靠后会无法满足驾驶人的视角需求。安装后视镜时，要考虑后视镜与车身之间所形成的流场，原则是使流场中的分离区小和涡流低。下面是后视镜与车身连接的设计原则：

第一，后视镜最好安装在车门的金属板上，而不是安装在车门的固定玻璃上。金属板的刚度高，则后视镜系统的模态频率高，产生共振的可能性降低。安装在玻璃上，共振频率低，可能产生共振，从而使后视镜的视线模糊。

第二，后视镜的内侧面垂直于地面，与车身侧面（玻璃窗）形成一定角度。这样可以保证气流顺畅，减小紊流。

第三，后视镜侧面与玻璃窗之间的距离尽可能大。大的距离可以降低局部气流速度，从而减小噪声的产生。

第四，后视镜三角基座与车门周边最好在一个平面上。如果三角基座与周边有高度上的段差，则容易引起紊流。

3. 后视镜的密封

后视镜与车身的密封包括基座与车身连接面上的外密封和后视镜内部的密封。

后视镜基座盖板与三角窗钣金结构必须紧密贴合，而且要密封严实，否则气流很容易从没有密封好的缝隙中渗透到车内，形成单极子噪声。

图6-44显示了一个后视镜基座盖板与车身三角钣金。首先确保盖板周边与钣金的周边贴合平整，其次保证钣金上不要有缺口和空洞，最后是两者之间的密封好。要达到好的密封，可以采用三层密封来确保后视镜与车身的密封。第一级密封是在三角窗框的边缘用一圈泡沫或者密封条来密封。第二级密封是在内部凸起的边缘用密封胶来密封。第三级密封是将螺栓周围密封好。

镜片的运动是由电动机带

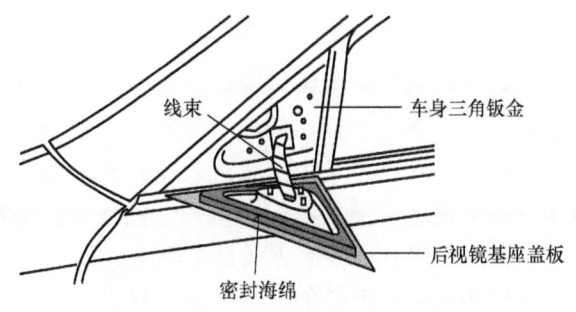

图6-44 一个后视镜基座盖板与车身三角钣金

动的，线束从车内穿过基座三角板和钣金三角板，再与壳体中的电动机相连。线束穿过的地方容易出现密封不好的问题，所以线束穿孔的密封很重要。最好的办法是在基座三角板和钣金上安装插座，在中间的线束上安装插头，通过这种插接的方式连接，就可以避免线束穿孔，如图6-45所示。

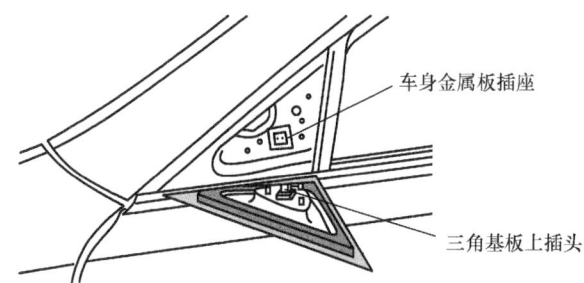

图6-45 后视镜三角基板和车身金属板上的插座和插头

三、天窗的风噪控制

天窗有两种工作模式：后退开窗模式和通风开窗模式，如图6-46所示。后退开窗模式（图6-46a）是指天窗盖板向后运动，通过运动盖板来调节开窗大小。当盖板移动到最后端时，天窗全部打开。通风开窗模式（图6-46b）是指天窗的前端不能移动，只能转动，通过转动使天窗升起。

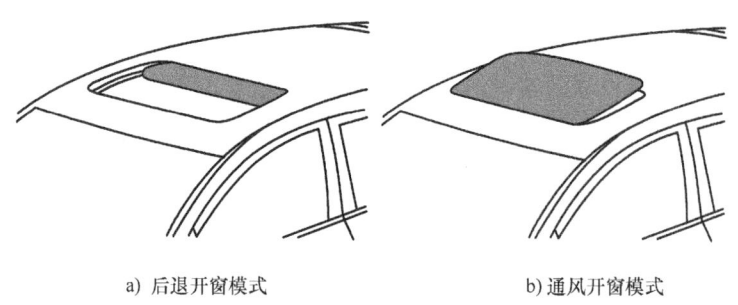

a) 后退开窗模式   b) 通风开窗模式

图6-46 天窗有两种工作模式

天窗的开启产生了风振噪声。由于气流吹到天窗的边缘，在天窗前后边缘进行反复运动，当这个运动的频率与车内声腔模态一致时，就产生了风振噪声。所以，控制风振噪声最基本的方法就是打破气流在天窗前后边缘的运动，或者不让气流吹到天窗。对于后退开窗模式，控制方法是在天窗前边缘加导流板。对于侧面升起的开窗模式，控制方法是在侧面加遮挡板。

导流板安装在天窗的前缘，可以转动，另一端处于自由状态。当天窗盖板向后运动时，导流板转动到与车顶棚成一定角度的位置，如图6-47所示。设计导流板时，遵循以下原则：

第一，导流板与天窗之间的间隙尽可能小，一般要求小于 3mm。

第二，从顶棚到导流罩的过渡应该平滑，避免导流板和天窗之间形成空腔。

第三，导流板边缘应该圆滑过渡，避免尖锐部分，边缘处的曲率半径大于 1mm。

第四，导流板自身有足够的刚度。

导流板的几何形状、高度、倾斜角度、开槽或孔等会影响降低风振噪声的效果。图 6-48 显示了某车以 80km/h 的速度行驶时，天窗全开，未安装导流板和安装了导流板的车内噪声比较。

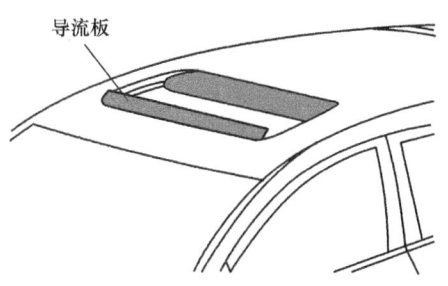

图 6-47 天窗导流板

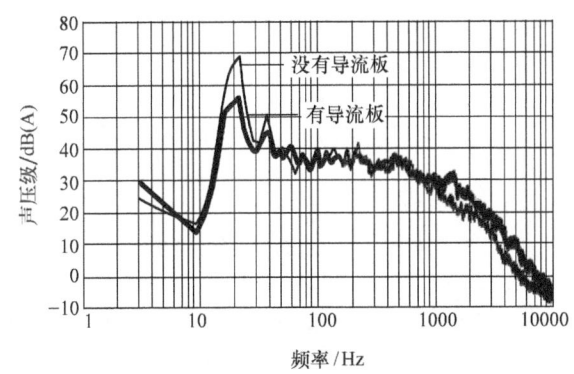

图 6-48 未安装导流板和安装导流板的车内噪声比较

导流板使车内 21Hz 的风振轰鸣声降低了 12dB，虽然它解决了风振噪声问题，但是由于它暴露在气流中，会导致脉动噪声，使得高频噪声增加。如图 6-48 所示，21Hz 下的风振声降低，但是中高频率噪声增加了一些。

在导流板上开槽和/或开孔（图 6-49）可以降低脉动噪声，即在风振噪声和脉动噪声之间寻找平衡。槽和孔的形状、角度以及它们之间的距离（图 6-50）等都对风振噪声有影响。针对不同风振频率特征，可以进行不同的参数设计。

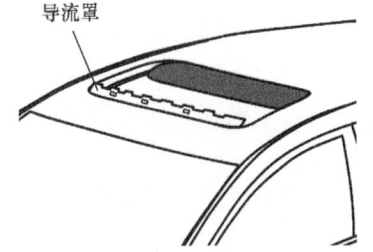

图 6-49 开槽和/或开孔的导流罩

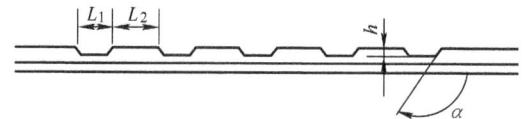

图 6-50 导流板上槽和孔的形状、角度以及它们之间的距离

当天窗以通风模式开启时,气流可以从侧面进入到车内,如图 6-51a 所示。这也会引起车内的风振轰鸣声,或者增大车内噪声声压级。在天窗两侧加上遮挡板后,如图 6-51b 所示,侧面的气流被它挡住,不能进入到车内,就可以避免风振噪声。

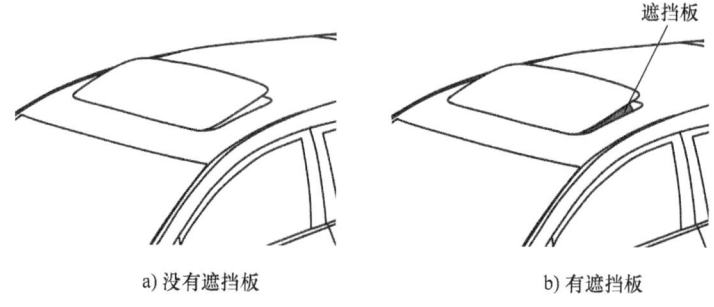

a) 没有遮挡板   b) 有遮挡板

图 6-51 天窗以通风模式开启

没有遮挡板时,车内噪声大于有遮挡板的情况,而且车速越高,两者之间的差值越大。因此,设计天窗时,要尽可能地使用遮挡板,而且遮挡板与顶棚金属板之间的距离要尽可能小。

四、天线的设计

天线可以看成是一个圆柱体,如图 6-52a 所示。当气流吹到天线时,形成强烈的旋涡流。旋涡流沿着圆柱体的轴线向上攀升,形成了向上的波动升力。这种波动的升力形成了双极子噪声源,产生单频噪声。生活中,模拟天线产生的噪声很容易,手拿一根细长棒在空中挥舞,棒子就会发出声音,而且这个声音通常是高频的纯音。

受气流激励的天线频率可以按照 Strouhal 数来计算,即

$$S = \frac{fD}{v} \tag{6-11}$$

式中,S 为 Strouhal 数,对于一端固定的天线,S 约为 0.21;f 是频率;D 是天线的直径;v 是气流速度。

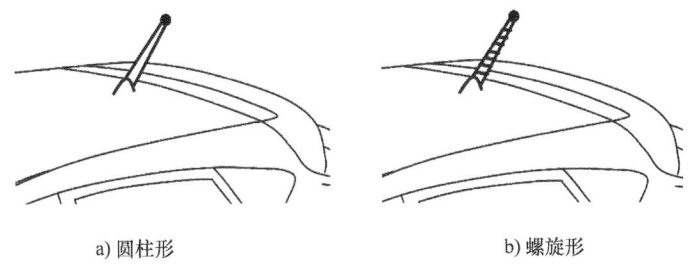

a) 圆柱形　　　　　　　　　　　　b) 螺旋形

图 6-52　车身天线

天线的频率通常为 1000~2000Hz，处在人听力最敏感的频率区域。当人听到这个声音后，会觉得不舒服。即便这个声音的声压级很小，人耳对它也非常敏感。图 6-53 为有天线和去掉天线的车内噪声曲线。有天线时，在 1300Hz 处有个峰值，声音听起来像"嘘嘘"的单音声。去掉天线后，这个峰值消失。

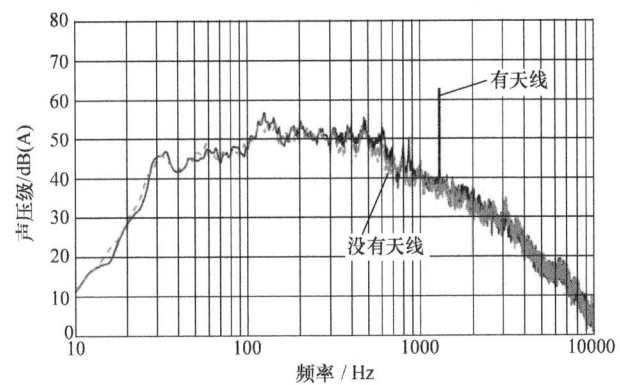

图 6-53　有天线和没有天线的车内噪声对比

降低天线噪声的出发点就是要破坏旋涡流，使不稳定的气流不沿着圆柱体的轴线向上攀升，不能形成波动的升力。最简单的办法就是在天线上螺旋式地缠一层铁丝或者胶条。因为这层铁丝或者胶条打破了紊流，所以它不能发出纯音。鉴于此原理，天线要设计成螺旋形，如图 6-52b 所示。

类似于天线在气流中产生单频噪声的例子在生活中有很多，挥舞棍棒就是一个典型的例子。在空中挥舞一根细长的棒子，会听到单频的"嘘嘘"声。如果在棒子上缠一层布再挥舞，声音就降低了很多，而且频带变宽。

近 20 年来，天线的种类增加了很多，如隐形天线。置于后风窗玻璃上的隐形天线没有任何凸出物，因此不存在天线带来的噪声问题。鲨鱼鳍天线的尺寸小，而且具备良好的流线形设计，因此它带来的噪声非常小。目前，虽然图 6-52 那样明显天线的使用越来越少，但是在经济型汽车上，还是经常使用。

天线的安装位置和角度也会影响其噪声大小。安装点应该是车身原点刚度比较大的地方。

五、顶棚行李杆的设计

大多数 SUV 和运动型的汽车顶棚上安装有行李架，如图 6-54 所示。一是让行驶者有多余的空间来携带更多的物品，另一方面增加了汽车的运动感。

图 6-55 所示为一个圆形截面的行李架杆。当气流吹到行李架上时，会在其周围产生紊流，在杆的后面形成分离区，产生涡流。这也是双极子噪声源，会发出噪声。

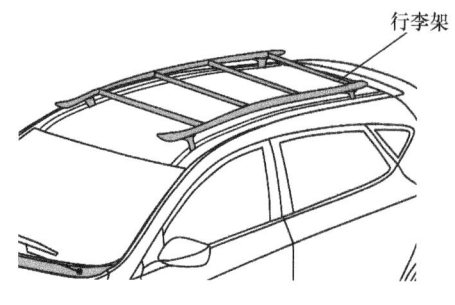

图 6-54 顶棚上的行李架

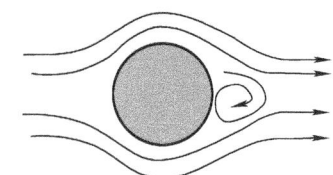

图 6-55 圆形截面的行李架杆

如果把截面设计成椭圆形，则杆后面形成的分离区降低，涡流也降低。如果在椭圆形的后部加一个小的导流块，还可以避免尾部的涡流，如图 6-56 所示。因此，行李架杆的截面应该设计成带导流块的椭圆形。

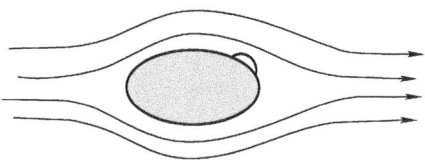

图 6-56 带导流块行李架的椭圆形截面

六、其他凸出物和空腔的控制

除了上面所讲的后视镜、天线、行李架等凸出物外，车身上还有一些其他凸出物，如车门把手、刮水器等。设计车身上的凸出物时应遵循两个原则：第一是避免气流直接吹到它们上面；第二是如果吹到，必须使产生的涡流最低，即它们必须是良好的流线形设计。

下面以车门把手为例来说明凸出物的设计原则。图 6-57 显示了三个不同的车门把手设计。图 a 中的把手不仅暴露在气流中，而且边角坚硬，会产生较大的噪声。图 b 中的把手也暴露在气流中，但是边角与车门是逐渐过渡的，具备良好的流线形，噪声比图 a 的情况低。图 c 中的把手与车门在一个平面内，气流很难吹到它，因此它不会带来噪声问题。

车身表面的空腔，如图 6-15 中 B 柱上方的空腔，是空腔噪声的源地。在 B 柱上部区域，前车门、后车门、B 柱、顶棚横梁和密封胶交汇在一起。它们叠加在一

a) 暴露在气流中(边角坚硬)　　b) 暴露在气流中(边角流线形设计)　　c) 与车门一个平面

图 6-57　车门把手（见彩插）

起，会出现缝隙，甚至空腔。当气流吹到这个区域时，会产生车外的空腔噪声。即便这个区域的静态密封和动态密封非常好，但是车外的噪声源靠近前排乘员，所以这个空腔噪声很容易被车内人员听到。

消除空腔是控制空腔噪声的核心。常用的方法有两种：第一种是使后门前端的密封条足够大，可以遮住 A 柱的后端，并紧靠顶棚横梁；第二种是在 B 柱上贴一块胶条，填充空腔的空间。第一种方法是使空腔闭合，即使气流不能吹到空腔；第二种方法是消除空腔。

车身外面会形成空腔，除了设计原因外，还有制造原因。车身上的空腔都可以用类似的方法来处理。

第六节　动态密封的控制

一、动态密封及其重要性

第四章"声学包装"详细地介绍了静态密封问题。静态密封是指汽车在静止状况下的密封情况，包括两部分内容：一是车身上的孔洞这样的固定部件的密封；二是车门与车身之间相对运动部件之间的密封。当汽车运行时，固定部件密封是不会改变的，但是相对运动部件之间的密封会发生变化，可能出现"不密封"的状况。这种在静止状态下密封好而在运行状况下可能出现密封问题的密封被称为"动态密封"。

在行驶过程中，由于受到路面、发动机和风的激励，车身上每个柔性部件都会变形，下面以车身和车门为例来说明这个问题。在外界的激励下，由于车身和车门的刚度、模态等参数不一样，两者的变形和运动状态不一样，因此两者之间的间隙发生改变。当这个变形改变大于密封条的压缩量时，就会出现间隙。

车身上可能出现动态密封问题的地方有：

- 车身密封条
- 车门密封条
- 活动玻璃夹条
- 固定玻璃夹条
- 门槛梁密封条
- A、B、C柱边缘密封条
- 车身顶部密封条
- 发动机舱密封条
- 行李箱盖密封条
- 背门密封条

静态密封是噪声与振动控制的基础，在这个基础上，提升到动态密封。如果动态密封不好，则会严重地影响汽车噪声控制，特别是声品质。严重的动态密封问题会使车外的声音直接传递到车内，特别在高速行驶时，形成巨大的车内噪声。不严重的动态密封问题，比如细小的缝隙，虽然不会带来车内声音大小的改变，却会影响到声品质。这些细小的缝隙产生的气吸噪声，虽然不会改变车内声压级，但是会降低语言清晰度。

将某款车放置在风洞内进行车内噪声的测量。一种情况是原始状态，另一种情况是用胶带将车身上所有缝隙粘紧。图6-58表示了这两种情况下车内噪声的比较，在中高频段，密封后的车身的车内噪声降低。

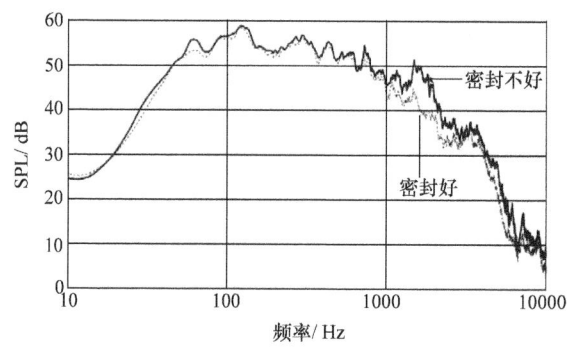

图6-58 密封不好的车身与密封好的车身的车内噪声比较

在市场反馈和顾客抱怨的问题中，风噪占到10%~20%，而密封条的动态密封问题是产生风噪的主要原因。车身的密封不仅仅是静态密封，而且还有动态密封。因此，只有动态密封达到要求，车身密封设计才算完成，才能满足顾客对声品质的要求。

二、动态密封的表达

静态密封是汽车噪声控制的基础,有些车的静态密封做得非常好,但是在高速公路上行驶时,仍然感到有漏风的现象,这就引出了"动态密封"的概念。

两个相互挨在一起的部件(如车门和车身),在静止的时候,彼此没有间隙,如图 6-59a 所示。但是运动之后,由于两个物体的运动情况不一样,使得静止时紧靠在一起的地方出现间隙,即出现了密封不好的问题,如图 6-59b 所示。这种由于物体运动而产生的密封就是动态密封。

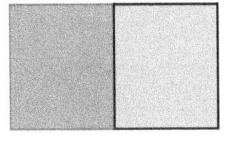
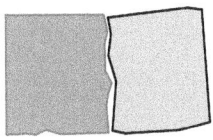

a) 静止　　　　b) 运动后

图 6-59　两个挨在一起的部件

车身与车门都是金属件,如果它们直接接触,那么关门时将发出巨大的金属撞击声。车身与车门之间有一定的间隙,这个间隙是靠密封胶条来填充的。胶条的作用有两个:一是使车门与车身之间密封紧密;二是使关门时的响声听起来悦耳而且关门的手感轻松。

图 6-60 表示车身、车门和密封胶条在静止状态下的几何关系。分别取车身和车门上对应的一个接触点来分析它们与密封条之间的关系。车门与车身之间的距离是 d_s,偏长的椭圆形表示密封条的截面,宽度为 l。当密封条被车身和车门压缩后,截面发生变化,用图中实体的椭圆形表示。密封胶条的压缩量 δ_s 为

$$\delta_s = l - d_s \tag{6-12}$$

由于车身和车门都是柔性体,在外力的作用下,它会发生变形,车身和车门就不能保持静止状态下的距离 d_s 了。假设车身的位移为 u_b,车门的位移为 u_d,如图 6-61 所示。在运动状态下,车身与车门的距离为

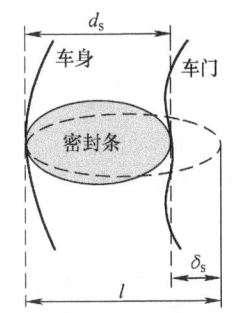

图 6-60　车身、车门和密封胶条在静止状态下的几何关系

$$d_d = d_s + u_d - u_b \tag{6-13}$$

密封胶条的压缩量变为

$$\delta_d = l - d_d \tag{6-14}$$

当 $\delta_d = l - d_d \geqslant 0$ 时,即 $l \geqslant d_d$ 时,车身与车门之间的距离比密封胶条的宽度小,密封胶条还处于压缩状态,如图 6-61a 所示,车身和车门之间保持着密封。

当 $\delta_d = l - d_d < 0$ 时,即 $l < d_d$ 时,车身与车门之间的距离比密封胶条的宽度大,密封胶条不仅没有被压缩,而且还与车门之间出现了间隙,如图 6-61b 所示。这种情况表明密封胶条没有起到任何作用,还带来了动态密封问题。

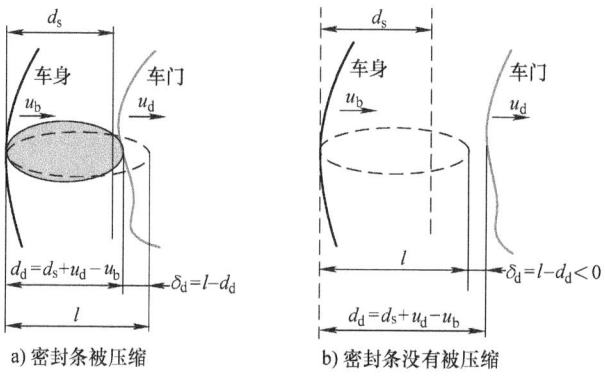

a) 密封条被压缩　　　　　　b) 密封条没有被压缩

图 6-61　运动状况下密封胶条的压缩量

由此可知,在汽车运动状态下,车门和车身仍然保持密封状态的条件是 $\delta_d \geq 0$,即密封条仍然处于压缩状态。车身和车门上这样的接触点很多,将它们与密封条对应连接点进行对比分析,就可以确定是否满足动态密封的要求。

三、车身与车门的动态密封形式

1. 密封的种类

动态密封涉及的部件很多,这里以车身与车门的密封为例来讲解动态密封的形式。车门与车身之间的密封分为三类:主密封、次级密封和辅助密封。

主密封是将车身与外界隔离的第一道密封。其主要功能是阻止噪声、水、灰尘进入车内。主密封通常安装在车门上,如图 6-62 所示。主密封要确保关门的品质感好,不能发出异响。

次级密封是在有主密封的情况下,再增加一层密封。其功能是进一步阻止噪声、水、灰尘进入车内,提升车身的声传递损失。次级密封通常安装在车身上,如图 6-63 所示。当没有主密封或主密封失效时,次级密封起到主密封的作用。

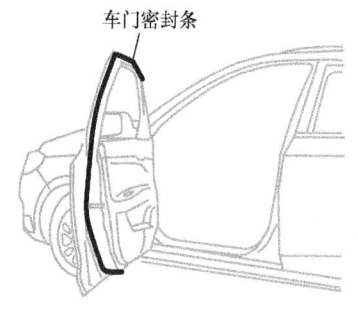

图 6-62　车身主密封

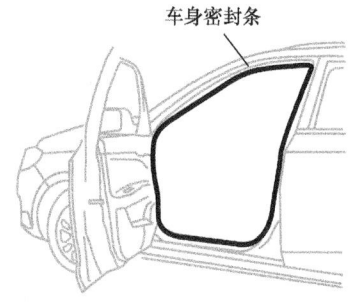

图 6-63　车身次级密封

辅助密封是在主密封和次级密封的基础上，在局部再添加一些密封条，进一步阻止噪声、水和灰尘的进入。车身上的辅助密封有 A/B/C 柱上的密封条、门槛梁上的密封条、车身上部的密封条、后门前端的密封条等，如图 6-64 所示。例如：图 6-17a 中，B 柱上填充的材料就是 B 柱上的密封条，图 6-17b 中的覆盖材料就是后门前端边的密封条，它们用来消除前后车门与 B 柱形成的空腔。门槛密封条用来降低来自路面和底盘的噪声。

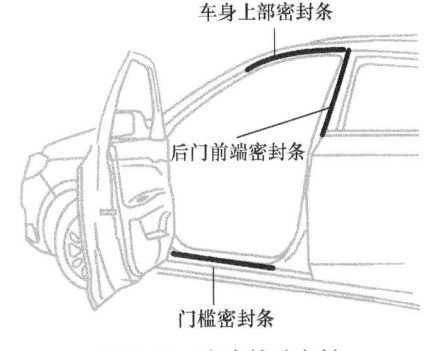

图 6-64　车身辅助密封

除了以上辅助密封外，车身还有两种密封：固定玻璃与车身之间的密封，活动玻璃与车门之间的密封。这两类密封也会影响风噪。

2. 密封的形式

车身和车门之间可以采用不同的密封条组合，形成不同风格的密封结构。常用的密封结构有四种：

第一种是只有车门上有密封条。图 6-65 表示车门上有密封，而车身上没有密封。在每个车门四周有一圈密封条，在门的上边和两侧边各有小半圈密封条。这种密封结构简单，价格低，但是密封效果一般，在经济型车上用得比较多。

第二种是主密封在车身上，车门上有辅助密封。图 6-66 表示车身门框四周有密封圈，它起到了主密封的作用。在后车门的前端，即靠 B 柱的侧边有根密封条，在车门的底部也有密封条。这种密封结构简单，价格低，密封效果一般，但是比单一密封效果好，在经济型车和中低级车上用得比较多。

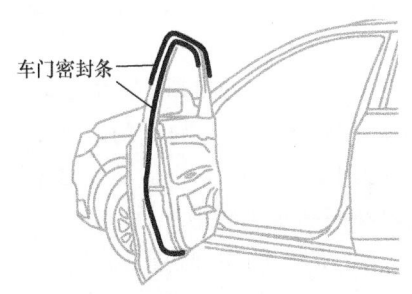

图 6-65　只有车门上有密封条

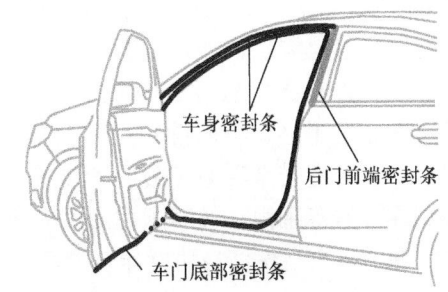

图 6-66　主密封在车身上

第三种是车门上有主密封，车身上有次级密封，车门上还有辅助密封。图 6-67 表示车门四周有密封圈，车身上也有密封圈。另外，在车门顶部及两侧有根密封条，在车门的底部也有密封条。这种密封结构复杂，价格高，密封效果好，在中高级车上用得比较多。

第四种是车门上有主密封，车身上有次级密封，车门和车身上都有辅助密封。图 6-68 表示车门四周有密封圈，车身上也有密封圈。另外，车身的上边缘有根密封条，在车门的底部有密封条，车门顶部及两侧有根密封条。这种密封结构复杂，价格高，密封效果好，在中高级车上用得比较多。

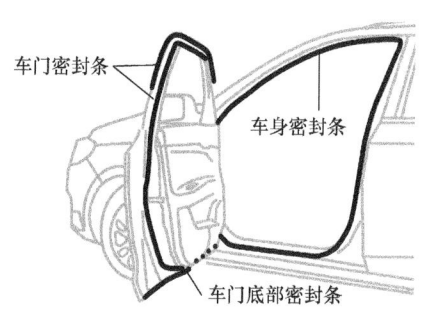

图 6-67　车门上有主密封，车身上有次级密封

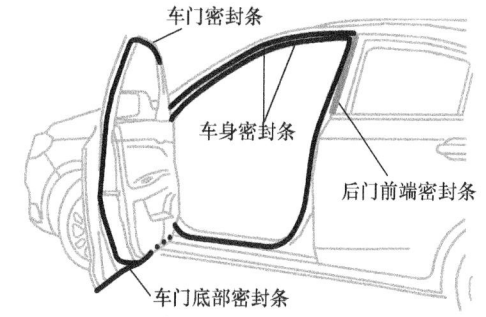

图 6-68　车门上有主密封，车身上有次级密封，车门和车身上都有辅助密封

四、密封条的控制

动态密封涉及车身和车门之间的位置和相对运动，以及密封条的压缩量，因此动态密封的控制从这三方面入手。

第一，车身与车门之间的位置是设计密封条压缩量的基础。它们的相对位置一定要合理：相对位置大，密封条难以满足密封要求；相对位置太小，则密封条的受挤压程度严重，会影响关门声品质和关门力。通常车身与车门之间的间隙在 14mm 左右。另外，生产工艺上，一定要保证这个间隙达到设计要求，多数车身动态密封不好是制造误差引起的。

第二，车身与车门之间的相对运动要控制在一定范围内。如果相对运动太大，就可能超过了密封条的静态尺寸，从而达不到密封的效果。车身与车门之间的相对运动还可能带来异响问题，因此车身和车门自身的刚度、模态和运动变形应该控制在一定范围内，关于这方面的内容，读者可以参阅第二章和第三章。

第三，密封条自身的设计要满足动态密封要求。密封条的设计包括密封条的材料选取、截面形状、受力分析等。本小节主要是讲述密封条的受力分析和截面设计。

密封条所受压缩的状态可以用压缩负荷变形（Compression Load Deflection，CLD）来表征。CLD 是指密封条每 100mm 长度上所承受的载荷，如图 6-69 所示，横坐标是截面的变形力，纵坐标是 CLD 值。CLD 值是衡量密封条好坏的一个非常重要的指标。

第六章 风噪及控制　315

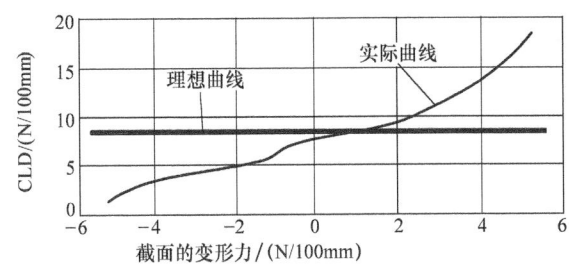

图 6-69　密封条压缩负荷变形曲线（CLD）

理想的 CLD 值是一条水平直线，如图 6-69 所示，即密封条被压缩过程中所受的力是恒定的，不受压缩量的影响。如果 CLD 值不是水平线，而是随着压缩量的变化而变化，则会带来密封问题和关门声品质问题。

密封条的剖面结构对 CLD 值影响很大。剖面有两种典型的结构：单泡密封和双泡密封。图 6-70a 所示为单泡密封剖面，其结构简单，价格低。它的 CLD 值不是平坦的直线而是随着压缩量的增加而增加，如图 6-70b 所示。因为其 CLD 值随着压缩量的变化而变化，而且容易在转弯处出现褶皱，所以单泡密封适合用在间隙小的区域，另外，它对关门声品质不利。

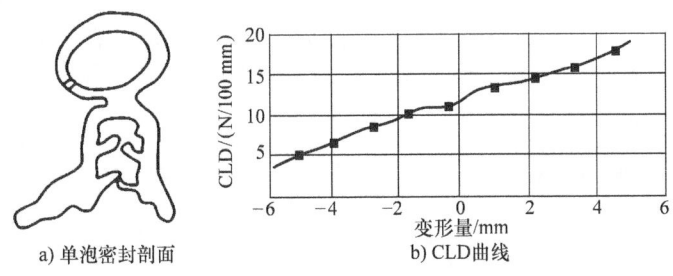

a) 单泡密封剖面　　　　b) CLD曲线

图 6-70　单泡密封剖面及其 CLD 曲线

图 6-71a 所示为双泡密封剖面，与单泡密封相比，其结构复杂，价格也高些，但是它的压缩负荷变形比较平直，如图 6-71b 所示，即 CLD 值随着压缩量的增加基本不变。这种结构对动态密封、关门力和关门声品质都有好处，一般用在间隙大的区域。

CLD 值大，表示压缩密封条需要的力大。大的压缩力会将密封条压得很紧，当外界激励时，能很好地使车门与车身保持压缩状态。但是大的压缩力会使人关门和开门所用的力大，会给人带来不舒服感，同时过大的压缩力可能使车门变形。

CLD 值小，表示压缩密封条需要的力小。小的压缩力使人关门轻巧，轻轻一推，门就关上了，这给顾客带来舒适感甚至豪华感。但是过小的压缩力容易使车身与车门在外界激励下出现缝隙，带来动态密封问题。

CLD 值不仅要保持平直线，而且要控制在一定范围内。主密封的 CLD 值一般

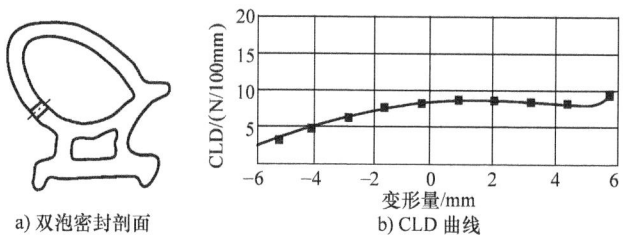

a) 双泡密封剖面　　　　b) CLD 曲线

图 6-71　双泡密封剖面及其 CLD 曲线

控制在 (6±2)N/100mm；次级密封的 CLD 值一般控制在 (4±2)N/100mm；辅助密封的 CLD 值一般控制在 2N/100mm 左右。

CLD 可以用非线性 CAE 方法计算。在进行密封条变形量计算的同时，还要进行车门和车身的变形量计算。将车身、车门和密封条的变形量结合起来，才能确定汽车运动时是否出现动态密封不好的问题。

第七节　风噪测量与评价

在高速驾驶汽车时，人可以强烈地感受到风噪。有的人会抱怨风噪大，有漏风，打开天窗时，还能听到轰鸣声。进行风噪分析与控制，首先是要测量风噪的大小，并确定其特征。风噪可以在风洞中和在道路上测量，它们各有优缺点。在汽车开发过程中，风洞风噪试验和道路风噪试验都很重要。

一、风洞风噪测量

1. 风洞实验室

风洞有两种：环境风洞和空气动力风洞。在环境风洞内，有模拟阳光、雨水等系统，环境温度可以从 −40~50℃。环境风洞用来测量汽车在各种环境状态下的性能，如动力性能、油耗性能等。空气动力风洞用来测量汽车的风阻系数和其他空气动力学性能。

空气动力风洞又分为一般的风洞和低噪声风洞。一般空气动力风洞没有进行特殊的背景噪声处理，背景噪声很大，只能测量风阻、升力等与车身空气动力特征相关的性能。低噪声风洞经过特殊的声学处理，风洞的进口、出口、转弯、墙壁等地方都做了吸声处理，鼓风机系统和螺旋叶片等也达到了低噪声的设计要求，因此其背景噪声低。在低噪声风洞内，不仅可以测量空气动力性能，而且可以测量噪声。本书以后提到的风洞都是指低噪声空气动力风洞。图 6-72 所示为世界上一些风洞试验室在不同气流速度下的噪声值。图 6-72a 表示在气流内（In-Flow）测量的噪声值，图 b 表示在气流外（Out-Flow）测量的噪声值。在流场内，有气流的直接作用，而流场外，没有气流的直接作用，因此，流场内的噪声比流场外大。

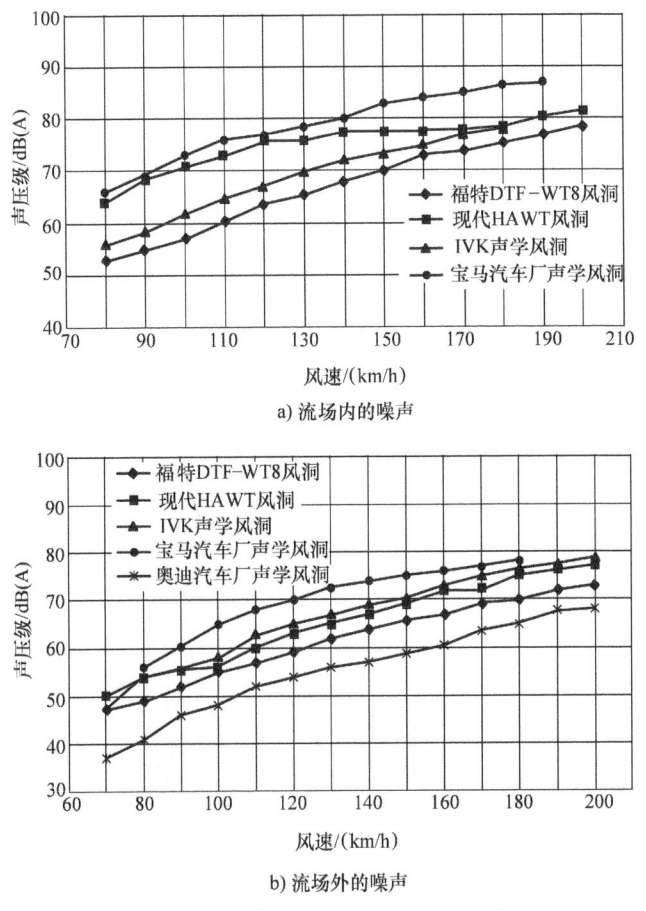

图 6-72　世界上一些风洞试验室在不同气流速度下的噪声值

图 6-73 所示为一个风洞俯视角度的示意图。风洞试验室由一个环形的气道组成，气道中安装有鼓风机、导流板等设备。在风洞的测试中央区域，有一个可以旋转的圆形动态平衡台。平衡台是风洞中最精密的设备，当汽车放置在平衡台上时，需要精密调节才能使平衡台平衡。平衡台上面有两条皮带，车轮放置在皮带上，可以模拟汽车行驶时轮胎与路面的相对运动状况。车身的纵轴线与平衡台的中心线平行。当平衡台中心线与喷嘴中心轴平行时，汽车处于正迎风面，即汽车与气流的角度为 0°，如图 6-74a 所示。当平衡台旋转一个角度 α 后，中心线与喷嘴中心线的夹角也为 α，即汽车与气流的角度为 α，如图 6-74b 所示。可以通过调节平衡台的角度来测量汽车正面迎风和侧面迎风所产生的风噪。

在风洞内测量风噪，避免了发动机噪声、路面噪声等其他噪声的影响，具有

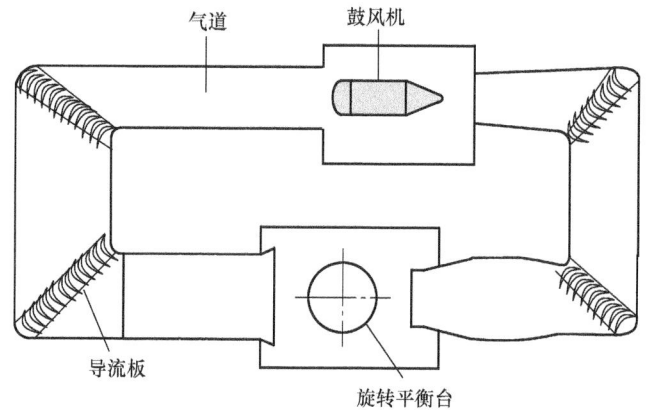

图 6-73　风洞俯视角度的示意图

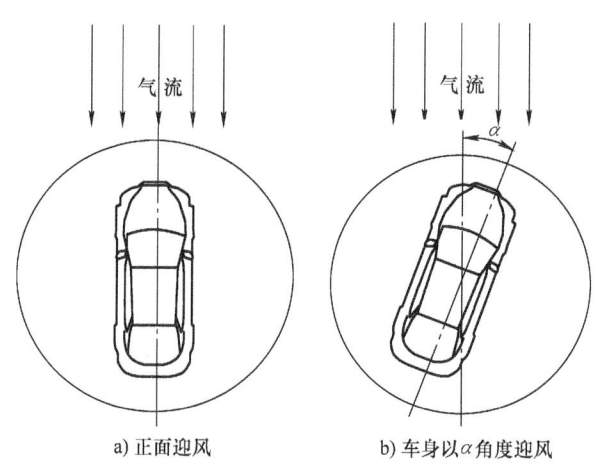

a) 正面迎风　　　　b) 车身以α角度迎风

图 6-74　平衡台与风洞轴线的角度

以下优点：一是可以精确地识别风噪的声源，分析风噪的特征；二是可以测量车外噪声和车内噪声；三是既可以测量实车也可以测量模型。但是风洞测量有局限，一是风洞的资源比较少，安排风洞试验困难；二是风洞的使用费用非常高；三是风洞试验的周期比较长。通常在需要精确识别和分析车身风噪时，才使用风洞测量。

2. 车外风噪测量

风噪是气流在车身表面产生了压力脉动而形成的，因此，车外噪声测量非常重要，可以识别风噪源。测量车外风噪的方法很多，主要的有四种：波束形成（Beamforming）测量、声学聚焦镜测量、表面声压测量和激光振动测量。

① 波束形成测量是将传声器阵列放置在远离流场的地方，测量车身上的风噪，

如图 6-75 所示。"车身局部振动与噪声控制"一章中详细介绍了它的原理。Beamforming 被称为声学照相机，测量结果可以以照片的形式呈现出声源的部位和特征。这种方法非常方便，已经被广泛地用于风洞车外噪声测量。

② 声学聚焦测量是利用椭圆曲面焦点聚声原理来测量噪声。图 6-76 中有一个椭圆形的镜面，它有两个焦点 A 和 B。将传声器放置在靠近镜面的焦点 A，将声源放置在另外一个焦点 B。声源的声波传递到镜面上后，反射并聚焦在 A 点上，就可以测量到声源的声音信号。

图 6-75　在风洞里面使用 Beamforming 来测量车身噪声（见彩插）

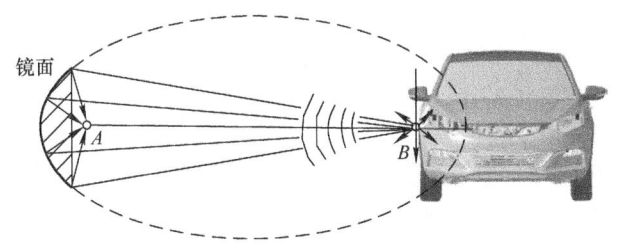

图 6-76　声学聚焦测量原理图

将椭圆形镜面放置在气流流场之外，使其不受气流的影响。椭圆两交点的距离要远大于所测量声波的波长，以便得到所需频率信号。测试中，不断地调节椭圆镜面的距离和角度，使得传声器和车身上被测量的点在两个焦点上。

最近十年来，由于声学照相机的广泛使用，声学聚焦测量方法使用得越来越少。

③ 表面声压测量是在车身表面布置声压传感器来得到车身表面的声压分布。传感器的类型有两种：一种是将一系列传统传声器布置在特制的车身表面上，使得传声器头与车身表面在一个弧面上，如图 6-77 所示；第二种是采用表面传声器，如图 6-78 所示，将它直接贴在车身表面。

④ 激光振动测量是测量车身表面的振动，详见第三章。在风洞中，可以将激光测量仪放置在流场外来测量车身板振动。气流引起车身板振动，然后将噪声传递到车内，即风噪结构声的传递。测量车身表面振动可以知道各个板对结构声贡献的大小。

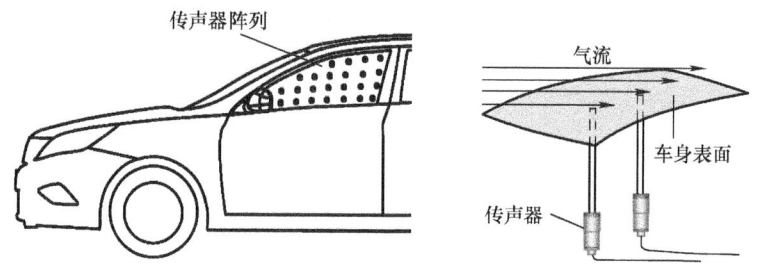

图 6-77 传声器阵列安装在特制的车身表面上

3. 车内噪声测量

风噪的车内测量与普通的车内噪声测量没有区别,按照要求布置传声器和测试系统。风噪测量有两个目的:评价一辆车的风噪状况和识别风噪的贡献源。后续小节将专门介绍风噪的评价。识别风噪贡献源除了采用频谱分析等方法外,常用的还有排除法。

排除法是将产生风噪的几个主要因素逐步分解,找到每个噪声源的贡献。图 6-79 所示为某个车身逐步分解的几种噪声情况。首先,将车身上的附件全部去掉,然

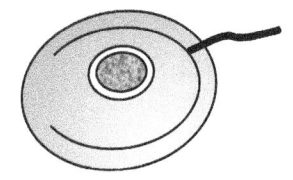

图 6-78 表面传声器

后将所有有密封条的地方全部用胶布粘贴,这样就可以得到车身本体的风噪。由于没有了附件,没有缝隙,这是一种理想的情况,是风噪最小的情况,被称为"最安静风噪"或"车身本体"噪声状况,所得到的噪声仅仅是表面脉动噪声。

然后将附件一个个地安装上去,噪声明显增加。此时的噪声成为"密封车身"噪声,与"车身本体"相比:在低频段噪声增加;在中高频段略有增加;在 1800Hz 出现一个峰值,这是由于增加天线所引起的。最后,将粘贴的胶布去掉,恢复到"原始车身"状态,气流会通过密封不好的地方进入车内,形成气吸噪声。在整个频段内,噪声略有增加。

图 6-79 显示了该款车的"原始车身""密封车身"和"车身本体"三种状况的噪声曲线。

这样一层层地分解测量,就可以得到附件和动态密封对风噪的贡献。在这个分解过程中,还可以做得更加仔细。例如:在去掉附件的过程中,可以将后视镜、天线等逐一去掉,以便评价每个部件对风噪的影响。同样,在去掉密封时,可以先去掉车门密封,再去掉车窗密封,等等,这样就可以找到具体部位密封对风噪的贡献。

同样,可以采用与之相反的过程来评估附件和密封对风噪的影响,即先测量原车状态,然后用胶布密封,最后去掉附件。

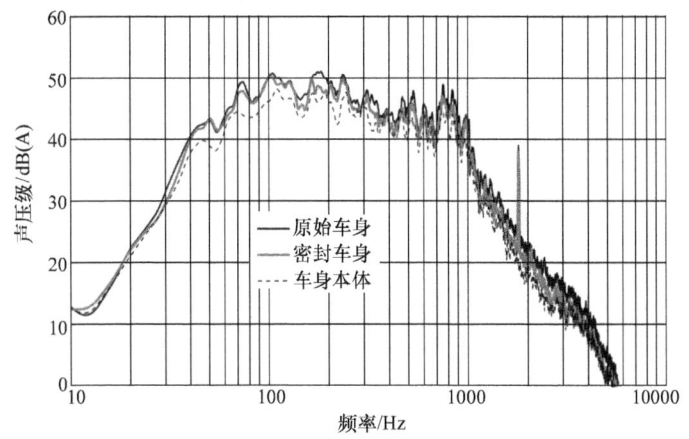

图 6-79　某款车"原始车身""密封车身"和"车身本体"噪声曲线的比较

二、道路风噪测量

道路试验是在道路上开车，测量车内噪声。试验道路可以是试验场上的道路，也可以是高速公路。道路试验可以做车内测试和主观评价。在车内布置传声器，测量汽车在不同速度下的车内噪声，即可以得到风噪数据。

在道路上做风噪试验的优点是简单、成本低。由于没有风洞这样的特殊实验室，可以随时在试车场或者高速公路上进行测试。这种方法广泛地应用在风噪的识别和分析上，特别是在进行不同方案的对比研究和主观评价方面。但是道路风噪测量有三个缺陷。第一是受到测试环境的影响，所测试的数据包含了风噪、路噪、发动机噪声等。在数据处理时，必须区分风噪与其他噪声源的贡献；对于发动机噪声小和路面噪声小的情况，高速风噪占主要成分，风噪识别比较容易；但是对于发动机噪声和路面噪声都大的情况，要识别风噪比较困难。第二个缺陷是不能测量车外的风噪，如后视镜附近的噪声。第三个缺陷是重复性和一致性存在误差。

三、风噪的评价

风噪的评价分为主观评价和客观评价。

主观评价包括主观打分和主观描述。主观打分是根据评价者的感受给风噪打分，通常采用10分的打分机制，见表6-1。分数越高，风噪的品质感越好。主观描述是指评价者对所听到的风噪特征进行详细描述，如风噪中的啸叫声、轰鸣声、嘘嘘声、风振声等。

表 6-1　风噪的主观打分

级度	1	2	3	4	5	6	7	8	9	10
	不能接受				接受的过渡		可以接受			
接受对象	所有顾客		绝大多数顾客		比较挑剔的顾客		受过培训的人员			

客观评价是用声学指标具体、定量地描述风噪的大小、频率特征、声品质特征。评价风噪的客观指标包括声压级、响度、语言清晰度、尖锐度等。这些客观指标给出了风噪的特征，以便对不同风噪之间进行比较，并给车身结构设计提供依据。使用这些指标时，需要视具体情况而定。

人们感受到的风噪分两个层次：第一层次是风噪大；第二层次是风噪不大，但是品质感不好。

当汽车车身结构和附件的设计不好时，会产生巨大的脉动噪声和空腔噪声；当动态密封非常糟糕时，气吸噪声非常大。在这种情况下，人们抱怨的是整车的风噪太大，评价风噪的指标用声压级或响度。声压级或响度的评价不仅给出了整体的声压级或者响度，更重要的是给出了频谱成分，这样可以帮助确定产生风噪的部件。图 6-79 给出的就是不同状态下的声压级。

当车身、附件结构和密封整体设计比较好时，车内风噪比较小，但是由于某些局部部件和少数动态密封有问题，还是会有一些听起来令人不舒服的细小声音。在这种情况下，主要评价指标是语言清晰度，声压级作为辅助指标。即便将这些听起来不舒服的声音消除，整体的声压级或者响度也不会改变，但是语言清晰度却会明显改变。例如：有一辆车以 120km/h 的速度巡航时，车内声压级为 67dB，属于比较安静的车型。在中高频段，有几个幅值仅为 30~40dB(A) 的峰值，它们对整体声压级的贡献可以忽略不计。顾客能清晰地听到这些单音"嘘嘘"声，感觉到声品质不好。经过诊断后，发现后视镜与车身的连接处有一条细小的缝隙，正是它产生了气吸噪声。用胶布将这个缝隙覆盖，重新测量，声压级不变，但是人们的主观感觉"嘘嘘"泄气声消失，声品质提升。

第八节　风噪分析

一、气动声学与经典声学的关系

1. 气动声学与经典声学的差异

气动声学与经典声学有非常大的差别，主要体现在它们发声机理的差别。

在经典声学中，声波的产生源于物体表面的振动。物体表面的振动会使它边界上的流体不断压缩和膨胀，流体的密度和压力不断变化，从而产生声音。振动的物体是静止的，声源就在物体的表面，声辐射的强度取决于振动的大小。

在气动声学中，声音的产生源于运动物体对流体的作用或者流体之间的作用。这种作用包括三种类型。第一种是物体不断地插入和移出流体，使得当地流体不断压缩和膨胀而发出声音。汽车在空气中的运动就属于这种情况。第二种是运动的物体使其表面的升力发生变化而对其表面边界的流体产生了脉动推力，从而发出声音。车身表面由于脉动引起的风噪属于这种情况，其中气流对天线的作用是最典型的例子。第三种是由于流体自身的紊流运动使流体与流体之间产生相互作用，从而发出噪声。例如：在发动机高转速情况下，排气管中的气流到达尾管时，气流相互作用而产生巨大的喷射噪声。气流在车身表面形成的分离区内的相互作用也属于这种情况。

2. 气动声学与经典声学的类比

气动声学的分析和求解非常困难。科学家们找到了用经典声学理论来分析气动声学的方法。

第一种方法是将气动声源类比成经典声学中的脉动球源。流体运动可以看成是在物体表面不断添加流体质量，而形成脉动质量源。物体表面有很多像脉动小球那样的单极子声源，从而构成了气动动力面声源。这种脉动质量源属于单极子声源。

第二种方法是将气动声源类比成经典声学中的振动球源。物体对流体不断产生推力，导致流体质点的速度不断变化，从而发出声音。气流在物体表面产生的分离流和紊流也会导致物体表面产生升力波动，发出声音。这种气动声源是脉动力源，属于双极子声源。

第三种方法是将气动声源看成流体相互作用而产生了内部应力变化。对流体单元施加脉动推力就形成了双极子声源。流体与流体之间的相互作用可以看成两个大小相等但方向相反的双极子声源相互作用，它们之间产生了应力。这种气动声源是流体湍流应力源，属于四极子声源。

二、Lighthill 相似理论

直接计算气动声学的方法是用可压缩的 Navier-Stokes（维纳-斯多克）方程（简单记为 N-S 方程）来求解。N-S 方程是动量守恒方程，即表示微体单元流体的动量对时间的变化率等于作用在该单元上的外力之和。N-S 方程需要大量的体积单元来计算近场声源和远场的声辐射响应，需要巨大的计算容量和时间，只适用于区域很小和低频声学问题。

1952 年，为了克服气动声学计算的问题，英国科学家 Lighthill 提出了著名的流动声学的相似理论。Lighthill 在研究喷射声学时，对 N-S 方程进行了整理，得到以下方程：

$$\frac{1}{c^2}\frac{\partial^2 \rho}{\partial t^2} - \nabla^2 \rho = \nabla^2 T_{ij} \tag{6-15}$$

式中，T_{ij} 是 Lighthill 湍流应力张量，表达为

$$T_{ij} = \rho u_i u_j - \tau_{ij} + \delta_{ij}[(p - p_0) - c^2(\rho - \rho_0)] \tag{6-16}$$

式中，$\rho u_i u_j$ 表示速度变化产生的雷诺应力；τ_{ij} 表示流体黏度产生的应力；$\delta_{ij}[(p-p_0) - c^2(\rho-\rho_0)]$ 表示传导所产生的应力。

从式（6-15）可以看出，方程左边是经典声学方程的形式，右边是流体动力引起的外界作用力，作为声源。这样，就建立了气动声学和经典声学之间的关系。式（6-15）被称为 Lighthill 相似方程。方程左边的声场变量不会对方程右边的流体参量产生影响，即声波与流体的运动互不影响。

喷射过程中，湍流应力张量是由于流体与流体之间的相互作用而产生的，因此湍流应力是一个四极子声源。

式（6-15）的左边是经典声学的表达形式，变量是反应声场的密度（或压力或速度），而右边也包含了声场的参数，因此无法求解这个方程。Lighthill 用试验的方法解决了这个问题。他通过试验得到了声源项，即得到了方程右边的输入项，从而可以求解方程，得到声场。Lighthill 用这种理论和试验结合的方法提出了声学相似理论。

虽然 Lighthill 开创了气动声学这个新的声学分支，但是留下了两个问题：第一个问题是他没有考虑流体与固体相互运动引起的声场；第二问题是如果不知道流体的声源，就无法求解 Lighthill 方程。

三、Lighthill-Curl 相似理论

为了克服 Lighthill 留下的第一个问题，1955 年，Curle 研究了流体和固体的相互作用。他运用 Kirchhoff 积分将 Lighthill 方程扩展到流体和固体在边界的相互作用。这样，就考虑到了流体在固体表面产生的压缩和膨胀运动，以及固体在流体上产生的表面升力和脉动推力。Curle 在丰富了 Lighthill 理论后，就形成了 Lighthill-Curle 相似理论，声源项包含了单极子、双极子和四极子。

求解 Lighthill-Curle 方程后，声压可以写成

$$p(\boldsymbol{x},t) = \frac{\partial^2}{\partial x_i \partial x_j}\int_V \frac{T_{ij}(\boldsymbol{y},t - \frac{|\boldsymbol{x}-\boldsymbol{y}|}{c})}{4\pi|\boldsymbol{x}-\boldsymbol{y}|}\mathrm{d}^3 y - \frac{\partial}{\partial x_i}\int_S \frac{P(\boldsymbol{y},t - \frac{|\boldsymbol{x}-\boldsymbol{y}|}{c})}{4\pi|\boldsymbol{x}-\boldsymbol{y}|}\mathrm{d}^2 y +$$

$$\frac{\partial}{\partial t}\int_S \frac{\rho u(\boldsymbol{y},t - \frac{|\boldsymbol{x}-\boldsymbol{y}|}{c})\boldsymbol{n}}{4\pi|\boldsymbol{x}-\boldsymbol{y}|}\mathrm{d}^2 y \tag{6-17}$$

式中，S 和 V 分别是声源的面积和体积；$\boldsymbol{y}$ 是声源的位置矢量；$\boldsymbol{x}$ 是测量点的位置

矢量;$t - \frac{|x-y|}{c}$是延迟时间。

式(6-17)右边的三项分别表示四极子声源、二极子声源和单极子声源所产生的声压。四极子是对声源区域的体积积分,而二极子和单极子是对声源区域的面积积分。气流与汽车之间的运动速度比声速低很多,它属于小马赫数问题。对于小马赫数流体,四极子的辐射能力很低,因此四极子声源的贡献可以忽略。对于气流与车身的运动而言,单极子声源的影响也很小,可以忽略。因此风噪的主要贡献源来自双极子声源。

四、气动声学方程的求解

Lighthill 方程留下的第二个问题是怎样得到声源。他是通过试验得到声源,然后求解方程。获取声源的另外一个途径是通过 CFD 计算得到。于是,求解气动声学方程分成两个步骤:第一步是求解近场的声源;第二步是求解远场的声辐射。

第一步:近场声源的计算。虽然气动声源和辐射声都可以直接由求解可压缩 N-S 方程得到,但是因为需要大量的网格和计算容量,所以在现实中一般不直接这么做。汽车风噪分析属于小马赫数的情况,噪声源在一层非常薄的区域内。在这个区域内,流场不受声场的影响,而且认为流场是不可压缩的。在这样的条件下,只需计算这层薄区域的流场,就可以用 N-S 方程求解声源。用 N-S 方程求解近场声源的方法被称为直接数字模拟方法(Direct Numerical Simulation, DNS)。

求解声源的方法还有很多,如大涡模拟方法(Large Eddy Simulation, LES)、雷诺平均维纳-斯多克方法(Reynolds Averaged Navier Stokes, RANS)等。

第二步:脉动声压和声辐射的求解。用第一步得到的声源作为输入,然后计算气动噪声。求解的方法有几种:Lighthill 相似法、Lighthill-Curle 相似法、FWH 法、Kirchoff 法和摄动法。

Lighthill 相似法只适合于流体之间运动产生的四极子噪声计算。Lighthill-Curle 相似法适合于流体间的运动和流体与固体之间运动的噪声计算,包括单极子、双极子和四极子声源。

五、风噪仿真计算

计算风噪的商业软件逐渐成熟。这些软件采用的方法有以上提到的传统方法,也有新的方法。传统方法是以 N-S 方程为基础,采用 Lighthill-Curle 相似分析和 FWH 等方法。如 FLUENT 采用的是 FWH 方法。新的方法是采用了 Lattice Boltzmann Method(LBM),PowerFlow 就是这种软件。

用这些商业软件,可以计算车身整体的风噪和局部风噪。图 6-80 所示为某个后视镜区域的风噪分布图。

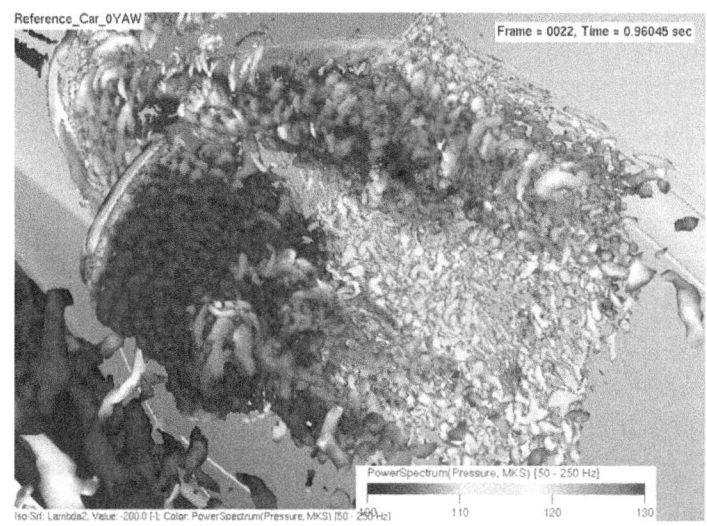

图 6-80 某辆车的后视镜区域风噪分布图（见彩插）

用上述软件计算了车外风噪，还可以将它们与 SEA 分析结合起来，分析风噪在车内的传递。其分析原理和过程与用 SEA 分析声学包装一样，具体内容请参阅第四章"声学包装"。

参 考 文 献

[1] A Cogotti, D Cardano, G Carlino, et al. Aerodynamics and Aeroacoustics of Passenger Cars in a Controlled High Turbulence Flow: Some New Results [C]. SAE Paper 2005-01-1455.

[2] Anna Graf, David Lepley, Sivapalan Senthooran. A Computational Approach to Evaluate the Vehicle Interior Noise from Greenhouse Wind Noise Sources - Part II [C]. SAE Paper 2011-01-1620.

[3] A P Gaylard. CFD Simulation of Side Glass Surface Noise Spectra for a Bluff SUV [C]. SAE Paper 2006-01-0137.

[4] Bernd Crouse, Sivapalan Senthooran. Experimental and Numerical Investigation of a Flow-Induced Cavity Resonance with Application to Automobile Buffeting [C]. Proceedings of 12th AIAA/CEAS Aeroacoustics Conference (27th AIAA Aeroacoustics Conference). Cambridge, 2006.

[5] Bernd Crouse, David Freed, Siva Senthooran, et al. Analysis of Underbody Windnoise Sources on a Production Vehicle using a Lattice Boltzmann Scheme [C]. SAE Paper 2007-01-2400.

[6] Bernd Crouse, Sivapalan Senthooran, Gana Balasubramanian, et al. Computational Aeroacoustics Investigation of Automobile Sunroof Buffeting [C]. SAE Paper 2007-01-2403.

[7] Bipin Lokhande, Sandeep Sovani, Jieyong Xu. Computational Aeroacoustic Analysis of a Generic Side View Mirror [C]. SAE Paper 2003-01-1698.

[8] Bradley D Duncan, Sivapalan Senthooran, Dena Hendriana, et al. Multi-Disciplinary Aerodynamics Analysis for Vehicles: Application of External Flow Simulations to Aerodynamics, Aeroacoustics

and Thermal Management of a Pickup Truck [C]. SAE Paper 2007-01-0100.
[9] Chadwyck T Musser, Jerome E Manning, Min Shen. Road Test Measurement and SEA Model Correlation of Dominant Vehicle Wind Noise Transfer Paths [C]. SAE Paper 2012-36-0624.
[10] Chang-Fa An, Seyed Mehdi Alaie, Sandeep D Sovani, et al. Side Window Buffeting Characteristics of an SUV [C]. SAE Paper 2004-01-0230.
[11] Donald P Iacovoni, Edward J Zeuty, David A. Morello. Wind Noise and Drag Optimization Test Method for Sail-Mounted Exterior Mirrors [C]. SAE Paper 2003-01-1702.
[12] Edward G Duell, Joel Walter, Joseph Yen. Progress in Aeroacoustic and Climatic Wind Tunnels for Automotive Wind Noise and Acoustic Testing [C]. SAE Paper 2013-01-1352.
[13] F Alton Everest. The Master Handbook of Acoustics [M]. New York: McGraw-Hill, 2001.
[14] Firoz Alam, Simon Watkins, Gary Zimmer. Mean and Time-Varying Flow Measurements on the Surface of a Family of Idealized Road Vehicles [J]. Experimental Thermal and Fluid Science, 2003, 27: 639-654.
[15] Firoz Alam, Simon Watkins, Gary Zimmer. Effects of Vehicle A-pillar Shape on Local Mean and Varying Flow Properties [C]. SAE Paper 2001-01-1086.
[16] Francois Van Herpe, Diego D'Udekem, Jonathan Jacqmot, et al. Vibro-Acoustic Simulation of Side Windows and Windshield Excited by Realistic CFD Turbulent Flows Including Car Cavity [C]. SAE Paper 2012-01-1521.
[17] Fred G Mendonca, Teo Shaw, Alan Mueller. CFD-Based Wave-Number Analysis of Side-View Mirror Aeroacoustics towards Aero-Vibroacoustic Interior Noise Transmission [C]. SAE Paper 2013-01-0640.
[18] Fred G Mendonca. CFD/CAE Combinations in Open Cavity Noise Predictions for Real Vehicle Sunroof Buffeting [C]. SAE Paper 2013-01-1012.
[19] Ganapathi Balasubramanian, L A Raghu Mutnuri, Zen Sugiyama, et al. A Computational Process for Early Stage Assessment of Automotive Buffeting and Wind Noise [C]. SAE Paper 2013-01-1929.
[20] G C Peng. SEA Modeling of Vehicle Wind Noise and Load Case Representation [C]. SAE Paper 2007-01-2304.
[21] Geon-Seok Kim, Hyoung-Kun Park, Seung-Gyoon Jung, et al. Development of Acoustic Holography and Its Application in Hyundai Aeroacoustic Wind Tunnel [C]. SAE Paper 2001-01-1497.
[22] Gregor Müller, Jörg Jany, Barbara Neuhierl. Reducing a Sports Activity Vehicle's Aeroacoustic Noise using a Validated CAA Process [C]. SAE Paper 2012-01-1552.
[23] George Chaoying Peng. SEA Wind Noise Load Case for Ranking Vehicle Form Changes [C]. SAE Paper 2011-01-1707.
[24] Istvan L Ver, Leo L Beranek. Noise and Vibration Control Engineering: Principles and Applications [M]. New York: John Wiley & Sons, 2006.
[25] Joel Walter, Edward Duell, Bill Martindale, et al. The Driveability Test Facility Wind Tunnel No 8 [C]. SAE Paper 2001-01-0252.
[26] Kenji Ono, Ryutaro Himeno, Tatsuya Fukushima. Prediction of Wind Noise Radiated from Pas-

senger Cars and Its Evaluation Based on Auralization [J]. Journal of Wind Engineering and Industrial Aerodynamics, 1999, 81: 403-419.

[27] Kenneth J Karbon, Urs D Dietschi. Computational Analysis and Design to Minimize Vehicle Roof Rack Wind Noise [C]. SAE Paper 2005-01-0602.

[28] Larry Deaton, Mohan Rao, Wei-zen Shih. Root Cause Identification and Methods of Reducing Rear Window Buffeting Noise [C]. SAE Paper 2007-01-2402.

[29] Leo L Beranek. Acoustics [M]. New York: Acoustical Society of America, 1996.

[30] Malcolm J Crocker. Handbook of Noise and Vibration Control [M]. New York: John Wiley & Sons, 2007.

[31] Mark Thompson, Simon Watkins. Wind-Tunnel and On-Road Wind Noise: Comparison and Replication [C]. SAE Paper 2013-01-1255.

[32] Michael J Allen, Nickolas Vlahopoulos. Computation of Wind Noise Radiated from a Flexible and Elastically Supported Panel [C]. SAE Paper 2001-01-1495.

[33] Mike Blommer, Scott Amman, Sanjay Abhyankar, et al. Sound Quality Metric Development for Wind Buffeting and Gusting Noise [C]. SAE Paper 2003-01-1509.

[34] Nicholas Oettle, Oliver Mankowski, David Sims-Williams, et al. Evaluation of the Aerodynamic and Aeroacoustic Response of a Vehicle to Transient Flow Conditions [C]. SAE Paper 2013-01-1250.

[35] Naoki Hamamoto, Yasuhiko Okutsu, Kazuo Yanagimoto. Investigation for the Effect of the External Noise Sources onto the Interior Aerodynamic Noise [C]. SAE Paper 2013-01-1257.

[36] Paresh Patel, Srihari Vijayakumar. External Flow Analysis Over a Car to Study the Influence of Different Body Profiles Using CFD [C]. SAE Paper 2001-01-3085.

[37] Patricia Manning, Jerome Manning, Chadwyck Musser, et al. Evaluation of Ground Vehicle Wind Noise Transmission through Glasses Using Statistical Energy Analysis [C]. SAE Paper 2013-01-1930.

[38] Paul G Bremner, Ming Zhu. Recent Progress using SEA and CFD to Predict Interior Wind Noise [C]. SAE Paper 2003-01-1705.

[39] Philippe Moron, Andreas Hazir, Bernd Crouse, et al. Hybrid Technique for Underbody Noise Transmission of Wind Noise [C]. SAE Paper 2011-01-1700.

[40] Phil Shorter, Denis Blanchet, Vincent Cotoni. Modeling Interior Noise due to Fluctuating Surface Pressures from Exterior Flows [C]. SAE Paper 2012-01-1551.

[41] Richard G DeJong, Tej S Bharj, James J Lee. Vehicle Wind Noise Analysis Using a SEA Model with Measured Source Levels [C]. SAE Paper 2001-01-1629.

[42] Richard G DeJong, Tej S Bharj, Gerhard G Booz. Validation of SEA Wind Noise Model for a Design Change [C]. SAE Paper 2003-01-1552.

[43] Richard Walker, Wei Wei. Optimization of Mirror Angle for Front Window Buffeting and Wind Noise Using Experimental Methods [C]. SAE Paper 2007-01-2401.

[44] Robert Powell, Philippe Moron, Ganapathy Balasubramanian, et al. Simulation of Underbody Contribution of Wind Noise in a Passenger Automobile [C]. SAE Paper 2013-01-1932.

[45] Rudi Kunstner, Jurgen Potthoff, Ulf Essers. The Aero-Acoustic Wind Tunnel of Stuttgart Univer-

sity [C]. SAE Paper 950625.

[46] Sajjad Beigmoradi, Kambiz Jahani, Arash Keshavarz, et al. Aerodynamic Noise Source Identification for a Coupe Passenger Car by Numerical Method Focusing on the Effect of the Rear Spoiler [C]. SAE Paper 2013-01-1013.

[47] Sanjay Kumarasamy, Kenneth Karbon. Aeroacoustics of an Automobile A-Pillar Rain Gutter: Computational and Experimental Study [C]. SAE Paper 1999-01-1128.

[48] Sandeep D Sovani, Kuo-Huey Chen. Aeroacoustics of an Automotive A-Pillar Raingutter: A Numerical Study with the Ffowcs-Williams Hawkings Method [C]. SAE Paper 2005-01-2492.

[49] Simon Watkins, Mark Andrew Thompson, Firoz Alam. Transient Wind Noise [C]. SAE Paper 2013-01-0096.

[50] Sivapalan Senthooran, Bernd Crouse, Swen Noelting, et al. Prediction of Wall Pressure Fluctuations on an Automobile Side-glass using a Lattice-Boltzmann Method [C]. Proceedings of 12th AIAA/CEAS Aeroacoustics Conference (27th AIAA Aeroacoustics Conference). Cambridge, 2006.

[51] Sivapalan Senthooran, Bradley D Duncan, David Freed, et al. Design of Roof-Rack Crossbars for Production Automobiles to Reduce Howl Noise using a Lattice Boltzmann Scheme [C]. SAE Paper 2007-01-2398.

[52] Sivapalan Senthooran, L A Raghu Mutnuri, Joe Amodeo, et al. A Computational Approach to Evaluate the Automotive Windscreen Wiper Placement Options Early in the Design Process [C]. SAE Paper 2013-01-1933.

[53] Sivapalan Senthooran, Bernd Crouse, Swen Noelting. Prediction of Wall Pressure Fluctuations on an Automobile Side-glass using a Lattice-Boltzmann Method [C]. Proceedings of 12th AIAA/CEAS Aeroacoustics Conference (27th AIAA Aeroacoustics Conference). Cambridge, 2006.

[54] Sivapalan Senthooran, L A Raghu Mutnuri, Joe Amodeo, et al. A Computational Approach to Evaluate the Automotive Windscreen Wiper Placement Options Early in the Design Process [C]. SAE Paper 2013-01-1933.

[55] T Zou, S Mahadevana, Z P Mourelatos. Reliability-based Evaluation of Automotive Wind Noise Quality [J]. Reliability Engineering and System Safety. 2003, 82: 217-224.

[56] Tong Zou, Zissimos P Mourelatos, Sankaran Mahadevan. Simulation-based Reliability Analysis of Automotive Wind Noise Quality [C]. SAE Paper 2004-01-0238.

[57] Wolf-Heinrich Hucho. Aerodynamics of Road Vehicle: From Fluid Mechanics to Vehicle Engineering [M]. Warrendale: SAE International, 1998.

[58] Ye Li, Naohiko Kasaki, Hiroyuki Tsunoda, et al. Evaluation of Wind Noise Sources Using Experimental and Computational Methods [C]. SAE Paper 2006-01-0343.

[59] Yin Zhi He, Zhi Gang Yang, Yi Gang Wang. An Experimental Investigation of Automobile Interior Wind Noise Using a Production Vehicle [J]. Applied Mechanics and Materials, 2012, 105: 1860-1866.

[60] Yinzhi He, Zhigang Yang. An Experimental Investigation of Sunroof Buffeting Characteristics of a Sedan [J]. Applied Mechanics and Materials, 2012, 226: 247-251.

[61] Yoshihiro Kato. Numerical Simulations of Aeroacoustic Fields around Automobile Rear-View Mirrors [C]. SAE Paper 2012-01-0586.
[62] Yukio Matsushima, Itsuhei Kohri. Experimental Study for Applicable Limit of Acoustic Analogy to Predict Aero-Acoustic Noise of Commercial Vehicles [C]. SAE Paper 2005-01-0606.
[63] 庞剑, 谌刚, 何华. 汽车噪声与振动: 理论与应用 [M]. 北京: 北京理工大学出版社, 2006.
[64] 张强. 气动声学基础 [M]. 北京: 国防工业出版社, 2012.
[65] 马大猷, 沈嚎. 声学手册 [M]. 北京: 科学出版社, 1983.
[66] 马大猷. 噪声与振动控制手册 [M]. 北京: 机械工业出版社, 2002.
[67] 杜功焕, 朱哲民, 龚秀芬. 声学基础 [M]. 南京: 南京大学出版社, 2012.
[68] 许肖梅. 声学基础 [M]. 北京: 科学出版社, 2003.
[69] 俞悟周, 毛东兴. 声学聚焦镜测量汽车车外风噪声分布 [J]. 噪声与振动控制, 2000, 2.
[70] 俞悟周, 王佐明. 轿车风噪声及其测量 [J]. 声学技术, 2000, 19 (1).

Chapter 7

第七章
关门声品质

第一节 汽车声品质问题

一、声品质

我们生活在一个充满了各种各样的声音的世界里。人们欣赏悦耳的音乐、喜欢鸟的叫声，讨厌工地的吵闹和飞机的轰鸣。因此，人对声音的感受，有好听与不好听、喜欢与讨厌，即人对声音有了"品质"的概念。这种声音的"品质"感与声音大小是没有直接关系的，更多的是与主观感受紧密相连。

品质是一个物体区别于其他物体所独具的特性。声音是人的听觉印象。"声品质"就是"声"与"品质"的结合，即人对一种声音所具有的独特听觉感受，而且这种声音是与其他声音不同的。

从声品质的定义来讲，声品质是一种人对声音的主观感受。即便是同样的声音，每个人的感受可能都会不同。图 7-1 给出了大提琴和拖拉机的卡通图。大多数人会陶醉在悠扬悦耳的琴声中，厌烦于拖拉机行驶时发出的巨大而粗糙的轰鸣声。是不是所有的人都不喜欢拖拉机的声音呢？不是。在收获季节里，农夫们驾驶拖拉机，行驶在田野里，那种轰鸣声可以带给他兴奋，不仅仅是由于收获的成就感，他还看到了希望和财富。

图 7-1 大提琴与拖拉机

即便是音乐，不同人群也有不同的喜好。年轻人通常喜欢流行乐，而老年人不一定喜欢。有的人喜欢钢琴带来的抒情声，而有的人则陶醉于打击乐带来的欢快动感。

虽然声品质是主观的，不同的人感受有所差异，但是对于一类声音来说，大多数人还是有共性的认识。比如大多数人喜欢音色纯正、浑厚、有共鸣感的歌声，喜欢乐队演奏的起伏跌宕、彼此呼应的音乐声。因此，声品质有某种审美的内涵，在这里就称之为"听觉审美"。

二、汽车声品质

声音是由许多单音组成的。不同频率单音组成的声音会产生不同的听觉效果，比如女声的高频成分比男声多，听起来，女声嘹亮而男声低沉。汽车声音除了具备声音的频率特性外，还有独特的地方，表现为它与发动机的转速和阶次密切相关。两个声压级和频率成分一样的声音，但是阶次成分不一样，听起来的感觉就会完全不一样。豪华型、舒适型、动力型、运动型汽车都有着自身的阶次和频率特征。因为阶次和转速等因素都会对汽车声音产生影响，所以就出现了汽车声品质的问题。

汽车声品质是指顾客对汽车声音的主观感受，如好与坏、运动感与舒适感、悦耳与沉闷等。它的研究内容包括主观评价、客观衡量指标、特定声品质的实现等。

汽车声品质可以分为三类：动力声品质、电器声品质和车身声品质。

发动机和与之相关的系统（如进气系统、排气系统、传动系统、悬置系统等）产生的声音归结为动力声品质范畴，这类声音直接与发动机的转速和阶次有关。通过对声音阶次的调节，并与转速和频率对应，可以得到不同品质的声音。比如以发火阶次为主的声音听上去悦耳、舒适、平和，而以半阶次与发火阶次为主要成分的声音听上去则有运动感。

电器系统或部件发出的声音归结为电器声品质。汽车上有很多电器，如发电机、燃油泵、刮水器电动机、HVAC电动机、后视镜电动机等。电器的声音有其独具的特征，如电器中的旋转机械发出的高频阶次声音，听上去像尖叫声，非常刺耳。另外，转向指示装置发出的声音以及喇叭声等也纳入到电器声品质的范畴。

车身声品质是指车身闭合件关闭和打开的声音质量。车门、行李箱盖、发动机舱盖通过铰链与车身相连，在关闭和打开时与车身发生碰撞而发出声音。其中车门关闭和打开时的声音最重要，这是因为关门和开门发生的频次最高，而关门的声音比开门的声音更加引人注意。关门声音的好坏，会给顾客这款车是豪华还是经济便宜的印象，甚至是可靠还是不可靠的感觉。

本书只介绍车身声品质，而且集中阐述关门声品质。

三、声品质的重要性

在现代社会里，人们每天都要和各种各样的交通工具打交道。开车上班，乘飞机从北京到纽约，坐轮船渡过长江，每种交通工具都会发出声音。飞机发动机发出巨大的轰鸣声，即便在机舱内，人们听到的声音仍然很大。有时候声音压迫人耳让人不舒服，甚至要吞口水才能让压耳声得到暂时的缓解。船用发动机低沉的声音也非常大，让人不舒服。但是，很少有人提到"飞机声品质"和"船舶声品质"。在众多的交通工具中，为什么人们最关心汽车的声音呢？为什么将汽车的声品质提高到汽车核心技术的高度呢？

这里有几个重要的原因：一是汽车与人们的生活联系太紧密；二是汽车的空间太小；三是很多家庭都拥有汽车。

没有一件交通工具像汽车那样与人们的生活联系如此紧密。人们乘飞机从北京到上海只要一个多小时，从北京到纽约只要十几个小时。到达目的地，离开飞机，飞机与他们的生活就没有关系了。坐渡轮过江，十几分钟后，乘客就将轮船抛在脑后了。飞机和轮船这样的交通工具与人们的生活只是在短暂的时间内有联系。

汽车就不一样了。现代社会里，人们每天都在开车和坐车。开车上班，到达目的地，离开汽车。可是下班了，又要开车回家。外出办事要开车，节假日要驾车旅游。汽车与人们日常生活的紧密程度要远远超过飞机、轮船等交通工具。所以，人们非常关心与生活息息相关的汽车的声音。

汽车的空间比飞机和轮船小得多。飞机的声音虽然大，但是人们一般能够忍受几个小时"暂时"的吵闹；有的人还可以睡一觉，"听不到"噪声。轮船的空间很大，机舱与乘客舱的距离比较远，人们可以走动，找到安静的地方。但是，在狭小的汽车空间内，人们只能坐着不动，而且要驾驶汽车，噪声时刻在影响着他们。

普通人不能拥有飞机和轮船，但是可以拥有汽车。汽车是私有财产，是提升生活品质的一件工具。因此，人们对汽车声品质的关注要远远大于飞机和轮船。

在现代社会中，人们不仅仅满足拥有汽车，而且还追求汽车的个性化，声音是其中之一。对汽车个性化追求的一个目标就是让自己的汽车发出不同于别的汽车的声音。所以声音是体现个性化的重要因素，声品质成为汽车"DNA"的重要组成部分。不同的顾客对声音的需求是不一样的。轿车顾客，特别是豪华轿车顾客，希望声音是和谐悦耳的，声音越小越好。运动车顾客追求的声音是动感的、带着刺激的轰鸣声。

世界知名品牌汽车制造商都将汽车声音列为品牌"DNA"的重要组成部分。当汽车奔驰而过时，人们能从声音中判别出汽车品牌。当驾驶汽车时，人们希望听到的声音不仅仅满足豪华感或运动感，而且能感受到它与其他品牌汽车的差别。

四、声品质的范畴

NVH 工程师和科学家有三个层次的任务：第一层次是减振降噪；第二层次是

对声品质进行控制；第三层次是声音设计。

在第一层次，NVH 工程师的任务是发现并解决噪声和振动问题，即找到噪声和振动源、降低振动和噪声、使噪声听起来没有不舒服的感觉。在过去很长的历史中，工程师们就是在做这种最基本的工作。

在第二层次，NVH 工程师的任务是做声品质的控制，即根据开发的状况实现良好的声品质。近 30 年来，随着发动机、动力系统和电子技术的发展，带来了很多新的噪声振动问题，因此工程师们的工作已经不只是降低几分贝的噪声和减少振动，而是根据这些技术的特征，使汽车声音听起来悦耳，有"品质"感。

在第三层次，NVH 工程师和科学家的任务是做声品质的设计，即根据汽车的特征设计出特定的声音，并且成为该车"DNA"的重要组成部分。在这个层面，不仅要实现好的声品质感，而且还要设计出一些特定的声学元件以实现声音的特点。

第二层次和第三层次的具体工作包括：声品质的主观评价和客观测试指标、主观评价与客观测试的一致性分析、各个系统的声品质控制（如前面提到的动力、电器、车身声品质的控制）、特定声品质控制元件的设计等。

声品质的主观评价就是邀请一个特定群体对某类汽车进行主观驾评或者对录音进行评价，对整车和各个系统的声音打分并进行主观描述；然后对这些评价进行数理统计，从而得到这类汽车的主观评价结果。

客观测试指标就是在测量数据的基础上，寻找各个系统适合的指标来分析声品质。例如：对关门声品质，采用响度、尖锐度等指标来评价；对动力系统声品质，采用声压级、阶次等指标来评价；对电器声品质，则采用响度、纯音度、波动度和粗糙度等指标来评价。

客观测试评价的目的是定量地描述声品质，并且验证主观评价的结果。所以只有当客观测试评价与主观评价具有很好的一致性，才能验证主观评价。经过了这样的验证，即便没有客观测试数据，凭主观评价也可以确定汽车声品质。

声品质的控制是对各个系统的噪声振动进行控制，以实现声品质的目标，而不是简单地减振降噪。比如：变速器的敲击对声压级贡献几乎可以忽略不计，但是声音听起来很散。再比如：电动机或油泵的某个频率声压级很小，但是在安静环境下，这种高频声比较刺耳。控制这种敲击声和电器的单频声已经不是简单的降低噪声，而是声品质控制。

声品质的设计是指在开发过程中，根据汽车 DNA 的特点设计出汽车独特的声音。比如对跑车，要突出发动机的半阶次，甚至要加入共振声；而对豪华轿车，要消除半阶次。这些动力声品质的设计涉及发动机燃烧设计、进气和排气歧管设计、排气系统设计等。

第二节 声品质的评价指标

一、心理声学描述

1. 心理声学的研究内容

心理声学是研究声音的物理量和人心理反应之间关系的学科。它是在考虑心理感受的前提下来研究声学特征的学科，是声学、生理学和心理学等相互交叉的学科。它的研究内容涉及声音传递到人耳的方向性、声音在耳朵内部的传递以及引起耳朵结构振动的过程、声音和振动对人的神经结构的刺激作用及心理反应，以及人对声音的评价指标等。

2. 人耳结构与声音传递的关系

人耳是一个非线性结构，由外耳、中耳、内耳组成，如图7-2所示。

外耳由耳廓和外耳道组成。耳廓的作用是收集声音，并对声音定位。耳廓对来自不同方向声音的接受程度不一样，即它使传递到人耳的声音具有了方向性。外耳道是个变截面的管道，因此起到了一个滤波器的作用。滤波程度为 –30 ~ 15dB，放大了中频声音。外耳只是一个物理意义上的结构，与人们的心理没有联系。

中耳是由鼓膜、听骨链和咽鼓管组成的。在中耳里面，声波

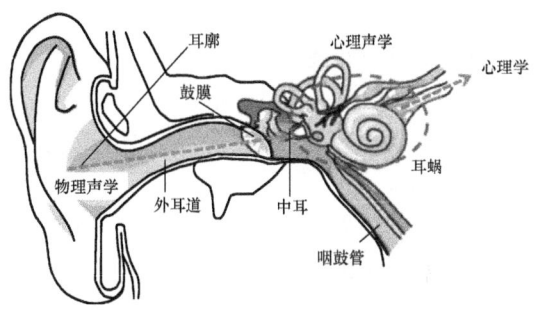

图7-2 人耳的结构

阻抗与耳朵里面由空气和液体组成的介质的阻抗相匹配，将机械振动转换为液体的运动。

内耳是由前庭、半窥管和耳蜗组成的。在内耳里面，将液体的运动转变成电信号。电信号通过听神经传递到大脑中枢，形成了听觉。

将人的听力作用过程归纳起来为：外耳是传递声音的通道，并具有方向性和滤波功能，属于物理声学范畴；在中耳里面，出现了机械运动，声能转化成机械能，带动液体运动；在内耳里面，发生了电作用，液体运动转化成电信号，再传递到脑神经，人就听见了声音。在中耳和内耳内，声波的传递与人的心理联系起来，就有了心理声学的研究范畴。

人耳的听觉系统非常复杂。人们对听力传递、听觉机理以及心理反应等问题还没有完全搞清楚。在声学与振动界，对人耳听觉机理的探索仍然是一个研究热

门。例如：有科学家正在研究内耳的结构振动模态，并试图用激光来测量人耳内部的振动特征。

3. 听阈范围

听阈范围是指人耳能听到的声音范围，即从刚刚能听到的声压到可容忍的最高声压。图 7-3 给出了人的听阈曲线。图中有三条曲线：最下面的一条线是可听域线，即人刚刚能听到声音；第二条线是损伤域线，即人的耳朵会受到损伤；最上面的一条线成为痛感域线，是指人耳可容忍的最高声压线，人会感觉到耳朵疼痛。

听阈是随频率变化而变化的。由于人耳对 500～4000Hz 的声音最敏感，因此这个频率段内，听阈最低。耳膜处最敏感的频率是 1000Hz，外耳处最敏感的频率是

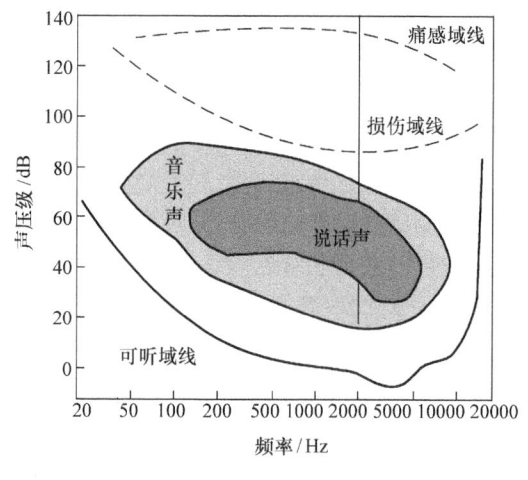

图 7-3　听阈曲线

4000Hz。人耳对低频和高频的听阈比中频高，比如 20Hz 的纯音听阈比 1000Hz 纯音听阈高 70dB。

听阈是有个体差异的，而且随着年龄的增加而升高。图 7-3 中给出的听阈范围是对正常年轻人听阈的平均统计。

二、心理声学的评价指标

1. 主观评价指标

人们听到声音后，往往从三个方面来主观描述声音：响度、音调和音色。它们也被称为声音的三要素。

响度是指人听到声音的响亮程度。响度取决于声音的强度和频率成分。人耳是一个非线性结构，对强度相同但频率不同的声音，人耳感受到的响度是不同的。人耳对中频最敏感，因此同样强度的低频、中频和高频纯音，中频纯音听起来比低频和高频纯音要响一些。

音调是指人听到声音的高低程度。音调主要取决于频率，随着频率的升降而升降。同时，它与声音的强度也有关系。高频纯音的音调随着强度的增加而增加，而低频纯音的音调随着强度的增加而降低。

音色是指人们对听到声音品质的感受。声音由许多频率成分组成。不同频率成分的声音留给人的感受是不一样的。即便是乐器发出的单音信号，除了基频外，

它还有许多谐频成分，因此不同的乐器给人的品质感不一样。

除了声音的三要素之外，声音的主观描述指标还包括了声音的掩蔽、余音等。

另外，主观评价还可以通过对声音的描述和打分进行。这部分内容在对关门声品质评价部分将详细介绍。

2. 客观评价指标

客观评价是用可以测量和分析的物理量来描述声音。与声音主观描述的响度、音调和音色对应的物理量分别是声音的幅值、频率、频率的成分和相位。为了更加精确地来描述声音特征，人们还发明了一些客观心理声学评价指标，如：

☐ 响度（Loudness）
☐ 尖锐度（Sharpness）
☐ 调制度（Modulation）
　■ 波动度（Fluctuation）
　■ 粗糙度（Roughness）
☐ 纯音度（Tonality）
☐ 语言清晰度（Articulation Index）
☐ 掩蔽（Masking）
☐ ……

使用这些客观指标，人们可以从数据和图形上，更加精确、定量地得到声音对人心理的影响。本节后续内容将详细描述这些客观评价指标。

3. 主观评价与客观评价的关系

一般来说，主观评价和客观评价是一致的。客观测试与分析的数字能反应人的主观评价与描述。但是，有些时候，主观感受与客观测试不一致，例如：图7-4中，4个人靠着一面墙站着。主观评价是描述他们的身高，客观评价是用尺来测量身高。一眼望去，许多人的第一印象是最左边的人最高，而最右边的人最矮，这是人们主观的感觉。但是用一把尺子去测量，发现四个人身高一样。为什么主观与客观会有这样的差别呢？

画面给人一种立体感，墙上的线条在左边显得密集些，而右边看上去很松散。左边的人背后有很多线条，而右边的人只有4根线条。这样，人与

图7-4　靠着墙站立的4个人

线条交错在一起给人视角冲击，左边的人明显高于右边的人。这说明了人的主观感受与客观测试不一致。

在评价汽车噪声与振动时，也有类似的现象。比如，人坐在两部车里，感觉

到噪声有明显区别，但是测量的声压级却是一样的。这说明主观与客观不一致，而且声压级不是准确的客观指标。

NVH 工程师的任务是测量客观数据并进行主观判断，更重要的是寻找主观与客观的一致性指标。于是，找到一个可以反映主观感受的客观指标就成为汽车声品质工程师和科学家努力的方向。

三、临界带宽

在分析噪声与振动信号时，通常在频率域进行。根据分析对象的不同，通常又分成三分之一倍频程分析和窄带分析。可是在进行心理声学分析时，根据人体听力的特征，将频率域进行了重新划分，即划分成 24 段（1~24），每段形成一个临界带宽（Critical Band）。在一个带宽内，人耳的听觉感知是相同的。频率的单位是赫兹（Hz），而临界带宽的单位是巴克（Bark）。Bark 来自声学家 von Barkhausen 名字。

在 500Hz 以下，每个临界带宽的范围是 100Hz，共有 5 个 Bark 带宽。在 500Hz 以上，每个临界带宽的范围是 $0.2f_c$，共有 19 个 Bark 带宽。f_c 为带宽的中心频率。表 7-1 给出了这 24 个 Bark 临界带宽的频率范围。

表 7-1　临界带宽表

Bark 序号	中心频率/Hz	带宽/Hz	上止频率/Hz	下止频率/Hz
1	50	100	0	100
2	150	100	100	200
3	250	100	200	300
4	350	100	300	400
5	450	110	395	505
6	570	120	510	630
7	700	140	630	770
8	840	150	765	915
9	1000	160	920	1080
10	1170	190	1075	1265
11	1370	210	1265	1475
12	1600	240	1480	1720
13	1850	280	1710	1990
14	2150	320	1990	2310
15	2500	380	2310	2690
16	2900	450	2675	3125

(续)

Bark 序号	中心频率/Hz	带宽/Hz	上止频率/Hz	下止频率/Hz
17	3400	550	3125	3675
18	4000	700	3650	4350
19	4800	900	4350	5250
20	5800	1100	5250	6350
21	7000	1300	6350	7650
22	8500	1800	7600	9400
23	10500	2500	9250	11750
24	13500	3500	11750	15250

临界带宽是心理声音的滤波器，能很好地反映人脑对听力的特征。它的范围覆盖了人能听到的频率。心理声学客观评价指标，如响度、尖锐度、波动度和粗糙度等都是在临界带宽域里计算的。

四、响度

响度是人耳对声音总体响亮程度的心理声学指标。心理学研究表明，人的听觉系统有几个特征：对声音频率的灵敏度是非线性的，对不同频率的声音具备掩蔽效益，对不同时间的声音具备掩蔽效应。传统的声压级、声功率级等参数是从声音的大小和能量的大小上来衡量声音的特征，它们与人的听觉感受是有差异的。因此，采用具备心理学特征的响度能更好地反映人的主观听力感受。

响度级定义为1000Hz纯音的声压级，单位为Phon（方）。响度级与频率和声压级紧密相关，绘制成等响曲线，如图7-5所示。每条曲线表示每个频率下的响度级相同。

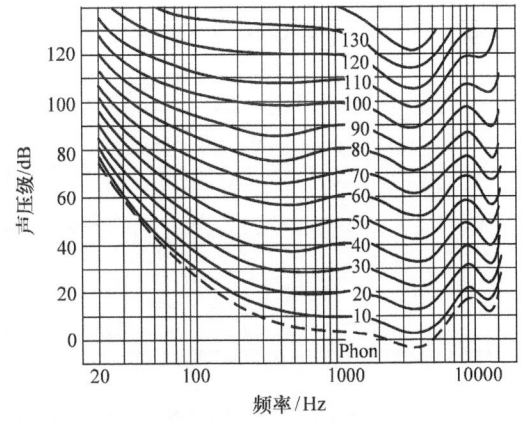

图7-5　等响曲线

该图显示人耳对中频声音的敏感度高于低频和高频，而且对4000Hz频率的声音最敏感。

响度是人对声音大小的感觉指标。表7-2给出了响度与声压级变化的关系。当声压级改变 3dB 时，人只能刚刚感觉响度的变化；当声压级变化 5dB 时，人感觉到响度变化明显；当声压级增加了 10dB 时，响度增加一倍。

表 7-2 响度与声压级变化的关系

声压级的变化量/dB	感知的响度变化
3	刚刚感知到
5	感知到明显的差异
10	响度增加一倍（或一半）
15	感知到巨大变化
20	响度增加四倍（或四分之一）

响度与人的感觉成正比。响度的单位是 Sone（宋）。1Sone 是指 1 纯音，其响度级为 40Phon（或声压级为 40dB）声音的大小。响度（N）和响度级（L_N）之间的关系可以表达为

$$N = 2^{\frac{L_N - 40}{10}} \qquad (7-1)$$

图 7-6 给出了 Sone 和 dB 之间的关系。响度从 1Sone 增加到 2Sone，在 1000Hz 时，声压级增加了 10dB；而在 50Hz 时，声压级仅增加 5dB。从图中可以看到，响度增加同样的数量，声压级在高频时增加的比低频时多，因此可以说响度对低频更加敏感些，即响度更多地反映了声音的低频特性。响度级每增加 10Phon，响度增加一倍。

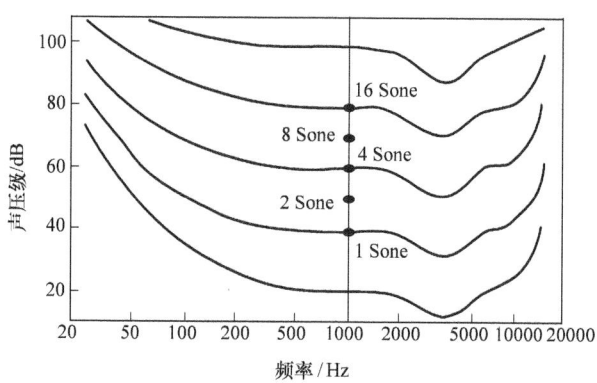

图 7-6 响度和声压级之间的关系

计算响度的方法有几种，如 Stevens 方法（ISO532A）、Zwicker 方法（ISO532B）、Zwicker 的 Aures 改进方法、ISO532B 扩展的时变响度。其中，Zwicker 方法用得最广。Zwicker 是德国声学家，开创了电子声学，对响度的研究贡献非常大。

对稳态的声音，Zwicker 考虑了三个影响因素：听觉系统对声音的非线性灵敏

度（如等响曲线）；临界频带下的掩蔽效应；声场（自由场和扩散场）对响度的影响，即在自由场和混响场中相同声压级的声音，主观听起来，混响场的声音更响些。对于非稳态声音，除了考虑稳态声音对听觉的三个影响外，还要考虑响度随时间变化的特征，即响度的时间效应和掩蔽效应。

响度是随着临界频带变化的，这种变化的特征曲线就是特征响度（Specific Loudness）。响度是各个临界频带上的特征响度之和，表达为

$$N = \int_0^{24\text{Bark}} n'(z)\,\mathrm{d}z \qquad (7\text{-}2)$$

式中，N 为总响度；$n'(z)$ 为特征响度；z 为临界频带。

图 7-7 所示为一个声音的声压级曲线和特征响度曲线。因为响度考虑了声音的掩蔽效应，所以响度和声压级不是等同的。从图中可以看到，低频时的响度远远高于中频和高频，这是因为响度更多地考虑到了低频效应。

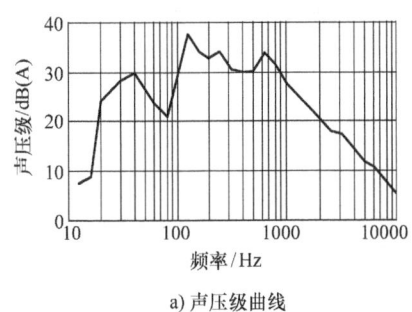
a) 声压级曲线

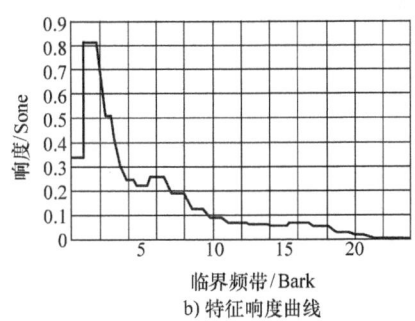
b) 特征响度曲线

图 7-7 声压级曲线和特征响度曲线

五、尖锐度

尖锐度是衡量声音中高频成分多少的心理声学指标。尖锐度可以理解为高频成分与总体噪声的比，也可以理解为声音频谱在频率域上的"重心"。高频成分增加，尖锐度增加；反之，尖锐度减小。这样，尖锐度可以简单地表示为

$$SHARP = \frac{\int_0^{24\text{Bark}} n'(z) z\,\mathrm{d}z}{N} \qquad (7\text{-}3)$$

尖锐度的单位用 Acum 表示，而不用 dB。在以 1000Hz 为中心频率的带宽（带宽小于 150Hz）内，声压级为 60dB 的窄带噪声定义为 1Acum。图 7-8 中的图 a 和图 b，其声压级是一样的，都是 44.3dB（A）。图 a 的尖锐度是 0.275Acum，图 b 的尖锐度是 4.4Acum。显然，图 b 的尖锐度要比图 a 高。从声压级的频谱分布中可以看出，图 b 的高频成分多于图 a。

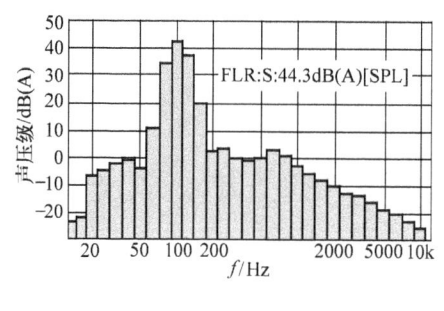 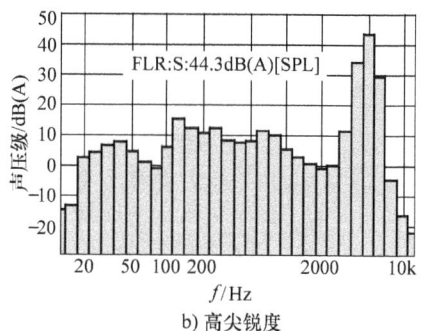

a) 低尖锐度　　　　　　　　　　b) 高尖锐度

图 7-8　声压级相同但尖锐度不同的图谱

式 (7-3) 中的尖锐度是按照"重心"的定义来确定的，是一种没有记权的尖锐度。尖锐度也是心理声学的重要指标，因此人的主观感受对它有影响。一些学者对尖锐度进行了修正，形成了一些记权的尖锐度计算方法，如 Aures 方法、von Bismark 方法、Zwicker 方法等。其中，Aures 方法和 Bismark 方法用得比较广。

Aures 尖锐度的计算方法表达为

$$S_{Aures} = K_1 \frac{\int_0^{24Bark} n'(z) g_1(z) \mathrm{d}z}{\log\left(\dfrac{N}{20} + 1\right)} \tag{7-4}$$

式中，K_1 是修正系数；$g_1(z)$ 是记权系数，表达式为

$$g(z) = \mathrm{e}^{0.171z} \tag{7-5}$$

von Bismark 尖锐度的计算方法表达为

$$S_{Bismark} = K_2 \frac{\int_0^{24Bark} n'(z) z g_2(z) \mathrm{d}z}{N} \tag{7-6}$$

式中，K_2 是修正系数；$g_2(z)$ 是记权系数，表达式为

$$g_2(z) = \begin{cases} 1 & ，当 z < 14 \text{ 时} \\ 1 + \dfrac{3}{1000}(z - 14) & ，当 z \geqslant 14 \text{ 时} \end{cases} \tag{7-7}$$

使用不同方法计算的尖锐度值不一样。用 Aure 方法计算出的值比较大，这样各种噪声之间的尖锐度差别较大，对识别噪声源有利，但是这种方法与主观感受对应得不好。用 Bismark 方法计算出的各种噪声尖锐度值差别不大，与人的感觉接近。目前，尖锐度的计算没有标准化，所以在比较时，需要说明使用的是哪种方法。

六、调制度、波动度、粗糙度

调制度、波动度和粗糙度是一个概念。调制是两个不同频率和/或不同幅值的波叠加后的效果。由于调制频率不一样，人的主观感受也不一样，就有了波动度和粗糙度之分。当调制频率低时，人感受到的波像波浪一样，这时的调制度叫波动度。当调制频率高时，人感受到的波很粗糙，像颠簸一样，这时的调制度叫粗糙度。

1. 调制度

当两个频率不同或者幅值不同的纯音波叠加在一起的时候，就产生了调制效应。假设两个纯音信号分别表达为

$$x_1(t) = A_1\cos\omega_1 t \tag{7-8a}$$

$$x_2(t) = A_2\cos\omega_2 t \tag{7-8b}$$

两个信号合成后，表达为

$$x(t) = A_1\cos\omega_1 t + A_2\cos\omega_2 t = A\cos(\omega t + \theta) \tag{7-9}$$

式中，A 为两个信号的合成幅值；ω 为合成信号的角速度，分别表达为

$$A = \sqrt{A_1^2 + 2A_1A_2\cos(\omega_2 - \omega_1)t + A_2^2} \tag{7-10a}$$

$$\omega = \frac{\omega_1 + \omega_2}{2} \tag{7-10b}$$

为了画出两个单频信号的叠加情况，这里给出例子 $A_1 = 10$，$f_1 = 20\text{Hz}$；$A_2 = 15$，$f_2 = 23\text{Hz}$。图 7-9 所示为这两个单音信号的时域和频域图。

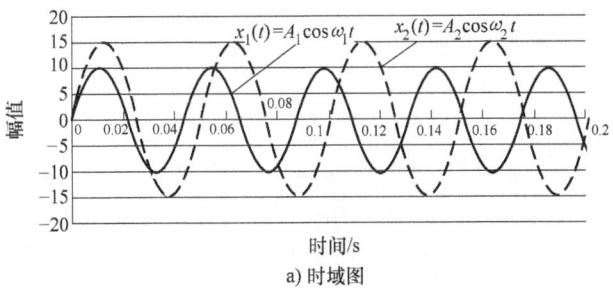

a) 时域图

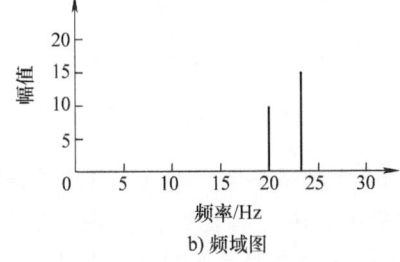

b) 频域图

图 7-9 两个单音信号的时域图和频域图

根据式（7-9），绘制出两个信号叠加的波形，如图 7-10 所示。

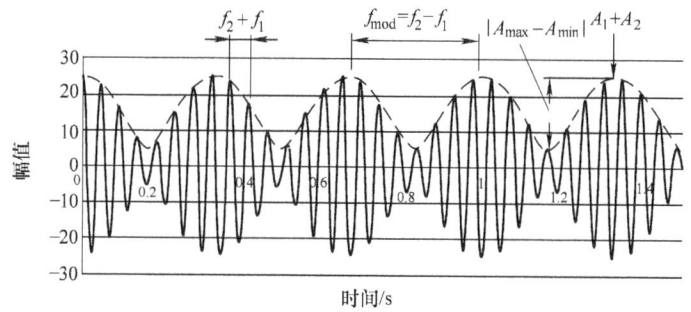

图 7-10　两个频率和幅值不同的单音信号的叠加图

两个信号叠加后，会以新的幅值和频率进行波动，这种现象被称为调制。调制信号的最大幅值和最小幅值分别为：$A_{max} = A_1 + A_2$，$A_{min} = |A_1 - A_2|$。调制信号在 A_{max} 和 A_{min} 之间波动。将调制的最大值和最小值之间的差值称为调制深度，用 D 表示

$$D = A_{max} - A_{min} \tag{7-11}$$

调制信号从最大值到最小值变化，再从最小值到最大值变化，这种变化呈现周期性，用调制频率 f_{mod} 来表示，为

$$f_{mod} = f_2 - f_1 \tag{7-12}$$

考虑两种特殊情况：

① 两个信号的频率相同而幅值不同，即 $f_1 = f_2$，$A_1 \neq A_2$。对于上述例子，两个信号叠加后的曲线如图 7-11 所示。由于频率相同，叠加后仍然是一个单音信号，只是幅值是两个信号幅值的叠加。对这种情况，不存在调制现象。

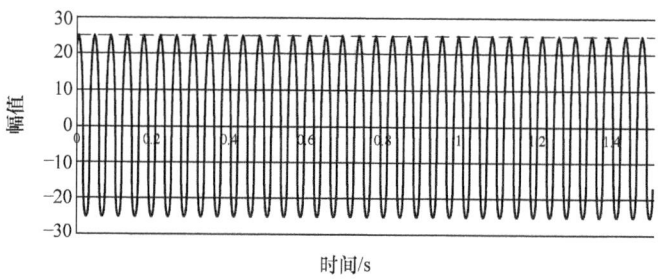

图 7-11　频率相同而幅值不同的两个信号叠加

② 两个信号的幅值相同而频率不同，即 $A_1 = A_2$，$f_1 \neq f_2$。对于上述例子，得到叠加后的曲线如图 7-12 所示。由于幅值相同，调制的最小幅值为零，即 $A_{min} = |A_1 - A_2| = 0$，最大幅值为单一信号幅值的两倍，即 $A_{max} = A_1 + A_2 = 2A_1$。

按照调制频率的大小，调制度又分为波动度和粗糙度。当调制频率小于 20Hz

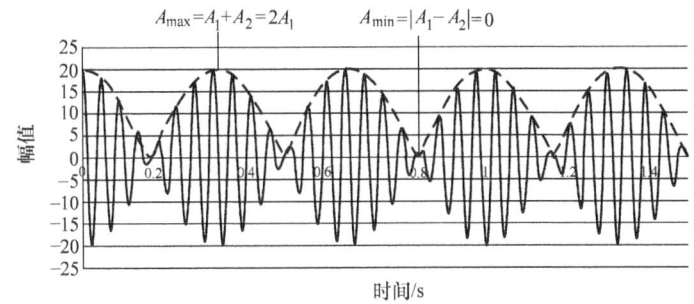

图 7-12　幅值相同而频率不同的两个信号叠加

时，叠加的声音或振动表现为波动（Fluctuation），相应的调制度就成了波动度。当调制频率为 20~300Hz 时，叠加的声音或振动表现为粗糙（Roughness），相应的调制度就成了粗糙度。当调制频率大于 300Hz 以上时，人可以分辨两个频率的声音，就把它们当成纯音信号。

2. 波动度

波动度是描述调制频率为 0.5~20Hz 的声音或振动变化带给人的听觉感受。声音波动最典型的例子就是两个不同频率的音叉放在一起，它们分别发出各自频率的声音。当它们的频率接近，人听到的信号就是两个纯音叠混的声音，声音时高时低，形成一种波浪起伏的状况。

再举一个在不平路面上驾驶汽车的例子来说明振动波动度。汽车自身以一个频率作垂向运动，假设将起伏路面看成是一个正弦波，它有一个频率。人感受到的垂向运动是这两个运动的叠加，即两个频率的运动形成了调制效果。由于路面起伏的频率和汽车垂向运动的频率都很低，而且频率差比较小，行驶在这样的路面就有随波荡漾的感觉，好像被海上的波浪缓慢托起又被慢慢地放下，即感受到的是"波动"。

波动的强弱可以用波动度来表示。波动度的单位用 Vacil 表示。频率为 1000Hz 和声压级为 60dB 的纯音，其调制频率为 4Hz 以及调制深度为 100% 的调幅信号，定义这样的波动度为 1Vacil。波动度 F 的计算公式为

$$F = 0.008 \frac{\int_0^{24} \Delta L \mathrm{d}z}{f_{\mathrm{mod}}/4 + 4/f_{\mathrm{mod}}} \tag{7-13}$$

式中，f_{mod} 是调制频率；ΔL 是掩蔽深度，通过信号的响应谱计算得到。掩蔽深度是人感受到的声音幅值的变化，它比实际声音的变化要缓和。掩蔽深度和调制深度是两个概念，掩蔽深度可以从时域掩蔽效益中得到。

影响波动强度的因素有波动的频率、声压级大小和波动的深度。调制频率为

4Hz 时，波动度最大；调制频率小于 4Hz 时，波动度随着调制频率的增加而增加；调制频率大于 4Hz 后，波动度随着频率的增加而减小，如图 7-13 所示。波动度越大，人听起来越不舒服。

3. 粗糙度

当调制频率大于 20Hz，人就分辨不出声音强度的每次变化，而听到的声音是"粗糙"的。下面以汽车通过缓冲带为例来说明振动的粗糙度。缓冲带由很多彼此之间距离很近的条带组成，这样缓冲带路面的"频率"很高，这个频率与汽车垂向频率相差比较大，使得"调制频率"很高。行驶在这样的路面上，人没有上下起伏的感觉，反而觉得路面"粗糙"。

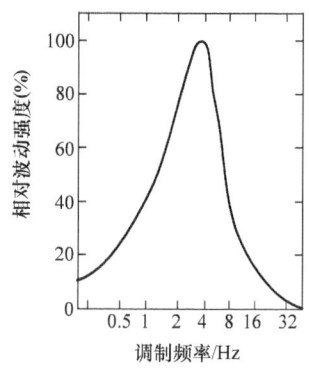

图 7-13 波动度随调制频率的变化曲线

粗糙度是声音信号快速调制带给人的听觉感受。粗糙度的调制频率范围从 20Hz 到 300Hz，单位是 Asper。对 1000Hz、60dB 的纯音进行调制，调制频率为 70Hz，调制深度为 100% 幅值，被调制后的声音的粗糙度定义为 1Asper。粗糙度可以用式（7-14）计算：

$$R = 0.3 \int_0^{24\text{Bark}} f_{\text{mod}} \Delta L \mathrm{d}z \tag{7-14}$$

从式（7-14）来看，影响粗糙度的因素有调制频率和掩蔽深度。70Hz 时，粗糙度最大。粗糙度越大，听起来就越不舒服。

粗糙度不限于纯音的调制，宽带、窄带声音的调制也可以产生粗糙度。

七、纯音度

纯音度是描述在声音中纯音的凸现程度，也称为音调（Tonality）。当人听到的声音只有纯音，或者小于一个临界带宽内的声音，则这种声音被称为纯音或音调。音调的单位是 tu（Tonality Unit）。频率为 1000Hz、60dB 的纯音被定义为 1tu。

图 7-14 所示为噪声图谱，在 1Bark 带宽内，某个频率的噪声功率谱值比其他频率功率谱大很多，就表明有一个凸显的峰值。如果凸显峰值的功率谱密度 W_t 比带宽内所有频率（除了凸显峰值对应的频率）成分的功率谱密度均值 W_n 大 6dB，就表明这个凸显的峰值代表一个纯音。

当 1Bark 带宽的功率谱密度比相邻带宽功率谱密度大 7dB 时，这个带宽的声音听上去就会非常清晰，这表示这个带宽的声音非常凸显。从图 7-15 可看出，如果一个带宽内的功率谱密度 W_e 比相邻带宽的功率谱密度 W_l 和 W_u 高出 7dB，这个带宽的声音就会凸现出来。

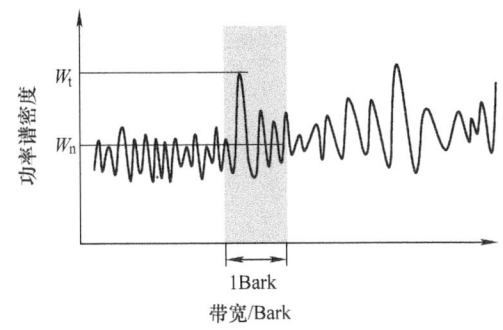

图 7-14　在 1Bark 内有一个突出的纯音

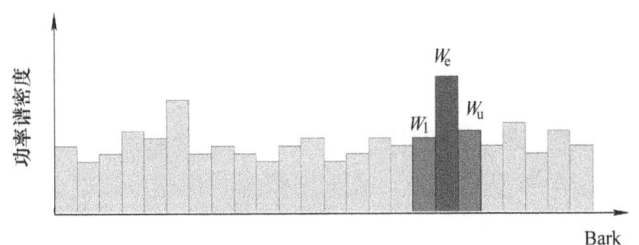

图 7-15　音调凸显的描述

八、语言清晰度

语言清晰度是描述在噪声环境下说话清晰程度的指标。语言清晰度用 AI（Articulation Index）表示。语言清晰度是用百分数来表示：100% 表示说话完全听得清楚，0% 表示说话完全听不清楚。当背景噪声超过说话的声音，说话的声音就听不清楚了。当噪声比说话声音大 12dB 时，说话声就完全听不见了，这样就确定了一个上限噪声值。当噪声比上限值比小 30dB 时，说话完全听得清楚，这样就确定了一个下限值。

上限噪声值 $UL(f)$ 和下限噪声值 $LL(f)$ 分别表示为

$$UL(f) = H(f) + 12 \tag{7-15}$$

$$LL(f) = UL(f) - 30 \tag{7-16}$$

式中，$H(f)$ 是说话声音信号。

因为说话和听力都是与频率有关的，且只考虑 200~6300Hz 之间的声音，故引入一个计权系数 $W(f)$，如图 7-16 所示。不同频率下的计权系数不一样，在中频段，$W(f)$ 值最大。将计权系数与噪声一起使用，就可以计算语言清晰度 AI：

$$AI = \sum W(f) D(f) / 30 \tag{7-17}$$

式中，$D(f)$ 由噪声值 $N(f)$、上限值和下限值确定：

$$D(f) = \begin{cases} 0 &, \text{当 } N(f) > UL(f) \\ UL(f) - N(f) &, \text{当 } LL(f) < N(f) < UL(f) \\ 30 &, \text{当 } N(f) < LL(f) \end{cases} \quad (7\text{-}18)$$

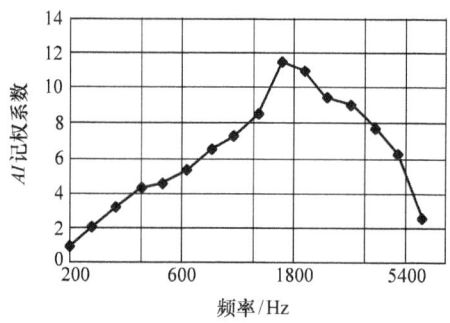

图 7-16　AI 计权系数曲线

语言清晰度对识别 200～6300Hz 之间的噪声非常有用。例如：变速器的敲击噪声基本都出现在这个频率范围内，通常用声压级识别不出它，但是用 AI 就可以清晰地看到敲击发生频率范围。

九、声音的掩蔽效应

当两个声音 A 和 B 同时出现时，声音 A 把声音 B 掩盖了，即只能听到声音 A，或者声音 A 很强而声音 B 很弱，这种现象被称为声音掩蔽效应。例如：在安静的街道广场上，我们能听见旁边人的讲话声，可是一旦喇叭响起，就听不到旁边人的讲话声了，这是因为讲话声被喇叭声掩蔽了。

假设声音 A 为 1200Hz 和 50dB，声音 B 为 800Hz 和 70dB。当只有声音 A 出现时，我们可以清晰地听见声音 A；可是声音 B 出现时，我们就听不见声音 A 了。将掩蔽了其他声音的声音称为掩蔽声，而被掩蔽的声音称为被掩蔽声。假设声音 A 提高到 60dB 时，能被刚刚听见，即声音 A 从原来的 50dB 提高到 60dB，增加了 10dB。被掩蔽声提高到刚刚能被听见时，其声压级的增加量被称为掩蔽量。例如：在 A 和 B 两个声音中，声音 B 对声音 A 的掩蔽量为 10dB。对声音 B 来说，声音 A 刚刚被听到的声压级大小被称为声音 B 在 1200Hz 的临界点。对声音 B 来说，不同频率声音的临界点不一样，将所有频率下的临界点画成一条线，就是声音 B 在 800Hz 下的临界线，该线被称为掩蔽域线。

掩蔽效应的大小取决于两个声音的频率成分和出现时间的关系，即有频率掩蔽和时间掩蔽。频率掩蔽又分为宽频掩蔽（或白噪声掩蔽）、窄频掩蔽和单音掩蔽。图 7-17 是白噪声掩蔽域线。对每个声压级的声音，在各个频率上的掩蔽效果是不同的。

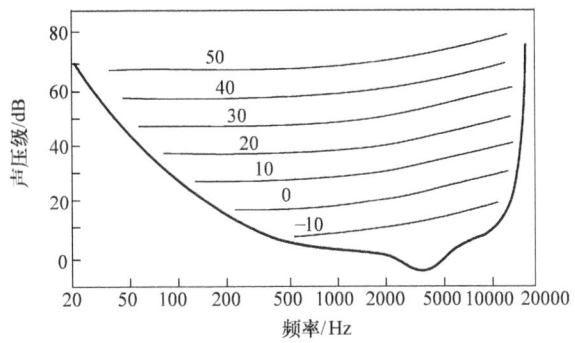

图 7-17 宽频掩蔽（或白噪声掩蔽）曲线

图 7-18 所示为声压级为 60dB 的各个窄带频率下的掩蔽曲线。每个窄带中心频率对其他频率声音的掩蔽是不一样的，离开中心频率越远，掩蔽量越大。

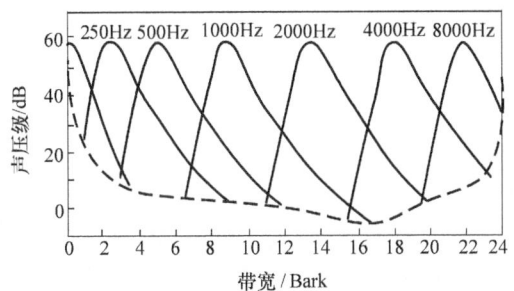

图 7-18 同样声压级而不同频率的掩蔽曲线

对同一中心频率的窄带，其声压级不同，掩蔽曲线也不一样。图 7-19 给出了中心频率为 1000Hz，而声压级不同的一组掩蔽曲线。

从以上几组图可以看出，掩蔽效应不仅与频率有关，而且与声压级的大小有关。上述几种声音同时出现的掩蔽现象是幅值上的掩蔽或者叫频率掩蔽。还有另外一种掩蔽现象：几个声音不是同时出现，而是在很短的时间内相继发声，就会产生时间掩蔽。一个声音被稍后发出声音掩蔽的现象被称为超前掩蔽，一个声音在开始的时候就被掩蔽的现象被称为滞后掩蔽。

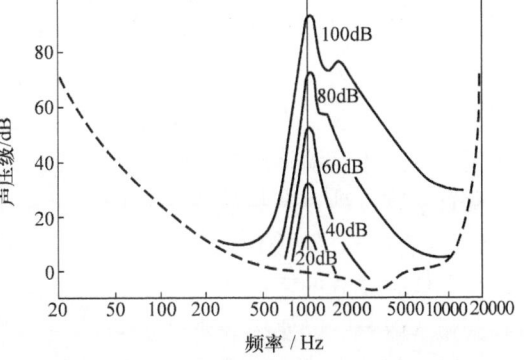

图 7-19 同一频率但声压级不同的掩蔽曲线

汽车内部声音的掩蔽效应非常多。例如：汽车以 130km/h 的速度行驶时，风噪将发动机噪声掩蔽。再比如：在怠速时，人们经常会听到一些细小的油泵声。40dB 的怠速噪声不能掩蔽 10dB 的油泵声，因为怠速噪声的频率集中在很低的频率（几十到几百 Hz），而油泵声的频率达到几千 Hz。低频声与几千 Hz 声音之间的掩蔽量超过了 30dB，因此油泵的声音不能被掩蔽。

第三节 汽车声品质的评价指标

汽车声音传达出很多信息。从声音中，可以判别汽车的豪华感、舒适感、运动感、动力感、廉价感等主观感受。人们对汽车的声品质有许多判定和评价的标准。本节简单地介绍汽车声品质的种类和评价指标。

一、汽车声品质的分类

汽车上几乎每个系统和部件都会产生 NVH 问题。声品质也几乎涉及各个系统。一般将汽车的声品质分成三类：动力系统声品质、电器声品质和车身声品质。

1. 动力系统声品质

动力系统声品质涉及发动机、变速器、传动轴系、进/排气系统和悬置系统。动力系统声音的阶次和频率成分决定了一款汽车动力声品质，甚至声音 DNA。以发火阶次及相应谐阶次为主的声音听上去舒适、柔和，属于舒服型声音。半阶次和发火阶次相当的声音属于运动感强劲的声音。消除共振可以提高舒适型声品质，而适当地增加某些共振可以提升动力感或运动感声品质。

发动机阶次的贡献和频率成分是动力声品质的核心，它们取决于发动机的燃烧特征以及各缸之间燃烧压力的变化。

进气系统和排气系统是调节动力系统声品质的关键系统，通过两个方面来调节声音：本体的设计和歧管的设计。一方面，通过本体消声元件以及支路的设计，实现所需频率的声音，并消除一些不喜欢的声音。另一方面，通过进气歧管和排气歧管的设计来改变进气口和排气尾管的声音阶次。阶次调节和频率调节相配合，来实现所期望的运动感声音、动力感声音、舒适感声音或豪华感声音。

悬置系统对动力声品质有一定影响。发动机振动通过悬置传递到车身，形成了车内的结构声。结构声对车内低频声音的贡献非常大。通过调节悬置的设计，可以改变低频成分的声品质。另外，通过修改悬置支架的设计，可以消除不需要的共振频率声音，以便提高舒适型声品质。改变支架设计还可以带来所需要的共振声，以实现动力感或运动感声品质。

变速器和传动轴系影响着声品质的好坏，却没有调节声品质的功能。以变速器为例，相互啮合的齿轮产生尖锐的啸叫声，没有啮合而相互套在一起的齿轮碰撞产生敲击。改变变速器的设计，消除了啸叫和敲击，改善了声品质，但是却不能调节不同的动力声品质。

2. 电器声品质

汽车上的电器非常多，而且发展趋势是越来越多，比如发电机、燃油泵、各种各样的电动机（如刮水器电动机、暖风电动机）。电动机与其他部件组合形成一个个系统，如风扇系统、HVAC系统等。运动的电器和对应的系统会影响汽车声品质。另外，车上还有不运动但是发声的电器部件，如转向灯、喇叭、安全带提示器等，也会影响到声品质。

电器系统的声品质可以分成三种：旋转机械产生的声品质、电动机电磁噪声的声品质、不运动发声电器的声品质。

旋转机械噪声来自叶片与空气的摩擦以及其他部件（如轴承）的摩擦。这些噪声既有叶片和轴承的基频成分，还伴随着许多谐频成分。谐频成分集中在中高频范围内，与听力最敏感区域重合，因此声压级很低的中高频噪声也会让人不舒服，由此带来声品质的问题。例如：晚上在安静的地下停车库，一个燃油泵在2000Hz时的噪声峰值虽然只有10dB（A），但人耳听上去会非常清晰，而且令人感到不舒服。

电动机本体的电磁噪声与旋转机械产生的噪声类似，也包含了基频和许多谐频。这些频率成分也处于中高频段，让人听起来很烦躁。

不运动的发声电器通常会发出一个或者几个频率的声音。现在顾客对这类声音越来越敏感。不同频率和幅值大小组合的声音给顾客的感觉是不一样的。从这些声音中，顾客不仅能感受到声品质，而且还能感受到该车是豪华版与经济版。

3. 车身声品质

车身声品质主要是指闭合件打开和关闭时的声品质。闭合件包括车门、发动机舱盖板、行李箱盖、玻璃、天窗和油箱盖。另外，刮水器运动、转向盘位置调整、座椅位置移动、后视镜展开和关闭等也会有声品质问题。

在车身声品质问题中，最主要的是关门和开门的声品质。本书将重点讲述关门声品质问题。

二、汽车声品质的描述指标

汽车声品质的描述包括了主观描述和客观描述。主观描述是指用语言描述和打分来评价声品质。语言描述是用"声音不纯""有杂音""缺乏舒适感"等一些语言来描述顾客对声品质的感受。比如对动力系统声品质的描述有运动感、兴奋感、愉悦感、敏捷感、平顺感、可靠感等。打分是通过对各个声品质项打分来评价它的好坏。将主观描述和打分化成一个蜘蛛图，就可以一目了然地看到声品质的特征和量化值。图7-20所示为一个动力声品质的主观描述和打分蜘蛛图。

客观描述是指用可以测量和分析的量来描述声品质，包括汽车本身的特征声音指标（如发动机的阶次特征）和心理声学的指标。汽车本身的声学特征指标包括：

- 发动机发火阶次、半阶次、非发火整数阶次成分
- 阶次随转速变化的特征
- 旋转部件的阶次成分
- 总体声音随转速变化的线性特征
- 高转速下高频成分占比
- 共振频率与幅值
- ……

心理学指标包括：
- 响度
- 尖锐度
- 波动度与粗糙度
- 纯音度
- 掩蔽度
- ……

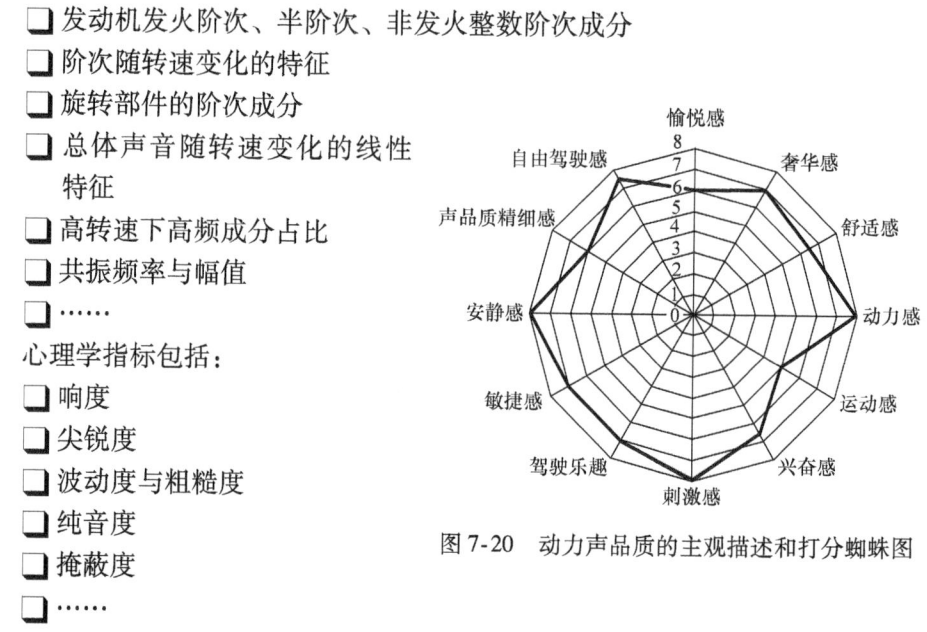

图 7-20　动力声品质的主观描述和打分蜘蛛图

整车和不同系统采用的评价指标是不一样的。怎样更好地来描述某个系统的声品质并实现主观评价与客观评价的一致性，仍然是汽车 NVH 界一个非常活跃的研究领域。

三、汽车各系统声品质的客观评价指标

根据声品质的分类，对应有三类声品质的评价指标：动力声品质评价指标、电器声品质评价指标和关门声品质评价指标。将汽车声学特征指标和心理声学指标进行不同的组合就可以得到这些系统客观评价指标。

1. 动力声品质的评价

动力声品质的客观评价指标有：
- 阶次的组合
- 阶次成分随转速的分布
- 总体声音的线性度
- 高频随转速的分布
- 波动度和粗糙度
- 语言清晰度
- ……

2. 电器声品质的评价

电器声品质的评价主要有：
- 旋转部件的阶次成分
- 响度
- 尖锐度
- 波动度或粗糙度
- 纯音度
- 语言清晰度
- ……

3. 关门声品质的评价

关门声品质的评价指标有：
- 响度
- 尖锐度
- 振颤

第四节　关门声品质的评价

一、关门声品质的重要性

车身上有一些可以开和关的系统或者部件，如车门、发动机舱盖、行李箱盖、杂物箱、天窗。打开和关闭这些部件的方法有用手直接作用的，如车门；有通过电器来控制的，如天窗、自动门锁。

这些系统或者部件在打开和关闭时都会发出声音，由此引出了车身关闭声品质的问题。车身关闭声品质包括：打开和关闭车门声品质、打开和关闭行李箱盖的声品质、打开和关闭发动机舱盖的声品质、打开和关闭杂物箱的声品质、打开和关闭天窗的声品质。在这些系统或部件中，车门是使用频率最高的，因此本书只介绍车门声品质的问题。其他系统的关闭与车门的关闭类似。在关门和开门这两个问题中，关门声品质又显得更加突出，因此本书只介绍关门的声品质。

人与汽车的第一次接触来自视觉。汽车的轮廓、曲线、美感等会第一印象地留在人们的脑海中。人的身体与汽车的第一个接触通常是打开车门。很多人习惯先把门打开，然后再关上，听听开门和关门声音。在听到关门声的那一瞬间，他们对汽车的品质感有了第一个印象。

低沉、没有杂音、没有异响的关门声会让人们对这款车有比较好的印象，并会激发他们的兴趣来进一步感受汽车的其他性能。反之，多次碰撞、尖锐的、零碎的、金属敲击般的关门声会让人不舒服，并留下坏的印象。有的人会推测这款车存在设计问题或者制造问题，甚至对这款车的可靠性和安全性产生怀疑。

总之，从关门声中，顾客可以"读"出可靠、安全、舒适、豪华、品质等信息。由此可见，关门声品质对汽车品质感非常重要，它已经成为 NVH 的一个重要分支。

二、关门声品质的主观评价

1. 怎样进行主观评价

主观评价是指顾客或者特定人群对汽车声音表达出喜欢和不喜欢的感受，并根据感受来打分。主观评价可以通过驾驶车辆来评价，也可以通过回放记录的声音来评价。参与主观评价的人群通常有下面几类：

① 顾客。组织一群顾客对正在开发的汽车和竞争车进行评价；或者组织特定的顾客（如年轻的顾客）对特定的车型进行主观评价。通过这些评价，汽车公司可以了解顾客对已经上市车型的声品质反馈，或者针对特定顾客群开发出他们喜欢的车型。

② 开发工程师或者专业的评价人员。在开发的各个阶段，请他们对汽车的声品质进行评价，以便不断地发现问题。这类人员的评价项目非常细致，其评价结果可以直接指导产品的设计。

③ 公司管理层。在开发的关键阶段，公司的管理层会亲自驾评汽车，并对阶段性的问题进行总结。他们的意见影响着声品质的改进方向。

开车门和关车门声品质评价分现场评价和在音质间进行评价。现场评价是人先站在车外，拉开门，再关门；然后坐在车内，推开门，再关门。从关门和开门的声音中，他们给出自己的评语，比如"关门声低沉、声音小、听起来很舒服""声音散杂、叽叽喳喳、有多次金属般的回声"，等等。通常他们给开门和关门声打分，并给出整体印象。

声品质评价间是一个特制的半消声室，如图 7-21 所示。在评价间里，安装了高仿真的声音处理和回放系统。NVH 工程师将现场录音放入特定的声音回访系统。一群人可以一起听扬声器播放的声音，也可以戴上耳机各自听声音。与现场亲自开门和关门类似，参加评价的人员根据听到的声音进行评价。

图 7-21　声品质评价间（见彩插）

2. 主观评价打分体系

参与评价的人员除了给出对声音的印象和描述外，还需要对声品质进行打分。

目前，汽车界采用两种打分体系：十分制和七分制。十分制使用的广泛程度远远高于七分制，因此本书中只讲述十分制。

十分制是将人的主观感受分成十个级别，分数分别为1、2……10，见表7-3。第1级表示声品质非常糟糕，绝对不能接受。第10级表示声品质非常好，无可挑剔，人们对这种声音有极大的满足感。其他的8个级别介于第1级和第10级之间，级别越高表明评价者对声品质越满意。通常1~4级表明声品质差，绝大多数顾客无法接受。5~6级是个过渡阶段，有些顾客可以接受，而另一些则不可接受，所以6级是个及格线。而7级以上表示声品质比较好，大多数顾客可以接受。

表7-3 十分制主观评价体系

级度	1	2	3	4	5	6	7	8	9	10
		不能接受			接受的过渡		可以接受			
接受对象	所有顾客	绝大多数顾客			比较挑剔的顾客		受过培训的人员			

对不同级别的车，顾客的打分和满意度是不一样的。比如对经济型轿车，获得7分的声品质非常好，顾客称赞有加。可是对豪华车来说，7分的声品质会让很多顾客不满意，他们满意的分数是8分甚至更高。

3. 主观评价的描述

每个人对关门声的感受是有差别的，对关门声品质的打分有一定差异。一方面，需要培训评价者对打分系统的认识，以便控制打分散差。另一方面，需要记录人们的语言描述，以便理解他们对关门声品质的印象。虽然一群人的打分会有偏差，但是主观描述会趋于一致，因为人们对关门声的好坏有共性的评价。

好听的关门声一定是声音小、轻、沉闷，只有一次撞击声，没有额外的杂音。

不好听的关门声则是声音大、杂，有多次撞击声，而且伴随着支离破碎的颤振声音，有的像铃铛被敲击后的余音，更糟糕的是还存在关门的异响。

三、关门声品质的客观评价

1. 测试方法

为了客观地评价不同汽车的关门声品质，就必须建立一套客观、可重复的测试方法。这涉及两个问题：一是怎样客观地测试声品质；二是用哪些客观指标来评价声品质。

客观评价是在低背景噪声的环境中（如消声室、空旷而且安静的地方），用高精度的声学人工头来测量关门时的声音信号，然后对测试数据进行分析处理，得到相应的客观指标。这些指标能定量地给出声品质的好坏。

无论人在车内和车外，都会遇到开门和关门的情景，因此测量声音时也需要同时测量车内和车外的声音。车内测量相对简单些，把人工头放置在驾驶人和/或乘客的位置上即可。

车外测量是将人工头放置在车外人员头部位置，记录人们开门和关门所产生的声音。

人站在车外开门和关门的位置因人而异，因此进行车外测量时必须确定统一的位置，以使数据具有重复性和可比性。人工头放置位置如图7-22所示，它与车门平行，头顶离地面1.7m，以被测车门外开手柄中心为基准点，人工头的鼻尖与基准点的距离为0.3m。

由于不同车门的大小、重量、密封效果、关门力等都不一样，因此必须寻找到一个统一的关门方式。通常用最小关门速度作为控制标准。之所以采用最小的关门速度，是因为顾客关门的时候，希望轻轻一推，门就能

图7-22 用人工头测量关门声

轻巧地关上。可以在车门边缘外、离车身0.1m处放置一个光电传感器来测量关门速度。

2. 客观评价指标

关门现象比较复杂，可以用很多指标来识别关门声音。通常用4种指标来评价关门声品质：响度、尖锐度、振颤和时频图谱。

响度是表示声音强度或能量的一个指标，同时考虑了声音随频率的分布以及人耳对声音的掩蔽效应。低频成分对响度的贡献最大。响度不仅代表了关门声音的大小，而且体现了声音的厚重感。图7-23是一组汽车关门的响度指标。一般情况下，响度越小越好，响度小表明声音听起来轻巧。响度在20~25Sone之间，声音听起来有舒适感；在25~28Sone之间，声音比较舒服；在28~30Sone之间，可以接受；大于30Sone的响度会让人不舒服。

尖锐度是表征声音高频成分的指标。从尖锐度的计算公式中，可以看到尖锐度中的高频计权多于低频计权，它是反映高频成分的特征指标。关门声的尖锐度越高，表明高频成分越多，这些声音听起来偏向"尖叫"声，或者像金属敲击声、叽叽喳喳摩擦声。尖锐度体现了关门声的清脆感。尖锐度低的关门声听起来是清脆的、清晰的、悦耳的。图7-24是一组汽车关门的尖锐度值。一般情况下，关门的尖锐度应该在2~2.5Acum。高于2.5Acum的尖锐度会让人听起来不舒服。

振颤（Ring-down）是指两个物体碰撞后产生的声音以及持续的余音。生活中有很多这样的例子，比如用锤子敲钟，敲一下，钟发出巨大的轰鸣声。虽然锤子

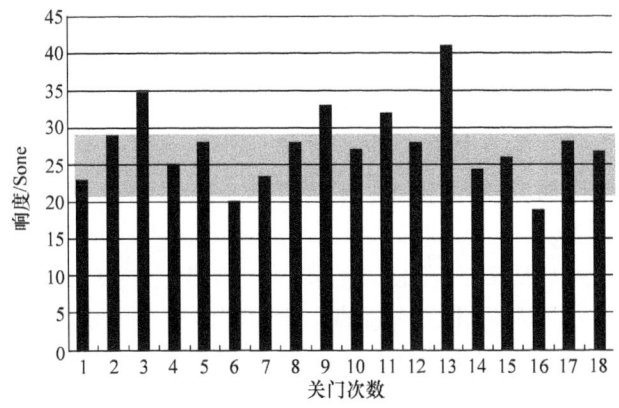

图 7-23　一组关门声的响度值

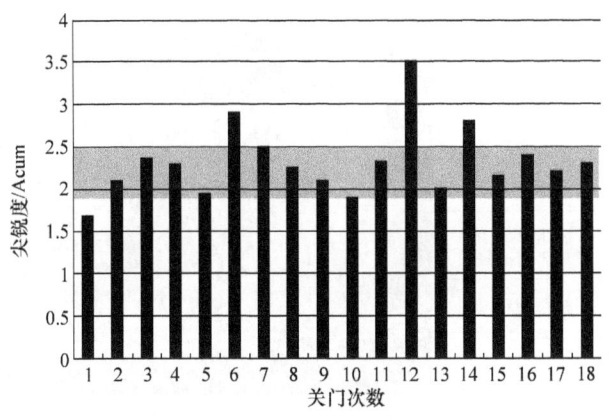

图 7-24　一组汽车关门声的尖锐度值

不再敲钟，但是钟的声音会持续相当长的一段时间，慢慢消失。这种"余音"就是振颤。关门与敲钟类似，关门碰撞之后，车门和车身碰撞产生的声音和车门内部结构产生的声音并没有立刻停止，而是继续发声。这些"余音"包括多次碰撞的声音、叽叽喳喳的余音等。高频振颤听起来像"叮叮当当"的钟铃声，而低频振颤听起来像"嗡嗡"的声音。

关门的振颤效果可以用时间域内的曲线来表示，如图 7-25 所示。图中的最高

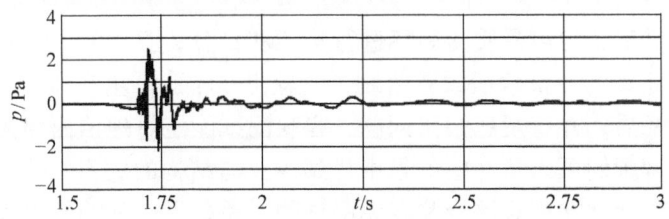

图 7-25　关门声的时间曲线

峰值是关门第一次碰撞产生的声音，之后的曲线不断震荡。第二个峰值以及之后的峰值的大小反映了声音衰减程度，曲线波动的趋势和声音停止的时间反映了振颤的衰减快慢。振颤反映了关门声是否干脆，是否只听到一次关门声。

时间-频率图谱是表示信号随时间和频率变化的特征彩图。将声音信号进行小波处理后，就得到了时间-频率图谱，如图7-26所示，横轴是时间，纵轴是频率，颜色表示声音的强度。

在时间轴上，可以看到声音衰减的特征，如碰撞次数、碰撞强度、振颤等。例如：从图7-26中，可以看出三次碰撞，碰撞声的成分主要集中在中高频，而且2000~5000Hz之间的强度最大。在50~200Hz之间，信号持续的时间比较长。

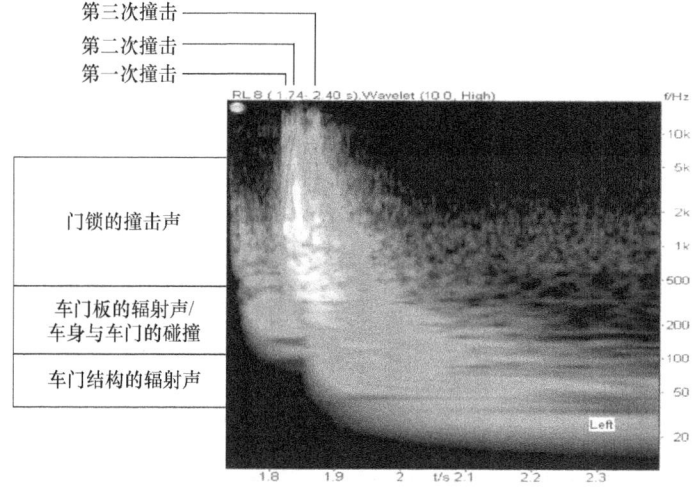

图7-26　声音的时间-频率图谱（见彩插）

在频率轴上，可以看到各个频率下声音的强度，以及它们与各个部件模态特征之间的联系。一般来说，50Hz左右的低频成分主要是车门结构的贡献，因为车门模态频率在50Hz左右；50~200Hz的成分主要来自车身板的辐射声；中频声主要来自车门和B/C柱的碰撞；高频声主要来自卡板与锁扣、卡板与棘爪的碰撞。

四、主观评价和客观评价的关系

主观评价是对关门声品质的好坏进行描述和打分，客观测试是根据测量和分析的数据得到相关的评价数据或者曲线，两者相辅相成。主观评价能简单、快速地评价关门声品质，并直观地指出问题。客观测试能定量地给出声品质的时域和频域特征，工程师们可以从这些信号中找到声音与结构的关系，便于更具体地指导设计。如果能建立起主观评价和客观测试的关系，那么就能给出关门声品质更加完整的综合评价，更好地描述和提高声品质。

通过大量的、同步的声品质主观评价和客观测试，可以找到两者内在的联系。主观评价和客观分析可以同步在实验室或音质评价间进行。

在实验室测试时，检查整车和车门状况之后，工程师布置人工头和传感器，采集数据，记录信号，分析响度和尖锐度等指标。参加主观评价的人员站在旁边，对关门声品质进行打分和描述。

在音质评价间里，用扬声器或者耳机播放测量的声音。关门声音是用人工头记录的，信号非常保真。参评人员对总体关门声品质打分，分值为 1~10。对于专业评价人员，除了给出总体评分外，还需对响度、尖锐度、振颤等细分指标打分。收集了所有评价人员的打分后，对这些数据进行统计分析，便可得到统计结果。同时，NVH 工程师们将采集的数据进行处理，得到响度、尖锐度、振颤、彩色图谱等客观数据，并对这些数据进行解读，分析原因，找到声音与车门结构之间的关系。

将主观评价结果和客观数据进行对比和统计分析，将分析结果绘制在图上，可以得到两者之间的关系。将客观测试的响度值和尖锐度值与主观打分绘制在一起，如图 7-27 所示。从图中可以看到，当响度值为 20~28Sone 时，对应的打分为 6~8 分，尖锐度值为 2.0~2.35Acum，对应的打分为 6~8 分。

类似地，可以将振颤和多次碰撞时间的分析值与主观打分的关系绘制出来。从这些图中，可以一目了然地看到主观与客观数据之间的关系。

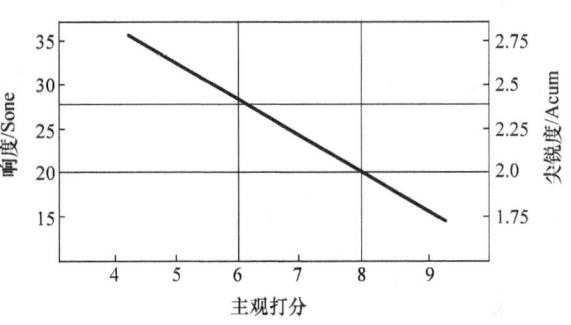

图 7-27 响度值和主观打分的关系

第五节 关门声品质的控制

一、关门系统的结构

要设计出"好听的关门声品质"，就必须了解影响关门声品质的系统结构。从声品质的角度，将关门系统分为三类结构：车身和车门本体结构、门锁结构和密封结构。

车身是指车身的整体框架结构。关门过程是车门碰撞车身，因此车身框架的刚度和模态会影响关门力、碰撞时间、冲击声及余音等声品质。

车门本体结构包括门的框架、外板、内板、玻璃和附件（如扬声器、玻璃升降器等），如图7-28所示。在框架上，安装有门锁、限位器、后视镜；在外板上，安装有防撞梁、补强胶、阻尼层（Mastic Sheet）；在内板上，安装有扬声器、玻璃升降器。外板和内板之间还有吸声材料。

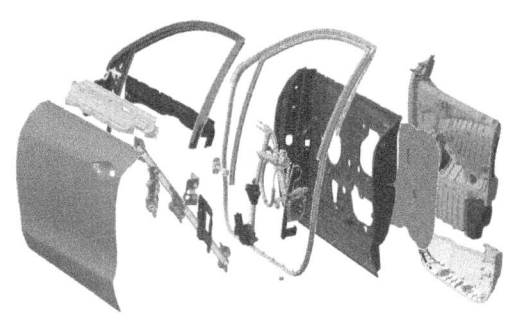

图7-28　车门结构（见彩插）

图7-29a所示为一个车门锁，它由锁体和外板组成。将锁体拆开，可以看到其内部主要结构——卡板和棘爪，如图b所示。把卡板和棘爪移开，可以看到里面的结构，如卡板弹簧、防撞块等零件。车门锁体安装在门的框架侧板上，而锁扣安装在车身上。

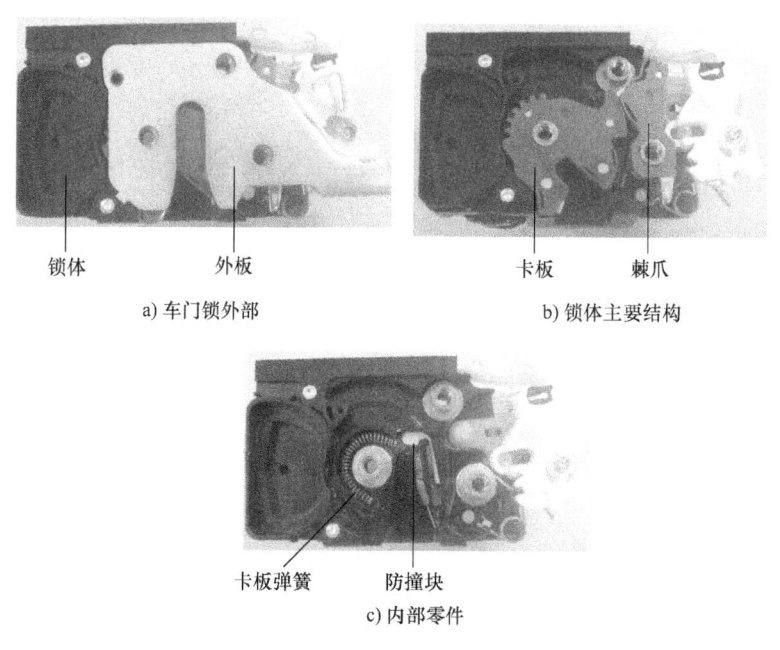

图7-29　门锁结构（见彩插）

密封结构包括车门与车身之间的主密封条和次密封条，以及玻璃与门之间的密封条。第六章详细地介绍了各种车门与车身之间的密封，这些密封不仅影响风噪，而且影响到关门力和碰撞声。

这三类结构都影响到关门声品质。了解了这些结构、结构之间相互作用、结构的模态参数，就可以深入分析声品质参数与结构之间的关系，并且为改变结构设计和提升声品质提供了指导。

二、关门噪声源

关门声源有四种：车门与车身碰撞产生的声音、内外门板的辐射声、门锁内部碰撞产生的声音、玻璃与车门碰撞产生的声音。

1. 车门与车身碰撞产生的声音

车门与车身的碰撞是密封条之间的碰撞，以及车门与防撞块（限位块）之间的碰撞。

在关门的瞬间会产生碰撞声，另外，密封条之间产生强烈而突变的压力脉冲，从而形成流动噪声，并通过门缝传出。密封条内部形成了一个空腔，受到挤压后，储存了能量，一旦开门，这个能量得到了释放，从而形成了气流声音，这是主要的开门声源。

防撞块的目的是使关门时车门的受力均匀，同时避免车门与车身金属之间的碰撞。在车门或车身与防撞块撞击时，会产生噪声。

在车门与车身的碰撞声中低频成分多一些，因此它是响度的主要贡献者。

2. 内外门板的辐射声

当车门与车身碰撞时，冲击力传递到内板和外板上，引起它们振动。由于内板和外板都是薄壁板，受到振动激励后，会对外辐射噪声。

内板和外板对外辐射噪声的原理与第三章介绍的车身局部板结构一样。板辐射的噪声持续时间相对长些，是产生振颤的原因之一。车门板的辐射噪声以中频为主。

3. 门锁内部碰撞产生的声音

关门时，我们听到的门锁撞击声通常只有一次。其实，锁体内部的卡板和锁扣通常发生了三次碰撞：第一次是卡板与锁扣碰撞；第二次是锁扣推动卡板转动到半锁位置，卡板与棘爪碰撞；第三次是卡板转动到全锁位置，卡板再次与棘爪碰撞。将门锁安装在专门的门锁撞击台上，用人工头来记录卡板和锁扣的碰撞。通过图

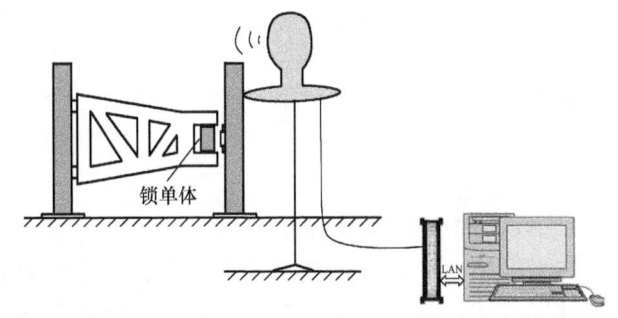

图 7-30　门锁撞击试验台

7-30，可以详细地了解它们之间的整个碰撞过程。

图 7-31 所示为一个门锁内部卡板和锁扣碰撞的时间曲线。从这条时间曲线上，可以看到三次碰撞所产生的峰值和对应的衰减。由于这三次碰撞的时间间隔非常

短,听起来就像一次撞击声。但是如果锁内部结构设计不当,几次碰撞之间的时间间隔变长,就会听到几次撞击声。

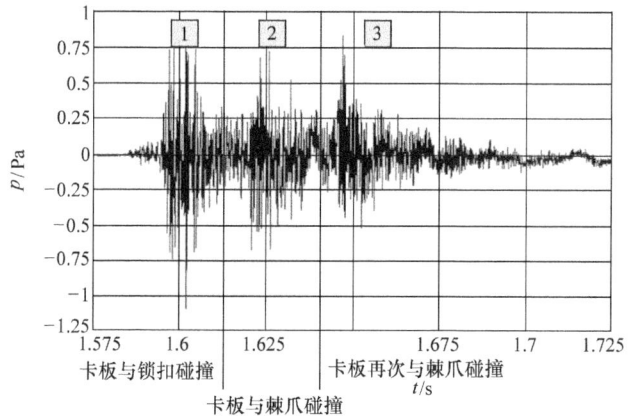

图 7-31 门锁内部卡板和锁扣的三次撞击(见彩插)

卡板和锁扣碰撞是金属之间的碰撞,或者是硬橡胶之间的碰撞。这种碰撞声中既有低频成分,也有高频成分。由于它的低频声压级比车门与车身直接碰撞的低频声小很多,因此它对响度的贡献不太大,而主要影响尖锐度。另外,这种碰撞会带来余音,会影响振颤时间。

4. 玻璃与车门碰撞产生的声音

玻璃在车门内晃动产生的声音比较小,但是频率偏高,而且听上去支离破碎。这种声音主要影响振颤和尖锐度。

三、关门声品质的结构控制

影响关门声品质的结构包括:车门刚度、外板和内板的结构、锁体和卡板结构、密封条的压紧力等。从结构设计的角度分析,只有良好的部件设计和系统设计才能实现良好的关门声品质。下面从车身与车门、门锁和密封条来讲述结构控制。

1. 车门板结构控制

(1) 车身和车门的整体刚度

车身刚度不仅影响整车的 NVH 水平,而且影响关门声品质和异响。关门是车门碰撞车身的过程,因此车身必须具备足够的刚度,特别是立柱和纵梁的刚度。关于车身框架的刚度,请参阅第二章和第八章。

车门的整体刚度是保证关门声品质最重要的指标之一。如果门的刚度不足,车门与车身的碰撞就不是一次低沉的撞击声音,而是拖泥带水的几个撞击声。

车门整体刚度是由门框、板件和附件决定的。门框是基础,门框刚度不足可能导致关门时车门变形,甚至影响气密性。门框上部是最薄弱的地方,它只是一个框架结构,玻璃摇起时对框架起到一定支撑。如果框架上部刚度低,则关门时它就会出现明显的变形,发出支离破碎的声音。

(2) 外板结构控制

车门外板是一层很薄的金属板,如同一个鼓面或者一张纸。轻轻敲击鼓面就会发出声音,轻轻挥动纸片也会发出声音。同样,关门力会激励外板振动并发出声音。外板的振动特征可以用激光测试系统检测或者通过有限元计算得到。得到了外板的振动响应后,通过格林函数就可以预测声辐射。

抑制板的振动可以降低声辐射。控制薄板振动的方法有增加板的刚度和阻尼,以及附加质量。外板形状由造型决定,通常是一张大的弧面板。不可能用冲筋的方法来增加它的刚度,只能在外板的内侧来对刚度和阻尼进行处理。

增加外板刚度的方法有两种:梁支撑和补强胶。第一种方法是在门板内侧安装一根或者几根梁,梁与门之间是用胶粘连在一起的。这些梁通常兼顾防撞和提高车门刚度的作用,一般称为防撞梁,如图7-32a 所示。增加刚度的第二种方法是在车门上贴补强胶。补强胶是一片柔软的胶板,贴在车门上,经过高温烘烤后,胶板变得非常坚硬,就像一块钢板,如图7-32a 所示。

增加阻尼的方法是在门外板的内侧贴黏弹性阻尼材料,其目的是减小振动响应。现在用得比较多的阻尼是银箔约束阻尼片,也称为 mastic 材料,如图7-32b 所示。

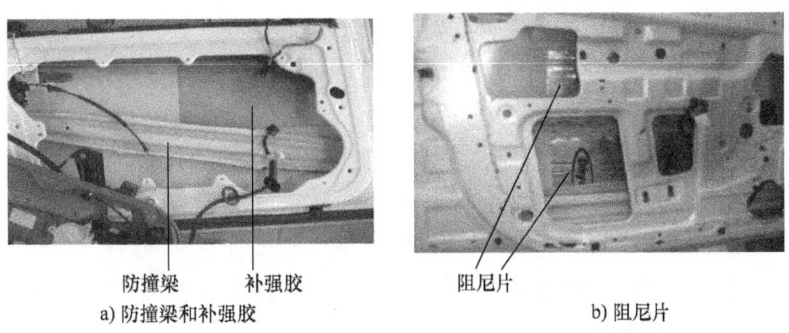

防撞梁　补强胶　　　　阻尼片
a) 防撞梁和补强胶　　　　b) 阻尼片

图7-32　车门外板内侧上的防撞梁、补强胶和阻尼片(见彩插)

(3) 内板的结构控制

内板也是薄壁金属板,门锁、玻璃升降机和扬声器等集中质量都挂在它上面。这些集中质量使得内板的模态频率下降,因此要保证内板有足够高的模态频率,就必须使内板的刚度尽可能高。特别在门锁、玻璃升降机、扬声器等安装处,布局结构必须有足够的刚度,否则局部变形大,会产生低频振动而发出轰鸣声。

因为内板不受造型限制,所以可以把它做成相互交错的加筋结构来提高刚度,如图 7-33 所示。也可以用补强胶或者增加杆件来提高刚度。

（4）防撞块的设计

轻关门时，门与防撞块接触不深，只有当门的运动超过了密封条的压缩范围时，门与防撞块才会发生撞击。缓冲块的形状一般是外小内大，高度可以调节。防撞块的刚度要比较小，以避免门板的模态被激起来。有的缓冲块安装在车身上，有的安装在车门上，如图 7-34 所示。

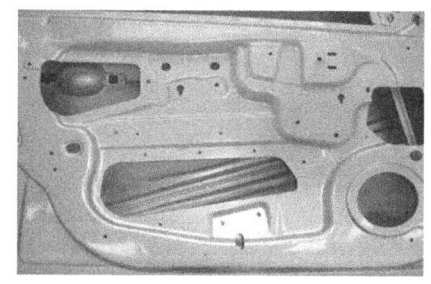

图 7-33 复杂的加筋内板结构（见彩插）

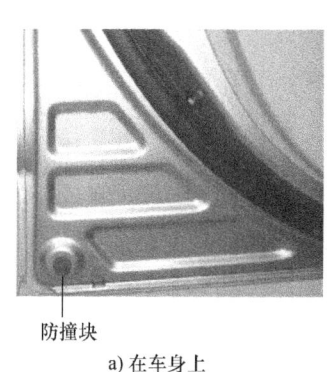
a) 在车身上

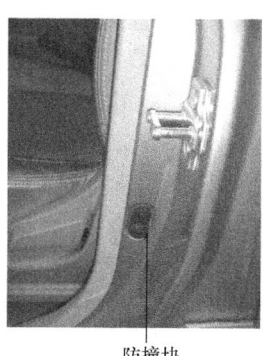
b) 在车门上

图 7-34 防撞块（见彩插）

2. 门锁结构的控制

（1）锁本体的控制

关门时，门锁内部会撞击几次，产生的几次碰撞力包括：锁套与门碰撞产生的力，卡板与锁扣碰撞而产生的力，卡板与棘爪碰撞而产生的力，卡板与防撞块碰撞而产生的力，棘爪与防撞块碰撞而产生的力。控制这些碰撞力就成了降低撞击声和提升声品质的关键。

锁套必须与车门牢固固定。最好用比较软的材料（如橡胶等）把它包裹起来，减小撞击力。锁套的包裹层和周边的泡沫材料还起到隔声的作用。锁套的上下两块板上应尽可能少开孔，这样锁套内部碰撞产生的噪声就不容易传出来。

卡板是旋转件，影响其碰撞力的因素有：转动惯量、角加速度和材料。降低卡板的碰撞力就是降低其转动惯量和角加速度，并且采用减振材料。影响卡板转动惯量的因素有卡板的质量、材料的密度、质心到转动中心的距离。卡板加速度主要取决于弹簧的刚度。卡板可以用一些新型的减振材料制造或者在金属卡板上加减振材料。控制了这些影响因素就可以控制卡板与锁扣的碰撞、卡板与棘爪的碰撞,以及卡板与防撞块的碰撞,从而控制发出的噪声。

棘爪与卡板类似,也是旋转部件,影响其碰撞力的因素也是其转动惯量和角加速度,控制方法也类似。控制了相应的参数就可以控制棘爪与卡板的碰撞,以及棘爪与防撞块的碰撞。

锁扣安装在车门上,是"被"碰撞的部件。因此锁扣与卡板接触的部位对碰撞力和产生的声音非常重要。在锁扣上添加一层阻尼材料,可以缓解冲击力。

(2) 锁扣的原点动刚度

锁扣安装在车身上,承受着来自卡板对它的撞击,因此锁扣受冲击点的原点动刚度必须控制,这类似于车身连接点处的原点动刚度。

在锁扣上布置一个加速度传感器,然后用力锤敲击同一点位置,就可以得到该点的原点动刚度,如图 7-35 所示。图 7-36 所示为某个锁扣的原点动刚度的测试曲线,其特征与车身连接点的 IPI 类似。

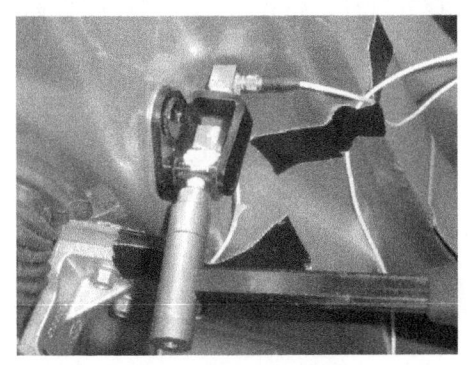

图 7-35 锁扣原点动刚度测试示意图(见彩插)

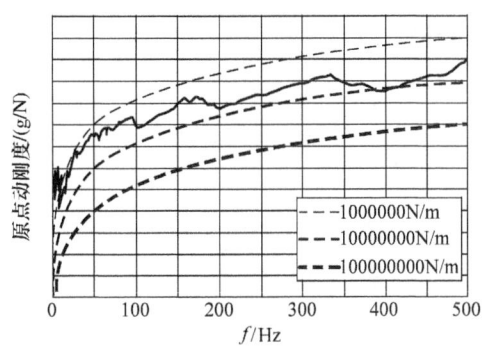

图 7-36 锁扣的原点动刚度的测试曲线

3. 密封系统的控制

密封条对静态密封和动态密封都非常重要,同时,它对关门声品质也非常重要。从关门声品质的角度来看,密封条的功能有:避免了车门和车身金属之间的直接碰撞,降低了关门时的噪声;使得关门力尽可能均匀地分布在整个密封接触面上;衰减来自卡板与锁扣碰撞以及内部碰撞产生的高频噪声。

关门的能量,一部分被消耗掉了,一部分被储存起来。被消耗的能量一部分变成了热能,而另一部分则变成了声能。密封条被压缩的时候,关门的能量被储存起来,类似弹簧被压缩。同时,被压缩的缓冲块也储存了能量。开门的时候,这些"储存"的能量被释放,同时产生"噗噗"的声音。

密封条的设计主要考虑压缩负荷变形(CLD)值、整个密封条上的受压变形均匀性，以及储藏能量。CLD 值保持常数，即关门过程不受压缩量的影响，这样既可以实现良好的关门手感，也会带来良好的声品质。密封条受力均匀也会使各个部位的声音均匀，声音好听。在密封条上开一些泄气孔来降低密封条中的储藏能量，这种方法可以降低开门时的"噗噗"声。

第六节　关门声品质的设计程序及实例分析

一、关门声品质的设计流程

关门声品质的设计是以顾客需求和品牌定位为导向的。根据产品在市场的定位和公司品牌战略，首先确定关门声品质的定位。根据市场定位，工程开发部门将市场需求转换成工程目标，并将目标分解到各个系统，以此来指导设计。当设计完成，有了样品和样车后，进行主观评价和客观测试。如果达到设计目标，就完成了关门声品质的设计开发流程，否则要修改设计，再评价，直到达成目标。这个过程可以用图 7-37 来表示。

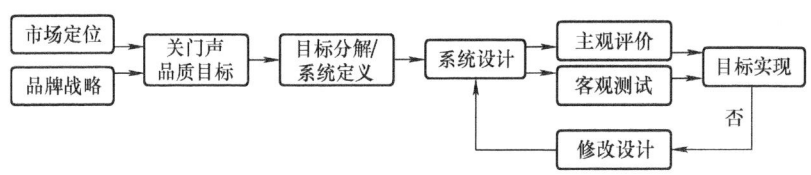

图 7-37　关门声品质的设计流程

下面详细地介绍各个阶段的工作。

1. 市场定位/品牌战略阶段

关门和开门是很多顾客与车接触的第一个动作。关门声通常会留给顾客对该车的第一印象。听起来声音浑厚、结实、碰撞短暂的声音是好的，而声音尖、零散、碰撞次数多的声音是不好的。

不同档次汽车的关门声品质相差很远。豪华车关门声音是一次浑厚、清晰的碰撞声，并且传递出厚重感、豪华感，甚至奢侈感。一般情况下，经济性车关门声除了第一次响亮碰撞声外，还或多或少地伴随着几次小的碰撞声，甚至有余音，并且传递出便宜、实惠的信息。关门声品质好坏涉及车门、车身、密封等系统的设计，而且与成本密切相关。确定市场定位是分析、设计关门系统和制定声品质目标的基础。同样，车型的品牌定位也影响着声品质的开发。

2. 关门声品质的目标

根据市场定位后，就可以确定竞争车型。在研究了竞争车关门特征和声品质之后，结合品牌定位来确定整车状态下的关门声品质目标，包括主观打分、响度、尖锐度、振颤衰减时间、多次碰撞之间的时间间隔等。

3. 目标分解和系统定义

有了关门声品质目标后，就可以将它们分解到各个系统上，形成子系统目标。子系统目标包括：

① 车门的目标：车门框架的扭转刚度和弯曲刚度、外板刚度、内板刚度、附件支架（如喇叭支架）的刚度。

② 车身目标：车身与车门连接点的动刚度、车门框的变形量、锁扣点的原点动刚度。

③ 锁扣目标：锁套包裹的隔振量、卡板与棘爪以及卡板和锁扣多次碰撞的时间间隔和声压级。

④ 密封条的目标：密封条的 CLD 值、开孔面积。

4. 系统设计

子系统目标是指导系统设计的指标。只有当子系统目标达到时，才能保证整体关门声品质目标达成。例如：门外板的刚度达不到目标时，可以通过加防撞梁、补强胶等方法来提高刚度，但这必须修改系统设计。

5. 主观评价、客观测试、目标实现

通过主观评价和客观测试来确定车门的设计是否达到了关门声品质目标。如果没有达到，则需要找到问题原因，进行设计上的修改。比如，在图 7-26 显示的关门声频谱中，振颤的时间过长，这是由于外门的刚度偏低造成的。增加了补强胶后，门板的刚度增加，从而使得振颤时间大大缩短，主观听上去声品质提升很大，实现了目标。

二、影响尖锐度、响度和振颤的因素分析

响度、尖锐度和振颤是客观评价关门声品质的三个指标。在这三个指标中，尖锐度是最重要的，因为它让人最不舒服。其次是振颤，它给人支离破碎的感觉。最后是响度，相对于尖锐度和振颤来说，关门响度对人的影响没有它们大。如果尖锐度和振颤控制好了，即便响度大一些，顾客抱怨的也不多。

车门结构的设计会影响这三个指标，下面简单阐述它们之间的关系。

1. 尖锐度与车门结构

关门声品质控制的首要任务是降低尖锐度。影响尖锐度的运动接触部件有：
- 锁内部的碰撞
- 车门与车身通过密封条的碰撞
- 车门与防撞块的碰撞
- 安装在车门上的附件，如玻璃升降器、扬声器、内饰板等的碰撞或者被激励起来

□ 车门外板振动辐射

其中，门锁对尖锐度的贡献最大。卡板、锁扣与棘爪相互作用的金属部件之间的几次碰撞脉冲会产生宽频带噪声，特别是卡板与锁扣的撞击带来很高的尖锐度。

降低关门脉冲力的幅值和上升的斜率对降低关门声的尖锐度至关重要。卡板与锁扣的冲击力由卡板的惯性力和弹簧的弹性力组成，因此控制卡板的转动惯量、角加速度和弹簧的刚度可以使冲击力降低。采用带阻尼的卡板，以及用减震材料包裹锁扣也可以减小冲击力。

2. 振颤与车门结构

振颤是由于结构撞击发生后，余音不断，逐步衰减。车门结构决定了振颤的大小和持续的时间。影响振颤的因素有外板的设计、门板结构上的阻尼处理结构、内门板和内饰件的刚度。

金属板的模态对振颤影响很大。单薄的外板受到外界激励时，辐射声音会持续比较长的时间。在外门板上加防撞梁，或者增加补强胶，会使门的刚度大大提升，使振颤持续的时间大大降低。在外门板上贴阻尼胶会大大降低响应的幅值，从而减小了振颤。

在内门板上加强结构刚度，特别是附件安装处的刚度，合理地放置内饰件，降低由于密封条压力过大带来的关门力，都会降低振颤。

3. 响度与车门结构

响度大小取决于关门的能量和车门系统结构的刚度。一般来说，关门能量越大，响度越高。影响关门能量的因素有密封系统和车身的排气系统。关门时，密封条接触，因此密封条的刚度和排气的设计决定了能量大小。同时，如果车内空气排气顺畅，其关门响度就降低。

车门系统结构的刚度影响着关门响度，这些影响因素包括车门的几何结构、车门外板的刚度、车门内板的刚度、锁扣的原点动刚度、缓冲块的刚度等。

三、关门声品质实例分析

这里用一个例子来说明关门声品质的特征以及改进方法。图 7-38a 所示为一个关门声品质的时频图，图 7-39a 是对应的时间曲线。从时频图看，按照频率范围，可以将声音分成三段。

第一段是 30~50Hz 范围。在主要撞击发生后，还有一定强度的声音，表现为振颤特征。车门的模态与这个频段对应，这是由车门整体振动引起的，也就是说车门有一定的颤抖。

第二段是 100~200Hz 范围。在主要撞击发生后稍微一点点，有一定的声音强度，并且还持续比较短的一段时间。车门板的辐射频率通常在这个范围内，可以推断这个频段的声音是由于车门设计问题所致的。

第三段是 400~2000Hz 范围。声压级非常大。如果从时间轴上仔细观察，存在着三次碰撞，第一次属于中等强度，第二次属于高强度，第三次属于中等强度。这三次碰撞的时间间隔非常近，而且属于中高频范围，可以推断它来自锁内部的碰撞。

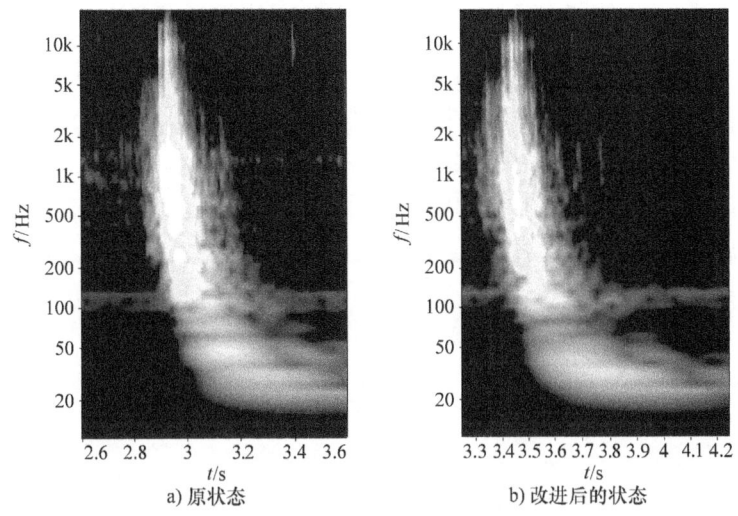

图 7-38 一个关门声品质的时频图（见彩插）

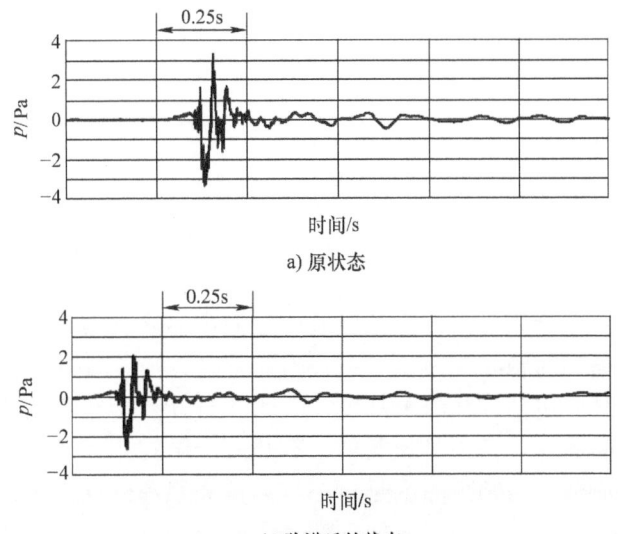

图 7-39 关门声品质的时间图

图 7-39a 的时间曲线上存在三个峰值,这表明存在三次碰撞。随着时间的推移,曲线有明显的波动,这说明还存在低频成分的声波。

针对这个门的关门声品质特征,做了一些修改工作:第一是换了门锁,新门锁的内部采用了弹性材料,覆盖在撞击部位的表面,从而降低了撞击声,并用隔声材料包裹门锁外部,进一步降低了内部声源对外传递;第二是在外门板的内侧加了补强胶,提升了板的刚度,可以达到降低声辐射的目的。

图 7-38b 是修改之后的关门声品质的时频图,图 7-39b 是对应的时间曲线。还是从以上三个频段来分析修改后与原状态车门的声品质差异。在 30～50Hz 范围内,几乎没有变化。由于车门整体框架无法修改,因此其模态频率几乎没有变化,因此声品质也没有变化。在 100～200Hz 范围内,声音的强度降低,这是由于加强了车门板结构的结果。在 400～2000Hz 范围内,声音强度大大降低,这是由于改变锁结构的结果。

第七节 车身附件的声品质

除了关门声品质外,车身还有很多其他声品质问题,包括
❏ 开门声品质
❏ 关闭和打开行李箱声品质
❏ 关闭和打开发动机舱盖的声品质
❏ 门锁声品质
❏ 开启天窗声品质
❏ 后视镜声品质
❏ 可调座椅声品质
❏ 刮水器声品质
❏ 喇叭声品质
❏ 转向灯声品质
❏ 安全锁扣的声品质

这些声品质可以分成三类:机械碰撞产生的声品质问题、电动机的声品质问题和继电器的声品质问题。

机械碰撞声品质包括:开门声品质、关闭和打开行李箱声品质。关闭和打开发动机舱盖的声品质与关门声品质类似,都是两个结构相互碰撞之后发出声音而影响着声音的品质感。门锁声品质是指在车内按关锁和开锁键时,锁扣机构发出的"咔嗒"声的品质,它也属于机械碰撞声品质。

电动机声品质包括刮水器声品质、开启天窗的声品质、后视镜声品质、可调座椅声品质。开启天窗的声品质是开天窗过程中电动机的声音品质。反光镜声品

质是指其电动机的声音品质。可调座椅声品质是指控制座椅运动的电动机的声音品质。刮水器声品质包括两部分：一是刮水器电动机的声品质，这是电动机声品质问题；二是刮水器与玻璃之间摩擦的声品质，但这是部件间摩擦产生的声品质问题。

继电器类声品质包括喇叭声品质、转向灯的声品质、安全锁扣的声品质。喇叭声品质是指按喇叭的品质感。喇叭有单音喇叭、双音喇叭。双音喇叭比单音喇叭听上去悦耳些。而喇叭声音的频率也影响着人的感受。转向灯的声品质是指转向灯或危险警告灯工作时，继电器发出的"嗒、嗒、嗒……"声音的品质。有的声音悦耳，而有的令人烦躁。安全锁扣的声品质是指提示前排驾驶人和乘客没有扣好安全带而发出的警示声音的品质感。

两个部件碰撞产生的机械类声品质与关门声品质类似，本书不再对其他碰撞声品质进行详细描述。对电动机声品质和继电器类声品质，读者可以参考其他资料。

参 考 文 献

[1] A Petniunas, N C Otto, S Amman, et al. Door System Design for Improved Closure Sound Quality [C]. SAE Paper 1999-01-1681.

[2] Alfred Zeitler. Psychoacoustic Requirements for Warning Sounds of Quiet [C]. SAE Paper 2012-01-1522.

[3] Alois Sontacchi, Robert Holdrich, Josef Girstmair, et al. Predicted Roughness Perception for Simulated Vehicle Interior Noise [C]. SAE Paper 2012-01-1561.

[4] AVL. Sound Quality Training. Graz：ALV, 2010.

[5] B&K. Psychoacoustics-a qualitative description. Denmark：B&K, 2008.

[6] Brigitte Schulte-Fortkamp, Klaus Genuit. Exploration of Associated Imaginations on Sound Perception A Subject-centered Method for Benchmarking of Vehicle [C]. SAE Paper 2005-01-2263.

[7] Chadwyck T Musser, Shaobo Young. Application of Transient SEA for Vehicle Door Closure Sound Quality [C]. SAE Paper 2005-01-2433.

[8] David Scholl, Barry Yang. Wavelet-Based Visualization, Separation, and Synthesis Tools for Sound Quality of Impulsive Noises [C]. SAE Paper 2003-01-1527.

[9] Erarmo Felipe Vergara. Sound Quality Tools in the Design Process of Electro-Hydraulic Steering System [C]. SAE Paper 2004-01-3275.

[10] F Alton Everest. The Master Handbook of Acoustics [M]. New York：McGraw-Hill, 2001.

[11] F Brandl, W Biermayer, S Thomann. Efficient Passenger Car Sound Engineering using new Development Tools [C]. Proceedings of Styrian Noise, Vibration & Harshness Congress, Graz, 2001.

[12] Gabriella Cerrato. Automotive Sound Quality-Accessories, BSR and Brakes [J]. Sound and Vibration, 2009 (9).

[13] Gabriella Cerrato Jay. Sound/Vibration Quality Engineering, Part 1- Introduction and the SVQ Engineering Process [J]. Sound and Vibration. 2007 (4).

[14] Gabriella Cerrato. Automotive Sound Quality-Powertrain, Road and Wind Noise [J]. Sound and Vibration. 2009 (4).

[15] Haeseung Lee, O Jun Kwon, Jongho Lee. Modeling of Door Slam Noise Index by using Sound Quality Metric [C]. SAE Paper 2007-01-2394.

[16] Hugo Fastl, Eberhard Zwicker. Psychoacoustics: Facts and Models [M]. New York: Springer, 2007.

[17] Istvan L Ver, Leo L Beranek. Noise and Vibration Control Engineering: Principles and Applications [M]. New York: John Wiley & Sons, 2006.

[18] Koo Tae Kang, Uhn Seob Byun. Sound quality development for passenger vehicle [C]. Proceedings of Inter-Noise 2010, Lisbon, 2010.

[19] Klaus Genuit. Product Sound Quality of Vehicle Noise-A Permanent Challenge for NVH Measurement Technologies [C]. SAE Paper 2008-36-0517.

[20] Kousuke Noumura, Junji Yoshida. Perception Modeling and Quantification of Sound Quality in Cabin [C]. SAE Paper 2003-01-1514.

[21] Leo L Beranek. Acoustics [M]. New York: Acoustical Society of America, 1996.

[22] Lijian (Lee) Zhang, Anthony Champagne. Toward an Objective Understanding of Perceived Glovebox Closure Sound Quality [C]. SAE Paper 2003-01-1499.

[23] Malcolm J Crocker. Handbook of Noise and Vibration Control [M]. New York: John Wiley & Sons, 2007.

[24] Mark Clapper, Mike Blommer. Masking Perception Analysis Software (MPAS) for Tonal Level Setting in Powertrain NVH [C]. SAE Paper 2003-01-1500.

[25] Mansinh Kumbhar, Sajith Edathute, Amit Chavan. Investigation of Factors Influencing Vehicle Audio Speaker Locations for Better Sound Quality and Spread [C]. SAE Paper 2007-01-2318.

[26] Mansinh Kumbhar, Amit Chavan, Sajith Nair, et al. Investigations of Factors Affecting Door Slam Noise Quality in SUV [C]. Proceedings of Inter-Noise 2008, Shanghai, 2008.

[27] Marco Gallo, Jan Anthonis, Herman Van der Auweraer, et al. Evaluation of an Active Sound Quality Control System in a Virtual Car Driving Simulator [C]. Proceedings of Inter-Noise 2010, Lisbon, 2010.

[28] Mathieu Sarrazin, Karl Janssens, Herman Van der Auweraer. Virtual Car Sound Synthesis Technique for Brand Sound Design of Hybrid and Electric Vehicles [C]. SAE Paper 2012-36-0614.

[29] Mike Blommer, Barry Yang, Kelly Vandenbrink. Detecting And Classifying Secondary Impacts In Door Closing Sound [C]. SAE Paper 2005-01-2471.

[30] Mike Blommer, Scott Amman, Perry Gu, et al. Sound Quality Aspects of Impact Harshness for Light Trucks and SUVs [C]. SAE Paper 2003-01-1501.

[31] Naga Narayana. A Finite Element Method for Effective Reduction of Speaker-Borne Squeak and Rattle Noise in Automotive Doors [C]. SAE Paper 2011-01-1583.

[32] Noriyoshi Terazawa, Toshihiro Wakita. A New Method of Engine Sound Design for Car Interior

Noise Using a Psychoacoustic Index [C]. SAE Paper 2004-01-0406.

[33] Pranab Saha, Paul J Roman, Charles T Polce Ⅲ. A Design Study to Determine the Impact of Various Parameters on Door Acoustics [C]. SAE Paper 2003-01-1430.

[34] Rajesh Bhangale, Kumbhar S Mansinh. Investing Factors Affecting Door Slam Noise of SUV and Improved Performance by DFSS Approach [C]. SAE Paper 2011-01-1595.

[35] Ravinder Beniwal, Sean F Wu. System Level Noise Source Identification and Diagnostics on a Vehicle Door Module [C]. SAE Paper 2007-01-2280.

[36] Sang-Kwon Lee, Hee-Chang Chae, Dong-Chul Park, et al. Booming Index Development for Sound Quality Evaluation of a Passenger Car [C]. SAE Paper 2003-01-1497.

[37] Sang-Kwon Lee, Byung-Soo Kim, Hee-Chang Chae, et al. Sound Quality Analysis of a Passenger Car Based on Rumbling Index [C]. SAE Paper 2005-01-2481.

[38] Todd Tousignant, Kiran Govindswamy, Christian Leibling. Evaluation of Source and Path Contributions to Sound Quality Using Vehicle Interior Noise Simulation [C]. SAE Paper 2011-01-1685.

[39] Wade Bray, Michael Blommer, Scott Lake. SOUND QUALITY workshop [C]. SAE Noise and Vibration Conference and Exhibition, Traverse City, 2003.

[40] Xuanli Hu. Sound Quality-Some Basic but Important Concepts and Practical Notes [C]. International Conference on Automotive NVH Control Technology, Chongqing, 2009.

[41] Zhidong Zhang, Shaobo Young. Low Frequency Transient CAE Analysis for Vehicle Door Closure Sound Quality [C]. SAE Paper 2005-01-2433.

[42] Zhidong Zhang, Shaobo Young. Low Frequency transient CAE Analysis for Vehicle Door Closure Sound Quality [C]. SAE Paper 2005-01-2339.

[43] Ken C Pohlmann. Principles of Digital Audio. 数字音频技术 [M]. 北京：人民邮电出版社, 2013.

[44] David M Howard, Jamie A S Angus. 音乐声学与心理声学 [M]. 北京：人民邮电出版社, 2014.

[45] 庞剑, 谌刚, 何华. 汽车噪声与振动：理论与应用 [M]. 北京：北京理工大学出版社, 2006.

[46] 孙义勇, 张军, 勾中彪, 等. 汽车关门声品质评价与优化 [C]. 2009年中国汽车工程学会年会论文集. 北京：2009.

[47] 马大猷, 沈嚎. 声学手册 [M]. 北京：科学出版社, 1983.

[48] 马大猷. 噪声与振动控制手册 [M]. 北京：机械工业出版社, 2002.

[49] 杜功焕, 朱哲民, 龚秀芬. 声学基础 [M]. 南京：南京大学出版社, 2012.

[50] 许肖梅. 声学基础 [M]. 北京：科学出版社, 2003.

[51] 丁康, 孔正国. 振动调幅调频信号的调制边频带分析及其解调方法 [J]. 振动与冲击, 2005, 24 (1).

Chapter 8

第八章

车身异响与控制

第一节 概 述

一、什么是异响

异响是指在外力的作用下,两个或者多个相邻部件的表面产生了摩擦或者撞击而诱发出的声音。在英文里面,异响用两个单词来表示:Squeak 和 Rattle,简称为 SR;有的时候,将 Buzz 包含进来,用 Buzz、Squeak 和 Rattle 这三个单词来表示,简称 BSR。第一章对异响进行了简单描述并给出了示意图。两个部件相互摩擦运动而产生的声音叫 Squeak,中文名称为"尖叫异响",它描述的是尖叫声、唧唧声、吱吱声,比如车门与车身之间的摩擦。两个部件相互碰撞而发出的声音叫 Rattle,中文名称为"撞击异响",它描述的是敲击声、撞击声、"咔嗒咔嗒"声,比如杂物箱的卡扣和卡销之间的撞击。单个结构振动而发出的声音是 Buzz(蜜蜂叫声)。

Buzz 可以看作是结构共振而发出的声音,类似与板结构共振而对空中辐射声音。异响通常是指两个相邻部件之间作用而发出的声音,而单个部件受到外界激励会出现 Buzz 现象。因此,很多情况下,不把 Buzz 列入异响的范畴。本书所讲述的异响是指 Squeal 和 Rattle,即 SR。

虽然异响与噪声都是人们不希望听到的声音,但是它们有差别。一般来说,噪声是有规律的、持续时间比较长的声音。比如发动机噪声,在开车的整个过程中,都可以听到这个持续时间长而且有规律出现的声音。发动机噪声与阶次和共振等因素有关,可以用成熟的理论和方法来分析和处理。

异响的特征和持续时间都没有规律。有的异响持续时间很短,比如只有 10 毫秒;有的是突发性的,只出现一次或几次;有的是间歇性地出现,然后消失,过一会可能又出现。异响发生的随机性比较强,重复的一致性也不确定。要对短暂的随机信号进行数据处理不是件容易的事情。

撞击异响是由于两个物体的碰撞而产生,频率比较低;尖叫异响源于两个物体之间的摩擦,频率取决于材料和压力等因素,有的频率高,有的偏低。

二、产生异响的部位

异响激励源基本上是来自路面。在路上行驶时,汽车很多部位都可能产生异响,特别在水泥路面、粗糙路面、砖路面等不好的路面行驶时,产生异响的概率大大增加。现在汽车的配置也越来越多,结构越来越复杂,很多部位都有可能产生异响。车身上产生异响的部件很多,如仪表台板、座椅、杂物箱、电器模块、车门、车身、安全带限位器、安全气囊、HVAC、密封条等。根据统计数据,异响问题主要出现在以下部位:

- 仪表板
- 转向盘/转向柱/转向支撑系统
- 座椅
- 闭合件
- 下车体

三、异响的重要性

异响是顾客不希望听到的声音。他们会对异响产生极大的反感和抱怨,甚至怀疑汽车的质量问题。

传统上,发动机噪声、路面噪声和风噪比较大,它们掩盖了一些小的异响声。随着汽车噪声与振动控制技术的提高,传统的噪声振动源和传递路径得到了很好的控制,而且声品质也得到很大提升,这就使原来并不明显的某些异响变得明显了,另外,汽车轻量化也使异响出现的概率增加。今天,异响控制是一项很大的挑战。

高里程的异响问题对汽车品牌的影响非常重要。有些新车不存在异响,但是当行驶了几万千米后,异响开始出现。于是,顾客会对这些车的品质和可靠性产生怀疑。如果这种现象不断扩散,将严重影响到汽车的销售。一个品质好的汽车,即便行驶了十万千米,其异响出现的概率与新车相比也是没有太大区别的。

异响是给产品质量带来负面影响的一个非常重要的原因。在JD-Power调查中,异响占据很多项,是影响汽车品牌JD-Power排名的重要因素。有异响的汽车在市场上的竞争力日趋下降。顾客会将有异响的车送到4S店维修,这极大地增加了汽车公司的售后质量保证成本。

四、异响的机理

相对运动不一定产生异响,但是异响肯定源自相对运动。异响的动态特征和声学原理非常复杂，因为它是一种非线性很强的物理现象。影响异响的因素包括材料特征和结构特征。材料特征有摩擦特性、受冲击特性、温度和湿度特性等。结构特征包括发生异响部件的结构动态特征、接触点的动刚度、冲击力或摩擦力的特征等。因此，异响是一个非常复杂的非线性动力学问题。建立异响的数学模型非常难，要得到异响的解析解几乎是不可能的事情。实际异响状态比数学模型复杂得多，涉及的影响因素非常多，因此，即便数学上能求解，也与实际情况相差甚远。

产生异响的原因可以归纳为：结构刚度不足、材料摩擦副不兼容，结构设计及制造不当。结构的刚度不足使汽车在运动过程中部件容易发生变形，因此相邻部件会产生碰撞，发出 Rattle。两个接触的表面由于摩擦系数不匹配，而且它们的摩擦系数随温度、湿度等外界条件发生变化，会产生 Squeal。结构设计不当，如不恰当的两个部件间的间隙、制造误差等，均会导致异响。

五、异响的识别与控制

历史上，异响的识别与控制走过了三个阶段：第一阶段是汽车上市后发现了异响问题，然后，有针对性地解决；第二阶段是在开发过程中将异响列为控制的目标，对样车进行大量试验，发现并解决异响问题；第三阶段是将异响控制提前到开发早期，用 CAE 和分析的方法实现异响的早期控制。

第一阶段：早期的异响识别和控制是一个"发现问题-解决问题"的过程。汽车上市后，从市场反馈意见中得知异响问题，通过各种方法来识别异响出现的部位，然后找到解决办法。识别方法通常是在各种路面（如粗糙路面、鹅卵石路面、砖铺路面等）上驾驶汽车或者把汽车放置在四通道激振台（Four Post Simulator）上激励，工程师们主观地判断异响出现的部位。当找到异响的原因时，就针对问题来解决。

第二阶段：对异响的识别与控制提前到了设计样车和工装样车阶段。异响列为汽车开发过程中的控制指标。在对标的基础上，确定异响的程度和目标。有了样车后，在大型激振台上或四通道激振器上、在消声室里面进行试验，发现异响部位并分析原因。当异响解决后，把修改方案变成新的设计。在新的一轮样车出来后，又开始新的一轮试验。经过多轮试验后，就能够有效地控制异响并固化设计，但是，这样做的缺点是试验成本很高。

第三阶段，在设计初期对异响进行控制。近些年，当 CAE 技术非常成熟之后，就采用 CAE 和其他分析手段来进行早期的异响控制，比如用有限元法计算相应部位的模态、变形、灵敏度等。另外，对材料、摩擦副的系数、部件空间等影响异响的因素进行早期分析，为异响控制提供基础数据。早期分析做好了，样车出来后，它出现异响的可能性比传统方法要小得多。这样带来的好处有两个：一是异响控制提前；二是成本大大降低。

第二节 异响的原理及影响因素

一、摩擦引起的尖叫异响

摩擦引起的异响表现为尖叫声，其机理非常复杂。两个相互接触的物体在外力的作用下，接触表面会产生摩擦力，随之发生相对运动。如果两个表面的摩擦系数不兼容，就会产生尖叫声。

1. 摩擦引起的尖叫声机理

图8-1a 是物体 A 放在物体 B 上面，物体 A 承受垂向压力 F_N 和水平拉力 F。在两个物体表面就有了摩擦力 F_f，如图 8-1b 所示。

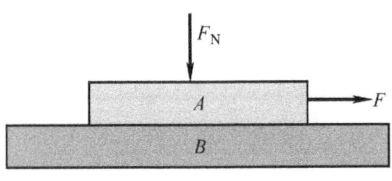

a) 两个接触的物体承受着垂向压力和横向拉力

F_f 可以表示为

$$F_f = \mu F_N \quad (8-1)$$

式中，μ 是摩擦系数。当物体 A 和 B 相对静止时，μ 为静摩擦系数，用 μ_s 表示；当它们有相对运动时，μ 为动摩擦系数，用 μ_d 表示。摩擦力可以进一步表示为

$$F_d = \mu_d F_N \quad (\dot{x} > 0)$$
$$F_s = \mu_s F_N \quad (\dot{x} = 0) \quad (8-2)$$

式中，x 是物体 A 的位移；$\dot{x}$ 是速度。

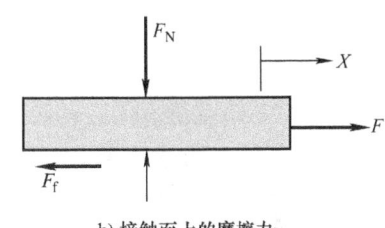

b) 接触面上的摩擦力

图 8-1 物体受力分析

一般来说，静摩擦系数大于动摩擦系数，因而静摩擦力大于动摩擦力。

两个相互接触的物体在外力的作用下，从静止状态到运动，会经历三个过程，并都会产生尖叫声。第一过程是在静止状况下，接触表面存在摩擦黏滑（slip-stick）效应，从而产生尖叫声。第二个过程是在物体相对运动时，发生了自激振动而产生尖叫声。第三是当运动部件的两个或多个固有频率接近时，摩擦力能激起部件的耦合振动，从而发出尖叫声。下面将分别介绍这三种振动发出尖叫声的机理。

（1）摩擦黏滑效应引起的尖叫声

并不是所有相互摩擦的表面都会产生噪声。只有在表面发生了不稳定的摩擦黏滑运动时，才会发出声音。当静摩擦力大于动摩擦力时，物体之间没有相对运动，但是接触的表面上存在摩擦黏滑效应。从微观上看，两个表面是凸凹不平的。在外力的拉动下，虽然物体没有克服静摩擦力，但是凸凹的两个表面相互拉扯，

形成了一张一弛的运动。这种黏滑效应使表面产生弹性变性,并且储存能量。当松弛的时候,变形消失,能量释放。这种表面张弛运动会使物体振动并发出噪声。黏滑周期运动的频率很低,它诱发的振动会使接触表面发出 200~10000Hz 的尖叫声。

(2) 自激振动引起的尖叫声

通常,摩擦系数不是一个常数,如图 8-2 所示,它随时间而变化。摩擦力也不是常数,它随着运动速度的变化而变化。

考虑一个单自由度系统的摩擦运动,如图 8-3 所示。这个系统的运动方程可以写为

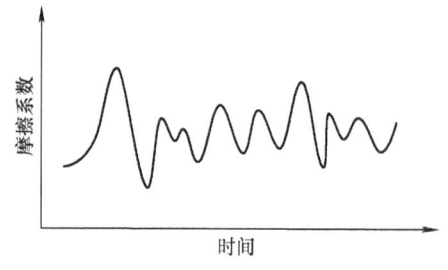

图 8-2 摩擦系数随时间变化的曲线　　图 8-3 单自由度摩擦系统

$$m\ddot{x} + c\dot{x} + kx = \mu(u - \dot{x})F_N \quad (8-3)$$

式中,u 是传动带的运动速度,它为稳定的速度,即常数;$(u - \dot{x})$ 为滑动速度。

这个摩擦力随着物体运动速度的变化而变化,如图 8-4 所示。随着速度的变化,摩擦力曲线按负斜率变化,即速度增加,摩擦力降低。

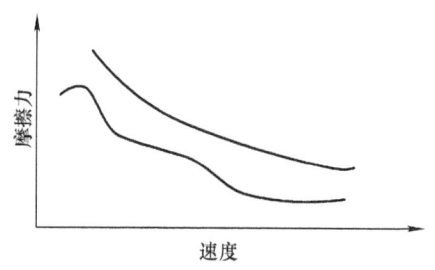

图 8-4 摩擦力随着速度的增加而降低

将摩擦力用傅里叶级数展开,得到

$$\mu(u - \dot{x})F_N = \mu(u)F_N - \frac{\partial \mu(u - \dot{x})}{\partial u}\dot{x}F_N + \frac{\partial \mu(u - \dot{x})}{\partial u^2}\dot{x}^2 F_N - \cdots \quad (8-4)$$

将式 (8-4) 代入式 (8-3),得到

$$m\ddot{x} + F_N\left(\frac{c}{F_N} + \frac{\partial \mu(u - \dot{x})}{\partial u}\right)\dot{x} + kx = \mu(u)F_N + \frac{\partial \mu(u - \dot{x})}{\partial u^2}\dot{x}^2 F_N - \cdots \quad (8-5)$$

式 (8-5) 中,如果阻尼力项为负值,即

$$\frac{c}{F_N} + \frac{\partial \mu(u - \dot{x})}{\partial u} < 0 \quad (8-6)$$

系统就出现不稳定。在摩擦力的负斜率非常大的情况下,才会发生这种情况。这种大的负斜率的摩擦力会导致系统发生自激振动,从而发出尖叫声。特别是当自

激振动的频率与运动物体的固有频率一致或者接近时，物体振动最大，此时产生的噪声也最大。

(3) 摩擦力激起物体的耦合振动而发出的尖叫声

两个运动物体之间的摩擦力还会诱发出它们之间的耦合运动。特别是两个物体的固有频率一致或接近时，耦合运动非常强烈，甚至产生共振。物体间的耦合振动也会产生尖叫声。

2. 尖叫声的影响因素及分析

两个相互接触的部件表面组成了一个摩擦副。它们的摩擦系数是否兼容是影响尖叫声的主要因素。摩擦副的材料兼容和异响特征可以通过试验测量得到。两个部件相互接触，一个固定，另一个运动。在固定部件上施加正向压力，将它压到运动部件上，同时在运动部件上施加往复运动载荷，如图 8-5 所示。将这两个部件置于环境舱内，可以测量在不同的温度和湿度下的摩擦异响情况。

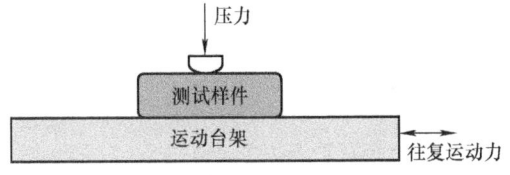

图 8-5　摩擦异响部件施加力的示意图

影响摩擦尖叫声大小的因素有温度、湿度、激励频率、表面的正向压力和载荷时间、滑动速度、接触面积和接触状况、两个接触部件的材料特征等。下面就列出几个主要因素对异响大小的影响。

(1) 温度的影响

摩擦副相对运动产生的尖叫声是随着温度的变化而变化的。图 8-6 给出了两个摩擦副异响声压级随温度变化的曲线。有的随温度的增加而增加，有的则下降；有的在某个温度区间上升，在另一个区间下降。声压随温度变化没有规律性，温度对异响的影响是非线性的，通常都有响度较大的温度区间。了解了一对材料摩擦异响随温度变化的规律后，就可以正确选择摩擦副材料，以避开异响大的温度区间。

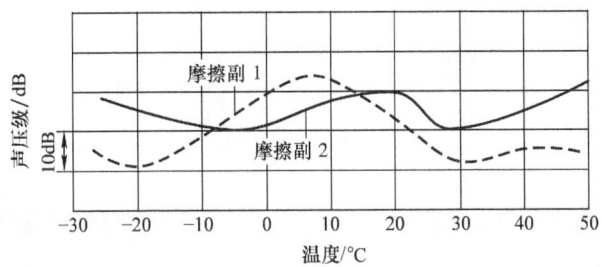

图 8-6　摩擦副异响随着温度变化

(2) 湿度的影响

摩擦副相对运动产生的尖叫声是随着湿度的变化而变化的。图 8-7 给出了两个摩擦副异响声压级随着湿度的变化曲线。随着湿度增加，一对摩擦材料异响变大，另一对摩擦材料异响变小。由此可见，湿度对不同摩擦副材料异响的影响是不一样的。了解湿度对摩擦副异响的影响可以帮助选择材料。

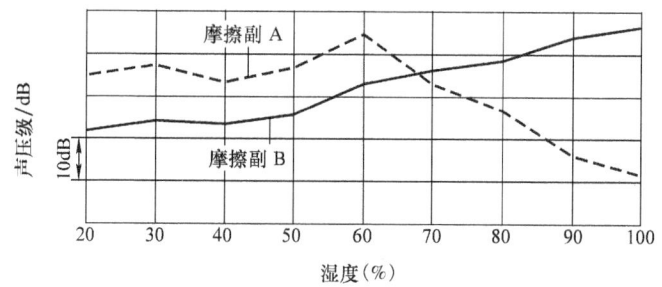

图 8-7 摩擦副异响随着湿度的变化而发生变化

(3) 表面的正向压力的影响

图 8-8 给出了两个摩擦副的异响大小随着正向压力的变化曲线。正向压力越大，两个物体接触越深，凸凹表面撕拉作用越强，因此异响就越大。降低摩擦副之间的正向压力可以降低摩擦带来的尖叫声。

(4) 激励频率的影响

摩擦对受到的外界激励包括动力系统的激励、路面的激励等，激励频带很宽。图 8-9 是两个摩擦副异响响度随激励频率变化的曲线。响度是随着频率的变化而变化，一般情况下，整体趋势是尖叫声大小随着频率的增加而增加。

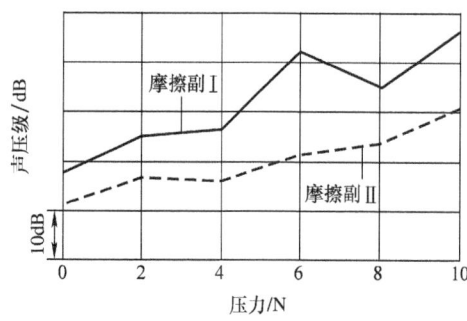

图 8-8 摩擦副异响随着正向压力的变化而发生变化

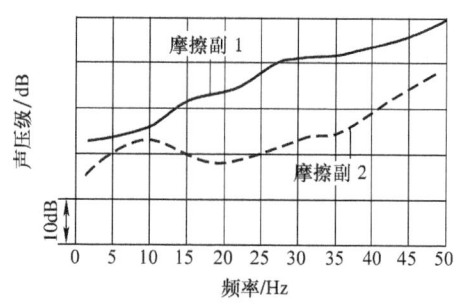

图 8-9 摩擦副异响随激励频率变化

二、碰撞引起的敲击异响

1. 碰撞引起的敲击异响机理分析

在外力的作用下,两个相邻的物体产生碰撞,彼此接触,然后又分开,再接触,再分开。这个过程就产生了敲击声。对车身来说,路面激励是其敲击异响的主要激励源。部件之间的间隙太小、部件的刚度不足、结构松动等都是车身异响产生的原因。图 8-10a 表示一个运动的物体撞击一个静止的表面,这个物体受到冲击激励;图 8-10b 表示两个物体彼此碰撞,都受到冲击激励。

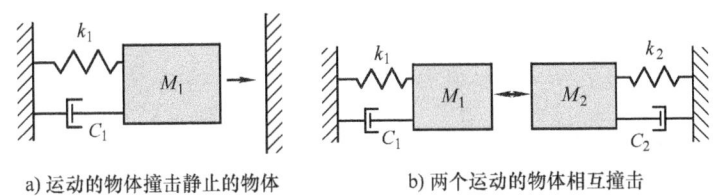

a) 运动的物体撞击静止的物体   b) 两个运动的物体相互撞击

图 8-10 两个物体的撞击

物体之间撞击的时间非常短。最极端的撞击发生在一瞬间,这个极端的冲击激励可以用 δ 函数表达,为

$$\begin{cases} \delta(t-t_0) = 0 \quad (t \neq t_0 \text{ 时}) \\ \int_{-\infty}^{\infty} \delta(t-t_0) \mathrm{d}t = 1 \end{cases} \tag{8-7}$$

这个函数称为 $\delta(t-t_0)$ 函数。图 8-11a 是 δ 函数的时域图,它是一根垂直的直线。将 δ 函数进行傅里叶变化后,得到频域值,表示为

$$F(\omega) = \int \delta(t-t_0) \mathrm{e}^{-\mathrm{j}\omega t} \mathrm{d}t = 1 \tag{8-8}$$

在频域上,它是一条水平线,如图 8-11b 所示。在所有频率上,幅值一样,即是个白噪声函数。如果激励力表现为 δ 函数形式,那么部件的所有频率都可以被激励起来。

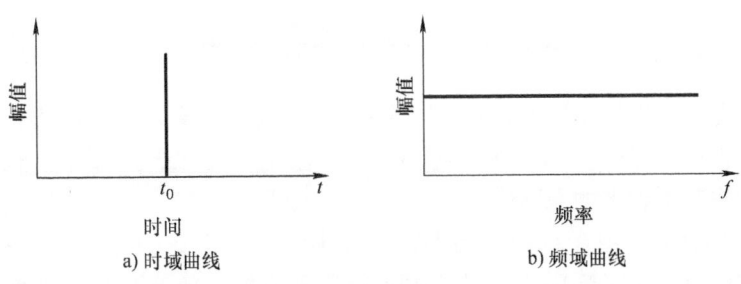

a) 时域曲线   b) 频域曲线

图 8-11 δ 函数

假设激励力是半个正弦波，如图 8-12a 所示，表达为

$$y = \begin{cases} \sin\dfrac{\pi t}{t_0} & (0 < t < t_0) \\ 0 & (t > t_0) \end{cases} \tag{8-9}$$

经过傅里叶变化后，其频域表达式为

$$F(\omega) = \int_0^{t_0} \sin\frac{\pi t}{t_0} e^{-j\omega t} dt = \frac{e^{-j\omega t_0}\pi\cos(\pi t_0) + je^{-j\omega t_0}\omega\sin(\pi t_0) - \pi}{(\omega^2 - \pi^2)t_0} \tag{8-10}$$

图 8-12b 是半正弦波的频域图谱。从图中可知，半正弦波的时间 t_0 越短，对应的频谱越宽。

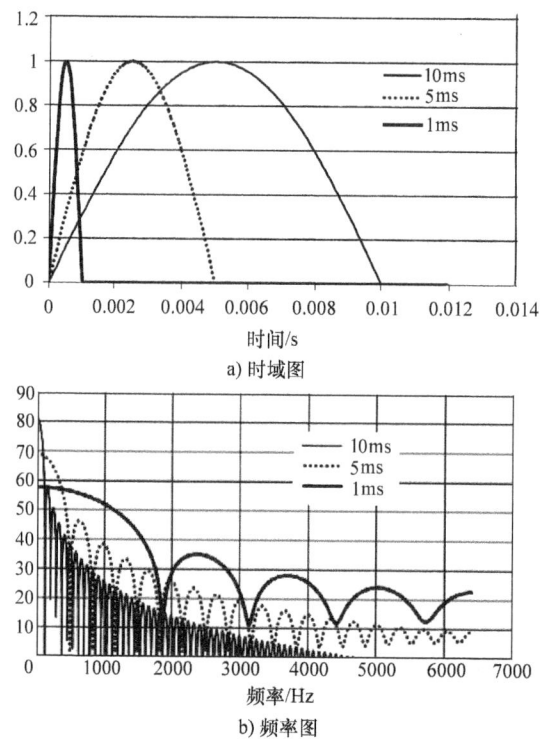

图 8-12 半正弦的时域图和频率图

δ 脉冲激励和半正弦激励是两种典型的、可以用数学表达式清晰表达出来的激励。车身部件碰撞激励中不存在这两种特殊的激励，大多激励是介于脉冲与正弦激励之间，也是宽频带的激励谱。

宽频带的激励作用在车身结构上，所发出的敲击声音的频率也是宽频带的。其敲击声的频带取决于激励力、结构振动特征和声辐射效率。车身上敲击异响的

频率范围大多在 200~2000Hz 之间。

2. 影响敲击异响的因素及分析

影响敲击异响的因素主要有空间设计、结构设计、材料配对、制造与装配。

（1）空间设计

两个部件之间的空间不足是引起敲击异响的常见原因。在静态时，两个部件有一定的间隙，但是部件的运动位移超过了间隙，就产生碰撞。比如，两根管子距离很近，它们的运动位移量超越了静态距离，就相互碰撞。

即便两个部件静态时相互接触，由于它们的运动位移不一致，也会发生相互碰撞。比如两根管子静态时彼此接触，但是运动时，彼此碰撞会发出敲击声。

在进行系统和部件空间布置设计时，需要确定相邻部件的运动间隙。通过极限运动包络线分析来确定所需间隙。比如，通过分析动力总成的各种极限运动轨迹，就可以确定动力总成与车身之间的距离。

（2）结构设计

结构设计不合理会产生敲击异响。结构设计包括车身的整体刚度和模态、部件的局部刚度和模态、部件的变形量等。当整体刚度和局部刚度不足时，整个车身很容易被激励起来并产生敲击异响。

比如，CD 盒安装在仪表台板（IP）上，当 IP 梁的弯曲刚度不足及 CD 盒支架的刚度不足，就会导致这些部件的运动位移大，容易引起部件之间的碰撞。在 IP 梁和 CD 盒上增加支架使其刚度和模态提高，则其运动位移降低，避免了碰撞，就可以消除异响。

（3）材料配对

并不是所有的部件碰撞都会产生异响。金属与金属碰撞会发出敲击声，但是金属与柔软的橡胶碰撞可能就没有声音，因此，材料配对非常重要。比如，门锁里面的卡板、棘爪、锁扣之间会碰撞，如果它们都是金属件，敲击声会很大而且频率高，声品质差；如果在其中的一些部件上包裹缓冲材料，那么碰撞声会大大降低，而且高频成分大大减少，声品质提升。

对可能发生碰撞的部件，仔细分析和使用合适的配对材料是降低敲击异响的好方法。

（4）制造与装配问题

前面讲的空间布置、结构设计和材料配对都是从设计上来控制异响。虽然设计合理，但是制造过程中缺乏良好的质量控制，也会产生敲击异响。比如部件质量不好、材料变形、尺寸公差控制不到位等都会导致敲击异响。

车身的很多部件是用卡扣或者螺栓/螺母装配的。在安装过程中，由于部件装配不到位、卡扣没有卡到位、螺栓紧固力矩不足、漏装卡扣或螺栓、部件松动等都会带来敲击异响问题。

第三节　异响的 CAE 分析

用 CAE 方法来分析可能出现的异响问题实现了异响的早期控制。现在，很多企业已经开始采用 CAE 手段进行早期的车身异响控制，这样可以节约产品开发的时间和成本。异响的机理非常复杂，而且是非线性很强的问题，因此要寻找到精确的计算方法和评价标准是件不容易的事情。有些公司开发出了一些软件专门用来分析异响控制，但是市场上还没有一个成熟的商业软件。借助于异响的特征、产生的部位和结构振动的特征，人们尝试着用传统的 CAE 方法来分析与控制异响，也取得了良好的效果，有限元法就是用得最为广泛的一种方法。

车身异响出现的部位主要集中在闭合件和仪表板等地方。这些部位的异响与车身的刚度、变形、响应对外界激励的敏感度有关系，因此，根据这些部件的结构特征和相互运动部件的关系，可以用传统的有限元法进行以下四类 CAE 分析：

- 车身和车门的刚度、模态及变形分析
- 子系统的模态分析
- 车身异响灵敏度分析
- 整车异响响应分析

一、车身和车门的刚度、模态及变形分析

汽车行驶在路面上，由于路面激励输入，车身会产生弯曲变形和扭转变形。如果车身刚度不足，其变形就大，这不仅会带来 NVH 问题，还会带来异响。模态是取决于刚度的，统计数据表明，车身模态频率越高，其产生异响的概率就越低，主观打分越高，如图 8-13 所示。

白车身的刚度是汽车整体刚度的基础，其刚度对异响控制非常重要。白车身的整体刚度取决于其框架刚度以及梁连接点的刚度。关于车身的整体刚度和模态分析，请参阅第二章"车身整体结构振动控制"。

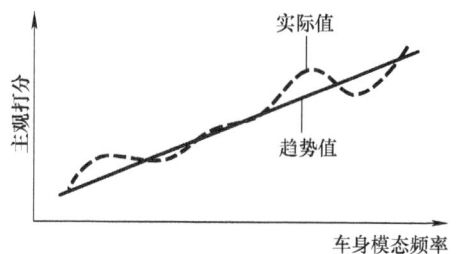

图 8-13　车身模态频率与主观打分的关系

白车身门框变形是影响车身异响的主要因素之一。路面激励使车身变形，变形量取决于车身框架的刚度，即连接点的刚度和车身梁的刚度。图 8-14 为一个白车身的侧视图。图上画出了前后车门框的四根对角线，分别为 L_1、L_2、L_3 和 L_4。

与测量或者计算车身的扭转刚度一样，确立边界条件和施载位置并施加扭转

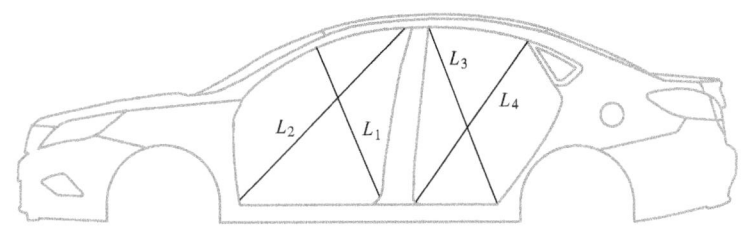

图 8-14 车身门框以及四根对角线

力矩，测量车身门框对角线的位移，并与没有加载的位移比较，就可以得到变形量。门框的变形量（δ_D）定义为：

$$\delta_D = \frac{L_D - L}{L} \tag{8-11}$$

式中，L 为没有加载时门框对角线的长度；L_D 为施加扭转力矩后的门框对角线的长度。

门框变形量体现了车身变形量。门框的变形量大，表明车身的变形量也大，汽车运动时，车身和车门容易出现干涉和碰撞。图 8-15 给出了 5 辆车车身门框的变形量值。一般情况下，车身门框的变形量应该小于 0.03。通过控制车门对角线的变形量来控制门框变形。

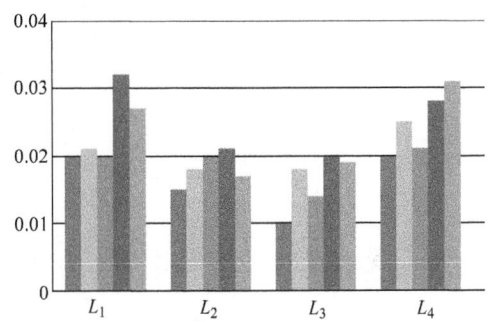

图 8-15　5 辆车车身门框的变形量

车门的刚度和模态也很重要。高刚度和高模态的门框可以降低关门带来的车门振动、车门对角线的变形、车门板的声辐射以及与车身碰撞时产生的异响。测量车门模态时，应在门框架周边布置加速度传感器。图 8-16 为一个车门的第一阶弯曲模态和第一阶扭转模态振型。图 8-17 给出了一些车的白车门的弯曲模态值，一般在 50Hz 左右。图 8-18 给出了一些车的白车门的扭转模态值，一般在 60Hz 左右。

a) 第一阶弯曲模态

b) 第一阶扭转模态

图 8-16　一个白车门的第一阶弯曲模态和第一阶扭转模态

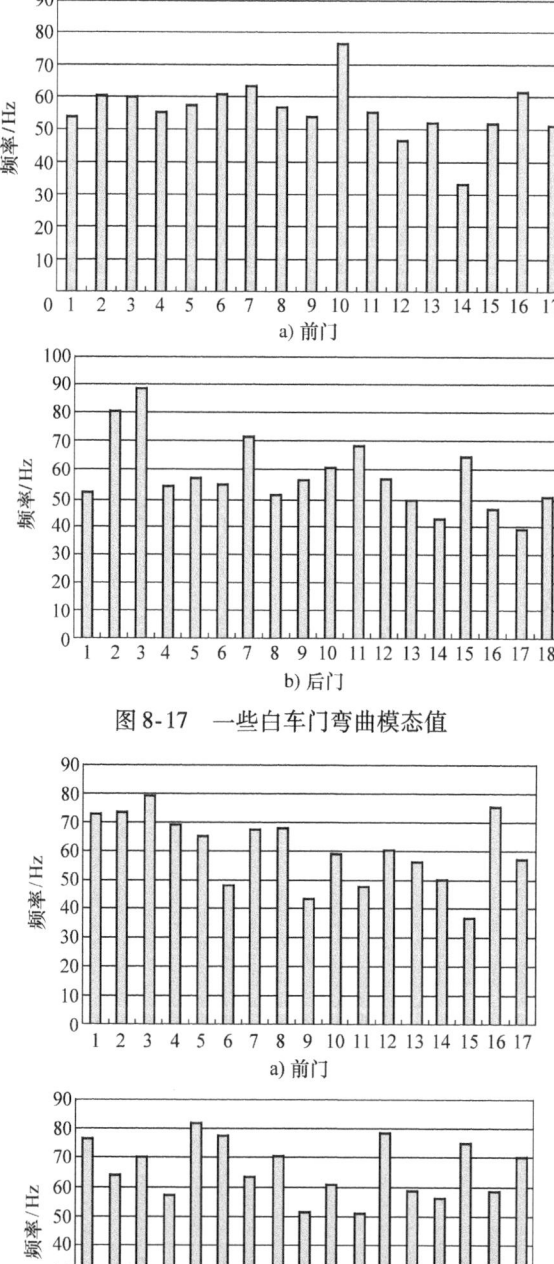

图 8-17 一些白车门弯曲模态值

图 8-18 一些白车门的扭转模态值

二、子系统的模态分析

子系统是车身的一部分,是由很多部件组成的一个集合,而部件又由零件组成。子系统通过焊接、铆接或者支架与车身相连,形成了特定的边界,从而就有了子系统的特定模态。闭合件、仪表板、转向支撑、座椅等是产生异响的主要子系统。

子系统发生异响的原因有三种:第一种是子系统与周边部件的间隙不足,当它们的运动位移超过间隙值时,发生碰撞而发出声音;第二种是子系统与车身共振,或者子系统与周边的部件共振,而发出声音;第三种是两个部件之间的连接点数量不足或者连接不牢,造成了相互连接部位之间的碰撞或者摩擦,从而发出声音。

这三种产生异响的原因都与子系统的结构模态有关系。在第一种原因中,大位移是由于子系统的模态偏低,造成了低频时的位移偏大。比如 CD 盒放置在一个支架上,然后与中控板连接,如果支架刚度低和模态频率低,则受外界激励时,其位移大。在第二种原因中,子系统的模态直接与车身模态或相邻部件模态耦合。因此,子系统的模态与其他模态的解耦是必要的。在第三种原因中,两个部件之间的连接点数量和牢固程度直接影响到子系统的边界条件,因此直接影响到它的模态。

分析子系统模态的目的就是了解车身上各个子系统的模态频率、它们与车身整体模态和激励频率的分离状况,并找到相应的控制方法。因此,子系统模态分析是控制局部异响的基础。

下面以一个仪表台板子系统为例,来说明子系统模态与异响的分析。仪表台板包括仪表台板壳体、支撑管梁、通风管、除霜管、杂物箱、CD 盒、中央置物板、烟灰缸等。

第一步是分析仪表台板自身的模态。分析目标是得到仪表台板整体模态和内部各个部件的子模态。图 8-19 为 IP 的某阶整体模态。图 8-20 为仪表台板中的部件模态,图 a 是杂物箱模态,图 b 是通风管模态。将这些模态频率和外界的激励频率比较,以及相邻模态自身比较,以找到产生共振的部件。例如,杂物箱的模态频率为 25Hz,发动机怠速为 750r/min,对应的二阶频率为 25Hz,杂物箱可能被激励而产生共振,因此必须修改杂物箱的设计。

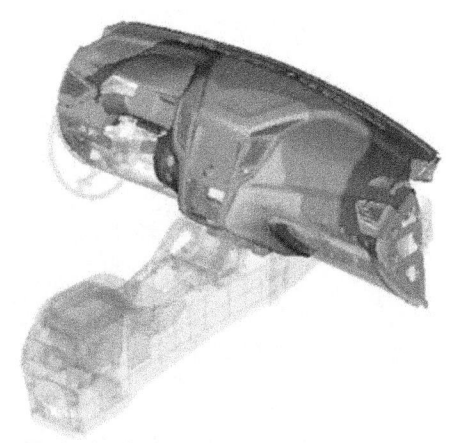

图 8-19 仪表台板的某阶整体模态(见彩插)

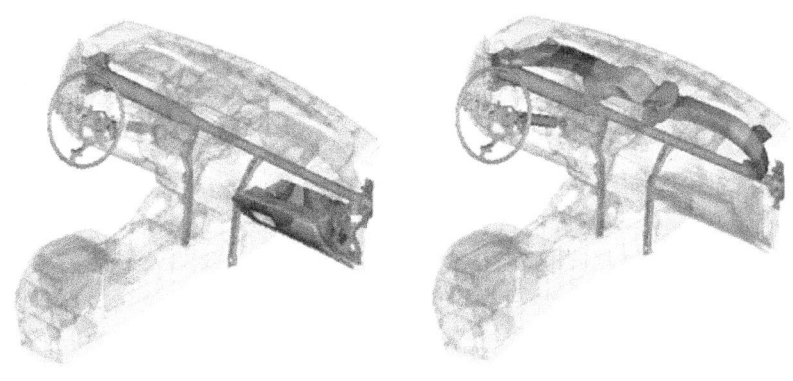

a) 杂物箱　　　　　　　　　　　b) 通风管

图 8-20　仪表台板中的部件模态（见彩插）

分析子系统自身模态可以在开发过程中对子系统进行控制，不必等到有了整车才开始分析工作，这样就实现了问题的前期控制。子系统自身模态的目标有两个：一是根据模态规划表来实现自身的模态频率，达到模态避频的目的；二是在分析频率范围内（通常小于100Hz），使子模态的数量尽可能少。

第二步是分析子系统安装在车身后的模态特征。这种分析的目的是发现系统或部件与车身之间的模态耦合情况，并使得它们解耦。图 8-21 显示仪表台板和中控箱安装在车身上的模态。仪表台板和中控箱的模态与车身的弯曲模态耦合，因此存在共振的风险，必须修改系统。

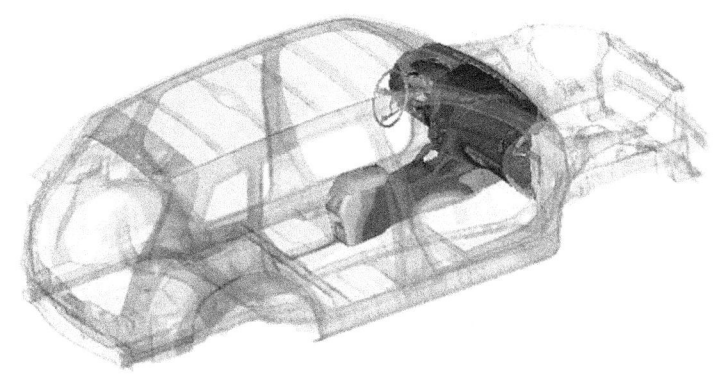

图 8-21　仪表台板和中控箱安装在车身上的模态（见彩插）

三、车身异响灵敏度分析

子系统与车身的连接采用卡扣、螺栓、焊接胶等方式。图 8-22 给出了几个子系统与车身的连接方式：图 a 表示仪表板是通过上下本体限位卡扣与车身相连的；图 b 表示转向管梁的两边用螺栓与 A 柱连接。

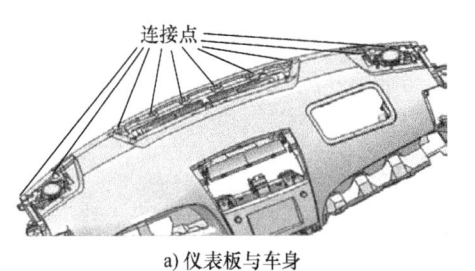 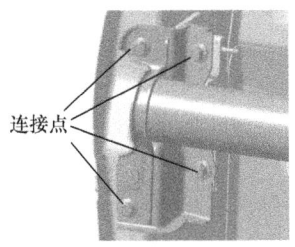

a) 仪表板与车身　　　　　　　　　　b) 转向管梁与A柱

图 8-22　系统与车身的连接方式

被连接的两个部件的运动不一样，但是卡扣或螺栓强行地将它们结合在一起，因此它们承受着较大的载荷。外界振动会传递到连接部位，在长时间振动的作用下，连接部位可能出现松动。一般来说，振动越大，就越容易松动。连接件松动后，原本紧固的物体之间会出现间隙或者以摩擦的形式贴在一起，这样就可能产生异响。

这些连接点所受的振动主要来自底盘。分析从悬架支撑点到连接点的力的传递，以及连接点的响应对激励力的灵敏度就非常重要。车身异响灵敏度是指连接点的速度响应与外界输入力的比值，单位是 (mm/s)/N。

分析车身异响灵敏度时，分别在车身前、后、左、右四个悬架支撑点上施加 1N 的力，如图 8-23 所示。四个激励点是左前悬架支撑点、右前悬架支撑点、左后悬架支撑点和右后悬架支撑点。

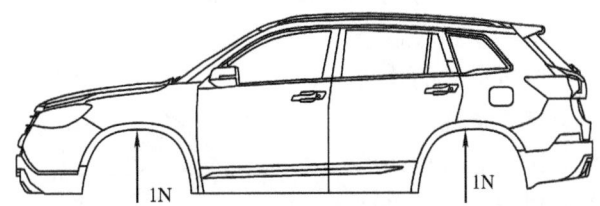

图 8-23　灵敏度分析：在悬架支撑点上施加单位力

响应点是车身上卡扣、螺栓、焊接等连接点。

求得了相对应点的速度，就得到了速度对力的灵敏度曲线，如图 8-24 所示。这张图是一个仪表台板卡扣三个方向速度响应对左后轮毂点激励的灵敏度图。在 40Hz 时，三个方向都存在共振，其中 Z 方向灵敏度的峰值达到 0.41 (mm/s)/N；在 62Hz 处，X 方向的峰值达到 0.31 (mm/s)/N。

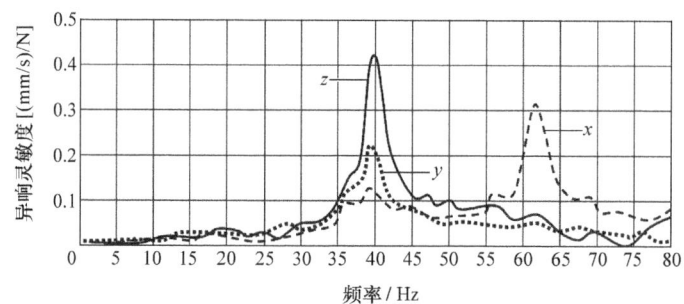

图 8-24 车身异响灵敏度图

同样一个连接点对不同悬架支撑点激烈的响应是不一样的。比如仪表板上的一个连接点对左前悬架支撑点激励的响应是 0.13 (mm/s)/N，而对后悬架支撑点激励的响应是 0.05 (mm/s)/N，这说明该连接点对左前悬架的激励更加敏感。

异响灵敏度分析包括两个问题：一是这个子系统是否存在共振问题；二是影响松动和异响的峰值大小。共振问题可以与子系统的模态结合起来分析。峰值与异响关系密切，一般情况下，车身内饰件与钣金连接点的灵敏度应该小于 0.25 (mm/s)/N，仪表板内的部件（如杂物箱、储物盒、CD 机、安全气囊等）的连接点处的灵敏度应该小于 0.4 (mm/s)/N，这样发生异响的可能性比较小。通过灵敏度分析，可以从峰值频率和灵敏度值来判断是否会发生异响。

四、整车异响响应分析

整车异响响应分析是将车身放置在整车中，分析在外力的作用下，车身上关键点的响应。输入来自路面，响应为卡扣等连接部位。

路面激励通过轮胎传递到底盘悬架系统，再传递到悬架与车身的连接点，最后传递到车身与子系统的连接点。路面激励的大小和频率与路面的形状和平坦程度密切相关。粗糙路面的激励比光滑路面的激励大，鹅卵石路面激励更大。为了输入的一致性，采用位移输入。分别在 4 个轮胎与地面接触的部位施加 1mm 的正弦扫描位移，频率从 0→50Hz 或 100Hz，如图 8-25 所示。

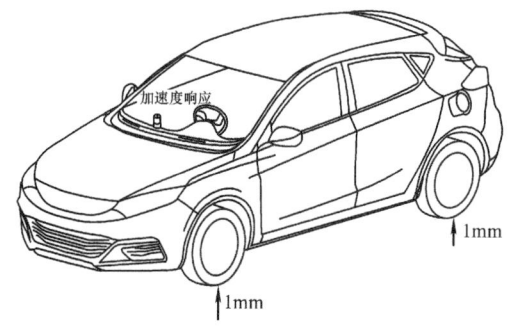

图 8-25 整车响应分析的输入点和响应点

连接点的响应采用加速度，这样便于与试验值进行比较。用加速度的大小来判定发生异响的可能。

图 8-26 所示为在左后轮上施加 1mm 的输入，仪表台板卡扣的加速度曲线。从这条曲线中可以看出在 25Hz、37Hz 和 46Hz 处存在三个峰值，其中 25Hz 处 Z 方向的峰值达到 7.4m/s²。

经验值表明，当在车轮上施加 1mm 的位移激励时，若车身连接点和仪表板内部件连接点处的加速度小于 10m/s²，则发生异响的可能性比较小；反之，则有可能发生异响。

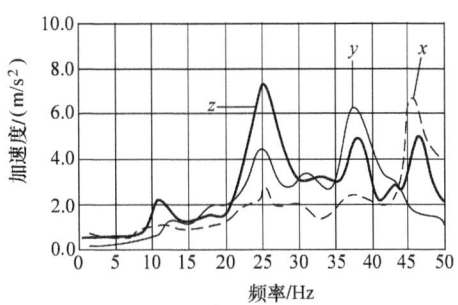

图 8-26 连接点的加速度曲线

第四节 异响的主观评价与测试分析

除了采用 CAE 方法在产品开发的前期进行异响分析与控制外，用主观方法来评价汽车的异响并从测试数据上来识别异响仍然被广泛使用。无论是对上市车型、竞争车型，还是对正在开发中的样车，都必须用主观评价和客观测试来分析异响。

一、异响的主观识别与评价

主观评价是在各种不同的道路上以不同的速度驾驶汽车，来发现异响部位；或者将汽车放置在激振台上，通过给轮胎输入不同的激励，来识别异响部位。

1. 主观评价的道路

在试车场里面，有很多专门为验证汽车 NVH 性能而铺设的路面，例如：
- 沥青路面
- 平滑水泥路面
- 粗糙水泥路面
- 波纹路面
- 随机冲击
- 鹅卵石路
- 比利时路
- 石块路
- 脉冲冲击路面
- 碎石路
- 泥土路
- ……

图8-27是几种路面的照片。有的路面是为了评价和测试乘坐的舒适性,有的路面是为了评价汽车各个系统的NVH性能,有的路面是专门用来评价异响。

a) 砖块路面　　　　b) 鹅卵石路面　　　　c) 冲击路面

图8-27　几种路面的照片（见彩插）

除了试车场外,街道路面也常常用来评价异响。一些粗糙的水泥路面、减速带、郊区的坏路、停车场的路面等都可以用来做异响评估和试验。

有些车在所有路面上都可以出现异响,甚至在平滑的沥青路上也可以出现。有些车的异响只在某些特殊的路面上出现,比如在冲击路面和鹅卵石路面上没有异响,但是在比利时路面上可能就有异响。还有些异响只在某一种特殊路面上才出现,比如有一款车在所有试验场路面和街道路面上都没有异响,但是在停车场路面上却出现了异响,如图8-28所示。这种路

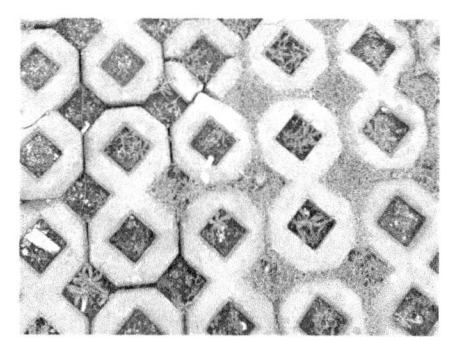

图8-28　一种中国特有的停车场路面（见彩插）

面只在中国才有,在类似于这样独特路面上的出现的异响也值得关注。

驾驶速度对异响也有影响。有的异响是在任何行驶速度下出现,有的异响只是在特定的某个速度或者某个速度段才能出现。在这个速度下,某个子系统的固有频率与激励频率一致,从而被强烈地激励起来。

2. 主观打分体系

在试验场或者道路进行评价时,除了主观判定可能出现的异响部位外,还要给异响的严重度打分。现在流行两种打分体系:一种是"十分制";一种是"四分制"。"十分制"打分体系与第七章介绍的主观评价的打分体系一样。1分表示异响十分严重,10分表示完全没有异响,6分表示异响可以被一般用户接受。

"四分制"是将异响的严重程度分为严重、中度、轻微、无异响。"严重"表示异响十分厉害,绝大多数顾客都能感知而且完全不能接受;"中度"表示异响明显存在,多数顾客不能接受;"轻微"表示存在异响,多数顾客感知不到。在"四分制"中,打分分值采用了归一化的打分体系,即"严重"异响打分为1,"中

度"异响打分为 0.3,"轻微"异响打分为 0.1。没有异响,打分则为 0。表 8-1 所示为异响程度系数,用 V 表示。

表 8-1 异响程度系数（V）

异响程度	异响程度系数（主观打分）	主观描述
严重	1	绝大多数人能感知并不舒服
中度	0.3	50%的人能感知并不舒服
轻微	0.1	大多数人能感知,但没有不舒服感
无异响	0	没有人感知

同一辆车在不同路面的异响表现是不一样的,在平滑路面异响小些,而在粗糙路面异响大些。因此,还要确定路面对异响的影响。通常在三种路上来评价异响：平滑路面、粗糙路面和坏路面。平滑路面是指质量非常好的路面,比如良好的沥青路面。粗糙路面是指路面有明显的粗糙颗粒,如不好的水泥路面。坏路面是指各种不好的路面,如鹅卵石那样的颠簸路面、隔离带那样的冲击路面等。如果在这三种路面上汽车的异响表现是一样的,那么对汽车异响的打分肯定不一样。比如两辆车,A 车在平滑路面上的异响程度和 B 车在坏路面上的异响程度是一样的,就说明 A 车本身的异响状态肯定比 B 车糟糕得多。因此,必须给出路面对异响影响的等级加权系数,用 R_i 表示,见表 8-2。平滑路面、粗糙路面和坏路面对异响的加权系数分别为"1""0.3"和"0.1"。

表 8-2 道路等级加权系数（R_i）

路面状况	路面等级加权系数（主观打分）
平滑路面	1
粗糙路面	0.3
坏路面	0.1

由此可见,评价汽车异响既要考虑汽车状况,还要考虑路面情况。汽车异响指数（Squeak Rattle Index,SRI）是由汽车本身的异响程度和路面的加权程度来确定的,可表达为

$$SRI = \sum_{n=1}^{N} SRI_n = \sum_{n=1}^{N} \sum_{i=1}^{3} R_i V \tag{8-12}$$

式中,n 表示汽车中出现异响部件的数量。异响指数是所有部件出现异响部件贡献的总和。异响指数越低,表明汽车异响越少。可以通过对标测试与分析来判断一辆车的异响指数大小能否达到可以接受的水平。

3. 激振台上的评价

除了在道路上进行异响识别外,另一种方法就是在试验室的振动台上识别。在道路上驾车,有时能识别出异响的部位,但是很多时候只能给出大概位置,比

如判定异响来自底盘或者车后面。这样就需要在振动台上进行异响部位的精准识别。

通常把汽车放在四通道激振台（Four Post Simulator）上进行试验，如图 8-29 所示。四通道激振台是由四个独立的激振器组成，每个激振器推动一根圆柱运动，四个轮胎分别放置在四根圆柱上。分别对每个激振器输入振动信号，信号可以是随机信号、正弦扫描、道路谱、单频输入等。四个激振器可以做各种运动，如同步运动、反向运动等。将采集的道路谱输入到激振器，就可以模拟真实路面的输入。

图 8-29　汽车被放置在四通道激振台上

用四通道激振台来激振汽车时，人们可以坐在车内或者站在车外，仔细聆听异响发出的部位，而且可以反复进行。与道路评价相比，台架评价能更精确地找到异响的部位。另外，可以借助测试设备来更加仔细而清晰地主观判定异响的部位并查找原因。一般用于主观判断的设备有三种：听诊器、录音设备和高速摄像机。

听诊器是医生最基本的设备，它也可以用来进行 NVH 和异响的初步判断。将听诊器的听诊头去掉，连接一根长的金属管，如图 8-30 所示，就形成了一个"NVH 听诊器"。长金属管的顶端相当于一个"探头"，可以接近发声部件，使人耳能清晰地听到近场声音。如果将金属管接触到某个部位，就可以感受到其结构振动发出的声音。将"NVH 听诊器"的"探头"伸到不同的位置，就可以比较精确地识别异响的部位。这种方法的优点是便宜、快捷。优秀的 NVH 工程师如同一名优秀的

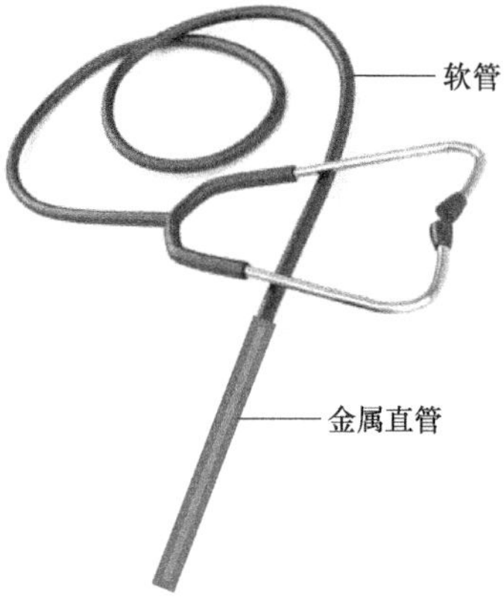

图 8-30　NVH 听诊器

医生,首先,使用听诊器并用丰富的经验来判断问题,然后才用仪器来进行测量。

录音设备有助于录下异响的声音,事后可以反复听,然后判定原因。录音设备也可以用在道路异响识别上。

高速摄像机可以拍录运动速度非常快的动作或者人眼来不及看到的运动。有些发生异响的部件之间相对运动的速度非常快,凭肉眼很难看清楚。如果用高速摄像机摄下它们的运动,再用正常速度回放,就可以清晰地看到它们的相对运动,从而找到原因。比如,发动机悬置与支架之间的碰撞经常是看不清楚的,但是用高速摄像机摄像并回放,就能精确地发现碰撞的位置、运动位移的大小及产生的原因等。高速摄像机也可以用在道路异响识别上,但是安装是比较困难的。

除了整车四通道激振台外,系统和部件可以在部件异响试验台进行。图8-31所示为一个车门安置在部件异响激振台上。在部

图8-31 部件异响激振台(见彩插)

件试验台上,可以方便地检查各个系统和部件的异响问题。

4. 评价的例子

在驾评一辆正在开发的轿车(M型车)时,发现仪表台板内部有几个明显的异响。主要有四个问题:仪表板与A柱之间有摩擦异响、杂物箱发出异响、中控面板下部异响、安全气囊异响。

发现了这些异响问题之后,首先需要确定它们是共性问题还个体问题:如果是共性问题,就一定要从设计和制造上找出根本原因;如果是个体问题,就只需要分析问题的来源是哪个环节,是制造环节,还是安装环节等。

为了确定是共性问题还是个性问题,评价团队需要驾评更多的车辆。在驾评了5辆同一款M车型后,发现上面的四个问题中,前两个是共性问题,后两个是个性问题。

对共性问题,首先从设计上进行分析。评价团队还驾评了另外一款市场上表现优异的竞争车型N,发现它没有仪表板与A柱的摩擦异响和杂物箱发出的异响,于是将N型车作为参考来分析M型车。

对第一个问题,比较了两款车A柱与仪表板的连接方式、管柱的刚度和支撑后,发现它们之间的差异比较大。然后对M型车的管柱进行了模态分析,发现其模态频率偏低、变形大,运动时容易被激励起来并产生共振。通过加强管柱的中

间支撑、增加管柱与 A 柱之间的连接螺栓和预紧力，使得管柱的模态频率提高，变形减小，最终 A 柱与仪表板之间的异响消除。

对第二个问题，发现杂物箱与暖风机干涉，并且杂物箱的振动大。从设计上，减小杂物箱的长度，避免了干涉；在杂物箱的尾部增加一根小支架来减小振动。通过设计变更，杂物箱异响消除。

对第三个问题，发现是仪表板上的线索过长，中间的固定卡扣松脱，从而导致线索晃动，与周围结构碰撞而产生异响。固定好线索，并且增加了海绵包裹，异响消除。

对第四个问题，发现有异响汽车的安全气囊安装螺栓松动。紧固了螺栓后，异响消除。

二、异响的客观测试与分析

客观测试的目的是从测试数据来判别异响源、特征和严重度。由于异响是非线性很强的信号，而且规律性不强，因此要找到合适的测试信号来评价和分析是很难的。尽管如此，还是可以寻找一些近似的方法来评价异响，这与 CAE 分析类似。

与主观评价一样，客观测试也是在各种路面和四通道激振台上进行。除了整车测试外，还可以在特定的振动台架上进行各个车身子系统的测试。

1. 加速度功率谱密度分析

异响是由于结构碰撞或摩擦而产生的，这说明异响与结构振动是有关系的，因此分析结构的振动特征对了解异响特征是有帮助的。

部件之间连接点的加速度可以用 CAE 模型计算，但是很难测量。结构表面的加速度容易测量，于是通过表面加速度来判断内部连接点的振动。经验表明，表面加速度功率谱大，内部连接点的加速度也大，出现异响的可能性就大。

假设测量加速度信号为 $a(t)$，则它的自相关函数为

$$R_{aa}(f) = \lim_{T \to \infty} \frac{1}{T} \int_0^T a(t) a(t+\tau) \mathrm{d}\tau \tag{8-13}$$

加速度功率谱密度为

$$S_{aa}(f) = \int_{-\infty}^{\infty} R_{aa}(\tau) e^{-j2\pi f\tau} \mathrm{d}\tau \tag{8-14}$$

在车身表面布置加速度传感器，如图 8-32 所示。在道路上驾驶汽车或在四通道激振台上激励汽车，就可以获取车身表面和子系统表面加速度信号。用测量的功率谱密度，从两个纬度来判定异响：

第一个纬度是用表面加速度功率谱来推断内部连接点的振动情况，大量试验数据和经验表明，表面加速度功率谱与子系统连接点的加速度有着密切关系，而

连接点的加速度大小直接决定了异响。

图 8-32 车身表面布置加速度传感器（见彩插）

第二个纬度是比较不同车身同一位置的功率谱密度，通过有和没有异响车身加速度功率谱的比较，就可以得到产生异响的加速度域值。

这里举两个例子来说明加速度功率谱与异响的关系。第一个例子是在编号为 A、B、C 和 D 的四辆车中，A 车、B 车和 C 车都有仪表板异响，而 D 车没有。图 8-33 是这四辆汽车仪表板表面加速度功率谱密度的测量曲线。在 25～100Hz 范围内，D 车的功率谱密度比其他车小，而仪表台板和很多内部部件的固有频率都在这个范围内。这四款车表面功率谱密度的大小与内部异响的对应关系很好，即表面功率谱密度大，异响大；反之也一样。

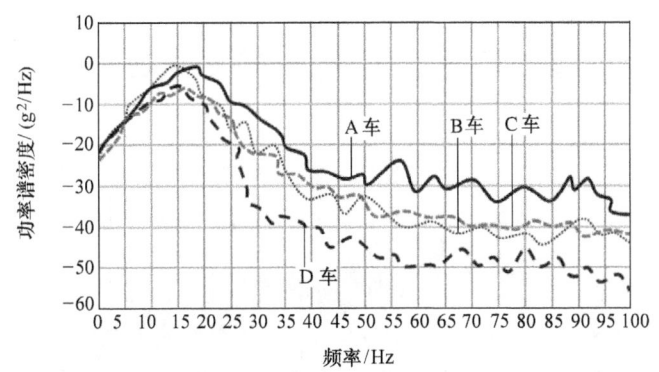

图 8-33 仪表板表面加速度功率谱密度

第二个例子是一辆车的杂物箱有异响。经过结构优化后，消除了异响。图 8-34 是原状况和优化结构后的杂物箱表面加速度功率谱密度曲线。在 25～50Hz 范围内，优化后的功率谱密度与原状况相比，明显下降。

从以上两个例子看，表面加速度功率谱很好地反映了异响的特征，因此可以将加速度功率谱作为异响敏感度的客观评价指标。

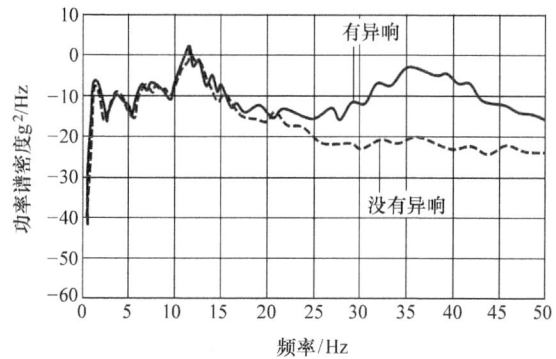

图 8-34　杂物箱有异响和没有异响的功率谱密度

2. 异响的噪声分析

在道路上驾驶汽车时,异响与其他声音混在一起,很难从声音大小上识别出来。尽管异响的声音并不大,但人耳却能分辨出来。比如,座椅皮革之间摩擦出"吱吱"的声音比发动机的声音小得多,但是人耳却能分辨出。异响的频率成分很宽,因此用声压级、响度、尖锐度等指标来定量评价异响非常难。

在四通道激振台上,排除了发动机噪声、路面噪声等,就只剩下异响声音。这样就可以用响度等物理指标来评价异响的大小。同时测量异响部件近场噪声和/或车内噪声来分析异响特征。例如,在驾评某款车时,发现发动机液压悬置有异响。用四通道激振台来激振该车,在悬置附件测量近场声音,异响的频率集中在 300~400Hz 范围内。解析了悬置后,发现里面的压片松动。修改了设计后,这个异响消除。图 8-35 是有异响和没有异响的声压级曲线。

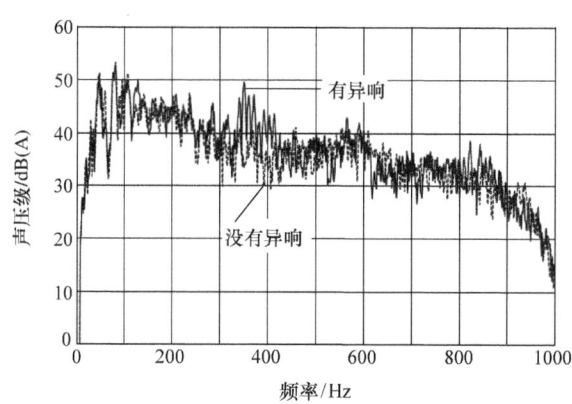

图 8-35　某车悬置近场声压级曲线:有异响和没有异响

除了在试验室进行整车异响测试与分析外,还可以用小型激振台来激励部件。

测量到部件异响的声音信号后，用响度、声压级、尖锐度等指标，即可确定异响的部位和特征。

第五节 异响的控制

一、整车开发过程的异响控制策略

第一节介绍了异响控制发展经历的三个阶段。异响控制的第一阶段是汽车上市后"发现问题-解决问题"的过程。后来发展到第二阶段，即对异响的识别与控制提前到了设计样车和工装样车阶段。进一步发展到第三阶段，即在开发初期采用 CAE 和其他分析手段来进行早期的异响控制。

现在，异响控制已经贯穿从概念设计到投产和批量生产的整个过程。下面简单地介绍这几个阶段的异响控制策略。

1. 概念设计与项目规划阶段

概念设计和项目规划阶段是产品的预设计阶段。车型产品项目还没有正式启动，市场部门、研发部门等机构在一起认证产品的可行性、市场前景等问题。异响控制工程师研究以往车型出现异响的情况、经验数据库的数据、售后由于异响而发生的维护费用、竞争车的异响状况等，同时还要预测未来几年的一些变化，如技术发展、竞争车型、细分市场、顾客需求、法规等各种改变，然后确定将要开发车型的异响控制策略。

2. 初期设计阶段

在产品开发初期，将异响控制作为每个系统和部件的设计指标，并与整车设计集成一体。这样才能实现有效、低成本的异响控制。

在初期阶段，整车一体化设计和 CAE 分析起到了核心作用。整车一体化设计是指，首先确定每个系统和部件目标，将各个系统集成在一起时，整车设计即可达到最优目标。本节后序材料将对异响一体化设计作详细介绍。在这个阶段，要进行大量的异响 CAE 分析，如系统和部件的模态分析、车身节点刚度分析、白车身车门变形分析、内饰车身的灵敏度分析、整车的响应分析等。通过 CAE 分析，确定可能产生异响的部位，并在开发的早期提前预防异响，同时对可能出现异响的部位进行稳健性（robustness）分析，并预测汽车运行一定高里程后可能出现的异响。

3. 部件和样车验证阶段

有了部件和系统样品，就可以在异响台架上进行异响试验。比如在台架上进行仪表台板的异响试验，发现仪表台板自身产生异响的部位，以便修改设计。

有了样车之后，就可以在四通道激励台和道路上进行整车试验。从样车试验中，检查出现异响的系统和部位，同时验证 CAE 分析的准确程度。

4. 生产阶段

通过概念设计、CAE 分析和样车试验，可以使样车的异响得到很好的控制。可是，到了投产阶段，批量生产的汽车还可能出现异响问题。批量生产过程的异响控制涉及三个方面：入厂零部件的质量检查、整个生产过程的质量控制、出厂的性能检查。

入厂检查是确保所有零部件的质量达到设计要求，并对一些关键零部件和容易出现故障的零部件进行重点抽查。对重点零部件，如 IP、座椅、车门等，需要在专门的台架来检查它们的异响问题。

生产过程的质量控制是确保在整车制造过程中，每个工位和工艺达到设计要求。统计表明，很多异响问题是由于整车装配不好而导致的。有的是装配不到位，如车门错位；有的是漏装了一些小零件，如卡扣和螺栓。这些小的装配错误将给汽车带来异响，特别是汽车运行到一定的高里程之后。

出厂的性能检查是在工厂的试验道路上检查整车是否出现异响。试验道路包括一些特殊的路面，如鹅卵石路、砖路、冲击路面等。在这些道路上，很容易发现异响问题。

二、车身结构一体化设计与异响控制

车身异响控制要遵循一体化的原则，即从产生异响的源和传递路径来整体考虑车身的设计。引起异响的源来自路面和发动机，而且通过各种途径传到车身。源首先是传递到车身外面的减振器（或者减振垫），再传递到其他系统连接的连接件（如支架）上，然后传递到车身。车身闭合结构的变形和各个系统的模态耦合就影响到了异响。上述描述可以用图 8-36 表示。

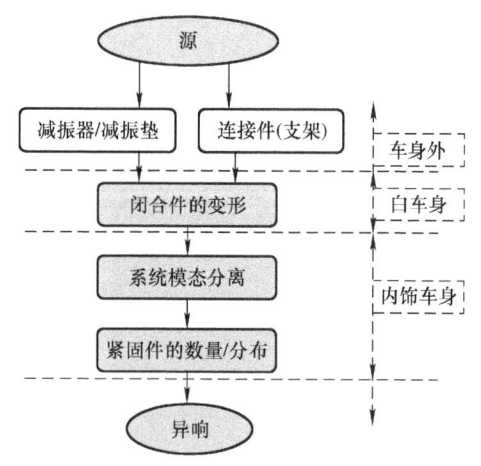

图 8-36 车身结构一体化设计与异响控制原则图

1. 隔振效率与减振器刚度

其他系统或部件与车身相连接有刚性连接和柔性连接。刚性连接是用螺栓直接将这些系统与车身连接起来，柔性连接是采用减振器或减振垫将其他系统与车身连接起来。动力总成是通过柔性的悬置系统与车身连接，底盘是通过减振器、隔振器、隔振垫与车身柔性连接，副车架用隔振垫与车身柔性连接或者两者刚性连接，排气系统用吊耳与车身柔性连接，等等。

来自发动机和底盘的振动源通过这些减振器和减振垫之后被衰减，再传递到车身。减振器和减振垫的隔振效率决定了对振动衰减的大小，这不仅影响到振动的传递，也影响到异响的控制。

2. 连接件刚度的设计

很多部件是通过特定设计的连接件与车身相连的，比如支架。动力总成的振动经过悬置后，首先是传递到与车身连为一体的支架上，如图3-88所示；排气系统的振动经过吊耳后，首先传递到支架上，然后再到车身；电池、进气系统的空气滤清器、熔丝盒等都是放置在与车身相连接的支架上。车身上有很多这样的支架，这些支架的刚度只有达到一定值时，才能避免振动源与支架产生共振，并且避免异响。例如图3-88a的支架比图b中的支架柔，图b中的支架加筋多、螺栓穿孔厚，因此它的模态频率高。

3. 模态分离

在前面的章节中介绍了车身模态分离原则，在进行异响控制时同样应遵循这个原则。车身本体的模态频率和与之相连接的系统或者部件的模态频率一定要分开，以免产生共振。在前期CAE分析时，要分析各个子系统和部件的模态和频率，目的是在开发初期就确认相邻系统或部件的模态已经分离。

4. 闭合结构的变形

在扭转力矩的作用下，白车身的闭合件会发生变形。当这个变形大到一定程度，门框和其他部件（如车门）的变形不一致，就会引起汽车异响。因此，在设计初期，必须进行闭合结构的变形分析，把变形量控制在不产生异响的范围内。

5. 部件间的间隔设计合理

有些相邻部件之间存在间隙。当相邻部件相对运动的位移大于间隙时，碰撞将不可避免。由此，部件之间的间隙控制非常重要。如果小的间隙不可避免，那么就必须进行隔离处理。比如，在发动机舱里面，有很多相互交叉的管道和线束，如图8-37a所示。如果这些管道和线束之间的距离太近，就需要用支架或者卡扣连起来，以免发生碰撞。另外，有时需要使用隔振材料，如海绵等，将管道或者线束与周围的部件隔离开来，如图8-37b所示。

图8-38a显示线束布置杂乱无章，而且与车身之间没有固定。汽车运动时，这些线束自身的碰撞以及与周边物体的碰撞会产生异响。图8-38b所示为一组线束被捆扎在一起，然后用卡扣与车身紧固在一起，这样就不会产生异响。

6. 紧固件的数量和分布

车身紧固件是指连接车身和其他部件的螺栓和卡扣。例如，安全气囊通过螺栓与转向盘连接，门板内饰件用卡扣与车门相连，各种线束用卡扣与车身相连接，发动机舱盖板下面的隔声垫用卡扣与盖板连接。被连接部件的刚度和车身安装部

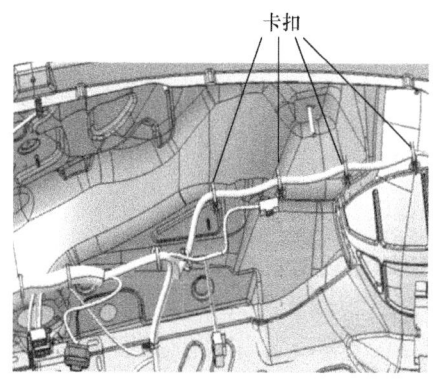 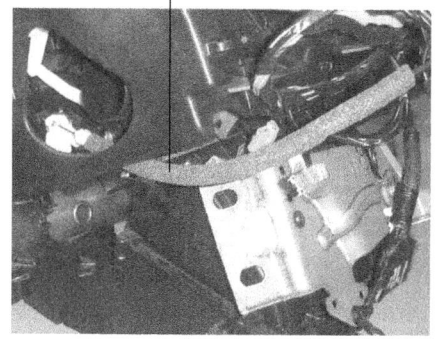

a) 管道之间的隔离　　　　　　　　　　b) 管道与车身的隔振

图 8-37　部件间的隔离处理（见彩插）

 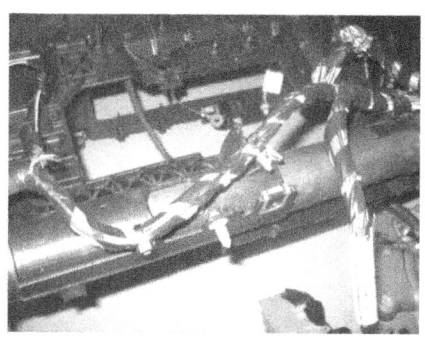

a) 杂乱无章的线束　　　　　　　　　　b) 被捆扎而与车身固定的线束

图 8-38　线束布置（见彩插）

位、螺栓或卡扣的数量和分布，螺栓安装力矩和卡扣安装牢固程度等都会影响到车身异响。

被连接部件的刚度和车身安装部位也会影响到车身异响。紧固件一边连接着附件，一边连接着车身，被连接部件和车身连接处要有足够的刚度。一旦刚度不足，它们的变形大，并且带动与之相连接部件产生大位移运动，从而可能与其他部件碰撞或者摩擦并发出异响。

螺栓或卡扣的数量和分布也会对车身异响产生影响。两个螺栓或者卡扣之间的被连接部件就像一根梁，如图 8-39 所示。如果这根"梁"的跨度过大，中间的变形就大，如图 8-39a 所示。过大的变形会使其与周围部件干涉和碰撞。增加紧固件的数量，使"梁"的跨度减小，如图 8-39b 所示，中间变形减小。

图 8-40 所示为仪表台板上方与车身连接。图 8-40a 有 8 个连接点，汽车运行过程中出现异响。经过分析后，发现卡扣之间的仪表台板变形大。将卡扣增加到

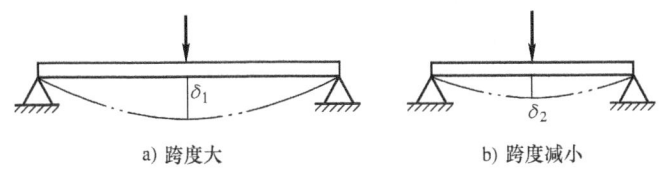

a) 跨度大   b) 跨度减小

图 8-39 两个螺栓或者卡扣之间的被连接部件就像一根梁

11 个后，如图 8-40b 所示，中间变形减小，异响也消失。

因此，螺栓或卡扣布置的数量和距离决定了车身连接部位的变形和加速度。

7. 隔声与吸声处理

吸声与隔声处理是从异响的传递通道上来减小它对车内的传播。有的异响产生在某个特定部位，在很难控制异响源的情况下，可以考虑对传递路径进行处理。比如，汽车经过有水的路面，会溅起水花并产生异响。这种异响很难从源头上控制，于是只好在轮胎附件的区域进行吸声和隔声处理。在轮毂包上涂上一层很厚的阻尼层，即可降低溅水冲击力并起到隔声作用。

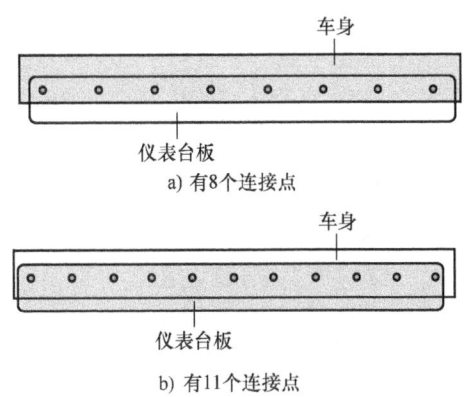

a) 有8个连接点

b) 有11个连接点

图 8-40 仪表台板与车身卡扣连接的数量

三、车身异响 DMU 检查

DMU 检查是从设计数据中查找 NVH 问题，如结构刚度、泄漏等。在结构刚度方面，检查结构板件的刚度是否合理，是否影响车身的局部模态，阻尼层的布置是否合适。在泄漏方面，检查车身上是孔和缝隙是否会带来车身密封性不好的问题。

异响的 DMU 检查主要包括：部件结构之间的间隙和连接关系是否合理；检查线束、管道之间的布置是否会带来干涉问题；非金属件的摩擦副是否合理；卡扣等使用和卡扣间距是否合理；支架等结构是否会引起共振。

DMU 异响检查的第一个任务就是检查相邻部件之间的间隙是否达到了设计要求。间隙要比部件相互运动的位移大，否则会发生干涉。

DMU 异响检查的第二个任务是检查管道和线束与车身的连接情况以及管道线束彼此间的干涉情况。当这些管道和线束与车身连接不紧或者连接点不足时，就会产生异响。另外，这些管道和线束之间彼此干涉或者之间的距离太近时，也会产生异响。

DMU 异响检查的第三个任务是检查彼此接触部件的材料兼容特征。车身上有很多非金属件，如密封条、内饰卡扣等。这些非金属件与其他部件接触，如果相互接触部件的摩擦特征不兼容的时候，就会产生摩擦尖叫异响。

DMU异响检查的第四个任务是检查部件之间的连接方式和连接件的间距是否合理。比如图8-40中仪表台板与车身的卡扣连接，只有间距小于一定值，部件的位移才能控制在一定范围。

DMU异响检查的第五个任务是检查部件结构是否会引起共振。比如图8-41中的轮毂包是几块大平板，它会很容易地被外界振动源激励起来，从而辐射噪声。通过DMU检查，

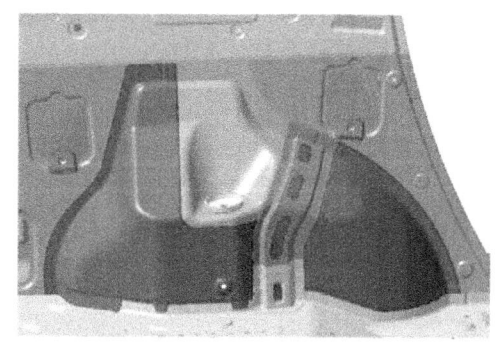

图8-41 大平板的轮毂包（见彩插）

这个轮毂包设计非常不合理，必须做出与图3-72类似的冲筋结构。

四、材料摩擦副的匹配

尖叫异响是由材料表面的相对摩擦运动产生的，但是不是所有相互摩擦的材料都会发出尖叫声。有些材料摩擦时会产生尖叫声，但是在表面涂上一层镀层后，即可以消除或降低尖叫声。因此了解相互接触部件的材料特征和它们之间的摩擦特征非常重要。

要使所有部件都采用"没有尖叫声"的材料或者特殊的镀层是不现实的。即便有些部件涂上了一层镀层后，尖叫消除，但是汽车行驶了一段时间后，表面镀层可能被磨损或者出现了可靠性问题，尖叫声会再次出现。

研究相互摩擦部件之间的摩擦特征，发现摩擦时不发出尖叫声的摩擦副匹配是控制尖叫异响的关键。比如有三种材料A、B和C，A和B之间摩擦会发出声音，但是A和C摩擦就不产生异响。将两种相互摩擦而不产生异响的材料称为一对相互匹配的摩擦副材料。A材料和C材料就是一对相互匹配的摩擦副。使用摩擦相互匹配的材料是控制摩擦噪声的一种有效方法。

在选择匹配材料时，还应该考虑温度、湿度、外界作用力以及接触角度等因素，因为材料的摩擦特征受这些因素的影响。例如，温度和湿度会使材料变形，特别是那些弹性元件和弹性结构，从而使它们的摩擦特征不同于常温状态下的特征。在多种环境（如温度、表面特征、受力等）情况下仍然满足摩擦副匹配的材料被认为是兼容性好的摩擦副。因此，选择兼容好的摩擦副材料做相互接触部件是控制摩擦尖叫声的好方法。

五、制造过程的控制

即便在设计上使异响得到了良好的控制，但是如果在制造过程中没有对异响

进行有效的控制，也会使汽车运行时出现异响问题。汽车制造可以分成三个过程：零部件入厂过程、组装过程、整车检验过程。这三个过程都应该有严格的异响控制程序。制造过程的严格控制会使异响大大降低。

入厂检查是检查供应商提供的零部件是否达到设计要求。从异响控制的角度，就是检查部件材料、部件的接触部分、相邻部件间的间隙等。比如仪表板和杂物箱之间的接触情况、锁扣情况等。

组装过程控制是在各个装配工序中，避免因为装配不当而导致出现异响。比如车门安装不到位，门和车身之间可能产生碰撞和摩擦，从而发出异响声。制定严格的组装流程和培训工人是控制组装过程产生异响的关键。

整车检查就是在试车道和激振台上检查从生产线下来的汽车的异响。每辆车出厂后，都要在简易的试车道上测试。与试车场的路面类似，这种试车道由各种路面组成。通过在试车道上开车，有经验的检验工人通常可以识别出异响问题。对于在试车道上无法判定的异响，可以把车放到四通道激振台上激励，以便更精确地发现异响部位。使用录像和录音做记录，通过回放和分析，可以定量地确定异响的大小和产生部位。

严格的制造过程控制肯定会使异响大大降低，但是成本增加。一般来说，豪华车制造控制比经济型车严格得多。即便是经济型轿车，一个公司对不同款车型的异响控制差别也很大，通常经典车型的异响控制比其他车型要严格。

六、高里程数的异响

在现代社会里，汽车成了人们的生活工具。汽车市场竞争越来越激烈，顾客的选择余地很大。因此，顾客不仅期待着对新车满意，也期待着使用了几年之后仍然满意。如果使用几万千米后，汽车的性能仍然保持良好，那么顾客对这个品牌车的满意度就高。这就是高里程数的问题。

汽车行驶到一定高里程时，其结构连接和材料特性等参数与新车时比发生了变化。由于结构松动、材料老化与疲劳等会使产生异响的部位和概率增加。比如，车身上的橡胶元件老化、隔振性能下降、玻璃和夹条之间松动、门锁里面松动等，都会使异响增加。又如，连接部件之间的卡扣脱落、螺栓松动，也会使部件间出现异响。再比如，车身板结构变形，板之间的间隙减小，也会产生碰撞异响。

高里程异响评价可以在不同使用里程数进行，包括主观评价和客观测试。图 8-42 为三款车在新车阶段、使用了 2 万 km、4 万 km、6 万 km、8 万 km 和 10 万 km阶段的主观评价打分。10 万 km 后，A 车从 8.2 分降到 7.5 分，分数降低值为 0.7；B 车从 8.0 分降到 7.7 分，分数降低值为 0.3；C 车从 7.8 分降到 6.5 分，分数降低值为 1.3。C 车衰减量最大，其次是 A 车，B 车衰减量最小，也就是说，B 车的高里程性能最好。

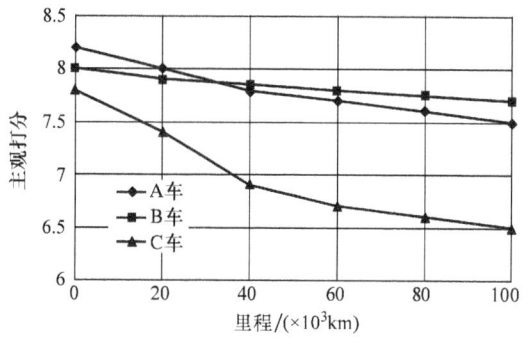

图 8-42 三款车的高里程主观评价打分

高里程异响评价的另一个指标是总体异响指标。图 8-43 是三款车的整体异响指标随使用里程变化的曲线。在 2 万 km、4 万 km、6 万 km、8 万 km 和 10 万 km 时分别得到这三部车的异响指数。10 万 km 后，A 车的异响指数从 0.1 增到 0.9，增加了 0.8；B 车的异响指数从 0.2 增到 1.8，增加了 1.6；C 车的异响指数从 0.2 增到 4.5，增加了 4.3。显然，C 车高里程的异响增加最多，B 车其次，A 车最好。

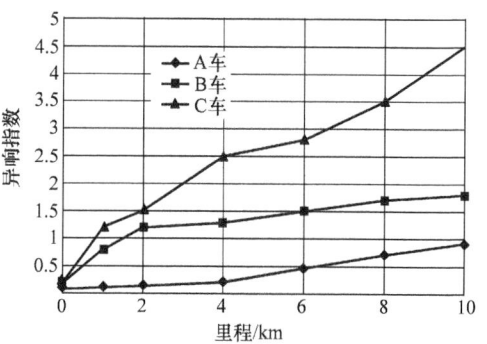

图 8-43 三款车的整体异响指标随使用里程变化的曲线

高里程异响控制要从设计、材料选择和制造等方面进行。在设计上，降低高里程异响指标的主要方法是稳健性设计。稳健性是指自身情况和外界条件发生变化时，系统还能保持设计性能的能力。对车身异响来说，尽管汽车使用多年后，其材料性能衰减、结构松动和变形，但是如果异响仍然比较少，与新车状况相比变化不多，就说明这个车身的异响稳健性好。

异响稳健性设计是列出影响异响的因素，确定它们的变化范围，然后分析性能的衰减情况。比如，悬置橡胶刚度在设计值范围内增加和减小 30%、螺栓的预紧力减小到原来的 50%、车身模态降低 20% 等都是影响异响的因素和变化范围，而车身模态、部件之间的间隙、摩擦副的变化等就是稳健性设计的性能目标。考虑到所有因素的变化范围，进行异响稳健性分析，就可以预测高里程异响的概率。

参考文献

[1] C Peterson, C Wieslander, N S Eiss. Squeak and Rattle Properties of Polymeric Materials [C].

SAE Paper 1999-01-1860.

[2] David E Soine, Harold A Evensen, Charles D VanKarsen. Threshold Level as an Index of Squeak and Rattle Performance [C]. SAE Paper 1999-01-1730.

[3] Evandro Luiz Franco Maciel, Luiz Henrique Alves, Edgar Roberto Rabi. Strategies and Proposals to Minimize Squeaks and Rattles-Strong Customers Enthusiasm Improvement Program [C]. SAE Paper 2002-01-3561.

[4] Edward L Peterson, Michael Sestina. Using Rumble Strips for Buzz, Squeak and Rattle (BSR) Evaluation of Subsystems or Components [C]. SAE Paper 2007-01-2267.

[5] E Y Kuo, P R Mehta, P E Geck. High Mileage Squeak and Rattle Robustness Assessment for Super Duty Cab Weight Reduction Using High Strength Steel and Adhesive Bonding [C]. SAE Paper 2002-01-3064.

[6] E Y Kuo. Up-Front Body Structural Designs for Squeak and Rattle Prevention [C]. SAE Paper 2003-01-1523.

[7] E Y Kuo, P R Mehta. The Effect of Seal Stiffness on Door Chucking and Squeak and Rattle Performance [C]. SAE Paper 2004-01-1562.

[8] E Y Kuo, P R Mehta. The Effects of Body Joint Designs on Liftgate Chucking Performance [C]. SAE Paper 2005-01-2541.

[9] Martin Trapp, Fang Chen. Automotive Buzz, Squeak and Rattle [M]. Amsterdam: Elseriver, 2012.

[10] G Boreanaz, L Celiberti, V Falasca. In-Plant Fast Diagnostics of Vibration-Acoustic Quality of Cars. SAE Paper 2007-01-2211.

[11] G Cerrato-Jay, J Gabiniewicz, J Gatt, et al. Automatic Detection of Buzz, Squeak and Rattle Events [C]. SAE Paper 2001-01-1479.

[12] Gernot Weisch, Wolfgang Stücklschwaiger. The Creation of a Car Interior Noise Quality Index for the Evaluation of Rattle Phenomena [C]. SAE Paper 97NV203.

[13] Glen C Grenier. The Rattle Trap [C]. SAE Paper 2003-01-1525.

[14] Farokh Kavarana, Benny Rediers. Squeak and Rattle - State of the Art and Beyond [C]. SAE Paper 1999-01-1728.

[15] Hyung Hyun Na, Hyunmin Park, Hyunchul Lee, et al. A Study on the Rattle Index from a Vehicle Door Trim under Audio System Inputs [C]. SAE Paper 2013-01-1914.

[16] Ibrahim R A. Friction-Induced Vibration, Chatter, Squeal, and Chaos, Part I: Mechanics of Contact and Friction [J]. ASME Applied Mechanics Review. 1994, 47 (7): 209-226.

[17] Ibrahim R A. Friction-Induced Vibration, Chatter, Squeal, and Chaos, Part II: Dynamics and Modeling [J]. ASME Applied Mechanics Review, 1994, 47 (7): 227-254.

[18] John Feng, Josef Hobelsberger. Detection and Scaling of Squeak & Rattle Sounds [C]. SAE Paper 1999-01-1722.

[19] Ken S Neihsl. Performance of Thermoplastic Polyolefins in Automotive Roof-Pillar Covers Involved with Interior Head Impact and Roof-Rail or Side Air-Bag Deployment [C]. SAE Paper 2002-01-1040.

[20] Kevin Hunt, Benny Rediers, Robert Brines. Towards a Standard for Material Friction Pair Testing to Reduce Automotive Squeaks [C]. SAE Paper 2001-01-1547.

[21] Kyung-Hwan Park, Man-Suk Bae, Dong-Ho Yoo, et al. A Study on Buzz, Squeak and Rattle in a Cockpit Assembly [C]. SAE Paper 2005-01-2544.

[22] Lijian (Lee) Zhang, Gary Sobek, Liang Chen, et al. Improving the Reliability of Squeak & Rattle Test [C]. SAE Paper 2005-01-2539.

[23] M Jay, Y Gu, J Liu. Excitation and Measurement of BSR in Vehicle Seats [C]. SAE Paper 2001-01-1552.

[24] Martin A Trapp, Paul McNulty, Jack Chu. Frictional and Acoustic Behavior of Automotive Interior Polymeric Material Pairs Under Environmental Conditions [C]. SAE Paper 2001-01-1550.

[25] Martin Trapp, Roman Pierzecki. Squeak and Rattle Behavior of Elastomers and Plastics: Effect of Normal Load, Sliding Velocity, and Environment [C]. SAE Paper 2003-01-1521.

[26] Martin Trapp, Roman Pierzecki. Squeak and Rattle Behavior of Filled Thermoplastics: Effect of Filler Type and Content on Acoustic Behavior [C]. SAE Paper 2005-01-2542.

[27] Martin Trapp, Edward L Peterson. A Systematic Approach to Preparing Drive Files for Squeak and Rattle Evaluations of Subsystems or Components [C]. SAE Paper 2007-01-2269.

[28] Nicolas Bédouin, Thibault Hoguet, Thierry Pasquet. New Concept of Chassis Dyno Procedure for Squeal Noises Evaluation [C]. SAE Paper 2007-01-2265.

[29] O Jun Kwon, Hae Seung Lee. A Study on the Evaluation Process of Rattle Noise Considering the Signal Characteristics in Frequency and Time Domain [C]. SAE Paper 2005-01-2543.

[30] Paulo Eduardo, França Padilha, Alexandre Nunes. A Brief Survey on Squeak & Rattle Evaluation Techniques at General Motors do Brasil [C]. SAE Paper 2002-01-3489.

[31] Ping Lee, Benny Rediers, Kevin Hunt, et al. Squeak Studies on Material Pair Compatibility [C]. SAE Paper 2001-01-1546.

[32] P J Shorter, V Cotoni, S Chaigne. Predicting the Acoustics of Squeak and Rattle [C]. SAE Paper 2011-01-1585.

[33] Raj Sohmshetty, Ramana Kappagantu, Basavapatna P Naganarayana, et al. Automotive Body Structure Enhancement for Buzz, Squeak and Rattle [C]. SAE Paper 2004-01-0388.

[34] Richard Byrd, Edward L Peterson. A Comparison of Different Squeak & Rattle Test Methods for Large Modules and Subsystems [C]. SAE Paper 1999-01-0693.

[35] Robert S Brines, Lesley G Weiss, Edward L Peterson. The Application of Direct Body Excitation Toward Developing a Full Vehicle Objective Squeak and Rattle Metric [C]. SAE Paper 2001-01-1554.

[36] Uije Kim, Luc Mongeau, Charles Krousgrill. Simulation of Friction-Induced Vibrations of Window Sealing Systems [C]. SAE Paper 2007-01-2268.

[37] Vikas Juneja, Benny Rediers, Farokh Kavarana, et al. Squeak Studies on Material Pairs [C]. SAE Paper 1999-01-1727.

[38] Yul Woong Hyun, Greg Warden, James Blenman, et al. A Displacement-Approach for Liftgate Chucking Investigation [C]. SAE Paper 2012-01-0217.

Chapter 9

第九章

车身噪声与振动的目标体系

第一节 汽车噪声振动的目标体系

一、汽车开发的周期与目标体系

1. 开发周期

开发一款全新的汽车,周期一般是3年。从公司高层进行战略决策,决定启动一款产品,开发团队就正式开始工作,这是"开发起点"。这款产品投产并批量上市的时刻就是该产品的"开发终点"。从"起点"到"终点"是一个产品开发的周期。当然在"起点"之前,市场部门和研究部门会对产品的定位、市场的竞争力、公司的技术状况等进行详细的研究,这段时间通常是半年,有的更长。"起点"前的工作通常叫着"预研"或者"前期开发"。在有的公司里面,"前期开发"跨越"起点"直到目标设定完成。在"终点"之后,研发团队的工作并没有完成,还要继续跟踪大批量生产后存在的问题和市场反馈的问题。图9-1表示研发周期图。

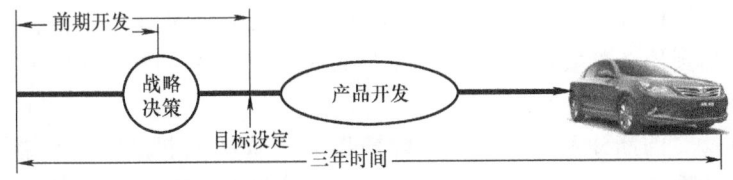

图 9-1 研发的周期

2. 目标体系及重要性

目标就是一个单位、个人或者系统所期望的成果。对汽车 NVH 来说,目标就是要满足顾客的期望和市场的竞争需求。顾客的语言是抽象的,比如他们希望汽车"安静""舒服""振动小""振动要像某某车那样""加速的时候,声音要有运动感"等。市场的语言也是抽象的，比如"NVH 具有竞争力""NVH 要比某车好""NVH 是汽车 DNA 的重要组成部分""NVH 是汽车的一个亮点"。

顾客的语言和市场的输入都是抽象的。开发汽车时，市场部门确定市场策略，然后将需求转移到开发部门。开发部门研究市场的输入，然后将这些抽象的语言"翻译"成工程语言。工程语言是客观、可以度量的。比如，市场对某款车的输入为"怠速不开空调时非常安静""在这个细分市场上，NVH 具备领先性"，工程开发部门将之翻译为达到怠速噪声 37dB（A）。再比如，市场输入为某车加速时在该细分市场上噪声最低，工程开发部门就对该细分市场上表现最好的三款车进行测量，得到噪声曲线，然后制定自己的目标，即比这些曲线都低。

根据顾客和市场的输入而制定的目标都是人直接能够感受到的，如听到的声音、手感受到转向盘的振动、座椅的振动等。这类目标被称为整车级目标。汽车非常复杂，而几乎每个系统和零部件都涉及 NVH 问题。开发汽车时，需要制定每个系统和零部件的 NVH 目标，这些目标称为系统 NVH 目标和零部件 NVH 目标。系统目标和零部件目标是人不能直接感知的，但系统和部件 NVH 的好坏影响着整车 NVH 性能。因此，NVH 目标体系包括三个层面的目标：

第一层面：整车级 NVH 目标

第二层面：系统级 NVH 目标

第三层面：部件级 NVH 目标

本节从这三个方面来介绍车身的 NVH 目标体系。

目标体系是汽车开发中最重要的内容。在开发初期制定目标后，整个开发过程就是以这个目标为基准进行的。目标的制定与成本和技术是密切相关的，因此，制定目标也不是盲目地追求越高越好。一旦目标确定，那么整个开发就围绕着目标进行。通过 CAE 分析、样件试验、样车试验，最终达到设定的目标值。制定一个完整而合乎情理的目标对汽车开发非常重要。

3. 目标体系的执行

目标体系的执行基于开发流程。流程规定了每个阶段该做什么、需要提供什么交付物、达到什么阶段性的目标。可以说汽车开发是一个目标的制定—执行—实现的过程，如图 9-2 所示。

除了参与"前期开发"工作外，噪声振动团队从"起点"开始就正式工作，制定整车级的噪声振动目标。制定目标是开发过程中最重要的工作，以后的一切工作都是围绕着"目标"开展的。三年的开发过程可以分成四个阶段：目标的设定与分解、目标的实现、目标的验证、目标量产实现。从 NVH 的角度，各个阶段的工作如下：

① 目标设定与分解阶段：在市场调研的基础上，进行竞争车分析、设定整车级目标，然后分解并制定系统和部件目标，形成完整的 NVH 目标体系。

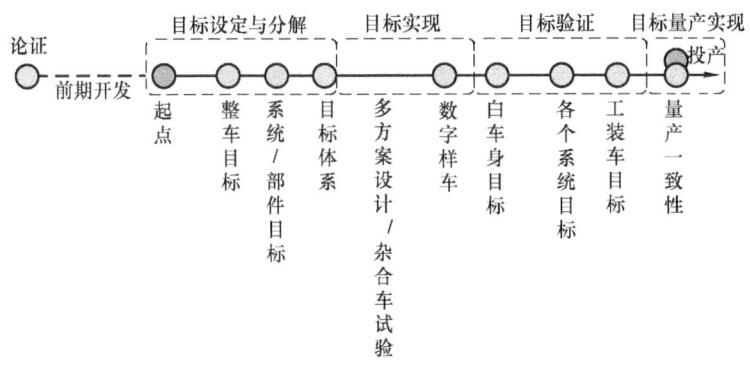

图 9-2　NVH 目标的制定—执行—实现的过程

② 目标实现阶段：通过 CAE 分析、杂合车试验、系统和部件的多方案设计与分析、DMU 检查，逐步实现目标，形成达到一定 NVH 目标的数字样车。

③ 目标验证阶段：通过数字样车检查和 CAE 分析，达到设定的目标，然后分阶段去验证白车身、关键系统、设计样车的 NVH 指标，并达到工装样车阶段所要求的 NVH 目标。

④ 目标量产实现阶段：对几轮次的工装样车进行试验，找出问题并解决问题，实现所有设定的 NVH 目标，并保证量产车 NVH 的一致性，然后跟踪市场对汽车 NVH 问题的反馈并制定对策。

三年开发的四个阶段通常被分成了十多个里程碑。在每个里程碑到来的时候，要对目标进行检查，确认是否达到这个里程碑所需的 NVH 目标。如果没有达到，那么要对项目往前走的风险进行评估以及确认目标执行方向。

二、影响目标制定的因素

制定汽车开发目标通常受到四个因素的影响：政府法规、顾客需求、市场竞争和公司的技术，如图 9-3 所示。

1. 政府法规

噪声是一种损害健康和影响听力的污染。开车时，车内噪声大会影响人们之间的谈话，而且让人感到不舒服。长时间在噪声大的车内，人容易疲劳，从而影响驾驶安全。车外噪声大会影响周围居民的生

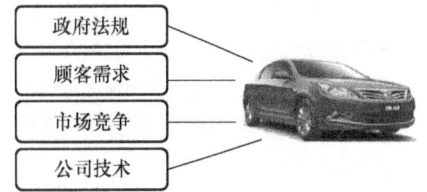

图 9-3　影响 NVH 目标的四个因素

活。因此，世界卫生组织和各国政府都制定了政府法规来限制车外噪声。一般情况下，对车外噪声的限制有两个值：通过噪声和定置噪声。中国目前的汽车噪声标准也是这两个。欧盟还制定了其他更多的车外噪声标准。

2. 顾客要求

政府的标准控制了车外噪声，而顾客关注的是车内噪声。顾客不仅仅关注车内声音和振动的大小，而且关注声音的品质。不同的顾客对声音的要求是不一样的。对经济型轿车的顾客，只要噪声不让他们烦恼就能满足他们的要求。对豪华车的顾客，他们不仅要求噪声小，而且要求车内各种声音要舒适。对运动型汽车的顾客，他们追求的是声音的动感，甚至是兴奋而有刺激感的声音。

3. 市场竞争

汽车有很多细分市场，比如 SUV 细分市场、经济型轿车细分市场等。在一个细分市场上，有许多汽车公司生产的不同品牌的汽车。因此在一个细分市场上，竞争是非常激烈的。新开发的车将来肯定要到这个竞争的市场上来。与市场上竞争车的对标是制定目标时非常重要的一环。另外，有些机构还对汽车在市场上的表现进行调查，发布非常详细的报告，比如 JD-Power。这些报告对顾客、公司都有影响。这些影响也会反映到目标制定上。

4. 公司的技术

公司的技术是影响目标制定的一个因素。即便分析了上面三个因素，并且决定开发 NVH 性能最优秀的汽车，但是公司的技术不能满足要求，制定再好的目标也只是空谈（除非借助外力）。公司的技术沉淀是支撑 NVH 开发的重要支柱。

三、目标设定与分解的原则

1. 目标设定的原则

图 9-4 表示了目标设定的原则和程序。在考虑上述四个因素的前提下，按照以下步骤来设定目标。

第一步：分析顾客和市场的需求。市场部门会根据细分市场的要求和特定顾客群对产品的需求，列出详细的市场输入表。

第二步：确定性能的战略定位。性能的战略定位是指在某个细分市场中，确定将要开发的车具备怎样的性能竞争力。性能竞争力分为四类：

☐ 引领者或领导者：在某个细分市场上，性能最佳者

☐ 领导群：在某个细分市场上，性能不是最佳，但是在最佳的那群车之中

☐ 竞争者：在某个细分市场上，性能不是最好的那群之中，但是还是有一定的竞争力

☐ 跟随者：在某个细分市场上，性能不具备竞

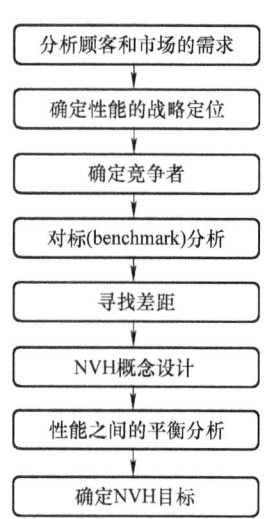

图 9-4　目标设定的原则和程序

争性,但是还是可以被市场接受。

下面以全加速车内噪声来说明这四者之间的关系。图9-5给出了某个细分市场上销量比较好的几款车的车内加速噪声和制定的目标线。从这个图中可以看出,引领者的目标是加速噪声比所有车型都低;竞争者的目标比领导者的噪声高2~3dB(A);领导群介于领导者与竞争者之间;跟随者的加速噪声与这几款车中噪声最大车型相当,它比领导者高出约5~7dB(A)。

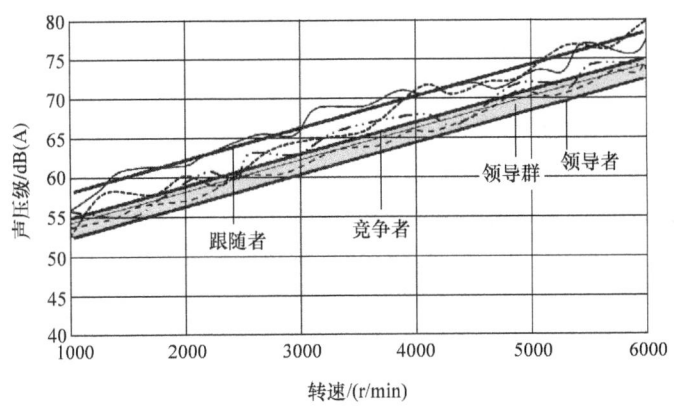

图9-5 不同车型加速噪声的战略定位

第三步:确定竞争者。一旦了解了顾客需求和性能战略定位,就可以确定竞争者。假设确定新车性能处在领导群,那么在挑选竞争车时,就锁定"领导群"中的车型。比如在某个细分市场上有20款车,除去"领导者",就把其他车型中性能最佳的三款车选出来作为"竞争者"。

第四步:进行对标(benchmark)分析。将确定好的三款车作为对标对象,测试各种怠速和驾驶状况下的NVH值,分析这些车的整体和各个系统的NVH表现,最终全面掌握这些车的NVH性能,做到全面"知彼"。

第五步:寻找差距。通过对标研究,了解了竞争车的NVH特征之后,就要分析即将开发的车型与这些竞争车的差距在哪里,怎样消除差距而使新车进入到"竞争者"的行列中。是发动机噪声的差距?是技术的差距?还是别的差距?等等。

第六步:进行NVH概念设计。为了跻身到"竞争者"的行列中,就需要对各个系统进行NVH概念分析与设计,然后初步确定NVH目标体系。

第七步:进行各个性能之间的平衡分析。汽车有很多性能,如NVH性能、碰撞安全性能、操控性能、燃油经济性等。这些性能之间往往是矛盾的,如底盘操控性能和NVH性能对橡胶胶套刚度的矛盾,刚度大对操控好而刚度小对NVH性能好。一款优秀的汽车一定是各个性能取得了很好的平衡。当然,有的车为了突出某个特征，有时会牺牲别的性能。

第八步：最终确定NVH目标。在考虑其他性能平衡的基础上，修改第六步的NVH目标，并制定最终目标。

2. 目标分解的原则

整车级NVH目标是根据顾客和市场确定的，是人能够直接感知到的。整车级目标设定后，就要将之分解到各个系统和各个部件。这种"分解"不是单向的"自上而下"的过程，即并不是整车目标确定了，就可以简单地确定车身、发动机、进排气系统等的目标。目标的分解是由"自上而下"和"自下而上"的双向确定的，如图9-6所示。

在做对标分析时，不仅仅是分析竞争车的整车级NVH特征，而且还要测试和分析各个系统和部件的NVH特征，比如车身的模态频率、进气口的噪声、消声器的传递损失等。这些系统和部件NVH的对标结果就是新车目标的参考值。如果各个系统和部件的目标确定，那么反过来，它们就可以"组合"成整车级目标。当然这种"组合"过程中会有很多误差，如相位误差等。

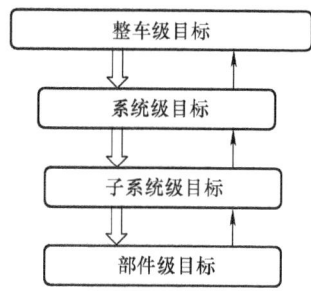

图9-6 目标分解的双向过程

各个系统和部件的目标均会受到相应的设计、技术、成本等因素的影响，它们中间的一部分达不到竞争车的水平。这样，就必须调整每个系统和部件NVH目标，使得它们在"自下而上"的"合成"过程之后，能够达到整车级目标。

由此可见，目标分解是整车级"向下"的过程，同时也是系统和部件级"向上"的过程。只有这两个过程很好地交融在一起，才能制定出一个完整的NVH目标体系。

四、模态分离原则

当一个系统的固有频率与外界的激励频率一致时，就会产生共振。当两个相邻系统的固有频率一样时，一个系统受到扰动，另一个系统就会受到影响。因此，在进行系统设计时，要避免共振问题，包括两方面的含义：第一是系统的固有频率要与激励频率避开；第二是相邻系统的固有频率要彼此避开。这就是模态分离的原则。

对整车，需要制定一张模态表（表1-1）。模态表列出了所有系统的频率、怠速的激励频率。在这张表上，相邻系统的模态频率一目了然。如果相邻系统的模态分离达不到要求，就可以修改系统。同样，系统的固有频率是否与怠速的激励频率重合也看得一清二楚，如果发生了重合，就可以修改系统频率或者怠速激励频率。在开发初期，制定这么一张表并配合目标体系，就成了指导NVH开发最重要的指南。

对每个系统,在整车模态表的基础上,按照模态分离的原则,制定更加详细的系统级模态表。例如,表 2-2 列出了车身上所有部件的模态特征与频率。这些模态信息包括车身的一阶、二阶弯曲模态频率,一阶、二阶扭转模态频率,各个板件(如前壁板、顶棚、地板、行李箱盖板、发动机舱盖板)的局部频率,与车身相连接系统的频率,各种激励频率等。它就是车身 NVH 开发的一个指南。

除了整车模态表和系统模态表外,还要制定激励源表或图,如图 2-52 所示。将主要激励源,如发动机和旋转机械的激励绘制在这张表上,可以清晰地显示各个转速下和各个频率下的激励源。这样当遇到某个转速和/或频率下的噪声振动问题时,便能很快地找到对应的源。

五、车身 NVH 目标体系

车身 NVH 目标可以划分为四级,即:
❏ 整车级 NVH 目标
❏ 内饰车身 NVH 目标
❏ 白车身 NVH 目标
❏ 部件级 NVH 目标

整车级 NVH 目标是指在整车状况下的车身 NVH 目标。比如整车隔声目标完全是由车身决定的,因此这就是整车级车身的一个目标。再比如在整车上评价关门声品质更方便,因此它也是整车级的车身目标。车身结构基本上决定了整车弯曲和扭转模态,因此整车弯曲模态和扭转模态也是与车身紧密相关的目标。

内饰车身目标是指在白车身的基础上,加入了内饰件、玻璃、座椅等部件后车身的 NVH 目标。加入玻璃和座椅等部件后,车身刚度和重量发生变化,其模态频率也发生变化。由于增加了内饰材料,车身的隔声和吸收性能发生变化。车身的隔声量、声振传递函数等指标只有在内饰车身上才能体现出来。

白车身目标主要是其整体的刚度、模态频率以及局部模态频率。

部件目标是各个部件的自身局部目标,如后视镜的模态频率、各种安装支架的模态频率、车门的目标、材料的隔声系数和吸声系数等。

本章将分别从这四个方面详细介绍车身 NVH 目标体系。

第二节 整车级车身目标

一、整车级车身目标的影响因素

整车 NVH 目标是顾客能够感受到的成分并将之设成的目标,如车内噪声、手上的振动等。整车级车身目标是指在整车状况下，应该关注的车身NVH目标。因此，分析整车级车身NVH目标是从整车的角度出发，来研究车身的结构和声学包装的问题。这些目标是在白车身和内饰车身上不能确定或者不方便确定的目标。

整车的模态和频率是整车NVH的基础，它是由内饰车身决定的，而内饰车身又是由白车身决定的。因此，从车身角度来看，整车的模态和频率是车身NVH目标。

整车的隔声性能和声腔模态可以在内饰车身上得到控制，因为它们是由内饰车身决定的。但是在整车上更容易测量隔声量和声腔模态，因此把这两个目标归入到整车级车身NVH目标。

同样，关门声品质目标可以在内饰车身上确定，但是在整车上更方便进行关门声品质的测试和分析，因此它也被归入到整车级车身NVH目标。

在白车身上，设定了薄壁板件（如前壁板）的模态频率目标，但是在整车状况下，它的模态会发生变化。比如，在前壁板上，安装有附加部件（如转向泵等）和穿孔部件（如空调管、拉锁、转向柱等），这样就使前壁板的模态发生了变化，必须确定在这种状况下的模态频率。因此，车身局部板结构的模态频率也是整车级车身NVH的目标。

有一些小附件在内饰车身上还没有安装，直到最后才安装，如内、外后视镜等。这些附件也必须设定NVH目标。

二、整车级车身振动目标

1. 整车级车身模态频率目标

整车级车身振动目标有：
- 整车一阶弯曲模态频率
- 整车一阶扭转模态频率

如果整车的模态频率低，就可能落入到发动机怠速激励范围内，从而产生车身共振。由于频率低，车内相邻的部分可能碰撞而产生异响。因此，要将整车的一阶弯曲模态频率和一阶扭转模态频率作为NVH目标，而且一般要求达到30Hz以上。

2. 薄壁件模态目标

前壁板模态频率与振动响应：前壁板模态频率是一个NVH目标，但是很难给出明确的值。原则上是在白车身目标控制好之后，前壁板的频率要避开与之相连的部件传递的激励频率，比如空调管道可能把空调系统和压缩机的一些激励传递到前薄壁。一般来说，前壁板这样的板件频率越高越好。提高板件频率的主要方法有冲筋和加筋，而且筋结构要与周边结构连接起来。当无法避免共振时，可以在表面添加阻尼材料或者采用约束层结构板来衰竭振动。

3. 附件的振动目标

整车车身附件 NVH 目标有：
- 外后视镜连接点的动刚度
- 外后视镜的模态频率
- 内后视镜连接点的动刚度
- 内后视镜的模态频率

外后视镜安装在车门上或者车身上。如果安装点的动刚度不足或支架的模态频率低，那么汽车运动时，车身被激励起来，外后视镜会随之晃动，驾驶人或乘客看后视镜中的东西就是模糊的。因此，必须控制安装点的原点动刚度和支架模态频率。与此类似，内后视镜连接点的原点动刚度和自身的模态频率也要进行控制。

4. 仪表台板的模态目标

仪表台板安装在管柱上。管柱的模态频率不仅决定了转向盘系统的频率，而且也影响着仪表台板的模态频率。如果仪表台板的频率低，那么它容易被外界的振动激励起来，严重时，人可以直接看见仪表台板的颤抖。仪表台板还可能与车身结构碰撞而产生异响。因此，必须将仪表台板的模态频率作为车身的一个 NVH 目标。

三、整车级车身噪声目标

整车级车身噪声目标有：
- 气密性
- 隔声量
- 声腔模态
- 关门声品质

1. 气密性

气密性是车身声学包装最基础的部分。车身上有大量的孔和缝，它们的密封处理对隔声能力有非常重要的影响，例如前围板上有转向柱孔、线束孔、拉锁孔等。对所有的孔、洞、缝隙都要进行密封处理，只处理一部分而留一部分是达不到良好的隔声效果的。就像一个有 8 扇窗的房间，尽管关闭了 7 扇窗，外面的声音仍然会从还开着的那扇窗传进来。如果气密性不好，那么采用任何好的隔声/吸声材料和结构都不能达到隔声目的。所以，只有整车的密封性达到一定程度后，车身才能起到隔声作用。

气密性的好坏可以用单位时间内的泄气量来定量确定。泄气量是气密性的目标。

2. 隔声量

隔声量是衡量整车或者车身隔声性能的指标。在特定环境下，比如在混响室里，进行车内外噪声的测量，如图 5-58 所示。整车的隔声性能可以用噪声降低量或声学传递函数来表示，其目标的设立基于对标测试与分析的结果。

3. 声腔模态

当车身局部板的结构模态频率与车内声腔模态频率耦合时，在车内会产生轰鸣声。通常这种轰鸣声的频率比较低。

车身声腔模态取决于造型设计，如果车身的结构和尺寸确定了，声腔模态和频率也就基本确定了。声腔模态频率是很难改变的，即使改变，也只是可以微调模态幅值的位置。因此把声腔模态频率列为车身的 NVH 目标，仅仅作为车身结构设计的参考。

4. 关门声品质

关门声品质的定量目标有：
- 响度
- 尖锐度
- 振颤

"车身声品质"一章给出了一系列车的关门声响度和尖锐的值，如图 7-23 和图 7-24 所示。响度在 20~25Sone 的关门声是非常好的，在 25~28Sone 之间是有竞争力的，在 28~30Sone 之间是可以接受的，而超过 30Sone 的关门声品质就不好了。尖锐度在 1.8~2.2acum 的关门声是非常好的，在 2.2~2.5 之间是有竞争力的，超过了 2.5acum 的关门声就不好。振颤的指标需要从时间曲线或时域彩图上识别，一般只希望看到一次主要碰撞，而且后续的波动要很快衰减。

第三节 内饰车身的 NVH 目标

一、内饰车身的 NVH 特征

白车身是内饰车身的基础。内饰车身是在白车身的基础上安装了车门、玻璃、座椅等系统，其重量和刚度分布发生了变化。当白车身模态频率目标得到控制后，就必须控制内饰车身的模态频率，因为它是整车模态频率的基础。

内饰车身是一个封闭结构，还有很多吸声与隔声材料。当外界噪声振动施加到车身时，内饰车身对这些激励有一定的衰减作用。当激励力作用在其他部件与车身的连接点时，其振动对车内振动的影响可以用振振传递函数来表示，而连接点振动对车内噪声的影响则可用声振传递函数表示。外界噪声激励对车内噪声的影响用声声传递函数来表示。

二、内饰车身的振动目标

1. 模态频率目标

内饰车身是在白车身上安装其他部件（如车门、玻璃窗、风窗玻璃、内饰件、座椅等）之后形成的。内饰车身的重量比白车身增加了很多，结构刚度也发生了变化。内饰车身的垂向弯曲模态比白车身低很多。对于扭转模态来说，由于车门、玻璃等结构使得扭转刚度提高，尽管重量增加，但是受综合刚度和重量的影响，内饰车身的扭转模态频率降低，其降低量没有弯曲模态频率降低量大。因此，设立内饰车身的模态频率对控制整车NVH非常重要。内饰车身的模态频率目标有：

- 一阶垂向弯曲刚度
- 一阶扭转刚度
- 一阶垂向弯曲模态频率
- 一阶扭转模态频率

2. 振动传递函数目标

其他系统与车身连接会将振动传递给车身，进而传递到转向盘、座椅、底盘。人手、臀部和脚分别能感知到这些部位的振动。因此，车身连接点的振动激励对转向盘、座椅、底盘的振动响应之间的振振传递函数是车身振动控制的目标。振振传递函数有时用VTF来表示，VTF是Vibration Transfer Function（振动传递函数）的简称。内饰车身的振振传递函数目标有：

- 动力总成悬置连接点振动对车内振动点的振振传动函数
- 排气挂钩连接点振动对车内振动点的振振传动函数
- 传动轴系支撑点振动对车内振动点的振振传动函数
- 底盘阻尼器连接点振动对车内振动点的振振传动函数
- 底盘弹簧连接点振动对车内振动点的振振传动函数
- 底盘摇臂连接点振动对车内振动点的振振传动函数
- 冷却模块与车身连接点振动对车内振动点的振振传动函数
- 其他系统（如空气滤清器支架、电池支架等）与车身连接点振动对车内振动点的振振传动函数

以上振振传递函数的目标确定是基于对标测试与分析的结果。

三、内饰车身的噪声目标

1. 声声传递函数

内饰件除了基本功能外，吸声与隔声是它的主要功能。内饰件与车身的金属件一起形成了一个屏障，隔离车外的声音。衡量内饰车身隔声好坏的指标是声声

传递函数。声声传递函数可以用噪声衰减量（NR）或声学传递函数（ATF）来表示。内饰车身的噪声目标包括：
- 发动机辐射噪声对车内噪声传递的声声传递函数
- 进气口辐射噪声对车内噪声传递的声声传递函数
- 排气口辐射噪声对车内噪声传递的声声传递函数
- 轮胎辐射噪声对车内噪声传递的声声传递函数
- 其他噪声源（如风噪、传动系统噪声等）对车内噪声传递的声声传递函数

噪声衰减量（NR）随着频率的增加而增加，NR越大，表明隔声效果越好。ATF随着频率的增加而减小，越小，就表明隔声越好。

声声传递函数目标没有统一的标准，因车而异，由对标决定。声声传递函数与材料、成本等有关。通常是根据市场的竞争分析和客户要求来确定声学包装上的投入。

2. 声振传递函数

当激励车身某一点时，振动会通过车身传递，然后辐射到车内形成噪声，这就是结构声的传递。衡量内饰车身振动对声音传递的指标是声振传递函数，用NTF（Noise Transfer Function）来表示。与前面描述的连接点振动传递函数类似，声振传递函数的目标有：
- 动力总成悬置连接点振动对车内噪声的传递函数
- 排气挂钩连接点振动对车内噪声的声振传递函数
- 传动轴系支撑点振动对车内噪声的声振传递函数
- 底盘阻尼器连接点振动对车内噪声的声振传递函数
- 底盘弹簧连接点振动对车内噪声的声振传递函数
- 底盘摇臂连接点振动对车内噪声的声振传递函数
- 冷却模块与车身连接点振动对车内噪声的声振传递函数
- 其他系统（如空气滤清器支架、电池支架等）与车身连接点振动对车内噪声的声振传递函数

一般来说，声振传递函数的目标值定为55 dB/N。在实际工作中，对于车身不敏感的频率，这个值可以放宽。

第四节 白车身的NVH目标

一、白车身的NVH特征

白车身由框架和板结构组成。它是整个汽车最基础的系统，如同一栋房屋的框架结构。其他系统都安装在它上面。白车身对整车NVH性能至关重要，振动激

励源都是作用在它上面，在车内产生噪声振动。因此，制定白车身 NVH 目标对汽车开发非常重要。

框架的刚度和连接头的刚度决定了白车身的模态频率以及异响的控制。刚度低会使车身模态频率低和变形大，并且引起车身的金属件之间、金属件与非金属件之间碰撞，从而产生异响。白车身的模态频率又决定了内饰车身的模态频率，进而影响整车模态。

白车身的板结构很多，如前壁板、顶棚、地板等。这些板结构的频率比较低，容易被外界振动激起来而辐射噪声。同时在这些板上还有一些附加部件和管道，它们也会激励板的振动。另外，板结构的频率可能与声腔模态耦合而产生共振。因此，控制这些板的振动目标也很重要。

其他系统与车身连接时，要么直接作用在框架上，要么直接连接在板结构上。这些连接点就是外界振动对车身激励的输入点，这些点的刚度会影响振动通过车身传递的效率。因此，控制这些连接点的动刚度也是白车身 NVH 控制的目标。

二、白车身的振动目标

根据前面章节的分析，可以将白车身振动目标分为三类：整体模态、板的局部模态和连接点动刚度。

1. 整体模态频率目标

白车身的整体模态频率目标有：
- 一阶垂向弯曲刚度
- 一阶扭转刚度
- 一阶垂向弯曲模态频率
- 一阶扭转模态频率

控制一阶垂向弯曲模态频率和一阶扭转弯曲模态频率的目的有两方面：一是从白车身到内饰车身再到整车，车身必须避开来自发动机等激励源的激励频率；二是避免由于白车身刚度不足而引起异响。

第二章"车身整体结构振动控制"对白车身的整体模态进行了详细描述并给出了大量数据。图 2-41 和图 2-42 给出了一些经济型车、中高级车和 SUV 的第一阶弯曲和扭转模态值。第一阶弯曲模态目标为 45~55Hz，第一阶扭转模态目标为 40~50Hz。

2. 局部模态频率目标

第三章"车身局部振动与噪声控制"列出了大量局部模态，如前壁板模态、顶棚模态、地板模态、发动机舱罩盖模态、行李箱罩盖模态、车门板模态等，并详细描述了局部模态带来的噪声与振动问题。简单回顾一下它们带来的问题：前壁板、地板、顶棚、侧围板等都是薄壁件，比较容易被发动机和路面激励起来。这些薄壁件的频率比较低，可能与声腔模态耦合。很多系统（如转向柱、空调管等）穿过前壁板，因此它容易被这些穿越物体激励起来。因此，控制这些薄壁件的模态频率对减小车身振动和提高声品质非常重要。

白车身的局部模态频率目标有：
- 发动机舱的局部模态
- 前壁板的局部模态
- 顶棚的局部模态
- 地板的局部模态
- 其他部分（如侧围板）的局部模态
- ……

对这些模态没有统一的目标。制定目标的原则是这些局部模态不被激励起来，并且与周围部件避频。

3. 原点动刚度目标

第五章描述了机械阻抗、机械导纳和 IPI 等概念。文中表述的原点动刚度其实是 IPI，即原点加速度导纳，单位是 $(m/s^2)/N$ 或 g/N。刚度和导纳互为倒数，图形上引入 IPI 只是为了识别的习惯。

原点动刚度越大，表示这点的结构越强壮。反之，原点动刚度低，表明这点的结构弱，即当激励作用在该点时，系统的振动很容易被激励起来。

对车身来说，原点动刚度低，当该点被激励时，车身容易被激励起来，同时通过结构向车内传递噪声。因此，车身连接点原点动刚度是白车身的重要目标，目标包括：
- 动力总成（悬置）连接点的原点动刚度（X、Y、Z 方向）
- 排气挂钩连接点的原点动刚度（X、Y、Z 方向）
- 传动轴系支撑点的原点动刚度（X、Y、Z 方向）
- 底盘阻尼器连接点的原点动刚度（X、Y、Z 方向）
- 底盘弹簧连接点的原点动刚度（X、Y、Z 方向）
- ……

车身连接点的动刚度有三个方向。传统上认为主承力方向的刚度要比其他方向大，但是现在大量数据表明振动的大小与承力方向是没有必然联系的，即非承力方的振动可能比承力方的振动大。一般情况下，将原点刚度的值设为 $10^7 N/m$，动刚度随着频率的增加而衰减。

三、白车身的噪声目标

因为没有闭合件和内饰件，声音可以自由地穿越白车身，因此它没有噪声目标。但是为了验证白车身上非功能性和工艺性的孔和洞，还是设定了一个白车身噪声目标：泄漏量。

进行白车身气密性试验时，用牢固的塑料将车身上的门和玻璃处密封，然后通过气密性试验来测量其漏气量及漏气的地方，以及时发现白车身上的孔洞，尽可能早地控制它们。这将为整车的气密性打好基础，为车身及内外饰零部件设计和工艺研究提供支持。

第五节　车身零部件的NVH目标

在介绍整车级车身目标、内饰车身目标和白车身目标时，已经涉及了一些零部件，比如外后视镜、内后视镜、前壁板等。本节介绍的零部件是在前面三节没有涉及的零部件，包括附件的支架、座椅、发动机舱盖和行李箱盖、车门单体、吸声材料和隔声材料。

一、车身零部件的振动目标

汽车的许多附件是通过支架安装在车身上的。如果支架的频率低，就可能被激励起来，从而产生共振。所以，必须将这些支架频率作为控制目标，例如：
- 转向支撑支架模态频率
- 蓄电池支架模态频率
- ECU支架模态频率
- 助力转向泵支架模态频率
- ABS支架模态频率
- 空气滤清器支架模态频率
- ……

支架模态频率目标值设定的原则有两个：一是避开外界振动源的激励频率；二是避开相邻部件的模态频率。比如空气滤清器支架，气流流过时，会激励它，如果这个气流激励频率与其支架的频率一致，就会导致支架共振，从而将振动通过车身传递到车内。在设定这个支架模态频率目标时，一是避开发动机发火阶次频率，二是避开空气滤清器的结构频率。

座椅的目标有横向模态频率和垂向模态频率，详情请参阅第三章。

发动机舱盖和行李箱盖的模态频率也是车身NVH控制的目标，其目的是为了避免发生共振。

二、车身零部件的噪声目标

车身上控制噪声的零部件是隔声部件和吸声部件（除车身板结构和空腔阻隔

材料外），而它们的基本特征是由吸声材料的吸声系数和隔声材料的隔声量所决定的。因此，车身零部件的噪声目标有：

- 吸声材料的吸声系数
- 隔声材料的隔声量
- 吸声部件和隔声部件组合件的隔声量

材料的吸声系数可以在驻波管内测量，也可以在混响室内测量。隔声材料的隔声量可以在驻波管内测量，也可以在混响室与消声室组合套件测量。吸声系数、隔声系数和隔声量的目标没有统一的值。应根据不同车型，进行大量的对标测试与分析来确定这些目标。

三、车门本体的噪声振动目标

关门声品质是车身最重要的声品质。第七章详细介绍了影响关门声品质的因素以及提升方案。本节简单地汇总控制关门声品质的车门NVH指标。

1. 车门结构的模态目标

影响关门声品质的车门结构包括车门整体的结构与刚度、车门外板和内板的结构，由此可知与模态有关的目标是：

- 车门整体的第一阶弯曲模态频率
- 车门整体的第一阶扭转模态频率
- 车门外板的模态频率
- 车门内板的模态频率

第八章"车身异响与控制"给出一些车门的弯曲模态值和扭转模态值，如图8-17和图8-18所示。一般情况下，白车门的弯曲模态值目标为50Hz，扭转模态值为60Hz。

2. 原点动刚度

关门的瞬间是卡板冲击锁扣，因此锁扣的原点动刚度影响到关门声品质。锁扣原点动刚度的目标与其他连接点的动刚度一致。

3. 卡板-锁扣-棘爪的冲击指标

卡板-锁扣-棘爪之间会有多次碰撞，如果每次碰撞的时间间隔大，那么人耳就会听到几个响声，从而影响到关门声品质。卡板-锁扣-棘爪之间的碰撞时间间隔、响度和尖锐度是门锁机构目标。

第六节 车身NVH目标总汇

综合前面几章和本章介绍的整车级车身目标、内饰车身目标、白车身目标和零部件目标，将这些目标归结在一起，可使读者更加清晰地了解车身的 NVH 目标体系。

一、整车级车身 NVH 目标

1. 整车级车身振动目标

■ 整车级车身模态频率目标
- ❏ 整车一阶弯曲模态频率
- ❏ 整车一阶扭转模态频率

■ 薄壁件模态目标
- ❏ 前壁板模态频率与振动响应

■ 附件的振动目标
- ❏ 外后视镜连接点的动刚度
- ❏ 外后视镜的模态频率
- ❏ 内后视镜连接点的动刚度
- ❏ 内后视镜的模态频率
- ❏ 仪表台板的模态频率
- ❏ ……

2. 整车级车身噪声目标

■ 气密性
■ 隔声量
■ 声腔模态
■ 关门声品质
- ❏ 响度
- ❏ 尖锐度
- ❏ 振颤

二、内饰车身的 NVH 目标

1. 内饰车身的振动目标

■ 整体模态频率目标
- ❏ 一阶垂向弯曲刚度
- ❏ 一阶扭转刚度
- ❏ 一阶垂向弯曲模态频率
- ❏ 一阶扭转模态频率

■ 振动传递函数目标
- ❏ 动力总成悬置连接点振动对车内振动点的振振传动函数

□ 排气挂钩连接点振动对车内振动点的振振传递函数

□ 传动轴系支撑点振动对车内振动点的振振传递函数

□ 底盘阻尼器连接点振动对车内振动点的振振传递函数

□ 底盘弹簧连接点振动对车内振动点的振振传递函数

□ 底盘摇臂连接点振动对车内振动点的振振传递函数

□ 冷却模块与车身连接点振动对车内振动点的振振传递函数

□ 其他系统（如空气滤清器支架、电池支架等）与车身连接点振动对车内振动点的振振传递函数

□ ……

2. 内饰车身的噪声目标

■ 声声传递函数

□ 发动机辐射噪声对车内噪声传递的声声传递函数

□ 进气口辐射噪声对车内噪声传递的声声传递函数

□ 排气口辐射噪声对车内噪声传递的声声传递函数

□ 轮胎辐射噪声对车内噪声传递的声声传递函数

□ 其他噪声源（如风噪、传动系统噪声等）对车内噪声传递的声声传递函数

■ 声振传递函数

□ 动力总成悬置连接点振动对车内噪声的传递函数

□ 排气挂钩连接点振动对车内噪声的声振传递函数

□ 传动轴系支撑点振动对车内噪声的声振传递函数

□ 底盘阻尼器连接点振动对车内噪声的声振传递函数

□ 底盘弹簧连接点振动对车内噪声的声振传递函数

□ 底盘摇臂连接点振动对车内噪声的声振传递函数

□ 冷却模块与车身连接点振动对车内噪声的声振传递函数

□ 其他系统（如空气滤清器支架、电池支架等）与车身连接点振动对车内噪声的声振传递函数

三、白车身的 NVH 目标

1. 白车身的振动目标

■ 整体模态频率目标

□ 一阶垂向弯曲刚度

□ 一阶扭转刚度

□ 一阶垂向弯曲模态频率

□ 一阶扭转模态频率

■ 局部模态频率目标

□ 发动机舱的局部模态

- 前壁板的局部模态
- 顶棚的局部模态
- 地板的局部模态
- 其他部分（如侧围板）的局部模态
■ 原点动刚度目标
- 动力总成（悬置）连接点的原点动刚度（X、Y、Z方向）
- 排气挂钩连接点的原点动刚度（X、Y、Z方向）
- 传动轴系支撑点的原点动刚度（X、Y、Z方向）
- 底盘阻尼器连接点的原点动刚度（X、Y、Z方向）
- 底盘弹簧连接点的原点动刚度（X、Y、Z方向）
- ……

2. 白车身的噪声目标
- 漏气量

四、车身零部件的NVH目标

1. 车身零部件的振动目标

■ 支架的模态频率
- 转向支撑支架模态频率
- 蓄电池支架模态频率
- ECU支架模态频率
- 助力转向泵支架模态频率
- ABS支架模态频率
- 空气滤清器支架模态频率
- ……

■ 发动机舱盖和行李箱盖的模态频率

2. 车身零部件的噪声目标

■ 吸声材料的吸声系数

■ 隔声材料的隔声量

■ 吸声部件和隔声部件组合件的隔声量

3. 车门本体的噪声振动目标

第七节 车身目标体系的执行

本章第一节介绍了汽车NVH开发是一个从目标制定到目标执行的过程。只有制定一个合理的目标体系，然后在开发的每个阶段严格执行，才能诞生一款充满希望的新产品。本节将从目标的设定与分解控制、CAE 分析、DMU 检查、白车身的控制、内饰车身的控制、整车的控制、里程碑的检查等方面来介绍 NVH 目标体系的执行。

一、目标设定与分解阶段的控制

前面已经介绍了目标设定与分解的原则。在确定了细分市场的竞争力和车型 NVH 的竞争力之后，通常选择三款竞争车进行非常详细的对标测试，作为目标设定最重要的参考。

首先，测量整车级的噪声振动指标，包括车内噪声、人触及点（手、转向盘、座椅、脚）的振动，以及整车状况下各个系统的噪声振动数据（如排气尾管的噪声、动力总成悬置点的振动等）。

第二，将整车拆解为各个系统，如内饰车身、排气、动力总成、底盘等，分别对这些系统进行详细的 NVH 测试与分析。例如，测量内饰车身的一阶垂向弯曲模态、一阶扭转模态等。

第三，将各个系统进一步拆解成子系统或者零部件。例如，将内饰车身拆解成白车身子系统、车门子系统、前壁板隔声垫等。然后测量各个子系统和零部件的 NVH 性能，如白车身的一阶垂向弯曲模态、一阶扭转模态、车门锁扣的原点动刚度、吸声材料的吸声系数等。

在得到了所有整车级、系统级、零部件级的 NVH 目标后，根据前面介绍的目标设定与分解"自上而下"和"自下而上"双向原则，修改由对标得到的目标，最终确定开发车型的 NVH 目标。

在确定了目标后，必须制定每个开发阶段要达到的目标完成率，同时制定试验验证计划，即 DVP（Design & Verification Plan）。

二、里程碑的目标检查控制

在开发一款全新车型的三年时间内，共设置了十几个里程碑或者节点。设置里程碑的目的是把开发分成不同的阶段，制定每个阶段的目标，然后检查目标完成的情况。

对 NVH 来说，里程碑就是检查 NVH 目标的实现情况。在一个里程碑到来的时候，有一个输入，然后进入检查，最后有一个输出，如图 9-7 所示。进行里程碑检查时，一个车型的"NVH 总师"带领所有系统的 NVH 工程师（如车身 NVH 工程师、发动机 NVH 工程师等）向该公司 NVH 总工程师汇报。各个领域 NVH 专家作为评审成员，与总工程师一起来评审该车型的 NVH 状况。技术输入是指目前车型 NVH 的状况、问题、目标达成率等。检查是指对 NVH 状况和问题进行检查，对没有达到里程碑要求的指标进行评估，决定是否通过里程碑。如果存在问题，但是并不妨碍项目继续往前走，就需要评估没有达标项目的风险并提出解决方案。输出就是在里程碑检查后，给出一份完整的评估意见，并对从现在到下一个里程碑需要开展的工作提出要求。不同的里程碑对"输入"和"输出"的要求不一样。

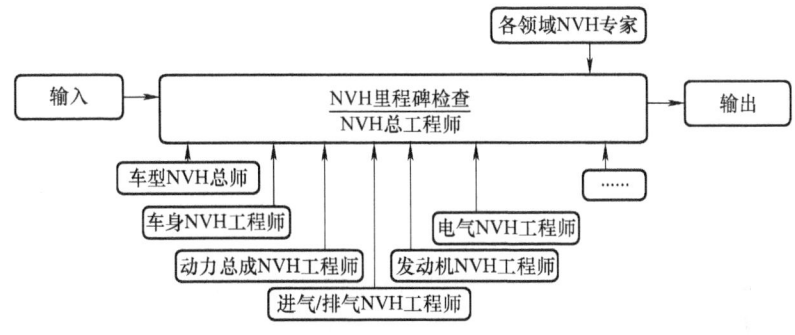

图 9-7　NVH 里程碑检查

里程碑检查是执行 NVH 目标体系最有效的办法，它将整体的目标分解到每个阶段。每个阶段的目标就更加具体、更加清晰、更容易达到。如果每个阶段的目标实现了，最终目标就可以实现了。

三、CAE 与 DMU 的控制

除了试验测试与分析外，CAE 分析和 DMU 检查是控制 NVH 目标的良好手段。它们与试验和实物密切配合，能进行问题的检查、快速多方案的设计以及目标验证。

1. CAE 控制

汽车开发过程中的样车一般分为三种：杂合车、设计样车和工装样车。杂合车是采用已有的车型平台，保持原来的车身，更换新的动力系统和底盘而形成的车。在开发初期到中期，用杂合车来验证动力系统和底盘系统。在开发的中期，将新的车身与杂合车上已经验证过的动力系统和底盘组合而形成设计样车，其目的是为了验证车身。到了开发后期，将所有更新的设计结果安装在工装样车上，进行最后的测试验证。

现在，很多汽车公司为了加快进度和节约成本，省掉了设计样车，而只做杂合车和工装样车。这样车身只有在工装样车中才出现，而此前工作就依赖 CAE 分析。在开发初期，用 CAE 工具对竞争车进行对标分析，找到竞争车的优势和弱点，并与测试数据一起确定车身的 NVH 目标。在开发中期，进行多方案设计，配合测试工作来解决整车的 NVH 问题，并给出最优设计。到了后期，工装样车出现后，通过试验来检查 CAE 分析的精确度，同时用 CAE 模型为车身的局部修改提供支持，并形成数据库。

对白车身来说，CAE 的模态计算与实际测量的结果吻合程度很高。但是到了内饰车身，CAE 分析的误差通常比较大。当玻璃、座椅等部件加入后，内饰车身就变成了一个典型的非线性系统，有些参数模拟困难，导致计算模态和频率与试验值之间出现差距。

内饰车身的声学计算一般用统计能量法。由于内饰件的参数以及结构件的阻尼因子等测量比较困难，导致计算精度控制比较难。车身的声学计算没有白车身的结构计算成熟。尽管如此，在内饰车身计算方面，CAE 分析遇到了很大挑战，但是对于早期进行多方案设计以及后期的优化还是有帮助的。

2. DMU 检查

DMU 代表数字样车。由于车身实物只是到了后期才有，在中期进行了车身设计和 CAE 分析后，形成了数字样车的车身。通过检查这个数字样车，可以发现很多问题。

第一，发现结构的不合理设计。比如地板框架是否形成封闭、局部板结构是否太弱、加筋的地方是否合理、阻尼材料的布置是否优化等问题都可以在数字样车上发现。通过 DMU 检查，提出结构修改，以便在样车出来之前就解决问题。

第二，发现孔和洞的问题。检查功能性的孔是否合理、是否太大、是否有隔振或隔声处理，比如线束穿过前壁板时，板上的孔是否有密封和隔声处理。检查工艺性的孔是否有填堵方案。检查在相应的工艺完成后，这些孔是否有密封处理。检查是否有错误性的孔和洞，如果有，应该怎样处理。例如检查几块板的交接部位是否有老鼠孔，如果有，就必须确定填补方案。

第三，检查声学包装是否合理。检查吸声和隔声材料的位置、厚度、使用的材料与其他部件之间的间隙等。

四、白车身 NVH 的控制

有了白车身后，根据目标系统中确定的目标来检查目标实现的情况。白车身 NVH 控制内容主要有气密性、整体模态、局部板结构模态、局部支架结构模态和原点动刚度。

五、内饰车身与整车的控制

有了内饰车身和整车后，根据目标系统中确定的目标来检查目标实现情况。内饰车身与整车 NVH 控制内容主要是控制气密性、隔声量、整体模态、局部模态、声声传递函数、声振传递函数和关门声品质。

参 考 文 献

[1] Abdul Hafiz Afaneh, Mohamed Khalid Abdelhamid, Mohamad S Qatu. Engineering Challenges with Vehicle Noise and Vibration in Product Development [C]. SAE Paper 2007-01-2434.

[2] Roger Williams, Fraser Henderson, Mark Allman-Ward, et al. Using an Interactive NVH Simulator for Target Setting and Concept Evaluation in a New Vehicle Programme [C]. SAE Paper 2005-01-2479.

[3] Todd Tousignant, Kiran Govindswamy, Dean Tomazic, et al. NVH Target Cascading from Customer Interface to Vehicle Subsystems [C]. SAE Paper 2013-01-1980.

[4] 庞剑, 谌刚, 何华. 汽车噪声与振动：理论与应用 [M]. 北京：北京理工大学出版社, 2006.

设计示例

案例：前纵梁刚度不足引起车内轰鸣声

解决方案：在前纵梁内部增加加强结构，刚度提升，轰鸣声消除

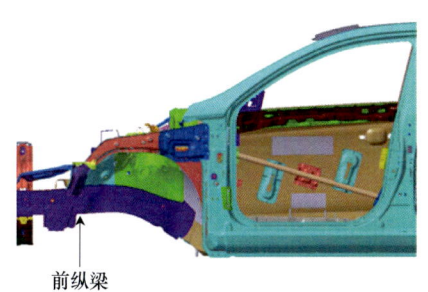

前纵梁

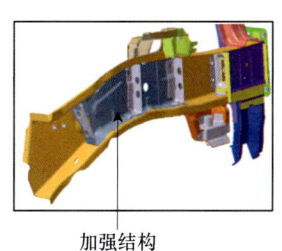

加强结构

车内加速噪声比较

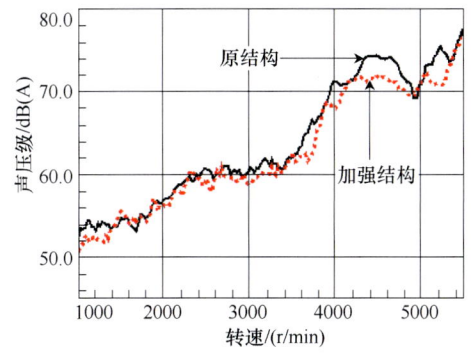

车内加速噪声比较：Colormap 图

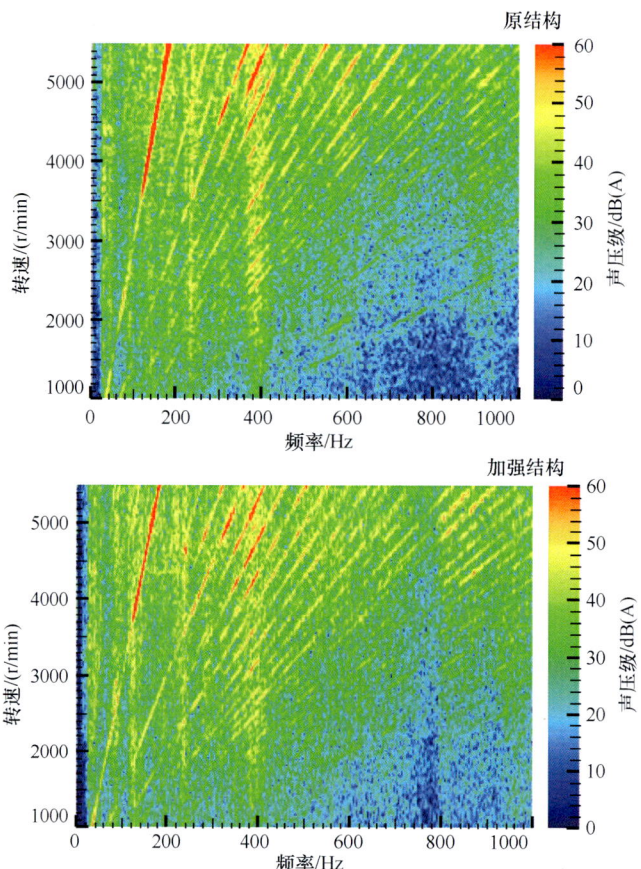

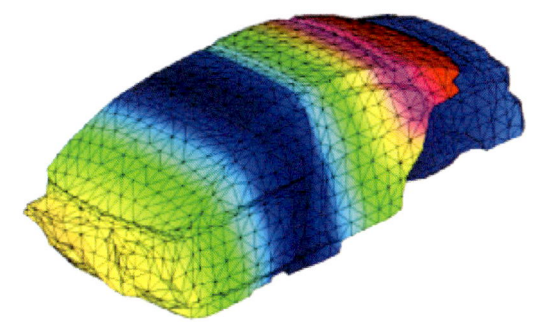

图 1-21　某车的第一阶声腔模态

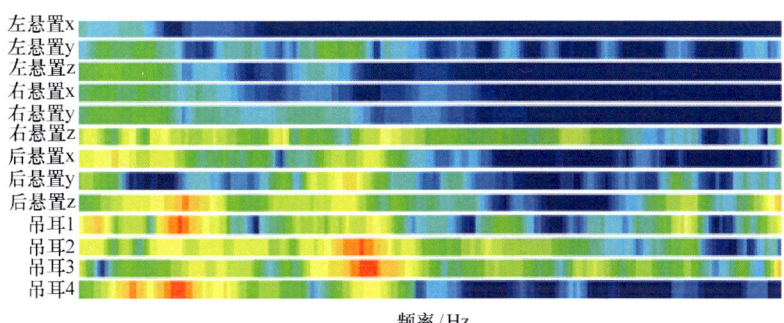

频率/Hz

图 1-34　声振灵敏度彩色图

图 1-36　车身底部的装饰罩

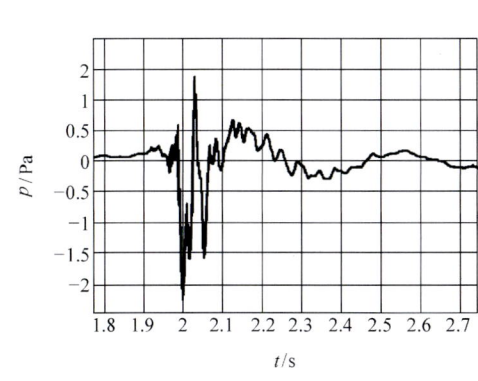

a) 时间曲线

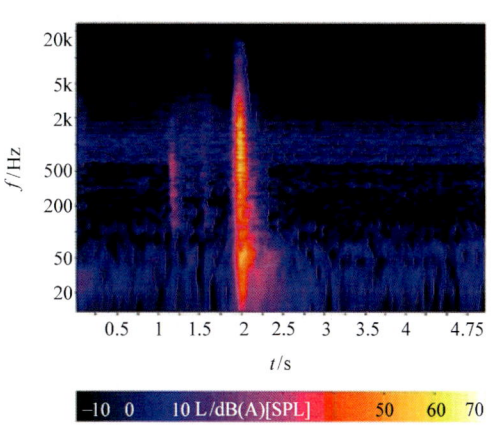

b) 时间-频率彩色图谱

图 1-38　关门声音图谱

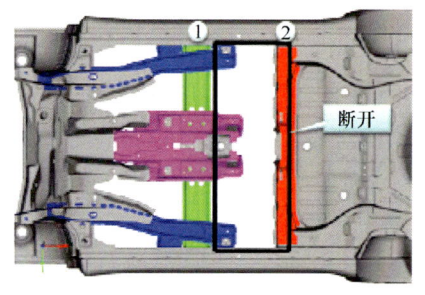 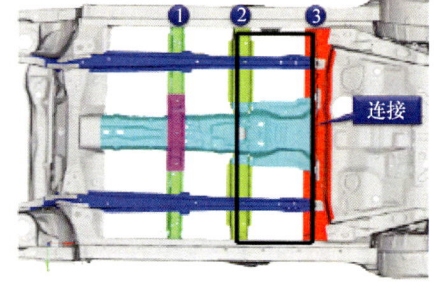

a) 开口梁　　　　　　　　　　　b) 封闭梁

图 2-18　开口梁和封闭梁的地板结构

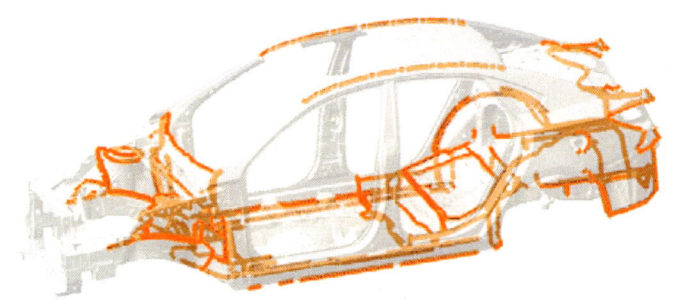

图 2-32　在某个车身的门框、纵梁、底板和置物板上使用了结构胶

图 2-40　车身的第一阶扭转模态图

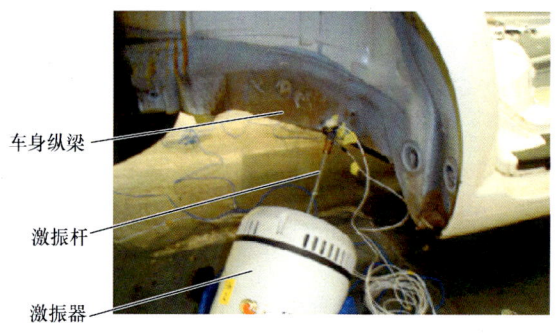

图 2-46　激励点的选择

a) 第一阶弯曲模态

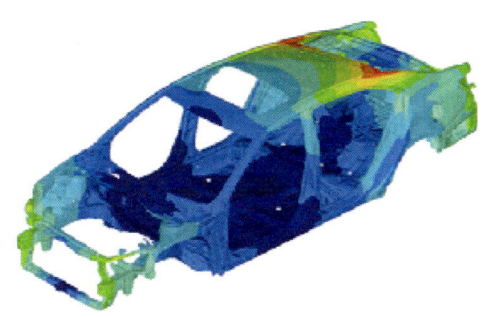

b) 第一阶扭转模态

图 2-51　有限元法计算的白车身的第一阶弯曲模态和第一阶扭转模态

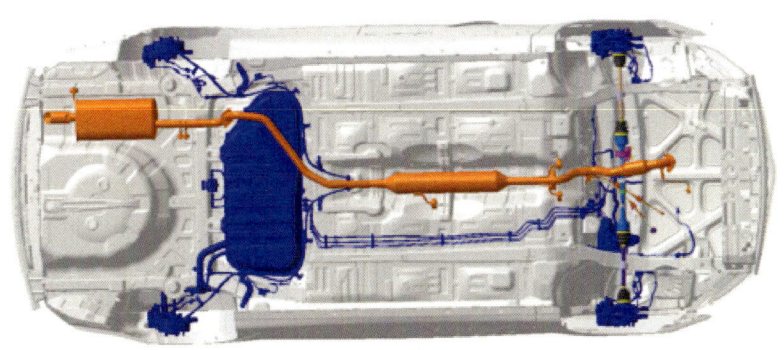

图 3-5　地板和安装在地板上的结构

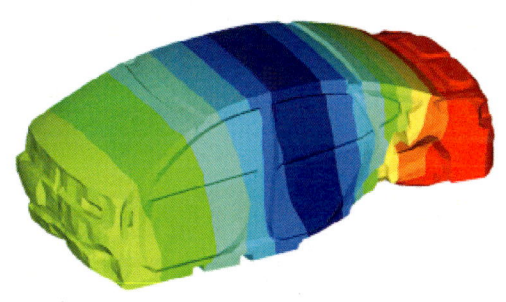

图 3-9　某车身的第一阶声腔模态图

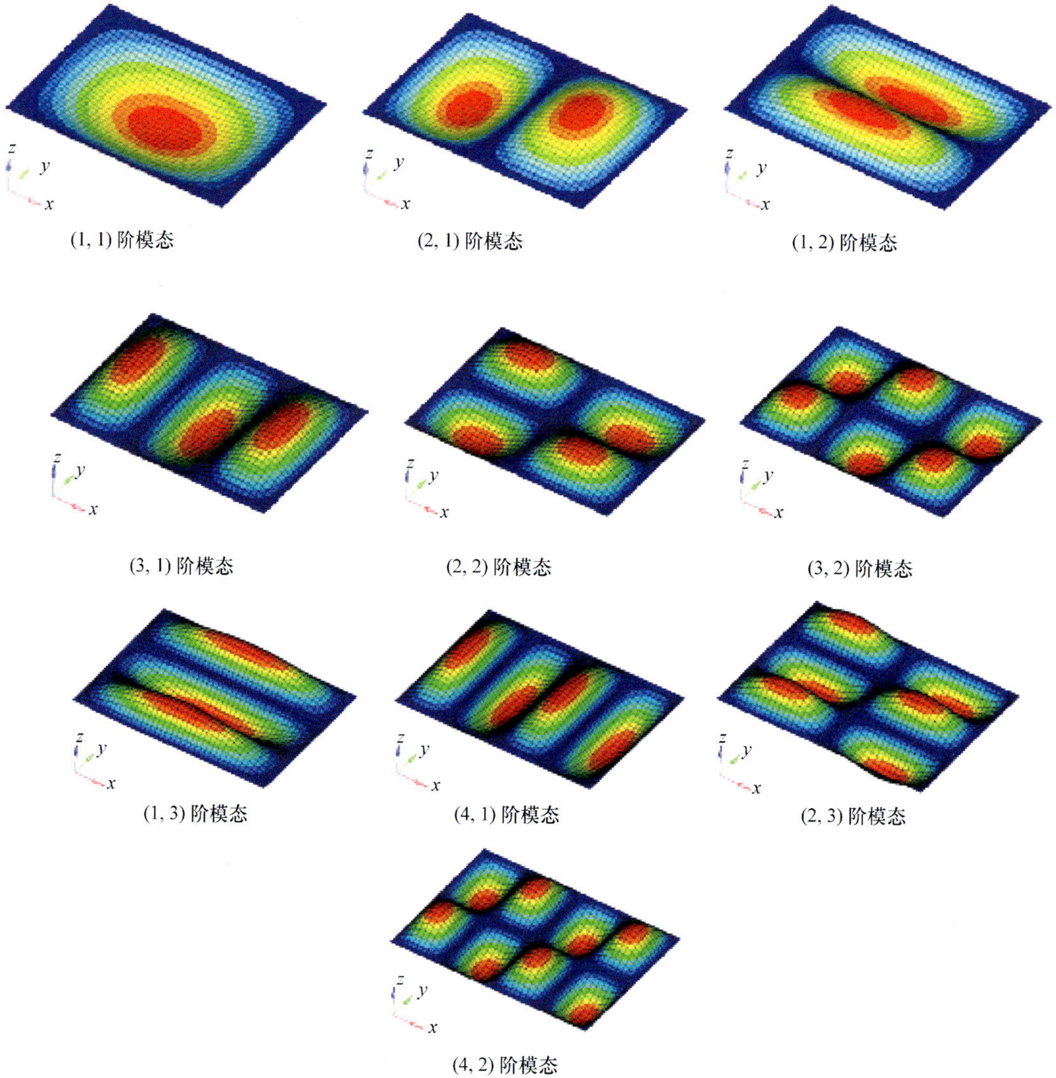

(1, 1)阶模态 (2, 1)阶模态 (1, 2)阶模态

(3, 1)阶模态 (2, 2)阶模态 (3, 2)阶模态

(1, 3)阶模态 (4, 1)阶模态 (2, 3)阶模态

(4, 2)阶模态

图 3-11　矩形薄板的前十阶模态振型

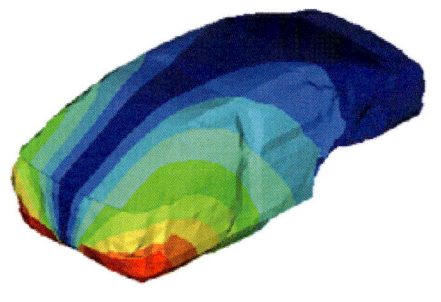

图 3-15　某车身的第三阶声腔模态图

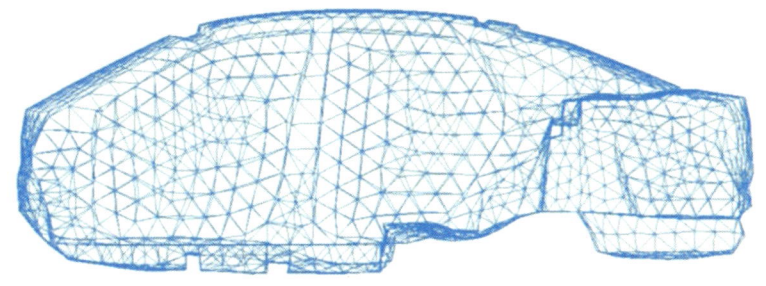

图 3-16　车身空腔有限元模态

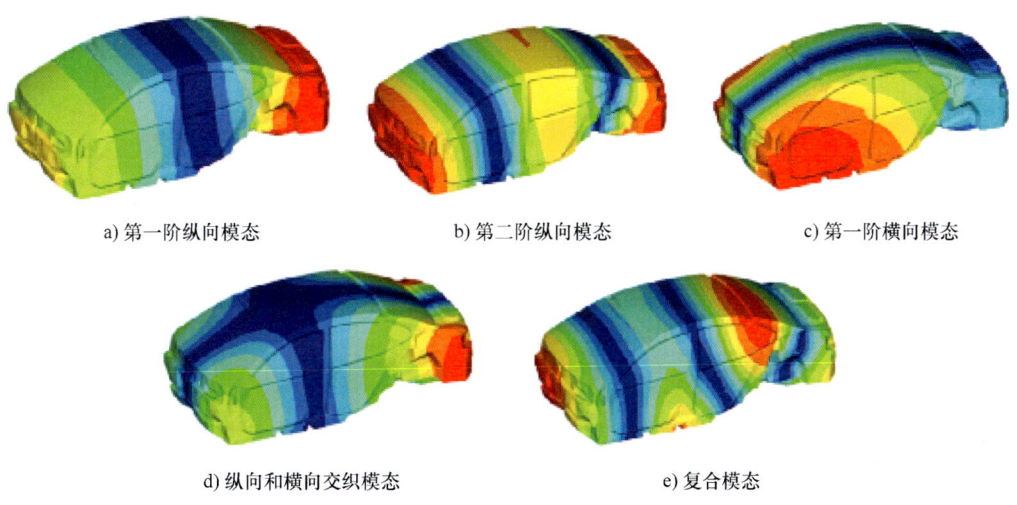

a) 第一阶纵向模态　　　　b) 第二阶纵向模态　　　　c) 第一阶横向模态

d) 纵向和横向交织模态　　　　e) 复合模态

图 3-17　某款车的前五阶声腔模态

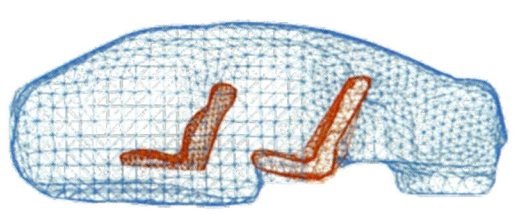

图 3-22　有座椅的声腔有限元模型

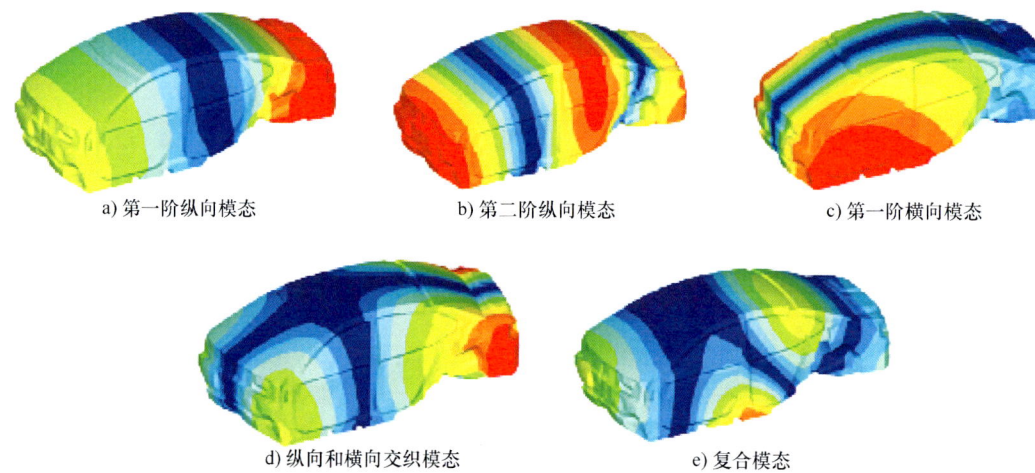

图 3-23　有座椅的前五阶声腔模态

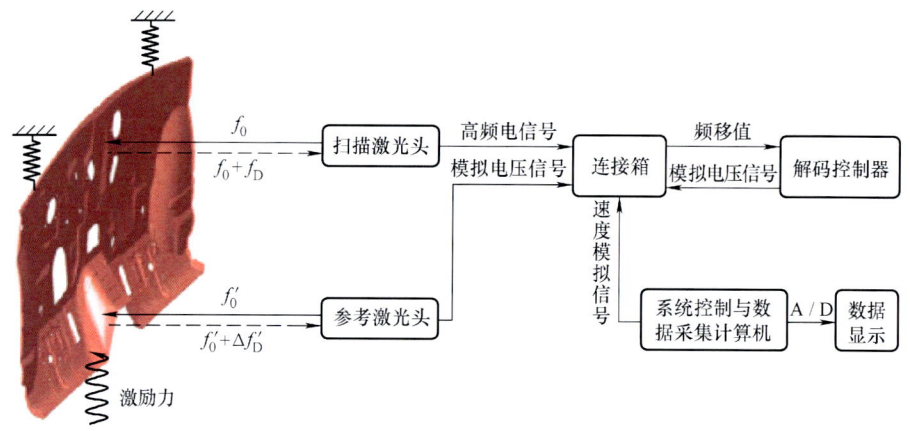

图 3-35　激光测量车身振动的示意图

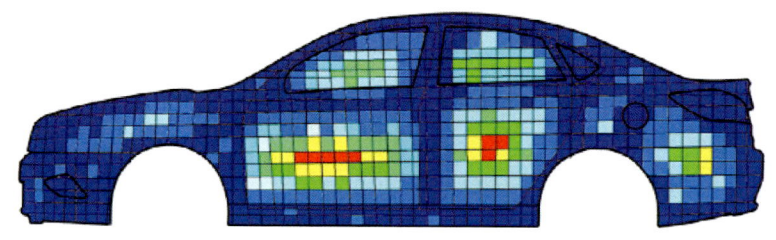

图 3-36　用激光测量得到的某个车身振动响应

图 3-38　车身近场声全息的测试图

图 3-39　某个车身在 192Hz 的声源分布

图 3-42　用球形阵列测量某款车内噪声的照片

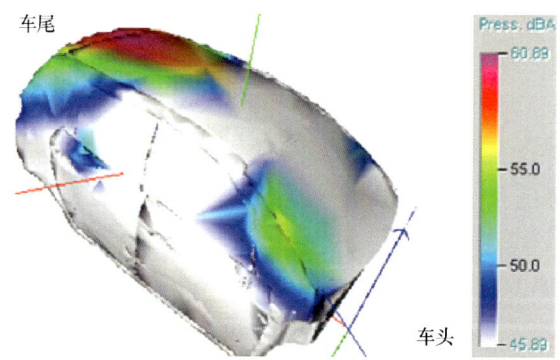

图 3-43　用球形阵列测量的车内噪声

图 3-57　银箔约束阻尼片的应用

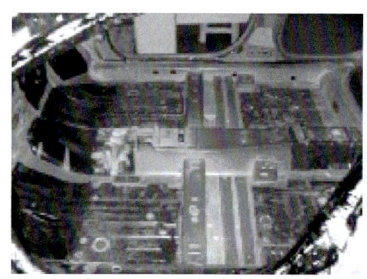  

a) 地板上　　　　　　　　　　b) 轮毂包上　　　　　　　　　　c) 中控道上

图 3-58　扩展型阻尼片在车身上的应用

a) 地板中控通道部位　　　　　　　　　　b) 地板备胎池部位

图 3-59　阻尼涂层的应用

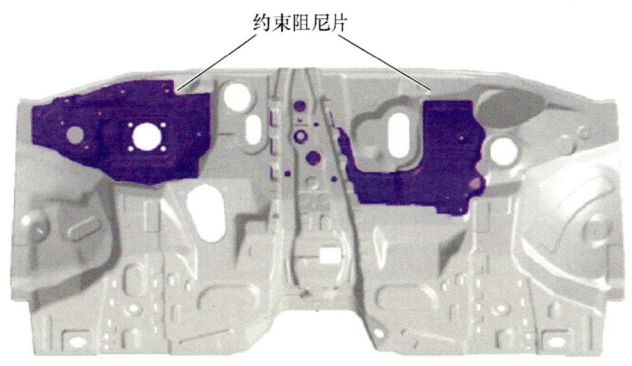

图 3-61 复合阻尼板加在前壁板的局部位置上

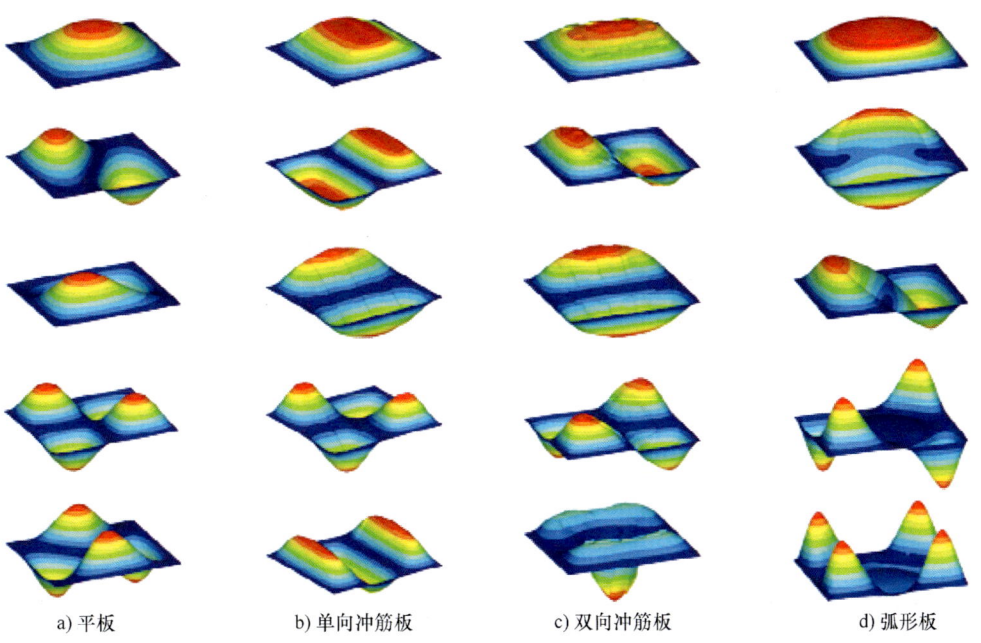

a) 平板　　b) 单向冲筋板　　c) 双向冲筋板　　d) 弧形板

图 3-66 平板、单向冲筋板、双向冲筋板和弧形板的前五阶振型

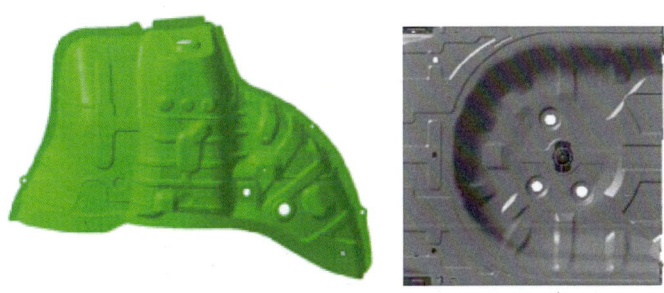

a) 轮毂包上的筋　　　　b) 备胎池上的筋

图 3-72 车身上的一些弧形板

 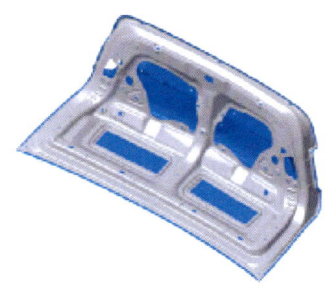 

a) 发动机盖板内侧的支撑板　　　b) 行李箱盖板内侧的支撑板　　　c) 侧围板内的支撑板

图 3-73　车身外板的内侧增加支撑板

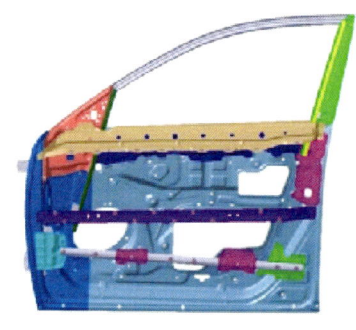 

a) 车门外板内侧的防撞梁　　　　　　b) 顶棚上的支撑梁

图 3-74　车身内侧的支撑梁

 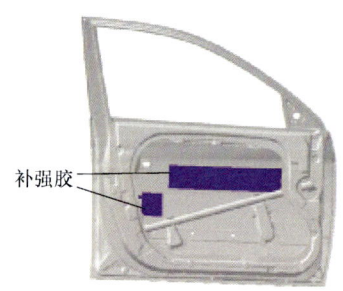

图 3-75　补强胶结构　　　　　　图 3-76　车门外板内侧贴补强胶

 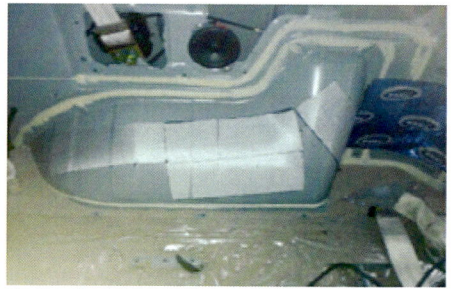

图 3-77　在后轮毂包和顶棚上贴上补强胶

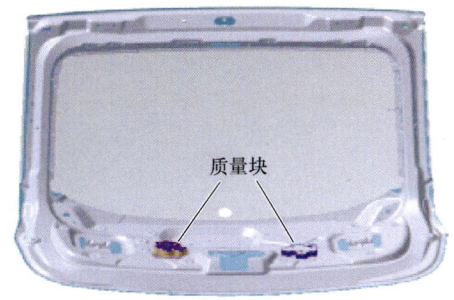

图 3-80　在行李箱后盖板上加两块质量各为 1.5kg 的铁块

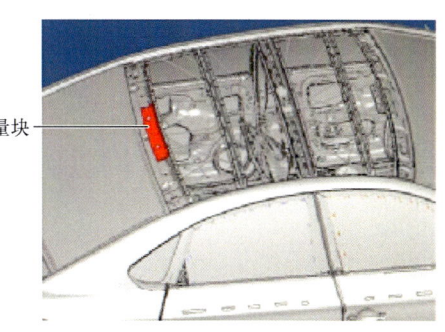

图 3-83　在后横梁上安装一块质量块

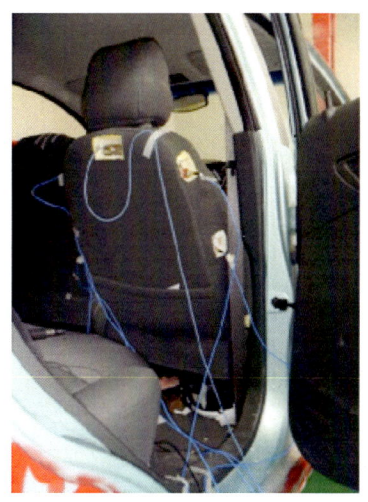

a) 剥开骨架边的部分材料，布置传感器

b) 直接在骨架上布置传感器

图 3-98　座椅的模态测试布点图

图 4-5　错误的孔

a) 贴片

b) 堵头

c) 热成型材料

图 4-14　工艺孔的密封方法

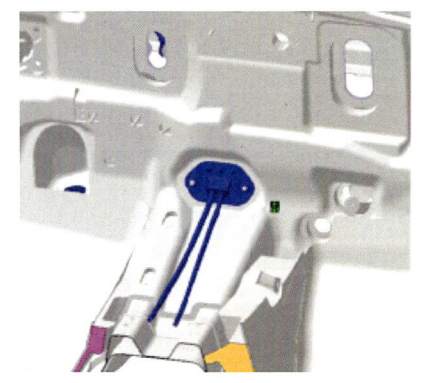

图 4-17 换档拉索穿过前壁板的 DMU 示意图

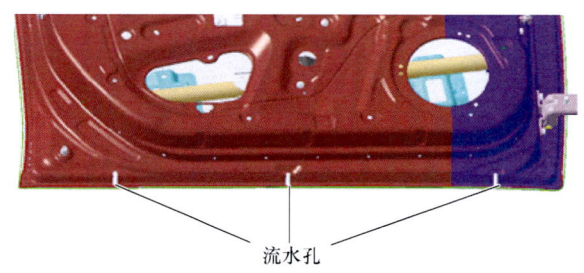

图 4-18 车门流水孔的 DMU 示意图

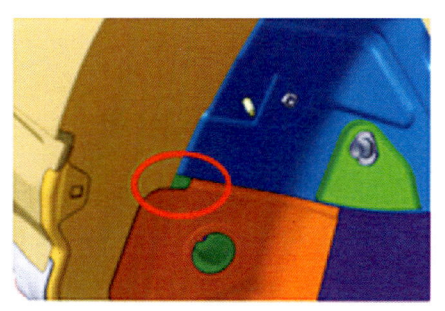

图 4-19 轮毂包上三块板交汇处的 DMU 示意图

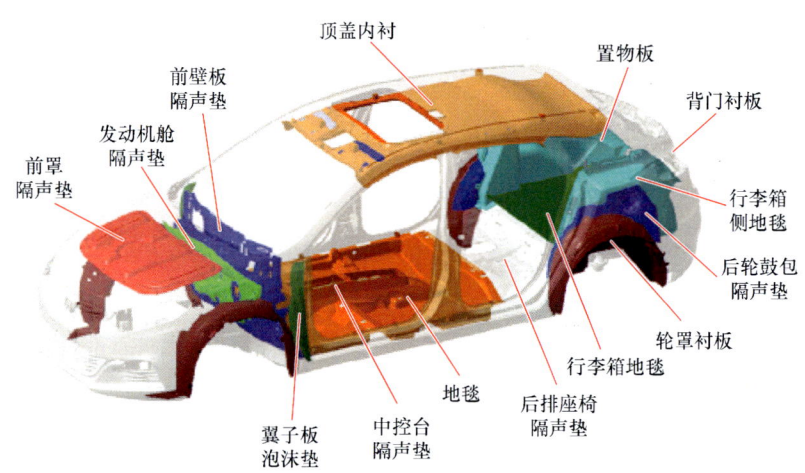

图 4-46 声学包装在车身上的应用

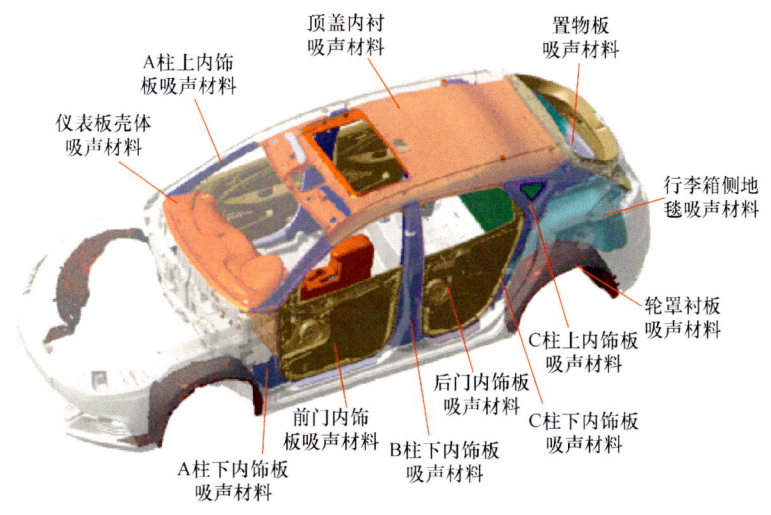

图 4-47　吸声材料在车身上的应用

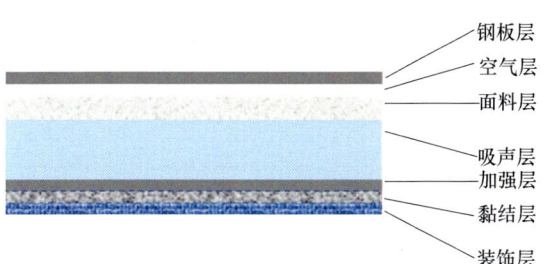

图 4-52　顶棚结构的剖面图

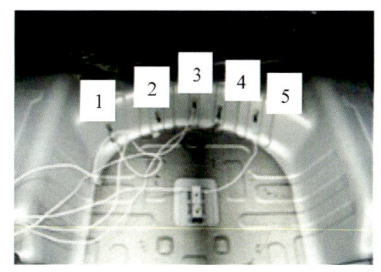

图 4-79　备胎池后曲面板损耗因子测试

图 4-81　某车外部声压测试图

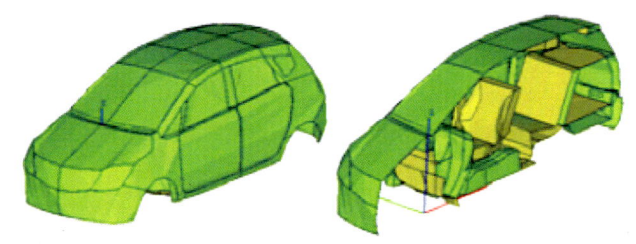

图 4-82 车身 SEA 结构子系统模型

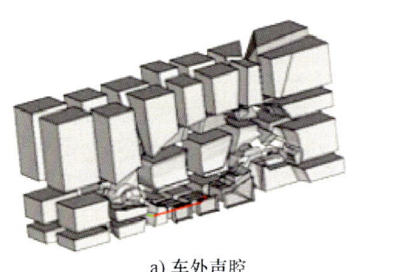
a) 车外声腔

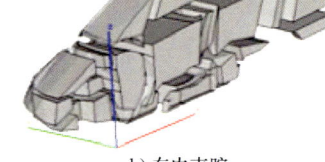
b) 车内声腔

图 4-83 车身外场声腔模型和内声腔模型

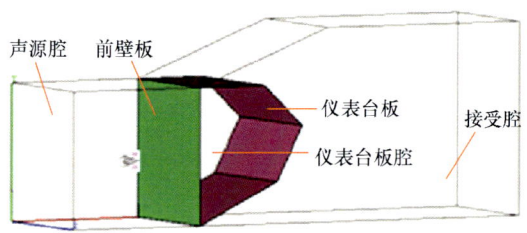

图 4-85 前壁板的结构模型和声腔模型

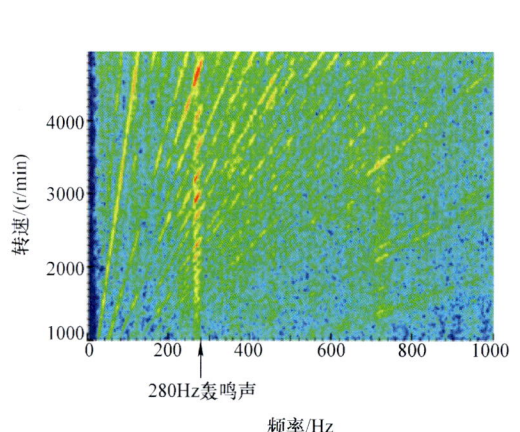

图 5-18 车内轰鸣声共振带

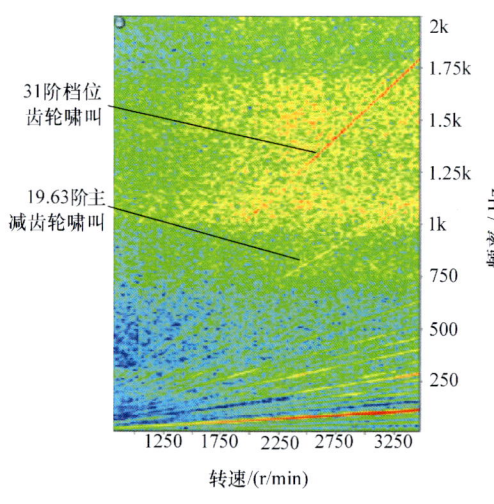

图 5-22 变速器齿轮啮合产生的啸叫图谱

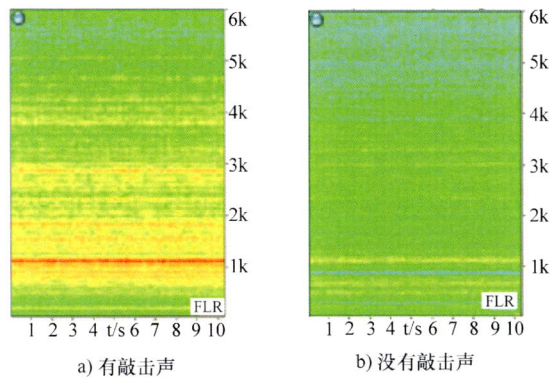

图 5-24 敲击噪声的谱图

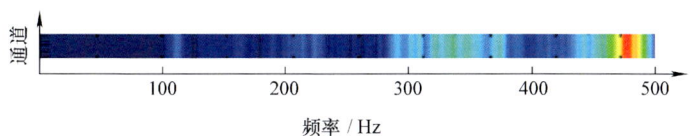

图 5-44 一条振振灵敏度的彩图谱

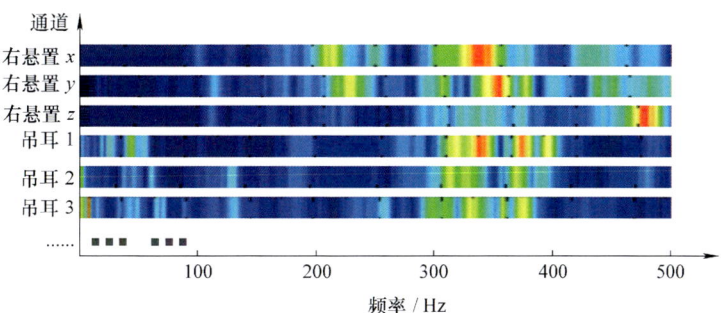

图 5-45 振振灵敏度的彩色频谱组图

图 6-8 汽车在气流中的流场分布图

图 6-34　顶棚、后风窗玻璃和行李箱区域的气流

图 6-36　有很多凸出物的车身底部

 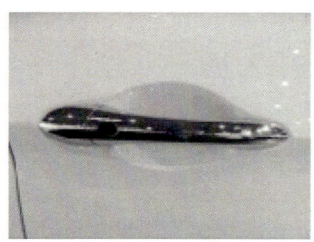 

a) 暴露在气流中(边角坚硬)　　　b) 暴露在气流中(边角流线形设计)　　　c) 与车门一个平面

图 6-57　车门把手

图 6-75　在风洞里面使用 Beamforming 来测量车身噪声

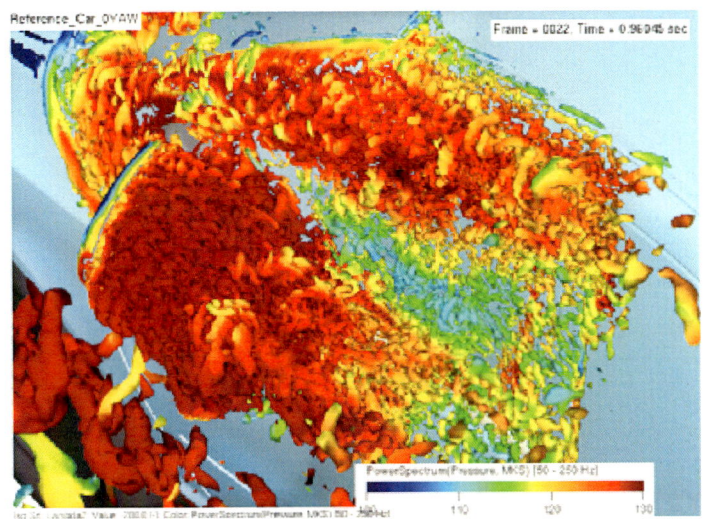

图 6-80　某辆车的后视镜区域风噪分布图

图 7-21　声品质评价间

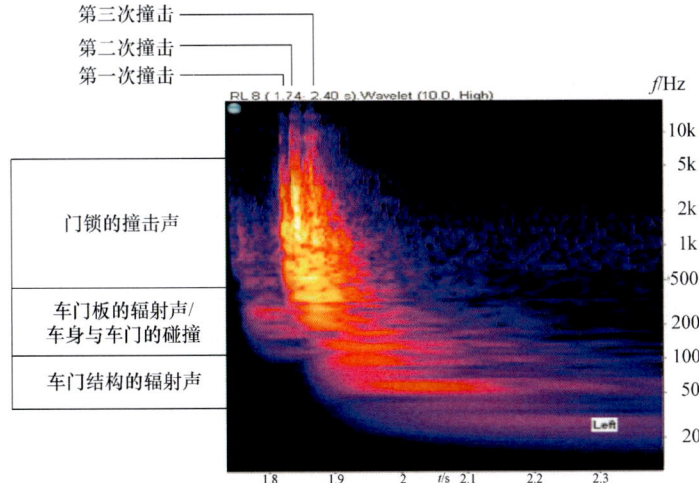

图 7-26　声音的时间-频率图谱

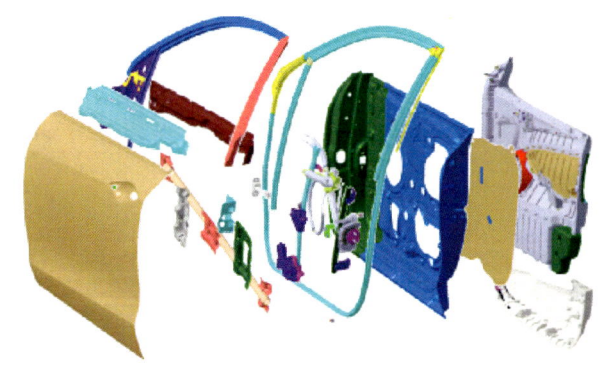

图 7-28 车门结构

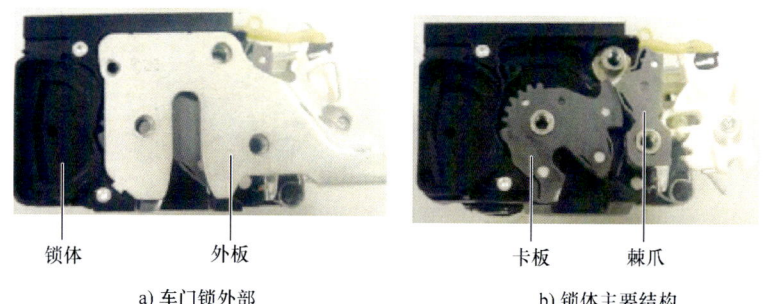

a) 车门锁外部   锁体   外板   b) 锁体主要结构   卡板   棘爪

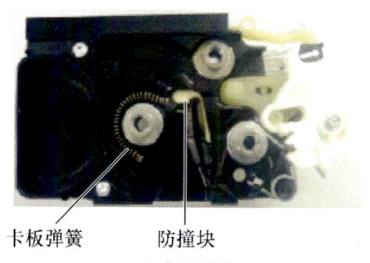

卡板弹簧   防撞块

c) 内部零件

图 7-29 门锁结构

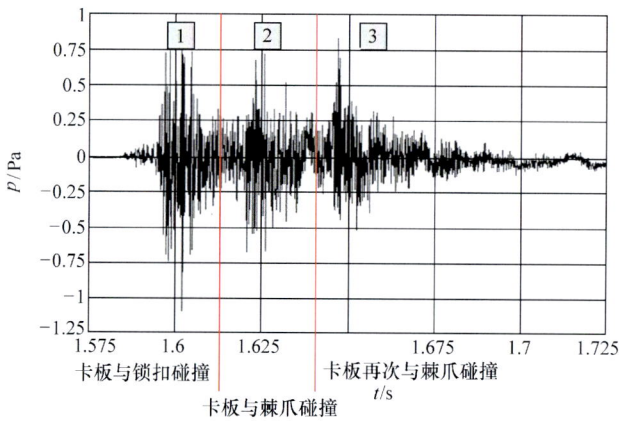

图 7-31 门锁内部卡板和锁扣的三次撞击

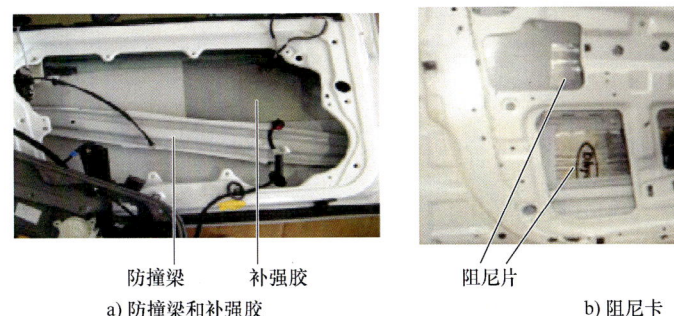

a) 防撞梁和补强胶　　　　　　　　　　　b) 阻尼卡

图 7-32　车门外板内侧上的防撞梁、补强胶和阻尼片

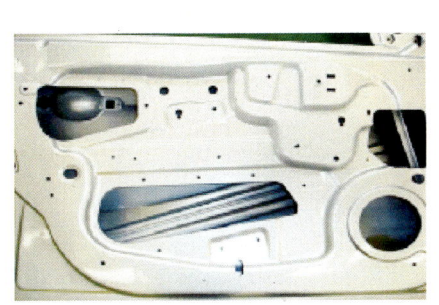

图 7-33　复杂的加筋内板结构　　　　　图 7-34　防撞块

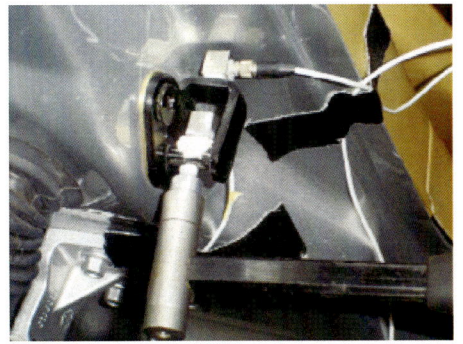

图 7-35　锁扣原点动刚度测试示意图

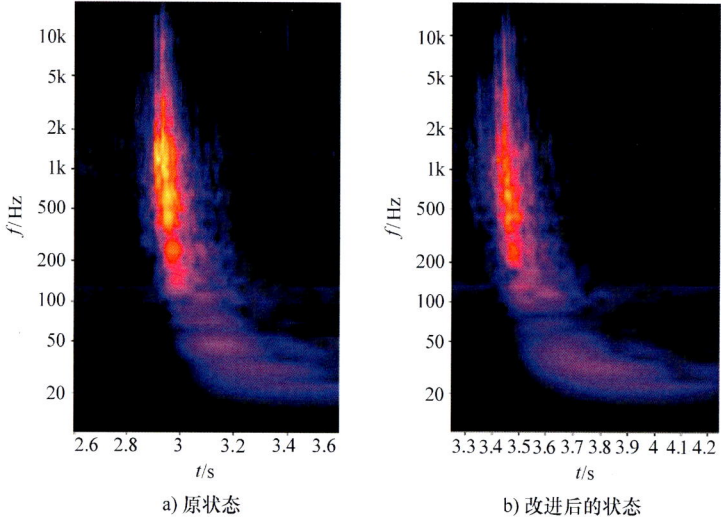

a) 原状态　　　　　b) 改进后的状态

图 7-38　一个关门声品质的时频图

图 8-19　仪表台板的某阶整体模态

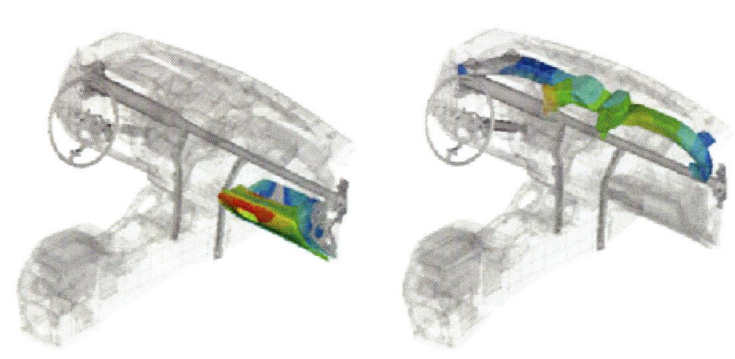

a) 杂物箱　　　　　b) 通风管

图 8-20　仪表台板中的部件模态

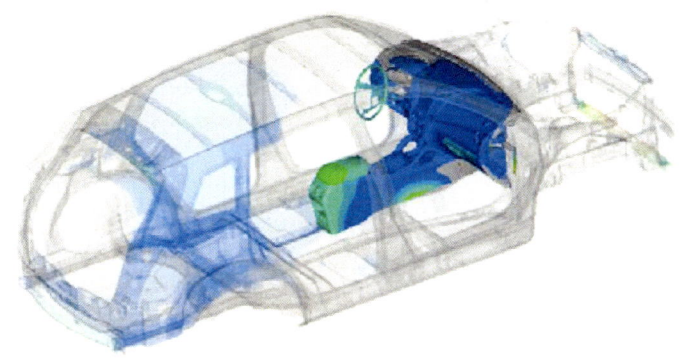

图 8-21　仪表台板和中控箱安装在车身上的模态

a) 砖块路面

b) 鹅卵石路面

c) 冲击路面

图 8-27　几种路面的照片

图 8-28　一种中国特有的停车场路面

图 8-31　部件异响激振台

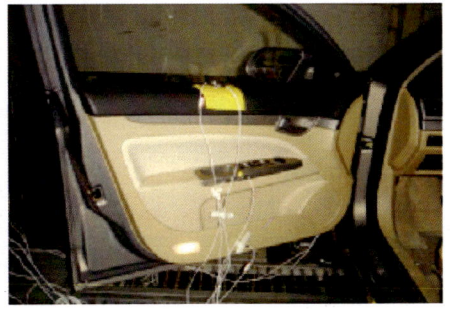

图 8-32　车身表面布置加速度传感器

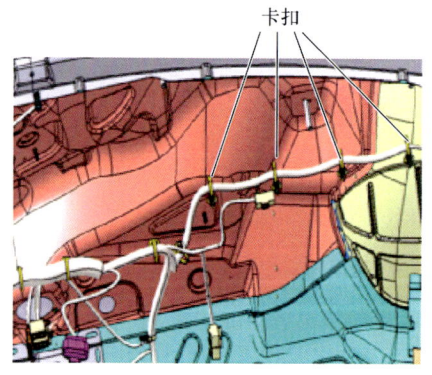

a) 管道之间的隔离　　　　　　　　b) 管道与车身的隔振

图 8-37　部件间的隔离处理

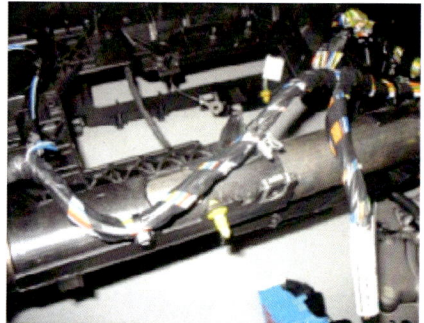

a) 杂乱无章的线束　　　　　　　　b) 被捆扎而与车身固定的线束

图 8-38　线束布置

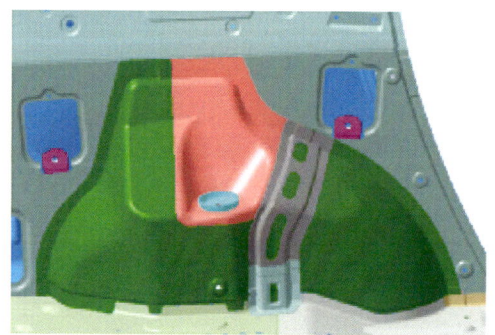

图 8-41　大平板的轮毂包